600년 문명의 통로,
연행로燕行路를 걷다

600년 문명의 통로,

연행로燕行路를 걷다

이승수 지음

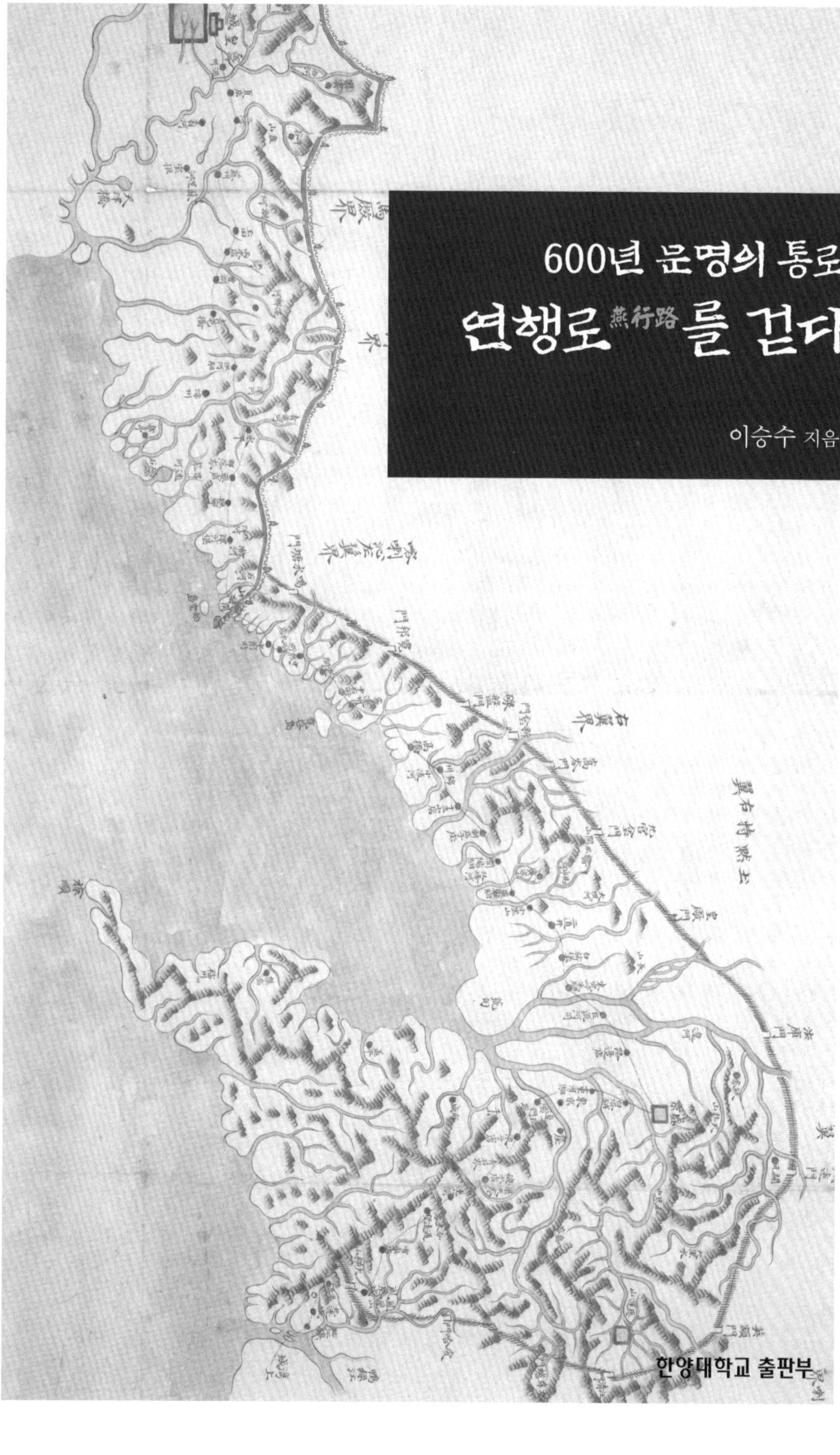

한양대학교 출판부

책머리에

이 책은 연행로(燕行路)에 대한 보고서이다. 연행로란 무엇인가? 연행에 이용했던 길이다. 연행은 뭘까? 연경행(燕京行)의 줄임말로, 연경에 간다는 뜻이다. 연경은 어디인가? 춘추전국시대 연(燕)나라의 수도, 즉 오늘날의 북경 지역이다. 연경엔 누가 언제 왜 갔을까? 근대 이전 외교는 사행으로 실천되었고, 원명청 시기 그들의 수도가 지금의 북경이었기에 정기적으로 사신이 파견되었다. 하여 연경에 사신으로 파견된 사람을 연행사(燕行使), 그들이 남긴 기록을 연행록(燕行錄)이라 한다. 연행로는 오랜 세월 사행로이자 교역로였으며 문명로였다. 군사로였고 망명로이기도 했다. 이 책에는 이 오랜 길을 찾아 나서고, 그 길을 걷고, 거기 서서 옛 사연을 떠올린 사연들이 담겨 있다.

공식 외교 사행으로서 연행은 원나라가 북경에 도읍한 1267년경에 시작되었다. 이후 왕조는 고려에서 조선으로, 원은 명을 거쳐 청으로 바뀌었지만, 연행은 지속되었다. 연행의 경로는 상황에 따라 달라지기도 했다. 명초(1368~1420) 고려와 조선의 사신들은 육로와 해로와 수로 등을 이용하여 남경(南京)까지 가야 했다. 명청 교체기 육로가 막히자 요동반도와 산동반도를 잇는 해로를 거쳐 북경을 다녀왔다. 청나라는 국정이 안정되자 조선 사신들에게 자신들의 발상지인 심양(瀋陽)을 경유하게 했다. 1780년과 1790년 조선 사신들은 예정에 없는 열하(熱河)를 다녀오기도 했다. 1894년 진하겸사은사(進賀兼謝恩使)로 이승순(李承純) 등이 북경에 파견되었는데, 이들은 동학 운동과 청일전쟁의 혼란 속에서 이듬해 5월에나 귀국한다. 그 사이 시모노세키 조약이 체결되면서 연경 사행은 종결된다.

연행의 역사는, 원나라의 북경 도읍 시점인 1267년부터 1894년까지 셈하면 627년이 된다. 여기서 그 사이 남경 사행이 이루어진 53년을 빼면 574년이 남는다. 하지만 기록으로 남지 않은 그 이전의 국제관계, 그리고 기록만으로 헤아리기 어려운 그 이후의 한중관계 속 북경과의 교류를 고려하면, 연행의 역사는 단순 수치를 훨씬 넘어선다. 우리가 이 땅을 포기하지 않는 한, 저들이 그 땅을 떠나지 않는 한, 이 관계는 일종의 운명이다. 그 길들은 어떻게 이어지고, 무슨 사연을 담고 있으며, 오늘날에는 어떤 모양을 지니고 있는가? 이 책은 이런 몇몇 질문에 대한 소소한 답변이다. 이 답변은 나아가, 앞으로 연행로를 어떻게 닦을 것인가에 대한 질문이기도 하다.

이 책은 순전히 옛길에 대한 고증이다. 이 책의 언어는 시종 '길'을 넘지 않는다. 정치와 문명을 말하기엔 식견이 모자랐고, 길만 얘기하기에도 겨를이 없었다. 내 앞에 길이 멀리 이어지다가 사라졌고, 그 위에 앞서간 사람들의 발자국이 남아 있었다. 홀린 듯이 그 흔적들을 따라나섰다. 현대화 가운데 끊어진 옛길을 이어 붙여도 보았고, 세월 속에서 사라진 길을 끝내 찾지 못해 아쉬움 가득 돌아서기도 했다. 이 책은 그 '길'을 다닌 보고서일 뿐이다. 1940년 H. R. 야콥슨(Jacobson)은 「고대부터 자동차 시대에 이르기까지 길의 역사(*A History Of Roads From Ancient Times To Moter Age*)」에, 호레이스 버슈넬(Horace Bushnell, 1802~1876)의 문장을 제사로 실었다. 그 말이 좋아 간추려 다시 가져온다.

사회가 정체되어 있는지, 종교가 죽은 형식에 갇혀 있는지 알고 싶으면 대학이나 도서관에 가서 배울 수 있다. 성당과 교회에서 수행하는 작업으로도 어떤 것들을 알 수도 있다. 하지만 그것만큼이나 길을 관찰함으로써 많은 것을 배울 수 있다. 사회에 모종의 움직임이 있으면, 길이 그 사실을 지시할 것이다. 길은 움직임의 상징이다. 변동이나 확장, 또는 해방 정신이 있다면, 그에 따른 상호 작용과 여행이 있기 마련이고, 이런 행동은 길을 필요로 한다. 어떤 진보가 진행되거나, 새로운 사상이 확장되고 새 희망이 일어나고 있다면, 닦이고 있는 길을 통해 그 사실을 알 수 있을 것이다. 길이 없이는 어떤 침략도 일어날 수 없다. 정부든 기업이든, 사상이든 종교에서든, 모든 창조 행위는 길을 만든다.

그렇다, 길을 잘 관찰하면 많은 걸 배울 수 있을 것이다. 원나라가 중원을 지배하면서 고려에도 역참과 역로 설치를 요구했다. 연행로 탄생의 기원이다. 그 이전에 군대가 왔고, 그 뒤에 사신들이 갔다. 공녀, 고려 여인이 가기도 했다. 이 길로 주희의 학문이 전해졌고, 서학(종교와 과학)도 이 길을 통해 들어왔다. 청나라 대군이 왔고, 그보다 훨씬 많은 조선인 포로들이 갔다. 조선의 망명객들이 갔고, 이 길을 따라 철로가 들어섰고, 일본의 군대가 갔다. 중공군이 몰려왔다. 이 길 위에서 그런 일들이 일어났다. 야콥슨은 서문에서 이런 말도 했다. "인간의 모든 역사는 세계의 길들 위에 커다랗게 씌었지만, 파괴자인 시간은 그 비밀을 여는 열쇠를 우리에게 남기지 않았다." 동의한다, 연행로도 그러하다.

어려서부터 난 종종 길의 유혹을 느껴왔다. 그 위를 가면 왠지 좋은 일이 생기고 재미난 세계가 펼쳐질 것 같았다. 길을 보면 파문을 남기고 사라지는 고래의 뒷모습이 그려졌고, 긴 꼬리를 감춘 채 발 아래 엎드린 용이 연상되었다. 돌이켜보면 고등학교 2학년 시절 학급문집에 싣기 위해 쓴 시(?)의 제목이 '길'이었던 것도 우연이 아니다. "반평생 길로 집을 삼았다. 半生長以路爲家."는 김시습의 삶에 매료되었고, 아무 거리낌 없이 "길은 외줄기 남도 삼백 리"의 나그네가 되었다. 캠벨과 프루프가 신화와 민담 속 주인공이 길을 나서는 행위의 의미를 설명해주었을 때, 난 굳이 이해하려고 노력할 필요가 없었다. 나는 지금도 늘 곡선으로 이어지는 길에 목마르다.

연행의 규모는 많을 경우 400~500명에 달했는데, 그 중 외교 사절에 포함된 사람은 30명을 넘지 않았다. 만상(灣商, 의주 상인)과 송상(松商)을 포함한 대규모 상단이 따라붙었으며, 마부와 같은 잡역부들도 적지 않았다. 기록을 남긴 사람은 그중 한두 명의 사신이나 자제군관(子弟軍官), 또는 문필이 있는 몇몇 역관이 전부였다. 어떤 문화사가는 "역사란 망각과 소멸의 의해 겨우 기억된 질 나쁜 천 조각에 지나지 않는다"고 단언하였다. 그렇다, 역사란, 또 기록이란 얼마나 불완전하고 작은 일부인가! 우리는 기록을 살필 때 그것이 거대한 빙산의 극소한 일부에 지나지 않는다는 사실을 잊으면 안 된다. 그 극소한 기록에 기대어 지어진 이 책의 내용은 또 얼마나 극미한 것인가!

엄청난 속도로 발전하는 과학과 기술이 오랜 역사를 잡아먹고 있는 이 시대에, 압록강에서 북경에 이르는, 또 북경에서 상도(上都)와 열하(熱河)에 이르는 이 옛길이, 이 오래된 길을 이야기하는 게 과연 무슨 의미가 있을까? 나도 모르겠다. 여기에 거창하고 특별한 의미를 부여하고 싶은 생각은 없다. 이 길을 따라 한 여행이 즐거웠다. 하여 거기서 만난 오랜 지명과 사연들, 고금이 이어지고 있음을 알려주는 문헌의 기록들, 눈 앞에 펼쳐진 풍경과 삶의 여러 면모들을 버무려, 내 나라 산하를 밟지 못해 겨우 압록강 북쪽에서 여행을 시작할 수밖에 없는 이 한심한 시대에, 아무것도 하지 않으면 더 견디기 어려워 허무와 무의미를 외면하기 위한 수단으로 몇 줄 글을 희롱했을 뿐이다.

별것 아닌 이 책도 나오기까지 많은 이들의 덕을 입었다. 2003년 겨울 소재영(작고), 김태준, 조규익 교수님이 이끄는 연구팀의 말석을 차지하여 처음으로 연행로 답사에 나섰던 기억이 생생하다. 김일환, 신춘호, 이성형, 강동우, 황인건, 권혁래, 김동석, 윤채근, 박종훈, 이홍식, 유광수, 송희경, 곽미라 등의 여러 선생은 한두 번에서 많게는 20차례 가까이 길을 동행해준 도

반들이다. 이 책의 행간과 여백은 모두 이들의 발견과 지도와 격려로 빼곡하다. 이들이 함께 걸어주지 않았다면 이 책은 잉태조차 안 되었을 것이다. 지금 생각해보니 이들과 함께 여행을 다니던, 낮에는 눈에 불을 켠 채 옛길을 찾아 거닐고 저녁이면 한가로이 술을 마시던 시절이 내 인생의 황금기였다.

심양의 조선인 3세로, 요녕성 제일의 역사 가이드이자, 조선을 미워하는, 그러면서 뼛속까지 조선 사람인 임문성 선생은 거의 모든 답사의 길잡이를 해주었다. 대략의 일정과 목적을 알려주고, 모든 것을 임선생의 사전 조사와 현지 안내에 맡겨둔 채, 사이사이 필요한 요구를 하는 게 나의 답사 방식이었다. 언젠가 봉성시(鳳城市)에서 문씨 성의 조선인 역관 후손을 찾은 적이 있는데, 되풀이되는 역사와 유민(流民)의 유민(遺民)이라는 이들의 비슷한 처지를 생각하고 나 혼자 비감에 사로잡힌 적이 있다. 명청 시대 조선인 통관은 모두 전쟁에서 발생한 조선 유민의 후손들이었고, 임선생은 국권 상실기 조국을 떠난 유민의 후손이다. 너덧 해 되었나, 역시 그가 안내해준 답사를 마치고 돌아와 이런 시를 지은 적이 있다. 이 자리를 빌려 비로소 그에게 전한다.

> 열다섯 해 함께 여행하면서 우린 조금도 가까워지지 않았다, 두 그루 나무, 두 개의 뭣부리, 언제나 같은 그 자리. 눈빛은 어긋나고, 말길은 달리 흐른다. 기대는 비껴가고, 예상은 뛰어넘고, 시시각각 서로가 타자임을 경각한다. 깊은 동굴이 흑풍을 토해내듯 그가 중국 조선족의 상황에 울분을 터뜨리면, 나는 그 또한 역사의 물결이고 엄연한 현실이 아니냐며 눅이려 하지만, 대화는 일순 폭포수처럼 끊어진다. 단언컨대 우린 한순간도 의기투합한 적이 없다. 아무리 독한 술도 잔과 잔 사이 천만 리 거리를 좁히지 못한다. 한 치의 접점도 없으면서, 우린 관습처럼 또 만났고, 창려(昌黎)의 갈석산(碣石山) 품에 안겼다가 계주(薊州) 취병산(翠屛山) 옛길을 함께 걸었다. 영원한 타자, 쓸쓸한 동행, 심상한 이별. 우리 사이의 유일한 합치는, 합치의 불가능성에 대한 확신뿐인데, 그럼에도 뭔지 모를 연민의 안개가 가시지 않는다

그림 1 봉성시(鳳城市)에 사는 청나라 조선통관의 후손 문성걸(文成傑) 선생. 족보를 보여주며 조상에 대해 설명하고 있다.

그림 2 심양에 거주하는 조선인 3세 임문성(林文星) 선생. 30차례 가까이 필자의 현지 조사에 참여했다.

면 우린 다시 만나 그 좁혀지지 않는 거리를 새삼 확인하고 관계의 무미함을 씹어 음미할 것이다.

「연민의 안개, 이 사람 임문성」

20년 가까이 답사를 진행하고 논문을 쓰다 보니, 접근 방식과 경로가 조금씩 세련되어졌다. 가장 두드러진 변화는 뒤로 갈수록 현지 자료의 활용 정도가 많아진 것이다. 우리 자료만으로 중국 내 연행로를 조명하게 되면 지나치게 평면적이고 단순해질 수밖에 없다. 중국에서 간행된 여러 형태의 지방지와 학술논문, 보고서 등을 부탁할 때마다 머뭇거리지 않고 찾아 보내준 사람들이 있다. 이런저런 인연으로 만난 중국 학생들 효우(曉宇), 금매(金梅), 홍초(紅樵), 소원(小媛), 자유(子惟), 고파(高波), 윤옥(潤鈺), 자성(紫星)에게 고마운 마음을 전한다. 이들의 우정이 아니었다면 이 책은 궁색함과 빈약함을 면치 못했을 것이다.

이 책에는 2005년부터 2022년까지, 열여덟 해 동안 발표한 20편 논문이 들어 있다. 연행 경로를 중심으로 편차를 정했고, 그 일대를 장소 배경으로 삼은 사연들에 대한 몇 편 논문을 배치했다. 서설과 결어는 따로 쓰지 않았고, 그 자리에 그 주제에 근사한 내용을 담은 논문을 놓았다. 여러 해 동안 발표한 글들을 한자리에 모아놓으니, 체재와 기술이 일정하지 않고 중복 내용이 속출한다. 억지로 가지런히 할 수 없어, 중복 내용을 덜어내는 선에서 그대로 두었다. 힘이 미치지 못해, 변명하자면 학술논문의 미덕을 살리려 문체도 손보지 않았다. 논문 발표 시점 이후의 연구 성과도 다 반영하지 못했다. 논문을 읽어주며 갈 길을 알려주고, 잘못 든 길을 지적해준 동학들에게 고맙고 미안하다.

책 내는 일에서 마음을 거둔 데다 아직 정리해야 할 길이 많이 남았기에 원고를 묶을 생각이 없었는데, 아래 글에서 힘을 얻어 일이 여기까지 이르렀다.

내가 지지부진 책을 끝내지 못함은 불민하거나 게을러서가 아니라 (완벽한 고증을) 기다린 것이다. 하지만 세월은 다 가 남은 날이 얼마인가! 기다리기만 한다면 책은 이루어지지 못할 것이다. 予之遲遲於卒書者, 非直不敏不勤, 蓋有待也. 雖然, 年運而往, 來日幾矣. 終於待, 則書之成, 未有日也.

대동(戴侗, 1200~1285), 『육서고(六書故)』, 「제요(提要)」

이 구절을 처음 접한 지면은 앞 야콥슨 글의 서문이다. 대동(戴侗)의 책은 13세기 남송에서 간행된 자서(字書)인데, 20세기 미국의 토목학 연구자가 이 구절을 어떻게 알았을까, 글의 의미에 앞서 묘한 인연, 또는 연결의 느낌에 사로잡혔다. 매듭을 짓는 시점까지 일단락된 것이지 세상일에 해결이나 완벽이란 애초 없는 것이다. 연구 성과는 하나의 벽돌이 되어 밑에 깔리고 끝내는 망각되는 것이 운명인데, 잘 깔리고 선선하게 잊히는 역할도 소중하지 않다고는 할 수 없다. 그런 역할이 있어야 건물이 올라갈 수 있고 더 중요한 것들이 세상에 드러나며 기억될 수 있기 때문이다.

연구자로서 나를 키웠으며 품고 있는 한양대학교 출판부에서 책이 나오게 되어 기쁘다. 무잡한 원고를 한 권의 책으로 만들어준, 안광일 선생에게 감사드린다. 독자들의 상상이 더해져, 이 책 안에서 옛길이 오롯이 되살아나면, 나아가 그 길을 찾아나서고 싶은 마음이 일어나면 좋겠다. 오랜 세월 이런저런 사연으로 연행로를 오간 사람들, 지금도 그 땅 위에 살아가고 있는, 특히 낯선 여행자에게 따스한 눈길을 보내준 사람들에게 이 책을 바친다. 세상에서 가장 아름다운 시는 지리공간이고, 이 시의 눈동자는 곡선의 길이다. 내 몸의 피는 북쪽으로 흐른다.

2022년 초여름 어느 날

이승수

일러두기

1. 모든 본문은 한글 전용을 원칙으로 하되, 필요한 경우 한자를 괄호 안에 넣어 병기했다.
2. 각주는 본문 원칙에 준하되, 외국 논저의 경우 원문 표기 그대로 두었다. 고전 문헌은 필요에 따라 번역을 표기하기도 하였다.
3. 중국의 지명은 모두 현재 한국어 독음으로 표기했다. 다만 표 안의 현재 행정 지명은 한자 그대로 두었으며, 몽골과 티베트 등의 지명은 가급 원래 발음에 가깝게 표기했다.
4. 중국의 인명은 생존 시대를 막론 모두 한국어 한자 독음으로 표기했다. 또한 몽골, 티베트, 만주인의 경우에는 가급 원래 발음에 가깝게 표기했다.
5. 사진의 출처는 설명 끝에 (사진: ○○○) 형태로 표기했다. 별도의 표기가 없는 것은 신춘호의 작품이다.

수록된 글의 원 제목과 출전

「대청(對淸) 사행과 형가(荊軻)의 문학적 형상」, 『한국한문학연구』 36, 한국한문학회, 2005.

「연행로상의 공간 탐색, 봉황산성(鳳凰山城)」, 『한국학』 29, 한국학중앙연구원, 2006.

「〈야출고북구기(夜出古北口記)〉의 산문미 재론」, 『한국한문학연구』 38, 한국한문학회, 2006.

「연행로의 문명로적(文明路的) 위상 검토, 그 의의와 한계 - 17세기 初 柳夢寅의 산문을 중심으로」, 『한국언어문화』 41, 한국언어문화학회, 2010.

「연행로 중 "요양(遼陽) ~ 안산(鞍山) ~ 광녕(廣寧) 구간"에 대한 인문지리학적 검토」, 『한국한문학연구』 47, 한국한문학회, 2011.

「1790년 열하(熱河) 사행의 "이도정(二道井) ~ 열하(熱河)" 구간에 대한 인문지리학적 탐색」, 『고전문학연구』 40, 한국고전문학회, 2011.

「박제가(朴齊家) 삶의 두 출로, 우정과 연행 - 조선 후기 조청 신교를 살피기 위한 예비 검토 -」, 『온지논총』 28, 온지학회, 2011.

「박제가 삶의 마음속 출로, 연경의 우정」, 『동아시아문화연구』 50, 한양대

동아시아문화연구소, 2011.

「연행로 중의 동팔참(東八站) 고(考)」, 『한국언어문화』 48, 한국언어문화학회, 2012.

「홍경모(洪敬謨)의 행인(行人) 의식과 중국 인식」, 『고전문학연구』 43, 한국고전문학회, 2013.

「연행로 중 심양(瀋陽)~광녕참(廣寧站) 구간의 노정 재구」, 『민족문화』 42, 고전번역원, 2013.

「연행로 중 광녕(廣寧)~산해관(山海關) 구간의 노정 재구」, 『역사민속학』 46, 한국역사민속학회, 2014.

「연행로 중 요양(遼陽)~심양(瀋陽) 구간의 노정과 풍물 - 지리 감각의 갱신과 신흥 왕조의 체험 -」, 『고전문학연구』 50, 한국고전문학회, 2016.

「연행로의 지리와 심적(心跡) - 산해관(山海關)~통주(通州) 구간」, 『국문학연구』 36, 국문학회, 2017.

「연행로의 지리와 심적(心跡) 2, 통주(通州)~옥하관(玉河館)」, 『민족문화』 52, 고전번역원, 2018.

「1780년 연암 박지원의 열하(熱河) 행로」, 『한국언어문화』 68, 한국언어문화학회, 2019.

「연암 박지원의 열하(熱河) 행보와 문심(文心)」, 『한국한문학연구』 78, 한국한문학회, 2020.

「압록강 명칭 고」, 『한국한민족문화』 81, 부산대 한국민족문화연구소, 2022.

「압록강 국경 표상의 형성」, 『한국문학연구』 68, 동국대 한국문학연구소, 2022.

「1345년 이곡(李穀)의 상도(上都) 행로」, 『한국한문학연구』 84, 한국한문학회, 2022.

차례

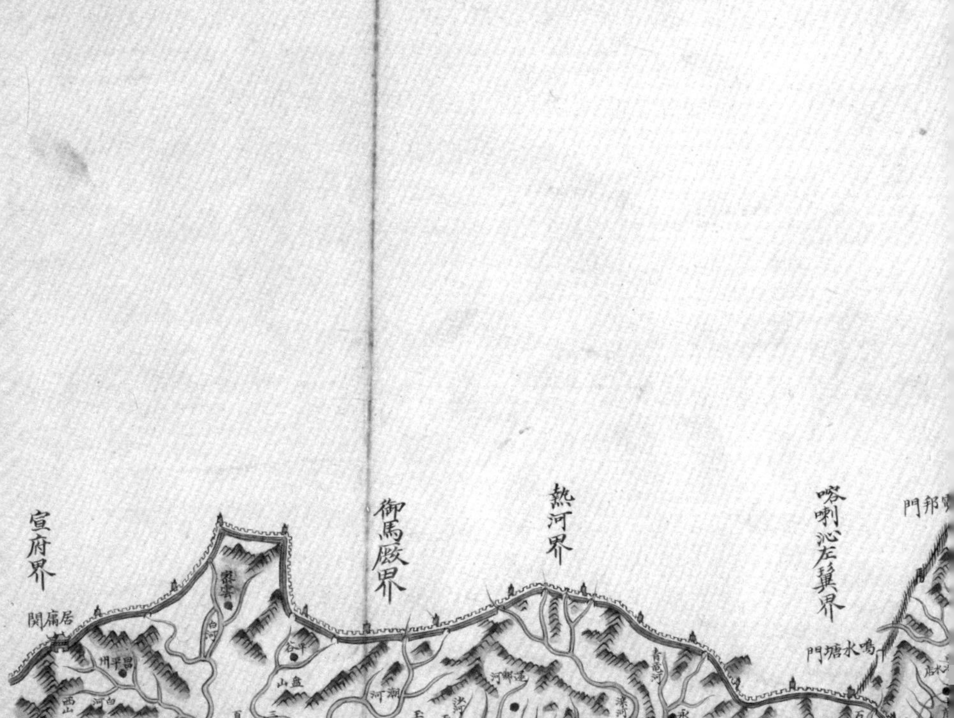

宣府界
御馬廠界
熱河界
喀喇沁左翼界
居庸關
皇城
蘆溝河
天津橋

제1장

서설, 연행을 떠나며

길에는 주인이 없으니, 그 위에 있는 이가 주인일 뿐이다.
路者無主, 而惟在上之人主之.

신경준, 『여암유고(旅菴遺稿)』 권 3, 「도로고서(道路考序)」

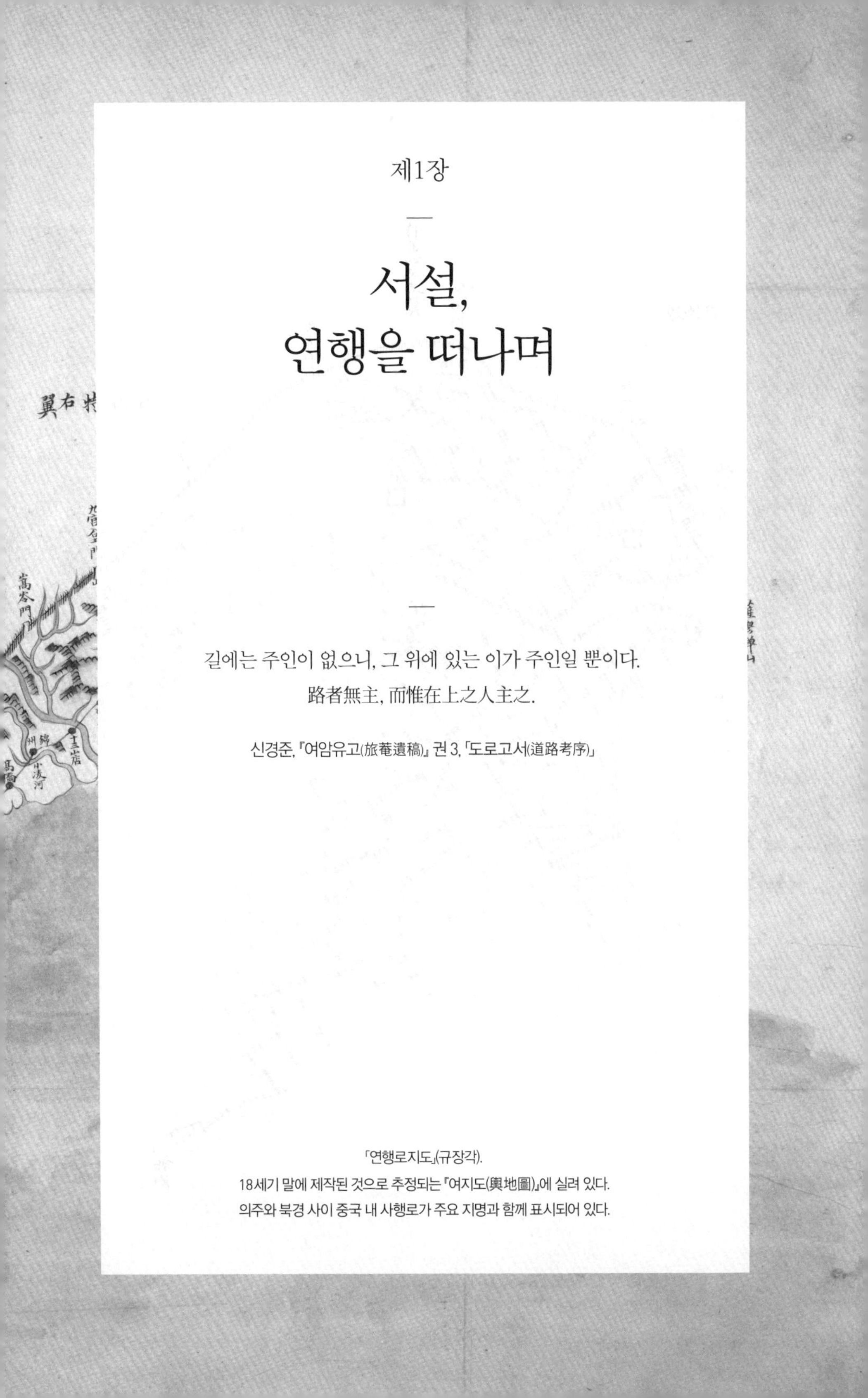

「연행로지도」(규장각).
18세기 말에 제작된 것으로 추정되는 『여지도(輿地圖)』에 실려 있다.
의주와 북경 사이 중국 내 사행로가 주요 지명과 함께 표시되어 있다.

역사를 밟아 가며 풍속을 살피다

홍경모의 행인行人 의식과 중국 인식

조선이야 아시아 동쪽의 한 작은 마을에 지나지 않는다. 나는 이 나라에 태어나 늙도록 조롱에 갇혀 국경 밖을 나서지 못했다. 일찍이 사방에 지방관으로 나가 높은 산에 오르고 큰 바다에 임했어도 이는 우물 속에 앉아 하늘을 본 것과 다르지 않다.

홍경모, 「연사기략전편서(燕槎紀略前編序)」

1. 서언

중국은 우리가 국경을 맞대고 지내 온 유일한 나라로, 두 나라의 역사는 언제나 불가분의 함수관계를 지닌다. 우리에게 있어 중국은 더할 나위 없이 가깝고 친숙한 문화를 지닌 우호적인 이웃이지만, 동시에 매우 거대한 덩치를 지닌 위압적인 강자이기도 하다. 중국과의 관계 양상이 우리의 안위와 직결되는 것은 고금에 변하지 않는 사실이다. 역사상 중국 이해와 인식이 중요 현안이 아니었던 적이 없다. 하지만 중국은 꽤나 크고 복합적이며 장구하여 쉽게 파악되지 않는다. 우리와 가깝고 우리의 많은 부분을 차지하고 있기에 거리를 두어 대상화하기도 쉽지 않다. 특히 조선 500년은 중국과의 관계가 가장 밀접했던 시기이다. 이 시기는 중국의 고급문화를 거의 실시간으로 학습 수용하여 자국 문화의 수준을 높여갔던 반면 중국이라는 거대한 수렁에 빠져 고유성과 독립성이 퇴색해갔던 시기이기도 하다. 이 시대의 문사들에게 있어서는 조선적인 것이 오히려 특별한 화제가 될 정도로 중국의 영향은 절대적이었다.[1] 그런 가운데서도 조선과 중국을 자아와 타자의 사이로 설정하여, 객관적으로 타자와 자아를 성찰하려는 노력이 끊이지 않았다. 본고는 그중 홍경모(洪敬謨, 1774~1851)의 연행(燕行) 시문을 검토하여, 19세기 전반 문사가 지녔던 중국 인식의 일단과 그 역사적 의의를 살펴보고자 한다.

---

1 양성지가 조선의 역사를 과거 시험 과목에 넣을 것을 주장했던 일과, 정약용이 당시 사람들이 자국의 역사를 읽지 않는 현상을 개탄했던 것은 단적인 사례이다.

2. 연행(燕行) 체험과 행인(行人) 의식

홍경모는 두 차례 사신으로 연경에 다녀왔다. 1830년 동지사행(冬至使行) 부사로 10월에 출발하여 이듬해 4월에 복명했으니 7개월 159일의 여정이었다. 정사는 서준보(徐俊輔, 1770~1856), 서장관은 이남익(李南翼)이었다. 1834년에는 진하사절(進賀使節)의 정사로 2월에 출발하여 7월에 임무를 마쳤으니 여섯 달에 걸쳐 143일이 걸렸다.[2] 첫 번 사행에서는 지은 시문들을 10편으로 묶었고, 두 번째에는 다섯 편으로 묶었다. 이 밖에도 연경에 대한 기록을 「주경구제(周京舊制)」 등 세 편으로 나눠 묶기도 했다.[3] 이중 시들을 모아놓은 「사상운어(槎上韻語)」와 「사상속운(槎上續韻)」, 그리고 요동과 북경의 여러 산천과 문물 제도 등을 항목별로 기술한 「요야정사(遼野程史)」와 「옥하섭필(玉河涉筆)」이 그 서문과 함께 온전하게 남아 있다. 아직 홍경모의 연행 관련 기록이 제대로 정리되지 않았지만, 현재까지 알려진 것만으로도 그 가치는 적지 않다.[4]

홍경모는 사가(史家)로서의 자부와 책임의식이 대단했는데, 국가를 대표하는 사신으로서의 책무감과 실천 의지 또한 그에 못지않게 강했다.[5] 그는 사가의 입장에서 고대 외교 사신 설치의 근본 취지와 목적, 나아가 모범 사례들을 추출하여 자신에게 적용시켜 그대로 실천하고자 했다. 그가 보기

---

2 「燕槎彙苑序」,『耘石外史續編』.

3 『耘石外史續編』에 실린 「燕槎紀略前編序」, 「燕槎紀略後前序」, 「燕槎彙苑序」에 그 목록이 실려 있다.

4 홍경모의 연행 성과는 아직 그 전모가 밝혀지지 않았다. 이군선, 「관암 홍경모의 중국문인과의 교유와 그 의의」, 『동방한문학』23, 동방한문학회, 2002; 관암 홍경모의 중국문인과의 교유와 그 양상-2차 연행을 중심으로」, 『퇴계학과 한국문화』33, 경북대 퇴계연구소, 2003에 의해 북경 문사와의 교유가 조명된 바 있다.

5 역사가 홍경모에 대해서는 강석화, 「19세기 경화사족 홍경모의 생애와 사상」, 『한국사연구』112, 한국사연구회, 2001, 홍경모의 생애와 사상 전반에 대해서는 이군선, 「관암 홍경모의 시문과 그 성격」, 성균관대 박사논문, 2003 참조.

에 사신의 가장 중요한 업무는 전대(專對)와 첨국(覘國)[6]이었다. 전대는 임금을 대신하여 오로지 자기 판단과 능력으로 상황에 맞게 응대함으로써 자국의 이익과 자존을 지키는 일을 말하고, 첨국은 그 나라의 풍속과 문물을 살펴 정치의 득실을 파악하고 이를 보고하여 현명한 정치의 자료로 삼게 함을 뜻한다. 이중 홍경모가 특히 중시한 것은 첨국의 임무였다. 조선과 청나라의 관계는 관습적 평화에 젖어 딱히 사신이 맡아야 할 긴밀한 현안이 사라진 지 오래이기 때문이었다.

홍경모의 독특한 자의식은 「요야정사인(遼野程史引)」, 「옥하섭필(玉河涉筆引)」 그리고 「연사기략서(燕槎紀略序)」에서 살필 수 있다. 「요야정사」는 압록강 밖에서 심양(瀋陽)과 산해관(山海關)을 지나 북경에 이르는 2천 리 한 달 여정 구간의 주요 산천 지리와 역사 연혁을 항목별로 기술한 글을 모은 책이다. 이 구간을 지나며 홍경모는 여기서 있었던 옛 사연들을 떠올리고 남은 흔적들을 찾아보았다. 그런데 수(隋)·당(唐)의 고구려 원정이며, 금(金)·원(元)의 요동 할거 등 역사들은 어느새 먼 과거가 되어버렸고, 나그네가 볼 수 있는 것은 산하의 광막함과 안개 속 나무에 지나지 않았다. 모두가 눈 깜짝할 사이에 벌어진 일이다. 대단했던 역사도 일순간에 과거가 될 정도로 세상사는 허무한데, 그가 굳이 기록을 남기는 이유는 무엇인가?

> 이제 한때 지나간 사람으로서 이 사이에 이름을 세워 사적을 기록하여 불후를 꾀함은 무엇 때문인가? 이 몸은 지금 있으면서 지난 곳에도 속해 있기 때문이다. 끊임없이 세월이 지나면 적고 기록한 것 또한 가져다 징험할 일이 없겠지만, 그래도 적고 기록하는 까닭은 압록강 밖 요야(遼野) 서쪽 2천 리 사이 노정과 거리에 대한 고찰을 갖추려 함이다. 드디어 이를 엮어

6 이 단어는 『예기』, 「단궁하」의 다음 글에서 유래한다. "陽門之介夫死, 司城子罕入二哭之哀. 晉人之覘宋者反報於晉侯曰, "陽門之介夫死 , 二子罕哭之哀 , 而民哀 , 而民說 , 殆不可伐也." 孔子闻之曰, "善哉觇国乎."

'요야정사(遼野程史)'라 한다.[7]

요야 2천 리에는 수많은 사건들이 펼쳐졌지만, 그 대단한 사건들 대부분은 흔적 없이 사라졌다. 눈 깜짝할 사이에 모든 것은 과거가 된다. 그런데 굳이 이 구간의 산천과 연혁을 기록하는 이유가 무엇인가? 자신의 실존은 현재이면서 과거에도 있듯, 이 지리 공간의 의미는 사라진 역사에 있기 때문이다. 기록하지 않으면 기억되지 못하고, 기억되지 못한다면 부재가 되고 만다. 홍경모는 소멸의 허무를 느끼면서 역설적으로 기억과 기록의 중요성을 통찰한 것이다. 끊임없이 세월이 지나다 보면 기록한 것도 증명하기 어렵게 되겠지만, 그럼에도 기록을 그치지 않는 것은 압록강에서 북경에 이르는 사이의 지리에 대한 고찰을 갖추고 싶었기 때문이다. 설령 자기 기록이 과거가 될지라도, 그것이 뒷날 이 땅의 의미 근거가 될 것이기 때문이다. 지리 관련 글에 굳이 '사(史)' 자를 붙인 이유이다. 홍경모의 글은 소박하지만 생각 이상으로 튼실하다.

「옥하섭필인」은 한나라 조정에서 먼 나라에 사신을 보낼 적에 반드시 탁월한 인재를 구하고 그를 장상(將相)과 나란히 일컬은 이유를 설명하면서 시작한다. 사신 선발에 신중을 기하고 사신을 우대한 것은, 그에게 전대하여 왕명을 욕보이지 않고 또 풍속을 살며 나라의 득실을 살필 임무가 부여되기 때문이다. 사신의 임무는 그처럼 중대한 것이다. 자공(子貢)과 계찰(季札)이 사신 접대와 사행 외교에서 행례(行禮)와 음악을 살펴 정치의 득실을 살핀 것은 사신 업무의 모범 사례로 자주 언급된다.[8] 그런데 당시 조청(朝淸) 관

---

7 「遼野程史引」. "今欲以一時過去之人, 立名記事於其間, 以圖不朽者, 何也. 爲其此身之現在而屬之過境, 境過不已, 則其所以書之記之者, 亦無所取徵. 然其所以書之記之者, 要備鴨江以外遼野以西二千里之間程里之攷也. 遂編之曰, 遼野程史."

8 자공의 사례는 『春秋左傳』, 「定公十五年」과 『맹자』, 「공손추상」에, 계찰의 사례는 『춘추좌전』, 「襄公 29년」조에 보인다.

계에서 전대의 업무는 국서 전달로 끝이어서 왕명을 욕보이고 말고 할 것이 없었다. 이에 홍경모는 첨국을 위해 북경의 문물과 제도 관찰 및 자료 수집에 열성을 기울였다.[9] 결과 청나라는 유사 이래 최대의 번영과 호황을 누리고 있음을 알게 되었고, "위로 하늘의 뜻을 살피고 아래로 사람의 일을 살펴보니, 참으로 청이 중국을 차지한 것을 두고 중국의 나쁜 운수라 해서는 안 된다."[10] 고 결론 지었다.

홍경모는 사신 대신 행인(行人)으로 자칭하기를 좋아했다. 행인은 『주례(周禮)』에 나오는 관직 이름으로, 제후국의 사신을 접대하고 나아가 그들을 통해 열국의 정치 득실을 파악하는 일을 맡았다.[11] 뒤에는 사신을 가리키는 말로 그 뜻이 확장되었다. 홍경모는 단도직입 행인의 직분을 묻는 것으로 「연사기략서」를 시작한다. 그는 행인의 직분으로는 자공과 계찰이 음악과 예법을 살폈던 것으로는 충분하지 않으니, 정자산(鄭子産)의 첨국이 마땅하다고 자답했다.[12] 정자산은 강대국 사이 소국의 재상으로 내치를 다짐은 물론 이웃나라의 형세를 소상하게 파악하여 정(鄭)나라의 평화와 존엄을 지켜냈던 인물로 알려져 있다.[13] 홍경모가 정자산을 행인의 표상으로 설정한 데에는, 조선 사신 또한 그와 같이 약국을 대표하여 자국의 안녕과 이익을 지켜내는 일을 맡아야 한다고 판단했기 때문이다.

---

9 「玉河涉筆引」. "專對之事, 只是傳國書而已, 則無事乎辱命矣. 日以訪古徵今, 寓目覘國之意 …"

10 위와 같은 곳. "上觀天意, 下考人事, 固不可以清人之主中國爲中國之否運也."

11 행인은 대행인과 소행인으로 나뉘었다. 이들의 임무는 『周禮』 권 10, 「秋官司寇」에 설명되어 있다.

12 「燕槎紀略序」. "行人之職, 惡乎宜?" 曰, "聘賓禮也. 諸侯之大夫, 聘於天子, 天子待之以賓禮, 未嘗以君臣之禮相接也. 其惟子貢之觀禮乎?" 曰, "否." 曰, "聖人之作樂, 不以自娛, 以觀得失之效. 故記曰, 尋聲而知音, 尋音而知樂, 尋樂而知政, 其惟季札之觀樂乎?" 曰, "唯唯否否." 曰然則惡乎宜? 曰禮云樂云. 自羲農以來, 至成周大備, 而古今之事變不同, 俗尙之便習亦異, 則今之所行者, 其惟子産之覘國乎!

13 정자산(鄭子産, ?~기원전 522)은 정나라 사람으로 이름은 교(僑)이다. 지금의 하남성(河南省) 신현(新縣) 일대에 있었던 정(鄭)나라는 남북으로 초(楚)와 진(晉) 강대국 사이의 소국이었다. 여러 언행이 『春秋左氏傳』에 기록되어 전한다. 동시대의 공자는 그를 백성들의 삶을 이롭게 한 '혜인(惠人)'으로 평가했고, 비심(裨諶) 등과 힘을 모아 외교문서를 작성한 일을 특기했다.

행인의 임무인 첨국은 기록으로 실천된다. 『주례』, 「추관사구(秋官司寇)」에는 소행인(小行人)이 기록하여 복명해야 할 사항을 크게 다섯 가지로 간추렸다. 홍경모는 이를 인용한 뒤, 군주의 이목이 사방에 두루 미치지 못하는데 조정에서 천하를 다스림은 오직 행인의 유능한 보고 덕분에 가능하다고 했다. 나아가 『좌전』의 두 기사를 예로 들어, 정황상 행인의 활약이 아니면 불가능한 일이라고 단언했다. 공자가 여러 나라 정치의 득실을 꿰뚫어 알았던 것은, 본인이 직접 다녀 살피거나 제자들이 천하를 다니며 정사를 탐문해서가 아니라, 행인이 돌아와 보고한 기록을 참고했기 때문이라고 했다. 그는 근본적이고 현실적인 차원에서 행인의 직분을 파악하고 실천하였으며, 청나라의 풍속을 기록하여 정치 득실을 살피는 약국 행인으로 자처했다. 그리고 자신의 글을 이렇게 평가했다.

> 나는 행인으로 두 차례 상국에 갔다. 식견은 음악을 살피기에 부족하고, 재주는 나라 사정을 엿보기에 모자라며, 직접 듣고 채록하여 기록한 것이 없다. 붓 들어 기록한 것은 유람과 사적일 뿐이니 행인의 반명(反命) 보고서와는 다르다. 하지만 또한 그 풍속을 살펴 정치를 알기에 충분할 것이다.[14]

홍경모는 조선 사신의 한계를 분명히 인지하였다. 유학을 하며 찬찬히 배운 것도 아니고, 섞여 살며 몸으로 안 것도 아니며, 장기간 여행을 하며 낱낱이 살펴 터득한 것도 아니다. 사신들은 겨우 중국의 동북 일부만을 밟았을 뿐이요, 행동의 자유가 있는 것도 아니었다.[15] 하지만 그는 가능한 한도

---

14 「燕槎紀略序」. "余以行人再赴上國, 識不足以觀樂, 才不足以覘國, 無所聽採而爲之書. 橐筆而記者, 惟記游記事之日錄而已, 此與行人反命之書有異, 亦足以觀其俗而知其政."

15 「燕槎紀略後編序」. "古今之事變, 夷夏之謠俗, 未得其崖略, 譬諸尋河者, 不窮其源, 徒取夫細瀆殘流也. 今余之所經歷者, 秪是幽幷荒塞之地, 三百年皇明文物之盛, 已矣無徵. 況其夏后疏鑿之跡乎. 又況呂伯棠茇之化乎. 使余之行, 遠涉周秦之域, 偏游齊魯之鄉, 則所得豈止於此哉. 噫!"

내에서 두루 살피고 분석하여 기록하는 것으로 행인의 소임을 다하고자 했으며, 자기 기록에 대한 자부심이 강했다. 그는 옛날 주나라의 천자로 하여금 앉아서 열국 정사의 득실을 파악하게 했던 행인의 역할을 자임했던 것이다.

3. 물아(物我) 간 거리 확보와 중국의 대상화

한국과 중국은 지리적으로 붙어 있으면서 역사적으로 반목·갈등과 친선·우호를 거듭해왔다. 일단 형식으로라도 중화 질서를 인정하고 그 안에 편입되면 평화를 누릴 수 있었다. 대신 조공/책봉이라는 불평등 관계를 감수해야만 했다. 반면 중화 질서를 부정했을 경우에는 어떻게든 전쟁이 일어났다. 패수(浿水)를 경계로 한 위만조선과 한(漢)의 격렬한 전쟁, 요동 지역의 패권을 다툰 고구려와 수·당의 전쟁이 대표적인 경우이다. 하지만 고려의 대몽(對蒙) 항전이 실패로 끝나고 원(元)나라가 북경에 도읍하면서부터 중원 왕조와의 관계는 친선 우호의 기조가 정착되었으며, 이 관계는 주로 북경 사행 즉 연행을 통해 실천 유지되었다.

조선과 명청(明淸) 사이에 일시 갈등이 없었던 것은 아니지만 평화 관계를 위협할 만한 정도는 아니었다. 장기간에 걸친 관습적 외교 관계는 중국에 대한 의존적 태도를 강화했고, 안정이 담보된 상태에서 중국에 대한 냉정하고도 차분한 이해 노력은 시도되지 않았다. 명청 교체 이후 꽤나 떠들썩해 보인 조선 내부의 사정과는 달리, 청나라를 대하는 조선 문사의 태도는 매우 고답적이었다. 박지원이 연행에 참여한 문사들을 크게, 질시하며 배척하는 상사(上士)와 외면하며 애써 무시하는 중사(中士), 그리고 자잘한 데서도 선진 문물을 배우려 하는 하사(下士)로 나눈 것은 조선 지식계의 전반적인 분위기를 잘 보여준다. 청나라를 배척하고 외면했던 문사들의 발언과 달리 청나라에 대한 종속 관계는 오히려 전대보다 더 심해졌다.

조선의 지식계는 청나라를 심각하게 연구하지 않았고, 그들의 영속을 의심하지 않았다. 유학생 파견, 다양한 경로의 무역와 교류, 체계적인 한어(漢語) 교육 등을 위한 노력이 시도되지 않았다. 사신의 왕래를 통해서 소통했지만, 사신 외교는 그 역할이 지극히 제한적인 데다 세월이 지나면서 관습적이고 상투적인 의전 행사로 굳어져갔다. 청은 조선이 믿고 기대는 대국이자 세계의 중심이었다. 많은 조선의 문사들에게 연행은 거대한 세계와 개화된 문명 체험의 기회였다. 홍경모에 있어 연행은 조선 문사가 겪을 수 있는 최대의 공간 편력이자 문명 체험이며, 책으로 알던 관념을 확인할 수 있는 기회였다.[16] 그런데 홍경모는 이러한 대관장유(大觀壯遊)의 통쾌함에 함몰되지 않고, 거리를 확보하여 중국을 대상화하고 객관화하기 위해 노력했다. "연행 체험이 과연 자랑할 만한 대관장유일까?" 그는 이렇게 묻고 다음처럼 자답한다.

> 아, 동국 사람의 안목이 얼마나 좁은가! 태서 사람 알레니(艾儒略, 1582~1649)의 『직방외기(職方外記)』를 보았는데 천하의 대주는 모두 다섯이라고 한다. 남극과 북극을 두 경계로 삼아 헤아리면 각 둘레의 길이는 9만 리이며 동서의 길이도 같다. 바닷물이 반을 차지하고 나머지 반은 인물이 산다. 그 속의 위관(偉觀)으로 아프리카의 아틀라스산은 천하의 산 중 가장 크다. 아메리카의 마젤라니카(蠟泥海)는 천하 물의 조종이다. 인도 보사니라하(寶肆泥羅河, 미상)의 풍부함[17]은 더욱 대단하다. 아세아 한 대륙만으로 따져 중국을

---

16 많은 예 중에서 세 가지만을 든다. "茫茫宇宙內, 大觀斯止矣."(「渡𤄃河」); "平生觀得意, 胸次與之懷."(「過王寶臺向遼陽」 속운); "青燈白首曾虛讀, 親見於身信古書."(「和副价九連城韻」, 속운)

17 현존 『직방외기』에는 '보사니라하'란 지명이 보이지 않는다. 니라하(泥羅河)는 보통 나일(Nile)강의 음역으로 알려져 있다. '니라'가 '나일'의 음역이라면 "인도의 보물 창고 나일강"이란 번역이 가능하다. 물론 '보사(寶肆)'도 지명의 음역일 가능성을 배제할 수 없다. 그런데 이렇게 번역할 경우 사실관계에서 오류가 발생한다. 나일강은 인도가 아닌 아프리카에 있기 때문이다. 기억을 옮기는 과정에서 착오가 있었던 것

> 본다면, 오악(五嶽)의 높이와 사해(四海)의 크기와 강남(江南)의 가려(佳麗)함과 낙양(洛陽)의 번화함도 작은 세계의 한 이름난 지역이라 할 것이다. 하물며 조선이야 아세아 동쪽의 한 작은 마을에 지나지 않음에랴! 나는 이 나라에 태어나 늙도록 조롱에 갇혀 국경 밖을 나서지 못했다. 일찍이 사방에 지방관으로 나가 높은 산에 오르고 큰 바다에 임했어도 이는 우물 속에 앉아 하늘을 본 것과 다르지 않다.[18]

북경 한번 다녀오면 천하를 다 본 듯 떠벌리는 조선의 지식계를 겨냥한 일침이며, 그런 관성에서 자유롭지 못한 자신에 대한 반성이다. 세계 전체에 대한 조망의 시야가 확보되지 않으면, 잘못된 인식으로 인한 우상을 깨는 것이 불가능하다. 서양의 지리학 성과가 수용되면서 중국이 천하의 중심이고 세계의 전부라는 우상은 깨지기 시작했다. 알레니의 『직방외기』는 중국 중심 세계관의 허구를 해체한 책으로, 1631년 정두원에 의해 수입된 이래 조선 문사들의 시야를 넓혀주었다.[19] 중국은 세계의 일부이며, 조선은 그보다 훨씬 작은 마을에 지나지 않는다. 천하에서 중국이란 태산의 개미집과 같고, 그중에서도 연경은 한구석에 지나지 않는다. 연행은 중국의 모퉁이를 밟아본 것에 지나지 않으니 중국을 보았다고 장유라 하기에는 턱없이 부족하다. 그는 자기 견문의 한계를 자인하면서도 자기 저술은 자부했다. 어려운 것은 이치를 살펴 유추하는 것이니, 자신의 소박한 글을 계기로 천하의 형

으로 보인다. 여기서는 이쯤 밝혀두고 현자의 가르침을 기다린다.

18 「燕槎紀略前編序」. "噫, 東人之目, 何局也. 嘗見泰西艾儒略職方外記. 天下之大州凡有五, 計地球之南北極兩界, 則地各一周爲九萬里, 而東西如之. 海水居於半, 人物居於半. 就其中偉觀者, 利末亞之亞大蠟, 甲於天下之山. 墨利加之蠟泥海, 祖於天下之水. 應帝亞之寶肆泥羅河之富, 庶蓋其尤者, 而以亞細亞一州論之, 卽中國也, 而五嶽之崇, 四海之巨, 江南之佳麗, 洛陽之繁華, 猶可謂小世界之一名區. 況朝鮮不過亞細亞之東一小聚落也. 余生於是邦, 白首籠囚, 跡不出疆場之外, 而亦嘗宣力四方, 登高山而臨大海, 此無異於坐井觀天."

19 여기에 대해서는 천기철, 「직방외기의 저술 의도와 조선 문사들의 반응」, 『역사와 경계』 47, 부산경남사학회, 2003 참조.

세를 미뤄 알 수 있다는 것이다.[20]

이런 생각은 연행 도중의 체험에서 한 번 더 펼쳐진다. 요동들이 끝나갈 지점에 신점(新店)이란 마을이 있었다.[21] 이 마을의 옛 이름은 월봉(月峰, 지금 현지 이름은 쌍봉산[雙峰山])이다. 외형상 산이랄 것도 못되는 야트막한 언덕은 연행사들에게 꽤나 유명했던 곳이다. 박영원(朴永元, 1794~1852)은 1846년 여기 오른 감회를 "월봉은 개밋둑에 지나잖으나, 그 이름은 천하에 알려져 있네."라고 한 바 있다.[22] 실제로 많은 사람이 여기 올라 요야를 돌아보며 특별한 자각을 토로하곤 했다. 이러한 전통의 시원은 홍대용에게서 찾을 수 있다. 1765년 월봉에 오른 홍대용은 그 조망의 훌륭함을 운위하며 "바다를 보지 않거나 요동들을 건너보지 않고서는 지원설(地圓說)이 행해지지 못할 것"이라고 했다.[23] 그가 통찰한 것은 지구가 둥글다는 사실이고, 지구가 자전하는 이치이다. 홍대용은 여기서 땅의 크기가 아닌 대지의 형체와 천체의 운동을 통찰한 것이다. 월봉에서의 통찰은 홍경모의 글에서 정점에 이른다.

> 요양에서 서쪽으로 3백 리 지점에 있다. 마을 뒤에 작은 언덕이 있어 길을 가로막고 있으니 이를 월봉(月峯)이라 한다. 산골짜기에만 살며 백 리 벌판을 보지 못하다 요동벌을 보고는 비로소 천하의 장관이라고 감탄한다. 걸어 올라 동서를 바라보면 하늘과 땅의 끝이 붙어 하나의 선이 된다. 백 리 안의 굽고 곧은 지세가 모두 눈에 들어오니 가슴이 툭 트여 시원해진다. 무

---

20 앞의 글. "夫天下者, 普天之下, 中國之地, 不足以盡之也. 中國者, 九土之中, 一國之疆, 不足以當之也. 東人之入中國者, 止於中國之一隅, 則不足言觀中國也. 然則以中國而觀燕京, 如燕京之於東國, 以天下而觀中國, 如泰山之於培塿, 固不可謂辦天下壯游, 而是書也, 亦無足自夸也. 夫盡天下之觀, 易, 窮天下之理, 難. 君子貴窮理格物, 自小而知大, 卽近而推遠, 則不出戶而知天下, 豈必亥之步·章之搜, 周流六合而後, 謂能天地之大觀也哉."

21 신점은 胡家窩, 胡窩棚, 胡家窩柵, 胡家窩棚, 舊家鋪 등으로도 표기되었다. 지금의 행정지명은 호가진(胡家鎭)이다. 1790년 서호수 등의 성절사행이 길을 꺾어 열하로 직행했던 곳이기도 하다.

22 朴永元, 「月峯」, 『梧墅集』 책 4. "月峯丘垤類, 其名聞天下. …."

23 홍대용, 「燕記·沿路記略」, 『국역 담헌서 외집』 권 8.

릇 평야를 가도 사방에 보이는 것이 수십 리에 지나지 않았는데 오늘 여기 오르니 천리 요동 들이 남김없이 그 모습을 드러낸다. 둘레는 마치 바둑판을 펼쳐놓은 듯하고 한 기운이 아득하여 끝나는 곳이 없다. 바다를 보지 않고 요동들을 지나지 못하면 지원설이 행해질 수 없다. 하지만 추연(鄒衍)에 따르면 중국은 천하에서 1/81에 지나지 않는다 했다. 또 서양 사람들은 천하에 5대주가 있는데, 아세아주에만 해도 100여 나라가 있으며 중국은 그 중 하나일 뿐이라고 한다. 그렇다면 천하의 들판은 크기가 무한정이니, 천하를 기준으로 보면 중국은 말 한 마리가 서성대는 작은 마당에 지나지 않고, 중국 전체를 놓고 보면 요동벌은 손바닥 위의 손금일 뿐이다. 중국도 크다고 할 수 없는데, 요동 벌판이야 더 말할 나위가 있겠는가? 그렇다면 이는 동국 사람들의 소견이 작아서 크다고 감탄하는 것에 지나지 않는다. 큰 것을 알지 못하는데 작은 것을 또 어찌 알랴. 크고 작음을 알지 못하는데 무엇을 근거로 천하의 장관을 논할 수 있을 것인가?[24]

홍경모는 1830년 첫 사행에서 이 월봉에서의 인상을 특별히 기억하였는데,[25] 이 글 또한 그때의 인상을 토대로 지어진 것으로 보인다. 밑줄 부분은 홍대용의 발언을 그대로 따온 것이다. 홍경모는 지원(地圓)이나 지전(地轉)

24 「月峯記」, 『遼野程史』. "自遼陽西行三百里, 大陸漫漫無埃塵, 日月出於野而沒於野. 至新店村, 後有小阜, 墳起橫遮大路, 是謂月峯. 縱步登嶺, 放眼東西, 乾端坤倪, 如膠粘線縫, 而百里間紆直之勢, 盡入眼中, 胸懷決闊. 夫行乎平野, 四望不過十數里, 而今登此峯, 千里遼野, 呈露其全面, 回環如碁局之安排. 一氣涳濛, 靡所止屆. 不觀海, 不度遼, 地圓之說, 不得行也. 雖然, 東國之人, 處山谷之間, 未嘗見百里之野, 始見遼野, 以爲野之大者莫遼野若, 遂謂之壯觀. 夫天下大地也, 鄒衍之言曰, 中國之於天下, 乃八十一分之一, 而名曰神州. 環以神海, 神海之外, 又有如神州者九, 而大瀛海還其外. 泰西人有言曰, 天下有五大洲, 亞細亞洲, 又有百餘國, 而中國居其一. 然則天下之野, 其大無量, 以天下而視中國, 則卽一旋馬之小庭, 以中國而視遼野, 則亦猶掌上之一紋, 中國亦不可謂之大, 則遼野豈可以大言哉. 然則此蓋東國之人所見者小, 而稱之以大. 大猶不知, 安知其小也. 旣不知小大, 亦何以論天下之壯也."

25 1830년 사행을 기록한 『槎上韻語』에는 당시의 강렬했던 인상이 「월봉에 올라 요동벌을 굽어보다 登月峯俯觀遼野」에 남아 있다. 이에 반해 1834년 사행에서는 월봉에 대해 아예 언급을 하지 않았다.

같은 과학 원리보다는 지리 현상에 더 관심이 많았다. 그는 육안으로 포착되는 요야의 광대함에 현혹되지 않고, 반대로 그 너비가 실은 세계의 아주 작은 일부에 지나지 않음을 사유하여 인식 주체로서의 지적 높이와 심리적 평형을 유지하고자 했다. 이를 위해 오래 묵은 추연의 구주설(九州說)을 다시 꺼내오고, 『직방외기』의 오대주설을 끌어와 논거로 삼았다. 천하에서 중국은 말 한 마리가 서성거리는 마당 정도의 크기일 뿐이니 중국의 일부인 요야는 손금에 지나지 않는다는 것이다. 세계의 크기는 지식의 크기와 비례한다. 홍경모는 해발 100m도 안 되는 작은 구릉 위에서 세계의 크기를 사유하는 지적 거인의 위치에 선 것이다.[26] 육안에 들어오는 크기나 높이에 휘둘려 흥분하지 말고, 담담하고 차분하게 감각 너머의 세계를 사유하라, 이 발언의 요지이다.

홍경모는 파격적인 사상가나 개혁주의자가 아니었다. 여전히 전통적인 사유의 지배 속에 있었다. 하지만 지리 인식은 매우 특별했다. 그는 오랜 세월 누적되어 각인되다시피 한 화이관(華夷觀)의 전통과 눈앞에서 펼쳐져 지각을 압도하는 중국 문명, 지리의 장대함을 관성적으로 받아들이지 않았다. 구주설과 오대주설(五大州說)을 끌어와 화이관을 대치하려 했고, 이치를 사유함으로써 지각의 한계를 넘어서려 했다. 이러한 사유 구도 속에서 명과 청의 구분은 사소하고 부수적인 사안이었다. 그는 조감(鳥瞰)의 시점으로 중국이 세계의 작은 일부라는 사실을 통찰했고, 거리를 두어 그것을 관찰하고자 했다. 이로써 가까우면서 거대한 중국에 대한 객관적 인식이 가능해지기 시작했다. 중국은 조선보다는 훨씬 크지만, 세계에서 가장 큰 것도 아니고 세계의 중심에 사는 것도 아니라는 사실을 깨달은 것이다.

---

26 홍양호는 산해관 징해루(澄海樓) 앞의 발해를 두고 작은 도랑에 지나지 않는다며 기염을 토한 바 있는데(『이계집』 권 13, 「망해대기(望海臺記)」), 홍경모의 세계인식은 할아버지의 그것과 닮은 부분이 많다.

4. 거리에서 발생한 인식의 양상들

홍경모는 두 차례 사행에서 모두 391제 534수의 시를 남겼다. 1차 사행에서는 202제 267수의 시를 지었으며, 도강 이후의 시는 106제 131수이다. 『사상운어』에 실려 있다. 2차 사행에서는 190제 267수를 지었는데, 이중 도강 이후의 시는 146제 168수이다. 『사상속운』에 갈무리되어 있다. 도강 이후 지은 시는 모두 285제 335수인 셈이다. 특이한 것은 두 경우 모두 시의 배경이 북경성 조양문(朝陽門) 앞에서 그친다는 점이다. 북경에서의 행적과 감회는 시로 남기지 않았으며, 귀로에 지은 시 또한 한 수도 없다. 관련 산문의 비중 또한 『요야정사』(또는 『요야기정(遼野紀程)』)가 3/4을 차지하며, 나머지 1/4이 북경의 문물과 제도를 기록한 『옥하섭필』이다. 그가 생각한 요야의 범주는 요하나 산해관을 기점으로 잡은 일반 기준과는 달리 압록강 건너부터 북경 전에 이르는 전 지리 공간이다. 이 현상으로만 본다면 홍경모는 북경보다는, 거기에 이르는 사이의 지리 공간에 많은 관심을 가졌던 것으로 추리할 수 있는데, 이는 고대의 역사지리에 대한 특별한 관심이 반영된 결과이다.

이 장에서는 이 시들을 주 텍스트로 삼고 『요야정사』의 산문을 부 텍스트로 삼아 홍경모가 지녔던 중국 인식의 특징을 살피고자 한다. 우선 기대가 되는 것은 첨국의 수준과 양상이다. 홍경모는 이웃 나라의 풍속과 물정을 살펴 정치의 득실을 알고, 이를 기록하여 군주에게 보고하는 행인의 자의식을 가지고 이를 실천하려 하였다. 나아가 반명의 보고서는 아니지만 자기 기록에 그러한 성격이 들어 있으며, 부족한 대로 그러한 기능을 한다고 자부하였다. 그의 모든 연행 기록은 행인의 소임으로 작성한 것이다. 홍경모는 첫 사행을 떠날 때 왕에게 표자(表咨)를 올리고 교외로 나서면서 지은 시에서, 늘그막에 눈을 맞으며 떠나는 먼 길이 마음에 걸리지만, 상국의 풍속을 살피는 일이기 때문에 통쾌하다고 하여, 사행의 임무를 관풍으로 다잡았다.[27] 홍경모의 중국 인식에는 특별한 무엇이 있는가? 있다면 그것은 어떻게 표출되고, 거기엔 어떤 의의가 있는가? 그 일단만을 살펴보기로 한다.

하늘은 화이(華夷)를 구분하지 않는다

홍경모가 첫 연행을 떠난 1830년은 청이 중원을 차지한 지 186년째 되던 해이다. 북벌론은 사라졌고, 복명(復明) 운동 소식에 귀를 기울이던 것도 먼 옛날의 일이며, 호불백년운(胡不百年運, 북방 호족의 시운은 100년을 못 간다는 말)을 내세우던 낙관론도 자취를 감추었다. 황명(皇明) 운운하던 세월이 지났고 청조는 흔들림 없이 유지되었다. 하지만 이런 현실과는 상관없이 조선 문사들의 관념에서는 숭명배청의 경향이 관성처럼 작동하고 있었다. 홍경모 또한 예외가 아니었다. 영원성(寧遠城)에서 패한 누르하치가 피를 토하며 죽었다는 구혈대(嘔血臺) 전설을 들으며 통쾌해하거나,[28] 요양(遼陽)에서 관녕(管寧)의 고사를 떠올리며 이민족 치하에서도 세상을 피하는 사람이 없는 한족(漢族)의 세태는 부끄러운 일이라고 했다.[29] 그럼에도 불구하고 홍경모는 대체로 현실을 인정했고, 그것이 이치에 어긋나는 일이 아님을 여러 경로로 표출했다.

삼동에 먼 길 가매 살쩍 다 세었으나	三冬行邁髩成斑
아름다운 풍광에선 얼굴이 환해지네	佳處欣然却解顔

27 「인정전에 이르러 표자를 받들고 교외로 나서다 詣仁政殿 奉表咨出郊」, 『槎上韻語』. "衰年衝雪殊關念, 上國觀風足暢神." 이밖에도 홍경모는 여러 시에서 첨국(覘國)이나 기속(紀俗)의 목적을 명시적으로 표출하곤 했다.

28 「요양회고(寧遠懷古)」, 『槎上續韻』. "人間無限快心事, 嘔血臺名天下聞."

29 「요양8절(遼陽八絶) 5」, 『槎上續韻』. "管公歸隱皆遼云, 穿榻高標四海聞. 今世嗟無避世者, 華人能不愧夫君."

요동벌 다 지나자 계주 들판 나타나고	遼野窮來仍薊野
의무려산 지난 뒤 또 반산이 다가오네	閭山過後又盤山
수레자국 교직되니 황도가 가까웁고	輪蹄交織皇都近
북소리 잠잠하니 수졸들도 한가롭다	鼙鼓無聲戍卒閒
천고의 흥망성쇠 큰 판을 살펴보니	千古興衰觀大局
하와 이 구분함에 하늘은 관심없네	天心不在夏夷間[30]

길 위에는 촘촘한 천을 짜듯 수레바퀴 자국이 가로 세로 교차되고 있다. 각 지역의 사람들과 재화가 모두 북경을 향해 몰려들고 있다. 교직되는 수레바퀴 자국은 북경의 풍요와 번성을 상징한다. 전쟁을 알리는 북소리가 그쳤으니 수졸들의 표정과 태도도 한껏 한가롭다. 홍경모는 생각의 이 지점에서 천고의 흥망성쇠를 대국적으로 사유하였다. 대국(大局)을 살핀다 함은 사적 편견이나 감정, 이념적 당위에 휘둘리지 않음을 의미한다. 그래서 그가 내린 결론은 하늘은 화하(華夏)니 이적(夷狄)이니 하는 구분에는 관심이 없다는 것이다. 화하가 우월하고 이적은 열등한 것도 아니요, 화하에게 더 많은 권리와 문명을 준 것도 아니다. 벌써 200년 가까이 청이 중원을 잘 다스리고 있음은 있을 법한 일이며 이치에도 어긋나지 않는다. 대국의 견지에서 본다면 중원의 주인이 누구인가는 중요하지도 않고 의미도 없다는 뜻이다.

이러한 생각은 다양한 주제를 통해 여러 수위로 표출된다. 200년래 황폐해진 명대 요동 최대의 도시 광녕(廣寧)의 버드나무 그늘 아래서 술 파는 호녀(胡女)를 보며 국가의 흥망이란 대수로운 일이 아니니 슬퍼할 이유가 없다고 했다.[31] 청인(淸人)의 복식을 자세히 묘사한 뒤, 그들이 만주인의 전통을 고수하고 있으며, 이는 원나라의 멸망을 교훈 삼아 근본을 잊지 않으려

30 「낮에 방균점에서 말에 풀을 먹이다(午秣邦均店)」, 『梣上韻語』.

31 「광녕점에서 밤에 구광녕을 바라보다가, 옛일이 떠올라 붓을 달려 시를 짓다. 廣寧店夜望舊廣寧 懷古走成長句」, 『梣上韻語』. "胡姬當罏坐, 賣酒垂楊裏. 興亡本常事, 奚獨悲慨以. 不如買千鍾, 痛飮長歌耳."

는 정신의 소산이라는 점에서 탁월한 식견이라고 감탄했다.[32] 심양과 산해관 사이에는 황기(黃旗)나 백기(白旗) 등의 마을 이름이 지금도 여럿 남아 있는데, 여기에서 착상하여 청나라의 팔기(八旗) 편제와 운용을 매우 긍정적으로 평가했다. 그는 팔기의 편제와 운용뿐만 아니라 기인(旗人)에 대한 처우 및 사후 보상까지 거론하며 그 군대가 강할 수밖에 없는 이유를 설명했고,[33] 정예 군사와 건장한 말로 천하를 제패한 그들에 반해 군포(軍布)로 병역을 대신하는 조선군의 허약함을 비판적으로 돌아보기도 했다.[34]

청나라는 성지(城池)를 수축하지 않았다. 입국 초 성지 수축 의견에 도르곤(多爾袞)이 응대했다. "명조에서 우릴 막으려 백성들의 고혈을 뽑아 성지에 크게 힘썼지만 끝내 우리에게 빼앗겼다. 우리는 생령(生靈)을 쉬게 해야지 백성들을 괴롭혀 쓸데없는 일을 할까?"[35] 홍경모는 출처 미상의 이 말을 인용했는데, 이는 청조의 통치 이념과 현실에 대한 칭송으로 들린다. 산해관 동쪽 1km 지점에 위원성(威遠城)이 있었다.[36] 홍경모는 이를 두고 두 편의 시를 지었다. 하나는 7율 「위원대(威遠臺)」이다. 대단한 방어시설을 두었지만 시운이 다해 명은 멸망하고 이젠 천하의 길이 청의 연경으로 통하고 있다고 했다. 명의 관점에서 지은 것으로 내용도 의례적이고 심상하다. 다른 하나는 3·5·7언 15운 「선우대(禪于臺)」이다. 선우(禪于)는 청의 개국주를 가리킨다. 이 성을 산

---

32 「호복(胡服)」, 『槎上韻語』. "… 行走極便利, 坐必踞椅卓. 貴賤同其制, 男女亦相若. … 今皇滿洲人, 自有滿洲俗. 用夷變中國, 今古所罕覯. 且懲元之失, 竪碑辟雍側. 不惟不忘本, 盖亦有卓識. 文質互相承, 典禮隨沿革. …" 청태종은 1636년 조선 출병에 앞서 『金史』, 「世宗本紀」를 읽게 하고는 만주인의 고유 전통을 지켜야 하는 이유를 유시했다. 1752년 동순 때 이 유시를 비석에 새겨 만대의 교훈으로 삼게 했다. 태종의 일은 『皇淸開國方略』에, 건륭제의 말은 서호수의 『연행기』에 보인다.

33 「황기보(黃旗堡) 2」, 『遼野程史』.

34 「홍기영(紅旗營)」, 『槎上韻語』. "盖聞軍制異前代, 其要專在善養兵. 國人皆隷旗下號, 非隷旗下卽是氓. 歲以白金養其兵, 那不馬壯而兵精. 兵精馬壯冠天下, 用是開倉樹立宏. 須看東俗收軍布, 兵力由來弱而輕."

35 「연대기(烟臺記)」, 『遼野程史』.

36 여기에 대해서는 4부 1장에서 다시 논함.

해관을 치기 위해 청에서 쌓은 것으로 보고, 청나라가 백두산 아래에서 흥기하여 요동을 차지하고 산해관을 넘어 중원으로 나아가는 행적을 매우 영웅적이고 역동적으로 그려냈다.[37] 선우대라는 이름 자체가 새롭거니와, 청나라 입장의 묘사 또한 이채롭다. 명은 이미 희미한 옛 그림자가 되고 만 것이다.

홍경모의 인식은 어찌 보면 매우 당연한 현상인데 마치 특별한 것처럼 거론됨은 그만큼 조선의 중국 인식이 당시에도 전통의 화이관에서 자유롭지 못했기 때문이다. 전 세계 차원에서 격동의 물결이 밀려오기 시작하는 즈음 청나라 이후를 생각하지 못했던 것도 지금 생각하면 안타까운 일이다. 청이 중원을 차지한 지 200년이 지났으니, 역사의 흥망을 대국적으로 성찰하면 청의 운명도 다해가고 있다는 것을 감지할 법 했기 때문이다.

약국(弱國)이기에 사행에 나선다

약국이라 사대에 거짓이 없어　　弱國事大誠
해마다 동지사를 파견한다네　　歲送冬至使[38]

홍경모는 1830년 10월 그믐날 희정당(熙政堂)에서 순조를 입시(入侍)하고 물러나는 것으로 공식 사행 일정을 시작했다. 그는 이 날의 감회를 시로 표현했는데 이것이 연행에서 지은 첫 작품이다. 이 시는 위 두 구절로 시작하는데, 그 첫 단어가 '약국'이다. 그는 청나라 사행의 이유를 조선이 약국이

---

37 원문만 소개한다. "禪于臺, 何崔嵬. 勢壓重關迴, 高倚半天開. 天生驕子大荒東, 白頭山下闢草萊. 大志欲呑天下大, 長驅鐵騎如風雷. 寧塔瀋河容膝隘, 席卷中州然後快. 山海雄關橫截路, 鐵城頷頷限內外. 八門四重深如海, 動靜虛實那得探. 禪于望之氣不驕, 徘徊城下幾敗乃. 黙運奇籌頤暗朶, 千尺高臺起路左. 直聳野中高於城, 俯瞰關內明若火. 黃繖徐轉岸紅兜, 老酋微笑其上坐. 神州赤縣在眼底, 山川道里入指點. 小關那能障我師, 一碎此城天下是. 大明朝廷樂太平, 三案紛然爭相起. 一念不曾到此臺, 任使戶外耽虎視."(『槎上韻語』)

38 「10월 그믐 조정을 하직하다. 왕명을 받들어 희정당에서 입시하고 물러나와 삼가 기록하다. 十月晦日辭朝 承命入侍于熙政堂 退而恭記」, 『槎上韻語』.

기 때문으로 파악했다. 이는 조선이 강국이라면 굳이 해마다 사신을 파견할 이유가 없다는 것으로 바꿔 말할 수 있다. 조선의 명청 사행에 대해서는 의견이 분분하지만, 핵심을 질러 말하면 약국의 조공사행이랄 수 있다. 조선이 약하지 않다면 마음을 다해 존숭의 형식을 갖춰 외교문서를 작성할 리도, 해마다 몇 차례씩 선물 보따리를 꾸려 사행에 나설 이유도 없다는 뜻이다. 조선이 약국이 된 이유는 청나라와의 전쟁에서 패했기 때문이다. 패전의 이유 중 중요한 하나는 관방(關防)의 허술함이었다. 그는 이러한 사실을 냉엄하게 직시했고,[39] 국내외 관방의 중요성에 대해 여러 차례 역설했다.[40]

청과 조선 사이에 엄연한 강약과 주종의 차이를 조선의 문사들은 애써 외면하려 했고, 거기 그치지 않고 은폐하고 왜곡하려 했다. 그것이 심각한 허영과 가식을 낳았다. 박지원이 나눠 제시한 연행 사신의 두 유형, 상사와 중사의 태도가 그 실상을 잘 보여준다. 타자 인식과 자기 인식은 동전의 양면으로, 한쪽이 거짓이면 다른 쪽도 왜곡될 수밖에 없다. 애초 냉철하게 진실을 직시하지 않으려 했기 때문에 조선 지식계의 중국 인식은 허술할 수밖에 없었고, 이는 겸허하고 정확한 자기 인식을 방해했다. 하지만 홍경모는 비교적 냉정했고, 강약의 차이가 현저한 현실을 인정했으며, 사행에 내포된 강제성·불평등성과 약자의 처지를 성찰했다. 약국의 사신이기 때문에 더 많은 것을 준비하고 살피고 기록해야 한다. 이것이 홍경모가 정자산을 행인의 모범으로 삼고, 첨국을 행인의 제 1 임무로 생각한 이유이다.

새벽에 연행수레 기름을 치고　　　　曉脂燕塞牽
아침에 압록나루 배를 띄웠네　　　　朝泛鴨水津

39　「변문잡절(邊門雜絶) 4」, 『槎上續韻』. "遼瀋藩籬一短垣, 鳳城管轄作邊門. 崇德條約誰敢越, 生於弱國欲無言."

40　이를테면 국내 주요 관방처의 하나인 청석동을 지나면서는, 안정된 외교 관계만 믿고 관방을 도외시하는 현실을 꼬집었다. 「청석동(靑石洞)」, 『槎上韻語』. "不乏金繒使, 關防度外看."

더딘 해는 맑고도 향기로우니	遲日澹而芳
계절은 따사로운 늦봄이로다	天時屬莫春
약국에는 뾰족한 계책이 없어	弱國無長策
해마다 사신 행차 파견하누나	頻年遣使臣
이 몸도 두 번째로 왕명 받으니	而我再膺命
그 사이 세 해가 흘러갔도다	穀燧纔三新
갈 때 올 제 날씨가 다르리니	楊柳異雨雪[41]
한 걸음 고생이야 얼마나 되랴	一路少苦辛
정령위(丁令威) 옛 사연 떠올리면서	化鶴憶舊遊
연자방아 나귀처럼 길을 가노라	磨驢踏前塵
춘추는 말 꾸밈을 중시했으니	春秋重修辭
잘 살핌 행인에게 달려 있노라	善覘在行人[42]

1834년 구련성(九連城) 근처에서 지은 시이다. 2월 12일 한양을 떠났으니 시기는 3월 초 즈음이다. 첫 사행에서 돌아온 지 3년이 지났는데, 약국의 사정은 달라지지 않아 다시 노구를 끌고 먼 길에 나서게 되었다. 계절이 봄이든, 화표주(華表柱)의 고사를 떠올리든, 약국 사신으로서 홍경모가 중시한 것은 역시 선첨(善覘, 풍속을 잘 살핌)이었다. 『춘추(春秋)』는 단어 선택에 신중을 기해 은미한 말로 대의를 드러내는 방법을 중시했는데, 이처럼 작고 은미한 데서 사행국의 문물과 풍속을 잘 살펴 그 정세를 살피는 것을 다짐하고 있음이다.

홍경모는 여러 곳에서 약국 사신 처지를 드러내곤 했는데, 그의 연행 시

---

41 양류(楊柳)와 우설(雨雪)은 「小雅, 鹿鳴之什, 採薇」, 『시경』의 "昔我往矣, 杨柳依依. 今我来思, 雨雪霏霏"에서 가져온 것이다. 수자리 살러 갈 때엔 버들이 늘어졌는데, 이제 고향으로 돌아가려고 하니 눈비가 부슬부슬 내린다는 뜻이다. 왕부지(王夫之)는 이 구절을 '낙경(樂景)으로 슬픈 일을 묘사하고, 애경(哀景)으로 즐거운 일을 그려낸 정경교융(情景交融)의 대표적인 예로 설명한 바 있다. 양류는 떠날 때를, 우설은 돌아올 때를 의미한다.

42 「다시 방야 행인의 시에 차운하다 又和方野行人」, 『槎上續韻』.

편에는 모두 10차례에 걸쳐 '약국'이란 시어가 나타난다. 스스럼없이 약국을 자처함에는 낮은 데서 솔직하게 대상을 보겠다는 겸허함과 함께 부강한 나라에 대한 선망과 동경도 숨어 있다. 수치를 극복하는 용기를 통해 자신의 약점이나 상대방의 장점을 깨달을 수 있었고, 배우고 준비해야 할 것을 정리할 수 있었다. 그는 조선이 부강해지기 위해서는 밖으로 청의 이용후생의 정신과 제도를 배우고, 안으로는 강성했던 과거의 역사에서 미래를 설계해야 한다고 주장했다.

부국은 이용후생에 달려 있다

약국 사신 홍대용은 청나라의 부강함을 배우고자 했다. 부유한 경제와 강대한 군사는 서로 함수 관계이다. 청은 팔기의 강대한 군사력으로 중원을 차지했지만, 이 군사력을 유지한 동력은 경제적 부유함이었다. 그렇다면 그 부유함의 원천은 무엇인가? 이런 질문 앞에서 홍경모는 아마도 북학파 학인들의 답안을 참고한 것으로 보인다. 북학파 중에서도 박지원과 박제가는 상업의 중요성을 강조했고, 상업이 발달하기 위해서는 물류가 원활해야 하며, 물류가 원활하기 위해서는 수레 및 도로가 발달해야 한다고 주장했다. 사실 이러한 이론은 이미 사마천의 「화식열전(貨殖列傳)」에 갖추어져 있고, 조선에서도 16세기부터 주장되어온 것이다. 박제가 등은 당시 조선의 실정에 맞춰 개선 방향을 제시했던 것이다.

재화의 유통과 이로 인한 일상의 요족 현상은 의주에서부터 관찰되었다. 의주는 조선의 문화와 중국의 문화가 섞여 있으며 교역으로 경제의 기반을 삼았던 국제도시였다. 의주 상인들은 한어(漢語)는 물론 만어(滿語)에도 능했으며, 북경을 제 집처럼 드나들며 국제무역을 했다.[43] 그들은 북경에서 수

---

43 홍경모는 의주의 문화와 풍속을 25수 연작에 담아 그들의 복합성과 개방성을 그려냈는데, 다음은

입한 물화들을 조선 전역에 유통시켰고,[44] 거기서 나오는 이익이 많았기 때문에 의주의 풍속은 사치스러웠다.[45] 압록강을 건넌 뒤에도 그는 유심히 그들의 문물을 관찰했다. 무엇보다도 인상적이었던 건 수레와 벽돌이었다. 당시 청나라는 어디에서나 벽돌과 수레가 통용되었는데, 그의 눈에 이는 후생(厚生)하고 이용(利用)하는 선왕의 제도들이 백성들의 일상 속에서 실천되고 있는 것으로 보였다.[46]

중국에 남은 풍속 삼대의 나머지라	中國遺風三代餘
일상의 규모 제도 촌가에 그대로네	尋常規制在村閭
생민의 이용으론 벽돌만한 것이 없고	生民利用無如甓
장사꾼 통행에도 수레를 이용하네	商旅通行亦是車
주루와 다방에도 몸가짐 우아하고	俗以嫻儀至茶酒
양 떼와 돼지들도 품성이 순하구나	物皆馴性及羊豬
칼 팔아 소를 사는 태평한 시대 풍경	賣刀買犢升平像
교외의 곳곳에선 밭 갈고 김을 매네	處處郊原耕且鋤[47]

사대문 안의 교차로에는 길에 3층 다락을 지소 그 아래 네 개의 무지개문을 열어 십자로를 만들고 수레를 다니게 하였다. 사람들이 산과 바다를 이

그 중 한 수이다.「의주에 7일 동안 머물며 붓 가는 대로 기록하다 留灣七日隨筆記事 16」,『사상운어』."萬里燕山一望中, 萬人來往戶庭同. 風謠染得華夷半, 言語習來滿漢通."

44 위의 시 20."灣人生業在燕商, 穰往熙來歲以常. 北京奇貨江南緞, 流遍三都又八方."

45 위의 시 21."灣州士女競豪奢, 雜佩生香彩服華. 朱戶綠窓歌管咽, 四時行樂綺羅家."

46 「봉성8절(鳳城八絶)」5,『槎上韻語』."해내엔 어디에나 벽돌 수레 통행되고, 주루의 물건들은 그 모두가 헌사롭다. 후생하고 이용하는 선왕의 제도들이, 백성들 일상 속에 남김없이 남았도다. 海內通行甓與車, 旗亭物物又堪誇. 厚生利用先王制, 盡在尋常百姓家." 이 시는『槎上續韻』에도「봉성잡절(鳳城雜絶)」3번으로 실려 있다. 편집 과정에서 착오가 있었던 것으로 보인다.

47 「사하소로부터 동관역으로 가며 自沙河所向東關驛」,『槎上續韻』.

> 루어 먼지가 하늘에 자욱하다. 채색 건물과 조각한 용마루, 금빛에 그림을 그린 간판이 화려함을 다툰다. 온갖 재화들이 운집하여 그 안에 가득한데, 저자에 앉은 이들은 모두 비단옷에 여우갖옷을 입었다. 산동(山東)과 산서(山西)와 강남의 부상대고(富商大賈)가 수레와 배에 물건을 싣고 와 심양에 머물며 조선과 영고탑 등에 유통시키는데, 수십 년 동안 돌아가지 않은 이들도 있다. 먼 지방의 기이한 물건들로 유통되지 않는 것이 없으니, 이익을 중시하는 풍속이 이와 같다. 저자의 문 좌우에는 온갖 공장들이 기술을 뽐낸다. 큰 나무로 수레와 관과 의자 탁자 등을 만들고, 두드려서는 여러 주석과 쇠 그릇을 만든다. 쌀을 빻고 옷을 꿰매며 솜을 타는 일에는 기계가 편리하지 않음이 없어 한 사람이 우리나라 열 사람 몫의 일을 한다.[48]

산업의 발달과 민생의 복리 증진을 위해 벽돌과 수레 제도를 도입하자는 의견은 16세기부터 제기되기 시작하여 18세기 후반에 이르면 꽤나 고조되었지만, 홍경모의 시대에서도 제대로 실현되지 않고 있었다. 주루와 다방에 있는 사람들의 몸가짐이 우아한 것은 의식이 족하기 때문이요, 양 떼와 돼지들이 사납지 않은 것 또한 생장 조건이 넉넉한 까닭이다. 홍경모의 눈에 든 당시 중국은 칼 팔아 소를 사 생산에 전념하는, 물산이 풍부하여 사람이나 동물이나 몸짓과 성정이 각박하지 않은 태평한 사회였다. 두 번째 인용문은 심양 성내를 묘사한 것이다. 사방 아홉 개의 성문을 연결하는 길이 만나는 교차로, 비단옷에 여우 갖옷을 걸친 저자 사람들, 먼 지방의 산물들을 모아 다른 지방에 유통시키는 상인들, 그리고 도구를 이용하여 효율적으로

---

48 「시포(市舖)」, 『遼野程史』. "四門之路交界處, 當街皆有三檐樓, 下開四虹門爲十字路, 以通車焉. 人山人海, 塵沙蔽天, 彩閣彫甍, 金牓畵牌, 競侈爭華. 百貨雲委, 充牣于中, 坐市者皆衣紋緞御狐裘. 盖山東山西江南之富商大賈, 車載舟運, 來留於瀋, 以通貨於朝鮮烏喇等處, 或有數十年不歸者. 遠方異物, 無不流通, 俗尙之重利如此. 市門左右, 百工逞技, 如巨木造車造棺造椅卓, 打造錫鐵諸器. 及磨米縫衣彈綿之類, 而器械無不便利, 一人可兼我國十人之事."

물건을 생산하는 공장(工匠)들에 대한 묘사가 생생하다. 이는 모두 이용의 현장이고 후생의 동력이다. 홍경모는 이용 이후에 후생이 가능하고, 후생 이후에 정덕(正德)이 가능하다고 하여 『서경(書經)』에서의 순서를 바꾸었다.[49] 인륜도덕을 세우고 삶을 풍요롭게 하기 위해서는 제일 먼저 사물의 쓰임을 이롭게 해야 한다고 본 것이다.

과거를 살펴서 미래를 준비한다

연행 도중 홍경모의 가장 큰 관심사는 조선의 고대사와 강역 문제였다. 압록강을 건너 요동 지역을 질러가는 연행로는 많은 부분 고조선, 고구려, 발해의 옛 강역이었다. 연로에는 이들의 역사를 함축하고 있는 지명과 유적들이 산재하였고, 설화가 유전하였으며, 옛 풍속의 잔형이 남아 있었다. 고조선과 고구려가 요동을 차지하고 있던 시기는, 연(燕)·한(漢), 수·당과 패권을 다투던 시기였다. 홍경모는 조선태사(朝鮮太史)를 자부했던 홍양호의 손자이고, 그 스스로 사가(史家)로서의 정체성을 강하게 지녔으니, 요동의 자국사에 대한 관심은 순수 학문적인 호기심의 발로라고 할 수 있다. 하지만 그에 못지않게 강성했던 과거에 대한 지금의 결핍을 만회하려는 약국 사신의 역사의식 또한 작동했던 것으로 보인다.

홍경모에게 있어 요동 지역은 조선의 고토(故土)였다. 그는 지역의 산천과 도시에 대한 많은 산문에서 이 문제를 거론했다. 두 차례 연행에서 지은 시편들에서는 단기(檀箕)와 기봉(箕封) 등이 10차례, 고구려(句麗, 句驪, 麗, 高麗)

---

49 「봉성성시기(鳳城城市記)」, 『遼野程史』. "企門戶齊整, 街術平直, 兩沿若引繩然. 市上鋪置, 整飭端方, 無一事苟且彌縫之法, 無一物委頓雜亂之形. 雖牛欄豚柵, 莫不有度, 柴堆糞庤, 亦皆精麗. 嗟乎, 如此然後始可謂之利用矣. 利用然後可以厚生, 厚生然後正其德矣. 不能利其用而能厚其生, 未知有也. 生旣不足以自厚, 則亦惡能正其德乎? 於是乎, 華俗之精核可見, 亦有驗大規模細心法也." 이 부분은 『열하일기』, 「도강록」 27일조의 글을 배치와 약간의 자구만 바꿔 그대로 가져온 것이다. 홍경모는 여러 곳에서 김창업, 홍대용 등의 기사 일부를 가져다 썼는데 특히 『열하일기』에서 가져온 것이 많다.

는 5차례, 발해(渤海)는 3차례, 그리고 예(濊)가 1번 등장한다. 이 글들은 때로 국세 위축에 따른 영토 상실에 대한 탄식의 어조로 펼쳐지거나, 고토 회복에 대한 강렬한 열망을 나타내며, 조선과 중국의 바람직한 경계 설정에 대한 의견을 개진하기도 한다. 민족주의 사학자들이 등장하기 이전 홍경모 만큼 고대사와 북방의 강역을 묶어 폭발적인 관심을 보인 문사는 아마 없을 것이다. 대부분 옛 강역과 관련된 의미를 지니고 있는 이 글들은 분량도 많고 표현의 수위나 주제가 조금씩 달라 별도의 고찰을 요구한다. 여기서는 이 중 몇몇 사례만을 간략하게 살피기로 한다.

홍경모는 하늘이 내린 삼한(三韓)/중국의 경계는 청석령(靑石嶺)이라고 단언했다. 고구려 전성기에 수·당이 함부로 이쪽을 넘보지 못한 이유는 압록강에서 청석령에 이르는 천험 때문이며, 당장은 힘이 약해 어쩔 수 없지만 멀리 보아서는 이를 도모해야 할 것이라고 했다.[50] 봉성(鳳城)에서 석문령(石門嶺)에 이르는 동팔참의 3백 리는 석혈(石穴)로, 밖으로는 적을 살피는 동시에 안으로는 군사를 감출 수 있다고 했다. 이는 마치 맹수가 이빨을 드러내고 있는 형국이어서 두려워할 만하며, 고구려가 동방의 패자로 군림할 수 있었던 이유라고 했다. 하지만 고려 이후 이빨을 없애고 목구멍을 드러내게 되었으니, 병자년의 패전에서도 그 약점이 그대로 드러났다는 것이다.[51] 그는 나려(羅麗) 이후 점차 국세가 위축되어 모든 영토를 잃고 겨우 압록강 한 줄기를 천연의 요새[天塹]라 믿고 있다며 탄식을 금치 않았다.[52] 「요심연혁기(遼瀋沿革記)」를 지으면서도 동국과 중국 편을 따로 설정할 정도로, 즉 요동조선사를 따로 지을 정도로 홍경모는 자국사의 무대로서 이 지역에 강한 애착을 가졌다. 아래는 이런 생각이 시로 표현된 경우이다.

---

50 「청석령기(靑石嶺記) 2」, 『遼野程史』.

51 「봉황성기(鳳凰城記)」, 『遼野程史』.

52 『遼野程史』의 「책문기(柵門期)」, 「압록강기(鴨綠江記) 2」, 「요야기(遼野記)」 등에 이러한 내용이 실려 있다.

…

광녕 동쪽에서 요하 서쪽 경계는　　吾聞廣寧之東遼西界
모두 기자 강역 안이라고 들었네　　俱在檀箕封疆內
어찌 이 고개만 우리 것이었으랴　　奚但玆嶺爲我有
지금의 거류하 또한 패수라는데　　今之巨流亦云浿
뉘라서 변설로 노나라 땅 찾았듯　　有誰騁辯返魯田
우리 강토 수천 리를 되찾을거나　　恢我疆土數千里[53]

동국의 영토 크기 다시 알기 어려우니　　東國幅員難復識
국경에서 하릴없이 거친 길 빌리누나　　封關謾欲借泥丸[54]

위의 시는 마천령과 청석령을 넘는 감회를 읊은 것이다. 홍경모는 기자조선[55]의 강역 끝을 광녕이라고 보았고, 이를 전제로 조선의 고토가 청석령에 그치지 않음을 말했다. 이를 위한 논거로 패수요하설(浿水遼河說)을 끌어왔다. 패수의 위치 비정은 고대사 강역을 설정하기 위해서는 반드시 선결해야 하는 문제인데, 위만조선과 한(漢)의 경계였던 패수는 오늘날의 거류하(요하)였을 것이라는 주장이다.[56] 그는 고토 회복의 욕망을 숨기지 않는다. 노(魯)나라는 나라의 힘이 약해 주변 강대국에게 자주 영토를 빼앗겼는데, 조말(曹沫)이 비수 하나로 제 환공(齊桓公)을 협박하여 전투에서 빼앗긴 영토를

53　「회령, 청석 두 고개를 넘다 踰會寧靑石兩嶺」, 『槎上續韻』.

54　『槎上續韻』, 홍양호의 「황가장에서 점심을 먹고 통원보로 향하다 午炊黃家庄向通遠堡」를 이어 지은 갱시(賡詩),

55　기자조선에 대해서는 그 진위여부에서 강역에 이르기까지 예로부터 논란이 많았고, 오늘날에도 많은 논의가 펼쳐지고 있다. 이 부분에 대해서는 거론하지 않는다.

56　이 문제도 논지에서 벗어나기에 상론하지 않는다. 홍경모는 패수는 압록강이라고 주장하기도 했다(「압록강기2」, 『요야정사』). 고대 강역에 대해서는 그의 견해 안에서도 착종이 있다.

찾은 이야기가 유명하다.[57] 약국 사신 홍경모는 마천령과 청석령을 넘으며 잃어버린 땅을 찾아 조선을 강대국으로 만드는 꿈을 꾼 것이다. 두 번째 시 또한 요동 일대가 원래 조선의 땅이었는데, 청국의 허락을 받아 길을 가는 현실을 안타까워한 것이다. 국세는 날로 위축되고 있는데 자강의 계책은 좀처럼 보이지 않는 현실 앞에서 홍경모는 쓴웃음을 짓고 만다.[58]

홍경모는 압록강에서 책문에 이르는 봉금지역에도 특별한 관심을 가졌다. 이 지역은 청조의 입관 이후 거주와 개발이 금지되어 비옥한 땅이 개간되지 않은 채로 남아 있었다. 그는 이 지역의 수려하고 비옥함을 말하면서, 만약 조정에서 개발 정책을 허락한다면 자신이 먼저 와서 살 것이라고 했다.[59] 그런데 이 시는 박제가가 지은 「구련성에서 묵다 宿九連城)」의 시상과 표현 일부를 그대로 가져온 것이라 흥미롭다.[60] 연산관(連山關)에서 지은 두 사람의 시에서도 고구려와 발해를 함께 환기하는 비슷한 구절이 있는데, 이런 예들로 보면 홍경모는 박제가에게서도 적지 않은 영향을 받은 것으로 보인다.[61] 청나라의 봉금정책으로 비어 있는 땅을 개간하여 살고 싶다는 발언은 일견 옛 강역론과는 별개로 보이지만, 궁극적으로는 이 지역을 삶의 무대로 만들고 싶다는 점에서는 서로 연결되어 있는 것이다.

중국 땅에서 조선의 역사와 강역을 발견하고 방향을 제시하는 것은, 두

---

57 조말의 이야기는 「자객열전」, 『사기』에 실려 있다. 『춘추』 성공(成公) 2년 조에 제(齊)나라에게서 빼앗긴 땅을 돌려받는 이야기가 실려 있다. 『맹자』, 「고자하」에도 노나라 땅이 줄어든 사실이 비유로 동원된 바 있다.

58 「판교보에서 상사의 시에 차운하다 板橋堡次上价」, 『槎上韻語』. "箕封何處覓, 蹙國笑無謀."

59 「지나는 곳 산천이 마음에 들어 시로 기록하다 所過山川欣然愜心 詩以記之」, 『槎上續韻』. "二百年中兩界虛, 山明水潔畵圖如. 朝廷若許開邊策, 此地吾先擬卜居." 「九連城記」에서도 비슷한 심정을 토로하였다.

60 『정유각집』 권 8. "樹樹斜陽似有情, 好山晴雪爲誰明. 君王若許開邊策, 準擬携家此地畊."

61 박제가의 「연산관(連山關)」(『정유각집』 권 3)과 홍경모의 「저물녘 아골관 시에 차운하다 夕次鴉鶻關」(『사상속운』)을 나란히 제시한다. 밑줄 친 두 구절의 시상은 우연의 일치로 보기 어려울 정도로 유사하다. "急峽無非雪, 危橋一半仌. 虎皮前代驛, 羊角異鄕燈. 地屬朱蒙舊, 文猶渤海徵. 京東思考古, 遝詑著書增."; "往代名鴉鶻, 何年稱虎皮. 文猶徵渤海, 地是舊句麗. 急峽氷添滑, 殘堞雪護攲. 山谿仍設險, 防戍自遼時."

나라 사이의 특수한 관계 때문이다. 그런데 그의 발언들은 근대 민족주의 역사관을 연상시킬 정도로 국가주의적 성격이 강하다. 이러한 사유 경향은 만들어졌을까? 홍경모는 사가를 자부하였으며, 역사 서술에서 특히 '지(志)'의 중요성을 강조했다.[62] 할아버지 홍양호 또한 언제나 삼한인(三韓人)이나 조선인(朝鮮人)을 자처했던 민족적 자의식이 강한 사가였다. 아마 역사에 대한 관심과 관점은 이런 토대 위에서 형성되었을 것이다. 이에 못지않게 강대국을 꿈꾸는 약국 행인으로서의 자의식과 책임감도 강하게 작용했을 것이다. 영토는 역사 해석에 따라 달라지기도 하고, 모든 국경은 가변성을 내포하고 있다. 홍경모는 이 주제를 뒷사람들에게 계속 환기시키고 있다.

5. 소결

홍경모는 세련된 수사법을 구사하거나 심혈을 기울여 표현을 다듬는 문장가나 시인이 아니었다. 그의 문장은 투박하고 시문은 단조롭다. 그는 사가를 자처하였으며, 행인으로서의 특별한 소명의식을 가지고 있었다. 그는 이런 자의식을 토대로 중국을 보았고 그 결과를 상당한 분량의 글로 남겨놓았다. 그의 문장은 다소 싱겁고 단조롭지만, 정면으로 그리고 직선으로 당대의 현안들을 건드렸다. 그가 심각하게 생각했던 사안들은 사실 오늘날 우리가 풀어야 할 문제이기도 하다. 그는 '첨국'이라는 사신의 임무를 매우 진지하고 성실하게 실천하였다. 거리를 두어 중국을 관찰했고, 중국을 판단함에 있어 감상에 젖거나 흥분하지 않았다. 그의 문제의식은 오늘날 그대로

---

62 여기에 대해서는 『冠巖叢史』의 「기사지서(耆社志序)」와 「중정남한지서(重訂南漢志序)」 참조. 지(志)는 한 시대의 전장(典章)과 제도(制度)를 기록하는 양식인데, 그중에서 지리가 중요한 비중을 차지한다.

남아 있으며 더 복잡해지고 있다.

1780년 박지원은 열하(熱河)에서 코끼리를 처음 본 소감을 「상기(象記)」로 남겼다. 사람들은 천명(天命)이나 이기(理氣) 등의 몇몇 개념으로 천하의 사물들을 설명하려고 한다. 하지만 그 논리는 일상의 개나 돼지에게는 통할지 모르지만 코끼리 같은 동물에 이르면 이내 막히고 만다. 글을 매듭지으며 연암은 이렇게 말한다. "코끼리는 눈으로 볼 수 있는데도 그 이치를 알지 못함이 이와 같은데, 천하의 사물이 코끼리보다 만 배나 복잡함에랴!"[63] 사물에 대한 무지는 불안과 공포를 야기한다. 사물의 크기 및 위협 정도와 불안·공포는 비례한다. 사람들은 어떻게든 기존의 지식을 작동시켜 대상을 이해하려고 한다. 박지원은 코끼리를 설명하는 기존 지식의 허약함과 무모함을 우려한 것이다. 여기서 코끼리는 그저 덩치 큰 동물이 아니라, 거대와 영토와 문명을 지닌 청(清), 확장하면 중국을 우의하는 것으로 보인다.

중국과 울타리를 맞대고 살아가는 것은 우리의 역사적 운명이다. 이 지리 조건은 바뀔 수 없다. 이 상황은 가변적이며, 이웃을 대하는 태도 또한 하나로 정할 수 없다. 코끼리는 온순한 이웃이 될 수도 있고 사나운 괴물이 될 수도 있는데, 이웃의 성격이 결정되는 데는 우리 역할이 가장 중요하다. 역사의 대부분 시기 동안 그는 우리보다 강자였고, 우리에게 영향을 끼쳤다. 아직도 그 관계는 많은 부분 유효하다. 그렇다면 우린 홍경모에게서 배울 점이 많을 것이다. 대국적 관점에서 전체 구도를 파악하고 상대국과의 객관적 거리를 유지하려는 노력, 사신 본연의 책임을 가다듬는 자세, 그 나라의 정세를 살펴 실상을 파악하여 이를 기록하는 정신은 오늘날에도 모범으로 삼을 만하다. 거대하고 위압적인 이웃 나라들에 대한 지적 거리와 조망의 높이를 확보하는 것은 특히 절실하게 요구된다.

---

63 「산장잡기」, 『열하일기』. "夫象猶目見而其理之不可知者如此, 則又況天下之物, 萬倍於象者乎!"

제2장

압록강의 증언, 봉황산의 대관(大觀)

압록강 서북쪽의 여러 산은 모두 장백산이 물줄기를 끼고 서쪽으로 흘러와
요하에서 멈추는 까닭에 동팔참의 산천은 우리 동국과 비슷하니,
강역은 달라도 기맥이 서로 이어짐을 알 수 있다.
또 책문 안쪽의 가시나무 울타리와 판자 벽, 산의 나무를 태워
밭을 일구는 것 등 동국의 풍속이 많으니,
여기가 기자의 옛 강역이었다는 말에 믿음이 생긴다.

홍경모, 「총수산기(葱秀山記)」(1832)

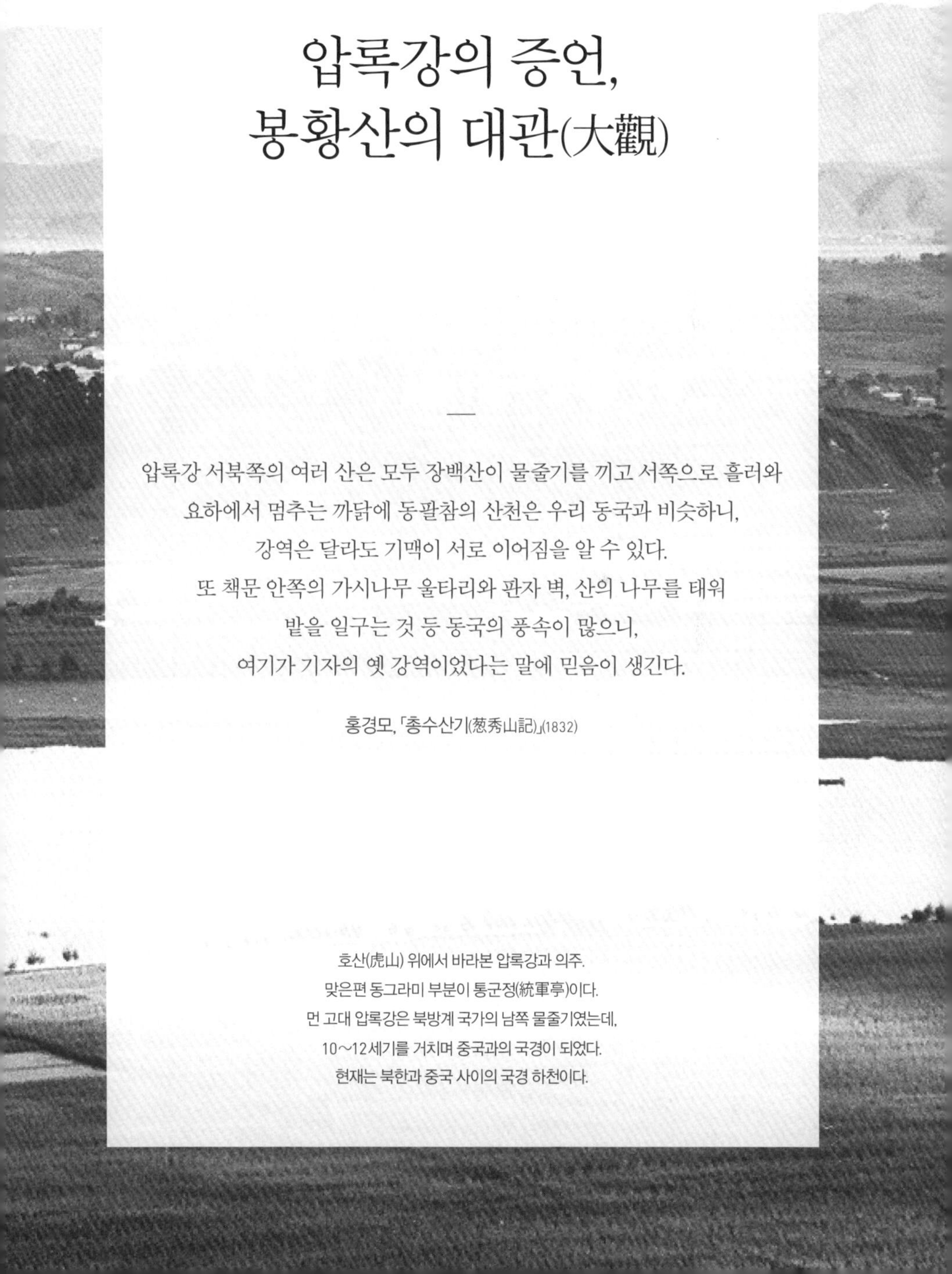

호산(虎山) 위에서 바라본 압록강과 의주.
맞은편 동그라미 부분이 통군정(統軍亭)이다.
먼 고대 압록강은 북방계 국가의 남쪽 물줄기였는데,
10~12세기를 거치며 중국과의 국경이 되었다.
현재는 북한과 중국 사이의 국경 하천이다.

압록강 명칭의 기원과 갈래

아아, 후세 사람들은 지리 경계를 알지도 못하면서, 엉터리로 한사군 땅을 압록강 안쪽으로 몰아넣고 여기에 사실을 억지로 끼워 맞춰 구차하게 분배하면서 그 안에서 패수를 찾으려 애썼다. 어떤 이는 압록강을 가리켜, 어떤 이는 청천강을 가리켜, 어떤 이는 대동강을 가리켜 패수라 하니, 이로써 조선의 옛 강역은 싸우지도 않고 절로 줄어들었다.

박지원, 『열하일기』, 「도강록」(1780)

1. 서언

『민족문화백과대사전』에 따르면 압록강은 ① 백두산 천지 부근에서 발원하며, ② 그 길이가 803.3km(직선거리 400km)인 한반도에서 가장 긴 강으로, ③ 한국과 중국의 국경을 이루는 국제 하천이다.[1] 국토의 분단으로 지금은 중국을 통해서만 접근할 수 있지만, 압록강은 오랜 세월 한강·대동강 등과 함께 한국 대표 강의 지위를 누려왔다. 그런데 압록강의 이칭으로 패수(浿水)·염난수(鹽難水)·마자수(馬訾水)·청수(靑水)·엄리대수(奄利大水)·청하(靑河)·아리나례강(阿利那禮江)을 들고 있어 혼란스럽다. 압록강의 명칭은 다음백과에서 제시한 안민강(安民江)·아리수(阿利水)·대총강(大摠江)[2]을 더하면 10개가 넘는다. 사전에서는 또 '압록(鴨綠)'의 의미를 『신증동국여지승람』을 인용하여 '오리 머리 빛같이 푸른 색깔'로 풀이하고 있으며, 중국에서는 황하, 장강과 함께 천하의 3대수라 일컫는다는 설명도 덧붙였다. 이렇게 복잡한 명칭이나 의미, 기원은 얼마나 타당할까?

북한과 압록강을 공유하며 국경으로 삼고 있는 중국 쪽의 설명은 어떨까?

> 고대에는 패수, 한나라 시대에는 마자수로 불렀다. 당나라 시대에 비로소 압록강으로 일컬었는데(수당 시기 패수는 대동강이었음), 강물이 맑아서 붙여진 이름이다. 압록강 명칭의 내력에 관해서는 두 가지 학설이 통용되고 있다. 첫째, 만주족 선조의 언어에서 기원한다는 견해. 만주어 'Yalu ula'는 '변경의 강'이란 뜻을 지닌다. 역사서에는 건주 여진이 압록강 지류인 파저강(婆猪江) 가에서 생활한다고 기록되어 있다. 그밖에 강물 빛이 오리의 머리처럼

1 『한국민족문화대백과사전』, 「압록강」(https://100.daum.net/encyclopedia/view/14XXE0035176).

2 『다음백과』, 「압록강」(https://100.daum.net/encyclopedia/view/b14a4120b).

푸르다고 하여 붙여진 이름이라는 견해도 있다. 당나라 두우(杜佑)의 『통전(通典)』에 관련 내용이 있다. 둘째, 압강(鴨江)과 녹강(綠江) 두 물줄기가 모여 강의 상류를 이루기 때문에 이를 합쳐 압록강이라 불렀다.[3]

명칭의 역사적 변천을 패수(고대) → 마자수(한대) → 압록강(당대 이후)으로 한결 간결하게 정리했다. 명칭의 내력에 대해서는 (두 가지라고 했지만) 세 가지 견해를 소개했다. ①변계의 강을 의미하는 만주어 'Yalu ula' 기원 설, ②물빛이 오리머리처럼 푸르기 때문에 생겼다는 수색압두록설(水色鴨頭綠說), ③상류에서 합쳐진 압강과 녹강의 머리글자 조합설이 그것이다.[4] 하지만 이들 견해는 모두 역사 사실과 부합하지 않는다. 한족들이 압록강 근처에 살게 시작한 시기는 아무리 올려 잡아도 명나라 때이며, 만주(여진)족이 압록강 일대에 진출한 것도 6~7세기보다는 한참 뒤의 일이기 때문이다. 그럼에도 기존 통설이 오래 유지되어온 것은 인식의 역사적 관성 때문이다. ③은 근래 인터넷상으로 퍼져가고 있는데, 아직 그 전거가 확인되지 않았다.

압록강은 역사적으로 10여 개의 이름을 지녔지만 현재 '압록강' 외의 명칭은 사용되지 않는다. '압록'이란 명칭의 기원과 의미에 대해서도 뚜렷하게 밝혀진 게 없으며, 한국과 중국을 막론하고 통용되는 견해들은 대개 근거가 없거나 앞뒤 논리가 닿지 않는다. 압록강의 명칭에 대한 구구한 논의가 있지만, 근대 이후 학문의 차원에서 이 문제가 진지하게 제기된 적은 거의 없다. 그러니 백과사전의 설명도 부정확할 수밖에 없고, 대중의 인식은 그 수준을 벗어나지 못한다. 이 문제를 해결하기 위해 본고에서는 몇 가지 질문—1) '압록강'은 언제부터 이 이름으로 불렸으며, 2) 이 물줄기를 지칭하는 다른 이름들은 무엇이고, 3) 왜 지금은 사용되지 않고 있는가? 4) 그 이름

---

3 『Baidu百科』, 「鴨綠江」 (https://baike.baidu.com/item/%E9%B8%AD%E7%BB%BF%E6%B1%9F/79667).

4 영문 wikipedia의 설명은 주로 여기에 의거하고 있으며, 여기에 한국어 표기와 발음 등을 부가하고 있다(https://en.wikipedia.org/wiki/Yalu_River).

들 사이에 어떤 계보는 없는가? 5) '압록'에는 어떤 뜻이 담겨 있는가?—을 던지고 그 해답을 구해보고자 한다.

우리 역사에서 압록강의 지리적 중요성은 매우 크며 앞으로도 그럴 것이다. 국토의 분단으로 당장은 우리 시야 밖에 있는 듯하지만, 멀지 않은 시기에 우리가 해결해야 할 당면한 현실로 부상할 가능성이 높다. 그럼에도 그 명칭의 계보와 체계조차 정리하지 못하고 있는 것은 의외의 현실이다.

2. 압록강 명칭의 세 계통

'압록'의 등장과 의미, 그리고 아리수

'압록'이란 명칭은 역사 시대로는 수·당 시기, 기록 기준으로는 당나라 때 편찬된 문헌 『수서(隋書)』에 비로소 나타난다. 이 책은 7세기 당나라 초 세 왕대에 걸쳐 편찬되었는데, 636년에 완성된 열전 중 「동이, 고려(東夷, 高麗)」(권 46)에 압록(鴨淥)이란 지명이 보인다. 수·당은 오랜 세월에 걸쳐 고구려와 치열하게 패권을 다투는 과정에서, 전쟁 준비의 일환으로 고구려 관련 정보를 활발하게 수집, 정리하였다. 특히 당나라는 건국 초부터 수나라의 복수, 고토 회복을 내세워 고구려와 강경하게 맞섰다. 당나라 시기 한자 표기는 '鴨淥(압록)'이 대종을 이루었으며, 물줄기도 강(江)이 아닌 수(水)로 호칭되었다. '압록'이란 명칭이 사용된 시기는 생각보다 오래지 않다.[5]

5　역대를 통틀어, 압록강 명칭을 가장 정확하고 풍부하게 고증한 사람은 정약용이다. 정약용은 그 시점에서 가능한 모든 자료를 검증하고, 매우 합리적인 추론을 남겼다. 정약용, 『地理集』 권 5, 「大東水經, 其一, 淥水」. "又按鴨淥之名, 始起於隋、唐, 故隋書于仲文傳云, 軍次烏骨城, 旣而至鴨淥水. 宇文述傳云, 述與九軍, 至鴨淥水, 糧盡, 議班師. 唐書地理志云, 自鴨淥江口, 舟行至泊灼口. 高麗傳云, 程名振游兵鴨淥上, 多不

이후 송나라 때 편찬된 역사지리서에는 '압록'이란 명칭이 대거 등장하며, 표기도 압록수(鴨淥水)에서 압록강(鴨綠江)으로 바뀐다. 11세기에 편찬된 『신당서』에는, 물빛이 오리 머리처럼 푸르기에 그런 이름이 붙었다고 설명했는데,[6] 이는 이후 통설이 된다. 하지만 초기의 표기는 '鴨淥'이니 '푸르다'는 해석은 당대의 명칭을 고려하지 않은 부회이다(淥 자에는 '푸르다'는 의미가 없다). '압록'은 그 지역 고유 명칭의 음차표기일 가능성이 높다. 「광개토왕비」에 나오는 아리수의 '아리', 송화강의 다른 이름이었던 송아리(松阿里)와 압자(鴨子), 그리고 조선 사람들이 심양의 혼하(渾河)를 지칭했던 야리하(耶利河) 등의 '야리'와 '아리'는 모두 같은 계열의 명칭으로 보아야 할 것이다.[7] 신채호는 '압록'이 '아리(阿利)'에서 나온 것이라고 단정했다.[8] 조선에서는 18세기 이후 압록강에 대한 관심이 높아지지만 지리 실측은 시도되지 않았고, 중국에서 압록강의 지리 정보가 제대로 파악된 시기는 청나라 중엽이다.[9]

그렇다면 '압록'의 원래 발음으로 추정되는 '아리(아루, 야루, 야리)'의 의미는 무엇일까? 신채호는 장백산(백두산)의 옛(만주어) 이름인 아이민상견(阿爾民商堅)의 '아이(阿爾)'가 '아리'에 해당되고, 또 장백산(長白山)의 '장(長)'에 호응하는 것으로 보아, 그 뜻을 '길다'로 보았다.[10] 고대 북방의 여러 물줄기 이름에

能悉指, 斯可驗也. 乃金富軾三國史, 已自兩漢之時, 早有鴨淥之名, 扶餘曷思王, 奔于鴨綠之谷, 漢王莽之時, 句麗乙巴素, 居於鴨淥之村, 後漢獻帝初平時, 今不可詳也."

6 권 214, 열전 제145, 「東夷, 高麗」. "有馬訾水, 出靺鞨之白山, 色若鴨頭, 號鴨淥水, 曆國內城西, 與鹽難水合, 又西南至安市, 入於海. 而平壤在鴨淥東南, 以巨艫濟人, 因恃以爲塹."

7 『三才圖會』에는 '압륙(鴨陸)'으로 표기되었는데, '陸'[lù] 또한 발음의 유사성을 취한 것이다.

8 『조선상고사』, 「총론」. "광개토호태왕의 비에 압록강을 아리수(阿利水)라 함을 보고, 압록의 명(名)이 '아리' 곧, '아리(阿利)'에서 나왔음을 깨달았다."

9 齊召南 撰, 『水道提綱』(1761) 권 2.

10 『조선사연구초』, 「고사상(古史上) 이두문 명사 해석법」. "조선 고어에 장(長)을 '아리'라 하였으니 장백산 고명의 아이민상견(阿爾民商堅)의 '아이'가 이를 증명하며 압(鴨)도 'ᄋᆞ리'라 하였으니 압수(鴨水) 일명 아리수(阿利水)가 이를 증명하는 자라, 대개 고인이 일체의 장강(長江)을 'ᄋᆞ리가람'이라 칭하니라."

보이는 공통의 음가 아리(ᄋᆞ리)에 주목한 것이다. 하지만 장백산의 만주어 명칭 표기는 가이민상견(歌爾民商堅)이었다. 여기서 '가이(歌爾)'는 '장(長)'에 해당되는 만주어의 음차이며,[11] 그 사실은 18세기 이후 조선의 여러 학자들도 숙지하고 있었다.[12] '아이민상견'은 용례가 보이지 않으니, 신채호의 견해는 논거는 잃은 셈이지만, 그 추론의 방법은 아직 유효하다. 이형석은 아리, 욱리, 암리 계열의 명칭을 묶어, '밝다'의 '밝'에서 변전된 '알'에서 파생된 것이라고 보았다.[13] '아리'(아루, 야리) 음가에 주목하여 의미를 추론하는 일은 여전히 숙제이다.

여기서 함께 검토해야 할 것이 '아리수설(阿利水說)'이다. 아리수는 414년에 지어진 「국강상광개토경평안호태왕비(國崗上廣開土境平安好太王婢)」에 처음 보인다. 396년 광개토왕은 몸소 백잔국(百殘國, 백제) 정벌에 나서, 그 도성 남쪽에 이르렀다. 그래도 백제가 항복하지 않자, 크게 노해 아리수를 건넜고, 선발대를 보내 성을 압박했다.[14] 396년은 한성 백제 시절이니, 광개토왕의 군사가 오늘의 서울 일대까지 이르렀음을 알 수 있다. 이를 근거로 아리수는 보통 한강의 옛 이름으로 추정되어 왔다. 하지만 이미 한강 남쪽에 있던 백제의 소굴 남쪽에 이르렀다가 다시 한강을 건넌 것이 납득되지 않는다. 물론

---

11 18세기초에 편찬된 『全遼備考』 권 3, 『柳邊紀略』(楊賓, 1707) 권 1에 장백산의 토명(土名)으로 가이민상견아린(歌爾民商堅阿隣)이 소개되어 있다. 18세기 후반에 편찬된 『滿洲源流考』(1777) 권 2 '白山' 조에는 "白山, 今長白山, 滿洲語謂之果勒敏珊延阿琳."이라고 하여 만주어 명칭임을 명기하였다. 『盛京通志』(1778) 권 27에도 "長白山即果勒敏珊延阿林."이라 하였다. 아린(阿隣), 아림(阿琳), 아림(阿林)은 모두 산(山)에 대응하는 만주어 이름의 음차표기인데, 문헌에 따라 글자들이 조금씩 다르다.

12 『星湖僿說』, 「天地門, 生熟女真」. "其俗稱歌爾民商堅阿鄰. 歌爾民者, 長也; 商堅者, 白也; 阿鄰者, 山也. 一名長白山." 이 명칭은 중국 문헌보다 조선 문헌에 훨씬 많이 보인다. 최근 양군(楊軍) · 이동동(李東彤)은 장백산 관련 조선과 중국의 기록을 검토했다. 「長白山考——兼論穆克登查邊以前的朝鮮北界」, 『中國邊疆史地研究』, 2018년 4기.

13 이형석, 「압록강(鴨綠江)의 명칭(名稱)과 하계망(河系網)」, 동국대 석사논문, 1990, 9~13쪽. 이러한 추론은 최남선, 양주동, 이병선의 고대 국어 해석 방법에 기댄 것이다.

14 "以六年丙申, 王躬率水軍, 討伐殘國. … 殘不服義, 敢出迎戰. 王威赫怒, 渡阿利水, 遣刺迫城."

압록강을 다시 건넌 것은 더더욱 말이 되지 않는다. 이러한 어긋남은 해석의 오류에서 기인한다. 이러한 오류는, "즉위 6년 병신년 왕이 몸소 수군을 이끌고 백잔국을 정벌했다. 以六年丙申, 王躬率水軍, 討伐殘國."를 큰 기사로 보고, 그 다음 "군사가 소굴 남쪽에 이르러 軍至窠南"부터 시작되는 200여 자는 구체적인 전황 소개로 보면 해결된다. 전투가 속결되지 않자 광개토왕은 수군을 이끌고 압록강을 통해 해로를 이용 백제 수도 부여로 진격한 것이다.[15]

최근 중국에서 '압록'의 기원에 대해 주목할 만한 논문이 발표되었다. 그는 중국에 널리 알려진 '압록강' 명칭에 대한 두 가지 견해 모두 당대 역사 환경을 고려하지 않아 설득력이 없다고 비판했다.[16] 이어 5세기 압록강 일대에 살던 부족은 부여족(고구려족)이라는 사실을 전제하고, 「호태왕비」(414)에 기록된 바 410년 호태왕이 동부여를 정벌했을 때 동부여 귀족으로 고구려에 들어온 '압로(鴨盧)'를 주목했다.[17] '압로'는 부여 귀족의 관작 명칭인데, 그들이 지금의 압록강 근처에 살았고 이후 그 영향력이 커지면서 그 물줄기를 압로수(鴨盧水)로 부르게 되었으며, 이것이 뒷날 압록수(鴨渌水)를 거쳐 압록강(鴨綠江)으로 전화되었다는 것이다. 당대 발음을 재구하는 숙제가 남긴 하지만, 노(盧), 록(渌), 록(綠)의 현대 중국어 발음은 모두 'lu'이다. 그는 '압록'이 당시 부여(고구려)어의 표기라고 단언했다.[18] 매우 합리적인 추론이다. 이 견

---

15 고구려군의 압박에도 불구하고 백제가 굴복하지 않자, 광개토왕이 아리수를 건너[渡] 직접 전투를 지휘한 것이다. '수군(水軍)'에도 주목해야 한다. 지리상 당시 고구려 수도 집안에서 수군을 출동시키려면 압록강을 이용할 수밖에 없다. 광개토왕은 수군을 이끌고 압록강 물줄기를 따라 서해로 나간 뒤, 해로로 이동 한강을 거슬러 백제의 수도에 접근한 것이다. 백마강을 거슬러 부여에 접근한 것이다. 압록강이 아니면 수군을 인솔할 방법이 없으니, 아리수는 압록강일 수밖에 없다.

16 압록강 가에 한족과 만주족이 살기 시작한 때는 아무리 올려 잡아도 요금대이니, 한자 식 풀이나 만주어 기원은 성립될 수 없으며, 압록강의 기원을 알기 위해서는 당대의 기록을 검토해야 한다는 것이 견해의 요지이다.

17 "又其慕化隨官來者, 味仇婁鴨盧, 卑斯麻鴨盧, □社婁鴨盧, 肅斯舍鴨盧, □□□鴨盧."

18 袁輝, 「鴨綠江名與好太王碑」, 『中國地名』, 2017년 3期.

해는 압록강 어원설의 오랜 오류를 바로잡고, 의미 추정의 범위를 좁혀주었다는 점에서 의의가 크다.

중국에서 압록강이 천하의 3대 물줄기의 하나로 꼽혔다는 설에 대해서도 해명이 필요하다. 압록강 천하3대수설의 기원은 주희(朱熹)이다. 그는 "여진족이 일어난 곳에 압록강이 있다. 기록에 따르면 천하에 3대수가 있는데 황하와 장강과 압록이 그것이다."[19]라고 했다. 이로부터 이 설이 널리 퍼졌다. 하지만 ①황하와 장강은 길이만 5,000km에 달하는 데 반해 압록강의 규모는 그 1/6에도 미치지 못하고, ②여진족이 일어난 곳은 지금의 하얼빈시 일대이며, ③하얼빈시 북쪽을 동류하는 송화강의 옛 이름은 '압자하(鴨子河)'와 '송아리강' 등이니[20] '鴨綠(淥)'으로 음차되었을 개연성이 있다. 여기에 ④백두산에서 발원하여 흑룡강과 합류한 뒤 러시아 땅을 거쳐 동해로 들어가기까지 직선거리만도 3,000km에 달하는 규모는 장강과 황하에 못지 않다. 이런 여러 사실을 고려하면, 천하3대수로 알려진 압록강은 송화강으로 보아야 한다.[21] 안정복도 일찍이 그렇게 보았고, 정약용도 동의했다.[22]

1회의 기록, 화석 명칭 마자수(馬訾水)

기록상 지금의 압록강을 가리키는 가장 이른 이름은 『한서』에 보이는 '마자수(馬訾水)'이다. 기원전 109년 전후 조선(위만)과 한나라는 격렬하게 대

---

19 『朱子語類』 권 86. "女真起處有鴨綠江, 傳云, 天下有三處大水, 曰黃河, 曰長江, 并鴨綠, 是也."

20 송화강의 명칭과 역사 내력에 대해서는 이승수, 「북방, 감상적 동일시와 지적 빈곤 사이의 거리 - 송화강(송아리강[松阿里江])을 중심으로 -」, 『고전과 해석』 19, 2015 참조.

21 주희의 다음 발언도 그런 사실을 추론케 한다. 『주자어류』 권 133. "金之舊治, 在會寧府. 四時遷徙無常, 春則往鴨綠江獵, 夏則往一山, 忘其名. 極冷避暑. 秋亦往一山如何, 冬往一山射虎, 今都燕山矣." 금나라 초기의 회녕부(會寧府)는 지금의 하얼빈시 아성구(阿城區) 일대로 비정된다.

22 안정복, 『동사강목』 부록 하권, 「馬訾水考」. "古者東北之水, 多以鴨淥名之. 今東北諸水, 皆入黑龍江, 注于東海. 其大無比. 朱子所稱鴨淥, 疑指此也."(정약용, 앞의 글에 인용)

립했는데, 당시 두 나라의 국경은 패수였다. 패수는 당시 한나라 기준에서 지리가 파악되는 물줄기 중, 동북쪽 가장 먼 곳에 있는 하천이었다. 패수에 대해서는 고래로 의견이 분분한데, 중국 하북성에 있는 난하(灤河)에서 평양의 대동강에 이르기까지 그 후보들 사이의 편폭이 매우 크다. 하지만 여러 기록을 고려할 때, 그 시대의 패수는 지금의 대릉하(大凌河) 동쪽을 넘지 못한다.[23] 기원전 108년 위만조선이 멸망하자, 한나라에서는 그해 조선의 옛 영토에 낙랑(樂浪), 진번(眞番), 임둔(臨屯) 세 군을, 이듬해 가장 먼 곳에 현토(玄菟)를 설치했다. 이중 패수는 낙랑에, 마자수는 현토에 있던 물줄기이다. 아래는 현토를 설명한 부분이다.

> 현토군. 무제 원봉 4년(기원전 107년)에 열었다. 고구려(高句驪)—왕망은 하구려(下句驪)라 하였음—는 유주(幽州)에 속한다. 호수는 4만 5천 6이었고, 인구는 22만 1천 8백 45명이었다. 현은 3개였다. ①고구려현(高句驪縣). 요산(遼山)은 요수(遼水)가 발원하는 곳이다. 요수는 서남쪽으로 요대(遼隊)에 이르러 대요수(大遼水)로 들어간다. 또 남소수(南蘇水)가 있어 서북쪽으로 새외를 지난다. ②상은대현(上殷臺縣). 왕망은 하은(下殷)이라고 했다. ③서개마현(西蓋馬縣). **마자수(馬訾水)가 서북쪽으로 흘러 염난수(鹽難水)로 들어갔다가, 서남쪽으로 서안평(西安平)에 이르러 바다로 들어간다. 두 개의 군을 지나며 2,100리를 흐른다.** 왕망은 현토정(玄菟亭)이라 하였다.[24]

---

23 여기에 대해서는 이승수, 「패수설(浿水說) 산고(散考) - 요동패수설(遼東浿水說)의 흐름과 전망 -」, 『온지논총』 43, 온지학회, 2015, 99~124쪽 참조.

24 『전한서』 권 28 하, 「地理志 第八下. **玄菟郡**」. "武帝元封四年(107)開. 高句驪, 莽曰下句驪. 屬幽州. 戶四萬五千六. 口二十二萬一千八百四十五. 縣三 : 高句驪, 遼山, 遼水所出, 西南至遼隊入大遼水. 又有南蘇水, 西北經塞外. 上殷台, 莽曰下殷. 西蓋馬. **馬訾水**西北入鹽難水, 西南至西安平入海, 過郡二, 行二千一百里. 莽曰玄菟亭."

현토에는 고구려(高句驪), 상은대(上殷臺), 서개마(西蓋馬) 세 개의 현이 있었는데, 마자수는 이중 서개마현에 있었다는 말이다. 반고가 『한서』(82년경 완성)를 집필하던 당시 후한의 수도 낙양을 중심으로, 현토는 가장 먼 곳에 있던 군이었고, 서개마는 현토에서도 끝에 있었던 지역이었다. 그런데 서개마에서 개마(대산)는 백두산의 옛 이름으로 비정되고, 이 산에서 발원하여 서쪽으로 흐르다가 바다로 들어가는 물줄기의 흐름 방향은 압록강의 그것과 일치한다. 염난수는 동가강(佟家江), 파저강(婆豬江), 비류수(沸流水) 등으로 불렸으며, 남류하다가 압록강과 만나는 물줄기이다. 압록강이 염난수로 들어간다고 한 것은, 염난수를 본류로 본 까닭이다. 현지의 지리 사정에 정통하지 못했다면 충분히 일어날 수 있던 오해이다. 『신당서』에서는 마자수와 압록수를 같은 물줄기로 기술했으며, 이는 이후 통설이 굳어진다.

'마자(馬訾)'는 일종의 화석 명칭이다. 『한서』에 그 이름이 나타나지만, 그 이후 『신당서』에 이르기까지 천 년 가까이 어떤 문헌에도 용례가 보이지 않는다. 고구려와 당나라의 대결로 이 일대의 지리에 대한 관심이 높아지면서, '마자수'라는 옛 명칭이 발견된 것이다. 이 명칭이 사라진 것은, ①사군(四郡) 설치 이후 오랫동안 한족 국가의 지배력이 미치지 못했고, ②부여와 고구려가 이 지역을 지배하면서 사용한 이름이 외부에 알려지지 않았으며, ③특정 시점 이후 '압록' 명칭이 널리 사용되었기 때문으로 보인다. '마자'는 '개마'와 관련되는 것으로 추정되지만, 황윤석이 용만(龍灣)[25]에서 용(龍)에 해당하는 고유어 '미리'와 '마자' 사이의 발음 유사성을 주목한 것 외에,[26] 그 의미에 대한 심도 있는 논의는 제기되지 않았다. '압록'과의 관련성이나 계통성에 대해서도 논의된 바 없다. 마자수는 가장 이른 시기의 이름이었지

25 의주(義州)의 다른 이름이지만, 압록강의 이칭으로도 사용되었다. 『朝鮮志』 권 하, 「鴨綠江」. "在州西北一名馬訾, 一云淸河, 一曰龍灣."

26 황윤석, 『頤齋遺藁』 권 25, 「華音方言字義解」. "鴨綠江舊名馬訾水, 又名龍灣. 蓋方言呼龍爲彌里, 與馬訾聲近故轉."

만, 당나라 이후 이름은 '압록'으로 굳어졌고, '마자'는 거기에 병칭되는 정도에 머물게 된다. 지금으로선 '마자'가 현실에서 어느 정도 사용되었는지도 미지수이다.

바다와 만나는 하구의 명칭, 대총강(大總江)

19세기 중반 이후 편찬된 지도 『대동여지도』, 『동여도』, 『조선지도』, 『청구요람』에는 압록강 하구가 대총강(大總江)으로 표기되어 있다. 『대동지지』에는 압록강을 설명하는 가운데, "미륵당에 이르러 다시 적강(狄江)과 합쳐져 대총강(大摠江)이 되어 서해로 들어간다."[27]고 하였다. 이로 보면 압록강이 바다로 들어가기 직전, 수많은 물줄기를 받아 규모가 광대해진 하류를 '대총강(大總(摠)江)'으로 불렀음을 알 수 있다. 그 연원은 꽤 오래다. 아래는 1530년에 편찬된 『신증동국여지승람』에 소개된 압록강 설명의 일부이다.

> … 수청량(水青梁)에 이르러 또 두 가닥으로 나뉘어서 하나는 서쪽으로 흘러 적강(압록강의 서북쪽에 있음)과 합치고 하나는 남으로 흘러 대강(大江)이 되고, 위화도(威化島)를 둘러 암림곶(暗林串)에 이르러서 서쪽으로 흘러 미륵당(彌勒堂)에 이르고 다시 적강과 합쳐서 대총강(大摠江)이 되어 서해로 들어간다.[28]

1656년 인평대군은 고진강(古津江)을 설명하면서, "서쪽으로 40리를 흐르다가 대총강으로 들어가서 바다까지 간다."[29]고 했다. 1721년 의주부윤의

---

27 권 23, 「의주」. "至彌勒堂, 復與狄江, 合爲大摠江. 入于西海."

28 『국역 신증동국여지승람』 권 53, 「평안도, 의주목」. 이 구절은 홍양호, 『耳溪外集』 권 24, 「北塞記畧」에 그대로 인용된다.

29 『연도기행』 상, 8월 19일 조.

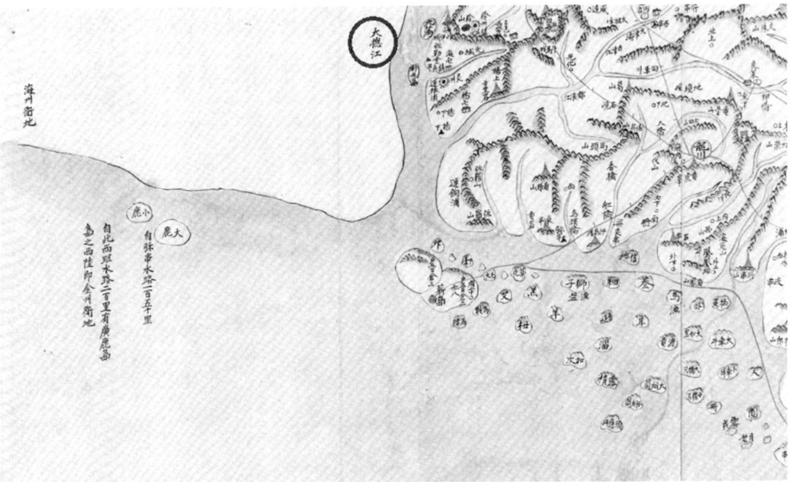

그림 3 19세기 「동여도」(규장각)의 압록강 하구 부분. '대총강(大摠江)'이라 표기하였다.

상소문 중에는, "압록강의 여러 줄기가 하나로 합수된 곳이 있는데, 바로 대총강입니다."라는 구절이 보인다.[30] 한강의 마포 일대 구간을 서강(西江), 임진강과 합류 이후의 한강 하류를 조강(祖江), 금강에서 부여 구간을 백마강(白馬江)이라 했던 것처럼, 하나의 강이 지역에 따라 여러 이름으로 불린 것은 흔한 현상이었다. 이로 보면 수많은 물줄기를 받아들여 수량이 많아지고 강폭이 넓어진 압록강 하류를 대총강으로 부른 것을 이해하기 어렵지 않다. 대총강은 압록강의 구간 명칭이었다. 다만 '서강'이나 '조강'이 한강을 대체할 수 없는 것처럼, 대총강을 압록강의 정식 이칭으로 인정할 수 있을지는 논의가 필요하다.

이와 관련하여 검토를 요하는 명칭은 대충강(大蟲江)이다. 『만주원류고』, 『성경통지』, 『대청일통지』 등 18세기에 편찬된 문헌 여러 곳에, 이 명칭이 원나라 또는 명나라 때부터 사용된 것으로 이 소개된다. 정약용은 대총

---

30 『경종실록』, 1년(1721) 6월 16일.

(大總)과 대충(大蟲)의 발음 유사성 주목하여, 두 강을 하나로 간주했다.[31] 하지만 18세기 이후 청나라에서 편찬된 모든 지리지에서 대충강은 지금의 요양시(遼陽市) 동남쪽 4백 리 지점에서 발원하여 남쪽으로 흐르다가 압록강에 들어가는 형세를 근거로 동가강 즉 혼강(渾江)으로 비정된다.[32] 대충강이 오늘날의 혼강인지는 확단할 수 없지만, 대총강과 무관한 것은 분명하다.

3. 기타 견해의 오류 변증

청하설(淸河說)

'청하설'의 시초는 이규보의 「동명왕편」이고, 연원을 더 따지면 이규보가 이 서사시를 지으며 근거로 삼았다는 『구삼국사』이다. 『구삼국사』의 편찬 시기는 알 수 없지만, 고려 건국(918)과 김부식의 『삼국사기』(1145) 사이에 지어졌을 것이니, 역사서 편찬의 관례를 고려하면 10세기 중후반에 간행되었을 것으로 추정할 수 있다. 「동명왕편」에 따르면, 옛 부여 도읍지에 천제의 아들 해모수가 와 나라를 세우는 과정에서, 도성 북쪽 청하 가 웅심연(熊心淵)에서 하백의 딸 유화를 만나 인연을 맺었다고 한다. 이규보는 청하가 압록강이라고 주석을 달았고, '압두파(鴨頭波)'라는 표현을 사용하여 그 사실을 보강하였다. 압록강 청하설은 후대 문헌들이 이 기록을 답습한 결과이다. 하지만 안정복은 이 견해를 오류로 일축했고, 정약용은 그 설을 수용 지

---

31 앞의 글, 같은 곳. "余謂華語蟲與總近, 大蟲江者, 大總江也. 但出於龍鳳山者, 傳譯之譌也."

32 『흠정만주원류고』 권 15. "明統志, 大蟲江在遼東都司城東南四百里, 源出龍鳳山, 南流入鴨綠江. 按一統志云, 佟佳江在吉林烏拉城南八百二里, 亦名通佳江, 南流會鴨綠江, 即古鹽難水. 明統志有大蟲江, 疑即佟佳江也."

지했다.

> 순암 안정복이 이르기를, "… 『응제시주(應製詩注)』에서 『고기(古記)』의 '부여성(扶餘城) 북쪽에 청하가 있는데 그 하백(河伯)의 딸이 유화(柳花)이다.'라는 구절을 인용하여, '청하는 지금의 압록강이다.'라고 하였는데, 잘못이다. 『고려사』, 「지리지」에는, '압록강은 일명 청하이다.'라 하였고, 『여지승람』에도 그러하였으니, 모두 잘못을 답습해서 그런 것이다. 청하는 부여성 북쪽에 있다고 이미 말하였으니, 지금 압록강과는 남북이 판연하게 다르다. 『성경지(盛京志)』에, '지금의 개원현(開原縣) 옛 부여(扶餘) 지경에 청하가 있는데, 서쪽으로 흘러 요하에 들어간다.'고 하였으니, 아마 이 강은 옛 이름이 오히려 있었던 듯하다." ○ 내 생각에 녹수(淥水)는 청하가 아니라는 순암의 학설이 옳다. 오늘날 개원성 북쪽에 점니(占泥), 예허량하(葉赫兩河)가 모여 구하(扣河)가 되어 남쪽으로 흐르다가 아록하(阿鹿河)와 만나 남쪽으로 가 청하가 되고, 서쪽으로 요수(遼水)로 들어간다.[33]

청하가 압록강이 될 수 없는 이유는 위 인용문으로 충분하다. 부여의 옛 수도에 대해서는 의견이 분분하지만, 최소한 주몽이 남하하여 세운 고구려(중국 遼寧省 本溪市 桓仁縣)보다는 북쪽에 있었을 것이고, 그 도성 북쪽을 흘렀다는 청하가 압록강이 될 수 없는 이유는 자명하기 때문이다. 이규보가 청하를 압록강이라 본 것은, 당시 국경을 기준으로 고대의 기록을 해석했기 때문이다. 이런 관행은 조선시대 문사들에게 그대로 이어지고, 식민사학을

---

33 정약용, 앞의 글. "順菴安鼎福曰, 高句麗記, 朱蒙母柳花曰, 解慕漱誘我熊心山下鴨淥邊室中私之. 應制詩注引古記云, 扶餘城北, 有青河, 河伯女柳花, 青河, 今鴨淥江, 非也. 麗志勝覽 皆襲謬而然矣. 青河既云, 在扶餘城北, 則與今鴨淥南北截然矣. 盛京志, 今開原古扶餘界, 有青河, 西流入遼河, 疑此水猶存古名也. ○ 案淥水, 非青河, 順菴說, 是也. 今開原城北, 有占泥、葉赫兩河, 合爲扣河南流, 與阿鹿河會, 至開原城南爲淸河, 西入于遼水, 疑或古之青河也."

거치며 고착되었다. 앞으로 압록강의 명칭에서 청하는 빠져야 한다.

엄리대수설(奄利大水說)

청하설과 같은 맥락에서 검토해야 한다. 고대 부여와 고구려는 같은 계열의 나라였고, 주몽의 개국 설화는 많은 부분 부여 건국 설화를 차용한 것이다.[34] 고구려 시조 주몽이 부여를 떠나 고구려를 건국하는 이야기는 한국과 중국의 여러 문헌에 나타나는데, 내용은 대동소이하다. 그중 부여를 떠난 주몽이 물을 만나 위기에 빠졌다가 물고기들의 도움을 받는 이야기는 공통의 주요 화소이다. 이 물줄기의 이름은 문헌에 따라 엄리대수(「광개토왕비」), 엄체수(淹遞水, 『삼국사기』), 엄수(淹水, 『삼국유사』), 엄체수(淹滯水, 『양서』, 「동명왕편」), 시엄수(施掩水, 『위략』), 엄호수(淹滹水, 『논형』), 엄사수(掩淲水, 『후한서』), 개사수(蓋斯水, 「동명왕편」) 등으로 다르게 나타난다. 하지만 '개사수'를 제외하면 표기는 달라도 많은 경우 같은 발음을 음사하는 과정에서 생긴 차이거나, 전사 과정에서 형태가 비슷한 글자로 바뀐 것에 지나지 않는다.

종래 이 강은 압록강의 이칭으로 설명되곤 했다. 하지만 이 물줄기는 주몽이 부여를 떠나 압록강 북쪽의 고구려 첫 도읍지에 도착하기 전에 만났던 강이니, 이치상 압록강이 될 수 없다. 향후 압록강 명칭 논의에서 엄리대수 계열의 이름은 모두 제외되어야 한다. 이규보는 「동명왕편」에서 엄체수(淹滯水)를 두고, "일명 '개사수'이며 압록강 동북쪽에 있다. 一名蓋斯水, 在今鴨綠東北."라고 주석을 달았다. 엄체수가 압록강과는 별개의 물줄기임을 말한 것인데, 이보다 더 북쪽에 있는 청하를 압록강이라고 본 견해와 자기모순이다. 엄체수가 어느 물줄기를 가리키는지, 그 의미가 무엇인지, 엄체수와 개

---

34 조현설, 「건국신화의 형성과 재편에 관한 연구 : 티벳, 몽골, 만주, 한국 신화의 비교를 중심으로」, 동국대 박사논문, 1998, 141~156쪽 참조.

사수는 전혀 다른 계통의 명칭인데 그 관계는 어떤 것인지는, 아직 밝혀지지 않았다. 부여의 도읍지를 어디로 비정하는가에 따라, 추정의 범위가 좁혀질 수 있다.

염난수설(鹽難水說)

1779년 간행된 『성경통지(盛京通志)』의 동가강 조에 아래 설명이 있다.

> 성경(盛京, 심양) 남쪽 802리에 있는데 동가강(同嘉江)이라고도 한다. 남쪽으로 흘러 압록강과 만나니, 옛날의 염난수이다. 『한서』, 「지리지」에 "마자수가 서쪽으로 흘러 염난수로 들어간다."라 했다. 『당서』, 「고려전」에 "압록수는 서쪽으로 흐르다 염난수와 만난다. 강은 장백산 남쪽 분수령에서 발원한다. 분수령에 세 개의 샘이 있는데 골을 나와 모여 하나가 된다. 서남쪽으로 흘러 늑문(勒們) 여러 하천을 받아들인다. 압록강은 동쪽에서 흘러와 만난다. 남쪽으로 바다에 들어간다."라고 했다. 명나라 『일통지』에, "대충강이(요동)도사성(都司城, 요양) 동남쪽 400리에 있다. 용봉산(龍鳳山)에서 나와 남쪽으로 흘러 압록강으로 들어간다. 지금의 봉황성 경내에 대충강이 있다는 말을 들어보지 못했으니, 동가강을 가리키는 듯하다."라고 했다.[35]

염난수는 먼 고대의 명칭으로, 명대 이후에는 동가강으로 일컬어졌다. 문헌에 따라 동가강(佟佳江), 동가강(同嘉江), 길아강(吉雅江) 등으로도 표기되었다. 오늘날의 공식 명칭은 혼강(渾江)이다. 길림성(吉林省) 백산시(白山市) 하

---

35 권 27. "城南八百二里, 亦名同嘉江. 南流會鴨緑江, 即古鹽難水也. 漢書地理志, 馬訾水西流入鹽難水, 唐書高麗傳, 鴨緑水西與鹽難水合.　按江源出長白山南分水嶺, 嶺有三泉, 自谷中出會為一, 西南流, 受合勒們等諸河. 鴨緑江自東来會. 南入于海. 明一統志, 有大蟲江, 在都司城東南四百里, 源出龍鳳山, 南流入鴨緑江, 今鳳凰城界内, 不聞有大蟲江, 疑即佟家江."

얼야판산(哈爾雅範山)에서 발원하여 요녕성(遼寧省) 본계시(本系市) 환인현(桓仁縣)을 질러 압록강으로 들어가는 물줄기로 전체 길이는 445km이다. 15세기에는 이만주(李滿住)가 이주하여 거주한 곳이었고, 16세기에는 여진족 동악부(棟鄂部)의 본거지였다. 우리 문헌에서 동가강 명칭은 18세기 이후, 이익·성해응·이긍익·정약용[36] 등의 기록에 보인다. 보다 이른 시기 이 강을 가리키는 명칭은 파저강이었다.[37] 부여를 떠난 주몽이 처음 정착했다가 나라를 세운 곳이 비류수 북쪽이었는데,[38] 고구려의 첫 도읍지가 지금의 환인 지역이었으니, 고구려 창업 시기 현지에서 이 물줄기의 이름은 비류수였던 것으로 추정된다.[39] 이들 자료를 종합하면 염난수의 오늘날 이름은 혼강이며, 그 명칭은 시대와 지역에 따라 비류수·파저강·동가강 등으로 다양하게 사용되었다.[40]

염난수가 압록강이라는 설은, 밑줄 부분에 기원이 있다. 『한서』, 「지리지」에서는 마자수가 염난수로 들어간다고 했는데, 이는 마자수를 염난수의 지류로 본 것이다. 하지만 그 이후의 문헌에서는 두 물줄기가 만난다고 했거나, 염난수를 지류로 본 것이 대부분이다. 실제 물줄기의 규모를 기준으로 하면 혼강이 압록강의 지류이니, 혼강의 옛 이름인 염난수 압록강설은 성립되지 않는다. 이후 압록강의 명칭에 대한 설명에서 염난수도 탈락되어야 한다.

---

36 안정복, 앞의 글; 이긍익, 『연려실기술』 별집 제16권, 「地理典故), 摠地理」; 이익. 『星湖先生全集』 권 25, 「答安百順問目」; 성해응, 『研經齋全集』 外集』 권 44, 「東水經」.

37 파저강(波猪江) 명칭은 『세종실록』 6년(1424) 4월 26일 조에 처음 보인다. 개인문집의 경우는 서거정이 지은 「征建州行軍圖記」(『四佳文集』 권 3, 1479)가 첫 사례이다.

38 『삼국유사』, 「고구려」. 주몽은 여기서 낳은 첫아들의 이름도 비류(沸流)라 지었다.

39 민족문화대백과사전에서는 옛 비류수를, 혼하 지류의 하나인 부이하(富爾河)로 설명하고 있다. 하지만 부이하는 한 국가의 창업을 상징하는 물줄기로 보기에는 너무 규모가 작다.

40 홍양호는, 염난수와 동가강을 다른 물줄기로 보았다. 『耳溪外集』 권 12, 「北塞記畧, 白頭山考」. "西與鹽難水合, 又西南會佟家江."

아리나례하설(阿利那禮河說)

아리나례하는 『일본서기』에 나오는 명칭이다. 신공황후가 신라를 정벌할 때, 신라왕이 배 앞에 나와 강화를 요청했는데, 그 맹세에 "동쪽의 해가 서쪽에서 뜨거나, 아리나례하가 거꾸로 흐르지 않는 한 …."이란 구절이 나오고, 그 주석에서 아리나례하를 압록강이라 했다.[41] 정약용은 이에 대해, 당시는 신라의 파사니사금(婆娑尼師今) 시절이라 신라의 영역이 지금의 압록강에 미치지 못했으니 마츠시타 켄린(松下見林, 1637~1704)의 견해는 틀렸으며, 아리나례하는 경상도 일대에서 찾아야 한다고 했다.[42] 이론의 여지 없는 탁견이다. 다만 이를 통해 '아리'가 고대 북방—지금의 중국 동북 삼성—뿐 아니라, 한반도 남쪽에서도 강을 가리키는 이름으로 널리 사용되었을 가능성을 추정할 수 있다.

요수(遼水), 안민강설(安民江說)

『삼국유사』에 아래 구절이 있다.

> 살펴보건대 고구려 시절의 도읍은 안시성—일명 안정홀(安丁忽)—으로 요수(遼水)의 북쪽에 있었다. 요수의 다른 이름은 압록으로, 오늘날엔 안민강

---

41 이근우 외, 『역주 일본서기』(동북아역사재단, 2013) 권 9, 「신공황후기」. "其盟詞曰, 非東日更出西, 且阿利那禮河之逆流, …."

42 정약용, 앞의 글. "日本書紀云, 鴨淥江在三韓. 觀性理大全, 黃河、長江、鴨淥、天下三大水之其一也 ○ 異稱日本傳云, 鴨淥江, 卽所謂阿利那禮河, 是也. ○ 案日本神功皇后之伐新羅也, 羅王請和於船前, 其盟詞曰, 非東日更出西, 且阿利那禮河之逆流, 而殊闕春秋之朝, 天地神祇共討之. 出異稱傳 則神功天皇之伐, 當新羅婆娑尼師今之時, 此時彊界, 未嘗及於鴨淥, 不可指以爲誓. 見林之說 非也, 所謂阿利那禮河, 當在今慶尙道界者也."

이라 한다.[43]

이 기록을 안정복은 소개만 하였고, 정약용은 그 이유를 알 수 없다고 했다. 이 글에서 순도(順道)가 고구려에 온 해는 372년이고, 당시는 고구려의 수도가 압록강 북쪽 국내성이었으니, 일연이 이런 역사 정황을 정확히 알았다면 '압록'을 말한 것은 옳다. 하지만 요수는 다른 물줄기에 사용된 이름이어서 혼란스럽고, 안민강은 별도의 용례가 없어 추론의 진전이 불가능하다. 윤경진은 여기서의 요수를 요하로 보고, 고려말 영토 의식이 달라지면서 '요하 압록강설'이 출현했다고 보았다. 그에 따르면 963년 고려와 송 사이에 압록강이 가상의 국경으로 획정되면서 압록강은 국경의 상징이 되었고, 고려 후기 원나라의 등장은 고려의 고토 의식을 불러일으켰으며, 이것이 요하 국경 의식으로 발전하였다는 것이다.[44] 압록강은 고정된 물줄기의 명칭이 아니라는 것인데, 배경과 의미는 다르지만 이러한 논리는 고대 압록강의 명칭 현상에 부합하는 것으로 보인다.[45]

요수와 관련해서는 아래 『통전』의 기사를 참고할 수 있다.

대요수(大遼水). 말갈국 서남쪽 산에서 발원하여 남쪽으로 흘러 안시(安市)에 이른다.

소요수(小遼水). 요산(遼山)에서 발원하여 서남쪽으로 흘러 대량수(大梁水)와

---

43 권 3, 卷 三, 興法 三, 「順道肇麗」. "按麗時都安市城, 一名安丁忽, 在遼水之北. 遼水一名鴨淥, 今云安民江."

44 이와 관련하여 『삼국유사』, 「塔像 第四 · 遼東城育王塔」의 "서한과 삼국의 지리지를 살펴보니, 요동성은 압록(강) 밖에 있으며 유주(幽州)에 속한다. 按西漢與三國地理志, 遼東城在鴨綠之外, 屬漢幽州."는 구절도 주목할 필요가 있다. 한나라와 삼국의 관점을 기준으로 하면, 압록(강)은 요양 서북쪽에 있는 셈이 되기 때문이다. 남의현은 최근 논문(2016)에서 압록강의 위치 문제를 제기한 바 있다.

45 윤경진, 고려의 북방 경계 인식과 '또 하나의 압록강' – '화주압록강'과 '요하압록강'의 실체 검토, 軍史, 118, 2021, 139~175쪽.

만난다. 대량수는 나라 서쪽에 있으며, 새외에서 나와 서남쪽으로 흐르다가 소요수로 들어간다.

마자수. 일명 압록수다. 동북 말갈 백산에서 발원한다. 물빛이 오리의 머리 같다 하여 붙여진 이름이다. 요동(遼東城, 지금의 遼陽市)에서 500리 떨어져 있다. 국내성 남쪽을 지나, 서쪽으로 흐르다 한 물과 만나니 즉 염난수이다. 두 물줄기가 만나 서남쪽으로 흘러 안평성(安平城)에 이르러 고려 땅으로 들어간다. 이 물줄기가 크고 파도와 곡절이 심하며, 지나는 나루마다 배가 그득하니, 그 나라에서 이를 믿어 천참(天塹)으로 여긴다. 그 물의 너비는 300보이며, 평양성 서북쪽으로 450리 떨어져 있다.

요수(遼水). 동남쪽으로 480리에 있다.[46]

고구려 경내의 대표 물줄기에 대한 소개이다. 『통전』은 고구려가 멸망한 지 한참 지난 801년경에 완성되었지만, 기사의 내용은 고구려 전성기 기준이다. 대요수와 소요수와 대량수는, ①서남쪽 또는 남쪽으로 흐르는 물줄기의 방향, ②옛 안시성 지역으로 추정되는 요영성 해성(海城)과 영구(營口) 일대를 지나는 위치, ③소요수와 대량수가 합류하는 형세,[47] ④당나라 서안(西安)을 기준으로 한 거리 순 등의 근거로 보아, 각각 지금의 요하, 혼하, 태자하(太子河)로 비정된다. 요하는 고구려와 당나라의 국경선이었고, 혼하와 태자하는 고당 전쟁이 치열했던 요동성(遼東城, 지금의 요양시) 일대에 있었으며,

---

46 『通典』 권 186, 邊防 2, 「東夷下, 高句麗」. "**大遼水**. 源出靺鞨國西南山, 南流至安市. **小遼水**. 源出遼山西, 南流與大梁水會. 大梁水在國西, 出塞外, 西南流注小遼水. **馬訾**(則移反)水, 一名鴨綠水. 水源出東北靺鞨白山, 水色似鴨頭故, 俗名之. 去遼東五百里. 經國內城南. 又西與一水合, 即鹽難水也. 二水合流, 西南至安平城, 入海. 高麗之中, 此水最大, 波瀾清澈, 所經津濟, 皆貯大船, 其國恃此為天塹. 水闊三百步, 在平壤城西北四百五十里. **遼水**. 東南四百八十里." 이 내용은 10세기 후반(976~983)에 편찬된 『太平寰宇記』 권 173에도 거의 그대로 실려 있다.

47 근대 이전 요하와 혼하와 태자하 세 물줄기가 합류하였으며, 합류 이후의 구간을 삼차하(三叉河)라고 했다. 1679년 사행 노정이 바뀌기 전까지, 고려와 조선의 사신들은 이 삼차하를 건너 북경에 가곤 했다. 여기에 대해서는 3부에서 상론한다.

당군이 평양성을 함락하기 위해서는 압록강을 건너야 했다. 이런 당시의 정황을 고려하면, 당나라의 요하, 혼하, 태자하, 압록강 이해는 비교적 정확했던 것으로 볼 수 있다.

문제는 '요수'이다. 이 책에서는 요수를 요하, 혼하, 태자하, 압록강과 다른 물줄기로 파악했고, '동남쪽 480리 東南四百八十里'라는 애매한 설명만을 부가했다. 기술 관행으로 보면 동남쪽 480리 지점에 있다는 말인데, 그 기준이 설정되지 않았다. 바로 앞에서 압록강을 설명했으니 그로부터 동남쪽 480리에 있다는 해석, 또 압록강의 위치를 평양성 서북쪽 450리에 있다고 했으니, 평양성 기준 동남쪽 480리 해석 모두 가능하다. 요수는 압록강 기준으로 대동강, 평양 기준으로는 한강에 해당된다. 압록강과 대동강, 평양과 한강 사이의 거리는 직선으로 170km, 200km이다. 480리는 대략 200~250km로 환산된다.

여러 정황을 고려했을 때, 요수는 지금의 한강으로 추정된다. 고구려 멸망 이후 나당 전쟁이 시작되었고, 당군은 임진강을 넘지 못했으니, 그 남쪽의 지리 정황은 잘 알지 못했다. '동남쪽 480리'라는 대략의 위치와 거리 외에 별다른 설명을 부가하지 못한 이유이다. 물론 요수가 한강이 아니라 임진강이라는 가설도 가능하다(평양과 임진강의 직선 거리는 150km). 일연이 무엇을 근거로 '요수 = 압록강 = 안민강' 설을 말했는지 알 수 없으며, 그 시절 고려에서 압록강을 요수나 안민강으로 불렀을 가능성을 배제할 수는 없다. 다만 일연의 행적이 거의 한강 이남에 국한되어 현지 사정에 밝지 못했고, 그의 견해를 뒷받침할 방증 자료가 없으며, 현존 『통전』의 내용이 사실에 가까운 사실을 인정한다면, 요수·안민강 설은 선뜻 수용하기 어렵다. 하지만 아니라는 증거가 있는 것도 아니니, 남겨두어 후고를 기다리는 게 좋겠다.

4. 소결

우리에게 압록강은 매우 중요한 상징 하천이다. 그 역사적 의미는 크게 두 가지이다.

첫째, 압록강은 고대사에 있어 영역의 중심이었다. 이익(李瀷)에 따르면 단군과 기자 시대 압록강은 영토의 허리였다.[48] 박지원은 후대의 사가들이 한사군을 압록강 안쪽에 비정함으로써 조선의 강역은 싸워보지도 못하고 절로 줄어들었다고 개탄했다.[49] 압록강은 옛날 기자의 강역이었고 부여의 남쪽 경계이자 고구려의 수도를 관류하는 강이었으며, 고려 시대엔 고려 백성과 여진족이 할거하던 곳이었는데, 조선에 들어와 국경이 되었다고 안타까워한 사람은 홍경모이다.[50] 백석은 그 너머를 두고 오래전 우리가 떠나온 곳이며 잃어버린 장소라고 했다.[51] 그곳은 또 먼 옛날 나라가 열린, 시원의 성소(聖所)이기도 하다. 오늘날 한반도 기준에서 압록강은 시원과 실지(失地)로 돌아가는 출발선인 셈이다.

둘째, 압록강은 천여 년 동안 한국과 중국의 국경이었다. 압록강이 한중의 국경으로 획정된 것은 고려 초의 일이다. 요(遼)나라가 요동 일대를 장악하고 있던 시기 고려와 송의 압록강 국경 합의는 당시 두 나라의 합의에는 별 실효가 없었지만, 그 뒤로 압록강은 한국과 중국의 여러 왕조를 거치며 국경의 관념으로 굳어져 갔다. 조선 시대 압록강 유역은 관습적인 국경 지대

---

48 『星湖先生全集』 권 36, 「答安百順 丙子(1756)」. "檀箕之國, 跨有鴨綠內外均."

49 『熱河日記』, 「渡江錄」. "(6월 28일) … 嗟乎! 後世不詳地界, 則妄把漢四郡地, 盡局之於鴨綠江內, 牽合事實, 區區分排, 乃復覓浿水於其中, 或指鴨綠江爲浿水, 或指淸川江爲浿水, 或指大同江爲浿水, 是朝鮮舊疆, 不戰自蹙矣."

50 『冠巖存藁』, 「遼野程史·鴨綠江記 2」. "… 古箕子之地, 扶餘南界, 高句麗舊都國內丸都, 皆在其中, 後屬渤海. 遼金之世, 女眞高麗, 分據其地. 入國朝, 江南屬我, 江北屬中國. 噫, 朝鮮舊疆, 自高麗盡失於中國, 今以此一衣帶之水爲國界, 恃以天塹, 寧不嘆哉! …"

51 「북방에서 - 정현웅에게」, 『인문평론』 1940년 7월 폐간호.

로 자리를 잡아갔고, 1712년 백두산정계비(白頭山定界碑)가 세워진 뒤에도 선이 아닌 접경을 두는 전통적인 국경 관념은 지속되었다.[52] 압록강은 1964년 3월 북한과 중국 사이에 조중변계의정서(朝中邊界議定書)가 채택됨으로써 현대적 국경선으로 획정되었다.[53] 한중의 국경 역할을 하는 동안 압록강은 수많은 사건의 현장이었다. 역사 상황에 따라 갈등과 충돌의 장소이자, 이주와 도월(渡越)의 경계였으며, 교역과 문명 이동의 통로로 압록강은 우리 역사의 수많은 기억을 간직하고 있다.

압록강은 한반도에서 물리적 규모가 장 큰 강이기도 하다. 이처럼 심대한 의미를 지닌 압록강은 해방 이후 그 존재감이 희미해져 왔다. 물리적으로는 중국을 통해서만 접근할 수 있으며, 분단 이후 전쟁과 이념 대결을 거치며 심리적으로는 가까이 하기에는 위험한 곳이 되고 말았다. 민주화의 과정 속에서 70~80년대의 극단적인 이념 대결이 어느 정도 완화되기는 했지만, 냉전시대의 관념은 여전히 그 위세를 잃지 않고 있으며, 이는 이후 밀려온 신자본주의의 물결과 뒤섞이면서, 거시적인 역사 안목에서 분단과 대결을 초월하는 학문 관심을 방해하는 요소로 작용하고 있다. 그 명칭의 내력과 계통에 대한 초보적인 정리조차 이루어지 않은 사실이 압록강에 대한 우리의 심리적 거리를 반증한다.

본고는 이러한 문제 의식 아래 '압록강' 명칭의 기원과 계통을 정리하고, 몇몇 명칭에 대해서는 그 타당성 여부를 변증한 결과이다. 논의를 통해 '압록'은 6~7세기 이 일대 부족이 사용하던 명칭의 음차 표기이며, 아리, 야리 등의 명칭과 같은 계열임을 추정하였다. '마자수'는 『한서』, 「지리지」에 한

---

52 여기에 대해서는 한성주, 「조선시대 접경공간의 시대적 변동양상 연구 - 압록강 · 두만강 유역을 중심으로 -」, 『중앙사론』 50, 2019, 327~354쪽; 오병한, 「1910~1920년대 일본과 중국의 압록강 국경문제 인식과 대응」, 『한국근현대사연구』 84, 2018년 봄. 151~177쪽 참조.

53 여기에 대해서는 노영돈, 「북한 - 중국의 국경 획정 상황의 고찰」, 『백산학보』 82, 백산학회 2008, 229~259쪽 참조.

번의 용례가 있을 뿐으로, 6세기 고구려가 강성해지며 당과의 대결이 격화되자 압록강에 대한 관심이 높아지면서 소환되었고, 이후 압록강과 병칭되었다. 마자수 계열의 명칭은 발견된 게 없으며, 그 의미에 대한 주목할 만한 논의는 아직 없다. '대총강'은 18세기 이후 압록강 하구를 가리키는 명칭으로 조선에서만 사용되었다. 기타 압록강의 이칭으로 거론되어온 여러 이름들은 압록강과는 상관이 없는 것으로 밝혀졌다. 향후 압록강 논의에서 마자수, 압록강, 대총강 외 명칭들은 거론할 이유가 없다.

세 개의 이름 중 가장 나중에 사용되었으며 강 하구를 지칭했던 '대총'의 의미는 명확하다. '대총'에는 크고 작은 수많은 물줄기를 받아들여 거대한 몸집이 되어 끝내는 바다와 한 몸이 되는 자연 현상에 대한 통찰과 경이가 담겨 있다. 나아가 '불택세류(不澤細流)'의 관대한 도량과 '백절부저(百折不沮)'의 강인한 의지, 나아가 평화와 통일이라는 인문학적 의미를 부여할 수도 있겠다.[54] 그 의미는 앞으로 만들어가야 할 것이기도 하다. '압록'의 의미에 대해서는 아직 유력한 견해가 없다. 다만 오랜 세월 통설로 간주되어 왔던 '압두록설(鴨頭綠說)'이나 만주어 기원설은 타당성을 잃었으며, 천하3대수설도 오류로 판명되었다. 이후 그 의미에 대한 탐색은 '압록'이 7세기 즈음 강 유역에 살던 사람들 언어의 음차 표기라는 대전제 아래 시도되어야 할 것이다. 가장 오래된 이름인 '마자'는 당시 그 일대의 지명인 '서개마'와 관련이 있다는 것만 추정될 뿐, 그 의미에 대한 현대적인 연구는 시도되지 않았다. 앞으로의 과제이다.

압록강의 명칭은 마자, 압록, 대총 세 계통으로 나눌 수 있다. 하지만 마

54 함석헌은 "우리 역사의 비극은 국경이 되어서는 아니 되는 압록강이 국경이 된데서 시작이다."라고 홍경모의 탄식을 되풀이했다. 나아가 반도와 만주의 대화, 민중의 목소리를 들었으며, "만주와 반도의 맑은 물, 흐린 물을 다 모아 갖은 파란곡절을 다 거듭한 후 황해에 들어가서 한통치고 마는 압록강 모양으로 이 역사도 세계가 하나 되는 내일에 이룰 것이다."라고 하여 통일과 미래를 읽기도 했다[「압록강」, 『조선일보』 1966. 8. 28; 『함석헌전집 10』, 한길사, 1993].

자와 대총 계통에는 범주로 묶을 이칭이나 변천의 흔적이 보이지 않는다. 마자는 암반에 하나 남은 공룡 발자국같은 화석 명칭이고, 대총은 압록강의 일부 구간 명칭일 뿐이다. 이에 반해 '압록'은 꽤 큰 명칭 군과 함께 변천의 역사를 지닌다. '아리, 아루, 야리' 발음 계열의 강 이름은, 송화강이나 혼하 같은 압록강 북쪽 물줄기는 물론 그보다 훨씬 남쪽인 경상도 지역에서도 사용되었다. 크게 보면 압록강 명칭에서 제외시킨 '엄리' 계열의 명칭도 '압록'과 어떤 유사성 내지 친연성이 있는 것으로 보인다. 그것은 나아가 여전히 그 어원과 의미가 불분명하여 논란이 되고 있는 '아리랑'의 '아리'와의 연관성을 고려할 수도 있다. 이 글의 논의는 명칭의 계통을 정리하여 추정의 방향을 좁히는 데서 그친다.

압록강 국경 표상의 형성

압록강 가 통군정에 올라 역사의 웅얼거림 들어보지 않으려나? 압록강이 뭐냐? 이 역사의 고소장이다. 우리의 다하지 않은 책임을 추궁하는 것이 압록강이다. 백두산을 우리 나라의 제일 높은 산이요, 나라의 터가 열린 성지라 하며, 압록강은 우리 나라 가장 큰강이라 어린아이들에게 가르치지만, 그것이 어찌 우리나라 산이요, 강이냐? 우리 것이란 것은 우리와 남이 다 같이 그렇게 인정하여야 하는 것이다.

함석헌, 「압록강」(1966)

1. 서언

이 글은 압록강이 지닌 북쪽 국경 표상의 형성 과정을 검토하여, 국토의 역사 변천을 이해하고 나아가 전망의 계기를 마련하는 것을 목적으로 한다.

한국과 중국의 대표 백과사전에서는 모두 압록강을 두 나라의 국경 하천으로 설명하고 있다. 북한 쪽 사정은 확인할 수 없지만, 중국에서 압록강을 따라 여행하면 곳곳에서 '중조변경(中朝邊境)', '중조계하(中朝界河)', '중조변계(中朝邊界)' 등이 새겨진 '압록강' 표석을 발견하게 된다. 이는 1962년 10월에 협의가 시작되어 1964년 3월 20일 체결된 북한과 중국 사이 「조중변계의정서(朝中邊界議定書)」에 의한 것이다.[55] 그 이전에는 1712년 서쪽은 압록강으로 동쪽은 토문강[西爲鴨綠, 東爲土門]으로 나라 사이 경계를 삼는다는 백두산정계비(白頭山定界碑)가 세워졌다. 하지만 압록강에 대한 국경 인식은 훨씬 오래전부터 암묵적이며 관습적으로 있어왔으며, 오늘날까지 고착된 역사 통념으로 작용하고 있어 이의와 질문을 거부하고 있다.

이러한 표상과 인식은 언제부터, 어떤 과정을 거쳐 형성된 것일까? 상식으로만 생각해도 한반도 기준 압록강 너머에 있던 고(위만)조선, 부여, 고구려, 발해 등의 국가에서는 압록강이 북쪽 국경일 수 없었다. 그렇다면 압록강의 북쪽 국경 표상이 형성된 시기는 남북국(통일신라) 시대와 고려 시대로 범위가 좁혀진다. 국경은 나라와 나라 사이의 경계이니만큼 두 개 이상 나라의 관계에서 획정되며, 관계 양상이나 역학 구도에 따라 언제든지 또 얼마든지 달라질 수 있는 것이다. 이런 전제 아래, 이 글에서는 아래의 몇몇 질문에 대답하고자 한다. 이 시기 국제 관계 속에서 압록강의 위상은 어떠했으며, 관계의 변천 과정에서 압록강이 어떻게 국경으로 정해졌는가? 또 실질적

55 노영돈, 「북한-중국의 국경 획정 상황의 고찰」, 『백산학보』 82, 백산학회, 2008, 229~259쪽.

인 국경 기능 여부와 별개로, 국경 인식과 표상이 어떻게 굳어지고 짙어졌는가? 우리는 오늘날 이 역사 표상을 어떻게 해석할 것인가?

본고는 이러한 질문에 대한 소소한 답변이다. 검토 결과 압록강은 962년에서 1126년에 이르는 약 150년 동안 송·요·금과의 국제 관계에서 고려의 북쪽 국경으로 획정되었고, 13세기 이후에는 국경 표상으로 굳어져 오늘날까지 이어져 왔다. 압록강의 국경 표상은 대략 800년의 역사를 지니는 셈이다. 그나마 국권 상실과 분단을 거치며, 현재의 우리에게는 국경으로서의 이미지도 옅어지고 있는 실정이다. 한시적인 분단에 국한되지 않는 국토관의 정립, 나아가 고대와 미래를 아울러 역사 전체를 조망하는 국경관의 안목이 필요한 시점이다. 이 논의가 압록강을 새롭게 떠올리고, 묵은 통념을 걷어내고 압록강의 의의를 다시 생각하며, 나아가 인식이 어떻게 사실을 형성하고 규정하게 되는가를 통찰하는 계기가 되기를 기대한다.

2. 고대 압록강 위상의 변화

상고시대, 우리의 북방 국가에서 압록강은 별로 중요한 물줄기가 아니었다. 역사기록 상 실체가 분명한, 기원전 108년에 멸망한 위만조선의 중심지는 발해 북쪽의 요동 일대였다.[56] 그 실체에 대해 이론이 있는 기자조선의 영역 또한 위만조선과 크게 다르지 않았을 것으로 추정된다. 이들 국가에서 압록강은 동남쪽 먼 곳에 있는 물줄기에 지나지 않았다. 위만조선과 비슷한 시기에 건국되어 495년까지 존속했던 부여의 강역을 『삼국지』와 『후한서』

56 『사기』,「조선열전」에 따르면, 당시 조선의 수도는 산동반도에서 배를 띄워 발해를 건넌 곳에 있었으며, 그 영토는 사방 수천 리였다.

는 '북쪽에 약수가 있고, 남쪽은 고려와 접경한다. 北有弱水, 南接高麗.'라고 했다. 남쪽으로 고구려와 붙어 있었다면, 부여에게도 압록강은 이웃 나라의 수도를 흐르는 강이었을 뿐이다. 먼 고대 압록강은 국토의 허리였다고 이익이 말한 근거이며, 당시 서안(西安)과 낙양(洛陽)에 도읍한 국가들의 문헌에 압록강 기사가 나올 수 없었던 이유이다.

압록강의 위상은 삼국시대에 들어서며 높아진다. 고구려는 압록강 가에 도읍했고, 5세기 초 평양으로 천도하기까지 계속 압록강 가에 있었다. 『삼국사기』에는 '압록'이란 단어가 30차례 등장하는데(鴨淥 26회, 鴨綠 4회) 모두 고구려 관련 기사이다. 압록은 물줄기뿐 아니라 그 일대의 지명으로도 다양하게 사용되었다.[57] 당시 고구려에서 압록강은 오늘날 대한민국의 한강이었던 셈이다. 특히 6세기 이후 동북아에서 고구려의 세력이 강성해지고, 이에 따라 수·당과 패권을 겨루는 과정에서 압록강의 위상은 국제 차원으로 높아진다. 수·당은 고구려와의 전쟁을 위해 많은 걸 조사했으며 그 결과를 기록했는데, 그 과정에서 압록강의 실체가 역사 문헌에 등재되기 시작한 것이다. 당시 고구려와 수·당의 국경은 요하였고, 압록강은 여전히 국토의 가운데를 흐르는, 고구려를 표상하는 강이었다.[58]

668년 고구려의 멸망 이후 압록강의 존재감은 미미해진다. 당나라가 평양에 설치했던 안동도호부(安東都護府)는 요동성(遼東城; 遼陽, 676), 신성(新城; 撫順, 677), 평주(平州; 朝陽, 714), 요서군고성(遼西故郡城; 義縣, 742) 등 평양에서 먼 곳으로의 이전을 거쳐 761년 폐지된다. 이는 당나라의 한반도에 대한 영향

---

57 서압록곡(西鴨綠谷)은 을파소가 살던 마을 이름, 압록원(鴨綠原)은 동천왕이 위(魏)나라 모구검(毋丘儉) 군에게 패퇴하여 달아난 곳, 압록두눌하원(鴨淥杜訥河原)은 동천왕이 공신 유옥구(由屋句)에게 식읍으로 하사한 곳이었으며, 압록재(鴨淥宰)는 미천왕이 재야시절 맡았던 고을 수령의 명칭이다.

58 '압록'은 훨씬 후대에까지 고구려를 표상하는 지명이었던 것으로 보인다. 통일신라 말 철원을 배경으로 유행했던 참서의 구절 '선조계(先操雞), 후박압(後搏鴨)'에서 '계(鷄)'와 '압(鴨)'은 각각 신라와 고구려의 옛 영역의 상징인 계림과 압록강을 가리키는 것으로 이해된다. 이 이야기는 『삼국사기』(권 50, 열전 제10, 「궁예」)와 『고려사』(「세계」 권 제 1)에 모두 보인다.

력은 물론 압록강 지배권의 상실을 의미한다. 당군을 몰아낸 이후에도 신라의 지배권이 대동강을 넘어가지 못했다는 것이 학계의 통설이다.[59] 전성기 발해의 서경(西京)에는 압록부(鴨淥府)가 설치되었으며,[60] 그 지배력이 압록강을 넘어 평양에까지 미쳤던 것으로 해석된다.[61] 다만 5경(京) 16부(府) 62주(州)에 평양이 없는 것으로 보아, 이 일대의 제도적 통치는 시도하지 않았던 것으로 해석된다.[62] 종합하면 8~9세기를 아우르는 200여 년 압록강 일대는 느슨한 발해의 영역이었지만, 여러 민족이 비교적 평화롭게 할거하는 무주지(無主地) 상태였던 것으로 볼 수 있다.

이런 상황은 고려의 건국(918)과 신라의 멸망(935) 이후에도 한동안 이어졌다. 특히 923년 발해의 멸망으로 패권 공백 상태가 더 이완되었다. 고려는 건국 초부터 고구려의 후신임을 자처하며 고구려의 구강 회복을 선언했지만, 북방 영토 회복은 지지부진했다. 993년 거란의 1차 침입 전까지, 고려의 북방 영토는 광종 말에 개척한 박천강 인근에서 더 나아가지 못했으며, 압록강 일대는 여진족들이 할거하고 있었다.[63] 984년 고려는 압록강 가에 성을 쌓으려고 했지만 여진족에 의해 저지당했고,[64] 991년에는 압록강 밖의

---

59 여기에 대해서는 조이옥, 「8~9세기 신라의 북방경영과 축성사업」, 『신라문화』 34, 동국대 신라문화연구소, 2009, 143~159쪽 참조.

60 당시 서경의 위치는 오늘날 임강시(臨江市) 일대로 추정된다. "압록부는 고구려의 옛 땅이었다"고 하는(『신당서』, 「발해전」) 기록으로 미루어, 압록부는 압록강 유역을 관장했던 부서로 보인다.

61 압록부에 대해서는 가탐(賈耽)의 말을 인용하여 『삼국유사』에도(「紀異 · 靺鞨(一作勿吉)渤海」. "賈耽郡國志云: 渤海國之鴨淥 · 南海 · 扶餘 · 橻城四府, 並是高麗舊地也."), 『요사(遼史)』에도 소개되어 있다(권 38, 志 8 地理志 2, 「東京道 淥州」. "淥州, 鴨淥軍. 節度. 本高麗故國, 渤海號西京鴨淥府. …").

62 여기에 대해서는 김종복, 「발해의 서남쪽 경계에 대한 재고찰」, 『한국고대사연구』 58, 한국고대사학회, 2010, 133~177쪽 참조.

63 윤경진, 「고려의 북방 경계 인식과 '또 하나의 압록강' - '화주압록강'과 '요하압록강'의 실체 검토」, 『軍史』, 118, 2021, 139~175쪽. 고려시대 압록강의 위상에 대해서는 이 글의 도움을 많이 받았다.

64 권 3, 세가 권 제 3, 성종 3년, 5월. "命刑官御事李謙宜, 城鴨綠江岸, 以爲關城, 女眞以兵遏之, 虜謙宜而去, 軍潰不克城, 還者三之一."

여진족을 백두산 밖으로 몰아냈다.[65] 이는 고려의 노력에도 불구하고 지배권이 압록강 일대까지 미치지 못했으며, 이 지역은 8세기 이후의 무주지 상태가 이어지고 있었음을 반증한다. 오랜 소강 상황은 10세기 말 요(遼)나라의 동진으로 종식된다.

여기서 고려의 외교 상황을 먼저 정리할 필요가 있다. 국경과 영토는 국가 간 역학관계의 산물이며, 보통 외교와 전쟁이 뒤섞인 복합 상황 속에서 구획되기 때문이다. 고려는 왕조 내내(916~1392) 오대(五代, 907~960)를 거쳐 전통 한족 왕조인 북송(北宋, 960~1127)·남송(南宋, 1127~1279)과 관계를 유지하는 한편, 북방에서 발흥한 요(916~1125)·금(1115~1234)·원(1271~1368)에도 긴밀하게 대응해야 했다.[66] 요·금·원 세 왕조의 존속 기간은 452년에 이르며, 고려가 이어진 시간과 거의 일치한다. 고려 전기, 중국 본토에서 군사적, 경쟁 관계에 있던 송/요·금은 서로를 견제하기 위해 고려에 경쟁적으로 회사품(回賜品)을 주는 등 우호 정책을 펼쳤다. 고려는 상황에 따라 이들 왕조와 가변적으로 다양한 외교 채널을 가동했다.[67] 이 시기 국제 관계 속에서 압록강의 위상은 새롭게 조정된다.

윤경진은 962년 송나라와의 합의와 993년 요나라와의 외교 두 단계를 거쳐 압록강의 위상이 한국의 북쪽 국경으로 정립된 것으로 보았다. 고려는 광종 13년(962) 처음으로 송에 사신을 보냈고 이듬해 송의 연호를 채용하였는데, 이 과정에서 양국 간의 경계를 압록강으로 합의했다고 보았다. 이를 명시한 기록은 없지만, 981년 최승로가 「시무이십팔조」의 첫째 항목에서

---

65 「세가」 권 제 3 991년 10월 3일. "逐鴨綠江外女眞於白頭山外, 居之." 이 압록강을 윤경진은 함경도에 있었던 다른 물줄기의 명칭이라고 보았다.

66 고려의 국제 관계에 대해서는 김순자, 『한국 중세 한중관계사』, 혜안, 2007, 13~170쪽 참조.

67 1123년 고려에 왔던 남송의 서긍은 고려의 처지와 입장을 자국의 입장에서 명확하게 이해하고 설명했다(『宣和奉使高麗圖經』, 권 40, 「同文, 正朔」). 『고려사』를 비롯한 고려사 관련 사료는 국사편찬위원회 홈페이지, 「한국사데이터베이스」(http://db.history.go.kr/)를 활용하였다. 이하 같음.

송나라 황제가 두 나라 경계를 압록강 가 석성(石城)으로 정했다고 한 기술, 광종(949~975 재위)이 기존 경계였던 박천강을 넘어 북방 개척을 재개한 것을 그 근거로 들었다. 당시 두 나라의 영토는 압록강에 닿지 못했지만, 궁극적으로 당(唐)이 영유했던 요동 지역의 확보를 지향하여 자국에게 사대(事大)하는 고려와의 경계를 미리 획정했다고 본 것이다.[68] 합리적인 추론이다. 이 합의는 상징에 지나지 않지만, 역사 변동 속에서 사실 규정의 효력을 발휘하게 된다.

그 계기는 요나라의 동진이다. 요나라는 982년 성종(聖宗)이 즉위하면서 전성기를 맞이한다. 즉위 당시 야율융서(耶律隆緖)는 12살에 불과하여 30세의 소작(蕭綽) 태후가 섭정을 시작했다. 태후의 섭정은 27년이나 이어졌는데, 이 기간에 정치가 안정되었다. 979년과 986년 북송과의 전투에서 잇달아 승리했다. 북송은 985년 고려에 사신을 보내 거란을 협공하자고 요청했지만 고려에서는 거절했다. 이를 계기로 요는 고려를 도모하기 시작했다. 정지 작업으로 986년 정안국(定安國)을 공멸했고, 991년 압록강 하류의 여진족을 복속시켰다. 그리고 대규모 군사를 일으켰으니, 이것이 993년 요(거란)의 1차 침입이다. 소손녕(蕭遜寧)이 이끄는 요군은 압록강을 건너 봉산군(蓬山郡; 평안북도 구성군)을 점령했다. 이에 성종은 평양에 행차하여 서희(徐熙)를 파견한다. 당시 소손녕과 서희의 협상 내용을 『고려사』는 이렇게 기록하였다.

> 소손녕이 서희에게 말하기를, "너희 나라는 신라 땅에서 일어났고, 고구려 땅은 우리 소유인데, 너희들이 침범해 왔다. 그리고 우리와 국경을 접하고 있는데도 바다를 넘어 송(宋)을 섬기기 때문에, 오늘의 출병이 있게 된 것이다. 만약 땅을 분할해 바치고 조빙에 힘쓴다면, 무사할 수 있을 것이다."라

---

68 윤경진, 앞의 논문, 144~145쪽.

> 고 하였다. 이에 서희가 말하기를, "그렇지 않다. 우리나라가 바로 고구려의 옛 땅이기 때문에, 국호를 고려라 하고 평양에 도읍하였다. 만일 국경 문제를 논한다면, 요의 동경(東京)도 모조리 우리 땅에 있는데, 어찌 우리가 침범해 왔다고 말하는가? 게다가 압록강 안팎 또한 우리 땅인데, 지금 여진(女眞)이 그 땅을 훔쳐 살면서 완악하고 교활하게 거짓말을 하면서 길을 막고 있으니, 요로 가는 것은 바다를 건너는 것보다 더 어렵다. 조빙이 통하지 않는 것은 여진 때문이니, 만약 여진을 쫓아내고 우리의 옛 영토를 돌려주어 성과 보루를 쌓고 도로를 통하게 해준다면, 어찌 감히 조빙하지 않겠는가? 장군께서 만일 나의 말을 천자께 전달해 준다면, 어찌 애절하게 여겨 받아들이지 않겠는가?"라고 하였다.[69]

소손녕은 고려를 신라의 후계 국가로 간주했는데, 이 발언에는 고구려의 옛 강역을 염두에 둔 정치적 계산이 들어 있다. 이에 서희는 그 의도를 간파하고 고려가 고구려의 후예 국가임을 앞세웠다. 소손녕은 고려의 송나라 연호 사용을 문제 삼았는데, 이는 고려에 대한 외교적 압박이다. 요나라의 연호를 사용한다면 송과의 관계는 멀어질 수밖에 없고, 그렇다면 그 문제는 저절로 풀리게 된다. 요나라는 애초 사생결단을 작정하고 출병한 게 아니었다. 이에 서희는 단순히 요나라 연호를 사용하는 사안을 넘어, 압록강 유역에 할거하고 있는 여진족을 거론했다. 요나라에 조빙하고 싶어도 여진족 때문에 길이 막혀 어쩔 수 없다는 말이다. 이에 요나라는 고려와의 원활한 외교를 위해서라도 여진족 문제 해결에 나설 수밖에 없었다. 협상이 타결되었

---

69 권 94, 「列傳 권 제7, 徐熙」. "遜寧語熙曰, '汝國興新羅地, 高勾麗之地, 我所有也, 而汝侵蝕之. 又與我連壤, 而越海事宋, 故有今日之師. 若割地以獻, 而修朝聘, 可無事矣.' 熙曰, '非也. 我國卽高勾麗之舊也, 故號高麗, 都平壤. 若論地界, 上國之東京, 皆在我境, 何得謂之侵蝕乎? 且鴨綠江內外, 亦我境內, 今女眞盜據其閒, 頑黠變詐, 道途梗澁, 甚於涉海. 朝聘之不通, 女眞之故也, 若令逐女眞, 還我舊地, 築城堡通道路, 則敢不修聘? 將軍如以臣言, 達之天聰, 豈不哀納?'"

다. 994년 고려는 요나라 연호를 사용하기 시작했고, 박양유(朴良柔)를 보내 그 사실을 알렸다. 요나라에서는 글을 보내, 압록강 서쪽 다섯 곳에 성곽과 해자를 축조하려고 하니 때를 맞추어 고려에서는 압록강 동쪽에 같은 작업을 해줄 것을 요청했다.[70] 목적은 통교를 위한 안전한 사행로의 확보였다. 고려는 압록강 동쪽 여섯 고을을 확보했고, 요는 그 땅을 고려에게 하사한 걸로 생색냈다.[71]

고려는 자기 힘으로 장악하지 못하고 있던 압록강 일대를, 요나라의 힘을 빌어 확보하게 되는데, 이는 압록강이 우리의 북쪽 경계가 되는 역사적 사건이다. 942년 국교의 단절로 공식 왕래가 끊어졌던 고려 개경과 요의 상경임황부(上京臨潢府; 內蒙古自治區 赤峰市 巴林左旗林東鎮) 사이 길에는 이후 사신이 빈번하게 오갔다. 하지만 압록강 일대의 영유권 다툼은 끝나지 않았다. 요는 1010년 대군으로 고려를 침공하였고, 왕의 친조(親朝)와 강동 여섯 고을의 반환을 약속받고 물러갔다. 1015년에는 요가 압록강에 다리를 놓고 양 안에 성을 쌓았다. 고려가 저지하려고 했으나 실패했다.[72] 1018년에는 약속 불이행을 내세워 대군으로 3차 침공을 강행했고, 1037년 10월에는 압록강을 침공했다.[73] 1039년에는 고려에서 요에 압록강 동쪽의 보루 철거를 요구했다.[74] 1042년에는 고려에서 압록강 동쪽 번호(蕃胡)들을 조사하여 호적

---

70 『고려사』 권 3, 세가 권 제3, 성종 13년 2월.

71 요사』 권 13, 본기 13, 聖宗 4 統和 11년 춘정월 丙午 993년 1월 17일. "高麗王治遣朴良柔奉表請罪, 詔取女直鴨淥江東數百里地賜之."(같은 내용이 권 115, 열전 45, 「二國外記 高麗」에도 있음) 993년의 기록으로 되어 있으나, 994년의 착오로 보인다.

72 『고려사』 세가 권 제 4. "乙卯六年 春正月 契丹作橋於鴨綠江, 夾橋築東西城, 遣將攻破, 不克."; 『요사』 권 15, 본기 15, 성종 6 개태(開泰) 3년(1014) 6월. "是夏, 詔國舅詳穩蕭敵烈·東京留守耶律團石等討高麗, 造浮梁于鴨淥江, 城保·宣義·定遠等州."

73 『고려사』 세가 권 제 6. "丙子, 西北路兵馬使奏, 契丹以船兵, 侵鴨綠江."

74 『고려사』 세가 권 제 6. "丁卯, 遣戶部郎中庾先, 謝安撫, 仍請罷鴨江東加築城堡."

에 올렸다.[75] 이러한 일련의 사건들은 당시 여전히 요가 압록강 일대를 장악하고 있는 가운데, 지배권을 확보하려는 고려의 노력이 지속적으로 경주되었음을 보여주는 증거이다.

1055년 고려는 요가 압록강 부근에 전투용 방책을 설치하는 것에 항의하는 국서를 요양의 동경유수(東京留守)에게 보낸다. 이 글은 "본국은 기자의 나라를 이어받아 압록강으로 경계를 삼았습니다. 하물며 전 태후와 황제(蕭太后와 聖宗)도 옥책(玉冊)으로 은혜를 내려 봉토를 하사하여 땅을 나누고 또 압록강으로 경계를 삼았습니다."라는 구절로 시작한다.[76] 윤경진은 엄연히 요동 지역에 있었던 고대 조선을 압록강 안쪽에 있었다고 내세운 이 구절을 특별히 주목했다. 고려가 개국 초 국정 목표로 삼았던 고구려 고토 회복을 포기하고, 거란과의 합의에 따라 영토의식을 조절하고 고대의 사적을 변형하였으며, 이후 압록강은 고려의 북경(北境) 표상으로 자리를 잡았다는 것이다.[77] 이는 북방 고대국가와 고려 사이 연속성과 지리 일체성의 괴리를, 나아가 이후 역사지리의 심각한 왜곡이 시작되었음을 의미한다.[78]

압록강 일대의 지배권은 요나라의 쇠락과 금나라의 발흥으로 새로운 국면을 맞이한다. 요는 흥종(興宗) 즉위(1031) 이래 쇠락 일로를 걸었고, 도종(道宗, 1085~1094) 이후에는 멸망의 기운이 가득했다. 반면 아구타(阿骨打)가 이끄는 여진족 세력은 1115년 대금(大金) 건국 이후 욱일의 기세로 부상했다. 이런 북방 정세는 고려에도 곧 밀려왔다. 대금은 1116년 4월 요 동경(요

75 『고려사』 세가 권 제 6. "庚申, 西北路兵馬使, 籍鴨綠以東, 至淸塞鎭轄下立石村蕃戶, 以聞."

76 『고려사』 세가 권 제 7. "當國, 襲箕子之國, 以鴨江爲疆. 矧前太后皇帝, 玉冊頒恩, 賜茅裂壤, 亦限其江."

77 윤경진, 앞의 논문, 163~164쪽.

78 이후 오랜 세월에 걸쳐 평양에는 역사의 정통성을 만들기 위한 고조선과 고구려 초기의 사적들이 조성되며, 이 사적들은 거꾸로 왜곡된 고대 역사지리 의식을 강화한다. 이런 의미에서 이 시기 압록강 인식은, 연암이 말한바 "조선의 옛 강역은 싸우지도 않고 절로 줄어든" 사례에 해당한다.

양)의 고영창(高永昌) 세력을 평정하고, 5월에는 심주(瀋州, 심양)까지 점령했다. 1117년 3월 3일에는 내원성(來遠城)과 포주성(抱州城)을 점령하였다. 내원성은 의주 북쪽 압록강 검동도(黔同島)에, 포주성은 의주에 있던 성으로 보주(保州), 파주(把州)라고도 했다. 당시까지도 고려는 압록강 동쪽을 온전히 확보하지 못한 상태였던 것이다. 금나라는 점령한 두 성을 고려에 할양하였는데, 이는 고려와의 동맹과 대요(對遼) 전선 집중을 위한 전략적 선택이었다. 고려에서는 즉각 포주를 의주방어사(義州防禦使)로 고치고 압록강[鴨江]을 국경으로 삼아 관방을 설치했다. 사흘 뒤인 3월 6일, 고려 조정에서는 백관이 모여 이 일을 크게 자축했다.[79]

대금은 계속 형세를 불려갔고, 여기 비례하여 요의 국세는 갈수록 줄어들었다. 1120년 금군(金軍)은 요의 상경을 함락시켰다. 이후 요군은 속속 금군에 투항했다. 1122년 1월 금군은 요의 중경(中京)을 점령했고, 12월에는 남경마저 격파했다. 북송에서 1103년 손목(孫穆), 1123년 서긍(徐兢)을 고려에 사신으로 보낸 것은 국제 관계의 이러한 변동에 따른 것이다. 1125년 2월 요의 천조제(天祚帝)가 금군에게 사로잡혀 금 상경으로 압송됨으로써 210년 요의 역사는 종결된다. 1126년 고려에서는 사신을 보내 번국(蕃國)을 자칭했고, 금은 답례로 고백숙(高伯淑) 등을 선유사(宣諭使)로 파견했다. 금은 자신을 거스르지 않을 것을 전제하여 의주 지역과 백성들을 모두 고려에 양도하고 되찾지 않을 것을 약속했다.[80] 고려에서는 다시 사신을 보내 고토를 회복하게 해준 것을 사례하고 영원히 사대할 것을 다짐했다.[81] 이로써 고려는 안

---

79 『고려사』, 세가 권 14. 이날 분위기는 감격으로 무척 흥분되었던 듯하다. 소개된 신료들의 표문에는, '압록강 일대를 잃은 것은 귀신도 부끄러워할 만한 일', '두 성을 되찾은 것은 하늘의 뜻', '돌에 새겨 길이 남길 일' 등의 구절이 보인다. 이는 압록강 일대의 확보가 고려의 숙원이었음을 말해준다.

80 『금사』 권 135 열전 73 「外國下 高麗」. "天會四年(1126), 國王王楷遣使奉表稱藩, 優詔答之. 上使高伯淑·烏至忠使高麗, 凡遣使往來當盡循遼舊, 仍取保州路及邊地人口在彼界者, 須盡數發還. 敕伯淑曰, "若一一聽從, 卽以保州地賜之." 高伯淑至高麗, 王楷附表謝, 一依事遼舊制."

81 『고려사』, 세가 권 제 15 1126년 12월 12일.

정적으로 압록강 동쪽 땅을 영유하기 시작했고, 자연스럽게 압록강은 북경으로 확정되었다.

압록강은 962년 송과의 미래를 가상한 합의, 993년 요와의 조건부 강화, 1055년에 기자의 봉토를 압록강 동쪽으로 설정하는 고려의 역사의식 조정, 1117년 금의 내원성과 포주성 양도를 거쳐, 1126년 금에 대한 외교적 조빙 다짐에 이르는, 150여 년의 곡절을 통해 고려의 북쪽 국경으로 그 위상이 새롭게 정립되었다. 이러한 위상은 금과의 관계 속에서 동요 없이 지속되었다. 역사 변동에 따라 상황이 조금씩 달라진 적도 있었지만, 이는 이후 한국의 영토와 강역 의식으로 굳어진다. 이러한 영토 현실과 강역 의식은 한국의 모든 역사를 압록강 안에 설정하고 설명하는, 현재를 기준으로 과거를 해석하고 의식 안에 사실을 담는 경향으로 나타나게 된다.

3. 압록강 국경 표상의 형성

관찬 사료에 기록된 것 말고, 당시 개인들은 압록강을 어떻게 인식했을까? 994년 이후 거란에 파견한 사신이 압록강을 건넌 횟수가 『고려사』에 나와 기록된 것만 해도 50회가 넘으며,[82] 그보다 더 자주 거란의 사신들이 압록강을 건너 개경에 왔다. 사신들이 압록강을 건너 가고 오는 감회가 없을 수 없으며, 거란의 사신들을 접대하는 과정에서 적지 않은 사연들이 있었을 것이지만, 아쉽게도 개인 기록은 거의 남아 있지 않다. 개인 시문집이나 야사 필기의 편찬 문화가 아직 뿌리를 내리지 못한 까닭이다. 압록강을 건넌

---

82 『고려사』에는 이들 사신 중 동경으로 파견된 경우에는 그 목적지를 명기하고 있다. 그 외의에는 요의 상경 임황부까지 갔던 것으로 보인다. 외교사의 차원에서 당시의 행로를 재구할 필요가 있다.

사연들은 13세기 후반, 몽골[元]과의 관계에서부터 본격적으로 나타난다. 이 절에서는 개인 시문을 중심으로 압록강 국경 표상의 형성 과정을 검토한다.[83]

압록강에 대한 개인 기록으로 가장 오랜 것은 이규보(1168~1241)의 두어 편 시문이다. 이규보는 1193년(27세)에 「동명왕편」을 지었는데, 이때는 금나라가 창건된 지도 78년이나 지난 시점이다. 여기서 부여성 북쪽의 청하와, 주몽이 부여를 떠나 남하할 때 만난 엄체수(淹滯水)에 대해 각각, "청하는 지금이 압록강이다.", "엄체수는 개사수라고 하며, 지금의 압록강 동북쪽에 있다."[84]는 주석을 달았다. 상식적으로 고구려 북쪽에 있던 부여의 도성 북쪽의 물줄기가 압록강일 수 없고, 이규보의 두 주석도 서로 모순된다. 이미 압록강은 부여성 북쪽에 있다고 했는데, 다시 부여성 남쪽 엄체수의 서남쪽에 있다고 했기 때문이다. 이러한 오류는 이규보가 당시 압록강은 물론 그 북쪽의 역사지리에 밝지 않았던 데서 기인한 것으로 보인다. 이규보에게 압록강 일대는 낯선 곳이었으며, 오래전 신화의 장소였다.

비슷한 시기에 지어진 시에서 압록강 일대는 일촉즉발의 군사 긴장감이 감도는 국경이었다. 1193년 의주(義州) 지역 관리로 파견되었다가[85] 얼마 뒤 탄핵을 받고 돌아온 오세문(吳世文)이 연회 자리에서 5언 302운 시를 자랑한 적이 있다. 이날 이규보는 여기에 차운하여 솜씨를 과시했는데, 이 시에 압록강이 등장한다. 여기 묘사된 압록강 지역은 말갈이 빈번하게 침범하는, 하여 집집마다 창검이 늘어서 있고, 곳곳마다 군사들의 전립(戰笠)이 물

83 압록강 국경 표상의 형성 시기를 고려 말로 파악했기 때문에, 검토 범위를 13~14세기 자료로 국한한다. 조선조에는 이미 국경 표상이 만들어진 것으로 보아, 자료 하나를 통해 이를 확인할 것이다.

84 『동국이상국집』 권 3. "靑河, 今鴨綠江也."; "一名蓋斯水, 在今鴨綠東北."

85 "歲行臨尾次, 王事赴乾維."에 "공은 계축년에 의주분도를 맡았다. 公癸丑歲, 爲杖冬義州分道."는 주석을 달았다. 건유(乾維)는 의주 지역의 분야(分野)이다. 탄핵된 사유나 시기는 명확하지 않으나, 1193년에서 여러 해 지나기 전의 일일 것이다.

결치는, 원래는 황무지나 다름없었는데 이제는 군사적 긴장감이 팽팽한 변경이다.[86] 1207년(40세) 즈음 한림학사 시절 이규보는 압록강 근처 진강사(鎭江寺)[87]의 다섯 부처에게 발원하는 글을 지었다. 압록강의 물결이 제방을 넘지 않아 이 지역이 잘 다스려지고, 나아가 이 물줄기를 넘어 고려의 영토가 드넓게 개척되기를 바라는 마음을 담았다.[88] 13세기 초 이규보의 관점에서, 압록강 안쪽은 잘 관리되어야 하는 고려 영토였으며, 그 너머는 회복이나 개척의 여지가 있는 고토 또는 공지(空地)였던 것이다.[89]

고려와 몽골의 관계는 1231년부터 1259년에 이르는 여섯 번의 침략과 응전 끝에, 원종이 즉위하는 1259년, 쿠빌라이가 칸에 오르는 1260년 즈음부터 호전되기 시작한다. 1259년 몽골에 사신 갔다가 그 해에 왕위에 오른 원종은, 1264년에는 왕의 신분으로 다시 쿠빌라이를 친조(親朝)한다. 이

---

86 『동국이상국집』 권 5, 「次韻吳東閣世文呈誥院諸學士三百韻詩 幷序」. "… 말갈이 용만진에 들어서고, 잇달아 압록강을 침범하였네. 아군의 진용은 볼수록 씩씩하고, 적군의 눈깔은 멋대로 힐긋대며, 호복(胡服) 차림이 소란스레 오고가니, 공의 충성엔 부끄럽게만 여겨졌네. 집집마다 검극(劍戟)이 장비되고, 사람마다 호미를 치웠으니. 이내 묵어 있던 지역이, 군사들 전립으로 뒤덮혔도다. 輵入龍灣鎭, 行侵鴨綠湄. 軍容看仡仡, 胡眼笑睢睢. 左衽猶旁午, 中心尙忸怩. 家皆藏劍槊, 人罕用鎡具錤. 始使生榛地, 渾爲聚笠留."(번역은 일부를 제외하고 고전번역원을 따름, 이하 같음)

87 관련 기록이 보이지 않는데, 명칭으로 보아 강 가까이에 있었던 곳으로 보인다. 조선 전기 평안도 정주(定州) 칠악산(七嶽山)에 진강사(鎭江寺)가 있었지만, 같은 곳인지는 확인하기 어렵다(『신증동국여지승람』 권 52).

88 권 39, 「鎭江寺五佛齋文」. "청정한 진신(眞身)은 여러 세계의 찬탄에 응변하고, 신통한 묘력(妙力)은 어렵지 않게 대지를 움직입니다. 멀리 저 압록강은 변방에 있는데 만인을 부려 둑을 쌓아도 거센 흐름을 막지 못합니다. 다섯 부처님 자비에 몸을 맡기니 그 힘으로 널리 제도하고자 합니다. 이제 봄철을 맞아 사신을 보내, 무궁한 공양의 훈과(熏科)를 닦고 금대의 부처님들께 예를 올립니다. 엎드려 바라건대 그 마음을 살펴 구원을 널리 베풀어주십시오! 미친 물결을 억눌러 우리 강역을 천하에 넓혀주시고, 먼 지역까지 품어 왕화가 끝없이 퍼지게 해주십시오! 淸淨眞身, 應多天之共讚; 神通妙力, 廻大地以非難. 逖彼鴨江, 介于雁塞, 役萬人而堤築, 莫禦橫流, 投五佛之慈悲, 庶資博濟. 方臨春序, 爰遣使華, 修雲供之熏科, 禮金臺之睟相. 伏願他心洞鑑, 慧援周施, 鎭壓狂瀾, 拓我疆於有截, 懷柔遠域, 播王化於無垠!"

89 당시 이규보에게 압록강은 '먼 곳'이었다. 앞의 글에 '저 멀리 압강 逖彼鴨江'이란 말이 나오거니와, 1239년(72세)에도 '먼 데'였다. 속집 권 6, 「又次前韻, 留別金內翰奉使蒙古」. "知子年來頗瘦羸, 那堪遠涉鴨江涯."

런 우호의 분위기는 1273년 삼별초의 항쟁이 실패로 종결되면서 더욱 강화된다. 이 즈음 고려와 몽골 사이에는 사신이 자주 오갔는데,[90] 김구(金坵, 1211~1278)의 손에서 표전(表箋)이 지어지곤 했다. 여러 편의 글에서 김구는 고려를 '압록강내(鴨綠江內)', '압록이남(鴨綠以南)', 즉 압록강 안쪽(남쪽)의 땅으로 일컬었다.[91] 1273년 원 세조의 황태자 책봉 하례사의 서장관으로 대도(大都, 베이징)에 다녀온 이승휴는 사행 여정 중 지은 시들을 묶어 「빈왕록(賓王錄)」을 남겼는데, 마지막에 편차된 시는 압록강에서 지은 것이다. 이 시는 "이견(利見)을 가지고 와 궁궐로 돌아가니, 임금의 팔채 눈썹 황색이 더해지리."라는 구절로 끝난다.[92] 내용으로도 군왕을 위한 외교 사행을 잘 해냈다는 안도감과 자부심을 담고 있거니와, 이 시의 배치 또한 압록강을 건너면 고국이니 엄밀하게 따져 외교 사행은 이 강 앞에서 끝났음을 가리키는 표지이다.

1260년 이래 고려와 원은 예속적 평화 관계를 이어나갔고, 통혼과 자유롭고 빈번한 교류로 내외의 구분이 엄격하지 않은 가운데서도 압록강은 관습적이며 암묵적으로 국경의 위상을 다져갔던 것으로 보인다. 이를 입증하기 위해서는 이 시기 원나라 문사들의 인식을 아울러 살펴볼 필요가 있는데, 이곡(李穀, 1298~1351) 관련 자료에 유효한 기사가 보인다. 원 제국 중심의 세계 질서가 공고해지면서 원에 대한 고려의 예속이 심화되던 시기, 이곡은 1326년에서 1350년 사이 여섯 차례나 원나라를 다녀왔으며, 이 시기 원에 체류한 기간을 더하면 10년이, 관리 생활을 했던 기간만도 10년이 넘는

---

90 고려 개경에서 압록강에 이르는 역로와 역참, 압록강에서 요양에 이르는 8개의 역참이 개설된 것도 1270년 즈음이다. 이 시기 역로의 개설과 동팔참에 대해서는 위은숙, 「13~4세기 고려와 요동의 경제적 교류」, 『민족문화논총』 34, 영남대 민족문화연구원, 2006, 493~500쪽 참조.

91 『止浦集』 권 2, 「진정표(陳情表)」(1262, 1268).

92 『動安居士行錄』 권 4, 「賓王錄 幷序, 是月二十五日, 還及鴨綠江, □□□□□篇用呈宋相國閣下, 兼呈諸□□□□□」. "已將利見還雲闕, 黃色應添八彩眉."

다. 그가 1337년 10월(3차)과 1346년 6월(4차) 각각 3년, 5년 간의 원나라 생활을 정리하고 돌아올 때, 대도의 친구들이 연회를 베풀고 시를 지어 전별했다.

1337년에는 진려(陳旅, 1288~1343)가 서문을, 송본(宋本, 1281~1334) 등 13명이 16수의 시를 지어 앞길을 축복했다. 1446년에는 주선(周璿)이 서문을, 장기암(張起岩, 1285~1354) 등 8명이 8수의 시를 지어 송별했다. 두 번의 송별회 자리에서 두 편의 서문과 24수의 시가 지어진 셈이다. 이들은 다양한 표현으로 이곡을 격려하고 축하했는데, 그중 이곡의 고국을 가리키는 단어로 '압록(鴨綠)'이 9회, '계림(鷄林)'이 6회 사용되었다. 이곡이 원나라에 온 것은 '서쪽으로 압록수를 건너다, 西度鴨綠水', '압록강을 건너 멀리 오다, 來經鴨綠遠'으로, 고려 또는 고려로 돌아가는 것은 '압록강 동쪽, 鴨綠東', '동쪽으로 압록강을 건너다, 東過鴨綠' 등으로 표현되었다.[93] 962년 송과의 가상 합의에서 시작된 압록강의 국경 위상은 이제 400년 가까이 지나는 동안 되돌릴 수 없을 정도의 표상으로 굳어진 듯하다.

이색(1328~1396) 또한 아버지에 이어 세 차례나 원나라를 다녀왔는데, 그의 시문에는 압록강이 자주 그리고 다양한 형상으로 나타난다. 이는 아무래도 그가 워낙 많은 시문을 남겼기 때문일 것이다. 아래는 1354년 귀로에 압록강을 건너기 직전 파사부(婆娑府)에서 지은 것이다. 파사부는 금나라 초 지금의 단동시(丹東市) 구련성진(九連城鎭) 지역에 설치했던 군사시설이다.[94]

길게 시 읊조리며 요동 벌 지났거니	我今長吟過遼野
감돌아 에운 길은 몇 리나 남았는고	山路縈紆知幾舍

93 『稼亭集』, 「가정잡록(稼亭雜錄)」.

94 원나라 때 파사부로(婆娑府路)로 개칭했지만, 관습적 명칭을 사용한 것이다. 이곳 구련성은 대청 연행사들이 압록강을 건넌 첫날 노숙했던 곳이기도 하다.

문득 몇몇 집서 개 닭 소리 울려오고	忽此數家鷄犬聲
길 위의 검문 병사 모두 다 늙었도다	當道誰何皆老兵
압록강 동쪽 언덕 내 나라 땅인지라	鴨江東岸是吾土
푸른 산과 흰 물결 표정이 다정하다	青嶂白波相媚嫵
동쪽의 삼한 땅은 유구한 군자 나라	東韓仁壽君子國
요 시절 무진년에 새 세상 태어났지	唐堯戊辰稱始祖
하와 상 긴 세월 신복하지 않았다가	綿歷夏商不純臣
기자가 봉토 받아 교화가 일신했네	箕子受封師道新
홍범구주 정연히 천하를 비췄으니	九疇森列照天下
그 시절 모셔 배운 사람은 누구런가	當時親炙知何人
파사부 주민들의 말소리 다르거니	婆娑居民語音別
지척 간 풍속 기운 호월처럼 멀어라	咫尺風氣如胡越
아 세상은 하루하루 탐리로 몰리지만	嗚呼世變日趨末
버들꽃에 바람 일자 백설이 분분해라[95]	楊花隨風亂飛雪

7언 배율인 이 시는 압록강의 국경 표상과 관련하여 중대한 의미를 지닌다. 내용은 크게 1~4구, 5~12구, 13~16구 3단으로 구성되어 있다. 처음과 끝의 여덟 구는 여행자가 겪을 수 있는 체험을 담고 있으며, 그날 파사부의 풍정이 현장감 있게 제시된다. 대우(對偶) 법칙을 따지지 않는다면 이 여덟 구절만으로 한 수의 시가 성립된다. 가운데 여덟 구에는 그날 파사부에서 바라보고 생각하는 고려의 풍경과 역사가 담겨 있다. 이는 '파사부(현장) → 고려(관념) → 파사부(현장)'의 시간 구성으로도 이해할 수 있고, 파사부(현장)가 고려(관념)를 감싸고 있는 입체적 조형성으로 감상해도 된다.

1~4구에서는 귀국의 먼 여정과 파사부의 분위기로 시상을 열었다. 요

95 『牧隱詩藁』 권 3, 「파사부(婆娑府)」.

양까지 광막한 요동 벌을 지난 뒤, 동팔참(東八站) 구간 산길을 여러 날 걸어 파사부까지 이른 상황을 담고 있다. 국경 지대의 군사시설이라고 해봐야 유명무실한 노병들뿐이다. 군사적 긴장감이 전혀 느껴지지 않는 그 시절 압록강 일대의 이완된 풍경이 감지된다. 마지막 네 구절에서는 고려로 향했던 시선을 거두어 그날 파사부의 습속과 풍광을 말하면서 시상을 닫는다. 그곳은 압록강을 건너 두어 식경이면 도달하는 거리에 있고 산천의 기맥도 이어져 있지만 풍속과 언어가 전혀 다른 엄연한 외국임을 환기시켰다. 이는 앞 고려에 대한 상념을 깨우는 역할도 한다. 이로써 압록강의 국경 표상이 절로 짙어진다. 마지막엔, 세상은 갈수록 이익 다툼에만 골몰하고, 자신도 본의 아니게 그런 일에 휘말려 살고 있지만, 봄철 버들꽃이 눈처럼 흩날리는 아름다운 풍광을 제시하며 시상을 닫았다.

중간의 여덟 구절은 고려의 강산을 보는 감회와 조국의 자랑스러운 연원을 담고 있다. 5~6구에서는 압록강과 그 너머로 시선이 전환된다. 압록강 동쪽은 내 나라 땅이라 잘라 말했고, 그 물결이나 너머의 뫼빛도 특별

그림 4 압록강 일출. 두 갈래 물줄기 사이의 섬이 위화도이고, 아침 해 아래는 의주 땅이다.

히 다정하고 어여쁘게 느껴진다. 다음 화제는 내 나라 땅의 오랜 역사로 바뀐다. 7~8구의 주제는 군자가 사는 곳이라 공자의 칭송을 들었던, 요(堯) 시절과 어깨를 나란히 하는 고조선의 먼 내력이다. 『논어』와 『삼국유사』의 말을 끌어와 근거로 삼았다.[96] 9~12구는 기자가 주(周)나라로부터 압록강 동쪽을 분봉(分封) 받아 홍범으로 사람들을 교화했음을 말했다. 기자에 대한 언급은 1055년 요나라에 보낸 국서 내용이, 『제왕운기(帝王韻紀)』(1287)를 거쳐 다시 나타난 것으로,[97] 이는 ①중국과 오랫동안 이어온 대등 관계가 불평등 조공(朝貢)-책봉(冊封) 질서로 전환되었으며, ②향후 압록강 안쪽의 지리에서 모든 고대사를 설명하는 오류의 기원이 된다는 점에서, 특별히 힘주어 볼 필요가 있다.[98]

기자 적통 인식이 영토 관념을 압록강 안에 가둔 것만은 아니었다. 1369년 공민왕은 이성계 등으로 하여금 요동의 동녕부(東寧府)를 정벌하게 했다. 이성계 등은 전투에서 승리한 뒤 요동반도의 금주(金州)와 복주(復州) 등지에 방문을 붙였는데, 거기 "본국은 요제(堯帝)와 같이 건국했으며, 주무왕(周武王)이 기자를 조선에 봉후(封侯)하여 영토를 주어 서쪽으로 요하에 이르렀으며 대대로 강토를 지켰는데 … 요하 동쪽 본국 강토 내의 백성과 대소두목관(頭目官) 등은 속히 와서 조회하여 작록을 함께 누릴 것이며 …."[99]라는 구절이 있다. 당시 고려의 군대는 요양을 지나 요동반도 깊숙이 진출하였

---

96 『논어』, 「子罕」. "子欲居九夷. 或曰, 陋, 如之何. 子曰, 君子居之, 何陋之有."; 『삼국유사』, 「紀異」 권 제 1, '古朝鮮, 王儉朝鮮'. "號曰壇君王儉. 以唐高卽位五十年庚寅(唐高卽位元年戊辰, 則五十年丁巳, 非庚寅也, 疑其未實), 都平壤城(今西京), 始稱朝鮮."

97 일연은 『삼국유사』(1281)에서 국통에 기자조선을 두지 않았다. 그 실체를 인정하지 않은 것이다.

98 기자는 공자가 성인으로 추앙한 인물이었고, 14세기는 고려가 성리학을 본격적으로 받아들이는 시기라는 점도 고려해야 한다. 고려후기 주자학의 전래와 그 영향에 대해서는, 도현철, 「고려후기 주자학 수용과 주자서 보급」, 『동방학지』 제79집, 연세대학교 국학연구원, 1993, 189~221쪽 참조.

99 『태조실록』, 「총서」. "本國與堯竝立, 周武王封箕子于朝鮮, 而賜之履西至于遼河, 世守疆域. … 凡遼河以東本國疆內之民, 大小頭目官等速自來朝, 共享爵祿."

는데, 그 명분은 요하 동쪽이 본디 기자조선의 영토라는 인식이었다. 동녕부 정벌은 고토의 회복인 셈이었다.

하지만 이런 인식은 지속되지 못했다. 이성계는 압록강을 건너지 않고 그 안의 섬 위화도에서 회군했다. 나라를 창업한 뒤에는 기자조선의 후예임을 내세워 국호를 '조선'으로 정했고, 평양부에서 공식적으로 단군과 기자를 제사 지내게 했고, 15세기 세종과 세조와 성종대를 거치며 평양에서 단군·기자·동명왕을 치제하는 제도가 정비되었다.[100] 이러한 사전(祀典)의 성립은 고대사의 수도 평양의 위상을 한층 더 굳건하게 했고, 거꾸로 무덤과 사당과 전설 등 유무 형의 증거와 서사를 낳았다. 이런 과정을 거치며 압록강의 국경 형상은 더욱 강화되었다. 정치의 국경과 역사문화의 국경이 상호작용을 거치며 하나로 합쳐지게 된 것이다. 여말선초 명나라로 사행을 다녀온 문인들은 압록강이 한중 사이 오랜 국경이라는 사실을 의심하지 않았다. 아래는 조선초 그런 상황을 총체적으로 반영한다.

> 평양은 옛날 조선의 수도이다. 주나라 무왕이 상나라를 없애고 기자를 찾아가니, 기자가 홍범구주의 법을 말해주었다. 무왕은 그에게 이 지역을 독자적으로 다스리게 하여 신하로 삼지 않았다. 이 지역의 유명한 곳으로는 금수산, 봉황대, 능라도, 기린굴(麒麟窟), 조천석(朝天石), 추남(楸南) 집터 등이 있는데 모두 고적이다. 영명사의 부벽정도 그중 하나이다. 영명사는 바로 동명왕이 지은 구제궁(九梯宮)으로, 성곽 밖 동북쪽 20리 떨어진 곳에 있다.[101]

100 여기에 대해서는 한영우, 「고려-조선 전기의 기자 인식」, 『한국문화』 제3집, 서울대 규장학 한국학연구원, 1982, 19~55쪽 참조.

101 김시습, 「취유부벽정기」. "平壤, 古朝鮮國也. 周武王克商, 訪**箕子**, 陳洪範九疇之法, 武王封于此地, 而不臣也. 其勝地, 則錦繡山, 鳳凰臺, 綾羅島, **麒麟窟**, 朝天石, 楸南墟, 皆古跡, 而永明寺浮碧亭, 其一也. 永明寺, 卽東明王九梯宮也. 在郭外東北卄里."

김시습의 「취유부벽정기(醉遊浮碧亭記)」는 평양에 대한 소개로 시작하며, 평양은 첫 문장에서 고조선의 수도로 단언된다. 이때 고조선은 기자조선을 지칭한다. 기자조선의 수도는 평양이었고, 주나라 무왕은 기자를 찾아 여기에 왔으며, 이 지역을 분봉했다고 말하는데, 그 말이 너무도 간결하고 분명하여 의심을 일으키지 않는다. 하지만 기자조선의 실체부터가 많은 의심을 안고 있으며, 실체가 있었다고 해도 평양과는 거리가 멀다. 이러한 오류는 고구려 유적 설명으로 이어진다. 고구려의 평양 천도는 427년의 일이니, 동명왕이 지은 구제궁이 여기에 있을 수 없으며, 그가 다시 하늘로 올라갈 때 이용했다는 기린굴이나 조천석도 평양에 있을 턱이 없다. 압록강 국경 형상의 고착은 고대사에 대한 심각한 오해를 상식화했다. 나아가 압록강 너머 지리에 대한 인식을 차단하고 상상을 제한하는 결과를 가져왔다.

4. 소결

먼 고대 국제 관계에서 압록강은 그리 중요한 수계(水系)는 아니었다. 한국사의 정통으로 간주되는 고대 여러 국가들 중, 북방의 나라들에게 압록강은 국토의 동남쪽 먼 곳에 있거나 국토의 심장을 가로지르는 물줄기였다. 반면 남방의 나라들에게는 영향력은 물론 발길이 닿기 어려운, 이름만 들어보았을 법한 북쪽 먼 곳의 하천이었다. 같은 시기 중원 국가의 수도는 장안이나 낙양이었고, 이들에게 있어 조선이나 부여가 있는 땅은 말 그대로 먼 동쪽, 요동(遼東)이었다. 한나라 시기 그들이 파악한 동북방 끝의 물줄기 패수(浿水)는 아무리 멀리 잡아도 산해관(山海關)을 넘지 못한다.[102] 그들에게 압

102 최은형, 「浿水問題新考 - 以漢與衛滿朝鮮國界之浿水爲中心」, 연변대 석사논문, 2010.

록강은 인식은커녕 상상도 닿지 못하는 하천이었던 것이다. 그들의 문헌에 압록강이 등장하지 않는 이유이다.

압록강이 두 나라 사이에서 문제가 된 시기는 고구려/수·당 시절이다. 이들 나라는 100년 이상 국경을 맞대고 패권을 다투었으며, 그 과정에서 압록강의 존재가 비로소 알려지게 되었다. 6~7세기 수당의 문헌에 '압록(鴨綠, 淥)'이 빈번하게 등장하는 이유이다. 당나라는 고구려와의 전쟁에서 승리를 거두고 한때 압록강 일대의 지배권을 확보했으나 그 기간은 10년을 넘지 못했다. 같은 시기 신라의 지배력도 압록강에 미치지 못했다. 발해의 건국(698) 이후 전성기에 압록강 유역이 그 영향권에 포함되었지만, 또한 그 영향력이 느슨했던 것으로 해석된다. 신라의 멸망(935)으로 일통삼한을 계승한 고려는 고구려의 후예를 자처했고, 그 지배력의 범위가 신라보다 북상하기는 했지만 압록강에는 미치지 못했다. 당나라가 평양에 설치했던 안동도호부를 요양으로 물리는 676년부터 300여 년 압록강 일대는 여진족이 할거하는 패권 공백의 무주지(無主地) 상태였다.

비교적 평화로운 여진족의 생활 무대였던 압록강에는, 962년 고려와 송 사이 명목상의 국경 합의, 993년 거란의 침입과 외교 담판을 거치며 고려와 중원(또는 북방) 국가 사이 국경의 위상이 부여되기 시작하였다. 고려와 거란 사이에는 압록강을 둔 끊임없는 신경전이 벌어졌다. 그러한 와중에서 고려는 물리적으로 회복하기 어려운 북방을 포기하고, 대신 고대사의 사건과 현장들을 압록강 안쪽에 배치하는 방법으로 고구려 정통의식과 영토 관념을 조정했다. 이는 1055년 기자의 봉토를 압록강 동쪽으로 설정하는 것으로 나타났다. 이후 금나라는 압록강 일대를 고려에 양보하여 우호감을 표시했고, 고려는 금에 조빙함으로써 국경으로서 압록강의 국경 위상이 공고해졌다. 종속 관계로 국경 의식이 약했던 고려/원 시기 사람들은 관습적으로 압록강을 두 나라의 경계로 인식하곤 했는데, 이는 압록강이 일종의 국경 표상으로 성립되었음을 말해준다.

1370년 공민왕이 이성계를 시켜 요양의 동녕부를 정벌하게 하였고,

1433년에도 파저강(波猪江) 일대의 야인(野人)을 축출하였으며, 1481년 양성지가 명나라에서 개주(開州; 鳳城市)에 성보를 축조하는 것을 우려하는 소를 올리는 등, 국가 차원에서 압록강을 넘나들거나 그 너머를 도모하려는 움직임이 없지는 않았지만, 큰 흐름에서는 국경 위상이 굳어져 갔다. 1388년 압록강을 건너지 않고 위화도에서 군사를 돌이킨 것은 상징적인 사건이거니와, 이성계는 조선을 건국한 뒤에도 사대를 내세워 명과의 영토 분쟁의 소지를 남기지 않았다. 두 나라의 백성들이 압록강을 넘나드는 국지적인 사건들이 간혹 문제가 되기는 했지만, 빈번한 사신 왕래 속에서 평화 우호 관계가 지속되었고, 압록강의 국경 위상은 흔들리지 않았다. 그러한 가운데서 평양에는 단군과 기자와 동명왕 관련 사전이 제정되어 행해졌으며, 여기에 따라 사람들의 인식은 조정되고 상상은 제한되었다. 이런 경향은 분단과 전쟁, 냉전 구도 속에서 지속 강화되어 오늘에 이르고 있다.

국경은 국가 간 조약의 산물이며, 더 엄밀하게는 역학 관계의 결과이다. 그런 의미에서 국경은 언제나 불안하다. 국가 간 힘의 균형이 한쪽으로 기울거나 힘의 무게중심이 이동할 때 모든 국경은 분쟁에 휩싸일 가능성이 많다. 대부분의 국경은 이미 역사적으로 분쟁을 내포하고 있는 곳이다. 압록강 또한 마찬가지이다. 미래 국가 관계의 변동에 따라 국경선 압록강은 남쪽으로 내려올 수도, 북쪽으로 올라갈 수도, 사라질 수도 있다.

원나라의 등장과 교통로의 생성, 동팔참

북풍이 몰아쳐서 마른 가지 우짖는데	朔風淅瀝吼枯枝
말은 곤해 소리 없고 객은 겨우 누웠구나	馬困無聲客臥遲
내일은 또 요동 발해 먼 길을 떠나가니	明日又從遼海去
어드메 역정에서 새벽밥을 지으려나	驛亭何處是晨炊

정도전, 「두관참의 밤 頭館站夜詠」(1384)

1. 서언

이미 널리 밝혀졌거나 누구나 알고 있다고 간주되는데, 사실은 아무도 알지 못하는 것인 경우들이 종종 있다. 한중 외교 및 교역의 실천으로서 연행이 시행되었던 시기, 국제정세의 변화에 따라 사행 경로는 여러 차례 바뀌었다. 그럼에도 600여 년에 이르는 연행의 전 기간 동안 동팔참 구간은 변함없이 사행 경로로 이용되었다. 이는 동팔참 구간이 연행로의 가장 기본적인 노정임을 의미한다. 하지만 동팔참의 역사와 지리, 그리고 사행의 여정과 노선 등에 대해서는 아직 만족스러운 연구 결과가 보고된 바 없다. 연행 연구사가 일천하고, 미시적이고 다각적인 연구 방법이 모색되지 않은 때문이다. 이 구간이 산악 지형으로 도로 개설·철도 부설·댐 건설·하천정비사업 등으로 길의 변화가 심한 데다, 사이에 숙소로 삼을 만한 큰 도시가 없어 현장조사를 진행하는 데 장애 요인이 많았던 것도 한 이유이다. 본고는 이런 문제의식에서 출발하여, 연경 사행의 기본 노정으로서 동팔참의 연혁과 지리, 사행이 묵었던 역참 터와 이동 경로 등에 대한 정보를 재구하여 향후 이 분야 연구의 기초를 닦고자 한다. 논의 초점을 역사와 지리의 기본 사실에 맞추었기 때문에 여기서 탄생된 수많은 문학작품에 대한 미학적 접근은 시도하지 않을 것이다. 2절에서는 여덟 참의 기본 역사지리를, 3절에서는 사행 경로로 운영된 상황을 다루려고 한다. 동팔참 지역은 고대로부터 현대에 이르기까지 우리 역사의 주요 현장으로, 그 역사 의의는 연경사행로로서의 기능에 국한되지 않는다.

2. 압록강 서쪽 팔참(八站)의 역사지리

에케몽골울르스 운영시스템의 동맥은 역참(驛站) 제도였다. 원 세조 쿠빌라이는 군사 행정의 목적을 넘어 상업 활동의 촉진을 위해 교통체계를 대대적으로 정비했다. 몽골제국은 정복지에 여섯 가지를 요구했는데, 그 중의 하나가 역참의 설치였다. 이 원칙은 고려에도 적용되었다. 대몽항쟁 직후인 원종 즉위년(1259)에 역참 설치를 요구했고, 1262년에 여섯 가지 일의 시행을 강력 촉구했으며, 1279년에는 번윤을 보내 역참을 점검하였다.[103] 이러한 사실로 미루어보아 1270년 즈음에는 압록강에서 개경으로 이어지는 역참은 물론, 고려 내의 역참과 연결되는 요동 지역의 역참이 마련되었을 것으로 추정된다. 『고려사』에서 '참(站)'이라는 글자는 원종대부터 나타나기 시작한다.[104] 그 이전까지는 역참에 상응하는 제도는 있었을지 모르지만, 현재 알려져 있는 역참제도는 시행되지 않았던 것으로 볼 수 있다. 한반도와 북경을 잇는 문명로와 이 길의 운영 체제인 역참은 원나라의 등장을 배경으로 나타난다.

먼저 중국 문헌에 나타난 기록부터 살펴보자. 요양과 압록강 사이 여덟 참에 대한 기록은 1331년에 완성된 『경세대전(經世大典)』에 처음 보이고, 원말 웅몽상(熊夢祥)이 편찬한 『석진지(析津志)』, 「대도동서관마보참(大都東西館馬步站)」에 조금 자세하게 나타난다. 두 문헌의 여덟 참 이름은 대개 일치하는 가운데, 『경세대전』의 속산참(速山站)과 동역창참(東驛昌站)[105]이 연산(連山)

---

103 위은숙, 앞의 논문, 493~500쪽.

104 원나라 때 사용했던 잠치[站赤]는 역전(驛傳) 관리자를 뜻하는 몽골어의 음차이다. 에케몽골울르스 참적(站赤) 제도의 발달과 그 의의에 대해서는 김성수, 「몽골제국시기 유라시아 광역 교통망 잠치(jamci)」, 『몽골학』 25호(한국몽골학회, 2008) 참조.

105 두 문헌에 따르면 지금의 요녕성 북녕시(北寧市)에 역창참(驛昌站)이 있었는데, 『經世大典』에서는 이와 구분하기 위해 앞에 '동(東)' 자를 붙인 것으로 보인다.

과 역창(驛昌)으로 바뀐 것이 다르다.[106] 웅몽상은 역참 운영의 중요성과 연혁을 기술하고, 동경(東京, 요양)에서 압록강에 이르는 사이의 여덟 참—두관(頭館)·첨수(甛水)·연산(連山)·용봉(龍鳳)·사열(斜列)·개주(開州)·양(陽)·역창(驛昌)—과 압록강 건너 의주(誼州, 義州)에서 평양의 생양(生陽)을 거쳐 황주의 동선(洞仙)에 이르는 참들의 위치와 이들 사이의 거리를 간략하게 제시했다.[107] 『경세대전』의 탕참(湯站)이 양참(陽站)으로 표기된 것은 글자가 비슷한 데서 비롯된 오류로 보인다. 또 1450년 조선을 다녀온 예겸(倪謙)이 지은 『조선기사(朝鮮紀事)』 권 1에는 요좌팔참(遼左八站)을 거쳐 조선으로 가는 경로를 소개하였다. 여기 따르면 당시 옛날에 있던 8참은 없어졌다 하고, 두관참·동관구(東關口)·용봉산(龍鳳山)·봉황산(鳳凰山)·개주참·탕참(湯站)·역창참 등을 거친 6박 7일의 여정을 소개하였다.[108] 두 기록을 통해 명초에는 이 지역에 원대에 설치된 여덟 참이 있었다는 사실을 알고 있었으며, 원말명초를 거치는 가운데 1450년경에는 이미 유명무실해졌다는 사실을 알 수 있다. 『원사(元史)』에는 이 여덟 참에 대한 기록이 없다.[109]

이 여덟 참에 대한 관심은 15세기 조명 관계가 안정을 찾으면서 다시 뜨거워졌다. 15세기 초 명이 요동을 장악하고 있는 상황에서도 연산관 동쪽 지역에는 통치력이 미치지 못했다. 이 시기 이 지역에는 여진족이 할거하고

---

106 譚其驤 主編, 『中國歷史地圖集, 釋文滙編·東北卷』, 中央民族學院出版社, 1988(백산자료원 영인, 1994), 215쪽.

107 석진(析津)은 북경의 옛 이름으로 요나라 때 남경 석진부(析津府)를 둔 데서 유래한다. 『析津志』 원본은 전해지지 않고 그 일부가 명초(1408년)에 완간된 『永樂大典』에 수록되어 전해지는데, 여덟 참에 대한 기록은 권 19426의 「站」에 실려 있다. 웅몽상(熊夢祥)의 생애와 『析津志』의 간행 연대는 알려지지 않았는데, 지정(至正) 20년(1360)의 일을 소개한 것으로 보아 원나라 멸망 직전임을 추정할 수 있다.

108 劉謙, 『明遼東鎭長城及防禦考』, 北京 文物出版社, 1989, 187~192쪽에서 재인용. 유겸(劉謙)은 『영락대전』의 여덟 참을 소개하면서 연산참 대신 잘못 낭자산참을 넣었는데, 이는 인터넷을 통해 계속 와전되고 있다. 낭자산참(浪(狼)子山站)은 한참 뒤에 설치된 것이다.

109 『원사』 권 59, 「志 제 13·地理 2」에는 요양에서 개성에 이르는 동녕로(東寧路)가 파사부(婆娑府)에 속해 있다는 사실만 간략하게 서술되어 있다.

있어 조선은 사신들을 보호하기 위해 독자적으로 호송군을 편성해야 했다. 이러한 사정을 들어 조선에서는 1436년 요동에 자문(咨文)을 보내 자유새채파절(刺榆寨巴截)을 경유할 수 있도록 사행로의 변경을 요청했다. 세조대에 거듭 요청했으나 받아들여지지 않았다. 명나라에서는 새로운 해결책을 제시했다. 연산관 동쪽에 성보를 쌓아서 사신 왕래를 돕고자 한다는 내용이었다. 이에 따라 1460년과 1474년에 탕참에 보를 축조한다고 알려왔다. 그 뒤로 진동보(鎭東堡), 진이보(鎭夷堡), 봉황보(鳳凰堡) 등을 차례로 축조하였고 성종 12년(1481)에는 여기에 참을 설치한다고 통보해왔다. 이러한 일련의 일은 조선 사신의 안전을 보장한다는 명분으로 시행되었지만, 실은 100년 공한지로 있던 요동 지역을 차지하려는 정책의 일환이었다. 이는 조선에 적지 않은 고민을 안겨주었지만, 명나라의 조치를 실력으로 저지할 만한 힘을 갖추지 못했던 조선으로서는 1481년 사신을 보내 팔참로에 보와 진을 설치하여 사절의 왕래를 편리하게 한 데 대한 사의를 표명할 수밖에 없었다.[110]

이와 관련하여 『독사방여기요(讀史方輿紀要)』에는 1481년 명나라 순무사(巡撫使) 왕종이(王宗夷)가 상주한 내용이 나온다. 봉황산 전후는 중요한 길로 요양과 300여 리 떨어졌는데, 그 사이 토지가 드넓고 봉수대 같은 군사시설이 없다. 봉황산의 서북쪽 15리에 옛 성터가 있는데 여기에 보를 세워 봉황보라 하였다. 봉성 서쪽 60리 지점에 보를 설치하여 진녕보(鎭寧堡)라 하였고, 그 서북쪽 60리 지점에 신통원보가 있는데 그 남쪽에 보를 증축하여 영이보(寧夷堡)라 하였으며, 각 곳에 군사를 두어 봉황성과 서로 상응하게 하였고, 이는 조선 사신의 왕래를 보호하고자 하는 뜻에서 이루어졌다는 것이 대략의 내용이다. 진녕보와 영이보는 뒤에 논의를 거쳐 진동보(鎭東堡)와 진이보(鎭夷堡)로 개칭되었다. 이를 통해서도 1481년에는 최소한 연산관 동쪽

---

110 15세기 명의 팔참 지역 점거 과정과 조선의 대응에 대해서는 류재춘, 「15세기 명의 동팔참 지역 점거와 조선의 대응」, 『조선시대사학보』 18, 조선시대사학회, 2001. 5~34쪽 참조.

의 진이보, 진동보, 봉황보, 탕참보 설치가 완료되었음을 알 수 있다.[111] 원나라 때 설치한 역참 자리에는 군사시설인 성보가 차례로 들어서면서 요양에서 압록강에 이르는 지역은 명나라의 실효 지배를 받게 된 것이다.

역참 설치의 이유가 교통과 물류에 있었다면, 성보 축조의 목적은 군사적인 방어에 있었다. 이는 원과 명 사이 대외 정책의 기조 차이를 선명하게 보여준다. 한족 왕조인 명은 주변 국가들에 대해 지극히 폐쇄적인 입장을 유지했고, 이는 사상 유례 없는 군사방어시설(長城, 城堡, 邊牆, 煙臺)의 구축으로 나타났다. 원·명·청을 거치면서 여덟 참의 위상과 기능이 달라졌음은 지방지의 기술을 통해서도 알 수 있다. 1488년에 중간된 『요동지』에는, 요양 동쪽의 역참은 소개되어 있지 않은 반면, 요양성 관할로 첨수참보(甛水站堡)·진이보·진동보·봉황성보(鳳凰城堡)·탕참보(湯站堡)가 간략하게 소개되어 있다.[112] 또 1565년에 간행된 『전요지(全遼志)』에도 성보만이 비슷하게 제시되어 있다.[113] 반면 청초인 강희 20년(1681)에 간행된 『요양주지(遼陽州志)』에는 역참의 중요성에 대한 설명과 함께 영수사참(寧水寺站)[114]·낭자산참(浪子山站)·첨수참·연산관참(連山關站)·통원보참(通遠堡站)·설리참(雪裏站)·봉황성참(鳳凰

111 『讀史方輿紀要』 권 37, 山東 8. “鳳凰城司東南三百五十里, 其相近有鳳凰山 , 山上有壘石古城 , 可屯十萬眾, 相傳唐太宗征高麗, 駐蹕於此. 明成化十七年, 以朝鮮使臣還國, 道經山下, 爲建州野人所掠, 奏乞於舊路南新開一路, 以便往還. 於是撫臣王宗夷奏言, 鳳凰山前後, 實出沒要途, 距遼東三百餘里 , 其間土地廣漠, 舊無烽堠, 請自山之東北至靉陽間, 築墩台二十二座. 距山之西北一十五里, 舊有古城遺址, 於此築立一堡, 名爲鳳凰城, 距城西六十里, 曰敘列站, 宜築立一堡, 曰鎮寧堡. 距城西北六十里, 曰新通遠堡. 於堡南增築一堡, 曰寧夷堡. 各置軍馬, 爲鳳凰城聲援, 則自遼陽直抵朝鮮, 烽堠聯絡, 既拒零賊東南竊掠, 亦便朝鮮使臣往來. 朝議改鎮夷堡爲鎮東, 寧夷堡爲鎮夷.”

112 권 3 「兵食志·邊墩」(金毓黻 편, 『遼海叢書』, 신서원 영인, 1987, 제 3책, 249~250쪽). 권 2의 「驛傳」에는 보이지 않는다.

113 권 2, 「邊防志」(『요해총서』 제 4책 231~232쪽). 『遼東志』의 내용에서 강연대보(江沿臺堡)가 추가되었다(권 1의 「全遼總圖」에는 구련성 서쪽 가까운 곳에 표시되어 있다). 그 사이에 새로 축조된 것으로 보인다.

114 영수사참(寧水寺站)은 조선 문헌에는 주로 迎水寺站으로 표기되었다. 사행로가 심양을 경유하게끔 변화된 이후 주로 묵던 곳이다. 사행은 여덟 참 지역을 지나 영수사에서 묵고 심양으로 향하곤 했다. 몇 년 전만 해도 요양의 태자하 가에 흔적이 잔존하였는데, 최근 대규모 건축 개발로 흔적조차 사라져버렸다.

城站)을 기록하였다.[115] 같은 지역이라도 성보가 다시 참(站)으로 바뀐 것은 그 시설의 기능이 달라진 것이라고 볼 수 있다. 낭자산참의 등장도 눈여겨볼 만한 변화이다. 이러한 변화는 조선 사신들의 행로에도 반영될 수밖에 없었다.

압록강을 기준으로 여덟 참의 연혁을 간략하게 정리해보기로 한다.

역창참은 뒤에 구련성으로 통칭되던 곳이다. 금나라 때(1150년) 총관부(摠管府)를 설치했고, 원초(元初)에 파사부로(婆娑府路)를 두었다. 이러한 역사 사실은 일찍부터 우리 사신에 의해서도 파악되었다.[116] 명나라 때 이곳에 진강보(鎭江堡)를 설치했다. 진강보의 설치 시기는 명확하지 않은데, 파사보에 새로 성을 쌓은 것을 두고 우려를 표명하는 1488년과 1496년 우리 기록에 따르면,[117] 1488년에는 이미 축성이 마무리된 것으로 볼 수 있다. 1546년 즈음에 축조된 강연대보(江沿臺堡)[118]와는 다른 시설로 보인다. 『금사』에 나오는 바 알로(斡魯)가 합라전(合懶甸)에 쌓은 아홉 성을 구련성으로 오해하는 의견이 있었으나,[119] 안정복과 서호수 등에 의해 부정되었다.[120] 또 이곳을 옛 애양성(靉陽城)으로 보는 견해도 있었는데,[121] 이 또한 명백하게 다른 시설이었다. 구련성이란 명칭은 명나라 때부터 사용되었는데, 성의 형태로부터 얻은 이름이라는 설이 지배적이다. 마을의 주택 사이에 성벽의 잔흔이 희미하게 남아 있다. 우리 기록에서 구련성 명칭은 1476년에 지어진 것으로 보이는 서거정의

---

115 권 10, 「驛站」. "皇華稅止, 四牡星馳, 惟驛站是賴. 遼陽舊有驛館, 久已湮廢. 我朝改設以來, 改立站鋪, 足通星軺行旅矣, 作驛站志."(『요해총서』 제 5책, 51~52쪽)

116 崔演, 『艮齋集』 권 9, 「서정록(西征錄) · 파사부도중(婆娑堡道中)」. "淸江一曲抱平原, 野際疏籬自一村. 敗堞荒榛思摠府, 金置摠管府 斷橋危徑憶長言. 元閣長言婆娑堡道中詩 敗石卒危徑 枯柴補斷橋 當時謾立婆娑號, 異代難尋戰伐痕. 今屬皇明家四海, 翻敎此路作東藩."(1548)

117 『성종실록』 19년 6월 4일조 및 『연산군일기』 2년 10월 24일조.

118 劉謙, 앞의 책, 125~130쪽.

119 『一統志』(淸)와 『盛京通志』에서도 그렇게 기술하였다.

120 안정복, 『국역 동사강목』 제 8 상, 「무자년 예종 3년」 / 서호수, 『국역연행기』 권 1, 6월 22일.

121 이덕무/민족문화추진회, 『입연기』.

시에 처음 나타나며,[122] 이후 이 명칭이 일반화되었다. 현재 단동시 중심에서 동북쪽으로 12km 지점에 있으며, 근대 한중 국경 무역의 중심지로 구련성진 중심소학교(九連城鎭中心小學校) 앞에 '중강세국(中江稅局)' 표석이 남아 있다.

탕참은 원나라 때의 이름에서 크게 달라지지 않았다. 1373년 봄 정몽주는 남경 사행을 마치고 돌아오는 도중에 탕참에서 하루를 묵으며 먼길을 다녀오는 장부의 호기와 소쩍새 우는 한밤의 감회를 풀어낸 바 있고,[123] 1389년 권근도 탕참을 지나갔음을 기록으로 남겼다.[124] 명나라는 1469년 요양부총병(遼陽副摠兵) 한빈(韓斌)으로 하여금 요동 일대에 10개의 보를 쌓아 유기적인 군사망을 갖추도록 하였다.[125] 이 시기 조선에서는 한빈의 움직임을 예의 주시하며 대책 마련에 부심하였다.[126] 1574년 허봉(許篈, 1551~1588)은 이곳을 지나며 탕참보가 규모는 작아도 웬만한 충격에도 무너지지 않을 정도로 제도가 완고하다며 조선의 전통적인 석성의 문제점을 지적하였다.[127] 우리 사신들은 이곳을 탕참 또는 탕산성(湯山城)으로 일컬었다. 현재의 공식 지명은 탕산성진(湯山城鎭)으로 단동시 진안구에 속해 있다. 단동시와 봉성시에서 각각 25km와 20km 떨어져 있다. 시내 중심의 단동삼십중학(丹東三十中學) 뒤에 성터 일부가 밭으로 남아 있다. 유겸(劉謙)이 현장을 찾았을 때만 해도 성의 규모를 알 수 있을 정도로 윤곽이 분명했다.[128] 현지의 고로들은 남북에 두 문이 있었으며, 삼중성의 형태였다고 증언한다.

---

122 서거정, 『四佳詩集補遺』 2, 「황화집(皇華集) · 구련성 시에 차운하다 次韻九連城」.

123 정몽주, 『圃隱集』 권 1, 「탕참에 묵다 宿湯站」. "半生豪氣未全除, 跨馬重遊鴨綠堤. 獨臥野盤無夢寐, 滿山明月子規啼."

124 권근, 『陽村集』 권 6, 「봉사록(奉使錄) · 탕참 가는 길의 모기떼 湯站路上賦蚊蝱」.

125 『全遼志』 권 4, 「人物志 · 韓斌傳」(遼海叢書 제 4책 479쪽)

126 『성종실록』 19년(1481)의 5월 19일, 6월 21일조.

127 『荷谷集』, 「하곡선생조천기(荷谷先生朝天記)」, '萬曆二年甲戌六月 18日'.

128 유겸, 앞의 책, 같은 곳. 말미에 당시 사진이 실려 있다.

개주참 일대는 오늘날의 봉성시가 되었다. 고구려 시절에는 경주(慶州)에 속했고, 발해 적에는 동경용원부(東京龍原府)였다. 요나라에서는 이곳이 군사 요충지임을 고려하여 용원부를 없애고 개봉부(開封府)를 설치했다가 이름을 개주로 바꾸었으니 1018년의 일이다.[129] 원나라에서 이 이름을 이어받아 개주참을 설치했다. 1469년에 조선 사신을 보호한다는 명분으로 봉황보(鳳凰堡)를 쌓기 시작했으며, 1566년에는 정요우위(定遼右衛)를 요양에서 이곳으로 옮겼다.[130] 우리 기록에서 개주참 지명은 이색의 시에 처음으로 보이며,[131] 여말선초에 빈번하게 사용되었으나 17세기 이후에는 문헌에서 사라진다. 봉황이란 이름은 가까이에 있는 봉황산에서 유래하였다. '봉황성'은 이첨이 「관광록(觀光錄)」(1400)에서 처음 사용하였는데, 1539년 권벌(權橃)의 기록 이후에는 대표 명칭으로 굳어지며, 봉황보란 명칭은 두어 차례만 사용되었을 뿐이다. 1832년의 기록에 따르면 성의 둘레는 대략 1.5km이고 남문과 북문의 이름은 각각 집서문(集瑞門)과 영희문(迎曦門)이었다.[132] 현재 옛 성보의 흔적은 완전히 사라졌다. 영상호동(迎祥胡同)에 봉황성수위아서(鳳凰城守衛衙署) 터 표석과 '봉황성보(鳳凰城堡)'라고 쓴 현대식 패루가 있어, 이 곳이 성 안이었음을 짐작케 할 뿐이다. 봉황성수위는 청초인 1687년 새로 설치된 부서이다.

네 번째 역참은 **사열참**이다. 설참(薛站), 설리참(雪裏-里站), 설류참(薛劉站) 등으로 일컬어졌다. 모두 비슷한 음가를 가진 명칭으로, 사열(斜列, xiéliè)에서 와전된 것들이다. 조선 기록에는 주로 송참(松站)으로 지칭되었는데, 송참은 '솔참'의 훈차 표기이다. 오늘날의 마을 이름은 설례촌(薛禮村)이다. 15세기 명이 요동지역을 점거하면서 진동보를 설치하였다. '사열'의 의미에 대해서는

---

129 「鳳城曆史」(봉성시인민정부 홈페이지(http://www.lnfc.gov.cn/), 2010년 10월 7일 등록).

130 譚其驤 主編, 앞의 책, 218쪽.

131 『牧隱詩藁』 권 3, 「개주참(開州站)」. "遼孽窮投海上山, 時時鼠竊犯津關. 百年四海淸如鏡, 石堡連雲聳翠寒."

132 홍경모, 『耘石外史』, 「요야기정(遼野紀程) · 봉성성시기(鳳城城市記)」(규장각).

최근 흥미로운 견해가 제기되었다. 여진족 말로 '칼날' 또는 '쇠'의 뜻을 지닌 단어의 음차라는 것이다. 또 '설례'란 이름이 처음 사용된 시기는 1931년 만주사변 이후로 외세에 저항하는 민중들의 소망이 담겨 있다는 것이다.[133] 설례는 645년 고당전쟁에 참여했던 설인귀(薛仁貴)의 이름이다. 요동 일대에는 설인귀 관련 설화가 널리 전승되어 오고 있는데, 여기 또한 그중 하나이다. 우리 기록에 설류참은 18세기 이후에만 나타나는데, 645년 당시 당장(唐將) 설인귀와 유인원(劉仁願)의 군대 주둔과 관련시킨 설명이 왕왕 보인다.[134] 1712년 김창업이 묵을 때 성벽은 이미 거의 허물어져 형체만 남았는데 한 면의 길이는 100여 보쯤 되었다고 한다. 이제는 역참이나 성보 터마저도 기억하는 사람이 없다. 큰 길 옆에 200년 가량 된 큰 규모의 고택이 남아 있어, 조선 사신들이 대략 이런 집에서 묵지 않았을까 추정해 볼 수 있다.

사열참에서 북쪽으로 27km 올라가면 통원보진(通遠堡鎭)이 있고, 여기서 다시 3km 북상하면 노통원보촌(老通遠堡村)이 있는데 여기가 **용봉참**이 있던 곳이다. 용봉참 명칭의 유래는 분명치 않다. 다만 1450년 예겸이 이곳의 용봉산을 언급하였고, 최부(崔溥)도 1488년 통원보 뒤에 용봉산(龍峯山)이 있다고 증언[135]한 것으로 보아 산의 이름과 관련된 것으로 보인다. 지명으로서 용봉참은 권근(1389), 이첨(1400), 서거정(1460)의 문집과 1420~1430년대 실록에 네 차례 나오는 것이 전부이다. 이곳은 주로 통원보로 불렸고, 그 가운데 진이보 설치에 대한 설명이 부가되는 경우가 많다. 통원보 용례는 세조 10년의 실록(1464)에 처음 나타나며, 개인 문집에서는 1481년 여름 사행을 떠난 홍귀달의 기록에 비로소 보인다.[136] 진이보는

---

133 袁輝, 「薛禮站考」, 『丹東日報』 2009. 2. 6(http://www.ddrb.cn/news/zmxw/20090206084122.html).

134 한 예로 김경선, 『燕轅直指』 권 1, 11월 25일.

135 『錦南集』 권 5, 「표해록」 3, 6월 2일.

136 홍귀달, 『虛白先生續集』 권 4, 「初六日早行, 馬上口占, 次書狀韻」. "皇家開業百年間, 何乃將軍不守關. 通遠昨過南澗水, 不堪斜日聽潺潺." 이 시의 아래 "통원보가 북호 기병에게 패퇴한 것에 마음이 아프다 傷

그림 5 노통원보촌의 용봉참 자리. 오른쪽 상단 자동차가 서있는 길을 기준으로, 양쪽에 두 개의 성이 있었다. 뒤에 보이는 산이 용봉산이다.

1548년 최연의 시에 처음 보인다. 노통원보 마을이 끝나는 지점에서부터 국도 양 옆의 밭에 옛 성의 흔적이 희미하게 남아 있다. 『수암지략(岫巖志略)』(1857)에 따르면 좌우에 두 개의 성이 있었다고 하는데,[137] 이는 1488년 최부가 신구(新舊) 두 성이 있었다고 한 사실과 부합한다. 두 성을 쌓은 시기나 이유에 대해서는 아직 밝혀진 바 없고, 명칭이 진이보가 아닌 통원보로 굳어진 경위도 풀리지 않았다.

연산참의 이름이 첩첩 산들로 둘러싸여 있어 생긴 이름이라는 데에는 고금에 별 이견이 없다. 연산참이 있던 자리는 오늘날 연산관진(連山關鎭)이 되어 있으며, 시설이나 기능이 달라졌어도 '연산'이란 이름은 쭉 유

通遠堡爲胡騎所敗."란 주를 달았다.

137 『岫巖志略』 권 3, 「通遠堡」(요해총서 제 6책, 241쪽).

지했다. 별다른 시설이 없다가[138] 또한 1470년 즈음에 방어시설이 만들어졌다. 1400년 전후 우리 쪽에서는 원래 이름 그대로 연산참을 사용했다. 1432~1481년 사이에는 자주 연산파절(連山把截)로 일컬어졌다. 파절(把截)은 파수도절(把守堵截)의 줄임말로 군사 요충지의 길목을 지켜 경계를 삼는다는 뜻이다. 직책이나 관명이 아니었음에도 그렇게 부른 데에는, 이곳을 실질적인 군사 경계선으로 보았기 때문으로 보인다. 양성지(梁誠之, 1415~1482)는 홍무제가 연산파절을 국경으로 삼았기 때문에 어떻게든 개주성 축조를 막아야 한다고 주장했다.[139] 연산관 명칭은 최부의 『표해록』에서 처음 사용되었으며 16세기 후반 이후 일반화되었다. 15세기 후반에서 16세기 후반에 이르는 사이에는 관문이 있어 행인들을 기찰하고 사행을 점검하였으나, 1600년을 즈음해서는 그러한 제도가 사라졌고, 1700년 이후에는 관성(關城)과 찰원(察院) 모두 퇴락했던 것으로 보인다.[140] 사신들의 기록 중에는 연산관을, 1619년 명나라 군대가 허투알라를 공격할 때 지났던 아골관(雅鶻關)과 같은 곳으로 이해한 경우가 많은데 모두 오류이다. 아골관은 훨씬 더 북쪽에 있었다.[141] 연산관의 시설은 사라진 지 오래되어 지금은 그 성터나 관문의 위치를 추정하기조차 어려워졌다.

마천령(摩天嶺)과 청석령(青石嶺) 사이에 있는 첨수만족향(甛水滿族鄉)은 **첨수참**이 있던 곳이다. 처음 설치된 이후 명칭의 변화가 없었다. 원나라 때의 역참이 없어진 뒤 1480년 즈음 그 자리에 새로 성이 들어섰다. 이승소(李

---

138 호위경(呼爲卿)은 「遼副摠兵題名記」에서, "천순(天順, 1457~1464) 이전에는 동쪽 변관(邊關)이 연산관에 지금은 애양(靉陽)의 여러 성이 천 리에 걸쳐 험지를 장악하고 있다"고 했다(『全遼志』 권 5, 「藝文 上」).

139 『성종실록』 12년 10월 17일.

140 1488년 『표해록』의 "至連山關, 守關千戶董文."과 1574년 허봉의 "至連山關, 關設重門以譏察行人, 千戶掌之."는 그 내용이 서로 부합한다. 그런데 1608년 최현(崔晛)은 "有堡無關"이라 했고, 1614년 김중청은 "古有譏察行人, 本國使臣之行, 亦皆點入, 廢於壬辰之後."(『苟全集別集』, 「朝天錄」)이라 하여 사정이 달라졌음을 증언한다. 1712년 김창업 이후 성보와 찰원에 대한 기사가 보이지 않는다.

141 아골관 터의 현 주소는 무순시(撫順市) 신빈현(新賓縣) 위자욕진(葦子峪鎮) 삼도관촌(三道關村)이다.

承召, 1422~1484)는 1459년에 이어 1481년에 연행에 참여했는데, 황량하여 인가도 드물던 이 마을에 새로 성이 들어섰음을 증언하였다.[142] 사방 250m의 정방형 벽돌 성이었으며, 남북에 두 문이 있었는데 남쪽 문에 첨수보(甛水堡)라 쓰인 편액이 있었다.[143] 지금도 북쪽으로 마을이 끝나는 지점의 동쪽 밭에는 옛 성벽의 토축 흔적이 남아 있고, 80이 넘은 고로들은 옛날 성의 형태와 풍경을 생생하게 들려준다. 성 안에서 '함평성인(咸平城印)'이 새겨진 금대(金代)의 동인(銅印)이 발견되었고,[144] 마을 서쪽에는 그 이전부터 있던 성벽이 남아 있는 것으로 보아, 원대 이전부터 군사·교통의 요충지였음을 추정할 수 있다. 1712년 김창업이 들렀을 때, 성벽은 거의 허물어지고 남문만 남았다고 했는데, 지금 남은 것은 그 마지막 잔형이라 하겠다.

압록강을 기준으로 여덟 참의 마지막은 **두관참**이었다. 중국을 기준으로 하면 동팔참의 첫머리이기 때문에 '두(頭)' 자를 사용한 것이다. 우리 문헌에는 두건참(頭巾站) 또는 두관참(頭冠站)으로 표기되기도 한다. 두관참이 있던 마을은 성하촌(星河村) 정도로만 알려져 있었다. 현지에서 만난 고순학(高順學 옹(2012년 당시 75세))은 두관참은 두일참(頭一站)이라고도 했으며, 마을 이름을 행하촌(杏河村, 星과 杏의 중국어 발음 동일)으로 기억하고 있었다. 그는 탕하댐 위에서 두관참이 있던 마을을 가리켜 주었으며, 수고(水庫)가 생기기 전 낭자산촌(狼子山村, 亮甲山村)에서 행하촌(杏-星河村)을 거쳐 요양으로 가던 옛길도 상세하게 알려 주었다. 다만 그의 증언 중 두관참이 645년 고당 전쟁 당시 설인귀의 군대가 처음 주둔한 곳이라는 설명은 설화에 근거한 오류이다. 두관참은 사신들의 숙박처로 종종 이용되었으나, 1600년을 기점으로 하

---

142 이승소, 『三灘集』 권 8, 「첨수참(甛水站)」. "我昔曾過甜水川, 蒼茫荒野少人煙. 新城今見依山麓, 村店還驚傍水邊. 昇平正賴皇仁洽, 休旺非關地氣然. 直欲作詩歌盛美, 恨無巨筆長如椽."

143 『岫巖縣志』 권 3, 「鳳凰城」. "周圍三里九十堡, 南北二門, 南曰甛水堡."

144 『遼陽縣志』, 「甛水站」. "有土城, 城四門, 方里許. 今已頹圮, 僅存遺址. 村居內, 嘗有人於西門外銅印一方, 篆文咸平城印四字."

여 그 이후로는 기능을 낭자산참에 넘겨주게 된다. 1574년에 옛 역참은 이미 없어졌고, 사신들이 묵어가는 일도 드물게 되면서, 두관참은 우리 문헌에서도 차츰 자취를 감추었다.

지금까지 원나라 설치를 기준으로 압록강에서 요양에 이르는 사이 여덟 참의 연혁과 지리를 살펴보았다. 하지만 우리 사신들이 정확하게 이 여덟 참을 동팔참으로 이해했던 것은 아니며, 사행 시 참의 이용 또한 시대에 따라 변화를 거듭했다. 그렇다면 우리 사신들은 이 여덟 참 구간을 어떻게 이해했고, 어떤 일정과 경로로 이동하였으며, 시대에 따른 변동은 없었는가? 다음 장에서는 이런 몇몇 소소하지만 기본적인 문제에 대한 답변을 시도하고자 한다. 지금까지의 논의 내용을 간단하게 표로 정리하면 다음과 같다. 진한 글씨는 우리 사신들이 가장 보편적으로 사용했던 지명이다.

원대 역참	명대 성보	기타	현재 행정지명
역창참(驛昌站)	진강보(鎭江堡)	총관부(揔管府[金]), 파사부(婆娑府[元初]), 구련성(九連城)	丹東市 振安區 九連城鎮
탕참(湯站)	탕참보(湯站堡)	탕산성(湯山城)	丹東市 振安區 湯山城鎮
개주참(開州站)	봉황성보(鳳凰城堡)	개봉부(開封府[遼]), 정료우위(定遼右衛[명말]), 봉성(鳳城)	鳳城市 중심
사열참(斜列站)	진동보(鎭東堡)	설참(薛站), 설이참(雪裏站), 설유참(薛劉站), 솔참[松站]	鳳城市 鷄冠山鎮 薛禮村
용봉참(龍鳳站)	진이보(鎭夷堡)	통원보(通遠堡[명대부터 통용])	鷄冠山鎮 通遠堡鎮 老通遠堡村
연산참(連山站)	연산관(連山關)	연산파절(連山把截[明初])	本溪市 南芬區 連山關鎮
첨수참(甛水站)	첨수보(甛水堡)		遼陽市 遼陽縣 甛水滿族鄉
		낭(狼[浪])자산참(子山站[清初]), 탕하수고(湯河水庫) 수몰	遼陽市 遼陽縣 河欄鎮 亮甲村
두관참(頭館站)		두일참(頭一站), 탕하수고(湯河水庫) 수몰	遼陽市 弓長嶺區 湯河鎮 星河村

3. 연경 사행의 팔참 여정과 경로

여덟 참은 현재 중국 영토 안에 있지만, 중국 문헌에 관련 기록이 많은 것도 아니고, 또 동팔참이란 용어도 보이지 않는다. 방위상 중국을 기준으로 만들어진 용어이되, 그 용례나 관련 기록은 우리 문헌에 훨씬 많이 보인다. 동팔참이 제일 먼저 등장하는 문헌은 이색의 『목은집』이다. 이색은 1355년 진봉사(進封使)의 서장관이 되어 대도(大都, 북경)에 가는 도중 1348년 연행 시의 일을 회고하며 시를 지었는데, 그 제목에서 '동팔참' 석 자를 명기하였다.[145] 이것이 양국을 통틀어 동팔참의 첫 용례이다. 1451년 완성된 『고려사』의 경우 탕참 개주참, 첨수참 등의 개별 역참 명이 등장하나 통칭한 사례는 없다. 다만 '압록이서팔참(鴨綠以西八站)'이란 기록이 있는데[146] 이것이 이색이 말한 바 동팔참이다. 실록에는 세종 2년(1420)에 처음 등장하기 시작하여 15세기에 집중적으로 등장하고, 1675년(숙종 원년) 이후에는 나오지 않는다. 1400년대 명나라에서 요동지역을 점거하는 과정에서 새로 성보를 쌓으면서 조선에서 예민하게 반응했던 징표이다. 17세기 후반 이후 더 이상 등장하지 않는 것은, 국가 차원에서 이 지역의 영유권에 대한 관심이 사라졌기 때문으로 보인다.

개인 기록에서는, 연행에 대한 관심이 새로운 국면을 맞이하여 연로와 도중의 도시의 역사지리에 대한 관심이 급증하는 18세기 이후의 연행록에 빈번하게 등장한다. 하지만 이들의 이해가 원대에 설치한 또는 당대에 이용된 여덟 곳의 역참에 근거했던 것은 아니고, 대략 압록강에서 요양 사이 구간을 범칭했던 관습에서 형성된 것이다. 봉성과 요동 사이(김창업, 1712),[147] 책

---

145 『牧隱詩藁』 권 2, 「歲戊子 陪李政丞凌幹, 李密直公秀, 進賀天壽聖節, 今以會試之故, 得爲書狀, 奉謝恩表馳馹赴都, 東八站路上, 因懷二公, 吟成短章」

146 공민왕 5년 압록강 서쪽 팔참을 공격했다(『고려사』 113권 「최영전」; 64권 「志 18, 禮 6, 師還」).

147 『국역 연행일기』, 권 1, 「산천풍속총록」.

문(柵門)과 백탑보(白塔堡) 사이(홍대용, 1765),[148] 구련성과 십리보(十里堡) 사이(李岬, 1777),[149] 책문과 심양 사이(서유문, 1798),[150] 책문과 영수사(迎水寺) 사이(이해응, 1803, 1828; 김경선, 1832)[151] 등이 동팔참으로 이해된 구간이다. 두관참 대신 낭자산참을 넣은 것을 제외하고 나머지 일곱 참을 정확하게 지적한 사람은 1712년 군관으로 사행에 참여했던 최덕중이다.[152] 두관참이 거의 이용되지 않았던 시기이기 때문에 자연스럽게 교체된 것이다. 동팔참에 대한 인식은 시대에 따라 달라졌다. 고려시대 원 간섭기에는 개경과 대도 사이의 빈번한 왕래를 위한 길이었고, 고려말 개혁기에는 자주 독립을 위한 공격의 대상이었다. 조선 건국 후 17세기 이전까지는 영토 설정 차원에서 국가의 관심 대상이었다면, 그 이후에는 역사지리학적인 조명을 받았다.

동팔참 지역에 대한 사신들의 인상은 사안과 시대와 상황 등에 따라 제각각이지만, 최소한 산천에서 받은 느낌을 간추리면 친근감이었다. 모두 세 차례(1591, 1596, 1609) 연행을 체험했던 유몽인은, 산천이 서로 매우 비슷하지만 동팔참 지역에는 수레가 다니는 데 반해 조선에서는 수레가 다니지 않는다며, 북관 지역에서의 수레 사용의 중요성을 적극 주장한 바 있다.[153] 1832년에 북경을 다녀온 홍경모도, 동팔참의 산천은 모두 장백산에서 비

---

148 『국역 담헌서』 외집 8권, 「燕記·沿路紀略」.

149 『국역 燕行記事』, 「聞見雜記 上」.

150 『국역 무오연행록』, 권 1, 11월 26일.

151 『국역 계산기정』 권 5, 「부록·道里」; 『국역 연원직지』 권 1, 「出疆錄」.

152 그는 여덟 참을 적시하고, "8참은 산골짜기인 까닭에 이수는 짧으나 요동 서쪽은 평야인 까닭으로 站 사이의 이수가 제법 멀어 사람과 말이 함께 고달프다."고 회고했다(『국역 연행기』, 12월 10일조).

153 『於于後集』 권 5, 「安邊三十二策 贈咸鏡監司韓益之浚謙·其三十一使遼車」. "我國山路峻險, 不得使車如中國. 獨北路稍廣多平逵, 可容車乘者. 曾觀胡人造車, 輪輻之制稍異, 其牢固特甚, 可用於山谷. 故遼民多用此制, 行之東八站. 東八站之山川, 狹隘與我國相似, 而彼能我不能, 直以彼民慣於使車, 我民則不能肯作倆故也. 如不畜豬·不畜驢·不用錢之類, 是也. 今若敎北民使車爲業, 則於轉運兵資, 過半矣. 太公不云乎, 車者, 軍之羽翼也."

시기	사행년도	숙소와 여정	문헌
조명 초	권근(1389)	탕참(湯站), 개주성북(開州城北[숙]), 용봉참(龍鳳站), 연산참북(連山站北[숙]), 첨수참(甛水站), 두관참(頭館站) 근교(숙)	『陽村集』 권 6, 「奉使錄」
	이첨(1400)	송참(松站[숙]), 연산참(連山站), 분수령(分水嶺), 수첨(水甛[숙])	『雙梅堂篋藏集』 권 2, 「觀光錄」
조명 안정기	권발(1539)	압록강 대안, 연자암(燕子巖), 쌍령, 통원보하(通遠堡下), 벽동(壁洞), 삼기(三岐), 회원관(懷遠館[6박 7일])	『冲齋集』 권 7, 「朝天錄」
	허봉(1574)	구련성(九連城[민가]), 탕참(湯站[민가]), 백안동(伯顔洞[민가]), 고연대(古煙臺[민가]), 벽동(甓洞[민가]), 두관참(頭館站[민가]), 회원관(懷遠館[6박7일])	『荷谷集』, 「朝天記」
	민인백(1595)	강소대(江沼臺), 탕참(湯站[민가]), 두령리(斗嶺里), 분수령(分水嶺), 낭자산(狼子山), 요동성 근처, 회원관(懷遠館[6박 7일])	『苔泉集』 권 3, 「朝天錄上」
	이항복(1598)	철장둔(鐵場屯), 이도하촌(二渡河村[민가]), 송참(松站) 전 민가, 통원보(通遠堡), 연산관(連山館[민가]), 낭자산(狼子山[민가]), 회원관(懷遠館[6박 7일])	『白沙別集』 권 5, 「朝天錄上」
	김중청(1614)	압록강 대안 농막(農幕), 세천(細川[민가]), 백안촌(伯顔村), 고연대(古煙臺[민가]), 벽동(甓洞), 첨수참(甛水站), 두관참(頭關站) 유하자촌(柳河子村), 요양성 민가(7박 8일)	『敬全別集』, 「朝天錄」
조청 정립기	정태화(1649)	구련성(九連城) 시냇가, 탕참(湯站), 책문(柵門) 밖(이상 **노숙**), 송참(松站), 통원보성(通遠堡城), 연산관(連山關), 낭자산(狼子山[7박 8일])	『陽坡遺稿』 권 13, 「飮氷錄」
	이요(1656)	구련성(九連城), 소룡산(小龍山), 봉성(鳳城[민가]), 장항(獐項) 냇가, 연산관 못 미친 냇가, 첨수참(甛水站) 냇가, 낭자산(狼子山) 냇가(7박 8일) *봉성 외는 모두 노숙 / **봉성부터 묵는 곳마다 하정(下程)을 받음**	『燕途紀行』 中
조청 안정기	정태화(1662)	구련성(九連城) 시냇가, 탕참(湯站) 지나 대소(大小) 용산(龍山) 사이, 책문(柵門) 밖(이상 **노숙**), 송참(松站), 통원보(通遠堡), 연산관(連山關), 낭자산(狼子山[7박 8일]) **"여기(책문) 이후로는 모든 곳에 찰원이 있다(自此[柵門]以後, 皆有察院.)."**	『陽坡遺稿』 권 14, 「飮氷錄」
	민정중(1669)	마전판(馬轉坂) 시냇가, 대룡산(大龍山), 책문(柵門) 밖(이상 **노숙**), 송참(松站), 통원보(通遠堡), 연산관(連山關), 첨수참(甛水站), 낭자산(狼子山[7박 8일])	『老峯集』 권 10, 「燕行記」
	김창업(1712)	구련성(九連城), 총수(蔥水[이상 **노숙**]), 봉황성(鳳凰城), 송참(松站), 통원보(通遠堡), 연산관(連山關), 첨수참(甛水站), 낭자산(狼子山[8박 9일])	『燕行日記』 권 1
	이덕무(1778)	금석산(金石山), 책문(柵門) 밖(이상 **노숙**), 봉황성(鳳凰城), 송참(松站), 통원보(通遠堡), 연산관(連山關), 낭자산(狼子山[7박 8일])	『청장관전서』 권 66, 「入燕記上」

롯하기 때문에 동국의 그것과 기맥이 상통하는 땅이며, 또 이 지역의 풍속이 동국과 비슷함을 들어 조선의 옛 강역임을 설파했다.[154] 풍속의 유사성을 토대로 기자의 구강(舊疆)이라 한 것은 역사 사실과 거리가 있지만, 대체로 산천과 풍속에서 친근감을 느낀 것은 대체적인 공통점이었다. 이러한 느낌은 자국의 관점에서 고대사에 대한 관심이 많을수록 짙게 나타난다. 압록강을 건넌 사신들이 친근감에서 벗어나 비로소 낯선 세계와 만나는 체험은, 산세가 점점 낮고 완만해지며 요동벌이 펼쳐지기 시작하는 지점에서 맛보았다. 두관참 마을까지 지난 사신들은 석문령(石門嶺) · 망보대(望寶臺, 冷井村) · 고려총(高麗塚)을 차례로 거치며 요동벌을 만난다. 요양에서 안산(鞍山) · 해주(海州) · 우가장(牛家庄)을 거쳐 광녕(廣寧)으로 가든, 심양과 신민(新民)을 거쳐 광녕으로 가든, 의무려산(醫務閭山)이 나타나기 전까지 6~7일은 평평무제한 들판 길을 가야만 했다.

압록강을 건넌 사신들이 여덟 참 구간을 지난 여정도 궁금한 사안이다. 600년이 넘는 기간 천 번도 넘는 사행이 오갔으니, 그 여정을 일률적으로 파악하는 것은 어려운 일이지만, 시대별로 몇 편 연행록을 표본으로 추출해 분석하면 그 대략을 짐작할 수 있다.

권근과 이첨의 기록은 남경으로 갔을 때의 상황으로, 날짜 별로 정리가 되지 않아 정확한 여정을 파악하는 것은 불가능하다. 다만 단속적으로 편차된 시들로 보아, 원대에 설치한 역참이 불안정하게나마 이용되었던 것으로 추정할 수 있다. 조명(朝明) 안정기의 기록은 명에서 대대적인 성보의 설치로 동팔참 지역을 점거한 16세기 이후의 상황이다. 숙박 장소는 사행에 따라 매우 불규칙했고, 대부분 민박을 했던 것으로 나타난다. 명에서는 조선 사신의 보호를 명분으로 옛 여덟 참 지역마다 군사시설을 축조했지만,

---

154 홍경모, 「遼野記程 · 蔥秀山記」. "盖鴨綠西北諸山, 皆自長白夾水而西薄遼河乃止故, 東八站山川, 全類東國, 疆域雖殊, 可見氣脈相通也. 且柵內之棘籬板壁山樵火耨, 多東俗, 信乎是箕子舊疆也. 莊叟之言曰, 適他邦者, 見似人者而喜, 人相似猶可喜, 況地之相似乎."

이 시설들이 조선 사신들의 편의 공간으로 활용된 것은 아니었다. 이는 2장에서 살펴본바, 원명 교체에 따른 여덟 참 구간의 성격과 기능 변화이다. 조명 안정기 사신들은 대개 6박 7일의 여정을 거쳐 요양성 동남쪽 안정문(安定門) 밖에 있었던 회원관(懷遠館, 朝鮮館)에 도착했다.

여덟 참의 성격 변화는 명청 교체 이후에 몇 가지로 나타난다. 첫째, 일정이 7박 8일로 하루 늘어났다. 이는 책문의 설치와 관련이 있다. 청나라는 건국 초 동북 변경에 유조변장(柳條邊墻)을, 지금의 단동시 변문진(邊門鎮)에 책문을 설치했다. 이에 따라 사행단은 책문 밖에서 하루를 묵으며 통관 절차를 거치느라 이전보다 하루가 더 소요되었던 것이다.[155] 둘째, 청나라의 봉금(封禁) 정책으로 압록강과 책문 사이는 사람이 살지 않는 공한지가 되었고, 사행단은 책문을 통과하기까지 2~3일 밤을 노숙할 수밖에 없었다. 명나라 때에는 이 구간에서도 사신들은 민가에 투숙하곤 하였다. 셋째, 가장 중요한 것은 사행의 여정이 매우 규칙화되었다는 점이다. 1656년 인평대군의 경우 숙소는 불안정했지만 묵는 곳에서마다 하정(下程, 음식재료나 땔감 등의 일상에 필요한 물품)을 제공받았고, 1662년 정태화는 책문 이후마다 찰원이 있다고 기록하였다. 또 특별한 사정이 없는 한 책문 통과 이후의 숙소도 일정해졌다. 명나라 때 설치한 성보는 세월의 흐름에 따라 퇴락해 갔으며, 청조는 특별히 군사시설사신의 관리에 충실하였다. 동팔참 구간은 본래 역로의 기능을 회복하였으며, 조청 간의 교류는 더 활발해졌다. 두관참 대신 낭자산참이 숙소로 정착된 점도 눈여겨볼 변화이다.

여덟 참을 지나는 대략의 일정과 경로 및 상황도 간략하게 짚어보자. 대략의 틀이 나오면 각각의 지점이나 세부 구간에 대한 더 정밀한 탐색이 가능

155 1832년 홍경모는, 도강 이후 책문에 이르는 여정이 하루 줄었다고 하였다. 「遼夜記程·溫井坪露宿記」. "自龍灣一日不能達柵門故, 露宿於九連城蔥秀山兩處. 近年以來, 只過一宵於溫井坪以入柵門." 본고에서는 19세기 이후의 기록을 충분히 검토하지 못하였다. 19세기 후반에 이르면 여러 가지 변화가 일어났을 것이라고 추정되는데, 이에 대한 별도의 검토가 필요하다.

할 것이다. 사행은 어적도(於狄島; 中江, 狄江)를 거쳐 압록강을 건넜고, 대개 구련성 일대에서 첫날밤을 묵었다. 명대에는 간혹 진강보를 지키는 유격장군이 사행을 접대하여 뒷날 회고되기도 했지만,[156] 주로 민가를 이용했던 것으로 보인다. 청대에는 노숙을 했다. 몽골 식 천막을 치고 숯을 묻어 난방을 했고, 밤새 의주 군관들이 딱딱이를 치고 소리를 질러 호랑이의 접근을 방지했으며, 100개에 가까운 모닥불이 일대 장관을 연출하는 노숙 풍경은 『열하일기』를 비롯한 여러 문헌이 생생하게 전하고 있다. 아래는 1780년 박지원이 구련성에서 노숙하며 지은 시로, 모종강(毛宗崗) 본 『삼국연의』의 서사(序詞)로 유명한 「임강선(臨江仙)」(楊愼)의 시상을 빌려, 앞으로 겪게 될 역사 현장 체험에 대한 들뜬 마음과 숱한 전란을 겪은 압록강이 흐르는 변방의 쓸쓸한 분위기를, 아득한 밤하늘을 보고 자는 나그네의 시선으로 잘 버무려, 오래 꿈꾸었던 연행에 나선 문사의 정서를 체험케 한다.

누워서 요양 만리 노정을 떠올리니	臥念遼陽萬里中
예와 오늘 산하에 영웅이 몇이런가	山河今古幾英雄
이적의 도호부엔 나무들 이어 있고	樹連李勣曾開府
동명왕 살던 궁궐 구름에 덮였어라	雲壓東明舊住宮
날뛰던 전쟁 사연 물결에 흘러가니	戰伐飛騰流水盡
초부와 어옹 대화 석양에 부질없네	漁樵問答夕陽空
취해서 출새곡을 부르다가 웃노라니	醉歌出塞歌還笑
서생의 흰 머리가 바람결에 날리누나	頭白書生且櫛風[157]

---

156 홍경모, 「구련성기(九連城記)」. "萬曆丙辰月沙李公赴燕過此, 邱遊擊垣守鎭江城, 出候於十里外, 盛設供帳, 備大小膳, 以彩棚百戲侑歡, 禮遇甚盛, 東人相傳爲勝事. 今使之赴燕也, 列幕露宿於氷雪之野, 叢林四圍, 虎豹交跡."

157 박지원, 『연암집』 권 4, 「영대정잡영(映帶亭雜咏)·노숙구련성(露宿九連城)」. 3구와 4구는 각각 고구려 멸망 뒤 요양에 설치되었던 안동도호부와 동명왕의 도읍터로 전해진 봉황산성의 사연을 말한 것이다.

구련성에서 서남쪽으로 10km 가면 금산진(金山鎭)이 나오는데, 옛 지명은 합마당(蛤蟆塘)으로 연행노정기에 자주 등장한다. 행정지명은 바뀌었지만 심단선(瀋丹線) 기차역 이름은 여전히 합마당참(蛤蟆塘站)이다. 여기를 지나면 북쪽으로 병풍처럼 서 있는 높은 산이 보인다. 금석산(金石山, 頂石山)이다. 현재 공식 명칭은 오룡산(五龍山, 708.5m)이다. 금탕선(金湯線) 국도를 따라 10km 가면 금석산 초입에 노고구참(老古溝站) 마을이 있다. 구련성에서 새벽에 떠난 사신들은 보통 이 근처에서 아침을 먹었다.[158] 금석산 동쪽에 훨씬 규모가 작은 토산이 있는데 송골산(松鶻山)이다. 임경업이 의주를 지킬 때 봉수군(烽燧軍)을 두었다고 전해진다.[159] 금석산을 지나 4km 가량 가면 온천 관광지 오룡배진(五龍背鎭)이 나온다. 오룡배는 오룡산 서북쪽에 있어 붙여진 이름이다. 연행 기록에 온정(평)(溫井坪) 또는 탕지자(湯池子) 등으로 표기된 곳이다. 일제 시기만 해도 조선에서 온천 관광을 위해 왔던 곳이다.[160]

오룡배에서 10km 가량 더 가면 탕산성진(湯山城鎭)이 있다. 탕산성진 2km 못 미친 곳에 김가분(金家墳) 마을이 있다. 청초에 사신으로 조선에 갔다가 임무를 저버려 조선 여인과 함께 죽어 묻힌 곳이라고도 하고(『안동현지(安東縣志)』), 조선 장군이 전사하여 묻힌 곳이라고도 전한다(구전). 탕산성에서 책문이 있던 변문진까의 거리는 10km인데, 옛길을 따라 철로가 놓여 있다. 중간 지점에 탕하촌(湯河村)이 있고 그 뒤로 기암괴석으로 이루어진 산이 병풍처럼 둘러싸고 있다. 앞으로는 시내가 흐르는데, 산과 하천 사이가 넓어 꽤 큰 마을이 들어서 있다. 사신들이 총수산(蔥秀山)이라 일컬었던 산이다. 도강 이후 이틀째 노숙지로 자주 이용되었던 곳이다.[161] 탕산성진에서 철길

---

158 김창업, 『老稼齋集』 권 5, 「금석산조반(金石山朝飯)」. “征人冒霜起, 朝飯亦荒山.”; 이의현, 『陶谷集』 권 3, 「金石山途中 …」 其 10. “夜投九連城, 朝飯古金石.”

159 서유문, 『국역 무오연행록』 권 1, 11월 20일.

160 『정지용 전집 2』, 민음사, 2016, 「화문행각(畵文行脚)」.

161 한 예로 이의현, 『도곡집』 권 3, 「총수산(蔥秀山)」. “午炊金石坪, 夕宿蔥秀山.”(1732)

그림 6 탕참보와 책문 사이 옛길. 옛 연행로를 따라 단동과 심양 사이 철로가 놓여 있다. 현재 이 길은 이용되지 않으며 왼쪽 산 아래 새 길이 나 있다.

을 따라 2시간 남짓 걸으면 옛 사행길을 오롯이 체험할 수 있다. 책문은 실질적인 조청 국경이었다.[162] 문 위에 '조선진공문(朝鮮進貢門)'이라 씌어 있었으며, 책문을 열고 닫는 것과 조선 사행을 통관시키는 일은 모두 봉성장군(鳳城將軍)의 책무였다.[163] 책문을 지나 2km를 가면 봉성 가는 길 오른쪽에 봉황산성이 있다. 고구려 때의 오골성(烏骨城)으로 추정되는 곳인데, 안시성으로도 알려져 조선 사람들의 뜨거운 관심을 받았다.

개주참에 대한 최초의 보고는 1352년 귀국길에 지은 이색의 시이다. 이 시에서 이색은 요나라 거란족의 잔존 세력이 발해가의 산악 지역에 숨어들어 때때로 변란을 일으키곤 했는데 이젠 사해가 평정되었다며 그 증거로 높

---

162 『성경통지』 권 17, 「驛站」에서는 鳳城站을 소개하고, 그 아래 두 줄 작은 글씨로 "過此爲朝鮮界."라고 주를 달았다. 고려문(高麗門), 고력문(高力門)으로도 일컬어졌다.

163 홍경모, 「책문기(柵門記)」.

이 솟은 개주의 석보(石堡)를 들었다.[164] 이 시에서 말한 변란이란 1216년 있었던 금산(金山) 금시(金始) 두 왕자의 사건을 일컫는 것으로,[165] 1389년 권근도 개주에서 그 사실을 회고하며 시를 지은 바 있다.[166] 18세기 이후 봉성은 청대 번영상을 처음 목도하는 곳이었으며, 동시에 역사 회고를 통해 관방의 중요성을 깨닫는 곳이었다. 박지원은 시내의 번화 부유함에 감탄하였고, 안시성을 화두로 삼아 강역론을 펼치며 기염을 토했다.[167] 홍경모도 고구려는 봉성에서 석문령에 이르는 지역을 장악했기 때문에 동방에서 패권을 차지할 수 있었지만 고려는 이 지역을 잃어 국세가 위축되었다며, 조선 관방의 방향을 제시했다.[168] 나아가 봉성 시내의 반듯하고 법도 있는 규모를 들어 이용후생이 잘 구현된, 대규모(大規模)와 세심법(細心法)을 확인할 수 있는 도시로 설명했는데,[169] 이는 홍대용과 박지원의 생각을 이어받은 것이다.

봉성과 설례촌 사이에는 백안동(伯顏洞)과 마고령(麻姑嶺)이 있었다. 백안동이란 지명은 이제 찾아볼 수 없고, 마고령은 여전히 같은 이름으로 불리고 있는데 버섯[蔴菇]이 많이 나기 때문에 붙은 이름이라고 한다. 세종 임금 재위 시절(1418~1450) 훈민정음 편찬과 관련하여 집현전의 신숙주(申叔舟,

---

164 이색, 『牧隱詩藁』 권 3, 「개주참(開州站)」. "遼孽窮投海上山, 時時鼠竊犯津關. 百年四海淸如鏡, 石堡連雲聳翠寒."

165 『고려사절요』 제14권, 「高宗安孝大王 1, 병자 3년(1216)」.

166 권근, 『陽村集』 권 6, 「宿開州城北懷古 – 元初有遼遺種金山, 金始二王子, 據東寧府欲圖興復, 設科取士, 唱榜日城隅面立此城, 其所負固也」.

167 『열하일기』, 「도강록」.

168 홍경모, 「봉황성기(鳳凰城記)」. "夫登城而禦外, 必布游兵, 畵江以守江, 外必置名城然後, 城可全, 江可保, 鳳城者, 江外之名城, 而我國之門戶也. 且鳳城西至石門嶺爲東八站三百里, 石穴外窺敵而裏行師, 猶猛獸張口, 齒齶可外. 此高句麗所以雄長東方也, 而高麗之失地於契丹, 以鴨綠爲界, 廢齒齶而露喉嚨, 夫孰畏之哉. 高麗之用兵, 終不及於句麗者, 此也. 至於我國, 似句麗乎, 似高麗乎."

169 홍경모, 「봉성성시기(鳳城城市記)」. "如此然後, 是可謂之利用矣. 利用然後, 可以厚生, 厚生然後, 正其德矣. 不能利其用而能厚其生, 未之有也. 生旣不足以自厚, 則亦惡能正其德乎. 於是乎, 華俗之精核可見, 而易有驗大規模細心法也."

1417~1475)와 성삼문(成三問, 1418~1456)은 13차례나 명나라에 다녀왔는데, 그 중 돌아오는 길 솔참[松站]을 지나며 신숙주가 지어 성삼문에게 보여준 시가 있어 눈길을 끈다.

시종일관 가까운 이 세상에 몇이런가	終始情親世幾多
자네와의 사귐만이 핏줄처럼 가깝노라	與君交結獨莩葭
더구나 만 리 길에 서로 마음 따르노니	況今萬里相隨意
말 나란히 속내 여는 솔참의 도롱이라	並轡論心松站蓑[170]

태어난 해도 비슷하고 관력도 함께 했다. 똑같이 세종의 지우를 입어 집현전에 들어갔는데, 만 리 길을 함께 오가며 성지(聖旨)를 받들었다. 임무를 마치고 돌아오는 길이라 몸은 지쳐 있는데 마침 비가 내렸다. 도롱이(와 패랭이) 차림에 비를 맞으며 말 머리를 나란히 한 두 사람은 묘한 일체감을 느꼈고, 신숙주를 그 마음을 시로 지어 보여준 것이다. 성삼문도 다른 마음이 아니었을 것이다. 하지만 형제보다 가까웠던 두 사람은 계유정난(1453)을 기점으로 정치행로는 물론 생사가 갈리고 만다. 역사의 옛 자취가 모두 퇴락하여 사라진 낯선 솔참에서 득의 시절 신숙주와 성삼문이 등장하는 한 폭의 친근한 조선산수화를 발견하는 것은 이채로운 체험이다.

솔참에서 통원보 가는 도중 장령(長嶺) 위에 올라서면 아래에 하천이 뱀처럼 굽이쳐 흘러간다. 이른바 팔도하(八渡河)다. 한 물줄기를 여덟 번 건넌다고 해서 붙은 이름이다. 이 길에서 만났던 김가하(金家河), 옹북하(瓮北河), 유가하(劉家河) 등은 모두 지역에 따른 팔도하의 다른 이름이다. 지금도 위성지도를 보면 김가하·유가하·초하(草河) 등을 확인할 수 있다.[171] 이 길(G304공

---

170 신숙주, 『保閑齋集』 권 4, 「松站道中有雨, 馬上口占, 示謹甫」.

171 팔도하에 대한 설명은 홍경모의 「八渡河記」에 자세하다. "河以八渡名. 一水迂廻而凡八渡也. 自鳳城踰小長嶺行五里, 而有瓮北河, 河之源出分水嶺. 自西而來, 河之廣如我東之猪灘. 東流于中江. 沓洞以下之水,

그림 7 소장령(小長嶺) 위에서 바라본 팔도하(八渡河). 동팔참 구간에서 이 물줄기를 여덟 번 건넌다고 하여 팔도(八渡)란 이름이 붙었다(사진 : 이성형).

그림 8 설례참 마을 길가의 고택. 연행사들은 이런 집에서 유숙하며 주인과 대화를 나누었다.

皆入于此. 自此而至沓洞八十里之間, 始涉瓮北河, 再涉金家河, 三涉蛇梢河, 四涉龍鳳山前河, 五涉半截臺河, 六涉半截臺前河, 七涉草河河, 乃最上流, 八涉沓洞河, 是之謂八渡河." 다만 실제 지형이나 이름이 일치하는지도 확인을 요한다.

로)을 계속 따라가면 차례로 통원보진과 노통원보촌, 초하구진(草河口鎭)이 나온다. 초하구는 청석령과 함께 소현세자와 봉림대군이 질자로 끌려갈 때 불렀다고 하는 시조 때문에 비분과 애통을 자아냈고, 또 널리 알려진 곳이다. 초하구를 지나면 분수령이 나오고, 고개를 넘어 가면 연산관진이 있다. 합마당에서 연산관에 이르는 사이는 심양과 단동을 잇는 심단선(瀋丹線) 철로(옛 安奉線), 심양 단동간 고속공로(G113)와 공로(G304), 그리고 근대 이전의 옛길이 서로 교차를 반복하며 온다. 연산관에 이르러 근현대에 만들어진 길들은 본계(本溪) 쪽으로 북상하여, 서쪽 마천령과 첨수참 방향으로 가는 옛길과 갈라선다.

연산관은 지명이 암시하듯 매우 험준한 첩첩산중의 골짜기에 위치한 마을로 해발고도가 296m에 달한다. 마을 옆으로 협곡에 형성된 꽤 큰 규모의 세하(細河)가 흐른다. 또 군사 요충지로 명초에는 연산파절관(連山把截關)이 있던 곳이다. 때문에 연행록의 연산관 인상은 대체로 험준한 산세, 관방의 군사적 긴장감, 그리고 요란한 물소리가 자아내는 객수 등으로 간추려진다. 18세기 이후 연행록에는 이곳을 옛 아골관, 나아가 1619년 사르후전투 당시 이여백(李如栢)이 이끄는 명나라 남로군이 진격한 곳으로 소개한 기록이 많다. 명백한 오류이다. 15세기 후반 조선에서 사행로의 변경을 요청했을 때, 당시 명의 직방낭중(職方郎中) 유대하(劉大夏)가, 조선의 공로(貢路)를 아골관(鴉鶻館)을 거쳐 요양을 지나는 길로 설정한 데에는 조종(祖宗)의 은미한 뜻이 있다는 뜻을 상주했는데,[172] 이것이 와전의 근거로 보인다. 아골관은 1469년 한빈(韓斌)이 맡아 설치하였으며, 아골관과 연산관 사이는 직선거리로도 100km가 넘는다.

연산관에서 출발하는 날은 연경사행 노정에서 가장 힘든 길을 가야 했다. 마천령과 청석령 두 고개를 넘어야 했기 때문이다. 이 사이는 봄날 귀로

---

172 『연려실기술』 별집 5권, 「事大典故·赴京道路」.

그림 9 연행길의 양대 험로 중 하나로 꼽혔던 마천령 고개 길. 현재 본계시(本系市, 남쪽)와 요양시(遼陽市)의 경계이다.

그림 10 마천령 마루에서 본 남쪽 아래 정가촌(丁家村) 원경.

의 일판문(一板門) 이도정(二道井) 진흙길과 함께 가장 힘든 구간으로 꼽힌다. 마천령 길 마루는 현재 해발 619m(산정은 969m)이고 청석령도 400m가 넘는다. 마천령을 넘으면 첨수참을 거쳐 청석령을 넘지 않고 천산(千山) 길로 해서 안산(鞍山)을 거쳐 광녕(廣寧)으로 가는 길이 있다. 조선 조정에서는 이 길을 이용하게 해달라고 요청했던 것이다. 우회하여 거리는 멀지만 길이 평탄하여, 사행의 수레는 대개 이 길을 이용했다. 연로 산자락에 요탑(遼塔)이 있고 길이 이 자락을 감고 돌아가기에 탑만(塔灣)이라고 불렀는데, 현재의 마을 이름도 탑만촌(塔灣村)이다. 첨수참에서는 보통 점심을 먹고 지나갔다.

청석령은 푸른 빛 돌이 많아 붙여진 이름인데, 지금도 그런 돌들이 널려 있다. 요양으로 통하는 큰길이었던 까닭에 마루턱에 관제묘가 있었으며, 주련에 "와룡은 스승이요 자룡은 벗이니 용 스승에 용법이고 臥龍爲師 子龍爲友 龍師龍友", "현덕은 형이요 익덕은 아우이니 덕의 형에 덕 아우로다 玄德爲兄 益德爲弟 德兄德弟"라 씌어 있었다고 한다.[173] 2000년대만 해도 관제묘 터가 잡풀 속에 황폐하였고, 길은 폐기되어 수레조차 다닐 수 없을 정도로 퇴락하였는데, 2010년대 들어 관제묘도 복원했고 길도 차량이 다닐 수 있도록 개수하였다. 600년 간 해마다 고려와 조선 사신들이 왕래하던 길이었다가, 근대 새로운 도로의 개설과 함께 목부들이나 오가는 길로 폐기되었는데, 다시 그 길을 되살리고 있으니, 연행로 또한 그간 이같은 변화를 적지 않게 겪었을 것이니, 옛 현장을 복원하는 것은 간단한 일이 아니다. 18~19세기 들어 청석령을 삼한과 중국의 경계로 삼아야 한다는 견해가 잇달아 제기되었다.[174]

---

173 『무오연행록』 제 6권, 3월 4일.

174 이종휘, 『修山集』 권 14, 「東國輿地雜記·東方地名之辨」. "欲保兩西, 先守青石鴉鶻關, 此高勾麗之法也. 況建州一域, 古我太祖所擊東寧府兀剌城等地也. 輿地勝覽, 已係之鴨綠江外地, 而東國舊壤也, 牛毛嶺婆豬江, 皆可據也, 而險阻要害, 江內所無, 與青石等處, 要之爲三韓天設之限, 而亦無關於中國之幅員. 若天運厭穢, 而八旗東遁 則此地其將屬之誰. 他時志士宜爲之所也已."
홍경모도 「青石嶺記 2」에서 비슷한 주장을 하였다.

그림 11 2003년의 청석령 마루 옛길, 사람들이 다니지 않아 길 위로 풀이 무성했다.

그림 12 2012년의 청석령 마루 옛길, 길을 내고 관제묘 복원을 시작하였다. 2018년 여름에는 관제묘의 외형이 완성되어 있었다.

청석령 아래 청초에 설치된 낭자산참이 있었는데, 지금은 탕하수고에 잠겨 있다. 여기서 두관참까지 가려면 탕하 물줄기를 따라 7km 북상해야 했다. 그런데 마천령과 청석령 두 고개를 넘고 다시 두관참까지 가기에는 일정상 무리였을 것이다. 그래서 자연스럽게 낭자산촌에 머무는 경우가 많았고, 이것이 고려되어 청초에 이곳에 역참을 세운 것이다. 낭자산촌은 뒤에 양갑산촌(亮甲山村)으로 이름이 바뀌었다. 낭자(狼子, lángzǐ)와 양갑(亮甲, liángjiǎ)의 발음이 비슷했고, 여기에 당태종 또는 설인귀 설화가 습합되었기 때문이다.[175] 양갑산촌은 탕하수고 동쪽으로 옮겨져 그 이름이 유지되었는데, 최근에는 후대촌(后臺村)으로 통합되어 마을 명칭도 사라져버렸다. 탕하수고 건너편에는(약 3km) 계명사촌(鷄鳴寺村)이 있다. 이곳 계명사에는 고당전쟁 당시 전투에서 패배하고 쫓기던 당태종 관련 설화가 전승되었는데, 1782년 홍양호가 채록하여 남겨놓았다.[176] 1612년 이수광은 낭자산촌의 민가에서 묵으며, 띠집의 빈한한 살림살이와는 달리 넉넉한 청산 풍경, 압록강은 멀어지고 요양성은 가까워지는 행정, 그리고 가을이라 부쩍 출몰이 잦아진 유목민족들로 인한 긴장감을 생생하게 그려 냈다.

나그네는 들어 묵으려는데	行客欲投宿
저녁 숲에 외론 새 돌아오누나	夕林孤鳥還
길옆의 띠집 살림 가난하지만	路傍貧白屋
울타리에 청산은 넉넉하도다	籬落富靑山
압록강은 아득히 먼 곳에 있고	鴨水微茫外

---

175 당태종 또는 설인귀가 갑옷을 햇볕에 쪼인 곳이기 때문에 亮甲이라고 했다는 것이다. 요동 지역은 고당전쟁의 현장이었기 때문에 전승되는 관련 설화가 많다.

176 洪良浩, 『耳溪集』 권 6, 「계명사가(鷄鳴寺歌)」에 간략한 설명을 부기했다. "在娘子店南, 俗傳唐太宗兵敗失路, 尋鷄聲到此投宿, 天明視之, 乃是空山, 但見小石如鷄, 命建寺以護之."(시는 생략) 재미있는 것은 현지에선 주로 닭울음소리를 당태종이 승리와 결부시켜 전승되고 있다는 사실이다. 중국 쪽의 관련 기록으로는 張濟民, 『遼陽古跡遺聞』 권 2, 「鷄鳴寺」(1926, 2005년 遼陽博物館 영인)

그림 13 두관참 자리를 찾아. 현지 고로의 증언에 따르면 두관참은 사진 왼쪽 산 아래 수몰되었다고 한다.

요양성은 안개 속에 흐릿하구나	遼城晻靄間
가을이라 오랑캐들 가까이 오니	秋高戎虜近
해가 떠나 비로소 관문을 여네	日出始開關[177]

낭자산참에서 탕하 물길을 따라 7km 가량 가면 두관참이 있었다. 두관참을 지나 석문령 길에 접어들기까지 2~3차례 물을 건넜는데, 이 물줄기들은 탕하, 유하(柳河), 삼류하(三流河) 등으로 일컬어졌다. 탕하댐 아래 온천이 자리한 마을 이름이 유하탕촌(柳河湯村)인 걸로 보아 한 물줄기의 이름이 유하였던 것으로 보인다. 1614년 김중청(金中淸)은 두관참 근처 유하자촌(柳河子

177 이수광, 『芝峯集』 권 16, 「續朝天錄 · 낭자산 시골집에서 묵다 宿狼子山村居」.

村)에서 묵었고 거기에 온천이 있다고 한 것으로 보아,[178] 그 마을이 오늘 유하탕촌이 된 것으로 추정할 수 있다. 낭자산참과 두관참 사이에 역시 당태종 전설이 배어 있는 마제령(馬蹄嶺)이 우리 기록에 나오는데, 지도와 고순학 옹의 증언에서도 확인된다. 한겨울 탕하수고는 그 위로 자동차가 달릴 정도로 두텁게 얼어 있어 그 위로 걸어가며 확인하는 것이 가능하였는데 일정에 쫓겨 뒷날로 미루었고, 다만 두관참 마을 수몰 지점만 실답하였다. 1384년 정도전은 남경 사행 길에 두관참에서 묵으며 아래 시를 지었는데, 이것이 우리 문헌 최초의 기록이다.

북풍이 몰아쳐서 마른 가지 우짖는데	朔風淅瀝吼枯枝
말은 곤해 소리 없고 객은 겨우 누웠구나	馬困無聲客臥遲
내일은 또 요동 발해 먼 길을 떠나가니	明日又從遼海去
어드메 역정에서 새벽밥을 지으려나	驛亭何處是晨炊[179]

당시 명나라의 수도는 남경이었고, 요동 지역에는 북원(北元) 세력이 남아 있었다. 남경을 가기 위해서는 여덟 참을 지나 요양에 왔다가, 다시 안산(鞍山)·해주(海州)·개주(蓋州)·복주(復州)·금주(金州)를 거쳐 여순(旅順)에서 배를 타고 산동반도의 등주(登州)에서 하선하여, 육로와 수로를 번갈아 이용해야만 했다. 행정도 훨씬 멀고 어려울뿐더러, 고려에 대한 명나라의 압력이 갈수록 높아져 외교 업무도 지난했던 시절이다.[180] 사행 시기는 한겨울이었고, 여덟 참을 지나오느라 말은 지쳐 소리 없이 자고 자신은 늦게 겨우 자리에 누웠다. 누워 생각하니 뭍길로 바닷길로 또 뭍길로, 새벽밥을 먹고 길을

178 김중청, 앞의 글. "渡三流河, 一水三渡故名, 一曰湯河. 頭關站投宿柳河子村金姓人家, 有溫泉, 此距壁洞八十里."

179 정도전, 『三峯集』 권 2, 「두관참의 밤 노래 頭館站夜詠」.

180 고려 말의 국제관계와 대명 외교의 흐름에 대해서는 김순자, 앞의 책, 1~3장(13~170쪽) 참조.

떠나야 하는 노정이 아득하다. 두관참이 있던 탕하수고 얼음 위를 부는 바람은 아직껏 600여 년 전 정도전의 번민과 고뇌를 들려준다. 우리가 이 자리를 기억하고 찾아가는 이유 중 하나이다.

4. 소결

이상 압록강과 요양 사이 여덟 참의 연혁 지리 및 이 구간의 사행 여정과 역사를 일별하였다. 아직 이 구간에 대한 독립적 연구 성과가 보고되지 않은지라 다소 소루한 논의를 감수할 수밖에 없었다. 목적에 따라 각 거점 공간이나 세부 구간을 미시적으로 접근할 수도 있고, 연행을 특수한 역사 사례로 국한시키는 보다 거시적인 조명도 가능할 것이다. 발표 준비 과정에서 떠오른 몇몇 의문과 단상을 제기하면서 논의를 마무리하고자 한다. 첫째, 여덟 참 구간이 한중 사행로로 이용된 시기를 요금 시대로 올려 잡을 수 있는 가능성을 고려해야 한다.[181] 요금 시대에 요양은 5경 중 동경이었으니, 당시 고려의 이중 외교를 고려하면 그 가능성은 매우 높아진다. 기록되지 않은 역사에 대한 통찰이 필요하다. 둘째, 용어의 문제이다. 역사적 용어이긴 하지만, 우리의 방위 기준에 맞지 않는 동팔참을 써야 하는 문제는 진지하게 따져보아야 한다(논고 작성 과정에서 용어 선택의 혼란을 해결하지 못했다). 셋째, 이 지역에 대한 입체적인 조명과 적극적인 연구가 필요하다. 이 지역을 무대로 하는 우리 역사는 멀리 상고시대까지 올라가며, 근대를 거쳐 오늘에까지 이어지고 있다. 여덟 참의 대부분 구간은 1911년에 완공된 철도와 겹친

---

181 한치윤은 고려와 요금 사이의 사행이 의주를 통해 실천되었던 것으로 단정했다(『국역 해동역사』 제40권, 「交聘志 8 · 貢道」).

다. 이 철도의 개통식은 압록강 철교의 완공, 또 이를 통한 경의선(京義線) 철도와의 대접(對接) 의식과 함께 거행되었다. 부산-서울-신의주-봉천으로 이어지는 이 철도가 우리 근대사에서 지니는 의미는 재언을 요하지 않는다. 요컨대 여덟 참 구간의 역사 의의는 단지 13세기 중반~19세기 말에 이르는 한중 관계에 국한되지 않는다는 것이다. 넷째, 공식적인 외교 사행으로서의 연행이 끝나는 19세기 후반에서 20세기 초에 이르는 기록을 연속성의 차원에서 검토해야 한다. 18세기 몇몇 연행록만을 집중 조명해서는 소출이 지극히 제한적일 수밖에 없다.

봉황산성과 고대사에 대한 관심

-안시성설安市城說의 제기와 반론-

당태종 머물렀다 사람들 말을 하고	漫說貞觀曾駐蹕
안시성이 여기라고 전하여 오는구나	仍傳安市舊防關
눈동자 어이 하여 여기에서 떨어졌고	玄花豈向此中落
어가는 또 어디서 말머리를 돌렸던가	黃屋定從何處還

남구만, 「봉황산(鳳凰山)」(1684)

1. 서언

연행사들은 압록강을 건넌 뒤 구련성과 탕산성에서 이틀을 묵은 뒤 사흘째 되는 날 책문에 도착했다. 책문은 현재 봉성시 변문진이 되어 있다. 상징 국경인 책문에서는 통관 절차를 밟았다. 통관 절차를 끝내면 봉황성에 이르러 또 하루를 묵었다. 책문과 봉황성 사이의 연행로 북쪽에 현재 중국의 동북 4대 명산의 하나로 꼽히는 봉황산(鳳凰山, 해발 836m)이 솟아 있다. 봉황산은 산세가 수려하여 그 자체로 주목의 대상이었다. 연행사들은 이 산을 북한산이나 월출산 등에 견주곤 하였으며, 관련 시문이 적지 않게 남아 있다.

그런데 봉황산이 연행사들의 집중적인 관심을 받은 이유는 다른 데 있었다. 이 산의 동쪽 자락에는 고구려의 옛 성이 남아 있다. 이 성은 서쪽의 봉황산과 동쪽의 고려산(高麗山, 529m)으로 둘러싸여 있다. 두 산은 모두 산세가 가팔라서 그 자체로 천험의 요새가 된다. 안에는 개울이 흘러 물이 풍부하고, 얼핏 보기에도 가장 이상적인 산성의 형태라는 광주리형의 모습을 띠고 있다.[182] 성벽의 둘레는 7,525m에 달하고, 남쪽과 북쪽에 성문터가 남아 있으며, 안에는 성자리둔(城子里屯) 마을이 있다. 지리상의 위치로 보나, 또는 성의 동북쪽을 흐르는 애하(靉河)를 옛날에는 오골하(烏骨河)라고 했던 점, 그리고 당나라 때의 문헌인 『한원(翰苑)』, 「고려기(高麗記)」의 "오골산이 나라 서북쪽에 있다. … 동서 두 고개가 천 길로 서 있다. 烏骨山在國西北 … 東西二嶺壁立千仞."라는 기사 내용 등으로 보아, 학자들은 이 성을 고구려 때의 오골성(烏骨城)으로 추정한다.[183] 중국 당국은 1996년 이 성을 봉황산산성(鳳凰山山城)으로 명명하고 '전국중점문물보호단위'로 지정하여 관리하고 있다. 오골성은 645년 고당(高唐) 전쟁 때 당나라에서 취하고자 하다가 포기한 성

---

182 산성의 유형과 특징은 정약용/국방부전사편찬위원회 역, 『민보의(民堡議)·민보집설(民堡輯說)』, 「총설」(1989) 참조.

183 이 성의 규모와 구조 등은 王綿厚, 『高句麗古城研究』, 北京 文物出版社, 2002, 72~73쪽 참조.

그림 14 남문 터 위에서 본 봉황산성 북쪽 전경. 왼쪽의 봉황산과 오른쪽 고려산을 자연 성벽으로 삼고 있으며, 안은 물이 풍부한 개활지이다. 오래 전부터 이 일대에서 고구려 동명왕과 연개소문 설화가 전승되었다.

으로 『당서』에 나와 있어 널리 알려진 고구려의 산성이다.

연행사들이 뜨거운 관심을 보인 것은 바로 이 봉황산성이다. 특히 임진왜란이 끝난 직후인 17세기에 접어들면서 이 산성이 바로 안시성(安市城)이라는 견해가 제기되었다. 이 안시성 설은 양만춘의 승전 일화와 함께 상승작용을 일으키며 18세기 이후 사회의 통설이 되었다. 물론 역사지리학의 토대 위에서 이 안시성 설을 부정하는 반론도 꾸준히 제기되었다. 봉황산성이 과연 옛 안시성인지 여부와는 상관없이 이 공간 자체는 뜨거운 쟁점의 대상이 되었다. 이 성은 천 몇백 년을 거기 그 자리에 있어왔지만, 한양과 북경 간 육지 사행로가 개통될 때부터 이 산성이 주목을 받은 것은 아니다. 그렇다면 연행사들은 언제부터 무슨 이유로 이 산성에 관심을 보인 것일까? 본고는 고려 말에서 18세기에 이르는 시기, 연행사들이 보여준 봉황산성에 대한 다양한 인식과 더불어 그 역사적 배경과 원인 등을 고찰하고자 한다. 이 논의는 안시성의 위치를 비정하는 문제와는 다른, 복잡한 역사 환경 속에서 지리 인식이 형성되고 변모하는 양상을 흥미롭게 보여줄 것이다.

2. 요동반도를 지나며 안시성을 거론하다

645년 9월 요동 정벌에 나섰던 당나라의 군대는 안시성을 함락하지 못하고 퇴각하였다. 그런데 많은 학자들이 지적했듯, 퇴각 당시의 정황을 묘사한 『당서』의 기록은 심각한 자기모순을 안고 있다. 안시성에서 당당하고 여유롭게 군사를 물리던 모습과, 요택(遼澤)을 지날 때의 비참한 광경은 그 대표적인 예이다.[184] 이러한 모순과 틈에서 여러 해석이 가해졌고, 또 수많은 이야기가 발생하여 세상에 전승되었다.

우리 역사에서 사서(史書)와는 다른 차원에서 안시성 싸움을 처음 제기한 사람은 목은 이색(1328~1396)이다. 그는 「정관음, 유림관에서 짓다 貞觀吟, 楡林關作」이라는 20구 7언 고시에서, 당 태종이 천하를 얻었으면 올바른 정사를 펼치는 데 주력했어야지, 쓸데없이 잘난 척하려 남의 나라에 쳐들어와 제 군사들만 고생시켰다며 힐난했다. 또 충신 위징(魏徵)이 죽은 뒤 그를 위한 비석을 세워주었다가, 뒷날 자신의 잘못을 직간한 상소문 초고를 보고 비석을 쓰러뜨리라 했다가, 요동 정벌에 실패하고 돌아와서는 다시 위징을 떠올리며 비석을 다시 세우라고 한 고사를 제시하여, 당태종의 어리석음을 비웃기도 했다. 그리고 문제가 되는 "주머니 속 물건을 꺼내는 듯 일렀건만, 화살에 눈 맞을 줄 어이해 알았으리. 謂是囊中一物耳, 那知玄花落白羽."는

---

184 이러한 모순을 가장 집요하게 추적하여 기록 이면의 진실을 캐려 한 사람은 단재 신채호이다. 당시 전쟁이 끝날 무렵의 정황에 대해서는 김용만, 『고구려의 발견』(바다출판사, 1998), 469~482쪽 참조.

언급도 바로 이 시의 15~16구절이다.

제목에서 이 시가 유림관에서 지어진 것임을 알 수 있다. 유림관은 유관이라고도 하는데, 명나라에 들어 산해관을 짓기 전 장성의 동쪽 끝 관문으로, 산해관에서 서쪽으로 가까운 곳에 있다. 이색은 두 차례에 걸쳐 북경에 다녀왔다. 1348년에 처음 북경에 가서 원나라 국자감에 입학하여 공부하다가 1351년 부친상으로 귀국하였다. 1354년에는 서장관으로 북경에 갔다가 회시(會試)에 급제하여, 1355년 원나라 한림원의 한림에 제수되었으며, 1356년에 귀국하였다. 이 시는 정황상 1356년 귀로에 지은 것으로 보인다. 유림관은 당태종의 동정로(東征路)에 속하니, 목은이 여기서 옛일을 떠올리며 시를 지은 것은 자연스럽다.

목은은 무엇을 근거로 이런 시를 지었을까? 국내에 관련 전승 기록이 없고, 목은이 오랜 북경 생활을 한 것으로 미루어, 북경 일대에 유포되어 있던 전승이나 기록에서 취했던 것으로 상정할 수 있다. 원나라 때 북경에서 유행했던 잡극 중에는 설인귀와 연개소문을 주요 인물로, 고구려와 당나라의 전쟁을 소재로 한 이야기가 크게 유행하였기 때문이다.[185] 목은은 오랜 북경 생활로 그들의 언어와 풍속을 익히 알았으니, 시의 내용은 당시 북경에 유행했던 잡극이나 강사(講史) 화본(話本)에서 채취한 것으로 볼 수 있겠다. 다만 목은의 이 시는 당태종의 실정에 초점을 맞추고 있어 안시성의 지리 위치에 대해서는 단서가 될 만한 것이 없다. 목은은 봉황산산성의 존재도 알지 못했고, 더구나 여기를 안시성으로 생각하지는 않았던 듯하다.[186]

두 번째로 안시성을 거론한 사람은 정몽주(1337~1392)이다. 아래는 『포은집』(권 1)에 실려 있는 「안시성회고(安市城懷古)」이다.

---

185 여기에 대해서는 박재연, 「설인귀정요사략(薛仁貴征遼史略) 소고」, 『중국학연구』1(중국학연구회, 1984) 참조. 「薛仁貴征遼史略」은 박재연이 1991년 11월부터 1992년 9월에 이르기까지 네 차례에 걸쳐 『중국소설연구회보』(한국중국소설학회)에 번역 연재되었다.

186 『牧隱藁 詩藁』 권 3에는 「奉送傅子通應奉奉使東平, 賑濟客戶, 因過鳳凰山」

황금 궁전에 옷자락 드리우고 앉아	黃金殿上坐垂衣
백전 영웅의 마음 지니지 못했노라	百戰雄心不自持
군사를 이끌고 오는 태종의 기세는	想見太宗親駕日
풍부가 수레에서 내릴 적 모습일러라	宛如憑婦下車時

시상은 달라도 주제는 목은의 시와 크게 다르지 않다. 풍부는 범을 때려잡을 정도로 용력이 과인하였으나 그 힘을 절제치 못하여 뜻있는 선비들의 웃음거리가 된 인물로 『맹자』에 나온다. 정몽주는 쓸데없이 힘자랑하려고 군사를 내어 우쭐대는 당태종을 다소 우스꽝스럽게 묘사하였다. 이 시는 1386년 정몽주가 남경에 다녀오던 중 요동반도의 개주(蓋州) 일대에서 지은 것이다. 여기서 안시성은 특정하여 지목된 것이 아니라, 옛날 고구려의 영역이었던 요동반도 일대를 범칭한 것으로 보인다.

다음으로 검토할 것은 실제 사행에 참여했던 문인들의 기록이다. 당시 남경 사행의 횟수와 중요도에 비해 현재 남아 있는 자료는 많은 편이 아니다. 그 중에서 이들의 노정을 거칠게나마 추정할 수 있는 기록으로는 정몽주가 두 차례 사행에서(1372년, 1386년) 남긴 시편들, 정도전이 1384년에 남긴 시 몇 수, 그리고 권근이 1389년의 사행 기록인 「봉사록(奉使錄)」,[187] 고려는 아니지만 1400년의 사행 기록인 이첨의 「관광록」[188]이 있다. 이 밖에 김구용이 1372년 사행에서 남긴 시 「개모성에서 대창 주수재에게 부치다, 그가 내게 옥등을 선물한 적이 있다 蓋牟城寄大倉朱秀才, 曾以玉燈爲贈」[189]이나, 1386년과 1388년 두 차례 사행에 나선 이숭인이 남긴 두 편의 시 「개주(蓋

187 『陽村集』 권 6.

188 『雙梅堂先生篋藏文集』 권 2.

189 『惕若齋學吟集』 권 上. 개모성(蓋牟城)은 당나라에게 함락되기 전 개주(蓋州, 蓋平)의 고구려 적 이름이다.

州)」와 「금주도중(金州途中)」[190]도 보조 논거로 원용할 수 있다.

이중에서 그 노정이 가장 확실하게 나와 있는 것은 권근과 이첨의 기록이다. 여기 따르면 권근은 동팔참 → 우가장(牛家庄) → 광녕 → 유림관 → 통주(通州) 노선을 거쳐 운하를 타고 남하하여 남경에 이르렀으며, 귀로는 이와 달리 산동반도 등주에서 해로를 이용하여 여순구(旅順口)에 도착, 요동반도를 북상하여 요양에서 동팔참을 거쳐 귀국했다. 이와 달리 이첨은 갈 때와 올 때 모두 요동반도를 경유하는 해로를 이용하였다. 권근이 북경 노선을 이용한 것은 요동 북부를 장악하고 있던 나하추(納哈出) 군대가 제거된 사실(1387)이 작용한 듯한데, 1400년에 이르러 다시 사행로가 바뀐 이유는 알 수 없다. 정몽주와 정도전의 시편들에는 모두 여순을 비롯한 요동반도의 지명들과 등주를 포함한 산동반도의 지명들이 함께 등장하고, 해로 이동을 명시하는 사례가 있는 것으로 보아 '동팔참 → 요동반도 → 해로 → 산동반도 → 남경'의 노정을 이용했던 것이 분명하다. 또한 김구용과 이숭인의 경우도, 해로를 이용하지 않을 경우 요동반도 상의 개주와 금주에 갈 일이 없었으니, 정몽주 정도전과 같은 노선을 이용했던 것으로 추정할 수 있다.

1372년에서 1401년 사이 노정을 추정할 수 있는 기록을 검토하면, 거의 대부분의 사행이 요동반도와 산동반도를 잇는 해로를 이용하고 있음을 알 수 있다. 이 기록만으로 고려말 대명 사행 모두가 요동반도-산동반도 해로를 이용했다고 단정할 수는 없다. 하지만 명나라 입국이 거부된 사행의 경우 모두 요양의 정요전위(定遼前衛)까지 갔었고(등주까지 간 경우 1차례), 1387년 나하추가 항복하기 전까지 요동 북부 일대가 북원의 세력 하에 있었으며, 다른 해로를 이용한 경우가 발견되지 않은 점으로 보아, 그렇게 추정하는 데는 별 무리가 없다. 고려말 대명 사행의 사신들은 의주에서 압록강을 건너 북상하여 동팔참을 거쳐 요양에 이르렀다. 요양에서는 서남쪽으

190 각각 『陶隱集』 권 2와 권 3에 실려 있다.

로 방향을 꺾어 안산역(鞍山驛) → 해주위(海州衛) → 개주위(蓋州衛) → 웅악성(熊嶽城) → 오십채(五十寨) → 복주위(復州衛) → 마하포(麻河鋪) → 패란점(孛蘭店) → 금주위(金州衛) → 목장역(木場驛)의 노정을 거쳐 여순구역(旅順口驛)에 이르렀다. 여순구에서는 배를 타고 연안 해로를 이용하여 산동반도 등주에 도착했고, 등주에서는 다시 육로와 수로를 이용하여 남경에 도달했다. 귀국 시에는 이 노정을 거슬러 돌아왔다.

『포은집』에는 「개주에서 묵다 宿盖州」, 「개주에서 빗속에 뒤떨어진 이들을 기다리다 盖州雨中留待落後人」, 「복주 객사의 우물 復州館中井」, 「복주 객사의 밤비 復州館夜雨」, 「개주 객사의 버들 盖州館柳」, 「금주 위지휘 집의 매 그림, 붓을 달리다 金州韋指揮宅畫鷹, 走筆」, 「발해고성(渤海古城)」 등 요동반도를 배경으로 지은 여러 수의 실려 있다.[191] 이중 「개주에서 묵다 宿盖州」는 "당 황제 친히 전쟁에 임했던 곳, 예로부터 개모성이라 전해져오네. 唐帝親臨戰, 相傳說蓋牟."라는 구절로 시작한다. 개주는 현재 안시성이 있는 곳으로 추정되는 해성(海城)이나 대석교시(大石橋市)와 가까운 거리에 있는 도시이다. 또 정몽주는 「이적이 싸운 곳 李勣戰處」이라는 시도 남겼는데, 이적이 전투를 벌였던 곳 또한 개주이다.[192] 이런 여러 정황을 종합했을 때, 정몽주가 안시성 싸움을 회고했던 곳은 개주로 볼 수 있겠다.

요동반도를 이용한 해로 사행의 사례에 대해서는 아직 만족스러운 연구가 이루어지지 않았다. 하지만 명나라가 남경에서 북경으로 천도하는 1421년 전까지의 사행은 대개 이 노선을 이용했고, 그 과정에서 일부 연행사들이 안시성 전투를 자연스럽게 환기했을 것임은 쉽게 추정할 수 있다. 이를테면 1400년 이첨은 개주를 지나며, 수 양제(隋煬帝)가 하늘을 어기면서 군사를 일으켰다 패망했는데, 영명한 군주라는 당 태종은 어찌하여 옛 전철

---

191 고려말 조선초 남경 사행의 요동반도 노정, 이 구간에서 지어진 정몽주의 시에 대해서는 이승수, 「고려말 對明使行의 遼東半島 경로 고찰」, 『한문학보』 20, 우리한문학회, 2009 참조.

192 『신당서』, 貞觀 19년 조에, 이적(李勣)이 개모성을 함락시키고 그 자리에 개주를 세웠고 했다.

을 그대로 되밟았는지 모르겠다고 한 것은 대표적인 예이다.[193] 하지만 이후 육지 연행로가 확정되면서, 사신들이 요동반도에 들어갈 일이 없어졌고, 자연스럽게 안시성에 대한 기억은 희미해졌다.[194]

3. 봉황산성을 고구려의 도읍지로 보다

1421년 명나라가 수도를 북경으로 옮기면서 사행로는 육로로 확정되어 갔고, 마침 1419년 세종의 등위와 함께 조선에서는 대명 사신의 파견이 잦아지면서, 봉황산을 지나는 사행로의 이용은 더욱 활발해졌다. 많은 사람들이 봉황산의 인상을 시문으로 남겼지만, 대개 눈에 보이는 외형만을 묘사했을 뿐 역사 사연을 언급하지는 않았다. 간혹 이 일대를 삼한의 옛 강역으로 인지하고 그걸 특기한 경우는 있다. 1476년 서거정(1420~1488)은 봉황산을 두고, 아직 성첩(城堞)이 남아 있다며 옛적 삼한이 서로 다투던 일과 요금이 차지했던 시절을 떠올리며 비감한 마음을 붙였다.[195] 1609년에는 유몽인이 지나가면서, 여기가 삼한의 옛 땅이었는데 당나라와의 전쟁 이후 중국의 영토가 된 사실을 환기하였다.[196] 하지만 그뿐 그 이상 인식의 진전은 보여주

---

193 이첨, 『雙梅堂先生篋藏集』 권 2, 「次浩亭蓋州路上詩」: "煬帝驕邪妄自賢, 窮兵東極敢違天. 唐宗固是英明主, 覆轍如何不鑑前."

194 최부는 1488년 『표해록』에서, 전문이라는 전제 아래 "三叉河에서 海州衛·西木城·綉岸城·鶩拿河屯·牢房·林子屯·獨塔里屯·林江河屯·蒲蘆葫屯을 거쳐 압록강에 이르는 연로에 옛 성터가 있었는데 황폐해 安市里가 되었고, 고구려가 당 나라 군사를 막았던 곳이라 전해진다."고 하였다(권 3, 「見聞雜錄」 여기서 말하는 안시리(安市里) 또한 안시성과 관련이 깊은 곳일 텐데, 현재 이 정보만으로는 어느 지점인지 정확하게 알기가 어렵다).

195 『四佳詩集 補遺』 권 2, 「定州禹判官, 回自遼陽, 傳盛作, 謹依韻和奉, 鳳凰山」: "鳳凰山色蔚齊天, 鳳去山空事渺然. 雉堞有基棲孽虜, 鶴樓無地訪飛仙. 江山麗濟分爭日, 天地金遼割據年. 我亦開州曾弔古, 長林老樹鎖寒煙."

196 『於于集 後集』 권 1, 「鳳凰山」: "… 維昔三韓界, 謠俗何鴻濛. 唐兵剪勾麗, 版籍中夏通. …" 이밖에 유

지 않는다.

그런 가운데 눈에 확 뜨이지는 않지만, 간과해서는 안 되는 인식의 한 경향을 발견할 수 있다. 그건 봉황산성을 고구려의 도읍지로 보는 견해이다. 1555년 백광홍(白光弘, 1522~1556)은 가사 「관서별곡(關西別曲)」에서 "제향(帝鄕)이 어디ᄆᆡ오 봉황성 갓갑도다."라고 하였으며, 유성룡(1542~1607)도 1570년의 사행을 추억하면서 봉황성을 '제리(帝里)'라고 하였다.[197] 이때 제향이나 제리란 말이 구체적으로 무엇을 지칭하는지 문면에 나타나 있지는 있지만, 정황상 고구려 천제가 도읍했던 곳으로 추정할 수 있다. 그렇게 추정할 수 있는 근거는, 이 지역에서 흥기한 왕조가 없는 데다, 고구려의 발상지인 환인이나 집안(集安)이 그리 멀지 않은 곳에 위치해 있다는 점 외에, 결정적으로 아래 소개하는 두 작품이다.

1598년 명나라 관리 정응태(丁應泰)는 '조선이 일본을 끌어들여 전쟁을 일으켜 요동을 빼앗아 고구려의 옛 땅을 되찾으려 한다.'는 요지의 상소문을 올렸다. 조선은 이를 해명하기 위해 이항복(1556~1618)을 정사, 이정귀(1564~1635)를 부사, 황여일(1556~1622)을 서장관으로 하는 사절단을 보냈다. 1598년 10월 21일 서울을 출발하여 5개월 여 계속된 이 사행의 여정을 이항복과 이정구는 모두 「무술조천록(戊戌朝天錄)」에 담아 남겼다. 두 사람은 봉황산 아래를 지나며 시를 주고받았다. 먼저 시를 건넨 사람은 이정구였다.

먼 옛날 고구려의 태조께서는	伊昔句麗祖
바로 여기 이 땅에 도읍했었지	於玆作邑畿

몽인은 봉황산성을 고당 전쟁시 당태종이 머물렀던 곳으로 알고 있었다(『어우집 후집』 권 4, 「燕京沿路可遊者記, 送冬至副使尹昉可晦, 參知」).

197 『西涯集 別集』 권 1, 「雨後前山杜鵑盛開, 忽憶庚午春, 以書狀赴燕, 三月還到鳳凰山下, 滿山皆此花, 遼人謂之滿山紅, 今已三十年矣. 覽物不能無感舊之意, 賦此云三月還到鳳凰山下」: "使節當時最少年, 還程正値艶陽天. 鳳凰山下花如錦, 鴨綠江頭柳似烟. 帝里和風飄客袂, 鄕關歸興屬吟鞭. 如今卧病南河曲, 白首看花只黯然."

땅의 기운 간세의 영웅을 낳고	地靈眞間世
천험 산세 요새를 구축하였네	天險設重衛
봉황은 날아가서 산만 남았고	鳳去山空在
도성이 옮겨간 뒤 바위만 높네	城遷石自巍
흥하고 망한 자취 아스라하니	茫茫興廢跡
고금사에 눈물이 옷깃 적시네	今古一沾衣[198]

시의 제목 아래 "산에 동명왕의 옛 성이 있다. 山有東明王舊城"란 주가 부기되어 있다. 이정귀는 봉황산성을 실답하지는 않았지만, 성의 존재는 알고 있었으며 나아가 그곳을 동명왕의 도읍지로 이해하고 있었던 것이다. 작품에서도 그러한 사실이 잘 나타난다. 동명왕은 이곳의 지령(地靈)을 받고 태어난 보기 드문 영웅이다. 5~6구에서는 봉(鳳)과 성(城)을 은유적으로 등치하였는데, 성은 동명왕 또는 고구려의 상징으로 보아 무방하다. 마지막 연에는, 국가는 오랜 전란을 겪어 피폐한데 설상가상으로 외교적 곤란까지 당하여 그걸 해명하러 가는 사신의 고단한 심사가 배어 있다. 여기서 다시 고구려와 조선의 처지가 동일시된다. 이건 의도한 결과가 아니라, 역사 조건이 자연스럽게 그러한 인식을 가능하게 한 것이라고 보아야 한다.

이항복은 이 시에 화답하면서, 원래의 시상 위에 설화 사연을 하나를 첨입시켰다. 시의 3~4구에서 "북에 양을 매단 일 전하여 오니, 구유에 말을 묶어 벗어났다지. 懸羊傳俗諺, 縛馬脫長圍."라는 의미를 알 수 없는 말을 하고, "민간에 이런 이야기가 전한다. 이 성이 일찍이 적에게 포위되었다. 수비를 맡은 이는 지켜낼 수 없음을 알고 양에 북을 매달고 구유에 말을 묶어둔 뒤 밤을 틈타 성을 버리고 달아났다. 양이 이리저리 움직일 때마다 네 발이 북을 두드리고 말이 구유를 걷어차니 북소리가 났다. 적은 수비가 있는가

---

198 『月沙集』 권 2, 「鳳凰山」.

의심하여 감히 들어가지 못하는 사이 달아날 수 있었다."는 전설을 부기한 것이다.[199] 그리고 이정구와 마찬가지로 제목 아래에 "산에 동명왕의 옛 성이 있다 山有東明王舊城."란 주를 달아놓았다.

두 사람의 견해는 매우 이례적이긴 해도, 앞 백광홍과 유성룡의 예를 보아 돌발적인 것만은 아닌 듯하다. 과연 두 사람은 그러한 전설을 어디에서 채취하였고, 또 그 전설은 어디에서 유래하였는가? 이 문제를 풀어야 하는데, 딱히 단서가 될 만한 것이 없어 막막하다. 다행인 것은 추론의 근거가 전혀 없지는 않다는 것이다. 『삼국사기』와 『삼국유사』에 따르면 안시성은 환도성(丸都城)이라고도 했다.[200] 이때 '안시(安市)'는 음차로 당시의 발음은 '알시'이며, '환도'는 '알시'를 훈차 표기한 것이라고 한다. '성(城)'은 고대어에서 많은 경우 '홀(忽)'로 표기되어 있는데, 이는 성을 뜻하는 말로 발음은 '골' 또는 '구르'가 된다. 따라서 안시성이나 환도성의 당시 발음은 모두 '알시골'이며, 여기서 '알시'는 존자 또는 제왕을 뜻한다고 한다.[201]

이 논지대로라면, 여기서 말하는 안시성과 고당 전쟁 시기 등장하는 안시성은 전혀 별개의 것이 된다. 지리상 전자는 압록강 중류 북변에 있고, 후자는 요동만이 시작되는 지점에 있으니 그 거리가 상당하다. 게다가 『증보문헌비고』에서는 안십홀(安十忽)과 환도성과 봉황성이 모두 같은 공간을 나타내는 지명이라고 했다. 안십홀은 안시성의 다른 표기이다. 봉황성이 이 글에서 거론하는 봉황산성을 가리키는 것이라면, 안시성의 또 다른 후보가 등장하는 셈이다. 다음 절에서 보겠지만, 조선후기 봉황산성이 안시성으로 간주

---

199 『白沙集 別集』 권 5, 「次月沙沿途見寄」: "聞說天孫遠, 因山有舊畿. 懸羊傳俗諺, 縛馬脫長圍. 往事荒城廢, 斜陽疊巘巍. 秪今歌帝力, 封壤入垂衣."
전설의 내용은 다음과 같다. "俗傳, 是城嘗被圍. 守者知不可守, 懸羊於鼓, 縛馬於槽, 乘夜棄城遁. 羊反側四蹄撞鼓, 馬擲躅蹴槽, 登登有聲, 敵疑有備, 不敢入, 遂得脫."

200 『삼국사기』 권 37에서는 "安市城, 舊安寸忽, 或云丸都城."이라 하였고, 『삼국유사』, 「왕력」에서는 "安市城, 卽丸都城"이라 하였다.

201 최남희, 「고구려 지명 '안시성(安市城)'의 재 고찰」, 『국어교육연구』36, 국어교육학회, 2004.8.

된 데에는, 봉황을 뜻하는 고유어가 '안시'라는 점이 결정적으로 작용했다. 그러고 보면 안십(安十)와 환도와 봉황은 모두 '안시'로 불렸을 가능성이 높으며, 그 의미는 역시 모두 '존자(尊者)'가 된다. 여기서 안시성은 645년 고구려가 당군을 격퇴한 성이 아니라, 고구려 초기 동명왕 같은 존귀한 신이 건설한 도읍지가 된다.

이런 맥락이라면 봉황산성이 환도성이나 안시성으로 불렸으며, 여기서 고구려 시조 동명왕의 전설이 발생한 사실을 납득할 수 있게 된다. 예로부터 안시성의 위치에 대해서는 여러 설이 분분하여 심지어는 압록강 동쪽이나 요양에도 있다고도 하였다.[202] 이 여러 설 중에서 환도성은 거론된 바 없다. 이렇게 여러 설이 제기된 이유는 '안시성 전투'가 뒷날 관련 당사국 어디에서도 역사적으로 충분히 관리되지 않은 탓이겠지만, 이밖에도 안시성이 고유명사라기보다는 비중이 높은 존귀한 성을 가리키는 일반명사였기 때문일 가능성도 배제할 수 없다. 이렇게 보지 않으면, 두 안시성 사이의 괴리는 물론, 봉황산성을 고구려의 도읍지로 보았던 일군의 견해를 해명할 수가 없다. 하지만 이는 현재로서 추측 가능한 한 가지 방법일 뿐이다. 새로운 관련 자료나 논거를 기다린다.

4. 봉황산성을 안시성으로 간주하다

앞 장에서 보았듯, 봉황산을 지나며 이 일대를 고구려의 옛 강역으로 보거나, 고구려의 도읍지로 알고 있는 경우는 간간이 있어왔다. 하지만 이는

202 안시성의 위치에 대한 여러 학설에 대해서는 김일경, 「안시성(安市城)은 어디에 있는가?」, 『건축역사연구』38, 한국건축역사학회, 2004.6 참조.

예외적인 경우일 뿐, 거기에 일정한 역사적 흐름이 작용했던 것은 아니다. 고려 말 이제현이나 이곡 등이 육로를 이용하여 북경을 오갈 때부터 16세기에 이르기까지 봉황산은 경관이 뛰어난 산이었을 뿐, 특별한 역사 사연을 지닌 공간이 아니었다. 그런데 17세기에 접어들면서 봉황산성을 안시성으로 인지하는 태도가 뚜렷한 흐름으로 나타나기 시작했다. 이 장에서는 그러한 흐름의 양상을 살펴보고, 나아가 그 원인을 살펴보고자 한다.

새 흐름의 시원이 되는 사람은 조위한(趙緯韓, 1567~1649)이다. 1609년 그는 봉황산을 지나며 「봉황성을 혹은 안시성이라 하고 혹은 거주성이라 하는데, 안시성은 양만춘이 지켰던 곳이고, 거주성은 연개소문이 웅거했던 곳이다」라는 긴 제목의 시를 남겼다. 안시성은 물론 양만춘이라는 이름이 등장하는 것이 이채롭다. 양면이 가파른 산으로 둘러싸인 천험의 지형을 섬세하게 묘사한 것으로 미루어, 작자는 성을 둘러보았던 것으로 보인다. 조위한은 성을 둘러본 인상으로 막연하게 이곳이 안시성이 아닌가 의심했는데, 여기 주민들은 강성했던 연개소문의 이야기를 들려주었다. 하지만 제목에서도 드러나듯 조위한은 봉황산성을 역사지리적으로 규명하는 것에는 자신이 없었으며, 시상 또한 그러한 태도로 마무리하고 말았다.[203]

이렇게 갑자기 역사상에 안시성과 양만춘이 등장하는 것과 관련하여 한 가지 짚고 넘어갈 것이 있다. 윤근수(尹根壽, 1537~1616)는 이시발(李時發, 1569~1626)과 임진왜란 때 참전했던 명나라 장수 오종도(吳宗道)가 각각 『당서연의(唐書演義)』와 『태종동정기(太宗東征記)』에서 안시성의 성주가 양만춘(梁萬春)임을 보았다는 기록을 남겼다.[204] 김시양(金時讓, 1581~1643)이 1612년 함경

---

203 『玄谷集』 권 5, 「鳳凰城, 或曰安市城, 或曰莒州城, 安市則楊萬春之所守, 莒州則盖蘇文所據也」: "幾疊靑山古戰場, 周遭十里擁金湯. 連墻冠岫干星漢, 列堞嬰巒東劍鋩. 行客謾疑安市蹟, 居民猶說盖蘇強. 悠悠往事憑誰問, 一抹螺鬟帶夕陽."

204 『月汀文集 別集』 권 4, 「漫錄」: "壬辰亂後, 天朝將官出來我國者有吳宗道謂余曰, 安市城主姓名梁萬春, 見太宗東征記云. 頃見李監司時發言曾見唐書衍義, 則安市城主果是梁萬春."

도 종성에서 지은 「부계기문(涪溪記聞)」에도 비슷한 내용이 실려 있다. 『당서연의』는 1553년 명나라 사람 웅종곡(熊鍾谷)이 지은 소설 『당서지전통속연의(唐書志傳通俗演義)』를 가리킨다.[205] 『태종동정기』는 같은 책의 이명으로 추측된다. 이 책은 임진왜란에 명군이 참전하면서 조선에 유입되었고, 조선의 지식인들은 비로소 양만춘이라는 이름을 알게 되었던 것이다. 조위한 또한 이 경우에 해당된다고 하겠다.

이 뒤로 연행사들은 봉황산성을 으레 안시성으로 보기 시작했다. 1636년 김육(1580~1658)은, 봉황산성을 안시성이라고도 한다며, 동방에도 그런 뛰어난 인물이 있었는데 그의 혼백이 어디에 묻혀 있는지 모른다며 발길을 멈추고 비감에 사로잡혔다.[206] 뛰어난 인재를 바라는 마음은, 병자호란 발발 직전이라는 시대 상황과 함께 이해해야 한다. 김세렴(金世濂, 1593~1646)은 1643년 평안도 관찰사로 있으면서, 잠시 귀국했다가 심양으로 돌아가던 소현세자를 배행하여 책문까지 이르렀던 적이 있다. 그는 소현세자와 손을 잡고 눈물 흘리며 책문 너머로 보이는 봉황산을 바라보았고, 옛날 당나라의 백만 군사를 물리쳤다는 안시성 싸움을 떠올렸다.[207] 이 시의 시상에도 청나라에 종속되어 있는 당시의 굴욕적인 상황이 스며 있다. 배청론자(排清論者)였던 황호(黃床, 1604~1656)도 1650년 책문에서 봉황산을 읊었다. 여기서 그는 봉황산 아래 무너진 성터가 안시성으로 전해져오는 사실을 전제하고, 청나라에 들어가기 위해 책문에서 통관 점검을 받는 처지와 옛날 안시성주

205 古本小說叢刊 제 4집 1~2책, 中國 中華書局, 1989.

206 『잠곡선생유고』 권 1, 「봉황산」: "茲山信奇秀, 愛汝名更佳. 人言往古時, 鳳凰鳴喈喈. 今爲腥臊鄕, 名實何其乖. 群峯如東立, 突兀衝天街. 中有石築基, 矗矗橫層崖. 云是安市城, 七德雄心差. 吾東亦有人, 何處英魂埋. 蹰躇念往事, 激烈傷余懷."

207 『東溟先生文集』 권 5, 「柵門外望安市城」: "此去回轅定幾時, 柵門西畔淚交垂. 可憐安市千尋壁, 曾却唐家百萬師."

가 지녔던 영웅호걸의 풍모를 대비시켰다.[208]

이러한 흐름은 17세기 내내 지속되었다. 강백년(姜栢年, 1603~1681)의 「안시성 가는 길에 우연히 읊다 安市城途中偶吟」(1660), 신정(申晸, 1628~1687)의 「안시성(安市城)」, 남용익(1628~1692)의 「새상곡 안시성(塞上曲, 安市城)」(1666), 김석胄(1634~1684)의 「봉황산」 4수(1683) 4수, 임상원(1638~1697)의 「안시성(安市城)」(1687), 이세백(1635~1703)의 「안시성, 부사의 시에 차운하다 安市城, 次副使韻」 등은 모두 봉황산을 지나며 안시성 싸움을 떠올린 작품들이다.[209] 최석정(1645~1715)이 1685년과 1697년에 지은 「봉황성(鳳凰城)」도 같은 부류이다. 이들 작품은 대개 시상의 전개가 유사하다. "봉황산 아래 옛 성터가 있는데 그게 안시성이라더라"로 시작하여, 옛 영웅의 풍모를 그리는 것으로 이어진다. 모든 작품은 안시성주의 영웅적인 행적을 그리워하는 공통점을 지니고 있지만, 초점을 잃어버린 고토에 맞추고 있는가,[210] 당 태종이나 『당서』의 기록인 '성상배(城上拜)'에 두고 있는가에 따라서 미묘한 차이가 있다.[211] 이는 병자호란 이후 고양된 주체적 자의식과 함께, 강화된 중국 중심의 의리론을 교묘하게 보여준다.

18세기 들어 봉황산성을 안시성으로 보는 견해는 더 널리 퍼진다. 유득

---

208 『漫浪集』 권 5, 「鳳凰城」: "鳳凰山麓古荒城, 安市猶傳舊邑名. 城壓上流通鴨水, 山圍曠野控燕京. 版圖久變憑誰問, 寨柵新開點客行. 却想當年拜天子, 勿云東國少豪英."

209 각각 『雪峰遺稿』 권 14, 『汾涯遺稿』 권 5, 『壺谷集』 권 12, 『息菴先生遺稿』 권 7, 『雩沙集』 권 3, 『恬軒集』 권 15에 실려 있다. 아래 최석정의 작품은 『명곡집』 권 3과 5에 들어 있다.

210 김석주의 「鳳凰山」 중 네 번째인 "誰割東地五百, 今入中原幾年. 試觀山河物色, 尙有檀箕風煙. -東地五百語出戰國策.-"나, 최석정의 「봉황성」 6수(권 5) 중 첫 번째인 "遼左窮邊一片城, 唐宗於此昔觀兵. 寒霜玉帳三軍老, 白羽玄花四海驚. 魯削已悲疆土蹙, 秦輪重愧使車行. 可憐當日楊都尉, 靑史中間沒姓名."이 여기에 해당된다.

211 위 각주에서 예로 든 작품 외에는 대부분 '성상배(城上拜)'를 중요한 모티프로 활용하고 있다. 이는 고구려의 주체적인 대당 항전을 높이 평가함하면서, 천자국에 대한 의리와 명분도 동시에 살리고 있는 것으로 볼 수 있다. 이렇듯 한편으로는 민족적 자의식을 높여 가면서도, 다른 한편으로는 중국 중심의 의리 명분론을 강화시켰던 다분히 자기모순적인 면모는 조선후기 사대부들의 특징 중 하나이다.

공(1748~1807)은 1778년 봉황산을 지나며 아래 시를 지었다.

주필산 자락에다 6군을 주둔하고	駐蹕山前老六師
고구려를 하구려라 잘못 얕보았네	當時錯料下句麗
지금도 안시성은 그대로 남아 있어	至今安市城猶在
양만춘 이름 석 자 아이처럼 부르누나	梁萬春堪呼可兒[212]

한나라 때 왕망(王莽)은 고구려란 이름이 거슬린다고 멋대로 하구려(下句麗)로 바꿔 불렀다. 2구는 고구려를 우습게 보아 여러 신하들의 제지도 듣지 않고 원정을 감행했던 당 태종을 겨냥하고 있다. 하지만 그는 결국 안시성에서 전선이 고착되어 참혹한 형상으로 군사를 돌려야 했고, 안시성은 그날의 전황을 증명하듯 말없이 남아 있다. 그리고 안시성에서 당군을 막아냈던 양만춘은 너무도 유명해져서, 누구나 다 아이들 이름 부르듯 하고 있다. 1720년 이의현(1669~1746)은, 중국 사람들이 당 태종이 눈에 화살을 맞은 일을 꺼려 역사에 기록하지 않았다 하고, 줄어든 영토를 생각하며 옛 영웅의 풍모를 그리워했다.[213] 1782년 홍양호(1724~1802)는 봉황산성을 찾아 옛 안시성 싸움을 떠올리며 고려 사람으로서의 역사적 정체성을 뜨겁게 확인하였다.[214] 18세기에 들어 봉황산 아래에는 옛 고구려 성곽이 있고, 이곳이 양만춘 장군이 당군을 물리친 안시성이라는 것은 연행사들의 상식이 되었다.

이러한 인식은 청나라 사람에게도 침윤되었다. 1770년대 봉황성의 관리로 부임한 박명희철(博明希哲, 1726~1774)[215]은 이 일대의 고적을 정리하여

---

212 『泠齋集』 권 3, 「安市城」.

213 『陶谷集』 권 2, 「安市城」: "舊迹依俙拜帝年, 頹陴長臥客程邊. 休言萬乘揚威壯, 尙有孤軍抗節堅. 白羽已知嫌諱甚, 靑編終慚姓名傳. 傷心魯削今如許, 緬挹英風涕自漣."

214 『耳溪集』 권 30, 「安市城記」.

215 몽골 출신으로 청나라에서 활동한 관료이다. Baidu 백과사전에 따르면, 그의 원래 성은 보르지 지

『봉성쇄록(鳳城鎖錄)』이란 작은 책자를 엮었다. 봉황산성을 둘러본 그는 그 규모 및 제도와 함께 이곳을 조선 사람들은 안시성이라고 한다는 사실을 소개하였다. 나아가 『신당서』의 기록을 고찰한 뒤 당시의 정세와 꼭 들어맞지 않는 것이 없다며, 안시성이 개주성 북쪽 70리 지점에 있다는 『명일통지』의 기록을 부정하였다. 또 당시 안시성주의 이름을 조선 사람들은 양만춘(楊萬春)이라고 한다는 전언을 덧붙여, 역사의 결락을 메우려는 뜻을 보였다.[216] 언표에 그대로 드러나듯이, 안시성과 양만춘 관련 부분은 모두 조선 사람들에게서 전해 들은 것이다. 이는 청나라 지식인 관리가 역수입할 정도로, 조선 사람들 사이에 봉황산성의 안시성설이 폭넓게 퍼져 있었음을 알려주는 증거이다.

그렇다면 이처럼 17세기 이후 봉황산성의 안시성설이 대두되어 널리 퍼지게 된 이유는 무엇일까? 지금으로선 두 가지 조건을 생각할 수 있다. 우선은 『당서지전통속연의』의 전래이다. 조선에서 이 책이 새로 간행되거나 번안될 정도로 널리 읽힌 것은 아니다.[217] 하지만 안시성 전투를 포함한 고당 전쟁의 상황이—인물, 지리, 무기 등—풍부하게 기술되어 있고, 여러 차례에 걸쳐 안시성주의 이름 양만춘이 명시되어 있어, 사실 여부와는 별개로

터(博爾濟吉特)이고 이름은 뀌밍(貴明)이며, 자는 희철(希哲) · 석재(晰齋) · 서재(西齋)였다. 추정컨대 몽골 성 '보르테'의 첫 자를 가져와 성 '博(bo)'을, 원 이름 중 '明(ming)'을 가져와 이름을 삼은 것으로 보인다. 1770년대 봉성각사(鳳城榷使)를 맡았다. 이때 『봉성쇄록(鳳城瑣錄)』을 저술하였다. 이 책 뒤에 「조선일사(朝鮮軼事)」와 「조선세계고(朝鮮世系考)」가 부록으로 실려 있는 것으로 보아, 조선의 사정을 잘 알았고 또 조선 사신들에게 우호적이었던 것으로 보인다.

216 遼海叢書(遼海書社 편, 1987) 제 2책, 521쪽.

217 『설인귀정요사략』은 조선에서 「설인귀전」 등으로 번안되어 널리 읽혔음은 밝혀졌는데, 아직까지 『당서지전통속연의(唐書志傳通俗演義)』의 수용 사례는 연구된 바 없다. 「설인귀전」에 대해서는 서대석, 「이로번안소설고-설인귀전을 중심하여-」, 『국어국문학』52(1971) / 성현경, 「여걸소설과 설인귀전-그 저작년대와 수입년대 · 수용과 변용-」, 『국어국문학』62~63(1973) / 이윤석, 「설인귀전의 원천에 대하여」, 『연민학지』9(2001) 등을 참조.

강렬한 파급력을 발휘할 수 있었던 것으로 보인다.[218] 두 번째는 역사 상황이다. 두 차례의 전란은 자연스럽게 민족적, 역사적 자의식을 강화시켰다. 특히 병자호란 이후 정신적 상처가 컸던 지식인들은 이를 치유할 만한 역사 인물에 쉽게 이끌렸고, 18세기 새로운 역사의식이 성장하면서 안시성은 인기 있는 화두가 되었던 것이다. 이 두 가지 조건이 본디 봉황산성에 전승되어 오던 전설과 만나면서 폭발적인 상승작용을 일으켰던 것으로 볼 수 있겠다.

5. 봉황산성 안시성설에 대한 비판이 제기되다

17세기 이후 봉황산성이 옛 안시성이라는 속설은 통설처럼 굳어져 갔다. 실제 대부분의 연행사들은 충분한 역사지리적 논거를 갖추지 못했고, 양만춘 관련 전승에 대해서는 역사기록에서 나온 것이 아니라는 이유로 회의적인 태도가 많았다.[219] 그럼에도 불구하고 봉황산성이 옛 안시성이라는 통설에 쉽게 이끌렸으니, 그건 다분히 심정적인 태도였다. 심정이란 민족 자의식의 발로일 수도 있겠고, 여행자의 낭만 정서, 그리고 먼 옛날 역사에 대한 감상도 작용했으리라고 본다. 이는 문학적인 감염에 가까운 것이었으니, 연행사들이 요양의 태자하(太子河)를 지나며 형가(荊軻)의 고사를 떠올린 것

---

218 책의 마지막 권 8의 내용 대부분이 고당 전쟁이다. 『설인귀정요사략』이 설인귀 중심의 영웅담인데 비해, 이 책은 역사서를 토대로 당시의 상황을 총체적으로 기술하는 역사 연의의 성격이 강하다.
안시성 싸움에 대한 중국의 문헌은 두 책 말고도 더 있었던 것으로 보인다. 서거정은 당대 유공권(柳公權)(778~865)의 소설을 거론했고(『筆苑雜記』권 2), 이익은 명대 何孟春(1474~1536)의 『餘冬序錄』에서 양만춘 관련 기사를 보았다고 했다(『성호사설』 권 27, 「經史門, 安市城主」). 두 책의 내용을 아직 확인하지 못해 속단할 수 없지만, 대개 웅종곡의 책에서 크게 벗어나지 않을 것으로 보인다.

219 이덕무의 당 태종이 애꾸가 된 사연에 대한 기사[『국역청장관전서』 제 7책, 48쪽(「청비록」 권 1)], 1798년 서유문이 제기한 견해[『국역무오연행록』 44~45쪽(국역연행록선집 제 7책)] 등이 대표적 예이다.

과 유사하다.

그런 가운데 비판적 반론이 제기되기 시작했다. 17세기 중엽 이후 조선에서는 역사지리학이 두드러진 발전을 보였고, 일부 지식인들은 그 성과의 토대 위에서 안시성 문제를 본격 거론하였다. 이러한 흐름의 물줄기를 연 사람은 남구만(1629~1711)이다. 그는 함경도관찰사로 있던 1674년 「함경십경도(咸鏡十景圖)」와 「북관십경도(北關十景圖)」을 제작하고, 지도의 중요성을 역설하였다.[220] 1684년 연경에 다녀오면서 「봉황산」이란 시를 남겼는데, 여기에 붙인 서문이 주목을 요한다. 이 글에서 남구만은 먼저 "바위 봉우리가 동서로 가운데 사이를 두고 벌려 서 있어 마치 봉황이 양 날개를 펼친 듯하다. 옛날 석성이 있어 두 봉우리를 안고 연결되어 있는데 그 안에 10만여 명을 수용할 수 있다."고 성의 지세와 지형을 묘사했는데 봉황산성의 그것과 꼭 들어맞는다. 이어서 이를 옛 안시성이라고 알고 있는 역관의 말을 소개하였다.

그 다음에 논거로 든 것은 『대명일통지』(1461)이다. 이 책에서는 ①금주위(金州衛) 동쪽과 요동도사성(遼東都司城) 동쪽 360리 지점에 각각 봉황산이 있는데 모두 당태종이 머물렀던 곳이고, ②당태종이 함락시키지 못한 안시폐성(安市廢城)은 개주위 동북쪽 70리 지점에 있으며, ③압록강이 안시성 아래를 흘러 바다로 들어간다고 하였다. 이를 근거로 남구만은, 봉황산성은 ①요동도사성 동쪽 360리 지점에 있는 것은 맞지만, ②개주위 동북쪽 70리 지점에 있지 않으며, ③압록강으로부터도 거의 사흘 거리에 있다는 점을 들어 봉황산성 안시성설을 부인하였다. 금주위 동쪽에 있는 봉황산에 당태종이 머문 것은 사실이지만, 책문 근처 봉황산은 이름이 같은 까닭에 『대명일통지』의 저자가 착오를 일으킨 것으로 보았다. 이어서 이렇게 안시성의 위치가 문헌에 분명히 전하는데도, 엉뚱한 속설이 전해지는 것을 한심하게 생각

220 남구만의 역사지리 인식에 대해서는 박인호, 「남구만과 이세구의 역사지리 연구」, 『역사학보』 138(역사학회, 1993.6) 34~48쪽과 이승수, 「조선후기 연행 체험과 고토 인식」, 『동방학지』129(연세대 국학연구원, 2003.9) 205~207쪽 참조.

했다. 나아가 의주 사람들의 전언을 근거로, 압록강이 바다로 들어가는 곳 서쪽 기슭에 있다는 고모성(高牟城)이 옛 안시성이 아닌가 추측하였다.[221]

이후 『대명일통지』는 안시성의 위치를 비정하는데 결정적인 근거로 이용되었다. 1712년 자제군관으로 연행을 떠난 김창업(1658~1721)도 이 성에 높은 관심을 보였다. 가는 길에는 들르지 못하고 문헌에 의지하여 간단하게 언급하였다. 역시 안시성이 개주성 동북쪽 70리 지점에 있다는 『대명일통지』의 기사에 의거하여 안시성설을 부정하였고, 차라리 동명왕의 도읍지 설을 이치상 근사하게 보았다.[222] 이듬해 귀로에 일행과 떨어져 각산(角山), 의무려산, 천산을 두루 유람한 김창업은 마지막으로 봉황산성을 찾았다. 하지만 여기서는 봉황산이 요동도사성 동쪽 360리 지점에 있고 당태종이 머물렀던 곳이라고 하는 『대명일통지』의 내용을 부정하지 않았다. 그건 천산 조월사(祖越寺)에서 이곳에 연개소문의 사당이 있다는 말을 들었고,[223] 또 여기 와서는 북문 밖 절에 연개소문과 설인귀의 소상(塑像)이 있음을 재차 확인했기 때문일 것이다.[224]

1780년 박지원(1737~1805)도 이 문제를 거론하였다. 그는 봉황산성의 면모는 직접 보지 못했고,[225] 옛 강역과 역사서술의 문제로 일대 기염을 통하는 가운데 역사적인 추론만 제기하였다. 고구려의 옛 말에 큰 새를 '안시', 사(蛇)를 '배암'이라 했으니, 수당 시절 고구려 말을 좇아 봉황성을 안시성으로,

---

221 이상은 『藥泉集』 권 2, 「鳳凰山」의 서문 내용을 간추린 것이다.

222 『연행일기』(국역연행록선집 제 4책) 68쪽.

223 위의 책, 546쪽.

224 위의 책, 570쪽. 연개소문과 설인귀의 소상이 있었는지는 아직 확인하지 못했다. 하지만 분명한 것은 연행로 곳곳, 이를테면 봉황산은 물론 여기서 가까운 설례(薛禮, 옛날엔 薛劉), 마천령, 양갑산(亮甲山), 계명사(鷄鳴寺), 망보대(望寶臺) 등지에 설인귀 전설이 지금까지 내려오고 있다. 봉황산성의 안시성설은 이러한 민간 전승과 관련이 있는 것으로 보인다.

225 박지원은 봉황산성을 찾지 않았고, 마침 보수 공사 중인 봉황성(鳳凰城, 지금의 봉성시 외곽을 두른 성, 명대의 開州城을 말한다)을 보고 논의를 펼친 것이다.

사성(蛇城)은 백암성(白巖城)으로 고쳐 불렀다는 속설도 그럴 듯하다고 하였다. 하지만 이는 재미 삼아 소개한 것이고, 봉황산성의 안시성설에 대해서는 부정적인 견해를 보였다. 대신 평양과 안시성 사이의 거리가 500리이고, 봉황성을 왕검성(王儉城) 또는 평양(平壤)이라고도 한다는 『당서』의 기록과, 옛날 안시성은 개평현(蓋平縣) 동북쪽 70리에 있다는 기록을 토대로, 안시성은 개주의 동북쪽에 있고 봉황산성은 옛날 고구려의 도읍지가 아닐까 하는 가설을 내세웠다. 이는 평양과 안시성 사이의 거리가 500리라는 기록에 착안한 것이고, 또 고대 고구려의 도읍 평양이나 패수 등의 위치는 대부분 압록강 북쪽에서 찾아야 한다는 역사지리적 통찰에 근거를 둔 것이다.[226] 어쨌거나 김창업과 마찬가지로 박지원도 봉황산성을 고구려 초기의 도읍지로 제시한 것은, 3장에서 살펴본 내용을 미루어보았을 때 흥미로운 가설이 아닐 수 없다.

안정복(1712~1791)은 사가답게 현장에 가본 적도 없으면서 여러 문헌을 동원하여 안시성론을 펼쳤다. 그는 『대명일통지』 외에 반고(班固)가 "대요수가 새외로 나가 남쪽으로 안시에 이르러 바다로 들어간다."고 한 『한서』, 「지리지」에 붙인 주석을 논거로 동원하였다. 대요수는 요하 인데, 안정복은 이 말을 근거로 안시성이 있는 곳을 해성(海城)으로 추정하였다.[227] 안시성이 곧 환도성이라고 한 『삼국사기』의 기록에 대해서는 별 논거 없이 틀린 것이라고 일축했다. 봉황산성을 안시성으로 보는 통설에 대해서는, 우리말에 봉황을 아시조(阿是鳥)라 했던 까닭에 생긴 오류라고 보았다. 오류의 근거로 전쟁 당시 안시성을 버리고 오골성을 치면 안 된다고 한 이적(李勣) 건의의 지리 근거와, 당태종이 안시성에서 철수하여 사흘 만에 지금의 요양시에 도착한 사실을 들었다. 개주와 해성 일대에서 요양시까지는 170리이고, 봉황산과 요

---

226 『국역열하일기』, 「도강록」, 55~60쪽.

227 해성의 영성자산성(英城子山城)은 1941년 중국인 학자 김육불이 『동북통사』에서 옛 안시성이라고 주장한 이래 오랫동안 그렇게 믿어져온 곳이다. 김일경, 앞의 논문, 98~99쪽.

양시 사이의 거리는 300리가 넘으니, 천자의 행차로서 사흘 만에 300리 넘는 길을 갈 수는 없었다는 것이다.[228]

18세기에 들어서 옛 안시성은 개주 일대에 있다는 설이 다시 유력해졌다. 이러한 주장은 수적으로는 미약해도 그 논거가 분명하여 설득력이 강했다. 하지만 이러한 주장은 더 이상 진전을 보지 못했다. 명나라가 북경으로 천도한 뒤에 사행로가 확정되어 사신들의 사사로운 일탈이 허용되지 않았으며, 고구려의 역사 현장을 찾으려는 노력도 없었기 때문이다. 중원의 주인이 청으로 바뀐 뒤에도 사정은 달라지지 않았다. 결국 연행사들, 또는 조선의 학자들은 문헌기록과 지도만을 가지고 안시성론을 펼칠 수밖에 없었다. 이렇게 논리적으로는 개주설(蓋州說)이 힘을 얻어갔지만, 그렇다고 해서 봉황산성 안시성설이 사라진 것은 아니었다. 남구만도 서문에서는 봉황산성이 안시성일 리 없다고 했지만, 시에서는 자기도 모르게 소설로 설화로 전승되어 온 안시성 싸움을 떠올렸으니, 그건 역사적 사실과는 다른 정서적인 반응이라고 할 수 있다.

봉황성 밖에 봉황산이 있는데	鳳凰城外鳳凰山
가파른 산 사이에 옛 성첩 남아 있네	殘堞依俙疊巘間
당태종 머물렀다 사람들 말을 하고	漫說貞觀曾駐蹕
안시성이 여기라고 전하여 오는구나	仍傳安市舊防關
눈동자 어이 하여 여기에서 떨어졌고	玄花豈向此中落
어가는 또 어디서 말머리를 돌렸던가	黃屋定從何處還
지난 자취 아스라해 물어볼 데 없는데	往迹微茫無可問
하늘엔 그믐달만 활처럼 걸려 있네	碧天唯有月如彎

---

228 안정복, 『동사강목』 부록 하, 「安市城考」. 안정복의 견해는 바로 뒷시대 정약용이 계승한다. 정약용의 견해는 『여유당전서』 제 6집 지리집, 「疆域考, 丸都考」에 보인다.

아마도 이들에게 더 소중했던 것은 안시성의 지리적 위치보다는, 전승되어 오는 안시성 싸움의 과정과 결과였을지도 모른다. 옛 안시성 여부와는 별도로, 봉황산을 지나는 연행사들이 부단히 안시성 싸움을 떠올린 이유이다.

6. 소결

745년 고구려와 당나라의 전쟁은 안시성에서 전선이 고착되었다. 추위와 군량 조달 문제에 직면한 당태종은 결국 9월 군사를 돌이켜 물러가고 말았다. 중국의 역사서는 당태종의 퇴군 사실을 최대한 의연하게 묘사하였으나, 기술 상 여러 가지 자기모순을 감출 수는 없었다. 후대의 사가들은 이 실상과 기록 사이의 괴리를 집요하게 추적했다. 한편 고구려와 당나라의 전쟁은 공식 발표·기록과는 배치되는 수많은 민간의 이야기들을 발생시켰다. 이 기록의 모순과 민간의 전승이 만나 일군의 문학작품이 탄생하였다. 이러한 문학작품은 크게 두 유형으로 나눌 수 있다. 하나는 전쟁에 참여했던 설인귀의 영웅담이고,[229] 다른 하나는 역사연의이다. 두 유형에 공통되는 주요 화소 중의 하나가 바로 '당태종이 겪는 위기'인데, 그 배경이 전자에서는 봉황산,[230] 후자에서는 안시성으로 설정되어 있다. 이러한 구성은 『구당서』 등에 나오는 역사기록의 자기모순과 연결되어 논란이 되곤 하였다.

이러한 문학 작품들은 임진왜란 이후 조선사회에 들어오면서, 그 영향

---

229 중국에서 설인귀 고사는 원대 이후 각종 서사와 극 장르를 통해 전방위로 전승되어온 대표적인 이야기인데, 대부분 연개소문과의 대결 구도로 이루어져 있다. 설인귀 고사의 내력과 전승 양상에 대해서는 신경섭, 「俗文學中薛仁貴, 蓋蘇文故事的由來及演變」, 『亞西亞文化硏究』 2(경원대 아시아문화연구소, 1997) 참조.

230 허구 서사의 내용을 다 믿을 수는 없겠지만 고려할 필요는 있다. 『설인귀정요사략』에 나오는 이 봉황산은 『대명일통지』에 나오는 바 개주성 동쪽의 봉황성일 가능성이 있다.

이 예기치 않은 방향으로 파급되었다. 두 차례의 전란을 겪으며 정신적으로 위축되어 있던 조선의 지식인에게, 중국 문학의 안시성 싸움 관련 기사는 쉽게 침윤되었다. 특히 연행사들은 봉황산성을 발견하면서 자연스럽게 옛 역사를 환기하였다. 이들은 안시성주 양만춘의 쾌거를 떠올리고, 그때와 다른 당시의 현실을 비감해하곤 하였다. 여기에는 ①당태종이 봉황산성에서 위기에 빠졌다는 설인귀 영웅담의 내용, ②안시성주 양만춘이 당군의 파상 공격을 격퇴했다는 『당서연의』의 내용, ③당태종이 안시성을 공략하지 못하고 군사를 돌이켰다는 역사기록의 내용, ④고구려의 옛말에 봉황을 '안시' 또는 '아시'라고 했다는 전승, ⑤문화적으로 야만시하던 청나라에 눌려 있는 역사 상황 등이 복합적으로 작용하였다.

이렇게 해서 17세기 이후 연행사들에게 봉황산성은 양만춘이 승전했던 안시성의 이미지로 새롭게 다가왔다. 이 이미지는 유득공이 말했던 바, 누구나 양만춘을 아이 이름처럼 부른 것처럼 조선 사회에 널리 파급되었다. 하지만 역사 고증의 차원에서는 사정이 달랐다. 일군의 사가들은 여러 문헌 증거를 토대로 옛 안시성의 위치를 개주 일대로 비정했고, 양만춘의 고사에 대해서는 그 개연성은 인정하면서도 사실로 받아들이기에는 주저했다. 이러한 사정은 오늘날도 마찬가지이다. 심정으로는 양만춘의 고사를 받아들이고, 또 감성적인 담론의 장에서는 안시성의 승전이 거론되지만, 정작 안시성에 관한 독립 논문은 찾아보기 힘들다. 이는 역사 기록에서 탈락한 사연이, 역사 사실로 인정받기가 얼마나 어려운가를 잘 보여주는 사례이다.

이 글은 봉황산성을 중심으로 조선시대 지식인들의 안시성 인식을 살펴본 것이다. 논의를 위해 14세기 중엽에서 18세기 말에 이르는 시기 연행사들의 문학 작품, 역시 같은 시기에 발생하고 유행했던 중국의 허구 서사 작품들을 고찰하였고, 현지의 민간 전승도 고려하였다. 이를 통해 안시성 싸움의 고사가 발생하고, 17세기 이후 조선사회에 널리 퍼지게 된 경위를 대략 간추릴 수 있었다. 역사에서 발생 당시의 사건을 정확하게 재구하는 것만큼이나, 그 사건이 후대에 어떻게 수용, 기억, 관리, 재생산되는가도 중요하다고 생각한다. 역사는 일면 수용, 기억, 관리, 재생산의 과정이기 때문이다. 이런 면에서 기존의 관행과 달리, 역사와 문학, 문헌기록과 구비전승 사이의 높은 담장은 조금 더 낮아질 필요가 있다고 본다.

옛 안시성의 위치는 『대명일통지』의 기록, 정몽주와 최부의 증언, 남구만과 안정복 등의 주장, 그리고 현대 역사학자들의 논증처럼 개주 일대일 가능성이 높다. 하지만 역사 연구가 그것으로 끝나는 문제는 아닐 것이다. 봉황산과 요동반도 일대에 먼 옛날부터 전해져오는 설화들, 중국의 허구 서사 및 극 작품들, 그리고 조선의 수많은 문학작품들과 오늘날 우리들의 태도는 모두 안시성 싸움의 역사적 외연에 해당된다. 하지만 아직까지 봉황산 일대에 전승되는 전설들이 우리 관점에서 채록된 바 없고, 옛 안시성으로 비정되고 있는 영성자산성 등은 한국인의 출입이 허용되지 않고 있다.

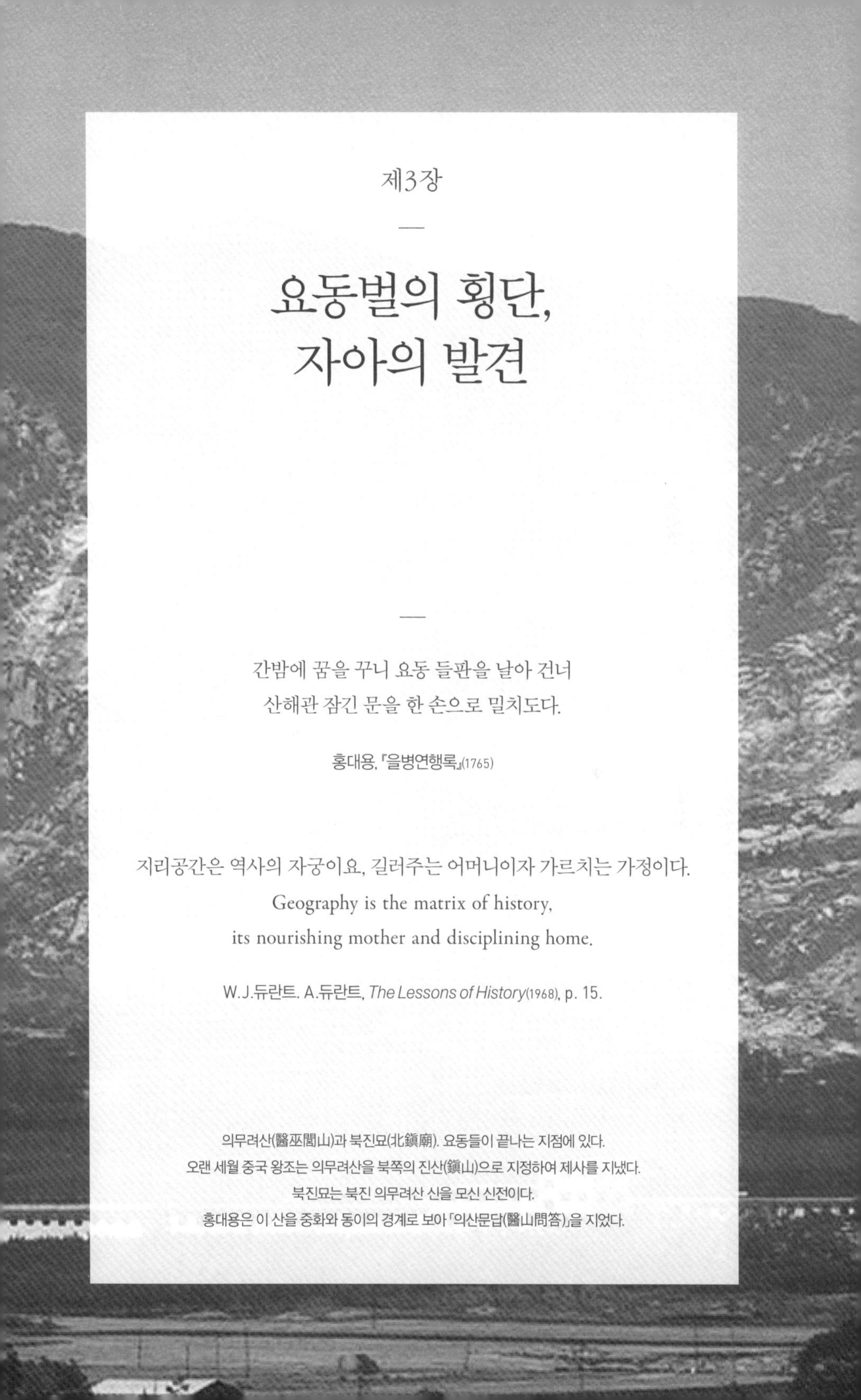

제3장

요동벌의 횡단, 자아의 발견

간밤에 꿈을 꾸니 요동 들판을 날아 건너
산해관 잠긴 문을 한 손으로 밀치도다.

홍대용, 『을병연행록』(1765)

지리공간은 역사의 자궁이요, 길러주는 어머니이자 가르치는 가정이다.
Geography is the matrix of history,
its nourishing mother and disciplining home.

W.J.듀란트. A.듀란트, *The Lessons of History*(1968), p. 15.

의무려산(醫巫閭山)과 북진묘(北鎭廟). 요동들이 끝나는 지점에 있다.
오랜 세월 중국 왕조는 의무려산을 북쪽의 진산(鎭山)으로 지정하여 제사를 지냈다.
북진묘는 북진 의무려산 신을 모신 신전이다.
홍대용은 이 산을 중화와 동이의 경계로 보아 「의산문답(醫山問答)」을 지었다.

광야의 답보, 한 점 자아의 성찰

-요양遼陽~우가장牛家莊~광녕廣寧-

태양은 가라앉아 땅 너머 스러지고	日角漸低隨地盡
말발굽 어지러이 구름 속에 들어간다	馬蹄亂踏入雲行
아무리 멀리 봐도 끝 닿는 데 없으니	欲窮眼界終無極
세상 속 이내 몸은 낙엽에 불과하네	始信微軀一葉輕

성현, 「건구 가는 길 建溝途中」(1485)

자욱한 들 안개에 사람들 잠겼거니	野霧茫茫不辨人
갈림길 어느 쪽이 우리 길인가	路岐何處是通津
하늘도 화공 솜씨 갖추었으니	天公也似丹青手
수묵화 속 이내 몸을 찍어놓았네	水墨圖中着我身

이수광, 「짙은 안개 속 사령(沙嶺) 가는 길 沙嶺途中大霧」(1611)

그림 15 요양 주필산 북쪽 벌판의 석양(2012년).

1. 서언

지리공간은 모든 역사와 문화가 잉태, 생장, 소멸, 재생되는 무대이니 이를 배제하고 역사문화를 논하는 것은 불완전할 수밖에 없다. 이 글은 연행로 중 요양－안산－해주－우가장－삼차하(三叉河)－광녕 구간을 검토하고, 연행 기록을 중심으로 우리와 관련된 이 구간의 지리를 재구하여 후속 연구를 위한 토대를 제공하고자 작성되었다. 이 구간은 고려(말)－원, 조선(전기)－명, 그리고 조선후기－청초(淸初) 세 시기에 걸쳐 300년가량 수백 차례 연행사들이 오갔던 노정이지만 1679년 이후 사용되지 않아 우리의 기억에서 멀어졌다. 최근의 관심 또한 심양을 경유하는 조선후기의 노정에 치우쳐 있다. 연행에 대한 반성적, 입체적 조망을 위해 바람직한 현상이 아니다. 지리의 재구를 목적으로 삼았기 때문에 자료는 노정 중심으로 재배치하여 검토하였고, 2009년 8월과 2010년 1월 두 차례에 걸쳐 현장을 답사하였다. 논의는 국제정세에 따른 연행로의 변천을 조망하고, 이어 해당 구간의 역사지리 환경과 대략의 연행 여정을 개괄한 뒤, 구간 내 세부 지점과 동선에 대한 기록을 검토하는 차례로 진행할 것이다. 그 과정에서 작가별 차이나 시대의 특수성, 그리고 텍스트의 예술적 완성도 등에 대해서는 충분히 고려하지 못했다. 해당 구간 중 요양과 광녕 두 도시도 논의 대상에서 제외하였다.

2. 국제관계의 변화와 연행로의 변천

외교 사행으로서의 연행은 고려후기/원 시기에 시작되었다. 북경의 위상은 원(1271~1368) 시기에 격상했다. 쿠빌라이는 1271년 국호를 대원(大元)으로, 1272년 중도(中都)를 대도(大都)로 고쳤다. 1231년과 1232년, 1235년 세 차례에 걸쳐 몽골의 침입을 받은 고려는 끝내 원나라 지배 질서에 복속하였다. 1264년 원종은 북경에 가서 쿠빌라이를 만났고, 1274년에는 북경에 있던 충렬왕(1236~1308)이 돌아와 왕위에 올랐다. 이후 원 황제의 부마가 고려 왕이 되었고, 고려에 대한 원나라의 영향력은 급증했다. 그 과정에서 고려와 원, 개성과 북경 사이에는 문물 교류가 활발해졌다. 1314년 충선왕(1275~1325)은 북경에 만권당을 설치했고, 이제현은 만권당에서 독서하며 현지 학자들과 교류했다. 북경에 유학중이던 이색은 1354년 전시(殿試)에 합격했고, 나옹화상(1320~1376)은 중국에 10년 간 머물며 북경 법원사(法源寺)의 주지를 맡기도 하였다.[1] 13세기 중엽에서 14세기 후반에 이르는 이 100여 년은 중국사행으로서의 연행이 처음 실천되었던 시기이다.

이 시기 개성과 북경 사이에는 어떤 길이 이용되었을까? 압록강에서 요양에 이르는 동팔참 역로는 항수처럼 사용되었다. 문제는 요양에서부터의 노정인데, 원나라의 공식 역로는 광녕에서 심주(瀋州)를 거치는 노선과 곧바로 광녕으로 가는 노선이 모두 이용되었고, 이는 우리 쪽 기록에서도 확인할 수 있다. 이승휴(1224~1300)는 1273년 원나라의 황후 황태자 책봉을 축하는 진하사행(進賀使行)으로 다녀오며 기록을 남겼는데, 심주에서 그 동쪽에 있는 강이 장마로 크게 불어 건너지 못하고 며칠을 지체했던 것으로 나타난다. 심주는 오늘의 심양이고, 동쪽에 있었다는 강이란 혼하(渾河)이다.[2] 이승휴는 요양에서 심양을 경유하는 노정을 이용했던 것이다. 대도에 네 차례 다녀온 이색의 기록도 중요한 단서가 된다. 그 또한 노정을 재구할 만큼 많은 기록을 남기지 않았는데, 1351년과 1356년 귀로에 지은 시 중에 「해주(海州)」라는 시가 한 편씩 보인다. 1356년에 지은 「해주」에서는 발해의 유풍(遺

---

1 이 시기 개성과 대도 사이 불교 인사들의 교류에 대해서는 윤기엽, 「고려 후기 사원의 실상과 동향에 관한 연구」, 연세대 박사논문, 113~133쪽 참조.

2 이승휴, 『動安居士集』 권 4, 「賓王錄」, '七月初九日, 行自斜路, 得達瀋州. 又爲大水所隔留數日, 謹次宋相國詩韻' : "暑雨連旬枉作寒, 便敎忙轡賭餘閑. 未堪曛水潘州東江千般慮, 又導遼河百倍艱. 灩澦塘猶未險, 崎嶇蜀道不爲難. 登途數月成何事, 心緖都無一日安."

風)을 언급했는데, 이는 안산(鞍山)과 우가장(牛家庄) 사이 해주(海州)의 역사지리 사연과 부합한다.[3] 이색은 요양에서 심양으로 북상하지 않고, 남하하여 안산, 해주를 거쳐 광녕으로 향했던 것으로 보인다.

고려 사신들은 두 경로를 모두 이용하였으며, 노정의 선택에는 두 가지 사정이 고려되었던 것으로 추정할 수 있다. 하나는 노정의 험이(險易)이다. 병자호란 전후 여러 차례 북경에 다녀온 인평대군은 심양에서 광녕에 이르는 길이 세 갈래이며, 각각 4일, 5일, 6일이 소요된다고 하였다.[4] 여기에 요양에서 심양 가는 2일을 더하면, 요양에서 심양을 거쳐 광녕에 이르려면 최소한 6일에서 8일이 걸렸다는 계산이 나온다. 이에 비해 조선 전기 요양에서 해주를 거쳐 광녕에 이르는 길은 보통 5일이 소요되었다. 두 노정은 모두 드넓은 요야(遼野)를 관통하는데, 이 구간은 진흙 지질인 데다 물맛이 매우 나빠 살기에도 다니기에도 험난한 지역이었다. 인평대군은 우가장을 거쳐 가는 길이 1~2일 덜 걸리지만 그 고생은 배가 된다고 했다. 다른 하나는 사안에 따른 심양의 정치적 비중이다. 당시 심양은 충선왕이 심양왕으로 책봉되는 등(1308년) 고려에서도 정치적으로 중요한 도시였다.

연행로는 1368년 명이 건국되면서 새로운 국면을 맞는다. 명나라가 북방 민족들이 중시했던 북경이 아니라 남경에 도읍했기 때문이다. 고려 말 조선 초 정국을 장악한 인사들은 신흥사대부들이었고, 이들은 대부분 친명(親明) 노선을 걸었다. 명나라의 수도가 남경이었던 50여 년 동안, 고려와 조선의 조정에서는 남경에 사신을 보냈다. 같은 시기 원의 잔존 세력인 북원은 요동 일대를 차지하고 있었다. 특히 우가장 일대는 북원의 근거지였다. 이로 인해 고려말의 사행은 동팔참은 그대로 이용하되, 요양에서부터 안산, 해주, 개주, 복주, 금주를 거치는 요남역로(遼南驛路)를 이용하고, 이어 여순구에서

---

3 『목은시고』 권 4, 「海州」: "渤海遺風儘渺茫, 孤城跋馬看斜陽. 村翁自托繁華地, 京客初驚寂寞鄉. 寒入酒杯山色近, 氣侵樓堞水聲長. 游觀從此尤奇絕, 青嶂白雲天一方."

4 이요, 『국역 연도기행』 중권, 9월 5일 조(고전번역원).

해로를 이용하여 산동반도로 갔다가 다시 남경으로 가는 멀고도 복잡한 길을 이용해야 했다.[5]

이 시기 안산-광녕 구간의 길은 이용되지 않았다. 이 길은 명이 북경으로 천도한 1421년을 기점으로 다시 열린다. 세종 3년 때의 일이다. 조선과 명, 신흥 두 왕조는 초반 갈등도 했지만 곧 친선우호 관계로 조정되었다. 두 나라의 외교 관계는 사행이라는 제도로 실천되었다. 이 사행은 조공/책봉 관계의 외형을 지니고 있지만, 실질적으로는 두 나라 사이의 전면적인 교류를 구현하였다. 특히 선진 문물 수용 의지가 강했던 세종은 1년 3사(使)의 원칙을 제도화하여 빈번하게 사절을 파견하였다. 이로부터 후금이 발흥하여 요양을 장악하는 1621년 직전까지 200년 동안 안산-광녕 구간이 사행로로 이용되었다. 두 나라 관계가 안정되고 조선의 문물이 발달하면서, 자연스럽게 연로의 산천 풍물은 물론 북경의 제 모습을 기록한 연행록이 다수 등장하였다. 이 200년 사이 이용된 안산-광녕 구간은 14세기 중엽 이색이 이용한 그것과 대차 없었던 것으로 보인다.

후금이 요동 일대를 장악한 1621년부터 북경을 접수한 1644년 직전까지 20여 년은 한중 외교 노선이 지극히 불안정한 시기였다. 요동의 전황에 따라 연행 노정이 바뀌었다. 이 시기 조선은 산동반도와 각화도(覺華島)를 경유하는 해로를 이용하여 북경에 사신을 보내는 한편, 1637년 이후에는 청의 수도인 심양으로도 사신을 보내야 했다.[6] 어떤 경우에도 안산-광녕은 이용되지 않았다. 이 구간의 길은 1644년 청이 북경을 차지하면서 다시 열린

---

5 이 시기 남경 사행의 노정에 대해서는, 이승수, 「1386년 정몽주의 남경 사행, 노정과 시경(詩境)」, 『민족문화』 46, 고전번역원, 2015 참조.

6 이 시기 해로 사행에 대해서는 임형택, 「조선 사행의 해로 연행록」, 『한국실학연구』 9, 한국실학학회, 2005; 정은주, 「명청교체기 대명 해로사행기록화 연구」, 『명청사연구』 27, 명청사학회, 2007; 이성형, 「명·청 교체기 대명 해로 사행의 출항지 고찰」, 『한문학논집』 48, 근역한문학회, 2017; 「동명 황중윤의 한시 연구-대명 사행 시를 中心으로-」, 『한국문학이론과 비평』 85, 한국문학이론과비평학회, 2019 참조. 심양에 보낸 춘신사(春信使)와 추신사(秋信使)에 대해서는 아직 전론(專論)이 보고된 바 없다.

다.[7] 청조가 들어선 뒤 조청 관계는 조명 관계에 준하여 유지되었고, 사행의 파견 및 의례 또한 이전의 전례를 따르게 된 결과이다. 그러던 중 우가장에 수군기지가 설치되고, 1657년부터 심양의 정치적 위상을 높이기 위한 일련의 조치가 행해졌다. 1679년 강희제는 조선의 사행을 심양을 경유하게 했다. 여기에는 우가장의 군사 기밀을 보호함과 동시에 심양의 정치적 위상을 제고하기 위한 의도가 내포되어 있었다.[8] 이로부터 심양을 경유하는 연행노정은 청일전쟁의 발발로 연행의 역사가 마감되는 1894년에 이르기까지[9] 200여 년 사용되었다.

1679년은 한중 사행로 또는 교통로로서 요양 - 안산 - 광녕 구간이 그 소임을 마친 해이다. 그때가지 이 길은 고려말에 100년, 조선전기에 200년, 그리고 1644년 이후 35년 등 300여 년 동안 고려와 조선의 사행이 줄잡아 500차례 오갔던 국제교통로이자 우리 역사의 현장이다. 이 공간을 배경으로 하여 수많은 사건이 일어났고, 그 중의 일부는 기록으로 남아 있다.

---

7 청조의 입관 직후부터 이 경로가 이용된 것은 아니다. 청이 소현세자를 보내주고 중원을 차지한 사안에 대한 사은겸진하등극사(謝恩兼進賀登極使)로 1645년 3월 한양을 떠난 인평대군 일행은 심양을 거쳐 북경을 왕래하였다(成以省, 『溪西逸稿』 권 1, 「燕行日記」). 몇 년 간은 그간의 관성으로 심양을 경유한 것이다.

8 『국역 연려실기술 별집』 제 5권 「事大典故, 赴京道路」. "강희 기미년부터 지금의 길로 고쳐 정하였다. 바다의 방비를 염려하여, 우장에 보를 설치하고 드디어 공로를 고쳤다."

9 19세기 후반 조선의 외교 현실에 대해서는 정용화, 「유길준의 '양절'체재론 : 이중적 국제질서에서의 '방국의 권리'」, 『국제정치논총』제 37집 3호, 한국국제정치학회, 1998; 권혁수, 「'양절체제(兩截體制)'와 19세기 말 조선왕조의 대중국외교」, 『근대 한중관계사의 재조명』, 혜안, 2008 참조.

3. 역사지리 환경과 노정의 재구

명나라는 전통 화이관에 입각하여 자국 중심의 국제질서를 제도적으로 구현해갔다. 이 질서 속에서 여러 이웃 나라들의 사행은 조공(朝貢)이었고, 그들이 이용했던 길은 공로(貢路)였다. 명은 공로를 지정하여 사행 일체를 관리하고 사신들의 행동을 통제했다. 조선의 대명 사행로는 조선이 임의로 정하거나 바꿀 수 있는 것이 아니었다. 잘 정돈되어 있던 명대의 역참 제도가 공로 관리에 효율적으로 활용되었다. 각국의 사신들은 명에 들어가면, 역참에서 행로에 필요한 물자와 숙식과 인력을 제공 받았으며, 역로를 따라 북경에 들어갔던 것이다. 명은 이 과정을 통해 각국의 사행을 철저하게 관리할 수 있었다. 북경 객관에서 철저하게 지켜진 문금(門禁) 또한 그러한 관리의 일환이었다.

명나라는 건국 초기부터 적극적인 요동 정책을 펼쳐, 1387년부터 1427년에 이르는 사이 요동 지역에 24곳의 역참을 설치했다. 본고의 논의 대상인 요양, 안산, 해성, 우(가)장, 사령(沙嶺), 고평(高平), 반산(盤山, 盤蛇), 광녕의 역참이 모두 이 기간에 만들어졌다. 이중 요양과 광녕은 명나라 전 시기에 걸쳐 요동 방어의 핵심 군사기지였다. 『요동지』와 『전요지』의 기록을 종합하면 요양과 광녕 사이의 거리는 360리이다.[10] 조선의 사행로 또한 이 역참들을 잇는 역로와 합치한다. 명나라 조정은 이 역로망을 따라 몽골과 여진족들을 막기 위한 방어선을 설정하였으며, 이 방어선은 뒤에 변장(邊墻)으로 발전한다. 따라서 이 구간의 역로(사행로)는 상당 부분 요동변장과 중첩된다. 뿐만 아니라 변장의 방어기지인 성보가 역참 지역에 설치되었기 때문에, 이에 따라 지명이 달라지기도 한다. 아래는 이 구간 주요 노정의 일람표이다.

---

10 여기에 대해서는 남의현, 「명대 요동도사 방어체계와 요동변장」, 『강원사학보』 19·20합집, 강원대학교사학회, 2004 참조.

<table>
<tr><th>지명</th><th>역참명</th><th>성보명</th><th>급체포명</th><th>거리</th><th colspan="2">기타</th></tr>
<tr><td>요양
(遼陽)</td><td>요양재성역
(遼陽在城驛)</td><td></td><td></td><td></td><td colspan="2"></td></tr>
<tr><td>주필산
(駐蹕山)</td><td></td><td></td><td>수산포
(首山鋪)</td><td>30리</td><td colspan="2">首山. 高唐戰爭 전적지</td></tr>
<tr><td>안산
(鞍山)</td><td>안산역
(鞍山驛)</td><td></td><td>필관포
(筆館鋪)</td><td>30리</td><td colspan="2">원형 가까이 존속/숙박</td></tr>
<tr><td>해주
(海州)</td><td>해성재성역
(海城在城驛)</td><td></td><td></td><td>60리</td><td colspan="2"></td></tr>
<tr><td>우가장
(牛家庄)</td><td>우장역
(牛庄驛)</td><td>동창보
(東昌堡)</td><td></td><td>40리</td><td colspan="2">海城市 牛庄鎭/숙박</td></tr>
<tr><td>천비묘
(天妃廟)</td><td></td><td></td><td></td><td></td><td colspan="2">天妃娘娘廟, 二妃廟, 민간신앙</td></tr>
<tr><td>삼차하
(三叉河)</td><td></td><td>삼차하관
(三叉河關)</td><td>삼차하포
(三叉河鋪)</td><td></td><td colspan="2">遼河, 渾河, 太子河의 합류</td></tr>
<tr><td>고성자촌
(古城子村)</td><td></td><td>서녕보
(西寧堡)</td><td></td><td></td><td>盤錦市 盤山縣 古城子鎭</td><td rowspan="5">요동변장
(遼東邊墻)
–장장
(長墻)
구간</td></tr>
<tr><td>사령
(沙嶺)</td><td>사령역
(沙嶺驛)</td><td>서평보
(西平堡)</td><td></td><td>50리</td><td>盤錦市 盤山縣 沙嶺鎭 /숙박</td></tr>
<tr><td>고평
(高平)</td><td>고평역
(高平驛)</td><td>진무보
(鎭武堡)</td><td></td><td>60리</td><td>盤錦市 盤山縣 高升鎭/숙박</td></tr>
<tr><td>득승비
(得勝碑)</td><td></td><td></td><td></td><td></td><td>勝戰碑, 征胡碑</td></tr>
<tr><td>반사
(盤蛇)</td><td>반산역
(盤山驛)</td><td></td><td></td><td>45리</td><td>北寧市 吳家鄕 盤蛇村</td></tr>
<tr><td>광녕
(廣寧)</td><td>광녕재성역
(廣寧在城驛)</td><td>광녕위성
(廣寧衛城)</td><td></td><td>45리</td><td colspan="2">北寧市 廣寧縣/李成樑 패루</td></tr>
</table>

조선의 관련 기록도 적지 않다. 이 구간의 거리는 『연려실기술』에 따르면 360리,[11] 『대동지지』의 기록에는 380리[12]로 조금 다르다. 개인의 기록도

---

11 『연려실기술 별집』 제 5권, 「事大典故·赴京道路」.

12 김정호, 『大東地志』(1864) 권 27, 「程里考·萬曆戊午以前入朝旱路」.

여럿 참고할 수 있다. 이항복(1598)과 인평대군(1656)과 민진원(1669)은 각각 380리, 325리, 310리로 파악하였다. 거리의 차이는 명나라의 기록을 준거로 삼거나, 나름대로 대략의 거리를 측정했거나, 또 일정 및 기후 등에 따라 개인의 심리적인 거리감이 달랐기 때문에 나타난 현상이라고 할 수 있겠다. 기록의 공신력을 놓고 본다면 360리가 근사치에 가까울 것이나, 옛길을 정확하게 재구하지 못했기 때문에 지금 이 구간의 거리를 현대적으로 환산하는 것은 어려운 상태이다. 이 구간에서 요양과 안산 사이 주필산(駐蹕山)은 고당전쟁(645년) 시기 당태종의 사연으로, 삼차하(三叉河) 변의 천비묘(天妃廟)는 민간풍속에 대한 관심에서, 삼차하는 요동의 대표적인 하천으로, 삼차하에서 고평에 이르는 구간은 요동변장을 따라가는 길로 관방의 차원에서 연행사들의 특별한 주목을 받았다.

조선의 사신들은 이 구간을 며칠 만에 지났으며, 그 대략의 여정은 어떠했을까? 우선 일행백리(日行百里)라고 하는 다소 거친 근대 이전의 행정(行程) 관념을 기준으로 하면 대략 나흘이 걸린다는 계산이 나온다. 여기에 아직 교통로가 발달하지 않은 시대 조건, 빈번하게 진흙탕 길이 되곤 했던 지리 조건, 그리고 사신이 말이나 수레를 이용하되 달리지 않았고, 최소 100명이 넘는 인원이 함께 움직인 사행 조건을 고려한다면, 날씨나 공무 등으로 한 곳에서 하루 이상 체류하는 경우를 제외한다고 해도, 나흘에서 하루 이틀 정도가 더 소요되었을 것이라는 셈이 나온다. 여정을 자세하게 남기고 있는 연행록을 근거로 이 구간의 일정을 일람표로 만들면 다음과 같다.

연행사	년도	숙박지	출처	소요 시일
권발	1539	안산, 해주, 우가장, 사령, 고평, 반산	沖齋集, 朝天錄	6박 7일
허봉	1574	안산, 해주(2박), 사령, 고평, 반산	荷谷集, 朝天記	5박 6일 *귀로에는 沙嶺, 牛家庄, 甘泉鋪 3박 4일
이항복	1598	안산, 해주, 우가장, 사령, 고평, 반산	白沙別集, 朝天錄	6박 7일
이요	1656	필관포, 우가장, 사령, 고평	松溪集, 燕途紀行	4박 5일

연행사	년도	숙박지	출처	소요 시일
정태화	1662	안산, 우가장, 사령, 고평	陽坡遺稿, 飮氷錄	4박 5일 *귀로에는 沙嶺, 牛家庄, 鞍山 3박 4일
민진원	1669	필관포, 우가장, 사령, 반산	老峯燕行記	4박 5일

이 구간은 4박 5일에서 6박 7일까지 소요되었지만, 명청 교체 이후에는 모두 4박 5일이 걸렸으며, 악천후를 만나거나 특별히 밟아야 할 공식적인 절차를 거치거나 아니면 특별히 유관(遊觀)의 여유를 부리지 않으면 보통 닷새가 걸리는 노정임을 알 수 있다. 허봉과 정태화의 귀로 예에서 보는 것처럼, 모든 절차를 생략하고 가는 일에만 집중하면 일정이 하루 단축되었다. 인평대군과 민진원이 묵었던 필관포(筆館鋪)는 안산의 다른 이름이다.[13] 필관포는 시급한 공문서 전달을 위해 안산역보(鞍山驛堡) 안에 따로 설치했던 급체포(急遞鋪)의 하나였다. 급체포 제도는 송나라 때 만들어져 원명 시기에 널리 퍼졌는데, 연행노정 중 '~포(鋪)'는 같은 지역에 있으면서 역참이나 성보와는 다른 기능을 했던 급체포로 보면 된다.

조건에 따라 이 구간을 지나는데 소요되었던 여정은 4박 5일과 5박 6일로 조금 달라졌다. 조선 초기 중기를 막론하고 연행사들이 공통으로 묵었던 곳은 안산(6회), 우가장(5회), 사령(6회), 고평(5회, 또는 盤山 4회)이라고 할 수 있다. 요양을 출발하여 이 네다섯 곳에서 묵고, 그 사이에 있는 해주, 삼차하변 등지에서 점심을 먹고, 주필산과 요동 변장 등에서 역사적인 사연을 떠올리고, 진흙탕 길과 삭풍에 고통스러워하며 닷새 만에 광녕에 도착하는 것이 300여 년 이 구간을 지나는 연행사들의 평균 여정이었다.

---

13 정태화, 『양파유고』 권 14, 「음빙록」 8월 25일조. "筆管鋪宿, 卽鞍山也."

4. 연로의 체험과 인식, 연행의 지리학

요양에서 해성을 거쳐 북진(北鎭, 옛 광녕)에 이르는 공간은 현재 천혜의 곡창이자 지하자원의 보고이지만, 근대 이전만 해도 심한 습지인 데다 겨울이 길어 사람의 주거지로는 적합하지 않았던 곳이다. 더구나 오랜 세월 고구려·몽골·여진/중원 국가 사이의 군사 충돌과 긴장이 상존했던 접경이기도 하다. 따라서 이 일대에는 오랫동안 딱히 내세울 만한 중국의 고대 문명이 형성되지 않았다. 조선의 지식인들에게 이 구간은 눈을 즐겁게 하는 아름다운 풍광이나 독서를 통해 알았던 고대 중국의 문명은 없고, 대신 강한 바람과 먼지·때 없이 진창으로 변하는 길·군사 긴장과 위협이 상존하는 2무(無)3고(苦)의 공간이었다. 옛길로 4박 5일 360리(대략 180km)를 가면서 연행사들은 과연 무엇을 보고, 겪고, 느끼고, 생각했으며, 기록으로 남겼을까? 편의상 노정을 세 구간으로 논의한다.

요양–안산–해주 구간

압록강을 건너 동팔참을 차례로 지난 연행사들은 요양성 서남쪽에 있던 조선관에서 묵고 남쪽으로 안산을 향해 길을 떠났다. 도중에 연행사들이 가장 주목했던 곳은 주필산이다. 주필산은 요양의 남서쪽 10km 지점에 있는 바위산으로 해발 100m도 되지 않는 작은 산이다. 이 작은 산이 주목받은 이유는, 645년 고당전쟁에서 당태종 이세민이 잠시 머문 사연 때문이다. 요동성과 백암성을 차례로 함락시킨 당군은 6월 11일 요동성을 떠나 20일 안시성 주변에 도착했는데 도중에 이 산 아래 머물렀다.[14] 요양에서 해

---

14 645년 요양 해성을 중심으로 한 고당전쟁의 경과에 대해서는 김용만, 『새로 쓰는 연개소문전』, 바다출판사, 2004, 123~195면 참조.

성까지의 거리가 68km이고, 안시성으로 추정되는 곳 중 하나인 영성자산성(英城子山城)까지도 76km에 지나지 않는 사실을 감안하면 너무 많은 날이 걸렸는데, 무슨 사정으로든 주필산 근처에서 꽤 여러 날 머물렀던 것으로 보인다. 원래 이름은 수산(首山)이었는데 이세민이 여기 머무르며 바위에 공적을 새겨 세워놓은 뒤에 이름이 주필(駐蹕)로 바뀌었다고 한다.[15] 공적비에 대한 기사는 여타 옛 문헌에서도 찾아볼 수 없으며, 현재도 그 흔적은 찾아볼 수 없다.

역사 그것도 자국 역사와 관련된 현장을 지나는 것은 아주 특별한 체험이었다. 주필산은 자연스럽게 먼 옛날의 역사 사연을 환기시켰다. 연행사들은 주필산 아래를 지나거나 그 위에 올라 회상에 잠기곤 하였다. 1656년 8월 인평대군이 주필산 위에 올라 주변들 돌아보고, 산기슭의 청풍사(淸風寺)를 증언한 것은 그 한 예이다.[16] 청풍사는 지금도 그 자리를 지키고 있다. 조선의 지식인들은 『삼국사기』와 『자치통감』, 신구 『당서』 같은 역사서는 물론이고, 다양한 야사의 전승을 통해 고구려와 당나라의 전쟁에 대해 숙지하고 있었다. 연행사들이 주필산을 지나며 떠올린 사연들은 무엇이고, 또 그들은 고구려와 당나라의 전쟁을 어떻게 평가했을까? 시대에 따른 관심과 인식의 변화는 있었는가? 이러한 질문에 답을 찾는 것은, 조선 지식인의 역사 인식을 살필 수 있는 근거가 된다.

우선 눈에 띄는 것은 당태종의 군사행동을 높이 평가하는 동시에 주필산에 천하일통 황제의 위엄을 부여하는 인식이다. 김안국(1478~1543)은 주필산을 지나며 두 수의 시를 남겼다.[17] 첫 수에는 외로운 봉우리가 우뚝하기에

---

15 『遼東志』권 1, 「山川」. "城西南十五里, 山頂有泉不渴. 晉司馬懿圍公孫淵於襄平, 有星從首山墜城東南, 卽此. 唐太宗伐高麗, 嘗駐蹕勒石紀功, 因改駐蹕山."

16 『국역 燕途紀行』 권 중, 8월 30일 조.

17 『慕齋集』 권 2, 「駐蹕山」. "孤峯峧屼試攀躋, 衆嶽爭趨視若低. 能使君王來駐蹕, 也應丘垤泰山齊."; "唐皇此擧爲民彝, 枉被當時好大譏. 千載腐心忠義士, 牖間老死莫離支."

더위잡고 올라보니, 뭇 산들이 다투듯 추창하는데 낮게만 느껴졌으며, 군주를 와서 머물게 하였으니 작은 언덕도 태산과 같은 위험을 지녔다고 했다. 당태종에 대한 긍정적 인식이 실제 산의 물리적 크기를 과도하게 확대시킨 경우이다. 실제 산의 서북 양면은 끝없는 들판이다. 둘째 수에도 이세민의 행위는 백성들을 위한 것이었는데 '호대(好大)'의 비난을 잘못 입었으며, 그로부터 천 년 동안 충의 선비들 마음을 분하게 하고 막리지(莫離支, 연개소문)는 편하게 늙어 죽었다고 탄식했다. 이세민의 명분과 연개소문의 부도덕성을 대조하여 철저하게 전자를 긍정한 것이다. 중국 역사서에 내재된 중화주의 역사관을 여과 없이 받아들인 결과이다.

하지만 김안국과 비슷한 역사 인식은 드문 편이고, 대다수의 연행사들은 이세민의 무리한 군사 행동에 비판 내지 조롱에 가까운 태도를 보인다.

솟아난 뫼의 꼴은 변방 하늘 당기는데	却略山形控塞天
옛날의 황제 자취 벌써 다 간 곳 없네	當年駐蹕已茫然
당태종 호전 행위 비웃음 살 만하나	唐宗黷武雖堪笑
고구려의 전쟁 자초 그 또한 애닯프다	麗國招兵亦可憐
천자가 순수할 곳 동쪽이 아닌지라	狩岳固非東覲后
대 위에 올라보니 북쪽이 트인 것을	登臺還是北開邊
제흉설치 장담도 헛된 말이 되었을 뿐	除兇雪恥徒虛語
눈에 화살 맞은 일만 만고에 전해지네	白羽玄花萬古傳[18]

권벽(權擘, 1520~1593)이 1580년 귀로에 지은 시이다. 수련은 산의 외양을

김안국의 사행 년도는 명시된 바가 없다. 그런데 『중종실록』 13년(1518) 7월 11일 조에 "김안국이 아직 북경에서 돌아오지 않았다"는 기사가 있는 것으로 보아, 이 시는 1518년에 지은 것으로 보인다.

18 權擘, 『習齋集』 권 2 「駐蹕山」. 시의 끝에 "목은의 「貞觀吟」에 那知玄花落白羽란 구절이 있다. 牧隱貞觀吟那知玄花落白羽."를 부기하였다.

묘사한 것이다. 함련에서는 자기 힘만 믿고 전쟁을 좋아했던 이세민과 당시 욱일승천하던 당나라와 맞섰던 고구려의 무모함을 양비론으로 비판하였다. 주필산에 대한 대부분의 시에서는 당태종에 대한 조롱과 비판이 주류를 이루며, 고구려에 대한 비판은 찾아보기 힘들다. 최연(崔演, 1500~1549)은, 선왕(先王)은 덕을 빛냈지 군사를 내지 않았다는 『국어(國語)』의 구절을 인용하여, 천하를 차지하고도 쓸데없이 군대를 움직였던 당태종을 비웃었다.[19] 허봉은 교만으로 가득하여 아무도 자기 앞길을 막을 자가 없을 것이라며 백만 대군을 이끌고 왔다가 초라하게 되돌아가 뒷날의 웃음거리가 된 사연을 소개하며 거기에 동조하는 뜻을 붙였다.[20] 당태종의 정요(征遼) 실패는 현무문(玄武門)의 변(變)과 더불어 그의 최대 오점이니, 조선인의 관점에서만 웃음거리가 되었던 사연은 아니다.

경련에선 주필산 위에 올라 보건대 동쪽은 산으로 막혀 있고 북쪽은 툭 트인 벌판이니, 당태종이 군사를 움직여 갔어야 할 곳은 동쪽이 아니라 북쪽이었다는 뜻이다. 미련 7구의 '제흉설치(除兇雪恥)'는 당태종이 고구려 정벌을 계획하며 다짐했던 말이다.[21] 하지만 수나라 이래로 거듭 고구려에게서 받은 수모를 씻는 일도, 전쟁의 명분으로 삼았던 흉적(凶賊) 연개소문을 없애는 일도 실패하였으니, 호언(豪言)은 그만 허언(虛言)이 되고 말았다. 외려 의도와는 반대로 당태종이 안시성주가 쏜 화살에 한쪽 눈을 맞았다는 이야기는 세상에 널리 알려져 오래도록 전해졌다.

단편 예로 조선 지식인의 역사 인식을 논단하긴 어렵지만, 몇몇 주필산

---

19 崔演, 『艮齋集』 권 9, '西征錄'(1584), 「駐蹕山有感 本首山在遼城西南十五里 唐太宗伐高麗 嘗駐蹕勒石紀功 因改今名」. "先王耀德不觀兵 笑殺唐皇苦遠征 萬乘光臨環宇宅 千鈞羞與小鼷爭 當年謾有鐫功頌 異代猶傳駐蹕名 最恨魏公今死久 斜陽立馬獨含情."

20 許篈, 「朝天記」 갑술년 6월 28일 조(『국역 연행록선집』 제 1책, 363쪽).

21 『全唐詩』 권 1에는 「句」라는 제목으로 당태종의 다음 시가 실려 있다. "雪恥酬百王, 除凶報千古. 昔乘匹馬去, 今驅萬乘來. 近日毛雖暖, 聞弦心已驚."

관련 작품의 예로 본다면 연행사들에게는 중화 중심의 유교적 역사의식과 민족 중심의 역사적 자의식이 혼재하고 있었던 것으로 보인다. 한 예로 앞에 거론한 조위한 시의 경우, 한편으로는 현화백우(玄花白羽)의 고사를 사용하여 본능적으로 고구려의 편에 서 있는 입장을 보여준다. 하지만 이어지는 두 구에서는 "기자 나라 본디부터 법도가 공손한데, 천자는 어찌하여 멀리 군사 내었는가. 箕邦素是恭侯度, 天子何爲遠出征."라 하였다. 이는 조선시대 유자들 사이에서 급속도로 조성된 기자문명론의 표현으로, 고구려는 물론 조선을 기방(箕邦, 기자조선)으로 설정함으로써 중화국(唐, 明)에 대한 종속적 역사관이 자연스럽게 드러난 것이다. 주필산을 매개로 드러나는 연행사들의 역사관은 대개 이처럼 이중적이면서도 모호한 양상으로 지속하다가, 18세기 이후 변화 조짐이 발견되지만, 연행로의 변경으로 이 산을 경유하지 않게 됨으로써 관심의 표현이 대폭 줄어들게 된다.

주필산을 지나 남서쪽으로 15km 가면 현재 중국 최대의 철강도시인 안산시가 나오고, 도심을 지나 4km 더 가면 안산역보(鞍山驛堡)가 원형 가까이 남아 있다. 역과 성은 각각 1387년과 1578년 설치되었다. 정방형의 성곽으로 한 면의 길이는 250m이고 높이는 6m이며 동서에 두 문이 나있다.[22] 역보(驛堡)라는 독특한 이름은 역참과 성보의 기능을 동시에 수행했기에 붙여진 것으로 보인다. 역보 북서쪽에 말안장 모양의 산이 길게 누워 있는데, 안산이라는 지명은 이 산에서 유래한다.[23] 우리 연행사들의 시문에도 지명이 이 산의 형태에서 유래했음을 알려주는 표현이 많다. 최연이 1548년 안산역에 쓴 아래 시는 '안(鞍)' 자를 여섯 번이나 쓴 희작인데, 안산의 생김새와 지명 유래, 안산역에 여장을 푼 나그네의 행색과 노년의 자괴감을 아울러 보여준다.

---

22 안산역보(鞍山驛堡)의 규모와 연혁은 유겸, 앞의 책, 183쪽 참조.

23 『遼東志』(요해총서 제 3책)의 「遼東都司治衛山川地理圖」에는 안산역 서쪽에 '안산(鞍山)'이 표시되어 있다. 현지 사람들은 이 산을 낙타산(駱駝山)이라고 부른다.

안산 아래 나그네는 말안장 풀었는데　　鞍山之下卸征鞍
산 이름 안산임은 말안장과 닮아서라　　山以鞍名取似鞍
근래에 허벅지살 안장 위서 다했으니　　年來髀肉消鞍馬
씩씩한 기재들이 말 탄 것에 부끄럽네　　矍鑠奇才愧據鞍[24]

다음은 1481년 1월 이승소가 밤에 안산역에 이른 소회를 담은 시이다.

수산과 현산 지나 안산을 바라보니　　首山峴山望鞍山
지척에 있는 듯이 눈앞에 있건마는　　相對眞如咫尺間
저물도록 가도 가도 이르지 못하거니　　盡日行行猶未抵
인생에 잘못 생각 얼마나 많을런지　　人生錯料幾多般[25]

수산은 주필산이고, 현산(峴山)은 게서 멀지 않은 곳의 작은 산을 가리키는 듯한데 자세하지 않다. 수산에서 바라보면 안산이 마치 잡힐 것처럼 눈앞에 있지만, 그 거리가 20km나 되니 사실은 꽤나 먼 거리이다. 더구나 1월이었으니 해는 일찍 떨어지고, 해가 진 뒤 더 매서워진 추위도 참기 어려웠을 것이다. 여기에 이승소는 주문부사(奏聞副使)였다. 1480년 12월 25일 한양을 떠나 이듬해 4월 19일 복명했으니 왕복에 네 달이 채 소요되지 못했다. 매우 기일에 쫓겼던 사행이었던 것이다. 가도 가도 역참은 나오지 않고, 거기서 인생의 착각이 그 얼마나 많을 것인가 하고 자각 겸 한탄했던 데에는 촉급한 사행 일정으로 인한 심리적 요인도 작용했다고 추정할 수 있다.[26]

---

24 崔演, 『艮齋集』 권 3, 「題鞍山驛 以東西兩山似鞍形故名」.

25 李承召, 『三灘集』 권 8, 「又」.

26 이 시의 앞에 「밤에 안산에 이르다(夜到鞍山)」가 놓여 있다. 이 시에도 자꾸 감기는 눈으로, 먼 불빛이 역참이겠거니 하며 길을 가고, 밤이 깊어 객사에 들어 겨우 쉬는가 했는데 눈도 붙기 전 새벽 닭소리에 잠을 깨는, 피곤에 젖은 사신의 외형과 내면이 입체적으로 그려져 있다(眊眼蒙朧意轉迷, 不知歸路有高低. 秪疑

그림 16 안산역성 북쪽, 철로 너머에 있는 낙타산. '안산(鞍山)'은 봉우리 모양이 안장과 같아 생긴 것이다. 오늘날에는 낙타의 등과 같다고 하여 낙타산으로 부른다.

한겨울 찬바람 속에서 석양을 보며 걸어가는 요양과 안산 사이 연행사의 먼 풍경과 함께 그 내면까지도 잘 보여주는 시이다.

이 밖에도 안산을 배경이나 소재로 삼아 지은 시들은 꽤 많이 남아 있다. 유몽인은 수레 열 대가 다닐 정도로 넓은 길에 상인들의 수많은 짐수레가 이어지는 광경이나, 산마다 연대(煙臺)가 줄지어 있고 들에는 수수밭이 드넓게 펼쳐진 풍경을 인상 깊게 그려 놓았다(1609).[27] 이수광은 10년 사이 두 번째로 북경을 가는 행운으로 구경을 실컷 하니 노안(老眼)이 평생 넉넉해졌고, 시에 담은 산천에서도 소리가 날 정도라며 흥분된 감회를 숨기지 않았

村火是郵舍, 更策羸驂渡野溪. 遙望前山忽在後, 仰看南斗又將西. 倦投旅榻披衾臥, 睫不交來報曉鷄.).

27 유몽인, 『於于後集』 권 1, '조천록', 「鞍山途中」. "廣術容車十, 征商列馱千."(其 1의 頷聯); "矗矗狼烽列, 平平秫畝同."(其 2의 頸聯).

다(1611년).[28] 허균은 역참의 아전이 귀찮았던 옛 길손을 가여이 여겨 등불을 밝히며 수레에 가득한 서리를 치워주는 정경을 그렸다(1615).[29]

안산에서 남서쪽으로 38km 가량 가면 해성시가 있다. 해성은 유래가 먼 고을로, 주(周)나라 때에는 조선의 영토였고, 고구려의 사비성(沙卑城)이었으며, 발해 시기에는 남해부(南海府)가 있었다. 명초(1376)에 해주위(海州衛)를 설치하고, 원래 있던 토성을 벽돌성으로 개축하였다.[30] 위성(衛城) 밖 서북쪽에 재성역(在城驛)이 있었다.[31] 지시 대상에 따라 해주위와 해주역으로 달리 일컬어졌다. 연행사들은 역참에서 자기도 했고, 근처 민가에서 묵기도 했다. 현재 성과 역은 모두 사라졌고, 관제묘(關帝廟, 山西會館) 정도만 남아 있다. 안산에서 해성에 가까워지면서 낮은 구릉성 산지가 점차 사라지며 너른 들판이 시작된다.

이안눌(1571~1637)은 1601년 북경에 다녀왔다. 가는 길 6월에 큰비를 만났는데, 길은 온통 진흙탕이 되어 어떤 것도 객정(客情)을 위로할 수 없었다. 귀로에는 9월 29일 해주에 들렀는데, 벌써 매서운 추위가 닥쳐 삭풍은 땅을 깎으며 일어나고 눈보라는 하늘에 가득했다. 눈보라가 어찌 강한지 전설 속의 부주산(不周山)도 꺾여 나갈 듯했고, 온갖 강물도 거꾸로 흐르게 할 기세였다. 사방을 돌아보아도 아득하고 천지는 추위로 꽁꽁 얼어붙었으니, 말도 어쩔 줄 모르고 노복도 힘이 다 빠졌다.[32] 이날 이안눌은 해주역참의 벽에 시를 적었는데, 산림에서 10년 동안 넉넉하게 지내다가, 그날에야 벼슬길

---

28 이수광, 『芝峯集』 권 16, '속조천록', 「鞍山道中」. "十載遊蹤再帝城, 天敎老眼富平生. 新詩也勝良工畫, 句裏山川總有聲."

29 허균, 최강현 옮김, 『을병조천록』(국립중앙도서관, 2008), 「宿鞍山」, "郵吏亦憐曾怕客, 點燈來掃滿車霜."(7~8구).

30 해성(海城)의 역사와 위성(衛城)의 설치에 대해서는 『遼東志』 권 1, 「山川」과 권 2의 「建置」 참조.

31 『遼東志』, 「海州衛山川地理圖」.

32 이상은, 『東岳集』 권 2의 「六月十四日 大雷雨 留海州衛」, 「六月十四日 朝雨夕晴 夜坐無聊」, 「九月二十九日 大風且雪 海州衛道中作」(2수)의 내용을 간추린 것이다.

의 매운 맛을 제대로 보았다고 토로했다.[33] 허균은 1615년 9월 20일 해주위에 들렀는데 비가 눈이 되고 광풍이 몰아치는데, 겹겹 휘장을 두른 수레 안에 앉아 추위에 떨며 책을 읽다 잠에 떨어져 고향의 감호(鑑湖)에서 배를 타는 달콤한 꿈에 젖어들었다.[34]

유몽인의 「해주위에서 조선 사람을 보았다, 손삼과 손금과 태인효와 성룡이 나를 찾아왔다 海州衛見國人 孫三 孫金 太仁孝 成龍來訪」[35](1609)는 5언 40구의 고시인데, 일반 연행 시에서는 보기 힘든 독특한 사연을 담고 있다. 제목의 손삼 등 네 사람은 조선인들이었다. 22구까지는 조선에 임진왜란이 발발하여 국토가 유린되고, 생계가 막막한 일부 백성들이 명군(明軍)에 투속했다가 압록강을 건너가게 된 사연들을 풀어놓았다. 이어 안온하게 살 수 있고 처자를 양육할 수 있기에 온갖 굴욕을 이길 수 있지만, 고향과 부모를 그리워하는 마음을 버릴 수 없는 사정도 담았다. 그런데 23구부터는 시상이 일변하여, 그래도 그들은 대국에서 살고 있으니 구석 작은 땅에서 웅숭거리고 있는 자신에 비할 바가 아니라며 부러움을 드러내었다. 33구부터는 이젠 늙어 공업을 세울 수 없는 자신의 처지를 한탄하는 것으로 시상을 맺었다. 이 시는 임진왜란 직후 조선의 유민(流民)들이 대거 흘러들어왔던 요동의 상황, 그리고 자존심이 남달랐던 한 지식인의 독특한 자의식을 잘 보여준다.

---

33 위 같은 곳, 「題海州衛驛店壁上」, "烏巾十載臥林巒, 萬事無營一室寬. 此日正知官有味, 遼陽秋雪滿征鞍."

34 허균, 최강현 옮김, 앞의 책, 「入海州衛」. "晩雨霏成霰, 蕭蕭入海州. 風饕掀地吼, 塵駭拍天浮. 小幰遮重幙. 初寒逗弊裘, 抛書酣盡垂. 歸夢鑑湖舟."

35 『어우후집』 권 1. "東國曾離亂, 雕題擾八區. 神京淪賊藪, 行殿滯天隅. 宗族嬰鋒刃, 山林脫逼軀. 童孩何所薄, 生理苦難圖. 投跡華兵伍, 資身市販徒. 遼關居自慣, 莊嶽語相符. 折辱同降虜, 羈孤作賤俘. 主家紆眷遇, 妻子足懽娛. 飯秫聊充腹, 裘羔贍暖軀. 思親心幾燬, 懷土淚如珠. 妄謂他人父, 猶甘▦室奴. 江山中夏豁, 田土上游腴. 寡識難離禍, 貽謨望握樞. 鸎遷喜得地, 蛙伏愧非夫. 簪組雖云忝, 偏荒竊自吁. 登山曾小魯, 將聘晩辭吳. 志遠襄浮海, 時危阮哭途. 文章來謗議, 功業歎頭顱. 不朽詎三具, 有涯將半逾. 無勞眷踽顧, 人世卽須臾."

해주-우가장-삼차하 구간

요양에서 남향하던 행로는 해주에서 서북쪽 우가장으로 꺾인다. 여기서부터는 명실상부한 요야(遼野)가 펼쳐진다. 해주에서 광녕 사이, 해주를 떠나 목사하(木査河)를 건너는 여정, 먼지가 많아 안개조차도 어두운 우가장의 날씨와 활처럼 휘어 요동벌을 비추는 달의 모양, 천비묘를 둘러 흐르는 삼차하의 물줄기와 하늘이 드리워진 듯한 달달관(達達關, 미상)의 외양, 곳곳 연대에서 수시로 올라오는 봉화로 여진족 세력이 완강함을 알 수 있는 국제 정세, 언덕 하나 산 하나 없는데 고을 이름에 영(嶺)과 산(山)이 붙은 사령(沙嶺)과 반산(盤山)에 대한 의문, 마지막으로 고평에서 쉬며 바라보는 먼 풍경에 이르기까지의 행로 및 연변의 특징에 대해서는 김안국이 시 한 편으로 잘 개괄하였다.[36]

광막무제한 벌판은 그 자체로 경이를 자아내고, 인간의 왜소함을 성찰하는 계기가 되기도 한다. 나그네는 벌판 사이로 만 리 길을 간다. 곳은 요동벌이고 때는 가을 저물녘이다. 벌판은 손바닥처럼 펼쳐져 하늘과 닿아 있는데, 나무들은 날카로운 끝을 드러낸 채 겨울을 기다리고 지평선이 보이는 들판의 풀들은 파도처럼 출렁거린다. 그러한 가운데 해는 점차 가라앉더니 땅 밑으로 사라지고 말았다. 나그네가 탄 말은 어지러운 발걸음으로 구름 속에 들어간다. 말 걸음이 어지러운 것은 말 탄 사람의 심사가 어지럽기 때문이다. 마음 같아선 눈 닿는 저 끝까지 바라보고 싶지만 끝은 보이지 않으니, 그 광대무변의 벌판 속에서 나그네는 가벼운 낙엽과도 같은 존재의 왜소함을 자각한다. 1485년 성현(成俔, 1439~1504)이 해주와 우가장 사이 건구(乾

---

36 김안국, 『慕齋集』 권 2, 「海州曉發紀行」. "曉發海州衛, 査河渡涉艱. 牛莊塵暗霧, 鶴野月臨彎. 水繞娘娘廟, 天垂達達關. 煙烽時屢警, 胡虜尙猶頑. 沙嶺元非嶺, 盤山豈有山. 高平聊憩息, 望極荻蒿間." 아래 주석을 달았다. "海州衛西, 有木査河. 天妃娘娘廟, 在三叉河傍. 北望長垣際天爲防. 達達 · 牛莊 · 沙嶺 · 盤山 · 高平, 皆驛名."

溝) 즈음에서 느끼고 깨달은 내용이다.[37]

해주 서쪽 20km 지점에 우장역(牛莊驛)이 있었다. 명나라 때 역참을 설치하였고, 또 성을 쌓아 수비하였으며, 동서북에 덕성(德盛)·외양(外攘)·복승(福勝) 세 문이 있었다.[38] 현재 성보와 역참은 모두 사라지고 없는데, 현지 고로들이 지금의 우장진전영원(牛莊鎭電影院) 건물 옆을 동문 자리라고 증언하는 것으로 보아, 문화혁명 전후까지에는 성의 형태가 잔존했던 것으로 보인다. 조선의 사신들은 이곳을 흑림(자)(黑林子)라고도 불렀다.[39] 자세한 기록은 없지만 역참은 명초에 설치되었고, 그 이후 15세기 중반 요동변장 설치 시기에 군사방어시설인 동창보(東昌堡)가 설치된 것으로 추정된다. 동창보에 대한 정보가 확실치 않아 1980년대까지만 해도 우장역과 다른 장소에 있었던 것으로 알려졌다. 하지만 최근 동창보도 우가장에 있었던 시설로 밝혀졌는데, '우가장은 곧 동창보'라고 밝힌 연행록의 여러 기사들이 결정적인 논거로 작용했다.[40] 명대에 우장역과 사령역(沙嶺驛)은 모두 해주위에 속해 있었다. 우장역은 근대 이전 요동 제일의 해군기지이자 교역의 중심지였다.

연행사들에게 우장역 근방의 지리 환경이나 숙소 조건은 크게 불만스러웠다. 소세양의 1533년 증언에 따르면, 사신 숙소는 성 동쪽 구석에 있었는데 매우 황량했고, 관리들의 태도는 불량했으며, 제대로 휴식할 수조차

---

37 成俔, 『虛白堂集』 권 4, 「建溝途中」. "天襯東西掌樣平, 乾坤萬里卽長程. 村居傍樹秋毫少, 野色連空海浪驚. 日角漸低隨地盡, 馬蹄亂踏入雲行. 欲窮眼界終無極, 始信微軀一葉輕."

38 『欽定 盛京通志』(1779) 권 15, 「城池·牛庄城」.

39 민인백(閔仁伯)의 기록 "入牛家莊駉館宿, 其城額則東昌堡, 一名黑林子."(『苔泉集』 권 3, 「조천록」, 1590) 외에도 여러 사례가 있다. 중국에 관련 기록이 없으니, 조선에서 사용한 명칭으로 보인다.

40 유겸은 앞의 책(1989)에서 두 시설이 다른 곳에 있었으며, 동창보(東昌堡)는 우장역 서쪽 15km 지점(三叉河 부근)에 있었던 곳으로 추정했다. 우장역과 동창보가 별개의 시설이 아님을 밝힌 논의는 장사존, 「明代 遼東 東昌堡 考」, 『鞍山師範學院學報』9권 5호, 鞍山師範學院, 2007)의 59~61면. 대신 유겸이 동창보 터라고 추정한 마권자성(馬圈子城 터, 우장역 서쪽 15km 지점, 삼차하 변)는 삼차하 북쪽에 있던 목마장을 관리하는 성 터로 보인다(劉謙, 앞의 책, 103쪽). 김육은 「宿三岔河」에서 "漁村數點火, 馬圈一方城."(1650)이라고 했는데, 여기 나오는 정방형 마권성(馬圈城)이 그것을 가리킨다.

없었다.[41] 최립(崔岦)은 우물물이 너무 안 좋아 마실 수 없어 눈을 녹여 갈증을 해결해야 하는 고충을 토로했다(1594년).[42] 유몽인에게는 더 고통스러운 곳이었다. 사신이 묵는 관사는 돼지똥과 말똥 범벅일 정도로 더러웠고, 한 바가지 뜨면 진흙이 한 말이나 섞여 있을 정도로 우물물이 흐린데다가, 먼지를 눈을 뜨지 못할 정도로 맹풍이 불었다. 생각을 길러주는 고요한 밤도 없고, 도무지 인재가 날 것 같지 않을 만큼 거칠었다. 하룻밤 코를 잡고 지내고 나면 머리가 하얗게 세어 버릴 지경이었다(1609년).[43] 사정은 청나라에 들어서도 별로 나아지지 않았으니, 인평대군도 우가장의 숙소가 초가집인데다 너무 비좁아 괴로움을 견딜 수가 없다고 했다.[44] 우가장과 그 일대가 심어준 기억은 대체로 괴로운 것이었다.

17세기 중반 이 지역에는 조선 유민들도 많았던 것으로 보인다. 1662년 8월 28일 진하사(進賀使) 정태화(1602~1673)는 우가장에 머물렀는데, 한 조선 여인이 딸과 며느리와 다른 조선 출신 여인을 데리고 찾아왔다. 그녀는 자신의 고향과 가족의 이름, 붙잡혀 끌려오게 된 경위, 우가장에 이사 온 시기 등을 자세히 소개하고, 조선 사람을 보지 못하다가 재상이 왔다는 소식을 듣고 기뻐 왔다고 하며 닭과 술 등을 바쳤다. 병자호란의 와중에 끌려온 피로인(被虜人)들이었다. 이들은 정태화가 귀로에 우가장에 들렀을 때(10월 26일)

---

41 소세양, 『陽谷集』 권 3, 「宿牛家莊」. "早發海州衛, 晩到牛家莊. 城中數百家, 築土爲連墻. 候館在東偏, 庭宇何荒涼. 下馬便入門, 褰衣坐中堂. 館吏三四輩, 禮貌頗不揚. 向我索面皮, 不肯饋水漿. 呼奴速炊黍, 副以具茶湯. 啜罷夜已久, 困倒眠土床. 土床亦不暖, 破窓風吹霜. 城頭擊拆聲, 云是備胡羌. 展轉遂不寐, 萬慮攪中腸. 何時謁帝闍, 返旆還遼陽."

42 최립, 『簡易集』, 권 7, '甲午行錄', 「牛家庄 泉水甚惡不可飮 取雪救渴 次東坡汲江煎茶韻」. "雪水當茶未要烹, 井渾無賴寸膠淸. 早知太潔非調鼎, 俄覺難盈愧挈缾. 渴甚思令喉得潤, 寒多怕入腹爲聲. 牛庄止酒應休怪, 醒醉常煩僕屢更."

43 유몽인, 『어우집』 권 2, 「牛家庄」. "牛家庄舍盡苓通, 人物都留穢滓中. 勺水斗泥無渫井, 揚塵堀堁有盲風. 寧看夜氣生金玉, 未許坤靈孕雋雄. 掩鼻來遊鮑肆裏, 浹晨渾作白頭翁."

44 이요, 『국역 연도기행』 중권, 丙申(1656) 9월 1일 조.

에도 역시 술과 고기를 가지고 찾아와 공경을 다하였다.[45] 강제 유이민은 국력이 쇠약하거나 정치가 제 기능을 발휘하지 못할 때면 늘 나타나는 현상이고, 요동 지역은 오랜 세월 한반도의 유이민들이 흘러가던 곳이었다. 임진왜란에 이은 심하전역(1619)과 정묘호란(1627), 병자호란(1636) 등 잇단 전란은 조선에서 대규모의 유이민을 발생시켰고, 이들의 대부분은 요동 지역에서 흩어져 이산(離散)의 삶을 살았다. 연행로에는 이러한 역사의 상처 또한 적지 않게 서리어 있다.

우장역에서 서북쪽으로 15km 가량 가면 삼차하가 나온다. 이 거리는 대석교시(大石橋市)와 반금시(盤錦市) 사이 대반선(大盤線) 국도를 이용했을 경우이고, 연행사들이 오간 옛길은 고증이 필요하다. 삼차하는 요하와 혼하, 태자하 세 물줄기가 합류하여 형성된 강이라 하여 붙여진 이름이다. 삼차하는 영구시(營口市)를 거쳐 발해로 들어가는데, 먼 옛날부터 19세기에 이르기까지 요동 지역 조운(漕運)의 중심이었다. 연행사들이 광녕으로 가기 위해 또 귀로에 우장역으로 오기 위해서는 이 강을 건너야만 했다. 1679년 사행로가 변경된 뒤에도 요하와 혼하와 요하를 건너야 했고, 귀로에도 역순으로 이 강들을 건너야 했다. 별개의 강을 따로 건너든 합쳐진 강을 한 번에 건너든, 연행사들은 이 물줄기를 건너야만 했다.

강가 길옆에는 천비묘(天妃廟)가 있어 사신 일행의 관심을 받았다.[46] 천비(天妃)는 천후(天后), 천후성모(天后聖母), 마조(媽祖), 해신낭랑(海神娘娘)이라고도 한다. 기록에 따르면 천비 신앙은 송나라 때부터 시작되었다. 복건(福建)의 신통한 무녀 임묵(林默)이 죽은 뒤 사람들이 그를 위해 사당을 세웠다. 1123년 노윤적(路允迪)이 바닷길로 고려에 사신 갈 때 풍랑이 크게 일어 모든 배들이 난파되었는데, 노윤적이 탄 배만 여신의 도움으로 무사했다고 한

---

45 정태화, 『陽坡遺稿』 권 13, 「飮氷錄」.

46 『全遼志』 「海州衛境圖」에는 삼차하 동쪽과 서쪽에 각각 천비묘(天妃廟)와 삼관묘(三官廟)가 그려져 있다.

다. 이 일로 사당에는 순제(順濟)라는 이름이, 여신에게는 부인이라는 호칭이 부여되었다. 천비 신앙의 형성에는 고려와 송의 외교 사행이 관련되어 있다. 이후 천비는 안전한 항해와 조업을 도와주는 신으로 숭배되었는데, 뒤에는 민간의 다른 풍속과 습합되어 자식을 보내주는 기능까지 더해져 천비낭랑으로 일컬어진 것이다.[47] 삼차하 가의 천비묘는, 강을 건너는 사람들을 지켜주는 여성 수신(水神)에 자식을 관장하는 낭랑(娘娘)이 습합된 신격을 모신 곳이었다.

연행록에는 천비묘가 여러 번 등장한다. 해로를 이용하여 남경을 왕래했던 여말선초, 역시 바닷길로 북경을 오고간 명청교체기, 그리고 이 삼차하를 경유했던 시기에 집중되어 있다. 그중에서도 해로로 오갈 때 천비묘에 안전을 절실하게 기원했던 사례가 많다. 그 위험도가 훨씬 높았기 때문이다. 연행사들은 이 삼차하 가의 사당을 천비묘나 천비낭랑묘 또는 이비묘(二妃廟)[48]라 불렀다. 천비묘 앞에는 커다란 비석이 서 있었고, 안에는 도사가 있었다. 장사꾼들이나 나그네들은 술을 올리고 향을 피우거나, 오색 종이를 매달아 행로의 안전을 기원하였다.[49] 연행사들은 때로 사당 안에서 점심을 먹었으며,[50] 나그네의 피로를 풀며 상념에 잠기기도 하였다.[51] 간혹 존숭의 뜻

---

47 중국 천비(天妃) 신앙에 대해서는 羅春榮, 『媽祖傳說 研究』, 天津古籍出版社, 2009, 1~46쪽 참조.

48 이비(二妃)는 요 임금의 두 딸이자 순 임금의 아내였던 아황(娥皇)과 여영(女英)이다. 순이 죽자 따라서 상수(湘水)에 빠져 죽었으며, 뒷사람들이 이들을 위해 상수 가에 이비묘(二妃廟, 黃陵廟)를 세웠다고 한다. 천비와 이비가 습합되어 있었는지, 아니면 연행사들이 천비를 이비로 착각했던 것인지는 자세하지 않다.

49 이항복, 『白沙別集』 권 5, '조천록 상', 「次海月過天妃廟韻」. "豐碑文字出歐陽, 螭首龜趺照水鄉. 金母夜迴丹鳳駕, 玉皇朝薦紫霞觴. 河流受鎮風濤靜, 商旅祈靈彩勝長. 獨有老禪眉雪白, 開門驚怪客淸狂. - 三叉河邊有天妃廟. 是日, 月沙公因體中不佳, 乘車落後. 余與海月公, 先行入廟, 門壁有虎林鍾越題詩. 守廟僧云, 鍾是名秀才."(1598년); 소세양, 『陽谷集』 권 3, 「過三叉河」. "瘦馬凌兢踏曉霜, 長風不斷野茫茫. 三叉河畔天妃廟, 多少行人酹一觴."; 崔演, 『艮齋集』 권 9, 「三汊河 河南岸 有天妃娘娘廟 配以水神 <u>行人德其利涉 必燒香羅拜</u>」.

50 권벌, 『충재집』 권 7, 「조천록」 기해(1539) 윤7월. "二十三日, 晴. 平明發行, 過新鋪至三丫河. 河卽遼水, <u>晝點于廟堂. 涉舟𦨴.</u> 夜深, 至沙嶺宿."

51 이정귀, 『월사집』 권 6, 「병진조천록 · 過三叉河」. "<u>羈懷不自遣, 獨立古祠中."(尾聯)</u>

을 보이는 사신들도 있었지만,[52] 대부분 관찰하는 수준에서 지나쳤던 것으로 보인다. 다만 천비를 이비로 알았던 사신들은, 요순에 대한 숭배의 맥락에서 한층 더 긍정적인 관심을 보였다. 나루터로 추정되는 곳의 강안은 현재 모두 밭이 되어 천비묘의 흔적은 찾기 어렵다.

보통 우장역에서 하루를 묵은 사신들은 천비묘에서 점심을 먹고 삼차하를 건넜다. 삼차하에 대한 정보와 사신들의 감회는 정사룡의 시에 잘 나타난다(1544년).

<table>
<tr><td>금사 원사 읽으며 요하를 알았더니</td><td>金元史裏識遼河</td></tr>
<tr><td>이제야 왕명으로 이 강을 지나누나</td><td>銜命如今喜得過</td></tr>
<tr><td>주자 대자 합류하는 물결 내력 장한데</td><td>珠袋同流源委壯</td></tr>
<tr><td>동서로 나뉘어져 싸움 자주 일어났지</td><td>東西分域戰爭多</td></tr>
<tr><td>큰 배를 잇대 놓아 육지와 통하였고</td><td>疇連巨舫平通陸</td></tr>
<tr><td>녹고 남은 얼음 안고 거슬러 올라가네</td><td>潮擁殘氷逆上沱</td></tr>
<tr><td>낭랑묘에 향 살라 건네 달라 기원하나</td><td>香火娘祠祈利涉</td></tr>
<tr><td>풍파야 이 세상에 어디 아니 일겠는가</td><td>寧知寰海不揚波[53]</td></tr>
</table>

수련은 『금사』와 『원사』 같은 역사서에 나타나는 요하를 체험하는 기쁨을 말했다. 함련은 오랜 세월 요하를 경계로 한족과 북방민족이 나뉘어져 전쟁을 패권을 다퉈온 요하의 역사성을 간추렸다. 주대(珠袋)는 북방민족들이 부르던 요하와 태자하 명칭의 음차로 보인다.[54] 유몽인도 이 삼차하가 먼

52 강희맹, 『私淑齋集』 권 4, 「送權御使健觀光」. "三汊廟下謁天妃, 黑林西畔平呑天."

53 정사룡, 『湖陰雜稿』 권 2, '朝天錄', 「三汊河」.

54 시 하단에 "하(河)는 요수(遼水)이다. 그 동쪽은 요좌이고 서쪽은 요서가 된다. 주자하(珠子河)와 대자하(袋子河)가 합류하여 요하와 합쳐져 삼차하가 된다. 큰 배를 어 부교(浮橋)를 만들었다. 요하 동쪽에 천비낭랑묘가 있는데, 수신(水神)이며 칙봉한 비석이 있다. 卽遼水. 東爲遼左, 西是遼西. 珠子 · 袋子二河合流, 幷

옛날 고구려와 당나라의 국경선이었음을 언급한 바 있다.[55] 명나라 시기에는 이 삼차하에서 북서쪽으로 길게 쌓은 변장이 몽골·여진과의 군사적 경계선 노릇을 했다. 경련은 큰 배를 잇대어 만든 부교(浮橋)를 이용하여 삼차하를 건너던 방식[56]과, 늦겨울 녹고 남은 얼음 조각이 상류로 거슬러 올라가는 광경을 묘사하였다. 미련은 천비묘에 많은 사람들이 기원하는 삼차하변의 풍경과 함께, 그런들 세상살이에 풍파가 없겠느냐고 하는 지식인의 관조 태도를 함께 표현하였다. 한 편의 시에 삼차하의 역사와 지리와 풍속, 그리고 이 강을 지나는 연행사들의 장면과 정회가 모아져 있다.

삼차하-사령-고평-반산-광녕 구간

부교를 이용하여 삼차하를 건너면 삼차관(三叉關)이 있었다. 삼차하 북쪽에 있었던 목마장을 관리하는 차원에서 설치된 것이었는데,[57] 길 남쪽에 있었던지라 이 관문을 연행사들이 지나지는 않았다. 삼차관을 지나 1km쯤 가면 해주위 소속이던 서녕보(西寧堡)가 있었다. 반금시 반산현(盤山縣) 고성자진(古城子鎭) 고성자촌(古城子村)이 그 자리이다. 인평대군의 증언에 따르면

河爲三汊. 列大艦爲浮橋. 河左有天妃娘娘之廟, 蓋水神, 勅封有碑."는 주석이 있다.

55 유몽인, 『어우후집』 권 1, 「三叉河」. "緬昔麗彊隔夷夏, 卽今華俗兼兵農."(頸聯)

56 삼차하를 건너는 데에는 오랜 세월 부교가 이용되었던 것으로 보인다. 연행록에는 부교를 이용한 도강 방식에 대한 기록이 많다.
허봉, 『荷谷集』, 「조천기 중」, "七月初二日, 河一名遼水. 與渾河·太子河合流故名. 其廣類我國臨津, 結舟爲浮梁, 以渡行人."; 「조천기 하」, "九月二十九日庚子, 晴. 午餉于三叉河浮橋畫船."; 이승소, 『삼탄집』 권 8, 「遼河繩橋」. "繩橋蕩漾截長河, 下馬行過水濺靴. 兩岸植甾維巨絙, 中間編棧積輕葭."(1~4구); 허균, 최강현 옮김, 앞의 책, 「渡三岔河」. "岸裊浮梁僅郎轎, 四夫扛渡足生颷."(1~2구)

57 『盛京通志』 권 16, 「關隘, 三岔關」. "潛確類書云, 在海州. 蓋明以三岔河北爲三衛駐牧. 故卽于三岔界內立關, 以限之也. 今關已廢." 삼차관 터는 서녕보(西寧堡) 터 동남쪽 1km 지점에 있다. 현지 사람들은 이곳을 묘강(廟岡)라 부르는데, 밭이 되었지만 커다란 대(臺)가 남아 있다고 한다(劉謙, 앞의 책, 102면).

1656년에 이미 성은 무너지고 사람도 없었다고 한다.[58] 삼차하에서 서령보를 지나 사령으로 가는 길은 길은 '진창'[泥濘]이라 불릴 정도로 질척거려 지나기가 매우 힘들었고,[59] 건조하여 땅이 괜찮으면 모기떼가 들끓어 사행의 인마를 괴롭혔다.[60]

서녕보에서 서평보(西平堡, 沙嶺驛)와 진무보(眞武堡, 高平驛)를 거쳐 반산역에 이르는 구간은 명초에 만들어진 요동변장과 가까운 길이었다. 요동변장은 몽골과 여진을 방어하기 위해 기존의 성보와 역참을 연결시켜 만든 M자형 방어선으로, 1437~1439년 사이에 목책이 설치되고 1443년경부터 토축으로 개수되었다. 그중 흑산(黑山)에서 삼차하관을 거쳐 개원(開原)에 이르는 요하투변장(遼河套邊牆)이 제일 먼저 축조되었다.[61] 『요동지』의 「요동하서지방총도(遼東河西地方總圖)」와 『전요지』의 「전요총도(全遼總圖)」에 따르면 변장을 따라 설치된 성보와 그 주변의 연돈대(煙墩臺)가 표시되어 있다. 서녕보는 변장 위에, 서평보·진무보·반산역은 변장의 가까운 안쪽에 자리하고 있다. 연행사들은 변장을 허리에 끼고 이 길을 오갔던 것이다. 연행사들은 이 긴 토축 방어선을 주로 장장(長牆)으로 불렀다. 이 구간을 배경으로 하는 시문을 이해하기 위해서는, 변장 설치의 역사지리적 배경을 먼저 살펴야 한다.

서녕보에서 북쪽으로 변장을 따라 15km 올라가면 사령역이 있었다. 지금도 이 사이에는 육대자(六臺子)니 두대자(頭臺子)니 하는 변장에서 유래한 지명이 여럿 남아 있다. 사령에는 그 이름과는 달리 고개라 할 만한 것이 없어, 예로부터 많은 사람들의 의문을 샀다. 이승소는 역참 못 미쳐 있는 어렴

---

58 이요, 『연도기행』 중권 병신, 9월 4일.

59 崔演, 『艮齋集』 권 9, 「西寧堡道中」. "… 地濕多沮澤, 城殘少土壕. 氛埃凝去面, 泥淖染征袍. …"

60 허봉, 「조천기」 상. "又歷三官廟, 西寧堡. 此路舊號泥濘, 車馬艱沙. 今則因旱燥乾, 但蠅蚋蚊虻撲緣馬驢, 駿尾流血."

61 요동변장에 대해서는 남의현, 「명대 요동변장의 형성과 성격」, 『중국학보』 54, 한국중국학회, 2006, 322~344면 참조.

풋한 야트막한 모래 둔덕에서 지명의 기원을 추측했고, 호지(胡地)를 긴 실처럼 가로지른 장장(長牆)과 일정한 거리마다 규칙적으로 설치되어 있는 토보(土堡)와 연대(煙臺)를 묘사하여 당시 현장의 모습을 실감나게 전해주었다.[62] 이수광은, 하늘이 화인의 솜씨로 수묵도 가운데 자신의 행색을 배치한 것으로, 사람 형색과 길도 분간 못할 정도로 안개가 짙은 요동벌 속을 걸어가는 사신의 모습을 한 폭의 화면처럼 그려냈다.[63] 한편 인평대군은 우장역에서 고평에 이르는 사이를 당나라 때의 이른바 요택(遼澤)으로 추정했으니,[64] 이세민이 이끄는 당군이 퇴각하며 크게 고생했던 요택이 이 구간이었을 가능성도 고려해 봄직하다.[65]

고평역은 사령역의 11시 방향에 있다. 옛날 거리로는 60리이고, 직선거리로는 25km쯤 된다. 사령역과 고평역 사이에 평안교성(平安橋城, 平安鋪, 平洋鋪, 平安堡, 平凉橋)이 있어 연행사들이 지나며 점심을 먹었다. 기록으로 보아 그 규모가 작지 않았던 것으로 보이는데, 길이 바뀌고 지리 조건이 달라져 확인하지 못했다. 고평의 현재 지명은 고승(高升)이다. 보통 사령에서 출발한 사신들은 상태가 좋으면 고평에서 점심을 먹고 반산에서 묵었다.[66] 하지만 워낙 도로 여건이 불량하여 행보에 지장이 많았다. 사신들은 수레가 진

---

62 이승소, 『三灘集』 권 8, 「沙嶺」. "隱約沙墩有嶺形, 沙墩盡處是郵亭. 長墻如線橫胡地, 大野連天到海汀. 土堡煙臺分道里, 桑田蘆蕩半榛荊. 濡毫欲作西征賦, 轉覺羈愁墮杳冥."

63 이수광, 『지봉집』 권 16, 「沙嶺途中大霧」. "野霧茫茫不辨人, 路岐何處是通津. 天公也似丹靑手, 水墨圖中着我身."

64 이요, 『연도기행』 중권, 병신년 9월 3일.

65 645년 9월 18일 안시성에서 철군한 당군은 20일 요동성에 도착했고, 21일 요수를 건너 힘겹게 요택을 지나 20일이나 걸려 10월 10일 영주(營州, 지금의 朝陽)에 도착했다(김용만, 앞의 책 같은 곳). 당군이 지난 요택에 대해서는 의견이 분분하지만, 본고에서 살피는 구간이었을 가능성도 배제할 수 없다. 논자는 2010년 1월 사령(沙嶺) 답사에서, 당태종이 물을 마셨다는 당왕정(唐王井) 설화와 장소를 확인했는데, 이러한 설화의 분포 또한 주목할 만하다.

66 이승소, 앞의 곳, 「高平」. "淸晨發沙嶺, 日午憩高平."(首聯)

창에 빠지고 말은 지치고 길을 잃는 고통을 자주 토로했다.[67] 이런 경우에는 중간의 평안교성에서 점심을 먹고 고평에서 묵었다.

사신들의 고평 인상은, 행로의 어려움을 제하면 크게 두 가지이다. 하나는 광막한 들판에서의 세계 및 자기 인식이다. 멀리 하늘이 지면에 닿아 있는 모습을 보며 비로소 천지가 넓다는 사실을 감각적으로 깨달았다.[68] 아침저녁으로 들판에서 해와 달이 뜰 때마다 반은 환하고 반은 어두운 천지 사이에서, 큰 갓을 눌러 쓴 나그네 모습과 말 머리에 한 점으로 보이는 먼 성의 광경 포착 또한, 벌판에서 얻은 인생의 미미함에 대한 통찰이다.[69] 다음 이항복의 시는 고평 들판 노래의 묘품이다.

북두성 있는 곳이 북쪽 끝이요	北斗眞成盡處
남명이 나오는 곳 남쪽 가로다	南溟定是窮邊
안타갑네, 만 자 긴 소매도 없이	恨無萬尺長袖
먼 하늘 빗긴 해에 혼자 춤추네	獨舞斜陽遠天[70]

1~2구는 북쪽으로 북두성이 있는 곳에서 남쪽으로 남명(南冥)이 있는 곳까지 이어진다고 고평 들판의 크기를 말한 것인데, 하늘에서 바다로 이어지는 입체적 질감을 살려냈다. 이어 그 드넓은 공간에서 소매 길이가 만 자

---

67 최연, 『간재집』 권 9, 「暮抵高平驛」 其 1. "向晩發沙嶺, 羈愁倍十分. 泥融車易陷, 村遠日將曛. 失路身堪困, 停驂恨正紛. 閒關投小驛, 默坐憶鄕枌."; 其 2. "去去鄕關遠, 行行道里迂. 地卑荒野大, 天暝暮村孤. 水黑愁人溺, 泥深怯馬瘏. 猖狂非阮籍, 何事哭窮途."

68 강희맹, 『사숙재집』 권 2, 「成重卿奉使幽燕 記其所歷贈行」. "碧天低襯杳漫漫, 始覺乾坤如許寬. 大野東頭平見日, 行程西面廣無山. 長墻引縷三邊繞, 曲浦張羅一望寒. 試向通河橋上看, 漁人打網助廚飧. – 右高平廣野"

69 洪貴達(1438~1504), 『虛白亭續集』 권 4, 「高平途中」. "芊綿望不極, 圓闊又高平. 日月自朝暮, 乾坤半晦明. 客頭低大帽, 馬首點孤城. 盡日經由處, 猶應此驛程."(귀로, 1481)

70 이항복, 『白沙別集』 권 5, '조천록 상', 「次海月高平野韻」.

되는 옷을 입고 마음껏 춤을 추지 못하는 심정을 말했는데, 존재의 왜소함이나 나그네의 시름으로 스스로를 위축시키기 않고, 자아의 크기와 행위를 그 크기에 맞추는 역동적이고 진취적인 상상력이 돋보인다.

다른 하나의 인상은 장장과 전선의 긴장이다. 고평에 이르기까지 너른 들판 위에 장장은 100리도 넘게 펼쳐져 있고, 이를 보는 사신의 상상력은 『요사』나 『금사』에서나 보았을 황룡부(黃龍府, 지금의 吉林省 長春) 같은 먼 변방까지 뻗쳐간다.[71] 지축을 가르는 장장은 화/이를 가르는 경계로, 곳곳에 설치된 성 위에서는 밤마다 지친 병사들이 먼 곳의 봉화연기를 주시하고 있었다.[72] 장장에서는 때로 전투가 벌어져 긴장감을 높이곤 했다. 성 아래 엎드린 시신이 눈 쌓인 해자를 메우고, 풀 사이에서 피가 언 강으로 흘러들 때도 있었다. 일손을 놓은 백성들은 전쟁이 끔찍하게 두려울 뿐이었다.[73] 성을 지키는 수자리는 바람소리에도 적의 신호 소리인가 하여 신경을 곤두세우고, 들판의 풀이 흔들려도 장검이 번뜩이는 듯한 착각에 머리털이 쭈뼛 섰는데,[74] 이는 군사들의 심리를 섬세하게 포착한 것이다. 사신들은 매우 불안정한 국경의 분위기를 온몸으로 느끼며 장장(長牆) 길을 오갔다. 오늘 돌아보아 안타까운 것은, 17세기 초반에 이르도록 장장 길을 수없이 다니면서도 우리 사신들은 곧 조선에 닥쳐올 전란의 재앙과 국제질서의 재편을 조금도 감지하지 못했다는 사실이다.

---

71 이수광, 『지봉집』 권 16, '속조천록', 「高平途中 自牛莊至盤山 泥淖不通 行走長墻上 凡二百餘里」. "百里長墻路, 蒼然四望平, 高鴻天半落, 寒日野中生. 地闊黃龍府, 雲深白鶴城. 傷心驢背客, 吟盡未歸情." 白鶴城도 관련 지명임이 분명한데 자세한 정보는 미상.

72 이정귀, 『월사집』 권 6, '병진조천록'(1616), 「過高平長墻」. "天限華夷界, 關防控扼便. 長墻割地軸, 列障布星躔, 白草連耕牧, 黃沙接市廛. 猶憐城上戍, 夜夜望烽煙."

73 최립, 『간이집』 권 7, 「高平」. "將軍新逐單于地, 客子胡爲忽忽過. 城下伏屍塡雪塹, 草間流血入氷河. 罷民正怕兵連始, 壯士徒誇戰獲多. 回首還堪說鄕國, 洛江三載未淸波."

74 유몽인, 『어우후집』 권 1, '조천록', 「高平卽事」. "莽蒼空虛襯碧霄, 繚垣關路杳岧嶢. 漏天猶制濠池溢, 滿月能防虜騎驕. 孤戍風傳疑短笛, 平蕪草動怕長刀. 將軍按甲臨遼塞, 漠外禾畦盡綠苗."

고평에서 반산 가는 길 중간쯤에, 이제는 글씨가 모두 마모되어 그 내력을 알 수 없는 득승비(得勝碑)가 하나 있었다. 지금도 이 비석은 그대로 서 있으며, 그 주변에 사찰이 조성되고 있었다. 유겸은 문헌 분석을 토대로 이를 양유번(楊維蕃) 기념비로 보았다.[75] 그런데 연행사들의 기록을 보면 이 비석은 동일원(董一元)과 송흥조(宋興祖)의 전승기념비로 추정된다. 『명사』에 따르면 1594년 동일원과 송흥조는 각각 요동총병관(遼東總兵官)과 순안요동(巡按遼東)이었으며, 이 해 몽골군과 싸워 크게 이겼다고 했다. 이 해 사행을 다녀온 최립은 「행로에 광녕 총병 동일원이 고평에서 크게 이겼다는 소식을 듣다 行聞廣寧董摠兵一元大捷高平」란 시를 남겼고,[76] 몇 년 뒤인 1598년 이항복은 이 비석을 동일원의 정호대첩비(征胡大捷碑)라고 하였으며,[77] 1656년 인평대군은 감찰어사(監察御使) 송흥조의 공적을 기록한 승전비라고 하였다.[78] 거의 비석이 세워진 시점의 증언이니 기록의 내용은 틀림이 없을 것이다.

고평에서 11시 방향으로 20km 거리 지점에 반산역이 있었다. 사신들이 지나던 반산은 반산현에서 북쪽으로 25여km 떨어진 곳에 있으며, 공식 행정구역 명칭은 북진시(北鎭市) 오가향(吳家鄕) 반사역촌(盤蛇驛村)이다. 청말 1906년 반산청(盤山廳)이 설치되었는데, 그때 지금의 반산현이 새롭게 자리를 잡으면서 명칭의 혼돈을 막기 위해, 원래의 반산은 반사(盤蛇)로 바뀐 것이다. 반산이든 반사든, 이 일대는 모두 평원 지역이기 때문에 지명에 대한 의문과 추측 견해들이 많이 제기되어 왔다. "당수(棠樹)에는 팥배나무 자라지 않고, 동곽(東廓)은 동쪽에 있지 않으며, 반산(盤山)에는 아무런 산도 없다네. … 棠樹沒有樹, 東郭不在東, 盤山沒有山 …"와 같은 속설이 전해진다고

75 유겸, 앞의 책, 98쪽.

76 최립, 『간이집』 권 7, '甲午行錄'.

77 이항복, 『백사별집』 권 5, 「조천기 상」.

78 이요, 『국역 연도기행』 권 중, 9월 5일 조.

그림 17 고평(高平)의 득승비(得勝碑).

한다.[79] 우리 사신도 "어느 곳이 반산인지 알 수가 없네, 너른 벌 사이에 성 하나만 보이는 걸."이라고 하여 의아해 했다.[80] 반산의 '산(山)'은 의무려산과, 반사의 '사(蛇)'는 근방의 사산(蛇山, 북쪽으로 30km 지점, 黑山縣)과 관련짓는 해석이 많다. 답사 당시(2011년) 마을에서 만난 장경영(張景榮) 옹(82세)에 따르면, 1954년 전까지는 반산 소속이었고, 목초지가 많아 목마장으로 사용되었으며, 습지가 많아 뱀이 많았다고 하였다.

해주와 반산 사이 200리는 바람과 진창으로 대변되는 악천후와 지리적 악조건의 연속이었다. 삼차하를 지나면서부터는 변경의 군사적 긴장감을 체감할 수 있었다. 그 주변은 모두 광막한 벌판이었다. 사람들이 많이 모여

79 반산(盤山)의 지명 유래에 대해서는 다음 웹사이트 참조. http://blog.sina.com.추/124000dwch/(錦河情韻)의 「山究竟在裏? - 盤山新說」; http://blog.0427.com/ (盤錦博客)의 「盤山的由來」 참조.

80 이승소, 위 같은 곳. 「盤山」, "不知何處是盤山, 但見孤城大野間."(首聯)

사는 곳이 아니었던 때문인지, 사행은 자주 노숙을 했다. 이런 사정은 명청 교체 이후에는 더욱 악화되었다. 반산역의 경우 1649년에는 남아 있는 사람이 하나 밖에 없어 사행은 땔나무와 말 먹이도 구하기 어려웠고,[81] 1656년에는 인가가 열 채도 되지 않아 채소를 구할 수 없을 정도였으며,[82] 1669년에는 마을이 퇴락하여 사신들을 위한 관사도 설치할 수 없었다고 한다.[83] 토지 개간이 되지 않은 데다, 군사적 효용이 없어졌기에, 마을이 급속하게 퇴락하였던 까닭이다. 이수광이 묘사한 바, 반월(盤月, 보름달) 아래 반산(盤山)의 외론 역사에서 여장을 풀고 잠을 청하는데, 추위와 낯섦 때문에 숙면하지 못하고 날 새도록 깜짝 깜짝 잠이 깨었듯, 사신들은 반산역에서 며칠간 쌓인 피로를 잠깐 겨우 풀 수 있었다.[84]

산사람 좋은 산을 미치도록 사랑하나	山人性癖愛佳山
며칠을 산 찾아도 산 아니 보이더니	數日尋山不見山
기쁘게도 산옹에겐 산 분수 남아선지	猶喜山翁山分在
눈에 든 산의 빛이 이름난 산이라네	眼中山色卽名山[85]

반산역을 떠나 광녕으로 가는 사신들의 발걸음은 조금 가벼웠다. 우선은 지난 며칠의 고생에서 벗어났고, 광녕은 민물(民物)이 번화한 도회인지라 한결 더 안정된 처우를 받을 수 있었기 때문이다. 반산역에서 광녕을 향해 가면 의무려산이 점점 가까워지는데, 조선 사람들에게 친숙한 산, 그것도

---

81 정태화, 『陽坡遺稿』 권 13, 「飮氷錄」 4월 25일 조.

82 이요, 『국역 연도기행』 중권, 9월 5일 조.

83 민정중, 『老峰集』 권 10, 「燕行日記」. "沙嶺盤山等處則人戶凋殘, 不得設館云矣."

84 이수광, 『芝峰集』 권 10, '朝天錄', 「盤山」. "盤山城上月如盤, 夜宿孤郵暫解鞍. 聽盡曉鷄眠屢警, 北風吹作五更寒."

85 崔演, 『艮齋集』 권 3, 「望醫無閭山 山在廣寧城西五里」.

그림 18 반산역을 떠나면 얼마 안 있어 앞에 의무려산이 나타나 맞이한다.

전적에서 익히 보던 산을 만나는 즐거움도 작용했다. 최립은 "산속에선 산의 모습 보지를 못하나니, 산 앞에서 익히 보는 나그네만 같을까!"라고 하여 의무려산을 보는 즐거움을 표현했다.[86] 멀리서 차츰 가까이 다가가며 산을 감상하는 것은 지금으로선 맛보기 어려운 체험이겠다. 인용 시는 절구에 '산(山)' 자를 매 구에 두 차례씩 모두 8번이나 사용하며 그런 즐거움을 표현한 것인데, 연행사들의 심회도 대개 이러했을 것으로 추정된다.

---

86 최립, 『간이집』 권 7, '甲午行錄', 「盤山望醫巫閭山」. "山中未必看山面, 爭似山前客熟過(首聯).

5. 소결

본고에서 살핀 길의 일부는 잘 사용되지 않는 상태이다. 개중에는 사라져 찾기 힘든 부분도 있다. 이 길은 앞으로 다시 사용될 가능성도 별로 없어 보인다. 현재의 용도로만 따진다면 이 글의 작업은 남는 것도 없는 일인 셈이다. 하지만 문명의 역사는 길의 역사라는 은유를 인정하고, 역사에는 과거가 없다는 명제를 참이라고 하며, 눈에 잘 띄지 않는 과정과 절차의 중요성을 고려한다면, 작게는 개인의 흔적 남아 있는 곳이고 거창하게는 문명 교류사의 현장이라는 점에서 연행로의 지리공간을 세밀하게 탐색하는 일은 필요한 작업이다. 기억하지 않는 과거는 소멸되어 부재가 될 것이고, 의미를 부여하며 지적으로 관리하는 공간은 어떤 방식으로든 미래 삶의 무대로 거듭날 것이기 때문이다. 문학작품들을 주요 논거로 활용하면서도 그 미학적 가치에 대해서는 거의 언급하지 못했고, 사안(史眼)이 어두워 자료들이 암시하고 있는 역사 의의를 읽어내지 못한 부분이 많고, 내용은 사소한 의문을 던져 투박한 대답을 얻은 것에 지나지 않는다. 결과는 대수롭지 않지만, 300여 년 망각되어 있던 우리 역사의 길을 기억하고 관심을 환기하여 향후 연행로를 포함한 문명로 연구에 작은 디딤돌 하나를 놓은 것에 만족하고자 한다. 다양한 관점의 수준 높은 논의가 이어지기를 기대한다.

호곡장好哭場,
지리 감각의 갱신과 신흥 왕조의 체험

-석문령石門嶺~요양遼陽~심양瀋陽-

요동 하늘은 엎어놓은 가마솥 뚜껑	遼天如覆鬴
혼돈 처음 열리던 모습이어라	眞箇混開初
개미가 맷돌 위를 기어서 가고	蟻子磨中運
파리가 독 안에 있는 격이네	醯鷄甕裏居
땅이 둥글단 새 학설 정교하거니	地球新說巧
주비산경 옛 설명 소루하구나	周髀古方疎
둥근 그릇 둥근 세계 안고 있다고	圓器包圓物
김판서에게서 들은 적 있네	聞諸金判書

최석정, 「천체를 살피다, 觀天」(1697)

1. 서언

우리 기준에서 동팔참의 마지막 참인 두관참(頭官站)과 심양성 사이는 3박 4일이 소요되는 대략 170리[87]의 노정이었다. 그 사이에 요양이 있었다. 요양은 원나라 시기 고려의 북경 사행이 시작된 이래 1894년 공식적으로 사행이 끝날 때까지 600여 년 거의 전시기에 걸쳐 경유한 곳이다. 사행로는 역사의 변동에 따라 요양을 기점으로 바뀌었다. 사행로서의 요양은 1621년 후금이 이곳을 점령하면서부터 1636년(병자호란)에 이르기까지 폐쇄된다. 요양은 사행로가 아니라 군사 및 피로인의 이동 경로로 다시 열렸다. 1627년과 1636년 심양을 출발한 후금(→청)의 군대는 요양을 경유하여 조선에 들어왔고, 전쟁의 여파로 그들의 군사보다 많은 조선의 인질과 포로들이 요양을 거쳐 심양으로 끌려갔다. 1637년부터 1644년 사이에는 조선 사행의 심양 출입이 빈번했다. 무엇보다도 세자와 대군이 심양에 억류되어 있었기 때문이다. 청나라가 북경을 접수한 뒤 한동안은 명나라 때의 사행로가 준용되었다. 여러 가지로 청초의 정국이 불안했기 때문이다. 하지만 1678년 오삼계(吳三桂)의 죽음으로 삼번(三藩)의 난이 거의 진압되고 정국이 안정되면서 조선과 청의 사행로도 부분적으로 변경되기 시작했다. 심양을 경유하는 사행로가 공식 지정된 해는 1679년이다. 여기에는 왕조 발상지로서 심양의 도시 위상이 높아진 것과 우가장 일대의 군사기밀 보호 명분이 작용하였다. 이후 200여 년 동안은 대규모의 조선 사행단은 이 구간을 지나 북경에 가고 조선으로 돌아왔다.

---

87 기록마다 조금 다르다. 연행록의 구간별 이수(里數)를 계산하면, 이압의 『부연일기』와 김정중의 『연행록』은 169리, 이해응의 『계산기정』은 176리, 홍대용의 『담헌서』는 181리가 된다.

2. 지형 변화와 요야(遼野)의 현신

압록강에서 두관참에 이르는 동팔참 구간은 산악의 연속으로, 그 지형이 한반도와 비슷하다. 연행사들이 이 구간에서 느낀 것은 대개 지리적 동질감이었다. 박제가는 이곳을 회상하면서, "동팔참에는 산이 많아 으레 그런가 보다 하지만, 석문령을 지나면서부터 대륙과 하늘이 마주 붙은 장면이 놀랍다."[88] 고 하였다. 홍경모는 이 지역을 두고 "산천이 우리나라와 똑같으며, 강역은 다르지만 기맥이 상통하는 곳."이라고 했다.[89] 산천과 지형에서 얻는 이러한 느낌은 오늘이라고 다르지 않다. 하지만 이러한 친숙감은 석문령을 넘으면서부터 줄어들기 시작해서, 요양에 이르게 되면 급격하게 이질감으로 바뀌게 된다.

원나라 때 설치한 동팔참의 기점(중국 기준)인 두관참은 1674년 이미 사라지고 없었다.[90] 그 이전에도 역참의 기능을 별로 하지 못했다. 조선의 사신들은 보통 마천령과 청석령 사이 첨수참(청나라 때에는 낭자산참)에서 하루를 묵고, 다음날에는 두관참을 지나 바로 요양 조선관(명대)이나 영수사(映水寺, 1679년 이후 청대)에서 묵었다. 이는 보통의 일정으로 보아 하루를 묵어가기에는 거리가 짧았기 때문이다. 조선 전기에는 나선 김에 길을 재촉해 조건이 좋은 요양에서 휴식을 취하려는 뜻도 있었던 듯하다. 물론 이는 일률적이었던 것은 아니고 기후나 사정에 따라 달라지곤 했으니, 17세기 초까지는 두관참 마을에서 묵었던 사례도 종종 보인다. 두관참 자리는 현재 탕하수고(湯河水庫)에 잠겨 있어 그 자리만을 가늠할 수 있을 뿐이다. 두관참에서 요양 전까지의 노정은 다음과 같다.

---

88 박제가, 『貞蕤閣四集』, 「燕京雜絶 贈別任恩叟姊兄 追憶信筆 凡得一百四十首」. "八站多隈隩, 慣看心所然. 偉哉石門嶺, 大陸黏靑天."

89 『요야기정』, 「총수산기」. "疆域雖殊, 可見氣脈相通也."

90 허봉, 「조천기 상」, 1674년 6월 21일.

연행록 지명	현재 지명	기타
삼류하(三流河)	미상	탕하수고(湯河水庫) 건설로 일대 지형 대폭 변화
소석문령(小石門嶺[王祥嶺])	없음	소록촌(小彔村)으로 이어짐
왕상묘(王祥墓)	왕가둔(王家屯)	왕상(王祥, 1402~1457), 노선에서 동북쪽 1km 지점
대석문령(大石門嶺)	대석문령(大石門嶺)	지형 상 요야(遼野) 관망 불가능
왕보대(王寶臺[冷井村, 冷泉庄])	망보대촌(望寶臺村)	냉정촌(冷井村), 냉천장(冷泉庄) 등은 조선인들만의 명칭
고려촌(高麗村[洞, 叢, 塚, 衡 등])	전진촌(前進村)	고려(高麗) 명칭 지명은 15세기 문헌에 처음 등장
아미장(阿彌莊)	아미촌(峨嵋村)	

여러 연행록에서 삼류하(三流河)는 두관참에서 4리 떨어진 곳에 있는 물줄기로 나온다. 두관참 일대는 모두 물에 잠겨 현재로선 노선이나 지점을 비정하기가 어렵다. 이를 감수하고 추리를 한다면, 삼류하는 지금의 댐 부근에 있었다. 낭자산참에서 사신들이 따라왔던 물줄기가 탕하(湯河)임은, 우리의 기록이나 요동의 지리지, 그리고 지금의 댐 이름이 증언한다. '삼류하'라는 명칭은 우리 연행록에만 등장한다. 연행사들은 하나의 물줄기를 세 번 건너 '삼류하'라고 했으며, 이는 곧 탕하라고 하였다.[91] 그런데 이 기록은 전문을 옮겨 적은 것으로 확신이 없었으며, 또 팔도하(八渡河)의 사례로 보아 그 물줄기를 건넜으면 '류(流)'라고 명명하지 않았을 것이다. 삼류하는 세 개의 물줄기로 이해해야 한다. 1681년에 편찬된 『요양주지』, 「요양주도(遼陽州圖)」는 세 물줄기가 모여 이루어진 탕하가 북쪽으로 흘러 태자하에 합류하는 모습이 선명하다.[92] 오늘날에도 그중 두 개의 물줄기는 확실한데, 나머지

---

91 김중청, 『구전별집』, 「조천록 갑인 6월 7일(1614)」. "渡三流河 一水三渡故名 一曰湯河 頭關站 投宿柳河子村金姓人家 有溫泉." 서유문/고전번역원, 『국역 무오연행록』과 김경선/고전번역원, 『국역 연원직지』에도 같은 기록이 있다.

92 이와 달리 『遼東志』(1488), 「遼東都司治衛山川地理圖」와 『全遼志』(1529), 「遼陽鎮境圖」에는 이 부근에서 두 물줄기가 합류하는 것으로 그려져 있다.

한 줄기의 정체는 분명하지 않다.[93]

연행사들이 지금의 탕하댐 근처에서 탕하(삼류하)를 건넌 다음에 지난 곳은 소석문령(小石門嶺)이다. 소석문령은 왕상령(王祥嶺)으로도 일컬어졌다. 모든 노정기는 둘 사이의 거리를 10리라고 표기했는데, 길은 선택의 여지가 없다. 댐 아래서 북쪽으로 향했다가 궁장령구탕하학교(弓長嶺區湯河學校) 앞을 지나는 길 외에는 모두 산이기 때문에 다른 가능성은 없다. 석문(石門)의 모양이지만 대석문령보다 규모가 작다하여 이름 붙여진 소석문령은 현재 밭 사이에 놓여 있으며, 길은 소록촌(小彔村)으로 이어진다. 현재의 우록보촌(牛彔堡村)을 지나는 차로가 닦이기 전에는 이 길을 통해 탕하진(湯河鎭)을 오갔다고 한다.[94] 이곳에서 탕하댐까지의 거리는 대략 5km 정도로 연행록의 10리와 부합한다. 이 고개 위에 서면 이곳을 배경으로 지어진 시문들의 여러 내용이 비로소 이해된다.

소석문령에서 50m쯤 내려서면 12시와 1시 방향으로 대석문령과 왕가둔(王家屯)이 보인다. 왕가둔은 왕상(王祥)의 무덤이 있던 곳으로 지금도 그 흔적이 남아 있다. 연행록에는 왕상묘(王祥墓)에 대한 적지 않은 기록이 있지만, 모든 노정기는 왕상령 다음에 바로 대석문령을 표기하였다. 왕상묘는 주요 노선에서 1.2km 가량 떨어져 있기 때문이다. 민인백이 1595년 이곳을 지

---

93 그중 한 물줄기의 이름은 유하(柳河)였던 것으로 보인다. 이는 우리 연행록에도 나오고, 또 현재 수고 아래 온천촌의 이름이 유하탕촌(柳河湯村)이고, 연행 노선(추정)의 마을에도 유하촌이 있기 때문이다. 현재 소령자촌(小嶺子村) 남쪽 500m 지점—소석문령으로 가기 위해서는 이 물줄기를 건넜던 것으로 추정됨—에 실개천이 흐른다. 이 개천은 탕하진(湯河鎭)에서 탕하에 합류한다. 이 실개천이 삼류하의 하나였을 가능성도 있다.

94 이 사실은 왕가둔(王家屯, 王祥 묘 터가 있는 마을)에서 고로들과의 인터뷰를 통해 확인하였다. 하지만 이들도 소석문령이라는 명칭은 들어본 적이 없다고 했다. 소석문령이나 왕상령은 조선 사행이 부르던 명칭으로 보인다. 그간 여러 차례 답사에도 불구하고 소석문령의 위치를 찾지 못했는데, 그건 현재의 도로에 현혹된 데다, 옛 지리에 밝은 현지 주민을 만나지 못했기 때문이다. 임문성 선생은 2016년 1월 17일 왕가둔에서 꼼꼼하고 집요하게 인터뷰하여 소석문령의 위치를 알아냈다.

나며 "멀리 왕상의 무덤을 보았다. 望見王祥墓."고 한 이유이다.[95] 대부분의 사신들은 왕상의 무덤을 멀리 바라보며 감회를 읊었고, 그중에는 그를 한나라 때의 효자 왕상(王祥)으로 오해한 사람도 있었다. 왕상은 명나라 초기 요동 지역에서 활약하다가 1457년에 죽은 장수이다.[96]

석문령과 소석문령 사이의 거리는 육안으로 확인 가능한 약 1.5km이다. 소석문령과 구별하여 대석문령이라고도 하였다. 야트막한 언덕으로 양옆에 석벽이 있다 하여 붙여진 이름인데, 근래 길을 닦는 과정에서 원래 모습의 상당 부분이 파손되었다. 연행록에 드러나는 바, 석문령이 지니는 지리적 의미는 크게 두 가지이다. 하나는 이 고개가 동팔참과 요야를 가르는 경계라는 점이다. 이러한 인식은 연행의 전 시기에 걸쳐 나타난다. 1518년 김안국은 "석문령 위에서 요동을 바라보니, 안개 속에 성곽이 펼쳐져 있다."[97] 고 했고, 1782년 홍양호는 석문령 위에서 요야를 조망하는 감회를 시로 펼쳤는데, 마치 그 위에 서면 천리 벌판이 앞에 펼쳐지는 것처럼 묘사했다.[98] 1846년 박영원의 시에 그려진 정황도 그렇다.[99]

하지만 시의 내용과 달리 석문령 위에서는 요야가 보이지 않는다. 거리는 둘째치고라도 아직도 산이 몇 겹으로 가로막고 있어 시야를 차단하기 때문이다. 그럼에도 조선 문사들이 석문령을 경계로 인식한 것은, 고개가 지니는 경계 표상이 '친숙한 산세/생소한 평원'의 대립 구도 속에서 더 강하게 작동했던 때문이다.

석문령은 이처럼 안(산, 친숙함)과 밖(들, 생소함)을 나누는 심상의 지리 경

---

95 민인백, 『태천집』 권 3, 「朝天錄[上]」.

96 왕상의 가계와 생애 등에 대해서는 楊瑤·張輝, 「〈明驃騎將軍左軍都督府僉事王祥墓志〉 考釋」, 『蘭臺世界』 2012.8에 자세히 소개되어 있다.

97 김안국, 『모재집』 권 2, 「石門嶺」. "石門山上望遼東, 城郭透迤霧色中. …."

98 홍양호, 『耳溪集』 권 6, 「燕雲紀行, 登石門嶺 望遼野」. "石門中坼抗層巒, 千里蒼茫積氣蟠. …."

99 박영원, 『오서집』 책 4, 「연사록, 遼野」. "石門嶺上眼初寬, 驀到遼城大野環. …."

계였다. 그런데 동팔참 구간은 고대 한민족 문화의 흔적이 많았을 뿐 아니라 조선 출신 사람들이 많이 살던 곳이기도 했다. 하여 석문령에 대한 이러한 심상은 18세기 이후 몇몇 문사의 고대사 인식과 만나면서 새로운 관념을 만들어냈다. 석문령이 고구려와 당나라의 경계이자, 미래의 이상적인 국경이라는 생각이 그것이다. 1782년 홍양호는 석문령을 내려서 요야로 들어가며 문득 잃어버린 고토에 대한 안타까운 심정을 드러냈다.[100] 그의 손자 홍경모는 1830년대 두 차례 연행을 다녀와서는, "봉성에서 석문령에 이르는 3백 리 동팔참은 몸을 숨긴 맹수의 형세로 이 3백 리야말로 고구려 강성의 원인이며 회복해야 할 것"이라고 주장했다.[101] 1873년 강위(姜瑋, 1820~1884)도 고토의식을 드러내며 이곳이 옛날 고구려의 경계였다고 했다.[102] 지금의 관점으로 보면 이러한 생각들은 위험하다. 역사적 고증을 거치지 않았을 뿐 아니라, 역사지리의 사안을 감각적인 인상에 의존하여 이해하고 있기 때문이다.[103] 이는 석문령을 기준으로 달라지는 지형상의 변화감이 조선 문사들에게 매우 강하게 작동하였음을 반증한다.

석문령을 내려서면 골짜기에 협로가 길게 이어지는데, 첫 번째 만나는 마을은 왕보대촌(王寶臺村)이었다. 조선 사행에게 이 마을은 냉정(冷井)으로 더 유명했다. 이곳의 우물이 겨울에는 얼지 않고 여름에는 차가워서 붙여진 이름이다. 물맛이 좋고 미나리까지 자라고 있어, 사행이 으레 점심을

---

100 홍양호, 『耳溪集』 권 6, 「燕雲紀行, 過石門嶺 入遼野」. "… 混河亦是箕封內, 蹙國何年計太疎."

101 「鳳凰城記」, 『遼野程史』. 「鳳凰城記」. "且鳳城西至石門嶺, 是爲東八站三百里石穴, 外窺敵而裏行師, 猶猛獸張口齒齶可畏. 此高句麗所以雄長東方也, 而高麗之失之於契丹, 以鴨綠爲界, 廢齒齶而露喉嚨, 夫孰畏之哉. 高麗之用兵, 終不及於句麗者, 此也. 至於我國, 似句麗乎, 似高麗乎."

102 『古歡堂收艸詩稿』 권 13, '北遊續艸', 「石門嶺 望遼野 奉和行臺 嶺上有枯井 東使過之 水輒涌出」. "嶺上停驂許共嘗, 靈泉應惜使車忙. 箕聖遺封疑此地, 前記多以邊東. 爲箕子平壤, 句麗何處峙邊壘. 又以石門嶺, 爲高句麗界. …."

103 지금까지의 사료나 연구결과로 보아, 석문령이 고구려와 당나라의 국경이었다는 근거는 찾을 수 없다. 두 나라의 국경은 오히려 이보다 훨씬 더 올라가, 심양 서북쪽을 흐르는 요하였다.

그림 19 이 고개를 넘으면 점차 지세가 낮고 평탄해진다. 근래 도로가 확장되는 가운데 원래의 모양이 사라졌다.

먹던 곳이다. "언제나 우리나라 사람의 행차가 올 때에는 가득하다가 간 뒤에는 마르니 세칭 신천(神泉)이라 한다."[104]는 믿기 어려운 이야기도 전한다. 1533년 소세양은 이곳의 인상을 "내내 물이 안 좋아 밥을 지으면 누렇게 되고 차를 끓이면 까맣게 물드니 음식을 먹으면 토하고 정신은 날로 혼탁하여 견딜 수 없었는데, 냉정의 물을 한번 마시매 뼈와 살이 다 새로 씻은 듯 시원했다."[105]라고 토로하였다. 이 밖에도 냉정은 미나리나물 반찬에 쌀밥을 맛있게 먹거나, 귀로에 고향 조선의 어구에 들어서는 듯한 느낌을 주는 곳이었다. 근대 이전 요동은 물이 안 좋기로 악명이 높았는데, 냉정은 고향과 타향

---

104 인평대군, 『燕途紀行』(1640).

105 소세양, 『양곡집』 권 4, 「冷井」. "矞彼路傍泉, 涌出巖石穴. 初嘗雪入喉, 氷霜讓淸潔. … 今來飮此水 洒然洗肌骨 …."

을 가르는, 석문령과는 다른 또 하나의 정서적 경계였던 것이다.[106]

냉정에서 10리를 더 가면 고려촌(高麗村)이 있었다. 여기에 이르면 비로소 산세가 모두 없어져 평원이 펼쳐진다. 이곳은 지명과 지형, 두 가지가 화제였다. 우선 이곳의 지명은 고려동(高麗洞, 村-叢-塚-衝)으로 나타난다. 조선 후기에는 호란 당시 끌려온 피로인들의 집단 거주지로 보는 견해가 많았는데, 최부의 『표해록』(1488)에 이미 '고려동'이란 지명으로 등장하니 그 연원은 최소한 15세기 이전으로 올려 잡아야 한다. 연원을 추정할 만한 기록이 없는 가운데, 인근 석마산(石磨山)에 고구려 무덤이 있었다는 현지 고로들의 증언은 경청할 만하다. 요동 지역에 남아 있는 '고려' 등장 지명은 고구려와의 관련도가 높기 때문이다. 다만 고구려 관련 유적의 존립 여부가 불확실한 상황에서는 논단할 수 있는 사안은 아니다.[107] 석마산은 마을 동남쪽에 있는, 요야와 닿아 있는 낮은 산이다.[108] 현장 확인이 필요하다.

지명보다 인상적이었던 것은, 문득 산이 사라지면서 시야가 넓어진 현상, 즉 요야와의 대면이었다. 조선에서 생장하였고, 압록강을 건넜지만 7~8일 동안 조선과 산천이 비슷한 동팔참을 지나온 이들에게 한 순간 눈앞에 펼쳐진 벌판은 경이 그 자체였다. 1725년 조문명(趙文命)은 "평생 세상 좁다고 함부로 말했는데, 오늘서 안목이 넓어짐을 알겠구나."[109]라고 했다. 이철보(李喆輔)는 1747년, "세상의 분주한 일들이 모두 아무것도 아님을 깨달

106 냉정은 옛 모양이 바뀐 채로 여전히 남아 있다. 망보대촌과 전진촌 사이에 동양어지촌(東養魚池村)이라는 작은 마을이 생겼는데, 서쪽 길가 인가 안에 담장이 쳐진 채로 보존되고 있다.

107 다음 심상규의 시는 고구려와의 관련성을 떠올린 사례 중 하나이다. 『두실존고』 권 1, 「高麗叢」. "遼河滐滐盡西東, 曾是麗家版籍中. 破落今惟三四戶, 不成鴻壟與狐叢."

108 이 산은 연행록 곳곳에 나타난다. 조문명은 산모롱이 하나를 지나자 끝없는 벌판이 나타났다고 했는데, 이 산모롱이가 바로 지금의 석마산이다. 『학암집』 책 6, 「연행일기」. "辛酉至高麗洞. 纔過一山隅, 曠野茫茫, 西南北三面渺無涯際, 東面殘山逶迤, 此乃遼野初頭也."

109 조문명, 『鶴巖集』 冊 2, 「遼野」. "平生忘說寰區窄, 今日方知眼目寬."

으며 자기도 모르게 손뼉을 치며 크게 웃었다."[110] 또 1791년 김정중은 동행했던 김이교의 말을 빌려 비로소 우물 안 개구리를 면했다 했고, 귀로에는 "열흘 만에 요동벌이 다하니, 가슴이 다시금 막히려 하네."라 하여,[111] 요야와 심리의 상관성을 표백했다. 사람에 따라서 그것은 물리 세계의 감각 체험에 그치지 않고, 조선의 답답한 현실을 되돌아보거나 기지의 세계와는 차원이 다른 지적 차원으로 진입하는 계기가 되기도 했다. 박지원의 「호곡장론」은 이 고려촌을 배경으로 펼쳐진다.[112]

연행사들이 언급한 동팔참과 요야의 경계는 석문령, 냉정,[113] 고려촌으로 조금씩 다르다. 석문령과 냉정을 경계로 인식한 데에는, '고개'와 '물'이 정서적 경계의식에 강하게 작동했던 까닭이다. 하지만 실제 요야를 처음으로 목도한, 명실상부하게 벌판이 시작되는 곳은 고려촌이었다. 고려촌 다음의 아미장(阿彌庄)은 벌판에 접어들어 처음 지나는 마을이었으니, 1720년 이의현은 이 마을에 이르자 가파른 산길을 오느라 고생하던 나귀도 평탄한 길이 나타나자 기뻐한다고 했다.[114] 고려촌과 아미장은 문화혁명 시기 봉건잔재와 외래요소 일소의 의도 아래 전진촌(前進村)과 아미촌(峨嵋村)으로 바뀌었다.

---

110 『止庵遺稿』 冊二, '丁卯燕行錄', 「遼野口占」. "四顧蒼然一指中, 水流雲去杳無窮. 世間奔走知多少, 拍手呵呵捻是空."

111 민족문화추진회, 국역연행록선집, 제 6책(『연행록』)의 385, 527쪽. "一旬遼野盡, 胸襟更欲閉."

112 『열하일기』, 「도강록」.

113 냉정도 그러한 곳 중의 하나였다. 인평대군은 1640년 8월 29일의 기록에서 이렇게 말했다. "冷井以東, 山高水深. 途路崎嶇, 故長乘單騎. 冷井以西, 遼野坦蕩. 逶迤千里, 始駕雙驂而行."

114 이의현, 『도곡집』 권 2, 「遼東雜詠」. "阿彌庄下日西晡, 四牡初騰喜坦途. …. 阿彌庄."

3. 역사 변동과 행로의 분기

요양은 연행의 거의 전 시기에 걸쳐 이용된 주요 도시였다. 요양의 위상이 크게 강화된 시기는 명초이다. 명나라는 건국 초 요동 지역을 장악하면서 매우 조직적으로 군사방어시설을 속속 구축했고 역로를 닦았다. 북쪽의 몽골과 동쪽의 여진족에 대비하여 요동 전역에 변장을 설치했으며, 그 안에 진(鎭)·로(路)·위(衛)·소(所)·보(堡)·대(臺)·역(驛) 등 규모와 기능이 다른 여러 층차의 성을 쌓아 운영하였다.[115] 고려는 요동치는 국제 정세의 틈에서 1370년 일시 요양을 점령한 적이 있으니, 이러한 방어시설의 구축에는 인접한 조선(고려)에 대한 경계 의식도 작용했다. 요양은 광녕과 함께 요동 방어의 최상위 시설인 진성(鎭城)이었다. 요양에서는 표에 소개한 장소들이 관심의 대상이었다.

지명	위치	현재 상황
요양성(遼陽城)	요양시 중심부	曙光路 硝堡街에 北城壁 잔존, 高麗門
조선관(朝鮮館 [회원관懷遠館])	요양성 서남쪽 안정문(安定門) 밖	新運大街 남쪽과 文聖路 동쪽의 사이
백탑[사](白塔[寺])	요양성 서북쪽 밖	白塔公園, 廣佑寺 신축
관왕묘(關王廟)	서문 밖, 해자 외변	신축(미개방), 濱河路 銀夢大酒店 옆
화표주(華表柱)	요양성 안 종루(鍾樓) 북쪽	명초에도 설화로만 전승
태자하(太子河)	요양성 동북	
영안사(永安寺)	요양성 남쪽	新運大街 224號 *金昌業

요양(遼陽)이란 명칭은 원나라 때 처음 사용되었고, 요동반도를 포함한 요동만 북쪽 지역에 대한 통칭이었다. 바다(발해와 황해)의 북쪽이기 때문에

115 劉謙, 앞의 책, 1~18쪽.

붙여진 이름이고, 뒤에는 도사(都司)의 치소가 있는 요양시만을 지칭하게 되었다.[116] 하지만 지명의 내력은 확실치 않다.[117] 1372년 이전 성터를 근거로 새로 쌓았다. 둘레가 16리이고 문이 9개나 되는 큰 규모의 성이었다. 1379년에 성 북쪽에 외성을 덧쌓고 귀부(歸附)한 외민족들을 살게 하였는데, 둘레가 24리로 늘어났다. 이를 북성(北城이)라고 하였다. 이후로도 몇 차례 개축되었다.

그런데 『요양주지』(1688)에는 『전요지』(1529)에서 영지문(永智門)이라고 했던 북성의 동문을 고려문(高麗門)이라고 소개하였다.[118] 병자호란 이후 이곳에 정착한 조선인들의 집단 거주지였기에 붙여진 이름으로 보인다. 1911년 망한 조국을 떠나 망명길에 오른 신규식은 이곳을 지나며 '고려'라는 이름을 접하고 비감한 마음을 시로 지은 바 있다.[119] 고려문이 있던 곳은 지금의 중화대교(中華大橋) 서단에 해당된다.[120] 1372년 이후 고려 및 조선 사신들의 주요 경유지였던 요양성은 1621년 후금에게 함락되고 곧이어 동경성(東京城, 新遼東)이 건립되면서 성의 형체는 물론 기능도 잃어버렸다. 현재 백탑구(白塔區) 서광로(曙光路) 초보가(硝堡街) 서쪽에 북성 벽 일부가 잔존하고 있을 뿐이다. 기록과 명칭을 고려하고 고지도와 위치를 비교했을 때, 현재의 초보가는 옛 요양성 북성의 북쪽 성곽을 따라 조성된 길임을 알 수 있다.

원나라와 국교가 맺어진 뒤로 고려의 사신들은 이곳을 지나 대도를 오

---

116 『遼東志』(1488) 권 3, 「郡名」. "遼陽, 元魏名. 水北曰陽, 遼地東西其南皆海, 城在其北, 故曰遼陽. 今獨於都司治所, 稱遼陽者, 蓋自其總會之處而言耳." '元魏名'에서 '魏'의 의미가 분명치 않다.

117 『全遼志』 권 1, 「圖考」에서는 "洪武壬子, 因遼陽舊城之失, 都督馬雲葉旺, 改建於此, 非水北曰陽之義也."라 하여 강(또는 물)의 북쪽을 '양(陽)'이라 한다는 견해를 부정하였다.

118 권 8, 「城池」. "外城稱高麗門, 小西門, 外北門."

119 신규식, 「過高麗門」. "早發沙河鎭, 更過高麗門. 山空人不見, 悵惘暗招魂."(박정규 외, 『예관 신규식 전집』, 예관신규식전집편찬위원회, 2019) 102쪽.

120 2003년까지 요양의 중화대교 서단에 '고려문반점(高麗門飯店)'이란 식당이 있었다. 근래까지 이 이름이 사용되었음을 알 수 있다. 근래 도시의 개발과 정비로 그러한 흔적을 찾기 힘들어졌다.

그림 20 요양성 북쪽에 있던 고려문반점(高麗門飯店, 사진: 김태준, 2003년).

갔다. 명나라 초 도읍이 남경이었던 시기에도, 해로를 이용했던 경우를 제외하면 조선(고려 포함, 이하 같음) 사신들은 요양을 거쳐야 했다. 명초 북원 세력의 잔존으로 고려와의 외교가 순조롭지 않았을 때, 요양성은 양국 간 외교의 최전선이었다. 고려의 사신은 입국이 거부되기 일쑤였고, 1384년 김구용(金九容)은 여기서 남경으로 압송되어 다시 유배 가다가 죽기도 하였다. 이는 뒷날 고려에서 요동 정벌을 추진한 계기가 된다. 명나라의 북경 천도 이후 요양을 경유하는 조선 사신의 횟수는 더 많아졌다. 두 나라의 정세와 외교가 모두 안정되면서, 사행 횟수도 많아지고 규모도 커져갔다. 이에 따라 명조에서는 조선 사신을 위한 제반 시설과 규정을 정비하지 않을 수 없게 되었다. 사관(使館)은 그중의 하나였다.

첨수참, 낭자산촌, 두관참 중 한 곳에서 새벽에 출발한 사행은 그날로 요양성에 도착하여 조선관(懷遠館)에서 묵었다. 조선관은 요양성의 동남쪽, 안정문(安定門, 南左門) 밖에 있었다. 『요동지』와 『전요지』의 지도에는 조선관을 요양성 동남쪽 밖에 표시하고 있다. 문헌상 조선관에 관한 최초의 기록은 최부의 『표해록』이다. 최부는 1488년 5월 29일 요양에 도착하여, 서문 밖의 역성에서 머물다가 29일 떠났다. 그의 기록에 따르면 역성과 요양성의 거리는 1리가 되지 못했고, 그 사이에 관왕묘(關王廟)가 있었다. 오랑캐관(兀良哈館)과 태화문(泰和門, 南右門)과 조선관을 차례로 지났다.[121] 그는 성 안으로 들어가지 않고 성벽 남쪽 길을 따라 이동했던 것이다. 최부가 증언한 배치는 『전요지』의 기록과 일치한다.[122] 이로써 조선관이 최소한 1488년 이전에 건립되었음을 알 수 있다.

최부는 조선관 입구에 '외천보국(畏天保國)'을 쓴 편액이 있다고 했는데, 1574년 허봉은 중문과 대청에 각각 '회덕원래(懷德遠來)'와 '내옹지숙(來雍止宿)'이라 쓴 편액이 붙어 있었다고 했다.[123] 100년 사이에 관사의 규모나 제도가 달라졌을 가능성도 있고, 최부는 관사 안으로 들어가지 않았기 때문에 증언 내용이 다를 수도 있다. 1592년만 해도 운영되던[124] 조선관은 20여 년 뒤에는 그 기능을 거의 상실했던 것으로 보인다. 1614년 김중청은 회원관의 퇴락이 너무 심했기 때문에 성 안의 민가에 투숙할 수밖에 없었다고 했다.[125] 명나라 말기 체제의 불안은 이미 여러 곳에서 멸망의 징후를 드러내고 있었던 것이다.

조선관은 조선 사신들이 머물면서 휴식을 취했던 것은 물론, 정세에 따

---

121 『표해록』 권 3. "二十九日, 自遼東登程, … 出驛城東門, 外不一里, 乃遼東城也. 兩城間有關王廟, 行過兀良哈館, 泰和門, 安定門, 至我朝鮮館. 館前立標, 扁畏天保國四字."

122 「遼陽鎭城圖」. "遼陽在城驛【本城西關內洪武十八年設左衛前所帶管百戶一員】遞運所【城西八里洪武二十年設右衛帶管百戶一員】朝鮮館【安定門外】夷人館【泰和門外】."

123 「조천기 상」 6월 22일. "午抵懷遠館, 館在遼東城安定門外. 中門揭懷德遠來之額, 釋館名也. 大廳亦懸來雍止宿四大字."

124 金誠一, 『백곡집』 권 3, 「부경일록」. "(8월) 二十九日, 發行過甛水站, 午到三流河, 夕至懷遠館. 澄源相迎共坐云, 楊總兵及巡按等處, 再三請兵而無決語, 蓋無朝廷明旨, 不敢發也. 止宿."

125 「조천록」. "未時到懷遠館, 在城外東南, 館宇頹廢無着足處. 不得已寓于門內黃繼安馬自强等家."

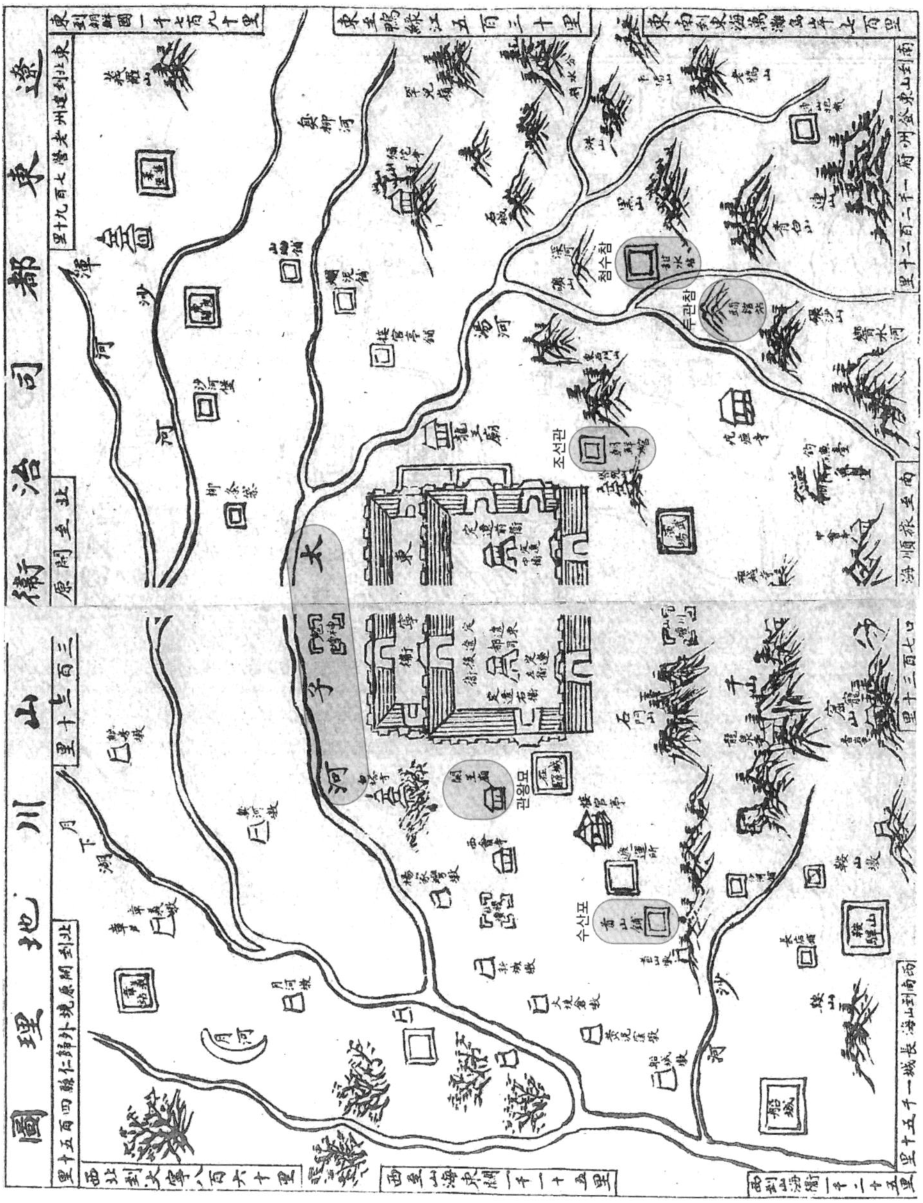

그림 21 1488년에 간행된 『요동지(遼東志)』에 실린 요양성 일대 지도. 두관참, 조선관, 관왕묘, 수산포 등의 지명이 보인다.

라 요양의 관리와 외교 현안을 논의하거나 친교를 나누었던 곳이다. 1519년 김세필은 돌아오는 길에 해주(海州)에서 젊은 수재(秀才) 고경(顧敬)을 만나 신교(神交)를 맺고,[126] 조선관에서 눈물을 흘리며 석별의 정을 금치 못했는데,[127] 조선관에는 이 밖에도 갖가지 다양한 사연이 많을 것으로 짐작된다. 조선관은 1621년 요양성이 함락되면서 완전히 사라진다.[128]

명청 교체 이후 한동안 조선의 사행은 명대의 노정을 그대로 이용했지만, 요양에서의 숙소는 일정하지 않았다. 요양성도 크게 퇴락했다. 함락되는 과정에서 파괴된 것도 있지만, 동경성을 신축하면서 요양성의 자재를 활용했기 때문이다. 그래도 1679년 사행로가 공식적으로 변경되기 전까지 조선 사행은 요양성을 지나야 했다. 대규모의 전란과 변동을 겪은 이 시기 요양은 해체와 재편의 과정이 매우 역동적으로 진행되었을 것이고, 이를 목도한 사신들의 심회도 몹시 착잡했을 터인데, 아쉽게도 여기에 대한 인상적인 기록은 별로 남아 있지 않다.

심양 경유로 행로가 바뀌면서부터 요양은 노정에서 빗겨나게 된다. 사신들은 아미장에서 바로 태자하를 건너면 되었기 때문이다. 하지만 거리가 멀지 않았으니, 많은 사신들은 옛 요양성에 들러 유람을 하곤 했다. 요양성은 여전히 문물이 번화한 도시였으며,[129] 거기에는 역사 유적과 사연이 많았기 때문이다. 1778년 이덕무의 아래 글은 당시 사신들의 관심과 동선을 잘 보여준다.

---

126 『十清軒集』 권 3, 「海州衛在城驛 贈顧秀才敬」. "會合何須問後先, 神交千里且忘年. …."

127 위와 같은 곳, 「遼陽懷遠館 次顧秀才韻」. "聯床盡日情無盡, 欲別難禁涕泗流. …." 1518년 김안국도 우가장에서 고경(顧敬)을 만나 시를 지어준 바 있다. 『모재집』 권 1, 「到牛藏驛 贈顧秀才敬」.

128 조선관 자리는 흔적도 없다. 다만 기록과 고지도 등을 고려해볼 때, 문성로(文聖路) 동쪽과 신운대가(新運大街) 남쪽, 그리고 요양성의 해자였던 호성하(護城河) 북쪽의 어느 지점이었을 것이라는 정도만 추정이 가능하다.

129 후금은 1621년 동경성을 축조하여 도시의 중심을 옮겼지만, 1625년 다시 심양으로 천도하였다. 이로써 옛 요양성(또는 구요동)은 자연스럽게 옛날의 도시 기능을 회복하였다.

1 구요동(舊遼東)에 이르니 성은 모두 무너지고 벽돌문의 홍예(虹霓)만 남았다. 길은 먹줄을 퉁긴 듯 곧았고 좌우에는 물고기 비늘처럼 가게가 즐비했으며, 없는 물건이 없어 휘황찬란했다. 노소가 죽 둘러서서 손을 깍지 낀 채 구경하고 있었는데, 사람들이 모두 준수했다. 시장은 5리나 뻗쳐 있어 한양의 운종가를 회상케 했다. 눈이 휘둥그레지고 말이 막힌 채 그저 멍하니 정신을 잃을 정도였다. 통역관이, "만일 성경(盛京)·산해관·통주·황성(皇城) 등 여러 곳을 보게 되면 더욱 번화하고 장려한데, 변방의 한 고을을 보고 이렇게 놀라십니까?" 했다.

2 서성문(西城門)을 나와 관후묘(關侯廟)를 찾았다. 묘사(廟舍)가 매우 성대했고 누른빛과 푸른빛이 한데 어우러져 눈이 부셨다. 기둥은 모두 주홍색인데 금빛 용으로 둘렀고, 걸터앉은 관후의 조각상은 거의 두 길이나 되었다. 상의 얼굴이 매우 풍후했고 면류관에 푸른색 비단 전포를 입고 있었다. 시립한 장수들은 번쩍번쩍 살아 있는 것만 같았다. 오른쪽 집에는 조운(趙雲)의 상이 있었는데 얼굴이 매우 희었고, 왼쪽 건물에는 장비(張飛)의 상이 있는데 놀랄 만큼 사나워 보였다. 그 상은 분개한 모양이 역력했고 한 손으로는 무릎을 짚고 또 한 손은 불끈 주먹을 쥐고 있다. 앞에는 사나운 군사가 발가벗은 한 사람을 결박하고 있었는데, 그 사람을 엄안(嚴顔)이라고도 하고 범강(范彊)이라고도 했다. 대문 밖에는 5~6칸쯤 되는 돌 병풍을 만들어 놓았고 안팎으로 모두 청룡과 불상을 조각해 놓았다.

3 사당 북쪽 소 울음소리가 들릴 만한 지점에 광우사(廣祐寺)가 있다. 광우사 가운데에는 백탑(白塔)이 있는데, 13층에 8면으로 되어 있고 높이는 36장(丈)에 둘레는 17~18칸쯤 된다. 아래층에는 석불을 안치했다. 8면의 모양은 모두 똑같았고 중간의 처마는 모두 나무로 서까래를 걸었다. 1면에 서까래가 35개인데 서까래마다 쇠로 된 풍경을 달았다. 13층 8면

에 다 이렇게 달았다. 모두 합하여 3백 90개의 풍경이 달렸는데 바람이 불면 쟁그랑쟁그랑하는 소리가 구름 밖에까지 들렸다. 탑은 모두 벽돌로 쌓았다. 주민들이, "탑 층층 감실(嵌室)의 구리 비석이 근자에 땅에 떨어졌는데 거기에 탑의 높이가 36장이라고 자세히 기록되어 있었으며, 그 비석은 지금 군수의 관아에 있다"고 했다. 세상에서는 이 탑을 정령위(丁令威)의 화표주(華表柱)라 하지만 아니다. 이것은 위지공(尉遲恭)이 세운 것으로 석비에는 어느 시대에 세운 것인지 알 수 없다고 되어 있다. 명 나라 정덕(正德) 4년에 어마태감(御馬太監) 하영(賀榮)이 중수했는데, 비문을 지은 사람은 글자가 이지러져 상고할 수 없었고, 난양(灤陽) 허장(許莊)이 비문을 썼다. 유씨(劉氏) 성 가진 사람을 만나 물어보니, 경덕탑(敬德塔)이라고 했다. 이 말이 옳다.

[4] 화표석주(華表石柱)는 성 서북쪽 민가에 있었는데 지금은 유실되었다. (중략)

[5] 구요양(舊遼陽)으로 향할 때 신요양을 바라보니, 태자하 가에 큰 나무를 쌓아 놓은 것이 보였다. 거의 7~8리에 이르도록 가득 찼다. 마두(馬頭)들이, "이 나무는 훈춘(渾春) 지방에서 가져와서 여기에 쌓아둔 것으로 여러 곳으로 보내고 있습니다. 모두 동량(棟樑)감으로 쓰이는 나무입니다." 했다. 서장관이 나에게, "내가 전년에 어사(御史)로 있을 때 강계·초산 등지를 순찰해 보았는데, 그때 저들이 폐사군(廢四郡)에 들어와서 큰 나무를 베어 뗏목을 만들어 강에 띄워 내려보내었다. 그것이 곧 이 나무이다." 했다. 진(晉)나라에서 초(楚)나라 재목을 쓰다니 참으로 개탄할 일이다.[130]

---

130 『국역 청장관전서』 권 66, 「入燕記 上」(1778년), 4월 19일 조.

단락 [1]은 명의 멸망 및 성곽의 퇴락과는 상관없이 번화를 자랑하는 요양의 도시 풍정에 대한 인상이다. 단락 [2]는 서문 밖 관왕묘 내부의 신상 배치와 형태에 대한 묘사이다. 관왕묘의 자리는 명초부터 지금까지 변함이 없다.[131] 단락 [3]은 광우사와 백탑에 대한 소개이다.[132] 백탑의 조성 시기는 크게 당대설과 요대설로 나뉘는데, 이덕무는 당대설을 지지하였다. 645년 고구려의 요동성을 함락시킨 당이 민심을 위무하기 위해 탑을 조성했고 위지경덕(尉遲敬德)이 그 책임을 맡았다는 것이 당대설의 요지이다. 이덕무 뿐 아니라 조선의 사신들은 대체로 이 당대설에 마음이 끌렸다.[133] 하지만 당대설은 전설에 의거한 것에 지나지 않고, 정확한 것은 알 수 없으며,[134] 역사 정황과 양식을 고려한 요대설이 유력하다. 단락 [4]는 정령위와 화표주 전설에 대한 이야기인데, 긴 설명 없이 지나갔다. 조선 문사들에게 친숙했고 관심도 끌었지만 딱히 내세울 근거가 없었기 때문이다.[135] 단락 [5]는 태자하 가에 있었던 목창(木廠)에 대한 설명이다. 조선 사신들은 강가에 쌓여 있는 목재가 조선의 평안도 지역에서 작벌한 것이라고 여겼으나, 이는 물줄기의 계통을 정확히 알지 못해 발생한 오해였다. 태자하의 상류는 조선과는 이어지지 않는다.

태자하는 요양의 동북쪽을 흘러 요하 및 혼하와 합류하여 발해로 들

---

131 관왕묘는 최근 대규모로 신축되었다. 2016년 1월 방문했을 때에는 아직 개방되지 않은 상태였다. 호성하 서쪽 인접한 곳에 있으며, 바로 옆에 은몽대주점(銀夢大酒店)이 있다.

132 둘 사이의 거리는 1km 남짓이다. 『요동지』와 『전요지』의 지도에 모두, 관왕묘는 서문 밖에, 백탑은 관왕묘 북성 서쪽 지점에 표시하고 있다. 절 이름은 백탑사와 광우사로 다르게 표기되었는데, 우리 문헌에도 두 명칭이 뒤섞여 나온다.

133 윤근수, 『月汀集』, 「朝天錄, 白塔」. "文皇謾作征遼計, 猛將猶存造塔功."
유몽인, 『於于後集』 권 1, 「朝天錄, 白塔寺」. "唐宗昔征遼, 敬德陳法會. 深心奉西眞, 經始傾珍貝."

134 조태채, 『二憂堂集』 권 1, 「廣祐寺」. "… 往蹟試看碑上記, 不知年代是何朝." 두 번째 시에서도 같은 생각을 밝혔다. "衝霄白塔知何代, 耀日朱甍認佛家. 欲向遺民徵往事, 悠悠傳說捴歸訛."

135 정령위 설화는 『搜神後記』에 처음 보인다. 조선 사신들은 이 설화에 큰 관심을 보였지만, 흔적이나 실체가 있는 것은 아니었다. 『요동지』에는 "在遼陽城鐘樓北, 舊有石柱, 湮沒, 道觀久廢, 今爲倉."(권 1, 「地理」 이라 소개하였고, 『전요지』, 「遼陽鎭城圖」에는 성내 종루 북쪽에 華表柱를 표시해놓았다.

어갔던 강인데,[136] 그래서 이 물줄기의 하류를 삼차하(三叉河)라 하였다. 태자하의 명칭에 대해서는 제설이 분분한데, 맑고 깨끗하다는 뜻의 만주 탑사합하(塔思哈河)의 음역이라는 설이 유력하다.[137] 가장 널리 유행했던 건 진시황 시해를 기도했던 연(燕)나라 마지막 태자 단(丹)이 달아났다가 잡혔던 연수(衍水)가 뒤에 태자하가 되었다는 설이다. 이 설은 특히 정서 차원에서 명청 교체 이후 패배감과 복수의식에 사로잡혔던 조선 문사의 지지를 받았다. 하지만 학문 차원에서 이 설은 거의 인정을 받지 못했다. 소수긴 하지만 강의 이름을 당군(唐軍)에 맞서다 이 물에 빠져 죽은 고구려 태자와의 관련성을 내세운 의견도 있었다.[138] 요양 동쪽 30리 지점에, 645년 당군에 의해 함락된 백암성(白巖城, 현지 명칭은 巖州城)이 있기 때문이다. 도강의 지점이 달랐을 뿐 연행사들은 이 강을 한 번은 건너야 했다. 요양성을 경유하던 시기에는 우가장에서 삼차하를, 노정이 바뀐 뒤에는 요양성 동쪽에서 태자하를 건너 심양 쪽으로 길을 잡았다.

1713년 귀로의 김창업은 요양성 남쪽의 영안사(永安寺)에서 하루를 묵고 천산(千山) 유람을 떠난 적이 있다. 김창업의 여행에 크게 감동한 이기지(李器之)는 1720년 일부러 이 영안사를 찾아간 적이 있다. 영안사는 요양성 남벽 아래 있었는데, 현재도 신운대가(新運大街) 225호에 새로운 모습으로 그 자리를 지키고 있다.

---

136 요하의 흐름이 바뀌어 지금은 혼하와만 합류한다.

137 『清史稿』 권 55, 志 30, 地理 2에 태자하를 가리켜 "國語曰, 塔思哈河."라 하였다. 『遼陽縣志』(1928)에도 같은 내용이 실려 있다.

138 윤근수의 「送李僉樞壽俊如京序」(『월정집』 권 5)나 홍경모의 「太子河記」(『冠巖存藁 游記』) 등에 그러한 언급이 보인다.

4. 광야 답보와 관념의 파동

요양이 공식 노정에서 제외된 뒤, 아미장을 지난 사행은 태자하를 건너 영수사에서 묵었다. 물론 많은 사신들이 그 사이에 요양을 구경했고, 흥미와 일정 여하에 따라 동경성 터를 찾아보았다. 동경성 터는 노선에서 700여m 떨어진 곳에 있었기 때문에 마음만 먹으면 쉽게 가볼 수 있는 곳이었다. 동경성 터와 영수사 사이의 거리는 약 3km 정도이다. 조선 후기 연행사들은 이 지역을 묶어 신요동으로 통칭했다. 신요동(또는 영수사)과 심양성 사이는 120리로 이틀 거리였다.[139] 대개 중간 지점인 십리하보(十里河堡)에서 하루를 묵었다. 이 사이 연행록 지명들은 거의 그대로 남아 있고 지형의 변화도 없어 옛길 추정이 용이하다. 이 구간은 연행사들이 본격적으로 요야를 체험했던, 진보적인 인사들에게는 지리와 역사 나아가서 천문(天文)에 대한 인식까지 재조정되었던 곳이다. 여정의 대략을 간략하게 고찰하고, 관념의 파동 양상은 따로 묶어 논의하기로 한다.

영수사는 태자하 동쪽 1km 지점에 있었으며, 객사의 역할을 겸했던 것으로 보인다.[140] 영수사는 근대까지 존속되어 오다가, 문화혁명을 겪으며 폐찰이 되었다. 그 터는 뒤에 영수사소학교(迎水寺小學校)가 되었다가, 지금은 대규모 개발 사업으로 없어졌다. 이 일대의 마을 이름이 영수사촌이다. 요양시 박물관에는 영수사에 있었던 불상이 상설 전시되고 있다. 이러한 정황이나 연행록의 내용으로 보아 규모가 컸던 것으로 짐작된다. 영수사 다음의 접관청(接官廳)은 접관청촌으로, 난니포(爛泥鋪-堡)는 난니포촌으로 옛 이름이 그대로 사용되고 있다. 난니포는 새벽에 영수사를 떠난 사행이 늦은 아침을

---

139 이수는 기록에 따라 조금 다른데 김창업과 이요는 120리, 홍대용은 129리, 이해응은 115리로 기록했다. 참고로 요양역에서 심양역까지의 철로 거리는 64km, 지도 상 영수사와 심양 고궁까지의 직선 거리는 61km이다. 도로의 실제 거리는 하면 65~70km쯤 되었을 것으로 추정된다.

140 조두순, 『心庵遺稿』 권 2, 「迎水寺」. "野寺因成店 風塵佛面渾. …"

<table>
<tr><th>연행록 지명</th><th>현재 지명</th><th colspan="2">기타</th></tr>
<tr><td>*동경성(東京城)</td><td></td><td colspan="2"></td></tr>
<tr><td>영수사(迎水寺)</td><td>遼陽市 東京陵鄉 迎水寺村</td><td colspan="2">永壽寺, 延水寺, 慈航寺</td></tr>
<tr><td>접관청(接官廳)</td><td>燈塔市 張檯子鎮 接官廳村</td><td></td><td rowspan="5">눈 녹는 봄이나 우천시에 진창으로 악명 높았던 구간</td></tr>
<tr><td>난니포[보](爛泥鋪[堡])</td><td>燈塔市 張檯子鎮 亂泥鋪村</td><td></td></tr>
<tr><td>만보교(萬寶橋)</td><td>燈塔市 萬寶橋村</td><td>萬寶橋公園</td></tr>
<tr><td>연대보(煙臺堡)</td><td>燈塔市</td><td></td></tr>
<tr><td>산요포[보](山腰鋪[堡])</td><td>燈塔市 山岳堡村</td><td></td></tr>
<tr><td>십리하보(十里河堡)</td><td>瀋陽市 蘇家屯區 十里河鎮</td><td colspan="2">숙박</td></tr>
<tr><td>판교보(板橋堡)</td><td>瀋陽市 蘇家屯區 板橋堡村</td><td colspan="2"></td></tr>
<tr><td>사하보(沙河堡)</td><td>瀋陽市 蘇家屯區 沙河堡鎮</td><td colspan="2"></td></tr>
<tr><td>폭교[보](暴交[堡])와[자](哇[子])</td><td>瀋陽市 蘇家屯區 鮑家村</td><td colspan="2"></td></tr>
<tr><td>백탑보[포](白塔堡[鋪])</td><td>瀋陽市 東陵區 白塔村</td><td colspan="2">白塔公園</td></tr>
<tr><td>혼하보[홍화포](渾河堡[紅花鋪])</td><td>瀋陽市 渾南區 渾河堡村</td><td colspan="2">渾河大橋 서남단</td></tr>
</table>

먹던 곳인데, 인심이 좋지 않았기로 유명했다. 1684년 이세화(李世華)는 삯을 두터이 치르지 않으면 문도 열어주지 않는다고 했다.[141] 1686년 오도일(吳道一)은 난니포 이후로는 방값이나 밥값은 물론 식수나 땔감 등에 이르기까지 돈이 없으면 안 되었는데, 그 원인을 풍기의 차이에서 찾았다.[142] 1712년 김창업 일행도 이곳에서 밥값 문제로 시비를 겪었다. 사행에는 기록에 드러난 것보다 훨씬 많은 사연과 갈등이 있었다.

난니포에서 6리를 가면 만보교(萬寶橋)라는 돌다리가 있었다. '난니(爛

141 『雙柏堂集』 권 1 下, 「過爛泥堡 宿十里堡」. "… 傭錢不腆門牢閉, 行槖無儲物慢藏. …."

142 오도일, 『서파집』 권 26, 「병인연행일승」. "遼東以前, 淸人輩待我國人頗款, 所宿房錢外, 無他糜費. 自爛泥堡以後, 雖水火, 無價則不相資. 蓋遼東以前, 不但以雇車專靠生理於我國, 所居荒僻, 接應常罕. 遼東以後, 則閭閻接連, 貨財委輸, 風氣自相懸絶, 民俗之不同, 亦其勢然也."

泥)'라는 지명이 암시하듯, 난니포와 십리하보 사이 구간은 진창으로 악명이 높았다.

> 대개 천하가 비습할 때 요좌(遼左, 요하 동쪽)가 가장 심하고, 그 중에서도 난니보가 더욱 심하다. 매양 사신의 행차가 돌아올 무렵, 봄에 얼었던 진흙이 녹아서 노새와 말의 배까지 잠기어 하루에 겨우 10~20리를 가고, 혹은 진창바다에서 밤을 지새기도 하였다고 하니, 내년 봄에 우리가 이 고생을 면할 수 있을지 모르겠다.[143]

이 문제를 해결하기 위해 청나라는 건국 초부터 요동 일대의 길옆에 버드나무 가로수를 심었고, 중요한 곳에는 돌다리를 놓았는데 만보교는 그중 하나다. 설치 연도에 대해 비문을 근거로 김창업(1712)은 1707년으로, 김정중(1791)은 1695년으로 기록했는데, 어떤 것이 정확한지 판단하기 어렵다. 만보교는 심양 서북쪽의 영안교(永安橋)와 함께 현재 남아 있는, 청초에 연행로에 놓은 돌다리 중의 하나이다. 2000년 이 일대를 정비하여 만보교공원을 만들었다. 만보교를 건너 4리 지점에 있었던 연대보(煙臺堡)는 마을의 규모가 성장하여 1996년부터 등탑시(燈塔市)가 되었다.

십리하보는 명초에 설치한 호피역(虎皮驛)이 있던 곳이다.[144] 거의 모든 사행이 하루를 묵었던 곳인데, 역참이 있어 편의를 제공받았던 곳은 아니다. 난니포와 마찬가지로 삯 문제로 현지인과 갈등이 많았던 곳이다. 1689년 이곳을 지난 신후재(申厚載)는, 시냇물도 함부로 긷지 못하게 하고 어둠을 틈타 물건을 훔치는 일 등이 비일비재하다며, 약국 사신의 처지를 자

---

143 박사호, 고전번역원, 『국역 연계기정』(1828).

144 『遼東志』 권 2, 「驛傳, 虎皮營城驛」. "遼陽城北五十五里, 洪武二十一年設."

각하고 분기를 금치 못했다.[145] 십리하보는 그 성의 규모를 가늠할 수 있을 만큼 그 흔적이 지금도 남아 있다.[146] "요야를 밟아보지 않으면, 시의 필력 무엇으로 키울까!" 1697년 송상기(1657~1723)는 문학과 공간 체험의 함수관계를 설파했다.[147] 1799년 채제공은 이곳에서 하루를 묵는 감회를 시로 지었는데, 지리 형세와 대비되는 신체의 물리적인 왜소함, 그리고 거기에 갇히지 않는 장부의 흉금을 드러낸 것이 소리 내어 읽을 만하다.[148] 요야에 들어선 뒤 이틀째 묵는 십리하보에서 연행사들은 비로소 그 들판의 크기를 실감하기 시작했다.

십리하보 다음 노정에서는 표에서 제시한 것 외에도, 장성(長城-盛店)은 장흥촌(長興村)으로, 전장포(氈匠鋪)는 전장촌으로, 화효교(火燒(石)橋)는 화석교촌(火石橋村)으로 옛 지명을 유지하고 있다. 백탑보(白塔堡)는 난니포와 마찬가지로 잠시 쉬면서 밥을 먹던 곳이다. 백탑보는 하얗게 회칠한 전탑이 있어 붙여진 이름이다. 『요동지』, 「심양중위산천지리도(瀋陽中衛山川地理圖)」에는 혼하 남쪽에 '백탑미타사(白塔彌陀寺)'가 표시되어 있고, 『전요지』에는 성 남쪽 20리에 백탑미타사가 있다는 기록이 있다. 1927년 편수 논의가 시작된 『봉천통지(奉天通志)』(권 75)에는 백탑이 1606년에 건립되었다고 했다. 그런데 『요동지』와 『전요지』는 각각 1488년과 1528년에 간행되었으니, 『봉천통지』의 기록과는 앞뒤가 맞지 않는다. 우리 기록에 나타나는 가장 이른 시기는 1695년이다. 그 때에도 백탑보 부근에는 꽤 많은 주루(酒樓)와 다점(茶店)이

---

145 『葵亭集』 권 3, 「十里堡」. "遼俗曾聞薄, 今來尤可異. 嗟哉十里堡, 錐刀惟射利. 見客索房錢, 都忘廉與義. 有泉不許汲, 紙刀多賂遺. 乘暗攫行李, 征人不得睡. 叫呼入厨房, 馬頭蒼黃避. 嗟吾弱國臣, 憤懣心如醉."

146 성 안에는 瀋陽市第六十五中이 들어서 있으며, 남서쪽의 성벽은 상당 부분 남아 있다.

147 『玉吾齋集』 권 2, 「十里堡」. "漠漠雲沙萬里開, 眼中那見一山堆. 天留逢管聲名在, 地歷華戎戰伐來. 行客但尋新店舍, 驛夫猶指舊煙臺. 人生不踏遼陽野, 安得題詩筆力恢. 逄指逄萌."

148 『樊巖集』 권 13, '含忍錄 上', 「十里堡夜坐」. "遼野物最大, 天外更無山. 藐玆十里堡, 黑子居其間. 吾身又堪笑, 寄在村炕中. 何如滄海腹, 棲息一孤篷. 默坐看四大, 搖搖靡所依. 所賴丈夫胷, 其大不可圍."

있었던 것을 보인다.[149] 심양 남쪽의 중요한 이정표였던 이 탑은 20세기 초까지 남아 있다가 1905년 노일전쟁의 와중에서 파괴되었고, 2001년 복원되었지만 그 위치와 제도에 대해서는 논란이 많다.[150] 기록에 따라 조금 차이가 있긴 하지만, 탑의 규모와 제도에 대해서는 우리 기록의 내용이 비교적 자세하다.[151] 혼하보(渾河堡)는 혼하대교(渾河大橋) 남단 서쪽에 지금도 혼하보촌(渾河堡村, 渾南區)이라는 이름으로 남아 있다.

요양에서 심양에 이르는 이틀 길은, 조선 사신들의 관념을 요동치게 하였다. 그 길은 광대한 평원 속에 놓여 있어, 요야를 온 몸으로 오롯이 느낄 수 있었기 때문이다. 고려촌에서의 반응이 순간의 경이였다면, 이틀 길의 체험이 이끌어 낸 것은 관념의 파동이며 때로는 인식의 대전환이었다. 그것은 크게 세 층위로 설명할 수 있다. 다만 한 가지 전제할 것은, 이러한 인식 전환의 발원지를 요양과 심양 사이 구간으로만 제한하기는 어렵다는 사실이다. 사행은 심양을 지나고도 나흘은 더 요야를 걸었기 때문이다.

첫 번째는 지리 체험에서 비롯한 안계(眼界)의 확대이다. 사람의 지각에는 한계가 있어 눈으로 확인할 수 있는 땅의 크기는 제한적이다. 중국의 땅이 넓다는 인식은 추상적 관념이거나 지도에서 얻은 이미지에 지나지 않는다. 그런데 사방 어디를 보나 산으로 가로막혀 있는(동팔참도 마찬가지) 조선에서 생장한 사람들에게, 이틀 동안을 걸어도 자기를 중심으로 만들어지는 끝없는 동심원은 세계의 크기를 다시 생각하게 하는 지각의 충격이었다. 세상은 커야지만 볼 게 있으니, 사람의 안계는 걸음 따라 넓어지는 법이다.[152]

---

149 이세백, 『雩沙集』 권 3, 「白塔堡」. "石塔依依客路傍, 酒樓茶店競相望. 悤悤又過前橋去, 霧裡孤城是瀋陽."

150 劉克斌·宋東澤, 「瀋陽白塔堡白塔若干問題探討」, 『瀋陽廣記』, 요녕대학출판사, 2011, 217쪽.

151 김창업(1712), 이덕무(1778), 이해응(1803), 김경선(1832), 서경순(1855) 등.

152 1712년 김창흡이 연행에 나서는 김창집, 김창업 형제를 전송하며 지은 시에 나오는 구절이다. 『三淵集』 권 11, 「送大有隨伯氏赴燕」. " 物大然後有可觀, 眼界應隨步武寬." 부제는 '遼野曉日'이다.

그림 22 요양시 서쪽 수산(주필산) 북쪽의 요동벌.

그림 23 심양시 북쪽 칠성산(七星山) 서쪽의 요동벌. 요나라 시대의 탑이 전쟁의 상흔(해방전쟁)을 온몸에 지닌 채 서 있다.

1725년 조문명은 동서남북 어디에도 눈에 걸림이 없는 요야를 지나며, 평생 세상 좁다고 함부로 말했는데 이제야 안목이 넓어짐을 알았다고 탄식했다.[153] 이는 특별한 지적 노력을 요하지 않는, 시대와 조건 그리고 사람에 따

153 『鶴巖集』 冊 2, 「遼野」. "南北東西不礙看, 風埃漭漭更漫漫. 平生忘說寰區窄, 今日方知眼目寬. 若獲裨

라 크게 차이가 없는 관념의 파동이었다.

두 번째는 역사 인식의 전환이다. 모든 역사의 무대는 지리공간이고, 또 역사는 복잡한 관계의 연동이다. 이 요야는 멀리는 자국사의 기원인 고조선과 고구려와 발해의 영역이었고, 가까이는 조선을 망국 직전까지 몰아갔던 두 차례 호란의 발원지였다. 그 밖에도 공손씨를 비롯하여 요·금·원의 국가가 이곳을 배경으로 명멸했다. 또 역사는 한 나라의 의지나 선택만으로, 한 나라 안에서만 전개되지 않는다. 조선의 역사는 언제나 이웃 나라의 동향과 연결되어 있고, 특히 대륙에서 큰 바람이 일면 언제나 그 여파가 요동을 거쳐 조선에 밀려왔다. 이러한 사실은 책방 안에서의 독서만으로 통찰하기 어려운 것이다. 일련의 요야 체험은 역사 인식의 관념을 탈피하는 계기를 제공하기도 했다. 아래는 그러한 변화를 잘 보여주는 사례로, 장황하지만 길게 인용하고 별도의 설명은 생략한다. 1830년, 1834년 두 차례 연행을 다녀온 홍경모의 글이다.

> 천하의 대지이며 천고의 좋은 전쟁터이다. 좌우로 만주와 몽골이 있고, 남쪽에는 등주(登州)와 내주(萊州), 동쪽에는 조선이 있다. 시절이 평안하면 뽕나무 숲과 삼밭이 울창하지만 세상이 어지러우면 전마가 치달린다. 오랑캐도 차지하지 못하고 중국도 지킬 수가 없다. 심양과 요양의 금성탕지(金城湯池) 또한 믿을 만한 것이 없다. 중국 외의 민족들이 중국을 넘본 것은 주(周)나라 시절에 비롯되었다. 진한(秦漢)의 방비와 정벌은 오로지 서북쪽에만 치우쳐, 소관(蕭關)과 옥관(玉關)(모두 감숙성 돈황 부근에 있던, 서역으로 통하던 관문)이 언제나 전체 판세를 좌우하는 요충지였다. 거용관(居庸關, 북경 북서쪽 60km 지점에 있는 관문) 동쪽으로는 신경을 쓰지 않았다. 수당 시절에 이르러 이른바 동정(東征)이라 함은 모두 조선과의 문제였지만 군대를 내는 족족 패

謀焉所適, 縱窮莊辯也難端. 世間無物能爭大, 觀海差堪較此觀."

배하기만 했다. 이때 우리 동방의 땅은 서쪽으로는 봉황성, 북쪽으로는 선춘령(先春嶺)을 경계로 했기 때문에 말갈의 옛 땅에 사는 족속들은 모두 우리에게 복속했다. 국세는 절로 강대하여 거의 강역의 근심이 없었다. 송나라 이후 1만을 채운 여진족이 백두산 밖에서 차츰 강성해져 결국 중원을 도모했고, 금을 멸망시킨 원도 타안(朶顔, 동쪽으로 이주한 몽골계의 한 종족, 한자로 兀良哈이라고 쓴다)의 추장이었다. 명을 대신한 것은 청인데 또한 건주(建州)의 부족이었다. 금·원·청 세 나라는 모두 동북의 종족으로 차례로 중원의 주인이 되었다. 하물며 연경 지역은 다섯 왕조 연이어 수도가 되었으니, 요양 동쪽 또한 구변(九邊, 장성을 아홉 구역으로 나누었던 명나라의 방어 체계) 중으로 편입되고 말았다. 산해관을 지어 일컫기를 '천하제일관(天下第一關)'이라 하였으니, 중국의 근심은 드디어 동쪽에 있게 되었다. 천하의 안위는 요야에 달려 있으니, 요야가 편안하면 세상의 풍진이 날리지 않고, 요야가 한번 시끄러우면 천하에 전쟁의 북소리가 다투어 울린다. 참으로 평원 광야는 한눈에 천리를 바라볼 수 있으니 지키자니 힘겹고 버리자니 외세가 밀려오니, 울타리가 없는 셈이다. … 우리는 별도의 나라이다. 중국에 일이 있으면 꼭 여파가 넘치게 밀려온 것은 옛 일을 통해 알 수 있다. … 멀리 만 리 밖의 일을 근심하는 것이 어리석은 듯하다. 하지만 몽골의 성쇠는 측왕(測汪, 지명인 듯하나 미상)의 강약에 달려 있고, 우리 동국의 동정은 요심(遼瀋, 요양과 심양)의 득실에 매여 있으니, 입술이 없으면 잇몸이 시린 관계라 해도 과언이 아닐 것이고, 중원의 안위는 몽골의 성쇠에 달려 있으며, 요심의 득실은 중원의 안위와 직결된다.[154]

세 번째, 일부의 사례이긴 하지만 요야는 새로운 천체관이 탄생하는 공간이었다. 16세기 중엽 서양의 천문역법이 소개되면서 전통 천체론은 도전

---

154 홍경모, 「遼野記」, 『遼野程史』.

에 직면한다. 전통 천체관은 17세기 후반 이후 서양에서 유래한 과학 천체관에 서서히 자리를 내주게 된다. 이렇게 전통적인 천원지방설(天圓地方說)에서 벗어나 지구설(地球說)을 인정하게 되는 데 요야가 일조한다. 아직 과학적인 관측이나 수학적 계산으로 지구의 모양이나 운동을 파악하는 데 이르지 못했던 문사들은 요야의 둥근 지평선을 보며 지구가 둥글다는 것을 생각했던 것이다.

요동 하늘은 엎어놓은 가마솥 뚜껑	遼天如覆鬴
혼돈 처음 열리던 모습이어라	眞箇混開初
개미가 맷돌 위를 기어서 가고	蟻子磨中運
파리가 독 안에 있는 격이네	醯鷄甕裏居
땅이 둥글단 새 학설 정교하거니	地球新說巧
주비산경 옛 설명 소루하구나	周髀古方疎
둥근 그릇 둥근 세계 안고 있다고	圓器包圓物
김판서에게서 들은 적 있네	聞諸金判書[155]

최석정이 1697년 봄에 요양과 난니포 사이에서 지은 시이다. 원형으로 땅에 닿아 있는 하늘의 모습과 지구가 둥글다는 인식을 연결시키고 있다. 땅이 둥글지 않으면 지평선이 원형으로 나올 리 없는 단순한 이치를 말한 것이다. 그렇다면 자신들이 걷는 평평한 길도 본래 모습은 원형이며, 그 위를 걷는 것은 항아리 안의 곡선을 따라 움직이는 파리와 같은데, 이 지구가 또 움직이고 있으니(공전을 말한 것인지 자전을 말한 것이지 판단하기 어려움) 정확히는 돌고 있는 맷돌 위를 기어가는 개미와 같다는 것이다. 그는 전통 천문학을 대표하는 『주비산경(周髀算經)』의 학설을 믿지 않았다. 최석정은 김판서(?)

155 『明谷集』 권 5, '蔗回錄', 「觀天用連山關韻」.

에게서 새로운 천체론을 들었다고 했으니, 17세기 후반에는 지구설이 꽤 널리 퍼져 있었음은 알 수 있다. 그리고 그 당사자들은 요야를 지나며 새로운 이론을 확인했던 것이다.[156]

5. 혼하(渾河)의 내력과 심양 입성

백탑보를 지난 사행은 지금의 혼하대교 남단에서 강을 건넜다. 혼하는 고대 요동 문명의 발상지이자 요동평원의 젖줄이었다. 요녕성에서는 요하에 이어 두 번째 큰 물줄기로 그 길이가 400여km에 이른다. 1679년 이후 200여 년 동안 조선 사신은 혼하를 건너 심양성에 들어갔고, 다시 혼하를 건너 고국으로 돌아오곤 했다. 그 과정에서 이 물줄기는 우리에게도 친숙한, 의미가 깊은 강으로 거듭났다. 그런데 잠시 지나가는 사행보다 이 강과 관련 깊은 사람들이 있었다. 이곳에는 본디 조선 사람들이 많이 섞여 살던 곳이었는데, 17세기 들어 세 차례의 전란(1619, 1627, 1736)을 겪으며 그 수가 폭증했다. 대부분 포로로 끌려온 사람들이다. 이들의 삶에 대한 기록은 거의 남은 것이 없는데, 연행사들이 기록한 혼하의 명칭에 미미하나마 그 흔적이 남아 있다. 이 절에서는 그 경위까지 함께 살피고자 한다.

혼하의 이칭으로 알려진 것은 심수(瀋水)와 소요수(小遼水)이다. 이름의 기원만 따지면 혼하보다는 심수가 더 오래 된 것으로 보인다. 심수는 『대원일통지(大元一統志)』에 처음 나타나는데, 혼하를 설명하면서 "옛날에는 심수라 일컬었다 舊時稱瀋水."라고 하였다. 원대에는 지명을 심양로(瀋陽路)로 개

156 1765년 홍대용은 "바다를 보지 못하고 요야를 지나지 않으면 지구가 둥글다는 말을 믿지 못한다."(『담헌서 외집』 권 8, 「燕記 · 沿路記略」라 했고, 1809년 김정희도 "하늘 끝은 어디로 들어갔는가, 땅의 형체 둥근 것 알 수 있구나. 乾端入何處, 地體信覺圓."(『완당집』 권 9, 「遼野」)라고 하였다.

그림 24 심양의 남쪽을 동서로 흐르는 혼하. 오른쪽이 강남이다. 혼하의 옛 이름은 심수(瀋水)이며, 심양(瀋陽)은 심수의 북쪽이란 뜻이다. 오랫동안 조선 사람들은 아(야)리하라고 불렀다. 멀리 혼하대교가 보인다. 조선 사신들은 혼하대교 아래를 건넜다.

칭하여 요양행성(遼陽行省)에 직속시켰다. '심양(瀋陽)'이란 명칭이 역사에 처음 등장한 것이다. 이 이름은 '심수의 북쪽'을 의미한다. 명대에는 이곳에 심양중위(瀋陽中衛)를 두었고, 이후 심양은 오늘날까지 그대로 사용되고 있다. 하지만 그보다 훨씬 이전인 당대에 심주(瀋州)라는 지명이 나타났고, 금나라는 이 이름을 그대로 사용하였으니, 심수라는 명칭은 최소한 당대부터는 있었던 것으로 추정할 수 있다. 하지만 아직까지 '심(瀋)'의 유래와 의미에 대해서는 아직 별 논의가 없다.

기록상으로는 혼하가 심수보다 먼저 나온다.[157] 『대원일통지』에서는 혼

157 『遼史』, 「地理志」의 동경요양부(東京遼陽府)에 대한 설명 중 "渾河在東梁范河之間."

하의 명칭 유래를 "물 흐름이 거세 모래와 흙이 뒤섞여 흐르는 까닭에 '혼하(渾河)'라고 한다. 水勢湍激, 沙土混流, 故名渾河."로 설명했다. 한자어 뜻풀이식 지명 유래 설명이다(조선의 문헌에는 혼하를 混河로 표기한 사례가 적지 않다). 이러한 설명 방식은 명청 교체기의 인물 및 전투담과 결부되어 지명 유래 설화로 만들어지고 전승되었다. 현재 혼하의 명칭 내력으로는 누르하치 관련 설화가 가장 널리 알려져 있다. 하지만 1488년 『표해록』에 이미 '혼하(渾河)'가 등장하니 그러한 민간 설화는 모두 허구이다. 강물의 형세로 '혼(渾)'의 의미를 풀이한 이야기 또한 후대에 꾸며진 것이 틀림없다. 청대에는 만주족들의 발음을 음차하여 호노호하(瑚努呼河)로도 표기하기도 했다. 이처럼 혼하는 원대 또는 그 이전부터 이 물줄기 일대에 할거하던 사람들의 고유 명칭이, 뒷날 한자 문화의 영향 아래 혼하(渾河)로 음차 표기되었을 가능성이 높다. 원래 이름의 의미에 대해서도 아직 밝혀진 게 없다.

혼하의 다른 이름으로 알려진 것은 소요수인데, 여기에 대해서는 신중하게 판단할 필요가 있다. 소요수는 『수경(水經)』에 소개된 바, 한대 동북쪽의 일곱 물줄기 중 대요수와 패수 사이에 있었던 것이다. 패수는 낙양 기준 동북쪽 맨 끝의 물줄기였다. 후대의 학자들은 대요수를 요하, 소요수를 혼하, 그리고 패수를 압록강이나 청천강 또는 대동강으로 비정했다.[158] 하지만 그 앞의 네 물줄기 습여수(濕余水, 溫榆河), 고수(沽水, 白河 상류), 포구수(鮑句水, 潮河), 유수(濡水, 灤河) 사이의 거리가 평균 50km 정도에 지나지 않는데, 난하와 요하 사이의 거리는 가장 가깝게 이어도 400km가 넘으니 기술의 균형이 맞지 않는다. 또 유수와 패수 사이의 큰 강들인 청룡하(青龍河), 육고하(六股河), 연대하(煙臺河), 흥성하(興城河), 소릉하(小凌河), 대릉하(大凌河), 양장하(羊腸河), 유하(柳河), 태자하(太子河), 압록강 등이 빠진 이유가 설명되지 않는다. 소요수는 후대에 혼하의 이칭으로 간주되었지만, 한 번도 사용되지 않았던 이

158 『讀史方輿紀要』 권 37. "渾河在司西北, 一名小遼水, 源此塞外, 西南流."

름으로, 실제로는 훨씬 더 서쪽에 있었던 물줄기의 명칭으로 보아야 한다.

혼하의 이름으로 더 주목해야 하는 것이 있다. 고래로 심양은 잦은 역사 변동을 겪은 도시이고, 언어와 풍속이 다른 여러 민족이 할거했던 지역이기에, 민족과 시대에 따라 다른 이름들이 많았을 것으로 추정된다. 관찰되는 흥미로운 현상 중 하나는 17세기 중엽부터 19세기 중반에 이르기까지 조선 사신들의 기록에 남은 혼하의 다른 이름이다. 조금씩 다른 표기 중 가장 이른 시기의 것들만 모아 제시하면 다음과 같다.

명칭	기록년도	기록자	문헌
아리강(阿里江, ālǐ)	1640년대		瀋陽日記
야리강(野里江, yělǐ)	1645	성이성	溪西逸稿 권1, 燕行日記
야리강(倻離江, yēlí)	1677	손만웅	野村集 권4, 燕行日錄
야리강(野梨江, yělí)	1686	오도일	西坡集 권3, 燕槎錄
야리강(耶利江, yēlì)	1698	송상기	玉吾齋集 권3, 送謝恩書狀李仲剛
아리강(阿利江, ālì)	1712	최덕중	燕行記
야니강(偌泥江, ruònì) 약니강(渃泥江, ruònì)	1721	이정신	櫟翁遺稿 권7, 燕行錄
야리강(耶里江, yēlǐ)	1803	이해응	薊山紀程

*강(江) 대신에 하(河)나 수(水)가 쓰이기도 했음.

표기는 조금씩 다르지만 음가는 모두 비슷하니, 당시 조선 사람들이 부르던 이름을 음차 표기한 것이다. 그 발음은 대략 ali(아리), yali(야리)로 모아진다. 이 이름은 병자호란 직후인 1640년대 초반에 등장하기 시작하며, 20세기 초까지도 그 용례가 남아 있다.[159] 반면 중국의 문헌에서는 검색되

---

159 홍명희가 1912~1913년경 만주에서 정인보를 만나 지어 준 시에 "阿里厚氷合, 負戴渡白衣. 天地一朝變, 山河萬古悲."란 구절이 있다. 여기서 1구의 '아리(阿里)'는 혼하를 가리키는 것이 분명하다. 이 시의 정황에 대해서는 강영주, 『벽초 홍명희 연구』, 창작과비평사, 2000, 93~94쪽 참조.

지 않는다. 이는 아리강이 조선 사람들이 혼하를 지칭하는 이름이었음을 반증한다. 다만 이 이름이 본래 심양 일대에 거주하던 조선 사람들이 부르던 것인지, 17세기 초 전란의 여파로 조선 사람들이 급증하면서 사용된 것인지는 확인하기 어렵다. 또 그 의미가 무엇인지는 아직 분명치 않다. 한국어에서 '아리'는 '아리랑'을 연상시키는, 매우 의미심장한 단어이다. 또 이 단어의 한국어 음가는 「광개토왕비」에 나오는 아리수(阿利水)의 '아리', 송화강(松花江)의 다른 이름인 송아리강(松阿里江)의 '아리(阿里)'와 같으며, 압록강의 중국어 발음인 yālǔ와 비슷하다.

이와 관련하여 또 하나 주목을 요하는 기록이 있다. 금나라 건국 초 요양과 심양 일대는 요와 금의 세력이 미치지 못하는 권력의 사각지대였다. "이에 금 태조 2년(1116) 4월 고영창(高永昌)이 발해 유민들을 규합하여 동경(東京, 요양)에서 나라를 세우고 연호를 융기(隆基)라 하였다. 그는 금에 사신을 보내 함께 요를 치자고 제안했다. 태조는 알로(斡魯)를 파견했고, 5월 알로는 심주(瀋州)를 점령했다. 둘 사이의 화의가 깨지고, 알로와 고영창의 군대는 옥리활수(沃里活(wòlǐhuó)水)를 사이에 두고 대치했다. 알로의 군대가 옥리활수를 건너자 고영창의 군대는 그대로 달아났고, 알로의 군대는 북쪽으로 가서 동경성에 이르렀다." 이는 『금사』 권 72, 「알로열전(斡魯列傳)」에 나온다.

이 기술에는 앞뒤가 맞지 않는 부분이 있다. 알로와 고영창의 군대가 각각 심주와 동경을 차지하고 있었다면, 이들이 대치한 옥리활수는 심양과 요양 사이에 있는 물줄기, 예를 들면 혼하나 십리하, 또는 태자하여야 한다. 그런데 뒤의 기술에서는 알로의 군대가 북쪽으로 동경성에 이르렀다고 했으니, 여기에 따르면 옥리활수는 요양 남쪽의 물줄기여야 한다. 이러한 모순은 뒷날 사서 편찬자들이 현지의 지리 사정에 밝지 않았기 때문에 생겨난 것으로 보인다. 그런데 이 부분을 해석함에 있어 단서를 삼을 만한 기록이 있다. 건륭 37년(1772)에 편찬된 『어비역대통감집람(御批歷代通鑑輯覽)』에서는 옥리활수를 우우활수(遇于活水, yùyúhuó)라 했고, '우우활수가 바로 심수'라고 명기했다(권 80). 또 6년 뒤에 간행된 『흠정만주원류고(欽定滿洲原流考)』에서도 심수를 기술하며 '일명활수(一名活水)'라고 부기했다(권 15). '활수(活水)'는 옥리활수 또는 우우활수를 줄여 표기한 것이 분명하다. 18세기 후반 청나라 황실의 사관들은 옥리활수(우우활수)를 혼하로 본 것이다.

정리하면 혼하=심수=옥리활수=아리하라는 등식이 성립한다.[160] 그리고 음가로만 판단하면 '옥리활'과 '아리하'는 같은 계열의 명칭이었다는 가설을 세울 수 있다. 이 가설이 성립한다면, 심양 남쪽의 물줄기는 혼하·심수와는 다른 계열의 이름을 가지고 있었으며, 그것은 오랫동안 이 지역을 무대로 살아온 종족에게서 사용된 것이고, 조선 사신들은 현지에서의 문견을 채록한 것이다. 그런데 '아리강'의 사례로 보아 이 '아리'라는 명칭은 조선 사람들의 언어였을 가능성이 있다. 하지만 이는 가설일 뿐이고, 아직 이 이름들의 역사적 내력과 의미는 비밀에 쌓여 있다. 혼하는 우리가 아는 것보다 훨씬 다양한 사람들의 삶의 무대였으며, 그 이름은 아직 의문으로 가득 차 있다.

거기 얽힌 사연만큼이나 혼하에 관한 시문이 많은데 그중 인상적인 두어 사례를 살펴보자.

하늘이 요야 드리우자 산 모두 가라앉고　　天垂遼野群山沒
땅에서 혼하 터지니 만 물줄기 모여드네　　地拆渾河萬水宗[161]

1610년 홍명원(洪命元)이 성절사(聖節使)로 북경에 가는 종숙 홍서봉(洪瑞鳳)을 전송하는 7율(律)의 5~6구이다. 하늘과 땅을 각각 창조 행위[垂/坼]의 주체로 의인화하고, 일망무제의 요야와 만수종앙(萬水宗仰)의 혼하를 짝 지

160 혼하의 지류인 소심수(小瀋水)는 오리(五里, wǔlǐ)河로도 일컬어진다. 오리(wǔlǐ)의 발음이 옥리(沃里, wòlǐ)와 비슷한데, 조심스럽게 둘 사이의 상관성을 추정해본다. 『欽定遼金元史國語解』의 「欽定金史語解」 권 4에는 "鄂爾和, 草也. 卷 71, 作沃里活, 水名."이라고 했으니 혼하는 악이화(鄂爾和, èěrhé)로도 표기되었다.

161 洪命元, 『海峯集』 권 2, 「送別從叔洪參議赴京」.

웠다. 시상이 호방하고 대우가 정교하여 요야와 혼하에 헌정할 만하다.

야리강 옆이 바로 심양성이라	耶利江邊卽瀋陽
낙타 호마 모래밭에 가득하다네	槖駝胡馬滿沙場
강 서쪽[162] 옛 조선관 왕자 사연 슬프니	西河舊舘悲公子
동국의 남은 백성 성왕 위해 눈물 짓네	東國遺黎泣聖王.[163]

야리하 가에 검은 암소는 울고	耶里河邊烏牸呼
심양성 밖에는 흰 불탑 서 있네	瀋陽城外白浮圖
밤 되자 비바람에 진창이 되니	夜來風雨黃泥滑
나그네 십리호서 시름에 젖네	愁殺行人十里湖[164]

위는 1698년 송상기(宋相琦)가 이건명(李健命)을 전송하며 지은 시이다. 송상기는 한 해 전에 연경에 다녀왔다. 모래밭에 가득한 낙타와 호마는 교역을 위해 심양에 몰려든 서역과 북방 사람들이 많았음을 의미하는 것으로 보인다. 3~4구는 심양성 조선관에 억류되었던 조선의 두 왕자의 사연과 북벌을 계획했던 효종에 대한 감회이다. 소현세자가 혼하 가에서 야판전(野坂田)을 운영했던 사실 때문에, 연행사들은 혼하를 건너며 습관처럼 조선의 패전과 이로 인한 왕자의 비애를 떠올리곤 했다.[165] 아래 시는 1790년 박제가

---

162 실제 심양은 혼하의 북쪽에 있는데, 관습상 서쪽으로 표기한 사례들이 있다. 이건명의 아버지가 西河 이민서이고, 할아버지가 심양에 억류되었던 이경여이기 때문에, 서하(西河)가 이민서를 가리킬 가능성을 생각해보았으나, 그렇게 해석할 외부 정황이 포착되지 않는다.

163 宋相琦, 『玉吾齋集』 권 3, 「送謝恩書狀李仲剛」 其 5.

164 박제가, 『정유각집』 3집, 「瀋陽雜絶」. "십리하를 현지 사람들은 십리호라고 잘못 부른다. 이 참 일대에 진창이 가장 많다. "十里河, 土人訛稱十里湖, 此站最多泥潦."라는 주석이 달려 있다.

165 오도일의 다음 구절도 그러한 표현의 하나이다. "此地經過偏有感, 野梨江上淚添波."(『西坡集』 권 3, 「瀋陽感懷」)

가 귀로에 지은 것으로, 심양 남쪽의 먼 풍경과 십리하의 밤 시름을 간결하면서도 선명하게 보여준다. 1777년 이갑(李珅)은 백탑보 부근 검은 소의 정체를 태뢰(太牢)라고 했는데, 이는 흰 말과 검은 소를 제천의 희생으로 삼던 풍속을 근거로 한 것으로 입증된 것은 아니다.[166]

혼하를 건넌 사행은 지금의 남탑가(南塔街)를 따라 광자사(廣慈寺) 남탑을 지났다. 남탑에서 1리를 가면 토성(土城)이 있었다. 지금의 문화로(文化路)는 원래 토성 남벽 아래 나있던 길이다. 광자사와 문화로 사이의 거리는 500m로 연행록의 기록 내용과 부합한다. 토성을 지난 뒤 지금의 대남가(大南街)로 2.5km를 이동하면 심양성 좌남의 덕성문(德盛門)이 나왔다. 여기 이르면 사행은 근처 관제묘(藥王廟라고도 한다)에서 관복으로 갈아입은 뒤, 가마를 버리고 말에 올라 표자(表咨)를 받든 채 덕성문을 통해 성 안으로 들어갔다. 이때 나머지 일행은 문관과 무관을 동서로 나누어 두 줄을 지었다. 조선 사행이 심양성에 들어갈 때에는 그 장면을 구경하려는 사람들이 구름처럼 몰려들었다.[167] 심양성은 현재 남아 있지 않은데, 성벽을 있던 자리를 따라 동서남북의 순성로(順城路)가 있어 그 규모를 짐작할 수 있다.

6. 소결

이 글은 조선시대 두관참에서 심양에 이르는 3박 4일의 노정을 재구하고, 여행이 가져온 사신들의 지적 충격과 관념의 파동을 검토한 결과이다. 노정의 경우, 연행록에 기록된 지명이 대부분 그대로 쓰이고 있고, 구간 거

---

166 이갑, 『燕行記事』. "刹傍植木爲柵, 柵內有數十烏牛, 箇箇肥大, 高與人齊, 卽太牢云."

167 조선 사신의 심양 입성 절차와 풍경은 여러 연행록에 그려지고 있다. 여기서는 『무오연행록』(1798) 권 1, 11월 30일 조의 기록과, 『계산기정』(1803) 권 2, 12월 4일 조의 기록을 간추린 것이다.

리와 주변 정황에 대한 서술이 상세하여, 대부분 큰 어려움 없이 복원할 수 있었다. 그 과정에서 소석문령과 그 전후의 옛길을 새로 밝혀내는 성과를 거두었다. 다만 댐의 건설로 지형 변화가 많아 두관참 일대의 옛 지형을 가늠하기 어려운 것이 아쉬운 점이다.

조선 사신들의 지적 충격, 또는 관념의 파동에 대해서는 크게 네 부분으로 나누어 논의하였다. 첫째, 요야의 충격이다. 사방에 한 점 걸림 없는 광막한 벌판은 국토의 대부분이 산으로 이루어진 조선에서 살아온 사신들의 감각에 충격을 주기에 충분했다. 그것은 그 자체로 세계의 확대이다. 둘째, 요양을 중심으로 역사 변동에 따른 행로의 분기와 경험의 차이를 기술하였다. 명청 교체 이후 요양은 역사 변동의 물리적 체험 장소였다. 셋째, 요양과 심양 사이에서 일어난 관념의 파동은, 안계의 확대·역사 인식의 전환·새로운 천체관의 탄생으로 나누어 설명하였다. 넷째, 17세기 이후 조선 사람들이 사용한 혼하의 명칭과 그 내력을 검토하였다. 17세기 중반 이후 조선 사신들은 혼하를 아리강(하, 수) 또는 야리강(하, 수) 등으로 불렀는데, 이는 현지 조선인들에 의해 불렸던, 혼하의 또 다른 고유 명칭이었을 가능성이 있다.

요양과 심양 일대는 우리 역사와 관련이 깊은 지역이다. 먼 고대에는 조선과 고구려 등의 강역이었고, 고려 후기와 조선 중기에는 대량의 유이민이 정착했던 곳이다. 유이민은 20세기 전반 국권 상실기에도 급증하였으며, 지금도 그 후손들이 살고 있다. 13세기 후반부터 19세기 말에 이르는 동안 고려·조선과 원·명·청 사이 국교가 안정되었을 때에는 수많은 사신들이 이 지역을 경유하여 북경(또는 남경)을 오갔다. 이러한 관련은 우리와 요심 사이의 역사지리적 숙명으로, 오늘날 다채롭게 구현되고 있으며 앞으로도 이어질 것이다.

대청 사행과 형가荊軻의 형상

- 태자하太子河의 심상지리 -

산하를 직접 보면 느껴 앎 깊으리니	山河觸目徵感深
사서 10년 읽음보다 나음을 알리로다	可知勝讀十年史

김창흡, 「연경으로 떠나는 아우 창업을 보내며
送大有隨伯氏赴燕」(1712)

1. 서언

최근 연행 자료 검토 과정에서, 몇몇 이미지들이 반복적으로 나타나고 있다는 사실을 알게 되었다. 그것은 대부분 연행로 공간이 지니고 있는 역사 사연들에 근거를 두고 있다. 형가(荊軻)는 그 중에서도 호출 빈도가 높은 인물이다. 『사기열전』에 입전된 형가 이야기는 명문으로 손꼽혀 애독되었으니,[168] 연행이 아니라도 조선 문사들에게 매우 인지도가 높았던 인물이다. 연행은 조선 문사들이 형가에 대해 더 생생하고 구체적으로 상상하는 것을 가능하게 했다. 중국 사행을 연행(燕行)이라 할 정도로 북경 일대는 옛 연나라 땅으로 유서 깊은 곳인데, 그 마지막을 장엄하게 장식한 인물이 바로 형가이기 때문이다. 여기에 연행과 형가를 묶어 논의할 수 있는 근거가 있다.

많은 조선 문사들이 연행 도중 형가를 호출하여 문학으로 형상화했어도, 소재 이용에 그쳤거나 빚은 형상이 그만그만했다면 논의의 여지가 없었을 것이다. 그런데 면밀히 살펴보니, 형가의 형상은 사람마다 조금씩 달랐고, 또 거기에 강렬한 자아의 투사가 이루어지고 있었다. 그건 다른 세계관이 반영되고 있다는 반증이며, 또 형가의 형상에서 조선 문사들의 진지한 고뇌와 통찰을 유추할 수 있다는 뜻이었다. 여기에는 '병자호란, 명청의 교체, 청조의 체험'이라는 역사 환경의 변화가 작용하고 있다. 역사 환경의 변화가 새로운 형가의 형상을 낳았다면 그 함수관계를 따져볼 만하다. 이에 논의의 범주를 확장하여 명청 교체 등 역사 환경의 변화 이전, 형가가 어떤 양상으로 수용되었는가를 살펴보았고, 근원을 거슬러 올라가 형가 이야기의 미적 특성과 역사 배경까지 검토하였다.

연행은 외국 여행이고 형가는 외국 사람이니, 연행록에 보이는 형가의

---

168 이를테면 성호 이익은 『사기열전』 중에서 형가와 자공(子貢) 이야기를 최고의 가작으로 꼽았다. 『성호사설』 권 28, 「詩文門」, '荊軻·子貢傳'.

형상이야 대수롭지 않은 것일 수도 있다. 하지만 이를 통해 그 시기 조선 문사들의 고뇌와 비분 그리고 세계관의 차이 등을 선명하게 읽어낼 수 있다면 사정은 달라진다.

2. 형가 이야기의 미학

『사기』의 「자객열전」에는 조말(曹沫)·전저(專諸)·예양(豫讓)·섭정(攝政)·형가 다섯 사람의 이야기가 실려 있다. 다섯 사람은 공히 알아준 자[知己]를 위해 자기 목숨을 돌보지 않은 의로운 행적을 보여준다. 사마천은 "조말의 비수로 노나라는 잃을 뻔한 영토를 되찾고 제나라는 천하의 신의를 밝혔다. 예양은 의를 지켜 두 마음을 품지 않았다. 자객열전을 짓는다."[169]고 짤막하게 입전 동기를 밝혔다. 또 다섯 자객의 삶에 대해서, "조말에서 형가에 이르기까지 다섯 사람은 그 의를 이루고 못 이룬 차이는 있다. 하지만 마음을 세움이 뚜렷하여 자기 뜻을 속이지 않았으니, 그 이름이 후세에 전해지는 것은 이상할 것이 없다."라고 논찬하였다. 『사기열전』 전체를 관류하는 주제 알아줌[知]의 문제가 「자객열전」에 작용하고 있는 것이다. 여기에는 의롭지 못한 세상에 대한 사마천의 발분 정신이 배어 있어 읽는 이로 하여금 자연스럽게 공분을 일으켜왔다. 「자객열전」은 그 강렬한 형상화 때문에 오랜 세월 동안 많은 사람들로부터 사랑받아왔고, 또 그만큼 논란도 많았던 작품이다.

다섯 사람의 행적 중에서도 맨 마지막에 배치된 형가 이야기는 특히 천고의 비분을 자아내는 명편으로 인기가 높았다. 분량 또한 형가 한 사람의

---

169 『사기』 권 130, 「太史公自序」, "曹子匕首, 魯獲其田, 齊明其信; 豫讓義不爲二心. 作刺客列傳第二十六."

이야기가 다른 네 사람의 이야기보다 많다. 여기에는 역수(易水)를 건너 돌아보지 않고 비장하게 죽음의 길을 갔던 형가를 비롯, 이웃 나라에서 태자 시절 진시황으로부터 수모를 받은 뒤 집요하게 복수의 일념을 불태웠던 연나라 마지막 태자 단, 떠나는 형가를 위해 축(筑)을 연주해주고 또 형가를 위해 마지막 순간까지 복수를 시도했던 고점리(高漸離), 역사상 처음으로 대일통의 위업을 세운 진시황, 발설하지 말라는 단의 말에 스스로 목숨을 끊음으로써 자기 신의를 강변한 전광(田光), 복수의 명분에 주저 없이 자기 목을 내놓은 진나라 망명객 번어기(樊於期), 진시황 암살 계획의 무모함을 말해준 단의 스승 국무(鞠武), 그리고 잠시 검술을 논하고 장기를 두다가 형가와 다툰 개섭(蓋聶)과 노구천(魯句踐), 마지막으로 형가와 함께 마지막 길을 떠난 소년 진무양(秦舞陽)에 이르기까지 다양한 인물이 등장한다. 그런데 이 인물들은 누구나 할 것 없이 강렬한 개성을 지니고 있다. 짧은 분량에도 불구하고 이렇게 다양한 인물상과 역동적인 갈등 및 사건을 보여주는 작품은 『사기열전』에 다시 없다. 후대에 많은 사랑을 받고 논란을 빚었던 첫 번째 이유이다.

형가 이야기의 미적 특성은 다른 데서도 찾을 수 있다. 청말 요조은(姚祖恩)은 「자객열전」에 대해서 이렇게 말한 바 있다.

> 『전국책』에서 형가가 진왕을 찌르는 이야기는 천고에 절묘한 문장이지만, 형가를 묘사한 곳은 따져볼 것이 많다. ① 섭정은 엄중자(嚴仲子)가 보낸 백금을 가벼이 받지 않았는데 형가는 처음부터 연 태자가 제공하는 수레와 미녀를 마음껏 누린 것이 하나이다. ② 섭정은 기밀이 누설될까 걱정하여 혼자 검에 의지한 채 韓나라에 갔지만, 형가는 벗이 오면 같이 간다 했고, 또 흰 옷을 입고 베푼 이별연에 참여하고 축을 치며 슬픈 노래까지 불렀으니, 어찌 일이 샐 것을 생각하지 못했던 말인가! 이것이 두 번째 문제점이다. ③ 섭정은 마지막에 얼굴 가죽을 벗기고 내장을 다 꺼내 형적을 감추었지만, 형가는 앉은 채로 크게 웃고 욕하며 산 채로 겁을 주어 태자 丹의 말에 보응하려고 한 것이 세 번째이다. ④ 호랑이 같은 진나라로 들어가면서

> 조말을 본받아 그 약속이 변하지 않을 것이라고 여겼다면, 그 무식하고 어리석음은 말할 것도 없다.
>
> 태사공은 그 문장의 기이함을 사랑하여 자기 멋대로 자구를 고치지 않았다. 그러므로 앞뒤에 솜씨를 발휘, 형가의 유유부단한 면모를 묘사함으로써 평범한 흐름을 멀리서 끊어버렸다. 그리고 고점리의 신중하기 그지없는 모습을 둠으로써, 형가가 너무 거칠고 서툴러 성공하지 못한 것을 대조적으로 드러내, 사람으로 하여금 깊은 탄식을 금치 못하게 하였다.[170]

형가 이야기는 『전국책』에도 거의 비슷한 내용으로 실려 있는데, 여기 나타난 형가의 네 가지 문제점을 지적한 것이다. 여기 따르면 형가는 섭정은 물론 고점리에 비해서도 약점이 많은 인물이다. 의뢰인이 제공하는 향응을 선불리 누리고, 떠들썩하게 떠나 기밀을 지키지 못하였으며, 마지막에 의뢰인의 신분을 노출시켰다. 또 조말처럼 진시황을 위협하여 연나라의 실지를 되돌려 받으려는 생각 때문에 대사를 그르치고 말았는데, 여러 정황으로 보아 그 또한 어리석음에 기인한 실착이라는 것이다. 사마천은 부분적으로 『전국책』의 내용을 고치지 않고, 앞뒤에 몇몇 삽화를 추가로 배치함으로써 오히려 형가의 그러한 성격을 강화시켰다. 초반에 개섭, 노구천과 이야기하다 수에 틀리자 자리를 박차고 떠나버리는 삽화로는 편협하고 성급한 면모를 드러나게 했는데, 이는 원래 있었던 형가가 지닌 약점을 자연스럽게 서사적으로 뒷받침하는 효과를 낳았다. 또 형가 이야기가 끝난 뒤 고점리의 이야기를 부가하여, 형식적으로 형가의 실패로 급작스럽게 이야기가 끝나는 단절감을 피하였고,[171] 또 고점리의 주도면밀함을 부각시켜 형가의 거친 일

---

170 『史記菁華錄』(대만 聯經出版社業公司印行, 1980) 권 4 「자객열전」의 미평(尾評).

171 이러한 기법을 김성탄(金聖嘆)은 달미법(獺尾法)이라고 하였다. 달미법이란 큰 사건이 끝났을 때 생기기 쉬운 공허감이나 단절감을 없애기 위해, 수달이 헤엄칠 때 물결이 뒤에 남듯 여운 있게 뒤처리를 하는 기법이다. 『貫華堂批第五才子書水滸傳』의 「讀第五才子書法」과 본문 몇 곳에 이에 대한 설명이 있다.

처리가 자연 대조되어 드러나게 하였다.

바로 여기에 형가 이야기의 남다른 미적 매력이 있다. 형가 이야기의 활처(活處)는 한 인간의 나약한 내면이다. 형가의 형상은 열전에 흔히 등장하는 영웅들의 그것과는 다르다. 열전의 영웅들은 성공하든 실패하든, 신념에 가득 차서 주저함 없이 행동한다. 이 이야기에서도 신념을 위해 즉각적으로 목숨을 내놓는 번어기나 전광이 그러한 인물 유형에 속한다. 반면 형가는 유약하고 불안하며 주도면밀하지 못하다. 개섭과 노구천에게서 모욕을 받자마자 떠나는 형가는 소심하고 유약하다. 마지막까지 쉽게 떠나지 못하고 머뭇거리는 데서는 불안과 두려움이 드러난다. 우리는 형가에게서 거대한 운명을 마주하여 죽음 앞에 선 인간의 불안에 가득 찬 떨림을 감지할 수 있다. 이념이나 신념을 기준으로 보면 그의 행동은 못내 불안하지만, 보통 인간이 지닌 내면의 모습을 과장이나 꾸밈없이 보여준다는 점에서 진실에 가깝다.

한편 형가 이야기의 배경에는 천하일통을 눈앞에 둔 초강대국 진(秦)과 풍전등화의 위기에 놓여 있는 변방의 약소국 연(燕)의 대립이 자리하고 있다.[172] 역사는 진나라 중심으로 전개되었지만, 이야기는 그 힘에 의해 사라져가는 왕국의 마지막에 초점을 맞추었다. 여기서 특유의 긴장감과 비장미가 발생한다. 단은 복수를 위해 먼저 스승 국무와 의논한다. 국무는 태자의 계획에 반대하였지만 결국 재야의 전광을 추천한다. 전광도 논의 끝에 늙었음을 핑계로 형가를 추천한 뒤, 발설하지 말라는 말 한 마디에 자결한다. 현명한 신하들은 모두 늙었고, 그들과의 온갖 의론이 무용하다. 한 자객의 비수 끝에 일국의 운명을 걸어야 하는 막다른 골목에 다다른 것이다. 연나라의 멸망은 예정된 것이다. 하지만 꺼지기 직전 초의 불꽃, 저녁노을이나 가

---

172 거사의 성패가 개인적인 신의에 그치지 않고 일국의 흥망과 직결되는 이유 때문에, 후대에 丹의 계책의 형가의 처신에 대해서 많은 논란이 있었다. 명대 이전 중국의 논의는 凌稚隆 輯校, 李光縉 增補, 『史記評林』권 86에 잘 정리되어 있다. 조선 사인들의 논의는 별도의 정리가 필요하다.

을 단풍의 고운 빛처럼 사라지는 과정은 때로 장엄하고 강렬한 미감을 낳는다. 이야기에서 많은 사람들은 운명에 대한 저항 의지의 실천으로 죽음을 선택하였다. 그것은 연나라 멸망 직전을 장엄하게 장식하였으며, 그 정점에 형가의 죽음이 놓여 있다.

이후 형가는 세간의 외적인 명위(名位)는 대수롭지 않게 보며, 자신을 알아주는 사람을 만나면 거대한 운명에 몸을 내던지는 강개한 지사의 전범이 되었다. 많은 문사들이 다투어 그의 의기를 칭송하는 글을 지어, 그에게 자신들의 마음을 투사하였다.[173] 또 형가 이야기로 인해 역사는 이후 연나라의 옛 땅을 강개한 지사들의 공간으로 기억하게 되었다. 지금의 북경 일대가 바로 옛날 연나라가 있었던 곳이다.

3. 형가 형상의 다양한 분포

『사기』의 수용은 그 역사가 오래다. 고구려 때 이미 유포되었다는 기록이 있으며, 통일신라 시기 원성왕 4년(788) 독서삼품과의 설치 규정을 보면 『사기』도 중시되었음을 알 수 있다. 중국과의 교류가 더 활발해지고, 과거가 본격 시행되었던 고려 시대에 『사기』의 수용 폭도 더 넓어졌다. 한중 교류가 빈번해지고, 중국문화의 수용에 적극적이었던 조선조의 경우는 두말할 나위가 없다.[174] 수요가 많아 수입에만 의존할 수 없어 새로 간행하기도 하였다. 조선 문사들에게 『사기』는 역사 이해의 통로였으며, 한편으로는 문장 학습의 전범이었다. 『사기』가 널리 읽히면서, 그 안에 등장하는 인물과 고사들

---

173 左思의 「咏史」 8수 중 형가를 노래한 작품이나, 陶淵明의 「咏荊軻」가 대표적이다.

174 한국의 『사기』 수용 역사에 대해서는 이성규, 「조선후기 사대부의 『사기』 이해」, 『진단학보』 74, 1991, 83~99면 참조.

은 아주 자연스럽게 우리 문화 속에 수용되었다. 이는 너무도 자연스러운 일이어서 거론 자체가 새삼스럽다.

형가도 이러한 과정을 거치면서 문사들의 문학 곳곳에 다양한 모습으로 자리를 잡게 된다. 다양한 모습 사이에는 문사들의 인식 편차가 놓여 있다. 그중 가장 일반적인 것은 강개한 지사로서의 원형을 잘 묘사해놓은 작품이다. 이런 작품에서는 으레 형가의 주요 행적 부각 서술되어 있다. 작가는 형가의 행적을 따라가며 세월의 간극을 넘어 그의 의기에 공명하고 그의 죽음을 슬퍼하며, 돌이킬 수 없는 역사적 사실을 탄식한다.

진시황 칼 만지며 천하를 작다 하니	秦王按劍兮隘區寰
합종이 연횡 되고 6국 왕 없어졌네	從變爲横兮六王孱
유주의 연 옛 땅은 크기 작은 탄환이라	幽燕故邦兮小彈丸
호랑이 탐식하며 먹기 잊지 않았구나	虎狼貪肉兮不忘餐
짧은 생각 경솔한 꾀 연 태자 단이거니	輕謀淺慮兮太子丹
어린애 진무양은 어찌 그리 우둔했나	舞陽小豎兮何癡頑
오직 우리 형경께선 굳센 담력 지닌지라	惟我荊卿兮壯心肝
어렵다 마다 않고 한마디로 승낙했지	一言唯諾兮不辭難
역수에 바람 일자 물결 놀라 출렁이고	易水風急兮驚波瀾
이별 노래 흐느낌에 슬픈 곡조 뒤섞였네	離歌掩泣兮雜哀彈
천리 땅 서쪽 가서 함곡관에 들어가니	千里西行兮入函關
천자의 궁궐에서 국빈으로 맞았구나	君門如天兮九賓班
지도 펼쳐 올리는데 먼저 얼굴 붉어지고	披圖奉進兮先赧顏
비수 문득 나타나자 서슬이 푸르렀네	匕首忽發兮光芒寒
소매 끊고 잡지 못해 부질없이 머뭇대니	絶袖未及兮空蹣跚
장사는 한번 가서 돌아오지 않았도다	壯士一去兮不復還
아비 아들 서로 죽여 연 사직 없어지니	父子相屠兮召社殘

말하는 대목마다 콧잔등이 시큰하네 所可言之兮鼻辛酸[175]

시상은 7국이 쟁패하던 전국시대 말로부터 시작된다. 소진(蘇秦)의 합종책이 장의(張儀)의 연횡책에 의해 무력화되면서 진을 제외한 나머지 여섯 나라가 멸망하기 시작했고, 맨 마지막까지 남은 나라가 동북쪽 끝에 있던 연이었다. 연 태자 단은 진시황 암살 계책을 세웠다. 시상은 앞에서 살펴본 형가 이야기에 따라 순차로 진행되어, 암살 미수 사건으로 진이 연을 거세게 압박하자 당시 연과 동맹국 관계였던 조(趙)나라의 대왕(代王)이 연왕(燕王) 희(喜)에게 아들 단을 잡아 보내라고 권하는 데까지 이어진다. 시인은, 형가 이야기는 대목마다 콧등을 시큰하게 한다며 아주 간결하게 조문하는 뜻으로 마무리하였다. 경우에 따라 단에 대한 태도와 강조되어 묘사되는 부분이 다르고, 또 작자의 감흥이 두드러지게 참여하는 차이가 있기는 하지만, 이 유형은 비교적 원작의 형가를 충실하게 재현하는 공통점을 지닌다. 이러한 작품을 통해 형가는 점차 강개한 지사의 전형적 인물로 이미지를 구축해 갔다.[176]

형가를 부정적으로 인식하는 경우도 드물게 눈에 띈다. 이정구는 「형가전」을 읽은 감회를 시로 표현한 적이 있다. 그는 단의 계책은 어리석고 형가의 솜씨 또한 너무 서툴렀다고 두 사람을 평가절하했다. 또 13세 소년(秦舞陽)과 둘이서 호위 군사들의 기치창검이 삼엄한 궁궐에서 만승천자를 위협하는 것이 가당키나 한 일이냐며 의문을 표했다. 전광에 대해서도 그가 열사임은 분명하지만, 형가가 큰일을 해낼 만한 인물이 아님을 알지 못했고 함부로 목숨을 버렸으니 명예만 중시하는 경솔한 인물이라고 깎아내렸다. 시에서도, 설치복수가 통쾌한 일이지만 창졸간에 협박하여 해결할 수는 없는

---

175 성현, 『허백당집 습유』 권 2, 「悲弔辭 · 荊卿」.

176 이 유형의 작품은 매우 많은데, 그중에서도 서거정의 「悲擊筑辭」(『四佳集』 권 1), 김흔의 「悲易水辭」(『顔樂堂集』 권 2), 차천로의 「讀刺客傳賦近體五首詠五人」을 대표 작품으로 들 수 있다.

일이고, 끝내는 자신도 죽고 나라도 망하게 되었으니 형가야말로 한 우부(愚夫)에 지나지 않는다고 시상을 마무리하였다.[177] 이정구가 형가를 깎아내린 이유는 그의 거사가 실패했기 때문이다. 선비가 지기(知己)를 위해 은원을 갚는 것은 당연한 일이지만 성공했을 때만 의미가 있다는 것이다. 이 시는 이정구가 1604년 연행하는 도중에 씌어진 것인데, 뒷날 대청 관계에서 매우 명분론적 입장을 보여주는 그의 정치사상적 행보로 보아 다소 의아스러운 점이다. 임진왜란 직후의 현실감이나 중견 관리의 자신감이 그렇게 표출된 것인가![178]

남효온(1454~1492)은 마음이 지극하면 사물이 널리 감응한다는 의론을 전개하면서 단과 형가의 행적을 주요 논거로 활용하였다. 진시황은 친분이 있었던 단을 인질로 잡아두면서 홀대하였다. 이에 단이 돌아가고자 하였으나 진시황은 까마귀 머리가 희어지고 말에서 뿔이 난다면 보내주겠다고 하였다. 이에 분격한 단이 하늘을 우러르며 탄식하자 까마귀 머리가 희어지고 말에서 뿔이 났다고 하는데, 이를 말이 진실하여 감응이 빨리 일어난 경우로 보았다. 또 형가가 길을 떠나기 전 역수에서 노래를 부르자 흰 무지개가 해를 꿰뚫고[白虹貫日][179] 고점리가 축을 타며 슬픈 곡조를 연주하자 선비들이 모두 눈물을 흘렸고, 다시 웅장한 곡조를 연주하자 선비들이 모두 눈을 치켜뜨고 머리칼이 곤두섰다는 이야기를 두고, 그 모두 두 사람의 마음이 그렇게 작용한 것이라고 하였다. 두 논거 뒤에는 "마음이 없으면 인물도 인의

---

177 이정구, 『월사집』 권 5 "甲辰朝天錄" 「余讀荊軻傳, 廢書而笑曰, 燕丹之爲計, 固愚甚, 乃軻之所爲, 術亦疏矣. 夫士爲知己, 酬恩報怨, 要之得遂其計, 斯亦可矣. 尺八匕首, 數年淬礪, 是不過欲一甘心於所讐者耳. 今乃與十三歲小兒, 共事於餓虎之喙, 而欲生劫萬乘於盈庭劍戟之上, 誰得以信之. 彼田光者, 亦可謂烈士, 然不知軻之不可以屬大事, 一言刎頭, 何其容易, 豈當時輕生好名之習歟. 遂爲詩以弔荊軻」. "… 雪恥報仇亦一快, 倉卒生劫何其愚. 十年一劍費千金, 僅中秦宮銅柱隅. … 亡身僨國終何爲, 軻乎軻乎一愚夫."

178 형가의 인물됨을 혹평한 글로는 또 신정하의 「書荊軻傳後」(『恕菴集』 권 12)을 들 수 있다.

179 있을 수 없는 일을 비유하는 '烏頭白馬生角'의 이야기는 『燕丹子』 권 상에, 이적의 상징이 된 '白虹貫日'은 『사기』, 「魯仲連·鄒陽傳」에 보인다.

예지(仁義禮智)도, 또 감응(感應)도 있을 수 없다."고 하였다.[180] 이는 형가 이야기가 철리적 사유의 역사적 전거로 활용된 예이다.

이지함(1517~1578)은 현사(賢士)의 재앙은 지음(知音)으로부터 말미암는다는 역설적인 주장을 펼쳤다. 형가의 재앙은 태자 단의 인정을 받으면서 비롯되었고, 마찬가지로 한신(韓信)과 제갈량도 각각 소하(蕭何)와 서서(徐庶)에게서 능력을 인정받지 않았다면 비참한 최후를 맞지 않았을 것이라고 하였다. 지음을 만나는 사람마다 화를 당하지 않는 경우가 드무니, 혹 누가 지음이 되고자 하면 현사는 극구 피한다는 것이다. 세상에서는 산수 간이나 전야에서 만나는 지음만이 화를 끼치지 않는다고 했다.[181] 이지함의 이 주장은 『사기열전』 전편을 관류하는 주제, 즉 삶에 있어 성패의 관건은 지기를 만나는 것이라는 명제를 뒤집고 있어, 그의 이인다운 면모와 더불어 흥미롭다. 「형가전」의 일반적인 독법과 정면으로 위배되는 이러한 해석은 하나의 텍스트가 얼마나 입체적으로 존재할 수 있는가를 잘 보여주는 예증이다. 이러한 해석을 통해 텍스트의 영역은 본래의 규모 이상으로 확장된다.

조익(趙瀷, 1579~1655)은 전광의 죽음에 대해 독특한 해석을 내놓았다. 전광은 발설하지 말라는 단의 말에 죽음으로써 비밀을 지키는 뜻을 보인다. 하지만 조익에 따르면 그것은 명분일 뿐이다. 전광은 형가를 단에게 추천하고, 또 궁궐로 태자를 만나러 가게 했던 인물이다. 전광의 추천 행위는 엄밀하게 보아 형가를 죽음의 길로 인도한 것이나 다름이 없다. 평소 아끼는 천하의 의사를 죽음의 길로 인도하였으니 자기가 먼저 죽음으로써 마음의 빚을 갚으려 했다는 것이다.[182] 이러한 해석은 자칫 허처(虛處)로 간과되기 쉬운 대목에 강렬한 생명을 부여한 것으로, 「형가전」의 역동성을 제고하는 데

---

180 남효온, 『추강집』 권 5, 「心論」.

181 이지함, 『토정유고』 권 상, 「避知音說」.

182 조익, 『浦渚集』 권 25, 「道村雜錄」.

기여한다.

이처럼 형가는 조선 문사들의 문학에서 다양한 자리에 다양한 모습으로 자리하고 있다. 역사와 사회에 비분강개하는 자리에도, 철리적인 사색을 펼치는 자리에도, 형가는 옛글에서 불려나와 역사적 거울이나 논거가 되기도 하고, 때로는 대화 상대가 되어주기도 했다. 조선 문사들은 다양한 방식으로 형가를 만났고, 그렇게 해서 만들어진 형가의 여러 모습은 바로 조선의 형가라 할 수 있겠다. 그런데 작가의 조건을 배제한다면, 형가가 가장 빈번하게 호출된 것은 연행이라는 특수한 환경에서였다.

북경은 옛 연나라의 수도로 많은 역사적 사연을 간직한 곳이다. 북경에는 연 소왕(昭王)이 천금을 아끼지 않고 천하의 인재를 모았다는 황금대(黃金臺)가 있었다. 많은 연행록은 북경 근처 옥전(玉田)에 소왕의 무덤이 있다고 증언하고 있다. 북경에서 약간 남서쪽으로 내려가면 역수(易水, 易縣 경내)가 있는데, 여기가 바로 태자 단이 형가를 전송했다고 전해지는 곳이다. 여기서 형가가 불렀다는 "風蕭蕭兮易水寒, 壯士一去兮不復還."는 천고의 비가(悲歌)로 애송되었고, 고점리가 타는 축의 곡조에 따라 사람들의 표정 변화는 또 천고의 기담으로 회자되었다. 북경에 쌓여 있는 역사 중 사람들에게 가장 강렬하게 각인된 것은 연나라 멸망 장면이었다. 북경이 연경으로 통칭된 이유이다. 조선 문사들도 북경 하면 연나라를 떠올렸고, 그 과정에서 형가도 빈번하게 호출되었던 것이다. 아래는 모두 사행 떠나는 사람에게 준 글인데 자연스럽게 형가를 불러내고 있다.

> 역수는 제성 서쪽 120리 떨어진 곳에 있다. 형가가 진나라에 들어갈 때 축을 치며 노래로 화답하며 전송하던 자취를 상상해볼 수 있다.[183]

---

183 윤근수, 『월정집』 권 5, 「奉送趙僉樞存性如京序」. "易水在帝城西一百二十里. 荊卿入秦, 擊筑和歌相送之跡, 猶可想見."

> 형가산(荊軻山) 남쪽에 말을 멈추고, 황금대 아래에 수레를 세워, 한잔 술로 강개한 넋을 달래고, 또 한 잔 술로 현군을 하례하시게.[184]
>
> 연경 남쪽 축을 타면 슬픈 노래 울리고, 황금대 다가오면 옛 사적 많으리라. 역수와 만리장성 예전과 같건마는, 어드메서 형가를 위로할지 모르겠네.[185]

여행의 묘미는 공간상의 낯선 산천 풍물을 만나는 것뿐 아니라, 그 땅이 간직한 옛 역사를 체험하는 데에도 있다. 더구나 『사기』를 포함 중국의 역사서를 통해 세계를 인식했던 조선의 문사들에게, 그 역사의 현장에 대한 기대감은 아주 남다른 것이었다. 이런 의미에서 연행은 일종의 역사여행이기도 했다. 연행로상의 주요 도시나 산천마다 품고 있는 역사가 다르고, 거기에 따라 연행사들은 제각기 다른 사연들을 불러냈는데, 형가는 '북경'이 환기해내는 역사 인물이었다.

4. 명청의 교체와 형가 형상의 변용

1592년의 임진왜란을 기점으로 조선사회는 1619년의 심하전역, 1627년의 정묘호란, 1636년의 정묘호란을 잇달아 겪으면서 일대 혼란에 빠진다. 17세기 초 조선 사회가 겪은 일련의 혼란은 중원에서 명청이 교체되는 과정과 긴밀하게 관련된다. 결국 신흥 만주족은 1644년 명조를 대신하여 중원을 차지했다. 조선은 그 과정에서 국가 전반에 있어 심각한 타격을 입은 것은 물

184 박상, 『눌재집』, 권 2, 「送權質正景信父隨聖節使如京師行」. "荊軻山南須駐馬, 黃金臺下須停車. 一杯一弔慷慨魂, 一杯一賀招賢王.".

185 이명한, 『백주집』 권 2, 「別柳行臺」. "燕南擊筑動悲歌, 行近金臺古跡多. 易水長城如昨日, 不知何處弔荊軻."

론 씻기 어려운 정신적 수모를 당하였다. 이런 엄청난 변화에도 불구하고 조청 양국은 빠른 속도로 국교를 정상화시켜, 최소한 공식적으로는 조명 관계 이상의 우호적 신뢰 관계를 구축하였다. 한족의 반발을 무마시켜야 하는 청조 지배층과, 전란 뒤 기득권을 유지해야 하는 조선 지배층의 이해관계가 맞아 떨어진 때문이다.

1644년 청의 입관(入關) 이후 조청관계가 안정되면서 우호의 표지인 사신 왕래 또한 양국 간에 빈번했다. 하지만 이런 외적 질서와는 달리 양국의 관계, 특히 조선 지배층의 입장에는 많은 내부 모순이 내포되어 있었다. 근본적으로는 정치적 사대 관념과 문화적 모화(慕華) 의식 사이에 생긴 균열을 들 수 있다. 이러한 균열은 지배층의 통치 이데올로기 구축 작업과 맞물려, 숭명배청 의식과 북벌론 등을 낳았다. 숭명배청 의식이 권력을 지탱하는 지렛대로 작용하면서, 이는 지배층은 물론 일반 민중들에게까지 내면화되었으며, 18세기에는 존주론(尊周論)으로 정교하게 정리되었다.[186] 공식적으로 대청 관계가 우호적일수록 그러한 자기모순은 풀리지 않았으며, 사실 이 문제는 조선조 내내 해결하기 어려운 딜레마였다. 명청 교체 이후 18세기에 이르기까지도 지식인의 문학에는 이런 복잡한 사정이 반영되어 있다.

문사들에게 수용된 형가의 형상 또한 일정한 변모를 겪는다. 굳이 앞에 살핀 예를 들지 않더라도, 하나의 존재가 역사·사회의 환경에 따라 변용된다는 것은 자명한 사실이다. 이 시기 형가의 문학적 형상이 그 이전과 판연하게 일괄 달라졌다고 할 수는 없지만 새로운 면모를 보이고 있다면 역사 상황을 고려한 규명이 필요하다고 본다. 이 장에서는 명청 교체 이후 형가에게 투사된 반청(反淸) 의식과 함께, 연행로 변경으로 형가가 새롭게 환기되는 양상을 살피고자 한다.

---

186 북벌론이 18세기 존주론으로 전환되는 배경과 양상에 대해서는 이영춘, 「尤菴 宋時烈의 尊周思想」, 『청계사학』 2, 청계사학회, 1985 참조.

이에 앞서 우리는 형가 이야기의 배경에는 강대국 진과 약소국 연의 대결이 깔려 있다는 사실을 상기할 필요가 있다. 연은 폭력으로 압박해오는 진에 의해 사라질 운명에 처했다. 실제 연나라가 멸망한 이듬해인 기원전 221년 진은 천하를 통일하였다. 형가는 연의 마지막을 장엄하게 장식했던 인물이다. 형가 이야기 배경의 진과 연의 관계는 당시 청과 조선의 관계와 유사하다. 당연히 청조에 대한 수모감과 적개심은 또 형가의 강개한 심정과 친연성을 지닌다. 이러한 동질성은 자연 형가를 더 친근하게 수용하는 한편, 그의 강개한 심정에 더 강렬하게 동일시하는 데 작용했다.

이경여(李慶輿, 1585~1657)는 연행을 떠나는 사람에게 아래 시를 지어준 적이 있다.

역수엔 벌써부터 찬바람 불고	易水寒風早
황금대엔 옛 달이 환히 비치리	金臺古月明
고기 파는 시장에 노래 슬프면	悲歌屠肆上
나를 위해 형경을 찾아주시게	爲我訪荊卿[187]

처음 두 구에서 이별연이 벌어졌던 역수의 비장함과 연 소왕이 보여준 초현(招賢)의 정신을 환기하였다. 형가는 연나라 저자에 뜻을 감추고 은신했었는데, 혹 북경의 정육점 거리에서 슬픈 노래가락이 울린다는 것은 아직도 북경에 큰 뜻을 품고 잠적한 강개지사가 있다는 뜻이다. 자신을 위해 찾아달라는 것은, 그 사람을 추천해달라는 뜻이고, 그건 쓸 데가 있기 때문이다. 형가 같은 인물을 어디에 쓰겠는가? 진시황 같은 인물을 저격하겠다는 것이다. 진시황의 은유 대상은 절로 드러난다. 이 시의 내포를 제대로 이해하기 위해서는 이경여가 1642년 심양에 끌려가 김상헌·최명길 등과 1년 정도 억

187 이경여, 『백강집』 권 3, 「贈別永安尉赴燕」.

류 생활을 했다는 사실을 알아야 한다. 위 시는 영안위(永安尉) 홍주원(洪柱元)이 1647년 사신으로 떠날 때 지어준 것이니 조선의 전반적 분위기가 아직 청조를 인정하지 못했던 때이고, 더구나 이경여는 심양에서의 수모가 채 사라지기도 전이다. 청나라 사신이 들어왔을 때 심정을 읊은 시에서 "삼한의 선비에게 말을 하노니, 재조의 은혜를 잊지 마시게. 爲語三韓士, 毋忘再造恩."[188]라 할 정도로 그가 대명의리론을 견지한 사실을 염두에 두면 이 시의 주제는 좀 더 분명해진다. 이 즈음 조선 사인들은 형가를 좀 더 밀착시켜 자신들의 심정을 투사하는 경향이 강했다.

1677년 윤휴(1617~1680)는 역시 사행 떠나는 오정위(吳挺緯)에게 서문을 써준 적이 있다. 글의 요지는 이렇다. 연 지역이 예로부터 감개하여 비장한 노래를 부르는 선비가 많다고 전해진 것은 태자 단과 형가의 유풍 때문이다. 많은 세월이 지났지만 아직도 큰 뜻을 품은 인재가 개백정이나 술장사들 틈에 끼어서 살고 있을 것이다. 그대가 가을날 만 리 길을 가서 그 땅을 밟게 되면 저절로 비장한 회포가 일고, 성기(聲氣)가 감응하면 숨은 인재를 만나게 될 텐데, 그들은 분격한 어조로 아직 북경에 인재가 있음을 말할 것이다. 그대는 그들의 모습과 말투와 기호를 상세히 기억하여 돌아온 뒤에 말해주기 바란다.[189] 이보다 한참 뒤인 1719년 신석(申晳)을 전송하는 글에서 이이명은 시대에 대한 불평으로 가득 차 칼집을 두드리며 비감한 노래를 부르는 협사(俠士)가 있는지 잘 살펴보라고 당부하며, 혹 그런 사람이 있으면 좋은 시절로 다시 돌이킬 수 있을 것이라고 하였다.[190] 이들이 집요하게 형가와 같은 인물을 찾은 것은, 청이 전복되고 명나라가 다시 서기를 바라는 마음, 청조에 대한 뿌리 깊은 반감 때문이었다.

---

188 위의 책, 같은 곳, 「聞虜使入京流涕而作」.

189 윤휴, 『백호전서』 권 24, 「送吳判書挺緯奉使燕京序」.

190 이이명, 『疎齋集』 권 10, 「送申聖與晳赴燕序」. "余嘗往來燕趙, 蓋未見悲歌之士, 聖與默察之, 或有謳吟彈鋏之倫, 抑鬱而愈不平者, 文貞之時, 庶可復見矣."

1697년 최석정은 북경에서 형가를 읊은 일이 있다. 그는 당시 형가가 실패한 것은 검술이 서툴러서가 아니라 천심이 외면했기 때문이라며, 마지막 구절에서 "다만 지금 연시(燕市)에는 장한 거사 없으니, 남모르는 이 회포 누구에게 말을 하나."라고 하였다.[191] 장한 거사[豪擧]란 형가가 했던 일이며, 남모르는 회포[幽懷]는 공공연히 발설하지 못하는 조선 문사들의 보편적 심정이라 보면 틀림이 없다. 또 1712년 김창업은 산해관에서 연행 길의 장한 심정을 읊은 바 있다. 여기서 그는 칼을 차고 있지만 쓸 데가 없어 불평의 시만 읊조리는 신세를 말한 뒤, 과연 연시에 형가를 기억하는 이가 있을지 모르겠다고 탄식하였다.[192] 여기서도 심정으로 형가와 동일시하는 조선 사인의 모습을 엿볼 수 있다. 최석정은 최명길의 손자이고 김창업은 김상헌의 증손이니, 이런 점에서도 두 사람 보여주는 태도를 이해할 수 있다.

황호(黃戾)는 형가가 주(周)나라의 충신이라는 독특한 의견을 펼쳤다. 그에 따르면 형가를 「자객전」에 올려버린 『사기』는 참다운 역사가 아니다. 이에 혹자가 형가는 주나라가 망한 뒤에 태어난 사람이고 그의 행동은 철저하게 연나라를 위한 것"이라고 의문을 제기하자, 형가의 마음을 알지 못한다고 일장 연설을 펼친다. 형가는 자신을 주나라의 유민으로 생각하여 주나라를 위해 진에 복수하는 것은 자신의 본분이기 때문에 존망을 따지지 않았다는 것이다. 사마천은 학술이 잡박하여 의리를 알지 못했기에 오랑캐에게 항복한 사람(李陵)을 변호하다 폐인이 되었으니 어리석은 처사이며, 만약 그가 조금이라도 의리를 알았다면 '주충신전(周忠臣傳)'을 지어 형가와 고점리를 첫머리에 편차했을 것이라고 하였다.[193]

---

191 최석정, 『명곡집』 권 5, 「和玉齋燕京感懷」. "千載英聲起我思, 寒風蕭瑟滿江湄. 如何落落平生志, 畢竟區區浪死爲. 劍術初非疏纍日, 天心會已醉當時. 秖今燕市無豪擧, 欲把幽懷說向誰. - 右詠荊卿 -"

192 김창업, 『노가재집』 권 5, 「山海關」. "歷歷山河在, 悠悠男子征. 驅車李廣郡, 秣馬始皇城. 帶劍終何用, 吟詩但不平. 未知燕市士, 能復記荊卿."

193 黃戾, 『漫浪集』 권 8, 「送李錫予之燕序」.

이 글은 조선후기 존주론 형성의 맹아를 잘 보여준다. 그의 말은 사마천이 이릉을 변호하다 궁형 받은 것도, 오랑캐에게 항복한 사람을 두둔하다 그랬으니 당연한 귀결이라는 것처럼 들린다. 문맥상 여기서의 오랑캐는 청나라로 치환될 수 있다. 형가를 주나라에 가져다 붙이는 것은 다분히 작위적이다. 형가는 주나라를 위해 거사하는 것을 자기의 본분으로 생각하였을 뿐 생사존망을 따지지 않았다는 발언은, 조선 특히 강경 주전론자들의 선택을 조롱하는 청나라 관리들에게 삼학사(三學士)가 '의리가 있을 뿐 성패존망은 마음에 두지 않는다.'고 틀에 박힌 듯이 말한 것과 유사하다.[194] 사마천이 의리를 알았다면 충신전을 지었을 것이라는 발언도 여기서는 매우 생경하지만, 이후 수많은 충신전을 지어 이념적 지렛대로 삼은 정책 흐름의 연원을 파악할 수 있다. 「자객전」의 문예미에는 아예 관심이 없고 사마천의 역사 해석마저도 전면 부인하면서, 인물의 성격과 사건 구조만을 활용하여 새로운 정치 이념의 구축에 전심한 이 글은, 명청 교체 후 이념이 어떻게 형가의 형상을 변모시켰는가를 잘 보여준다.

5. 연행로의 변경과 역사적 상상력의 발현

명청 교체는 연행노정의 변경이라는 지리 환경의 변화도 낳았다. 사행노정은 몇 번의 조정을 통해 정해진 것으로 조선에서 마음대로 바꿀 수 있는 것이 아니었다. 명대까지만 해도 사행 노정은 요양에서 바로 서쪽으로 꺾어져 천산과 광녕을 경유하게끔 되어 있었다. 이 노정은 청이 흥기하여 요양과 심양에 차례로 도읍하면서 흔들리기 시작했다. 조선은 이중외교를 펼치

194 이는 송시열의 「삼학사전」에 나오는 것이니, 송시열의 발언이라고 보는 것이 더 정확하다.

며 명에는 해로를 이용 사신을 보내기도 하였지만, 차츰 외교의 중심이 청쪽으로 기울기 시작했다. 청조는 북경을 접수한 뒤에도 심양을 매우 중시하였다. 자신들이 흥성한 도시라 하여 성경(盛京)이라 하고, 북경의 순천부(順天府)에 대응하여 봉천부(奉天府)를 설치하였다. 그리고 조선 사신들로 하여금 심양을 거치게 했다.

요양의 북쪽에는 태자하가 있는데, 심양을 가기 위해서는 이 강을 건너야 했다. 태자하란 이름에 대해서는 몇 가지 유래가 전한다. 가장 믿을 만한 것으로는 맑고 깨끗하다는 뜻의 만주말 탑사합하(塔思哈河)에서 와전된 것이라는 설로 요양시의 여러 지방지에 전한다. 당나라와 전쟁할 때 성을 지키던 고구려 태자가 항전하다가 빠져 죽어서 생긴 이름이라는 설도 제기되었다.[195] 가까이에 당군에 항전하다 함락된 백암성이 있으니 전혀 근거 없는 것은 아니다. 마지막으로는 거사가 실패하자 태자 단이 쫓겨나 숨어 있다가 잡혀 죽은 곳이라서 그런 이름이 생겼다는 설이다. 이는 "연왕 희와 태자 단이 정병을 이끌고 동쪽으로 달아나 요 지역을 지켰다"는 『사기』의 기록에 근거한 것이다. 하지만 그 당시 연군(燕軍)이 요양 일대까지 진출했을 가능성은 인정되지 않는다. 그럼에도 태자하를 체험한 연행사들은 흔히 태자 단과 형가를 떠올리곤 하였으니, 이는 「자객열전」의 세계가 그들의 정서와 지식을 구성하고 있었기 때문이다.

1712년 김창흡은 아우 연행길에 나서는 아우 김창업을 전송하면서, 연로의 주요 산천·인물·풍속 등을 주제로 삼아 7언 6구 50수를 지어주었다. 아래는 그 중 한편으로, 당 태종이 고구려를 침략할 때 머물렀던 주필산과 태자하를 시화한 것이다.

---

195 윤근수의 「送李僉樞壽俊如京序」(『월정집』 권 5)나 홍경모의 「太子河記」(『冠巖存藁 游記』) 등에 그러한 언급이 보인다.

그림 25 태자하 상류. 요양시 동북쪽 백암성(현지 이름 연주산산성) 위에서 잡은 것이다(사진 출처: https://www.meipian.cn/1g6b8gt1).

당 태종 머물렀던 작은 산 남아 있고	文皇駐蹕有小山
연 태자 숨어 있던 연수도 그대로네	燕儲匿身亦衍水
굳세던 용맹함도 마침내 꺾였으니	思逞英武終見挫
위망 지경 당하여 설치를 다짐했지	等受危亡欲雪恥
산하를 직접 보면 느껴 앎 깊어지니	山河觸目懲感深
10년의 독서보다 나음을 알리로다	可知勝讀十年史[196]

이 시, 특히 마지막 두 구절은 연행을 일종의 역사 여행으로 생각했던 조선 문사들의 태도를 잘 보여준다. 4구의 '설치(雪恥)'라는 단어도 눈에 띈다. 당태종은 안시성 싸움에서 참패하여 비참하게 회군했고, 형가의 암살 실패로 태자 단은 진나라 추격군에게 쫓기는 신세가 되었다. 시인은 '설치'

196 김창흡, 『삼연집』 권 11, 「送大有隨伯氏赴燕」 其 8.

라는 한 단어로 두 사람의 그때 심정을 묶어주었는데, 이 단어에서 청나라에 대한 조선 문사의 목소리가 들리는 것은 우연이 아니다. 아무튼 연행로가 변경되면서, 연행로가 내포한 역사적 사연 중에 '태자하'가 추가되었다. 사신이 아니라 인질로 심양에 끌려갔던 김상헌(김창흡의 증조부)이 1641년 태자하에서 태자 단을 연상한 이래,[197] 많은 연행사들이 이 강물에서 형가와 관련된 옛 사연을 떠올렸다. 그 정조가 자못 비감한 것이 많다. 이는 원 사연도 그렇지만, 나그네라는 개인의 처지와 청나라에 굴복한 조선의 입장 등이 개입되었던 때문이다.

1695년 이세백은 태자하를 지나면서, 태자 단이 동쪽으로 쫓겨 온 뒤에 흘린 무한한 눈물이 이 물결에 흘러든 것이 많을 것이라고 하였다.[198] 1684년 김석주는 흐느끼는 듯한 강물 소리가 태자에 대한 비감을 더해주는 듯하다고 했다.[199] 1803년 이해응은, "만겁의 태자하는 울어 예지 못한다."며 형가가 떠날 때 나타난 흰 무지개가 해를 꿰뚫었던 이적이 아직도 북경에 남아 있을지도 모른다고 하였다.[200] 1732년 이의현은 밤낮으로 오열하는 강물 소리가 아직도 태자 단의 원한을 전한다고 하였다.[201] 1778년 유득공은 태자하를 건너며, 이 물이 옛날 역수의 차갑기에는 미치지 못할 것이라고 했다.[202] 1778년 채제공은, 전국 말 태자 단이 형가를 보낸 거사야말로 그나마 위로가 되는 사건이라며, 한나라에서 옛사람들을 봉작할 때 태자를

---

197 김상헌, 『청음집』 권 11, 「雪窖集 遺懷」. "不喜太子河, 不喜華表柱. 迎我遼陽道, 送我氈城住. 燕丹好義氣, 今日徒寂寞. 願化令威鳥, 高翔入寥廓."

198 이세백, 『雩沙集』 권 3, 「太子河」. "太子河年過, 悠悠一帶河. 東來無限淚, 應入此流多."

199 김석주, 『息庵集』 권 7, 「三月三日遼陽途中」. "河咽似增悲太子, 草腓那解怨王孫."

200 이해응, 『계산기정』, 「태자하」. "寒風古渡馬秋秋, 萬劫燕波咽不流. 碣石薊門殘照裡, 尙疑虹白貫河頭."

201 이의현, 『陶谷集』 권 2, 「遼東雜詠 7 太子河」. "一帶悠悠水浩漫, 行人來去幾回看. 奔流日夜聲嗚咽, 遺怨猶傳太子丹."

202 유득공, 『泠齋集』 권 3, 「太子河」. "古寺門前石子灘, 居人誰復說燕丹. 潺湲只用牛車渡, 不及當年易水寒."

빠트린 것을 문제 삼고, 늦게라도 그를 추천하고 싶은 소회를 피력하였다.[203]

태자하의 물가에 겨울 해 스러질 제　　太子河邊寒日暮
삼한 땅 나그네는 수레를 멈추었네　　三韓客子駐征車
천년의 분한 심정 어디에 미치려나　　千年感慨將何及
형경의 서툰 검술 끝끝내 한스럽네　　終恨荊卿劍術疎[204]

형 김창흡의 전송을 받은 김창업이 태자하를 두고 지은 시이다. 이미 겨울에 접어든 계절과 저물녘이라는 시간 배경, 황량한 요동벌을 흐르는 한줄기 물길, 그리고 나그네라는 시인의 처지. 시의 여러 이미지는 「형가전」에서 묘사한 바, 태자 단과 형가 등이 연출한 연의 마지막 장면과 어우러져 비장미의 효과를 배가시킨다.

명청 교체 뒤라고 해서 꼭 단과 형가의 심정에 공명하는 태도만 있었던 것은 아니다. 종종 차분하게 단의 짧은 계책을 탓하는 목소리도 있었다. 17세기 중반 이후 대명의리론(또는 존주대의론)이 이념의 주류가 되어갔지만, 처음부터 현실주의적인 대청관(對淸觀)도 조론(朝論)의 일각을 이루었고, 또 시간이 흐르면서 대세가 청나라를 인정할 수밖에 없는 상황으로 흘러갔다. 그런 맥락에서 적극적인 북학론도 제기되었다. 정치 상황과 문학적 언급을 일대일로 대응시키는 것은 무리지만, 단과 형가에 대한 다양한 목소리를 이해하기 위해서는 저간의 사정을 고려할 필요가 있다. 1737년 이덕수(1673~1746)는 이렇게 노래하였다.

---

203 채제공, 『번암집』 권 13, 「太子河」. "何國能不亡, 何人能不死. 一亡固非恨, 一死亦非恥. 人言丹促禍, 我道丹快事. 金虎哮九州, 阿房敢仰視. 太子儘勇決, 裝送荊軻匕. 咸陽一大鬧, 此事差强意. 鋤耰與棘矜, 祖述皆在此. 漢帝大封功, 恤典漏太子. 長河至今流, 悲風來不已. 采采欲有薦, 此意更誰揣."

204 김창업, 「太子河」, 『노가재집』 권 5.

나라 일신 다 망할 형세 이미 되었는데　亡國亡身勢已成
광망한 계책으로 형경만 죽였구나　徒然狂算殺荊卿
그대로 머물리어 금대의 객 삼았다면　若教留作金臺客
진나라의 이신 군대 막을 수 있었으리　定遏東來李信兵[205]

3~4구는 소왕이 황금대를 지어놓고 천하의 인재를 초빙하여 국력의 신장을 꾀했던 것처럼 단도 형가, 고점리, 전광 같은 인재들을 옆에 두고 활용했다면, 진나라의 군대를 효과적으로 막을 수 있었으리라는 뜻이다. 이신(李信)은 달아난 단을 추격하여 잡아 죽인 진나라의 장수이다. 이미 대세는 기울어가고 있었지만, 잘못된 계책으로 형가 같은 인재들을 부질없이 죽게 하고 말았으니 다시는 손도 써보지 못하고 허무하게 망했음을 지적한 것이다. 1782년 홍양호도 겨울 해 지는 태자하에서 회고를 풀어낸 바 있다. 여기서 단이 작은 분기를 못 이겨 뜬금없이 강적을 도발하고 말았으니, 형가의 서툰 검술을 탓할 일은 아니라고 했다. 또 번어기만 하릴없이 자기 목숨을 버렸으니 그의 혼백이 그 일대를 떠돌고 있을 것이라고 안타까워했다.[206] 두 사람은 공히 단의 계책이 무모했음을 비판하고 있는데, 이들이 모두 현실적인 대청 정책을 주장했던 소론계의 인사라는 점은 우연만이 아닐 것이다.

연행사들이 태자하를 태자 단의 은신처로만 보았던 것은 아니다. 조금이라도 고대의 역사지리에 대한 이해가 있던 사람은 터무니없는 말이라며 코웃음을 쳤다.[207] 하지만 역사 상황과 문학 이미지의 결합은 종종 역사지리적 사실을 망각하게 했다. 많은 연행사들은 '태자하'라는 이름과 관련 설화

---

205 이덕수, 「太子河」, 『서당사재』 권 2.」

206 홍양호, 『이계집』 권 6, 「太子河 河古衍水, 世傳燕丹所匿處云」. "寒江日落起驚波, 故老相傳太子河. 小忿無端挑强敵, 疎才何必恨荊軻. 金臺月冷涓人市, 易水風悲壯士歌. 可惜於期虛擲首, 羇魂應繞此山阿." 홍양호는 또 「詠荊軻」에서 그의 행위는 매우 무모했다며 천고의 망인(妄人)이라고까지 하였다.

207 이덕무가 대표적인 경우이다. 「入燕記 上」 참조.

를 들으면 즉각적으로 단과 형가의 행적을 떠올렸다. 조선조 사인들의 머리에는 『사기열전』의 세계가 워낙 깊고 굵게 각인되어 있었기 때문이다. 단과 형가의 문학적 이미지는 다시 손쉽게 조선과 청 사이의 미묘한 관계와 결합되었고, 거기서 새로운 시문들이 지어졌던 것이다. 이렇게 해서 태자하는 조선의 연행사들에게 독특한 역사 공간으로서 자리가 매겨졌다. 우리 입장에서 볼 때, 요양시의 태자하는 연수(衍水) 여부와는 무관하게 조선후기 문사들의 세계인식이 다채롭게 펼쳐진 역사적 상징공간이 되는 셈이다.

6. 소결

연행은 공식적으로는 외교 사행이었지만, 조선조 사인들이 체험할 수 있는 거의 유일한 국외 여행이자 역사 여행이기도 했다. 그들은 연행을 통해 문헌으로 숙지하고 있던 역사 현장을 보고 느낄 수 있었으며, 제한된 범주에서나마 국제 감각을 익혔다. 현재 남아 있는 수많은 연행록은 매우 다채로운 내용을 담고 있지만, 그중 압도적인 비중을 차지하는 것은 아무래도 역사에 대한 감회의 표현이라 할 것이다. 형가는 일종 과거와 현재, 조선과 명청을 이어주는 매개였던 셈이다. 연행사들은 형가를 통해 과거 중국의 역사를 이해하는 것은 물론, 당대 조선의 상황을 통찰하였다. 공간에 대한 이해는, 거기 쌓인 시간 즉 역사에 대한 이해가 풍부할수록 깊어지기 마련이다.

연행을 통해 연행로의 역사적 내포는 더욱 더 풍부해졌다. 거기에는 고조선과 고구려 등이 참여했던 고대 흥망의 사연이 남아 있고, 발해에서 청을 거쳐 일제 만주국으로 이어지는 역사가 있으며, 수많은 조선 문사들의 사유와 고민이 서려 있다. 형가의 문학적 형상은 그중 하나이다. 연행로에서 무엇을 발견하고 고민할 것이며, 연행록을 어떻게 활용할 것인가? 이건 우리가 떠안은 과제이다. 분명한 것은 그 공간이 철저하게 역사로 이해되어야 한다는 사실이다. 짧은 시구나 외마디 탄식도 모두 역사를 구성하는 요소이기 때문이다. 본고를 통해 논자는 형가와 그 시대의 역사 상황은 물론 명청 교체 이후 조선의 분위기를 알게 되었다. 낯선 땅의 태자하는 친근하게 다가왔으니, 그곳은 우리의 역사 사연을 풍부하게 담고 있기 때문이다.

형가는 원래 우리와는 무관한 인물이었지만, 지속적인 문화교류와 역사변천을 겪으며 우리 문화 속에 한 자리를 차지하게 되었다. 조선의 문사들은 다양하게 형가의 모습을 새로 빚어냈다. 특히 병자호란과 명청 교체를 전후해서는 형가의 호출 빈도가 높았다. 그런 일이 있어서는 안 되겠지만, 나라가 위망의 지경에 이르면 형가는 또 새로이 환기될 가능성이 많다. 옛 연행로에는 아직도 선배 문사들의 고민과 행적과 흥취가 무한히 남아 있다.

하사下士의 통찰과 허자虛子의 각성

-심양瀋陽~요하遼河~의무려산醫巫閭山-

만약 공자가 바다를 건너와 구이(九夷)의 땅에 살며 화하의 문명으로 그곳 사람들을 변화시키고, 주나라의 도를 거기서 일으켰다면, 안과 밖의 분별과 높이고 물리치는 의리는, 그곳 역외(域外)의 기준에 따라 정해졌을 것이다.

使孔子浮于海, 居九夷, 用夏變夷, 興周道於域外, 則內外之分, 尊攘之義, 自當有域外春秋.

홍대용, 「의산문답(醫山問答)」(1765)

내가 하사(下士)로서 보건대, 저들의 장관은 기와 조각에 있고, 또 똥부스러기에 있다.

余下士也, 曰壯觀在瓦礫, 曰壯觀在糞壤.

박지원, 「일신수필(馹汎隨筆)」(1780)

1. 서언

심양을 떠난 연행사들이 광녕참(廣寧站)에 이르기까지는 4일이 걸렸다. 보통 고가자(孤家子), 백기보(白旗堡), 소흑산(小黑山)에서 하루씩 묵었다.[208] 그 사이의 거리는 옛 이척(里尺)으로 약 340리이니,[209] 오늘의 척도로는 170km쯤 된다. 연행사들은 하루 평균 약 85리, 40여km 가량을 이동했던 셈이다. 그 사이의 지형은 모두 한 점을 중심으로 동심원이 그려지고, 해와 달이 들에서 떠 들로 지는 들판이다. 흔히 요동벌 또는 만주벌로 일컬어졌던, 오늘날 요동평원의 일부이다. 지리상 난코스가 없는 데다 연행록에 나오는 지명 대부분이 남아 있는 때문인지, 이 구간은 연행로 중에서도 접근과 고증이 용이한 곳으로 알려져 있다.

하지만 정밀하게 접근하면 문제가 단순치 않다. 역사적으로 이 구간은 청의 입관 뒤로도 35년이나 지난 1679년에야 사행로로 이용되기 시작했다. 따라서 이 구간의 지명들은 1679년 이후에 지어진 연행록에만 등장하며, 많은 기록에는 달라진 국제 환경을 체험하는 문사들의 복잡한 정서가 배어 있다. 지리 고증도 용이한 것만은 아니다. 근대 이후 새로운 도로들이 속속 부설되면서 옛길의 많은 부분이 퇴화되었거나 아예 사라졌기 때문이다. 산악과는 달리 평원에는 길을 놓기도 수월하고 없어지기도 쉽다. 옛 지명은 그대로 남았지만, 지도상으로도 실제로도 마을과 마을 사이를 잇는 길은 끊어져 있는 경우가 허다하다.

연행로의 재구 없이 연행기록에 대한 정밀한 해석은 불가능하다. 이 글은 청조 성립 이후에만 이용된 심양-광녕참 구간의 노정을 재구하여 연행 연구

---

208 1712년 김창업은 12월 8일 심양을 출발하여 고가자, 백기보, 소흑산에서 하루씩 묵고 11일 광녕참에 도착했다. 1780년 박지원도 7월 12일 심양을 출발하여 같은 노정으로 15일 광녕참에 이르렀다.

209 홍대용은 345리(『담헌서 외집』 권 10, 「燕記, 路程」, 1765년)로, 이갑은 338리(『연행기사 상』, 「노정기」, 1777년), 노정기에서는 338리, 이해응은 337리(『계산기정』)로 계산하였다.

의 기초를 닦는 것을 목적으로 한다. 이 구간의 역사적 기점을 잡기 위해 주로 연행록의 초기 자료를 이용했다. 논의는 노정의 재구에 충실할 것이며, 논의 순서 또한 노정에 따라 진행할 것이다. 개별 작품에 대한 미학적 분석은 자제하였지만, 지리 공간과 관련하여 역사적 의의가 있다고 판단되는 작품은 간략하게나마 소개하였다. "조선후기의 사행단은 어떤 길을 오갔으며, 그 길 위에는 무슨 사연들이 서려 있는가?" 본고는 이 질문에 대한 소박한 답변이다. 질문은 사물을 문득 낯설게 만든다. 새로운 질문 앞에서 모든 대상은 긴장한다. 이 글로 심양-광녕참의 옛길에 역사의 숨결이 불어넣어지길 기대한다.

2. 심양 이후 첫날 노정, 실승사(實勝寺)에서 고가자(孤家子)까지

심양 객관을 떠난 사절은 심양성 서쪽 회원문(懷遠門)을 나와 북경 길에 올랐다. 성을 벗어나 가장 먼저 인상적으로 포착된 것은 실승사(實勝寺)였다. 1638년 청태종의 원당(願堂)으로 건립된 라마사원 실승사는 회원문으로부터 서북쪽으로 직선거리 2km 지점에 있다. 실승사의 정북쪽으로 3.5km 지점에는 청태종과 효단문황후의 소릉(昭陵)이 있는데, 당시에는 능의 외관을 육안으로 볼 수 있었다.[210] 연행사들은 한 곳에서 조선과 인연 깊은 청태종 관련 두 유적은 둘러보거나 바라보면서 이런저런 감회에 사로잡히곤 했다.[211] 실승사는 이제 심양 도심에 속해 있어 옛길이 사라진 것은 물론, 소릉도 육안으로는 보이지 않는다.

---

210 이만수(李晩秀, 1752~1820)는 1783년 이곳에서의 인상을 "… 城北願堂寺 崇皇所刱設 … 北望福昭陵 黃瓦隱嵂嶟 …"으로 술회한 바 있다(『屐園遺稿』 권 2, 「輶車集, 記行」).

211 실승사와 소릉에 대해서는 심양을 따로 입론하면서 다루기로 한다. 대략에 대해서는 김태준 · 이승수 · 김일환, 『조선의 지식인들과 함께 문명의 연행길을 가다』, 푸른역사, 2005, 378~389쪽 참조.

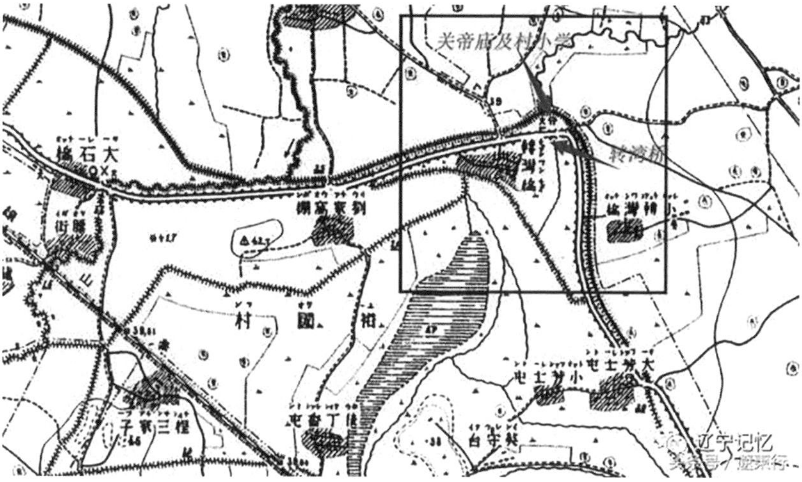

그림 26 1938년 전만교 일대 지도. 크게 꺾어지는 부분에 다리와 관제묘가 있었다. 길 왼쪽에 보이는 대석교(大石橋)가 영안교이다(지도 출처 : 각주 212번 주소).

그림 27

탑만(원) 지명의 유래가 된 요탑(遼塔). 연행의 역사에서 1790년 서호수 일행이 유일하게 이곳에서 묵었다.

그림 28 영안교(永安橋). 역사의 부침을 겪으면서도 옛 모습을 지니고 있다.

실승사에서 서북쪽을 향해 영안교(永安橋)로 이어지는 길을 따라 이동했다. 실승사에서 7리 떨어진 탑원은 그 북쪽에 요나라 백탑이 서 있던 연유로 불린 이름인데, 오늘날 그 자리에는 회룡사(回龍寺)가 들어서 있다. 탑원에서 3~4리를 더 가면 방사촌(方士村)과 장원교(壯元橋)가 잇달아 나왔다. 방사촌은 오늘날 대방사촌(大方士村)과 소방사촌(小方士村)으로 나뉘어 존속하고 있다. 장원교(壯元橋)는 연행사들이 부르던 명칭이고, 현지의 명칭은 전만교(轉灣橋)였다. 이곳에 이르러 길이 90도로 꺾어지는 지형 때문에 '전만(轉灣, zhuǎnwān)'이란 이름이 붙은 것인데, 조선 사신에 의해 발음이 비슷한 '장원(壯元)'으로 표기되었고, 이것이 수정되지 않은 채 연행사들 사이에 전승된 것이다. 이 다리는 1641년 건설된 것으로 전해지는데, 지금은 그 흔적이 남아 있지 않다.[212]

---

212 최근 연행로가 지나는 지역의 현지 향토사가들에 의해, 연행록에 의거한 연행로 고증 작업이 심심치 않게 시도되고 있다. 이 단락의 내용은 谷向鵬,「(鄉土風物) 瀋陽大御路之大轉灣橋村 - 轉灣路上轉灣橋」(2018. 5. 10, https://www.sohu.com/a/231067898_805374)를 참조한 것이다.

영안교는 옛 모습을 그대로 지니고 있다(于洪區 馬三家子鄉 永安村). 1641년 청 태종의 명으로 놓였으며 속칭 대석교(大石橋)라고도 했다. 이 일대는 비만 오면 뭍인지 물인지 분간이 안 될 정도로 진창이 되곤 했는데, 1636년 칭제 건원한 청은 이후 명과의 지속적 전쟁 수행을 위해서도 교량의 건설이 필요했다. 청 태종은 다리가 건립되자 '영안(永安)'이라는 이름을 붙인 경위를 새긴 비석을 세우게 했다. "영원히 편안하라"는 정치적 상징성을 부여한 것이다. 이후 강희제와 건륭제는 동순(東巡) 때 이 다리를 지나는 중 그 정치적 의미를 새기며 시를 짓기도 했다. 오늘날까지도 영안교로 이어지는 심마선(瀋馬線) 길은 어도(御道)로도 불린다.

1644년 9월 청 입관 후 소현세자도 북경으로 향했다. 당시 최명길은 실승사 근처에서 세자를 배송하려고 했는데, 세자가 다른 길로 가는 바람에 만나지 못했다. 이에 뒤쫓아 가 인사를 하려고 했는데 영안교 근처까지 갔다가 끝내 보지 못하고 돌아오면서 쓸쓸한 심정을 시로 읊었는데, 이 다리에 대한 우리 기록 최초의 언급이다.[213] 이후 이 다리에 대한 언급은 1695년 동지사행의 정사와 부사였던 이세백과 홍수주(洪受疇)의 시에 나란히 나온다. 이세백은 석각의 정교함을 찬탄하면서 다리의 공능을 높이 평가했다.[214] 반면 홍수주는 다리의 제도를 귀신의 솜씨라고 인정하면서 '영안' 두 글자에 대한 불편한 심사를 감추지 않았다.[215] 조선의 문사들은 청에 대한 혐오와

---

213 『遲川集』 권 5, 北扉酬唱錄續稿, 「二十日 儲宮發瀋向燕 意欲拜送 力疾出西城 候于佛寺之側 聞儲宮已由他路發行 缺然而還 是日移寓上館 感而有作 情見于詞」. "催鞭出西郭, 秋色正蕭蕭. 稍愛秪林近, 難攀鶴馭遙. 虛瞻夕陽路, 未及永安橋. 雪涕還空館, 重門鎖寂寥."

214 『雩沙集』 권 3, 「永安橋 次副使韻」(1695). "方知造化更多奇 驅石何年結構宜 天際虹光流宛轉 水中龍影落參差 馬卿題字空千載 牛女逢期亦一時 爭似此間無病涉 道周留揭永安碑."

215 『壺隱集』 권 2, 「永安橋」. "人工殫盡鬼輸奇, 結構年來利涉宜. 河飮蝃蝀形偃蹇, 石成烏鵲勢參差. 壯心已愧初題日, 歸路應憐再度時. 誰把永安留二字, 忿忿恨未看殘碑."
1732년 이의현 또한 다리 이름에 비슷한 시비를 걸었다. 『陶谷集』 권 2, 「永安橋 次副使韻」. "虜運那能永, 虹橋莫揭安. 空依古店雪, 長送客程寒. 鶴影雲俱逈, 天機節已闌. 壯年題柱志, 堪愧此驂鞍."

편견을 좀처럼 조절하지 못했다.[216]

영안교에서 서북쪽 15리 지점에 대방신(大房(方)身) 마을이 있었다. 그저 지나가는 연로의 마을이었는데, 여기서 곡예단이 사신들을 대상으로 마상기예를 공연했다는 기록이 있어 눈길을 끈다.[217] 이곳은 오늘날에도 대방신촌(大房申村, 于洪區)이라는 이름으로 남아 있다. 1713년 3월 5일 동지사행은 귀로에 이곳에서 아침을 먹었다. 정사 김창집은 자제군관으로 따라온 김창업이 또 일행을 벗어나 천산(千山) 유람에 나서려는 걸 알고 시 한 수를 지어 은근히 만류했다. 김창업은 이미 두 차례나 일행에서 떨어져 각산(角山)과 의무려산을 구경한 터였다. 김창업이 이 시에 차운하여 계획을 포기할 뜻이 없음을 밝히자 형은 더 이상 말하지 않았다.

기러기처럼 만 리를 함께 왔으니	萬里同賓雁
잠시도 떨어짐이 없어야 하리	惟宜莫少違
어이 알았으리 요동 학야에 와서	豈知臨鶴野
일행과 함께 가지 않으려 할 줄	不肯一行歸

만 리 먼 길 이미 함께 왔거늘	已涉萬里遠
두어 날 떨어짐을 근심하나요	何嗟數日違
나란히 압록강을 건너가리니	聯翩渡鴨水
길 다르나 끝내는 함께 가리다	殊道竟同歸[218]

---

216 조선 사신들의 영안교 인식에 대해서는 김일환, 「대청사행(對淸使行)의 영안교(永安橋) 인식」, 『대동문화연구』 90, 성균관대 대동문화연구원, 2015 참조.

217 이의현, 『도곡집』 권 3, 「大房身村 有馬上技者 其妻與妹亦能之 各呈其技 使吾輩觀之 盖欲受贈餽也 覽訖漫賦」.

218 김창업, 『연행일기』 권 9. 이 시들은 두 사람의 문집에도 각각 실려 있다.

대방신에서 5리를 더 가면 마도교(磨刀橋, 또는 板橋)라는 길이가 200보나 되는, 지금의 포하(蒲河) 위에 놓였던 것으로 추정되는 특이한 이름의 다리가 있었다. 1721년 이정신은 이곳을 지난 체험을, "판교를 세 번 지났다. 첫 번째 다리와 두 번째 다리 사이 길 오른쪽에 작은 절집이 있었다."[219]고 기록했다. 현지 향토사가의 글에 따르면, 민국 시기 출간된 지도에는 이 지점에 판교자촌(板橋子村)과 관제묘가 표시되어 있어, 이정신의 기록과 부합한다고 했다. '마도(磨刀)'라는 지명의 연원은 밝혀진 바 없다.[220] 판교자촌은 없어졌고, 옛길은 광휘농장(光輝農場)에 수용되었다. 실승사에서 이 일대에 이르는 옛길은, 오늘날 탑만가(塔灣街) - 원강가(元江街) - 심마선(瀋馬線)으로 이어져 있다.

마도교 다음의 경유지는 노변성(老邊城)이었다. 이곳은 오늘날 동노변촌(東老邊村), 서노변촌(西老邊村, 于洪區 解放鄉) 두 마을로 남아 있다. 노변향까지의 집광선(集光線)과 노변향서 고가자까지의 삼곽선(三郭線)을 잇는 옛길이 고스란히 남아 있어 사행의 현장을 체험할 수 있다. 마을 어귀에 지명과 내력을 기록한 비석이 서 있는데, 마을은 청나라 초기에 만들어졌고 명나라의 성벽에 있어 생긴 이름이라는 설명이 새겨져 있다. 물론 현재 성벽은 남아 있지 않고 그 터조차 아는 사람이 없다. 청나라 때에는 이곳에 역참이 있어 사신들이 묵었다.[221] 이세백이 이곳에서 묵을 때는 밤중에 눈이 내렸는데, 그는 이날 객사의 정회를 "변성이라 한밤중 눈이 내려서, 한 층의 수성(愁城)을 덧 쌓는도다."라고 재치 있게 읊었다.[222] 김석주(1682년)[223]와 신후재(申

---

219 이정신, 『역옹유고』 권 7, 「연행록」. "三過板橋, 第一橋第二橋之間路之右邊, 有一小刹, 而甚非大段."

220 1802년 이해응은 다리 이름에서 착상하여 시를 지었다. 『국역 계산기정』 권 2, 12월 6일. "하늘 먼 평교에 지는 해 쇠잔한데, 그 누가 개울가서 검을 갈고 있나. 풍진 세상 국사는 주군을 못 만나니, 초나라 저자에선 밤마다 무지개빛 차도다. 天遠平橋落日殘, 誰人磨劍古河干. 風塵國士終難遇, 楚市虹光夜夜寒."

221 이의현에 따르면 심양과 광녕 사이에 변성(邊城), 주류하(周流河), 백기보(白旗堡), 이도정(二道井), 소흑산(小黑山) 다섯 곳에 역참이 있었다. 『도곡집』 권 30, 「경자연행잡지 하」.

222 『雩沙集』 권 3. 「又次書狀韻」. "去去行難盡, 看看意已驚. 邊城半夜雪, 添却一愁城."

223 『息庵先生遺稿』 권 6, 「擣椒錄 上」, '宿老邊城'. "邊城萬里地, 此夜駐征旌. 行役催人老, 鄉山費夢勞. 風

厚載, 1690)[224]도 여기서 하루를 묵었다.

노변성에서 11시 방향 12리 지점에 신농점(神農店)이 있었다. 이만수가 이 마을을 떠올리며 "객점 이름 염제(炎帝)를 연상시키네. 店名憶炎皇."[225]라고 한 것은 중국 고대 삼황 중 하나인 염제의 이름이 신농씨였기 때문이다. 신농점은 오늘날 노흥륭점(老興隆店)으로 변해 있다. 신농과 흥륭은 발음이 Shennong과 Xinglong으로 서로 비슷하니, 어떤 계기를 맞아 지명이 바뀐 것으로 보인다. '일어나 융성한다'는 뜻의 '흥륭(興隆)'이란 지명이 문화대혁명 이후 중국 곳곳에 생긴 것으로 미루어, 이 마을 이름이 바뀐 배경도 비슷할 것으로 추정된다. 이름 앞에 '노(老)' 자를 붙인 것은 그 8시 방향 6km 지점에 흥륭진(興隆鎮)이 새로 생겼기 때문이다. 국도변에 위치한 흥륭진과 달리 노흥륭점 부근은 크게 개발되지 않아 많은 옛 풍광을 간직하고 있다.

신농점에서 11시 방향으로 13리를 가면 고가자(孤(高)家子) 마을이 있었다. 오늘날에도 그 이름 그대로 남아 있다(新民市 興隆鎮 孤家子村). 17세기 후반만 해도 연행사들은 역참이 있는 노변성에서 묵었지만, 18세기에 접어들면서부터는 고가자에서 묵는 횟수가 압도적으로 많아진다. 여기서는 주로 사가에서 민박을 했다. 여기에는 찰원이 쇠락하거나 제 기능을 다하지 못한 이유도 있지만, 이동의 효율성도 고려되었던 것으로 보인다. 심양성에서 노변성까지는 50리 밖에 되지 않았기 때문에, 사행은 가능한 한 더 많은 거리를 가서 일정을 단축시키려고 했다. 이렇게 지정된 역참을 건너뛰는 것을 월참(越站)이라고 했는데, 호행 군졸을 무마하거나 민가에서 숙박하는 데 드는 비용이 만만치 않았다.[226]

來朔野曠, 雪罷曉雲高. 郵櫪多寒凍, 今憂正爾曹."

224 『葵亭集』 권 2, 「老邊城」. "瀋陽西北老邊城, 白草黃沙一望平. 客子晩投孤店裡, 寒鴉飛盡夕陽明."

225 이만수, 앞의 시.

226 이의현, 『국역 도곡집』 권 30, 「경자연행잡지 하」.

사신들이 고가자에서 묵는 시기는 대개 압록강을 건넌 지 열하루 째 되는 날이었다. 한양을 떠난 지는 보통 한 달이 넘었고, 남은 여정은 아직도 20일이나 남아 있었다. 요양에서 광녕에 이르는 5박 6일의 요야 여정 중 중간 즈음이 된다. 이들을 압도한 것은 드넓게 펼쳐진 밭 두둑 하나 없는 황량한 벌판, 머리 위의 둥근 하늘과 자신을 중심으로 동심원을 이루는 지평선이었다. 그들은 마치 둥근 하늘에서 드리워진 거대한 장막 속에 들어와 있는 듯한 착각에 사로잡혔다.[227] 가장 자주 나타나는 고가자의 정서는 피로감이었다. 아직 중간에도 이르지 못한 여정, 아득하면서 황량한 공간의 막막함은 자연스럽게 피로감을 더해주었다. 한겨울의 추위와 모래바람 등 악천후가 겹칠 때 나그네의 내면은 더 강하게 흔들렸다.[228]

3. 거류하(巨流하)를 건너 팔기(八旗) 마을 사이를 지나다

이어지는 깃발들이 푸른 하늘 터 가는데　　透迤征旆向青冥
깜빡깜빡 등불들은 새벽 하늘 별빛 같네　　明滅行燈似曉星[229]

---

227 유상운(1636~1707)은 1683년 이곳에서 "四際平沈一搽圓, 莽蒼無復見秦阡. 東西去識星爲紀, 日月生知海作壖. 春不曾來多宿草, 店爲孤住少人烟. 客中政屬清明節, 遙憶青谿小洞天."이라 했다(『約齋集』 冊 2, 「次上使韻 孤家子途中」). 김석주도 같은 해 귀로에서 "上高懸只箇圓, 平垂穹幕際長阡. 曾無塊壘嵬三尺, 却有飆風動四壖. 千里荒墟皆白草, 數家孤店但寒煙. 何當涉盡遼河去, 著眼鄉山翠插天."이라고 읊었다(『息庵集』 권 7, 「擣椒錄 下, 孤家子途中」).

228 극도로 지친 심신을 표현한 김창업의 시(『老稼齋集』 권 5, 「次伯氏孤家子述懷韻」(其 2) "幽薊黃塵外, 朝鮮紅日邊. 路長心已倦, 目斷夢猶牽. 大野天如盖, 孤家夜抵年. 家人應念我, 相與坐燈前.")나, 사람도 말도 피곤한데 노복이 밤새 코 고는 소리나 현지 주민들이 떠들어대는 소리에 예민하게 반응하는 이의현의 시(『陶谷集』 권 2, 「孤家子」. "瞑靄孤村逈, 長程我馬煩. 忙投暖熏堗, 强進夜深飧. 倦僕偏憎鼾, 矗胡苦厭喧. 雞鳴又催發, 何日玉河門.")는 좋은 보기이다.

229 홍양호, 『耳溪集』 권 7, 燕雲續詠, 「曉發高家子 過周流河 轉向新民屯」.

1794년 홍양호가 새벽에 고가자를 출발하는 정회를 읊은 시의 첫 두 구이다. 보통 동트기 전 숙소를 출발하여 일정 거리를 간 뒤 아침을 먹었던 연행사들의 관행을 감안하면, 고가자에서 묵고 출발했던 대개 사행의 새벽 풍경은 이 시구의 그림과 별반 다르지 않았을 것이다. 고가자에서 8리를 더 가면 거류하가 나왔다. 옛날과 달리 현재 고가자와 거류하 사이에 심가강자촌(沈家崗子村)이 있다. 거류하는 여름에는 배를 타고 건너야 했을 만큼 큰 강이었다. 여러 곳에 보를 쌓고 둑을 정비하면서 물길이 변했고 교량의 건설로 배를 이용한 도강의 풍속이 사라져, 현재로선 옛 나루터 등을 찾기가 어렵다.

거류하는 요하의 별칭으로 문헌에 따라 주류하(周流河), 구류하(枸柳河), 구려하(句驪河), 대요수(大遼水) 등으로 다양하게 표기되어 있다. 우리와 중국의 지리지에는 물론 연행록에도 풍부한 기록이 있다. 좁게는 요동과 요서를 가르는 기준이 되기도 한다. 1682년 김석주는 만주족 상인들이 산에 말들을 놓아 기르고 연로의 집들에서 나귀가 연자방아를 돌리는 풍경을 인상깊게 그렸다. 또 이 지역의 백성들이 고구려를 알고 있다며, 북방의 물길은 모두 이름이 '하(河)'라고 했다. 거류하의 여러 명칭은 고(구)려와 발음이 유사하여 그 역사적 연고를 떠올리게 한다. 실제 이 강은 고당 전쟁 시절 두 나라의 국경이었다. 그런가 하면 북방의 음악인 강무(羌舞), 해가(奚笳), 칙륵가(敕勒歌)가 울려 퍼지는 청각 심상으로 쓰린 심정을 드러내기도 했다. 오랜 연행의 역사에서도 거의 처음으로 이 강을 체험한 조선 문사에게 거류하는 풍문이 많은 곳[聞多]이었으며, 이를 접하는 내면은 꽤나 복잡했던 곳이다.[230] 1695년만 해도 강가에 초루(譙樓)와 주사(酒肆)가 즐비하였다는[231] 증언으로 보아 청초에는 제법 번화를 자랑했던 것으로 보인다.

---

230 김석주, 『息庵集』 권 6, 擣椒錄 上, 「巨流河 復疊前韻」. "此地經旬任駐過, 故疆新俗亦聞多. 商胡或畜彌山馬, 野店人藏負碾騾. 東堡舊民猶識麗, 北方流水盡名河. 陸沈儘有傷心處, 羌舞奚笳敕勒歌."

231 이세백, 『雩沙集』 권 3, 「周流河」. "大野中間一水周, 東頭已盡又西頭. 全遼自是分區處, 此地其曾置鎭不. 傍岸孤村皆酒肆, 臨流舊堞尙譙樓. 羈懷到底傷今古, 獨夜空勞望斗牛."

그림 29 심양 북쪽 칠성산에서 바라본 요하 상류, 뱀이 기어가는 것처럼 구불구불 흐른다.

그림 30 장마철 요하대교 아래의 요하, 수량이 급증하고 물줄기의 기세가 거세진다.

거류하를 건너 9리를 가면 거류하보(巨流河堡(城))가 있었다. 현지의 연구 결과에 따르면 청초인 1641년에 쌓아 수군도독부(水軍都督府)를 두었다가, 1681년 순검사(巡檢司)를 두었으며 1739년 중수하였고 둘레가 1,940m에 세 개의 문이 있었다.[232] 그런데 이는 1790년 서호수의 견해와 달라 의아하다. 그에 따르면 이 성은 1636년에 처음 세워졌고 둘레는 2리이며 1783년에 중수했다고 한다.[233] 서호수는 이곳에 주둔하는 군사의 숫자와 담당자의 직책까지 정확하게 기술하였다. 더 자세한 고증이 요구된다. 1712년 김창업은 거류하보의 입지를 요양 이후 처음 보는 언덕이라며 성벽과 여장이 완전하다고 증언했으며,[234] 1855년까지도 원형 그대로 존속하며 역참의 기능을 했던 것으로 보인다.[235] 거류하촌(巨流河村)에는 민가와 밭 사이로 잔벽이 일부 있어 옛 형태를 추정할 수 있다.

조선후기 연행사들은 거류하보를 지나 20리 떨어진 신민둔(新民屯)을 경유하였다. 신민을 지나는 길은 1660년 이후에나 닦인 것이다. 인평대군은 1656년 사은사로 북경에 다녀온 뒤 심양에서 광녕에 이르는 세 길을 소개한 바 있다.

> 심양으로부터 이 성에 이르는 데는 세 길이 있는데, ①한 길은 소남문(小南門)으로 나와 요하의 하류를 건너고 진녕보(鎭寧堡)를 거쳐서 여기에 이르는 것인데 대략 4일 노정이 되고, ②한 길은 상서문(上西門)으로 나와 영안석교(永安石橋)를 지나고 요하를 건너서 두을비성(豆乙非城)[236]·황기포(黃旗鋪)·백

---

232 「遼瀋尋古之旅」(http://blog.sina.com.cn/s/blog_51c19ab00100u30h.html), 2011년 4월 28일 등록. 이 블로그에 거류하성 사진 여러 장과 위성지도가 올라와 있어 참조 된다.

233 『국역 연행기』 권 1, 「起鎭江城至熱河」 ○ 경술년(1790, 정조 14) 7월 1일 조.

234 『국역 연행일기』 권 2, 12월 9일 조,

235 서경순, 『국역 몽경당일사』 제 1편, 「馬訾軔征紀」 ○ 을묘년(1855, 철종 6) 11월 9일조.

236 『瀋館錄, 西行日記』의 4월 기록에 따르면 요하 건너 60리 지점에 있었다. 낭서산(狼胥山)에서 40리

기포(白旗鋪)·진원보(鎭遠堡)를 거쳐서 여기에 이르는 것인데 약 5일 노정이 되고, ③ 한 길은 두을비성으로 해서 신성(新城)과 반제탑(班齊塔)을 거쳐 여기에 이르는 것인데 약 6일 노정이 된다.[237]

①은 창의참(彰義站, 于洪區 彰驛站鎭)[238]을 지나 진녕보(鎭寧堡, 黑山縣 서남쪽 蛇山子村 부근)를 거쳐 광녕부로 갔던 길이다.[239] 지금의 경심선(京瀋線, G1) 고속도로 및 진심객운전선(秦瀋客運專線, 심양과 秦皇島 사이)을 따라가다가 지금의 요중현(遼中縣) 일대에서 강을 건너 서북향으로 광녕을 향해 갔던 길로 추정된다. 요중(遼中) 일대에 대규모의 늪지가 있긴 하지만 지도상으로 거리는 가장 짧다. 명청 전쟁 시기 군사용 도로로 이용된 것으로 보인다. ②와 ③의 두을비성은 창무현(彰武縣) 서쪽 3km 지점 유하(柳河) 변에 있는 고산대산성(高山臺山城)을 가리킨다. 청나라 문헌에는 발음이 같은(duerbi) 도이비(都爾鼻), 두이필(杜爾筆), 도이필(都爾弼) 등으로 표기되었다. 창무현은 신민에서 11시 방향으로 50km 떨어진 곳에 있다. 인평대군의 증언대로라면 1650년 전후까지만 해도 심양에서 광녕에 가기 위해서는 창무현을 경유해야 했던 것으로 보인다. 창무현에서 황기포(보) 마을을 가기 위해서는 유하를 따라 40km 이상 남하해야 한다. 오늘의 신민시를 거치면 100km에 가까운 거리를 단축할 수 있었는데 굳이 우회했던 이유는, 당시까지만 해도 교통로가 닦이지 않았기 때문이다. ③은 청하(淸河)를 거쳐 의주(義州)에서 다시 동남향하여 광녕

지점이라고 했다. 여기서 동남쪽으로 직선거리 20km 지점에 낭타산(狼坨山)이 있는데, 이것이 낭서산으로 보인다.

237 『국역 연도기행』 중권, 9월 5일.

238 창의참(彰義站)은 원나라 때 심주고려총관부(瀋州高麗總管府) 소속의 잠치(站赤)로 『經世大典』과 『析津志』에 보인다.

239 진녕보와 관련해서는 1644년 귀로의 아래 기록이 유일하다. "(6월) 十二日癸亥晴, 卯時發行, 不由廣寧, 取南路三十里, 朝飯于川上. 又四十里中火于澤邊, 又二十里到鎭寧堡將止宿."(『溪西先生逸稿』 권 1, 「燕行日記」) 명청 전쟁의 막바지에 성이성 일행은 이 경로를 이용했던 것으로 보인다.

에 이르렀던 길이다.[240]

인평대군 때와는 달리 1680년대 이후 연행사들은 거류하보에서 바로 서쪽으로 꺾어져 신민둔(新民屯(店))으로 갔다. 신민둔은 이름이 뜻하는 바대로 청초에 만들어진 마을이다. 1641년과 1651년 두 차례에 걸쳐 산동성과 하북성의 유민들이 대거 이곳에 이주하여 마을을 형성하기 시작했다. 『만주지명고(滿洲地名考)』에 따르면 건륭 초 다시 주민들의 대량 이주가 있었다고 한다. 1993년에 현급(縣級) 시로 승격되었다.[241] 정황으로 보면 1650년대에 마을들이 조성되면서 자연스럽게 이곳을 통과하는 지름길이 닦이고, 이후 우리 사신들도 자연스럽게 이 길을 이용했던 것이다. 1695년 이곳을 지난 이세백과 홍수주는 '신민'이란 지명을 왕조의 교체와 결부시킨 감회를 피력했다.[242] 19세기 후반에는 계향(桂香)이란 여인의 애달픈 삶을 다룬 시가 벽에 씌어져 있는 것이 잠시 화제가 되었는데, 이는 17세기 후반 진자점(榛子店)의 계문란(季文蘭) 사연과 흡사하여 흥미롭다.[243]

신민에서는 8시 방향으로 길을 꺾어 황기보로 향했는데, 그 노선은 오늘날 경심철도(京瀋鐵道)의 노선과 거의 일치할 것으로 추정된다. 하지만 그 사이에는 마을도, 이어지는 길도 없다. 황기보를 찾기 위해서는 부득이 북쪽의 G102국도를 타고 가다가 거꾸로 들어가야 한다. 오늘날엔 신민에서

---

240 두을비성의 위치는 20세기초 일본의 중국사가 나이토 고난(內藤湖南)의 「都爾鼻考」에서 고증되었다. 청나라의 기록만으로는 불가능한 당시 심양에서 북경 가는 초반 노정을, 나이토 고난은 『심양장계』, 『심양일기』, 『松溪集』 등을 참고하여 재구하였다. 여기에 대해서는 周一良, 「日本內藤湖南教授的東北史地研究」(中國文史網(http://www.historychina.net/tws/qsyj/ztyj/bjmz/2006-02-16/2315.shtml) 참조.)

241 百度百科(http://baike.baidu.com/view/399348.htm).

242 『雩沙集』 권 3, 「新民屯」. "過盡長橋近野居, 逢人知是半周餘. 山河處處渾非昔, 莫怪新民喚此閭."; 『壺隱集』 권 2, 「新民屯 次正使韻」. "聖人曾憶九夷居, 苟欲新民德有餘. 童子不知華夏變, 皆將大學讀窮閭."

243 관련 시 제목만 소개한다. 김진수(1797~1865), 『蓮坡詩鈔』 권 上, 「新民屯店壁 和桂香詩 詩曰 天涯淪落又驚秋 欲把琵琶訴舊愁 誰是多情白司馬 夜深燈火過江州 其下云桂香書」; 강위(1820~1884), 『古歡堂收艸詩稿』 권 13, 「北遊續艸, 新民屯 有題壁截句 末署桂香 不知是何人 蓋女流也 多載東人燕槎錄 與榛子店季文蘭詩並傳 其辭甚佳 今錄于左 仍次其韻」

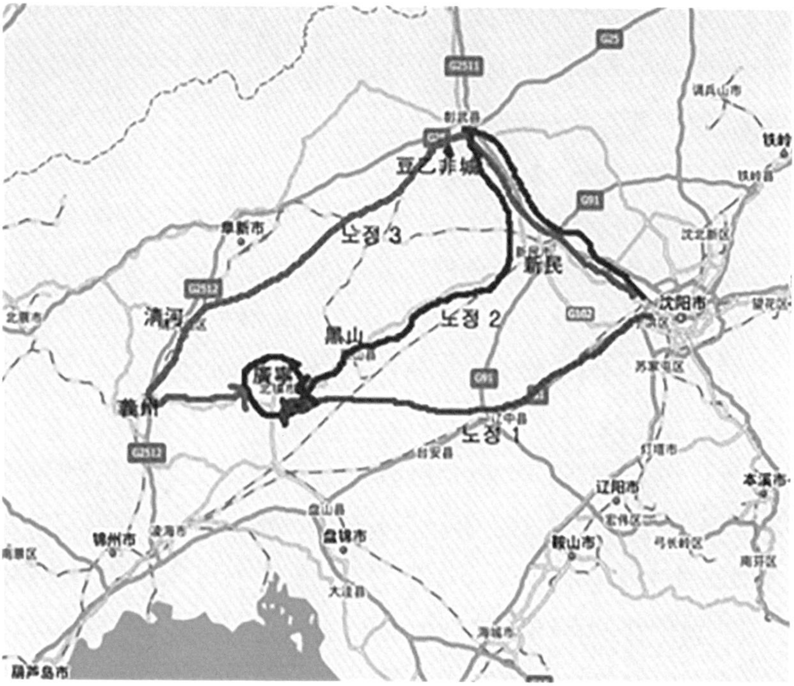

그림 31 인평대군이 말한, 심양에서 광녕에 이르는 세 가지 길. 당시까지만 해도 요하와 황기보 사이에 길이 닦이지 않아 북쪽 두을비성을 경유해야 했다.

황기보를 가려면 거류하에 버금가는 규모의 유하를 건너야 한다. 지도상으로도 신민은 거류하와 유하 사이에 있고, 규모는 외려 유하가 더 커 보인다. 하지만 근대 이전 중국의 지리지는 물론 우리 연행록에도 신민을 지나 다시 유하를 건넜다는 기록은 보이지 않는다. 현재 중국의 포털사이트에도 유하를 단독으로 소개한 기사는 보이지 않는다. 그렇다면 유하는 근대 이후 치수 정책으로 둑을 쌓으면서 만들어진 하천일 가능성이 높다.

유하를 건너면 (소, 대)황기보(新民市 柳河溝鎮 黃旗堡村)가 잇달아 나오고, 이어 역참이 있던 대백기보(大白旗堡, 新民市 大紅旗鎮 紅旗鄉)까지는 지명과 옛길이 비교적 온전하게 남아 있다. 황기보는 두말할 것도 없이 청나라의 팔기부대에서 유래한 지명인데, 1695년의 이세백과 최계옹은 당태종 고사에서 그 연원을 찾았다.[244] 청나라의 제도에 대한 이해가 없었던 때문이다. 이곳에서 지어진 시로는 29세 청년 학인의 포부가 잘 드러난 1778년 박제가의 아래 작품이 가장 인상적이다.

흙비가 캄캄하여 하늘 분간 못하니	土雨冥冥不辨天
돌개바람 몰아쳐 말 자꾸 넘어지네	疾飆吹馬馬頻顚
영웅의 단련함은 본시 이와 같으니	英雄鍛鍊元如許
험난한 변경에서 풍상을 겪었다네	看取風霜險阻邊[245]

황기보 다음에는 유(노)하(柳[蘆]河, 新民市 柳河溝鎭)가 있었다. 이곳에는 꽤 큰 규모의 석교와 함께, 건륭제의 「영안교기(永安橋記)」와 시를 새겨 1778년에 세운 비석이 서 있었다고 했는데,[246] 지금은 어디에도 돌다리와 비석의 흔적이 남아 있지 않을뿐더러 마을의 고로들도 그 사실을 전혀 모르고 있어 의아스럽다. 유하구에서 8리를 가면 석사자가 있었는데, 지금은 석사촌(石獅村)과 소석사자(小石獅子) 두 마을이 잇달아 있다. 홍석주는 1803년 일행이 이 근처에서 길을 잃은 경험을 기술하면서 "대황기 서쪽에는 석사자 마을, 유하구 옆에는 한 쌍의 거북."[247]이라고 하여, 유하구의 비석과 석사자의 위치를 간결하게 그려낸 바 있다. 석사자에서 10리를 더 가면 고성자(古城子) 마을이 있었다. 고성자의 다른 이름은 영방(營房)이었고, 오늘의 공식 지명은

---

244 이세백의 예만 든다. 『雩沙集』 권 3, 「大小黃旗堡」. "村名何事兩黃旗, 十里中間去路遲. 無乃文皇曾駐蹕, 一於山上再於斯."

245 박제가, 『貞蕤閣初集』, 「大黃旗堡遇大風」.

246 이해응, 『국역 계산기정』 제 4권, 復路, 갑자년(1804, 순조 4) 2월 24일(갑신); 김경선, 『국역 연원직지』 제 2권, 출강록 ○ 임진년(1832, 순조 32) 12월 2일에도 비슷한 내용이 실려 있다.

247 홍석주, 『淵泉集』 권 2, 「和副使失路歎 同呈上使」. "… 大黃旗西石獅子, 柳河溝傍雙趺龜. …"

영방촌(營坊村)이다. 1695년 당시에도 이미 성벽의 흔적이 없었다.[248] 지명은 임시 군사 시설이 있었던 데서 유래한 것으로 보인다.

석사자에서 5리 지점에 사신들이 보통 묵었던 대백기보가 있었다. 이곳은 백기에 내포된 투항의 이미지 때문에 문화대혁명 이후 대홍기촌(大紅旗村)으로 이름이 바뀌어 있다. 이세백은 아침에 황기보를 지나 저물녘 백기보에 이르니 마치 전쟁 중에 있는 듯하다고 했다. 1695년은 이미 전운이 다 걷힌 상태였다.[249] 하지만 한참 세월이 지난 뒤에도 이러한 지명들이 환기하는 역사를 떠올리며 이 이름들을 싹 바꿔주고 싶다며 분을 삭이지 못하는 사람도 있었다.[250] 맑은 날 여기서는 멀리 의무려산이 눈에 들었던지, 지도와 문헌에서만 보던 명산을 친견하는 감회가 종종 풀려나왔는데, 1687년 임상원(任相元, 1638~1697)의 시가 대표적인 예다.[251] 여기서 고대사 문제를 제기한 사람도 있었다. 1794년 홍양호는 고구려가 요동을 거점으로 한때 중원을 누비고 수당의 백만 군사를 물리친 역사를 제기하며 기자의 옛 강역에 대한 궁금증을 표출하였다.[252] 백기보라는 낯선 지명에 내포된 역사의 함의가 제법 만만치가 않다.

---

248 이세백, 『雩沙集』 권 3, 「古城子」. "行程又過古城村, 墟落難尋壁壘痕. 獨有衝愁歡伯在, 靑帘處處掛柴門."

249 이세백, 『雩沙集』 권 3, 「白旗堡」. "朝過黃旗暮白旗, 至今猶似戰爭時. 還看邊塞無征戍, 惟有偸兒夜夜窺."

250 이의현, 『陶谷集』 권 2, 「白旗堡」. "小黃旗大黃旗, 里堡蕭然當路逵. 斜陽又入白旗堡, 次第三堡名者誰. 可汗昔日竊中土, 方色爲號明部伍. 于今海宇盡版圖, 城郭人民已非故. 村名亦復換前後, 染汚腥羶良可醜. 安得眞人奮起揮天戈, 廓開燕雲蕩九有. 更將佳稱冠此舖, 三旗之名一洗去. 已矣鶉首天醉久, 書生空言有何補. 噫吁嚱書生空言有何補."(1720년)

251 임상원, 『恬軒集』 권 15, 「白旗堡 望醫巫閭山」. "車前閭岳走縈紆, 今日親看勝按圖. 尾壓全遼成內服, 根蟠廣陸護中區. 寧將地險綿王祚, 空遣英雄費遠謨. 欲說明朝還太息, 烽臺無語立平蕪."

252 홍양호, 『耳溪集』 권 7, 「過白旗堡, 始入遼西, 猶是箕子舊境」. "遼州本是古句麗, 折入中原亦一時. 武帝雄圖開濊貊, 慕容王跡起鮮卑. 潮通吳楚三千里, 雲散隋唐百萬師. 歎息箕封何處覓, 水田猶有舊耕菑."

4. 작은 언덕 위에서 천하의 형세를 살피다

대백기를 떠난 사행은 소백기(10리)와 일판문(一板門, 20리)을 차례로 거쳤다. 일판문은 오늘날 반랍문진(半拉門鎮, 錦州市 黑山縣)으로 바뀌었으며 G102도로 연변에 있다. 소백기는 소백기촌으로 일판문은 반랍문으로 남아 있지만, 이 지점들을 직선으로 이어주는 길은 보이지 않아 연행의 경로를 추정하기가 힘들다. 일판문에서 G102도로를 따라 10여km 가면 이도향(二道鄉, 錦州市 黑山縣 繞陽河鎮)이 나오는데 여기가 옛날의 이도정(二道井)이다. G102도로는 옛 사행로, 즉 청 황제들이 동순할 때 이용했던 어로 위에 부설된 것으로 보인다. 일판문-이도정 구간은 제대로 물이 빠지지 않아 그 맛이 나쁘기로 유명했고, 또 봄철이면 온통 진창이 되어 말과 수레가 나아갈 수 없을 정도였다고 한다. 봄철의 이 구간은 한겨울의 마천령-청석령 사이와 함께 연행로 중 최악의 코스로 꼽혔다. 아래는 1695년 이 구간의 정황을 잘 보여준다. 진창에 대해 언급하지 않음은 그가 아직 귀로를 겪지 않았기 때문이다.

요동을 출발하여 길을 나선 지	自發遼東路
어느새 엿새 날이 지나갔구나	居然六日回
누른빛의 큰 벌판 끝이 보이고	黃知大野盡
비쳐 오는 푸른 산 아름다워라	青愛衆山來
거친 객점 판문은 닫혀 있는데	荒店板門掩
외론 마을 우물길 열려 있도다	孤村井道開
찰원에선 숙박비 아니 받지만	院雖無宿價
허물어진 모습에 한숨 나오네	冷落亦堪咍[253]

---

253 홍수주, 『壺隱集』 권 2, 「歷一板門二道井」.

이 구간에서는 전기 사행로의 고평-사령 구간에서처럼 요야에 대한 인상이 갈무리되어 나오곤 했다. 김석주는 여기서 세계의 크기와 천문에 의문을 표하며, 장주(莊周)를 만나 이 문제를 토론할 수 있다면 나그네의 신산함을 깨버릴 수 있을 것이라고 했다.[254] 김창업도 망망무제한 벌판의 장관을 헌사롭게 묘사하고는, 이런 데서 태어나는 인물은 그 국량도 예사롭지 않을 것이라고 기렸다. 또 동해와 요야는 천하의 양대 기관인데, 중원 사람이라도 이 둘을 다 본 사람은 많지 않을 것이라고 기염을 토했다.[255] 1728년 심육(沈錥, 1685~1753)도 끝없이 펼쳐진 우주를 횡행하는 정신의 통쾌함과 함께 존재의 왜소함에 대한 자각을 동시에 드러내었다.[256] 이 구간에서 막막한 들판에 대한 헌사가 많은 것은 다른 지역보다 요야가 훨씬 더 눈에 잘 들어왔기 때문이다.[257]

이도정에서 30리를 더 가면 신점(新店)이 있었다. 연행록에 호가와(胡家窩), 호와붕(胡窩棚), 호가와책(胡家窩柵), 호가와붕(胡家窩棚), 구가포(舊家鋪) 등으로 표기된 곳이다. 지금의 지명은 호가진(胡家鎭, 黑山縣)이며 G102도로를 따라 14km 가면 나온다. 이 마을에서는 두 가지를 기억해야 한다. 하나는 1790년 성절사행이 여기서 길을 꺾어 열하로 직행했다는 사실이다. 다른 하나는 월봉(月峰)의 존재이다. 마을을 관통하는 G 102도로 남북에는 야트막

---

254 김석주, 『息庵集』 권 6, 擣椒錄 上, 「遼野」. "一旬驅傳出遼關, 大野茫茫築路盤. 世界每疑藏粒小, 塵寰乃有敵瀛寬. 天形渾蓋憑誰卞, 日御升沈獨我看. 若對莊生論此理, 羈愁亦足破辛酸."

255 김창업, 『老稼齋集』 권 5, 燕行塤篪錄,, 「遼野」. "大哉遼東野. 浩浩復漫漫. 不圖宇宙間. 乃有如是觀. 我行在其畔. 初亦見遙山. 及至入中央. 四顧天團團. 五日不遑出. 孰能窮倪端. 日月出其裏. 淼瀰溟渤寬. 烟樹時點綴. 車馬走茫茫. 風沙忽而起. 澒洞迷四方. 常聞天寒日. 蜃氣出空中. 樓臺粲可數. 五色何葱籠. 物大誠可觀. 奇變乃無窮. 其人定奇偉. 氣量不褊窄. 以此作事功. 安得不磊落. 區區生偏域. 自視寧不悲. 始知大河伯. 望海驚且咨. 東瀛與此野. 天下有兩奇. 却思中國人. 未必皆見斯. 我生亦何幸. 壯觀能兼之."

256 심육, 『樗村遺稿』 권 6, 「野濶天覆曠然無所見」. "神馳宇宙却恢恢. 軒豁端倪儘大哉. 巨野極天無一物. 不風何地有纖埃. 乾坤上下惟開闔. 日月中間自去來. 是處縱觀眞氣像. 藐焉身立愧三才."

257 조두순, 『心庵遺稿』 권 4, 「一板門」. "牛拉門如王寶臺, 一板一名牛拉 遼陽野色始全開. 人情桑宿寧無戀, 一點閭山首更回. 到此始見遼野全面"

한 구릉이 있다. 우리 연행사들은 이를 월봉이라고 했는데, 지금 현지에서는 쌍봉산(雙峰山)으로 부른다. 원래는 하나였는데 길이 가운데를 지르면서 둘이 된 것으로 보인다. 그나마 북쪽 구릉은 거의 없어진 상태이다. 이 작은 산은 중국 현대사에서도 1948년 9~10월 요심전역(遼瀋戰役)에서 공산군이 국민당 군대를 격파했던 곳으로도 유명하다.

외형으로는 산이랄 것도 없는 이 작은 언덕은 연행사들에게 꽤나 유명했던 곳으로, 박영원(1794~1852)은 1846년 여기에 오른 감회를 펼쳐내며 "월봉은 개밋둑에 지나잖으나, 그 이름은 천하에 알려져 있네."라는 구절로 시상을 열었다.[258] 실제로 많은 여기 올라 요야를 돌아보며 특별한 자각을 토로하곤 했다. 이러한 전통의 시원은 홍대용에게서 찾을 수 있다. 1765년 월봉에 오른 홍대용은 다음과 같이 말했다.

> 요동에서 서쪽으로 3백 리를 가면 대륙이 바다처럼 가없이 넓어 해와 달이 들에서 떴다가 들로 진다. 신점촌(新店村)에 당도하자 뒤쪽에 열 두어 길이나 되는 작은 구릉이 하나 있기로 올라갔더니, 조망이 참으로 상쾌하였다. 대개의 경우는 평야를 통과한다 해도 사방의 조망이 10여 리에 지나지 않는다. 이런 까닭에 바다를 보지 않거나 요동들을 건너보지 않고서는 지원설(地圓說)이 행해지지 못할 것이다.[259]

월봉에서 홍대용이 통찰한 것은 지원설이다. 이는 지전설과 닿아 있다. 홍대용은 여기서 땅의 크기만을 본 것이 아니라 대지의 형체와 운동을 통찰한 것이다. 월봉에서의 통찰은 홍경모의 글에서 정점에 이른다. 아래는 1부에서 읽은 홍경모의 「월봉기」이다. 홍경모의 세계관과 사행 의식 차원에

---

258 박영원, 『梧墅集』 책 4, 「月峯」. "月峯丘垤類, 其名聞天下. …."

259 홍대용, 『국역 담헌서 외집』 권 8, 燕記, 「沿路記略」.

서 한 번 읽었으니, 여기서는 지리와 장소의 맥락에서 한 번 더 읽어본다.

> 요양에서 서쪽으로 3백 리 지점에 있다. 마을 뒤에 작은 언덕이 있어 길을 가로막고 있으니 이를 월봉이라 한다. 산골짜기에만 살며 백 리 벌판을 보지 못하다 요동벌을 보고는 비로소 천하의 장관이라고 감탄한다. 걸어 올라 동서를 바라보면 하늘과 땅의 끝이 붙어 하나의 선이 된다. 백 리 안의 굽고 곧은 지세가 모두 눈에 들어오니 가슴이 특 트여 시원해진다. 무릇 평야를 가도 사방에 보이는 것이 수십 리에 지나지 않는데 오늘 여기 오르니 천 리 요동 들이 남김없이 그 모습을 드러낸다. 둘레는 마치 바둑판을 펼쳐 놓은 듯하고 한 기운이 아득하여 끝나는 곳이 없다. 바다를 보지 않고 요동들을 지나지 못하면 지원설이 행해질 수 없다. 하지만 추연(鄒衍)에 따르면 중국은 천하에서 81/1에 지나지 않는다 했다. 또 서양 사람들은 천하에 오대주(五大州)가 있는데, 아세아주에만 해도 100여 나라가 있으며 중국은 그 중 하나일 뿐이라고 한다. 그렇다면 천하의 들판은 크기가 무한정이니, 천하를 기준으로 보면 중국은 말 한 마리가 서성대는 작은 마당에 지나지 않고, 중국 전체를 놓고 보면 요동벌은 손바닥 위의 손금일 뿐이다. 중국도 크다고 할 수 없는데, 요동 벌판이야 더 말할 나위가 있겠는가? 그렇다면 이는 동국 사람들의 소견이 작아서 크다고 감탄하는 것에 지나지 않는다. 큰 것을 알지 못하는데 작은 것을 또 어찌 알랴. 크고 작음을 알지 못하는데 무엇을 근거로 천하의 장관을 논할 수 있을 것인가?

홍경모는 1830년과 1834년 두 차례 북경을 다녀왔는데 위 글은 당시 지어진 것이다. 그는 홍대용과 박지원의 연행 기록에서 인상적인 부분을 그대로 가져와 자기 글의 일부로 삼곤 했는데, 밑줄 부분은 홍대용의 앞 글에서 따온 것이다. 홍경모는 지원설을 주장하는 데 그치지 않고, 지구의 크기 중에서 중국과 요야가 차지하는 부분의 미소(微小)함을 내세워, 여기서 관습적으로 탄성을 내지르는 조선 문사의 시야 좁음을 적시하며 비판했다. 홍경

그림 32 호가촌(胡家村) 월봉. 원래는 길 좌우로 크기와 모양이 비슷한 두 산이 있어 쌍봉산이라 했는데, 오른쪽의 것은 그 형태가 많이 일그러져 있다.

그림 33 월봉의 동쪽에 펼쳐진 요동벌. 아래 마을이 호가와진(胡家窩鎭).

모에게 있어 월봉은 지식의 크기가 세계의 크기를 결정한다는 명제가 바로 서는 곳이었고, 우리에게 이 언덕은 사물의 가치는 물리적 크기에 따라 결정되지 않는다는 진실을 스스로 입증하는 공간이 된다.[260]

월봉을 넘은 사행은 20리를 더 가서 소흑산(小黑山)에서 묵었다. 소흑산은 명대에 요동변장 중 진원보(鎭遠堡)가 있던 곳이다. 고을 동북쪽에 검은빛의 작은 산이 있다고 해서 소흑산이란 이름이 생겼다. 오늘날에는 흑산현(黑山縣)이 되어 있으며 금주시(錦州市)에 속해 있다.

5. 광녕참의 신설과 광녕성(廣寧城)의 퇴락

소흑산 이후의 옛길은 오늘날의 G102도로와 거의 중첩되고 연로의 지명도 그대로 남아 있어 사행 경로 재구에 별 어려움이 없다. 소흑산 이후의 노정에서 표지가 되는 첫 지명은 양장하(羊腸河, 12리)이다. 양장하의 이름은 오늘도 그대로 쓰이고 있으며, 길 위에는 양장하대교(羊腸河大橋)가 놓여 있다. 양장하는 그 독특한 이름만으로 특별한 연상을 불러일으켰다. 1680년 신정(申晸, 1628~1687)은 북방 벌판의 쓸쓸한 풍광을 묘사한 뒤, 늙도록 세상에서 온갖 풍파를 겪었는데 하필 또 하천 이름이 양장(羊腸)이냐며 볼멘소리를 냈다.[261] 김석주도 양장이란 이름에서 세상에 곧은 도(道가) 드물고 곡학(曲學)이 판치고 있다는 시상을 이끌어 냈다.[262]

---

260 홍경모의 지리 인식은 알레니(艾儒略, Giulio Aleni, 1582~1649)가 1623년에 간행한 「職方外紀」에 의거한 것이다. 홍경모의 생각은 『耘石外史續』의 「燕槎紀略前編序」에 조금 더 구체적으로 드러난다.

261 신정, 『汾厓遺稿』 권 5, 「羊腸河」. “風沙獵獵隴雲黃, 關塞蕭條去路長. 頭白世間頻歷險, 地名何事又羊腸.”

262 김석주, 『息庵遺稿』 권 6, 擣椒錄 上, 「羊腸河」. “曾識羊腸有峻坡, 如何此名又此河. 于今細揣人間事,

양장하를 건너 18리를 가면 중안보(中安堡)가 있었는데, 오늘날 중안촌(中安村, 北鎭市 中安鎭)으로 남아 있다. 소흑산을 떠난 사행은 보통 여기서 점심을 지어 먹으며 휴식을 취했다.

모래바람 눈보라에 온몸이 떨리거니	飛沙撲雪氣凌兢
다 늙어 어찌하여 또 왕명 받들었나	白髮胡然再飮氷
고려 적 이익재는 검각을 넘어갔고	前代益齋逾劍閣
명 시절 정포은은 남경을 다녀왔지	皇朝圃老貢金陵
나라에 맡겼으니 이 몸이야 아무려나	百年許國身何有
중원의 풍속 관찰 제대로 못하는 걸	諸夏觀風我未能
돌아보니 동해는 아직 눈에 남았으니	回首東溟猶在目
떠오르는 태양을 기쁘게 바라본다	搏桑喜看日初昇[263]

1794년 겨울 중안보에서 점심을 짓는 중 홍양호가 복잡한 감회를 시 형식에 담았다. 당시 그의 나이는 71세였으니 사신으로는 초고령이었다. 1782년 첫 사행에서만 해도 호기가 넘쳤던 그였지만 세월에 따른 노쇠함은 막을 수가 없었던지 탄식으로 시상을 열었다. 그러면서도 그가 떠올린 사람은 고려 적의 이제현과 정몽주였다. 이제현은 북경에 머무는 동안 세 차례에 걸쳐 사천(四川), 절강(浙江), 감숙(甘肅) 지방을 여행했다. 검각(劍閣)은 이백의 「촉도난(蜀道難)」에도 나오는 지명으로, 사천에서 험고하기로 유명한 곳이다. 이제현은 1316년 충선왕을 대신하여 서촉의 아미산에 가서 치제하고 돌아왔다.[264] 정몽주는 명초인 1372년, 1382년, 1384년, 1386년 네 차례에 걸

直道全稀曲學多."

263 홍양호, 『耳溪集』 권 7, 「午炊中安堡」.

264 지영재, 「익재(益齋) 서촉행(西蜀行) 시의 연구」, 『동양학』 17, 단국대 동양학연구소, 1987 참조.

쳐 그 수도인 남경에 사신으로 다녀왔다.[265] 홍양호는 전조의 두 선배를 떠올리며 기상을 다잡으려 한 것이다. 하지만 몸이야 아깝지 않아도 관풍(觀風)이라는 외교 사행의 업무를 수행할 자신이 없어졌다. 그의 시선과 마음은 자기도 모르게 고향 동쪽으로 향한다. 행로 중 노익장과 쇠미함을 묘하게 섞어 표출한 시 한 수로 홍양호와 중안보는 특별한 인연을 맺었고, 이로 인해 중안보는 우리에게도 의미 있는 공간으로 다가온다.

중안보에서 5리를 가면 우가대(于家垈(臺))가, 다시 3리를 가면 조양보(朝陽堡(鋪))가 있었다. 두 마을은 오늘날 우대촌(于臺村)과 조양보로 이어지고 있다. 모두 중안진에 속해 있으며 G102도로 연변에 있다. 두 마을의 명칭은 보통 노정기에만 나오며 여기에서의 특별한 사연은 찾아보기 어렵다. 조양보에서 G102도로를 따라 10km 서행하면 북진시(北鎭市), 즉 옛날의 광녕성에 도착한다. 광녕은 명나라 시기 요동총병이 주재하던 요동 지역 최대의 군사도시로, 해주와 우가장을 경유하던 1679년까지의 사행에서는 반드시 이곳을 들러야 했다. 명청 교체 이후에는 군사적 중요성이 크게 약화되면서 도시의 위상도 현저하게 낮아졌다. 거기에 역로 운영상의 효율성이 문제되어, 청 조정에서는 1673년 광녕 남쪽 8km 지점에 광녕참을 건설하여 조선의 사행 또한 여기에서 묵게 했다.[266] 조선 사신들은 이곳을 신광녕(新廣寧)이라고도 불렀다. 광녕성과 광녕참으로 가는 길이 나뉘어진 곳이 바로 조양보였다.

1673년 광녕참이 신설되기 전까지 우리 사신들은 해주 경로를 이용했는데, 이 시기에는 반산역(盤山驛)을 거쳐 동악묘(東嶽廟)[267]를 지나고 망성강(望城岡)을 넘어 광녕성에 들어간 것으로 나타난다.[268] 망성강은 북진시 동쪽

265 정몽주의 남경 사행에 대해서는 이승수, 앞의 논문(2015) 참조.

266 임문성, 「연행록에 나타난 요녕(遼寧) 인식의 양상」, 한중연 석사논문, 2012.8.

267 이 동악묘에 대해서는 『계산기정』 권 2, 12월 10일조에 설명이 자세하다. 이해응은 관광을 위해 망성강 쪽으로 길을 잡았던 것으로 추측된다.

268 이항복, 『백사별집』 권 5, 朝天錄 上의 12월 25일조(1598)와 남용익, 『壺谷集』 권 12, 燕行錄, 「廣寧

2km 지점 G102도로에 있는 고개로, 북진시와 그 뒤로 병풍처럼 서 있는 의무려산을 한눈에 담을 수 있는 곳이다. 오늘날에는 청나라의 세 황제가 지난 곳이라 하여 삼황령(三皇嶺)이라 부른다. 명나라 때 북경에 갔던 우리 사신들은 모두 이 경로로 광녕을 경유하였으며, 광녕에 대해서는 상대적으로 많은 기록이 남아 있다. 그런데 반산역에서 망성강 사이에 어떤 길을 이용했는지는 분명하지 않고, 정밀한 지도로도 그 경로를 추정하기가 어려워 숙제로 남아 있다. 1673년 이후 공식 사행로에서 광녕성은 제외되었으며, 일부 관심 있는 사람만이 특별히 일정을 따로 잡아 광녕성과 그 안의 이성량 패루(李成梁 牌樓), 숭흥사 쌍탑(崇興寺 雙塔), 그 인근의 북진묘(北鎭廟) 및 의무려산을 관람했다.

조양보에서 광녕성을 우회하지 않고 바로 광녕참으로 가기 위해서는 7시 방향으로 길을 잡아야 한다. 여러 연행록에서는 이후 구참리(舊站里; 舊店子, 舊站, 6리), 후둔(后屯이), 대자(二臺子, 6리), 소고가자(小孤(高)家子, 3리), 대고가자(大孤(高)家子, 4리), 초가점(焦家店, 5리)을 거쳐 광녕참(5리)에 이르는 노정을 기록하고 있다. 이 지명들은 현재 구참촌(舊站村), 이대자촌(二臺子村), 소고가자촌(小孤家子村), 대고가자촌, 초가전자(焦家甸子), 광녕참촌(廣寧站村)으로 거의 변하지 않은 채 남아 있다. 다만 이 마을들 사이에는 옛 노정을 가늠하기 불가능할 정도로 길들이 퇴화하였다. 이를테면 조양보과 구참촌 사이에는 차량 통행이 가능할 정도의 길이 놓였으나, 구참촌과 후둔촌(侯屯村) 사이, 이대자촌와 소고가자촌 사이는 옥수수 밭 사이 농로에 지나지 않는다. 어느 경우든 이 마을들을 직선으로 이어주는 길은 지도에 나오지 않는다. 곳곳에 마을들이 형성되고 도로가 부설되면서 옛길이 퇴화된 것이다.

광녕참이 있던 곳은 오늘날 광녕참촌(北鎭市 廖屯鎭)이 되어 있다. 북진시에서 정남향으로 8km 지점에 있다. 마을 고로들은 지금의 광녕참소학교(廣

行」(1666)에 사례가 보인다.

寧站小學校)가 광녕참이 자리라고 증언한다. 여기에 대해 처음으로 인상을 남긴 사람은 오두인(吳斗寅, 1624~1689)이다. 그는 심양 경유 사행로를 처음 체험했던 인물이기도 하다. 오두인은 1679년 7월 사은사로 한양을 떠나 심양을 거쳐 신광녕에 투숙하고 그 감회를 시로 남겼다. 옛 성은 허물어졌고 황량한 누대에는 풀이 시들고 있다. 요동총병으로 오랫동안 광녕성을 다스렸던 이성량의 책략도 헛된 꿈이 되었다. 툭 트인 벌판 끝에서는 바람이 일어나고, 날씨가 추우니 기러기도 빨리 날지를 못한다. 쓸쓸한 풍광이 자아내는 나그네의 서글픔, 조선 사신과 광녕참의 첫 조우가 만들어낸 시경(詩境)이다.[269]

한양과 북경 사이의 사행로가 개통된 1421년 이래 광녕참이 신설된 1673년에 이르기까지, 후금의 요동 장악으로 육로 사행이 폐지되었던 1621~1644년 사이를 제외한 220여 년 동안 조선의 사신들은 광녕성을 경유했다. 광녕성은 요동에서 가장 화려하고 번성한 도시였으며, 명의 군사력을 과시하는 요새였다. 후금의 등장으로 국제정세가 급변하는 상황에서도 조선 사신들은 명나라 패권의 영속을 의심하지 않았다. 하지만 조선 문사들의 믿음과 달리, 후금의 등장 이후 얼마 못가 명나라는 거대한 고목처럼 쓰러졌다. 더불어 광녕성도 퇴락하고, 조선 연행사의 광녕성 체험은 어려워졌다. 이에 일부 문사들은 일부러 일정을 따로 잡아 광녕성 관람을 시도했고, 북진묘와 의무려산을 찾아갔다.

1712년 12월 11일 김창업은 광녕참에서 역승(驛丞) 최씨의 집에 묵으며 의무려산 가는 길을 탐문하며 호기심을 숨기지 않았다. 그는 귀로에 의무려산을 유람하리라 몰래 마음먹고 그 노정과 전체 일정을 가늠해보았다. 애초

269 오두인, 『陽谷集』 권 1, 「煙臺」. '日錄曰, 乙未宿新廣寧, 廣寧舊城在巫閭山下, 是乃明朝摠督李成樑所住處也. 城郭壯麗, 東至遼東, 北至蒙古地方, 西至山海關. 煙臺星羅, 作一雄鎭, 今成古壘, 惜哉惜哉. 近年新設此店, 謂之新廣寧, 北距舊城十餘里'. "古戍成陳跡, 荒臺草自衰. 將軍百年計, 征客此日悲. 野曠邊風起, 天寒塞鴈遲. 沉吟增感慨, 駐馬更題詩."

그림 34 조선후기 사행로의 조양보(朝陽堡) – 신광녕(新廣寧) 구간. 이전과 달리 북쪽의 광녕성을 경유하지 않았다.

그림 35 조양보와 구참 사이 옛길, 연행로를 답사하다 보면 이렇게 아름다운 길을 호젓하게 걸을 때가 있다(사진 : 유광수).

에는 신광녕에서 북향하여 의무려산으로 갈 것을 계획했지만, 실제로는 장진보(壯鎭堡)에서 바로 의무려산으로 가는 길을 잡았다.[270] 홍대용은 귀국 중 1766년 3월 17일 광녕참에서 의무려산으로 가기 위해 북쪽으로 난 길에 들어섰다가 길을 잃고 헤맸다. 4~5리를 헤맨 끝에 겨울 길을 찾아 의무려산을 유람했는데,[271] 이 체험에서 「의산문답(醫山問答)」이 탄생했다. 광녕참촌을 관통하는 길을 현지에서는 청 황제들이 동순할 때 오간 길이라 하여 어로라고 한다. 광녕참소학교 가까이에 북쪽으로 통하는 산길이 나있는데, 예전에 북진에 오갔던 길이라고 한다. 홍대용이 접어들었다가 헤맨 길이다.

박지원은 1780년 7월 15일 중안보(中安堡)에서 점심을 먹고는, 공식 사행로를 벗어나 광녕성으로 직행하여 이성량 패루와 북진묘 등을 구경하고 광녕참에 가서 묵었다. 그는 이날의 체험을, 자기와 같은 하사(下士)는 중국의 장관을 기와조각이나 똥부스러기에서 찾는다는 천하장관론(天下壯觀論)을 펼쳤고, 또 수레의 유용성과 도입의 필요성을 역설한 「거제(車制)」 등의 글로 남겼다.[272] 이러한 성찰의 계기는 아무래도 광녕성 체험에서 찾아야 할 것이다. 명청 교체 이후 옛 번화는 사라졌지만, 18세기 말에 이르도록 광녕성에는 화려한 옛 제도가 남아 있었기 때문이다. 김창업, 홍대용, 박지원이 광녕성 일대를 유람하고 지은 글들은 수다한 연행록의 글 중에서도 백미로 꼽힌다.

중국과 조선 사이 한 줄기 길 통하니	赤縣靑丘一路通
한 필 말 춤추듯이 요동을 건너 가네	征驂如舞度遼東
외론 등불 객사의 밤 천금인들 살 수 있나	千金豈直孤燈夜

270 김창업, 『국역 연행일기』 권 8, 2월 29일 조.

271 홍대용, 『국역 담헌서』 외집 권 9, 「燕記」, 3월 17일조.

272 이 글들은 모두 『열하일기』의 「일신수필」에 실려 있다.

의무려산 빛 가운데 앉았다 눕곤 하네　　　　坐卧巫閭山色中[273]

1778년 채제공은 광녕참에서 묵으며 시 한 수를 남겼다. 고된 여정이지만 그래도 의무려산 품 안에서 희미한 등불 아래 호젓하게 등불 보내는 밤은 천금으로도 살 수 없을 것이라고 했다. 채제공은 자신의 연행 시를 묶어 「함인록(含忍錄)」이라고 했을 정도로 대청관에 있어 보수 성향이 강한 문사이었지만, 의무려산의 그림자가 길게 드리우는 광녕참의 객야에서는 묘한 흥분을 가누지 못했다. 의무려산은 이념의 성향을 떠나 조선 문사들에게 매우 특별한 인상으로 다가왔다. 여기에는 의무려산이 독서를 통해 관념적으로 익숙했고, 지리적으로는 요동벌이 끝나는 외적 표지였으며, 역사적으로는 오랜 세월 중원 문명의 동북쪽 경계였다는 사실이 복합적으로 작용했기 때문이다.[274]

6. 소결

요양과 광녕은 명대 동북 지역의 양대 군사도시로 대여진(對女眞) 전초기지였다. 명청 교체로 중국 전역이 청의 지배하에 들어가면서 두 도시의 군사적 위상은 급락했다. 그 와중에 심양의 비중이 급상승했다. 청나라는 흥경(興京), 동경(東京)에 이어 1625년 심양에 도읍하고 이름을 성경(盛京)이라 했다. 심양에서 청나라는 국세를 크게 키웠다. 이곳을 거점으로 몽골과 조선을 굴복시킨 뒤 끝내는 명까지 정복했다. 심양에 도읍한 지 19년 만의 일이

---

273 채제공, 『樊巖集』 권 13, 「含忍錄 上 · 新廣寧夜坐」.

274 여기에 대해서는 김태준 외, 앞의 책, 「새로운 세계관이 탄생한 곳, 의무려산」 참조.

다. 청의 1, 2대 황제가 이곳에서 죽어 묻혔고, 3대 순치제(順治帝) 또한 심양에서 황위에 올랐다. 청나라 황실은 물론 만주족에 있어 심양은 발상지였으며 성소였다. 여정이 길어짐에도[275] 청조에서 굳이 조선 사행으로 하여금 심양을 경유하게 한 것은, 이러한 상징적인 이유 외에 현실적으로 조선 사행을 효율적으로 관리할 필요가 있었기 때문이다.

1679년을 기점으로 조선 사행은 요양에서 북향하여 심양에서 묵은 뒤, 거류하를 건너고 신민을 지나 광녕 방면으로 향했다. 그런데 그 이전 시기와 달리 광녕성이 아닌 광녕참에서 묵었다. 역사 환경과 함께 연행의 노정이 사뭇 달라졌는데, 이 구간은 공식 외교 사행이 마칠 때까지 200여 년간 변함없이 이용된다. 노정이 달라짐에 따라 조선 문사의 체험과 감회도 변화를 겪는다. 처음에는 당혹과 분개의 감정이 주로 나타나는데, 차츰 변화된 상황에 적응함에 따라 반응도 다채로워진다. 김창업이 다녀오는 1712년 이후로 18세기 전반, 그리고 홍경모 등이 다녀오는 1830년대까지는 이 노정 연변을 무대로 주목할 만한 기록들이 다채롭게 나타난다. 이 글에서는 월봉 관련 기사만을 일부 다루고, 논의의 대부분은 노정 재구에만 할애하였다. 무엇보다 정교한 역사지리 지식의 1차 생산이 중요하다고 판단했기 때문이다.

1차 지식 산출이 부실하면, 자료에 대한 2~3차 해석은 위태로울 수밖에 없다. 하지만 의문이 모두 풀린 것은 아니다. 거류하의 나루터는 종적을 찾지 못했고, 신민에서 소황기보에 이르는 세부 구간은 탐색조차 못했으며, 우리 문헌에 자세하게 나오는 유하 석교의 행방은 안개 속에 숨어버렸다. 이대자촌에서 초가전자(焦家甸子) 등을 거쳐 광녕참에 이르는 사이 옥수수 밭에 숨어버린 옛길도 찾지 못했다. 세상에 한 번에 이루어지는 일은 없다.[276]

---

275 옛 이척으로 요양에서 안산을 거쳐 광녕까지 가는 거리는 360리이고, 심양을 거쳐 광녕에 이르는 거리는 480리이다. 일정상 최소 하루는 더 걸렸던 노정이다.

276 이 글의 지리 정보는 2012년 7월 27일~8월 1일의 현지답사를 기준으로 한 것이다.

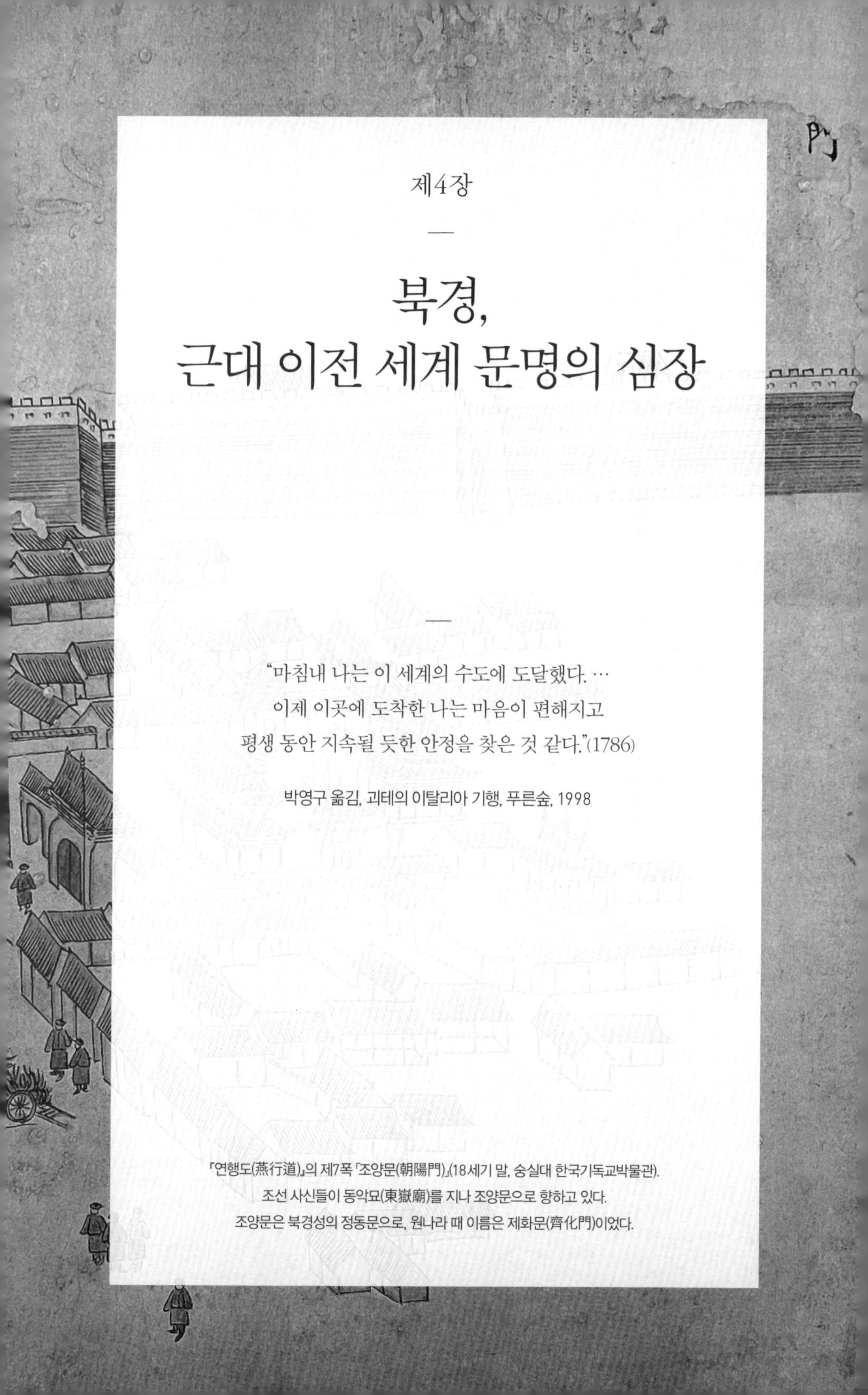

제4장

—

북경,
근대 이전 세계 문명의 심장

—

"마침내 나는 이 세계의 수도에 도달했다. …
이제 이곳에 도착한 나는 마음이 편해지고
평생 동안 지속될 듯한 안정을 찾은 것 같다."(1786)

박영구 옮김, 괴테의 이탈리아 기행, 푸른숲, 1998

『연행도(燕行道)』의 제7폭 「조양문(朝陽門)」(18세기 말, 숭실대 한국기독교박물관).
조선 사신들이 동악묘(東嶽廟)를 지나 조양문으로 향하고 있다.
조양문은 북경성의 정동문으로, 원나라 때 이름은 제화문(齊化門)이었다.

백전 벌판의 횡단과 역사 변동의 목격

-광녕廣寧~영원성寧遠城~산해관山海關-

추연(鄒衍)에 따르면 중국은 천하에서 81/1에 지나지 않는다 했다. 또 서양 사람들은 천하에 오대주(五大州)가 있는데, 아세아주에만 해도 100여 나라가 있으며 중국은 그 중 하나일 뿐이라고 한다. 그렇다면 천하의 들판은 크기가 무한정이니, 천하를 기준으로 보면 중국은 말 한 마리가 서성대는 작은 마당에 지나지 않고, 중국 전체를 놓고 보면 요동벌은 손바닥 위의 손금일 뿐이다. 중국도 크다고 할 수 없는데, 요동 벌판이야 더 말할 나위가 있겠는가? 그렇다면 이는 동국 사람들의 소견이 작아서 크다고 감탄하는 것에 지나지 않는다. 큰 것을 알지 못하는데 작은 것을 또 어찌 알랴. 크고 작음을 알지 못하는데 무엇을 근거로 천하의 장관을 논할 수 있을 것인가?

홍경모, 「월봉기(月峰記)」(1834)

1. 서언

1780년 7월 10일 박지원은 요양성을 조망하며 이 일대를 백전(百戰)의 땅으로 규정하였다. 요야가 편안하면 세상에 풍진이 잠잠하고, 요야가 한번 들썩이면 천하에 전고(戰鼓) 소리가 요란해진다고 했다.[1] 논의가 촉발된 지점은 요양성이지만, 그 대상은 전 요야를 포괄한다. 그중 광녕에서 산해관 사이의 발해 북안을 따라 이어지는 요서주랑(遼西走廊)은, 천하가 평화로울 때는 우호와 교류를 실천하는 사신과 상인의 왕래가 이어졌고, 팽창하는 두 세력이 충돌했을 때는 전쟁의 격랑이 일어나던 곳이다. 우리 고대사에 있어서도 이 지역은 위만조선과 한(漢), 고구려와 당의 충돌 당시 군사 이동 경로였거나 전장이었다. 1621년에서 1644년 사이 명과 청 사이의 전면 충돌이 이어져 이 일대는 전쟁의 열기가 고조되었다.

명나라는 건국 초 요동 지역을 장악하면서 조직적으로 군사방어시설을 구축하고 역로를 닦았다. 처음에는 주현제(州縣制)와 위소제(衛所制)를 병행 운영하여, 위소는 성보의 수축과 군사 훈련 등 군사업무를 주현은 민정업무를 담당했다. 하지만 군사 긴장이 높아지면서 주현을 점차 폐지했고 위소를 증설하여, 위소에 기초한 변경 방어 정책을 펼쳐나갔다.[2] 위소제는 원나라 군사제도를 모방하여 만든 것으로, 평시에는 군대를 각 지방에 분산시켜 주둔케 하고 전시에만 출병하게 하는 제도이다.[3] 명나라는 요동 전역에 변장을 쌓았고, 그 안에 규모와 기능이 다른 여러 층차의 성을 쌓아 운영하였다. 이중 작은 규모의 보(堡)와 대(臺)의 수는 각각 100과 1,000을 상회했

---

1 『열하일기』, 「성경잡지」.

2 남의현, 「명대 요동지배체제의 특징에 관한 분석」, 『강원사학』 22·23, 강원대사학회, 2008, 268~273쪽.

3 윤정분, 「명대 군호제(軍戶制)와 위소제(衛所制)에 대하여」, 『동방학지』 43, 연세대 국학연구원, 1984, 315~318쪽.

다. 당시 이를 두고 "구슬이 꿰어진 듯 천리에 이어졌다. 珠聯璧貫, 千里相望." 라거나,[4] "5리나 10리마다 바둑알처럼 놓여 있다. 碁置相望."[5] 고 했다.

광녕 – 산해관 구간만 해도 위성(衛城) 2곳에 소성(所城)이 7곳이었으며, 연대(煙臺)는 수를 헤아리기 어려울 정도로 많았다. 광녕은 그 둘레가 6km 이상의 진성(鎭城)이었고, 산해관은 북경을 수호하는 동쪽 최대의 관성(關城)이었다. 이 수많은 성들은 명초에 차례차례 구축되었고, 후금이 성장하는 17세기 초에 집중적으로 재정비되었다. 명나라 시절 조선 사신들은 이 구간에서 성곽의 웅장함과 군사의 위용을 체험했다. 이는 명조 국력의 표상이었고, 사신들은 명나라 중심 세계 질서의 영속을 의심하지 않았다. 하지만 1619년 조명 연합군이 후금에 대패하고, 심양과 요양이 잇달아 후금의 수중에 들어가면서 국제질서는 크게 동요하기 시작했다. 1621년에서 1644년 사이 이 구간에는 잠시도 전운이 가시지 않았고, 끝내는 중원의 주인이 바뀌었다.

매우 중요하고 거대한 변화가 일어났지만, 누구도 역사의 수레바퀴가 굴러가는 소리를 듣지 못한다. 역사의 변화는 개인의 육안에 포착되지 않는다. 사람들은 어느 정도 시간이 지난 다음 결과로서만, 그리고 해석에 의해서만 그 소리와 광경을 상상과 추론으로 인지할 뿐이다. 청대 들어 한동안 연행사들에게 이 구간은 역사적 격동과 변화의 공간 표상이었다. 조직적으로 배치되고 웅장함을 자랑하던 수많은 성들은 완전히 무너졌거나, 훼손된 채 자리만 지키고 있었다. 명칭과 기능이 바뀌었으며 주인도 바뀌었다. 군사적 긴장감은 거의 없어졌다. 명나라 적 사실은 먼 옛날이야기로, 명청교체기의 사건들은 탄식과 함께 회자되었다. 무너지거나 훼손된 성들은 역사 변동을 증거하는 시각적 흔적이었다. 연행사들이 가장 많이 또 강렬하게 인지한 것은 '변화', 즉 시간감이었다.

---

4 『明史』(유겸, 앞의 책 10쪽에서 재인용).

5 이의현, 『陶谷集』 권 30, 「庚子燕行雜識(下)」.

박지원은 이 구간을 지나는 가운데 생긴 강렬한 '시간감'을 생포하고자 했다. 그는 광녕참 하루 전 숙소인 소흑산에서 산해관에 이르는 8박 9일[6] 여정의 기록을 '일신수필(馹汛隨筆)'이란 이름으로 묶었다. '일신(馹汛)'은 이 구간에 바둑판의 바둑알처럼 포진되어 있던 역참과 성보를 뜻한다.[7] '일신수필'은 수많은 성들 사이를 지나며 느낀 대로 손 가는 대로 쓴 글이란 뜻이다. 이 글에는 이본에 따라 미완성 서문이 붙어 있기도 하다. 지식의 크기와 세계의 크기 사이의 함수 관계를 전제로, 천지의 대관(大觀)을 함께 이야기할 사람이 없음을 한탄하는 것으로 시작하는 이 글은 많은 논란의 여지를 품고 있다.[8] 아래는 그중의 한 구절이다.

> 아! 성인은 240년 사이의 사적을 필삭(筆削)하여 '춘추(春秋)'라 하였다. 이 240년 경각의 외교와 전쟁 등의 사건들은 봄에 꽃이 피고 가을에 잎이 진 것일 뿐이다. 오호라, 내가 지금 붓을 놀려 이 대목에 이를 제, 한번 먹물을 묻히는 시간은 순식간에 지나지 않는다. 한번 눈을 뜨고 감는 사이에도 고금이 나뉘니, (역사에 있어) 고금이란 대순(大瞬) 대식(大息)이라 할 만하다. 그런데 이 짧은 시간에 공명을 세우려 하니 어찌 슬픈지 않으랴![9]

시간 인식에 있어 고금(古今)은 보통 100년 1,000년 단위의 역사 시간을,

---

6 도중 동관역(東關驛)에서 비 때문에 하루를 체류했다. 18세기 이후의 연행록을 기준으로 하면 이 구간을 지나는 데는 보통 7박8일의 일정이 소요되었다.

7 '일신(馹汛)'의 의미에 대해서는 그간 연구자들의 오해가 많았는데, 최근 김명호에 의해 바로잡혔다(「"열하일기" '일신수필' 서문과 동 · 서양 사상의 소통」, 『국문학연구』28, 2013, 227쪽).

8 최근 미완성의 이 짧은 글에 대한 관심이 많아지고 있다. 김명호(2013) 외에, 이현식의 「일신수필 서문, 중화론을 위한 학문론」, 『동방학지』163, 연세대 국학연구원, 2013도 참조.)

9 『열하일기』, 「일신수필」. "噫, 聖人筆削二百四十年之間, 而名之曰春秋, 是二百四十年之頃玉帛兵車之事, 直一花開木落耳. 嗚呼, 吾今疾書至此, 而一墨之頃, 不過瞬息, 一瞬一息之頃, 奄成小古小今. 則一古一今, 亦可謂大瞬大息矣. 乃欲立名立事於其間, 豈不哀哉."

순식(瞬息)은 초 단위의 물리적 시간을 의미한다. 하지만 박지원은 국가 간 외교와 전쟁 등으로 점철된, 자구마다 도덕적 가치 판단이 추상같은 240년 『춘추』의 시간과 아무 의미 없는 눈 깜짝할 시간의 차이를 무화시킨다. 이러한 기술에서 우리는 이 구간을 지나는 박지원의 심경을 사로잡은 것이 '시간'이었음을 추지할 수 있다. 박지원은 전대의 무너진 성벽과 역참 사이를 지나면서, 관념으로 알고 있던 명나라의 실체를 보았고, 시대의 변화를 실감했으며, 백수십 년 전의 사건들이 마치 조금 전에 벌어졌던 일 같은 착각에 사로잡혔다. 터만 남거나 무너진 성들은 시간의 흐름을 나타내는 공간 표지들이었다. 그 사이를 지나는 것은 시간의 미로 속으로 들어가는 일이었고, 추상화된 역사의 변화를 시시각각 생생하게 시각으로 체험하는 과정이었다.

이 구간은 시대에 따라 약간의 차이는 있지만 연행의 전 시기에 공통으로 이용된 길이었다. 이 지역에서 전쟁이 한창이던 1621~1644년 사이를 제외하면, 멀리 원나라가 북경에 도읍한 1271년 즈음부터 연행이 공식적으로 없어지는 1894년에 이르기까지 620년 연행의 역사에서 적어도 600년 동안 고려와 조선의 사신들이 왕래한 곳이다. 이 글에서는 지리 재구에 도움이 되는 기록을 주로 검토하되, 조선후기 역사 변동의 시각 체험 양상을 힘주어 짚어보려 한다.

2. 광녕-소릉하역(小凌河驛) 구간

이 절은 광녕에서 소릉하역에 이르는 사이의 152리(약 80km) 구간에 대한 검토이다. 옛 이수(里數)는 『열하일기』의 기록을 기본으로, 『계산기정』 등을 참조하였다. 청나라가 들어선 1644년 이후에도 한동안 조선 사신들은 명대의 역로를 이용했다. 광녕성에서 묵은 사신들은 서쪽 영은문(迎恩門)으로 나와 여양역(閭陽驛)으로 이어지는 길에 들어섰다. 청나라가 들어서며 광녕성은 급속도로 퇴락했다. 조선 사신들은 광녕참에서 묵었고, 특별히 유람에 관심 있는 이들만 광녕성과 북진묘 등을 찾아보았다. 이 구간의 여정 정보는 아래와 같다.[10]

연행록	명청대 공식 명칭	현재 지명	거리	기타
광녕성(廣寧城)	요동진 광녕분사성(遼東鎮廣寧分司城)〈명〉 광녕[부](廣寧[府])현(縣)〈청〉	北鎮市		요동총병 주재
신광녕(新廣寧)	광녕참(廣寧站)	舊站村	16리	
흥륭점(興隆店)		興隆店村	5리	
쌍하보(雙河堡)	쌍하포(雙河鋪)	雙河堡村	7리	
장진보(壯鎮堡)	장진포(壯鎮鋪)	壯鎮村	5리	역성(驛城), 관왕묘(關王廟)
사탑포(四塔鋪)	사탑포(四塔鋪)			
여양역(閭陽驛)	여양역(閭陽驛)	閭陽鎮	18리	역성(驛城), 곽지원(郭之元) 전승
십삼산(十三山), 석산[참](石山[站])	십삼산역(十三山驛), 십삼산참성(十三山站城)	石山鎮	40리	역성(驛城), 역성(추정) 잔존
대릉하(大凌河)	대릉하(大凌河)	大凌河	26리	백랑수(白狼水), 패수설(浿水說[리지린])
대릉하보[점] (大凌河堡[店])	대릉하중좌천호소성 (大凌河中左千戶所城)	凌海市	4리	소성(所城), 조대수(祖大壽) 투항
사동비(四同碑)		四桶村	12리	
쌍양점(雙陽店), 쌍양[연]참(雙羊[沿]站)		雙羊鎮	8리	
소릉하소[보, 역] (小凌河所[堡, 驛])	소릉하역(小凌河驛)〈명〉 소릉하성(小凌河城)〈청〉	水手營子 舊站	9리 5리	驛城
금주(錦州)	광녕중둔[금주](廣寧中屯[錦州])위성(衛城)〈명〉 금현(錦縣), 금주부(錦州府)	錦州市		1641~1643년 조선군 참전

---

10 본고에서 제시한 표의 현지 지리 정보는 유겸(1989)과 장사존(『紐帶 - 明清兩代中朝交通考』, 黑龍江人民出版社, 2012)에 의거한 것이다. 두 책 내용의 문헌근거는 『全遼志』(1565), 『廣寧縣志』(1682), 『錦州府志』(1682) 등이다. 장사존의 연구는 사행노정을 주제로 여러 1차 자료를 섭렵하였고 현장 상황을 반영하고 있어, 지리학의 관점에서 연행을 조명함에 있어 많은 도움이 된다.

시대에 따라 광녕성과 광녕참에서 달리 출발한 사행이 공통으로 들렀던 첫 번째 장소는 장진보(壯鎭堡)이다. 그 사이의 흥륭점(興隆店), 쌍하포(雙河鋪)는 조선 후기 문헌에만 등장한다. 장진보는 원래 명나라 때 급체포였는데, 1673년 허봉은 이미 관공서의 기능이 폐지되었다고 증언한다. 16세기 후반부터 포(鋪)와 보(堡)가 혼용되었는데, 17세기 이후 보로 기능이 굳어진 것으로 보인다.[11] 1597~1598년에 이곳을 지난 허균과 김상용은 이곳 성 밖의 관왕묘에 대한 시를 남겼다.[12] 이 관왕묘는 계속 개수되면서 문화혁명 무렵까지 존속했던 것으로 보인다.[13] 1713년 3월 1일, 귀로의 김창업은 여기서 북쪽 길을 잡아 의무려산 도화동으로 향했는데, 서문(西門, 남문의 오류) 위에 '장진보(壯鎭堡)' 세 글자가 씌어 있었다고 기록했다.

다음 주요 경유지는 여양역(閭陽驛)이었다. 의무려산 남쪽이란 뜻의 '여양(閭陽)'은 금나라 때 처음 사용되었다.[14] 우리 쪽에서는 조선 초 윤상(尹祥, 1373~1455)의 시에서 처음으로 언급되었다.[15] 명청대에 걸쳐 역참의 기능을 했으며, 17세기 이전 사신들은 대개 여기서 하루를 묵었다. 아래는 1568년 황태자가 된 주익균(朱翊鈞)의 생일을 축하하는 천추사행의 서장관으로 북경에 가던 이이가 여양역 숙소의 벽에 써놓은 시이다.

광녕은 초원이라 말은 우짖고	馬嘶廣寧草
의무려산 빗발에 옷이 젖었네	衣濕無閭雨

---

11 보는 보통 변장 근처에 설치되는데, 이곳은 변장이 지나는 곳이 아니고, 명대 지리지의 지도에도 이 지점에 보를 표시하지 않았다. 유겸은 장진포와 사탑포를 같은 곳으로 보았는데, 이 오류는 장사존(315~316쪽)에 의해 바로잡혔다. 몇몇 연행록에서 사탑포는 장진보와 인접한 것으로 기술되어 있다.

12 허균, 『성소부부고』 권 1, 「정유조천록 · 壯鎭堡關王廟」; 김상용, 『仙源遺稿 下』, 「題壯鎭堡城外關王廟」.

13 마을주민 于治鵬씨(63세)는 마을 안에 조금 남아 있는 성의 잔벽으로 안내해주었고, 또 남쪽 성벽 밖에 붙어 있던 관왕묘 자리도 정확하게 증언해주었다.

14 『廣寧縣志』, 「沿革, 廣寧縣鍾秀閭陽」. "金置廣寧府, 領廣寧望平閭陽鍾秀四縣."

15 『別洞集』 권 1, 「次閭陽韻」. 아쉽게 연대는 확인되지 않는다.

외론 역사 객등이 깜빡이는데	孤館客燈殘
꿈결에 한양 거리 헤매이노라	魂迷漢陽樹[16]

주익균의 생일이 8월 27일이니, 이이가 여양역에 묵은 때는 8월 초쯤이었을 것이다. 앞 두 구는 낮의 정황이다. 주린 말은 광녕성 앞에 펼쳐진 초원을 보자 푸득거리는데, 마침 비가 내려 나그네의 옷이 흠씬 젖었다. 주린 말과 젖은 옷은 객로 행인의 환유이며, 사람과 말은 서로를 비춰주는 거울이자 그림자이다. 한낮의 피로는 밤 역참의 고적한 객감을 낳았고(3구), 이것이 바로 꿈결에 고향을 헤매게 된(4구) 이유이다. 이이가 시를 적었던 역사는 진작 없어졌고, 일부 잔벽이 있어 나그네를 맞는다.[17]

여양역을 출발한 사행은 이대자(二臺子) - 오대자(五臺子), 망산포(望山鋪)를 지나 십삼산역(十三山驛)에 이르렀다. 역 사이에 설치되어 있던 노대(路臺, 烟臺)에서 유래한 이대자니 삼대자니 하는 지명은 지금도 그대로 남아 있다. '십삼산(十三山)'이란 지명은 근처 13개 산 봉우리에서 그 기원을 찾는 설이 유력한 가운데, 원래 이름은 '석산(石山, shíshān)'인데 발음이 비슷한 '십삼(十三, shísān)'으로 와전되었다는 견해도 꾸준히 제기되었다. 홍경모는 『오대사』와 『요사』, 그리고 금나라 채규(蔡珪)의 시를 증거로 십삼산설의 손을 들어주었다.[18] 우리 용례는 고려부터 시작하여[19] 십삼산이 압도적으로 많다. 현재의 행정 지명은 석산진(石山鎭)이다. 석산진 큰길 서북쪽 회족 마을에는 상당한 규모의 토벽이 남아 있다. 마을 사람들은 이곳을 토성리(土城里)라고

---

16 『栗谷全書拾遺』 권 1, 「題閭陽驛壁上」.

17 閭陽鎭 后城子村 后胡同 36호.

18 홍경모, 「十三山記」, 『遼野紀程』(규장각)

19 1356년 이색이 귀로에 지은 시 「十三山」(『목은시고』 권 4)이 있다. 이밖에 『補閑集』에도 진화(陳澕)가 십삼산을 두고 지었다는 시가 소개되었는데, 대략 1220년경까지 살았던 것으로 추정되는 진화의 시대에 사행과 십삼산이 언급된 것이 의아하다.

부르며, 고구려 성으로 알고 있다. 십삼산역성 터에 대해서는 유겸과 장사존도 언급한 바 없다. 이후 현지의 연구 성과가 기대된다.[20]

십삼산역에서 13km를 가면 대릉하가 나온다. 대릉하는 요녕성 최대의 강으로, 한당 시기에는 백낭수(白狼水), 요나라 때에는 영하(靈河), 금나라 시절에는 능하(淩河)·유수(渝水)·용천(龍川)으로 불렸다. 그 상류는 이른바 홍산문화(紅山文化)의 주요 무대이다. 그 유역에서 비파형동검이 대거 출토되어 고조선 문화권으로 간주되며, 위만조선과 한나라의 국경이었던 패수로 비정되기도 한다.[21] 고대 동북과 중원의 교통 요지로 이 유역을 따라 군사가 오가곤 했다. 요동의 다른 강들과 마찬가지로 장마철이면 수량이 급격히 불었으므로, 상황에 따라 건너는 방법이 달랐다. 대릉하 가에는 요동 지역에 산포해 있는 요나라 벽돌탑[塼塔]이 서 있었는데,[22] 홍수와 전란 등으로 유실되었다.

연행록에 나오는 바 대릉하성의 명대 공식 명칭은 대릉하중좌천호소성(大凌河中左千戶所城)으로 대릉하에서 2km쯤 떨어진 곳에 있었다. 1630년 9월 원숭환(袁崇煥)이 처형된 뒤 그 대신 독수(督師)로 임명된 손승종(孫承宗)이 조대수(祖大壽) 등에게 명하여 개축하게 했다. 이 정보를 얻은 후금은 서둘러 대릉하성을 포위 공격하였다. 대릉하성은 굶주림과 공포 속에 몇 달을 버텼지만, 조대수는 결국 항복을 결정했다. 후금에서는 이 성이 대릉하 가의 요새가 될 것을 우려하여 철저하게 파괴했다. 이 전투의 패배로 명은 금주(錦州) 동쪽 방어전선의 교두보를 잃었다. 투항했던 조대수는 풀려나 금주성으로 돌아갔지만, 1642년 금주와 송산(松山)이 잇달아 무너지면서 다시 항복

---

20 이 성터의 존재에 대해서는 마을의 淸眞友林飯店에서 식사하던 중 주인과 대화 중에 알게 되었다. 주민 代餘福(63세)은 북문 자리와 함께 지금은 민가 안에 있는 관제묘 터도 정확하게 알려주었다.

21 리지린, 『고조선연구』(1963/열사람 영인, 1989)의 1장 「고조선의 력사 지리」.

22 김세필(金世弼)의 「大凌河塔」(1519), 소세양의 「大凌河塔」(1533), 정사룡(1491~1570)의 「大凌河途中」(1534) 등에 전탑 관련 내용이 있다.

한다. 이 일대는 명청 교체 이후 꽤 많은 시간이 지나도록 참혹한 전장으로 환기되었다. 아래는 1666년 남용익이 지은 시인데, 이처럼 이 지역을 지나며 심정적으로 명나라의 입장에서 전쟁을 환기하는 태도는 18세기가 끝나갈 때까지 이어진다. 대릉하성 자리의 마을은 1993년 이후 능해시(凌海市)가 되어 있다.

대릉하 소릉하	大凌河小凌河
흐느끼는 바람에 가벼운 물결	悲風咽咽生微波
송산보, 행산보	松山堡杏山堡
시든 풀밭 위에는 차가운 안개	寒烟漠漠縈衰草
요양 서쪽은 모두 전쟁터	遼陽以西摠戰場
예 오면 나그네 간장 끊어지누나	到此斷盡征人腸
목 놓아 울려다 눈물 거두고	欲哭且收淚
입을 열다가다 소리 삼키네	欲語還呑聲
뒷날 동쪽에서 올 사람들이여	寄語吾東後來者
다시는 이 길을 걷지 마시라	他年莫向此間行[23]

16세기 후반 왕성종(王盛宗)과 왕평(王平)에게 칙유한 모양이 똑같은 네 비석이 서 있다고 하여 사동비(四同碑)로 불렸던 곳은 현재 사용촌(四桶村)으로 바뀌었고, 쌍양점(雙陽(羊, 沿)店(站))은 쌍양진(雙羊鎭)으로 유지되고 있다. 쌍양진을 지나면 바로 소릉하가 나온다. 소릉하 가에는 역참이 있었다. 1518년 김안국은 7언절구 「기행(紀行)」의 주석에서, 대릉하 가에 있는 것은 대릉하소(大凌河所)이고 소릉하 가에 있는 것은 능하일(凌河馹)이라고 구분했

---

23 『壺谷集』 권 12, 「古戰場行」.

는데 정확한 설명이다.[24] 그렇다면 소릉하역이 있던 자리는 어디인가? 유겸은 백고하(百股河)가 소릉하에 유입되는 지점인 백고촌(百股村)으로 비정했지만, 이는 장사존에 의해 비판되었다. 장사존은 여러 문헌 증거와 지리 정황을 들어, 소릉하역은 소릉하 서쪽의 수수영자촌(水手營子村, 新松山區)에 있다가 동쪽의 구참촌(舊站村)으로 옮겨갔다고 주장했는데[25] 그럴 개연성이 높다. 1598년 이항복은 소릉하를 건너 소릉하역에서 묵었는데,[26] 1712년 최덕중은 소릉하참을 지나 3리를 가면 소릉하가 나온다고 했으니,[27] 그 100여 년 사이 역참 위치가 바뀌었음을 추정할 수 있다.

소릉하역 서북쪽 8km 지점에는 금주가 있었다. 명나라 때의 공식 명칭은 광녕중둔위소성(廣寧中屯衛城)이었는데, 보통 금주위성(錦州衛城)으로 불렸다. 금주는 사행의 공식 경로로 이용되지 않았고, 조선에서도 관심의 대상이 아니었으나, 16세기 후반 요동의 전세가 급박해지면서 주목을 받기 시작했다. 1642년 2월 18일 송산소성(松山所城)이 함락되고 며칠 뒤인 3월 8일 조대수가 출항하면서 청에 점령되었다. 주목할 것은 이 전투에 유림(柳琳)이 이끄는 1,500 조선 화기병이 참여하여 활약했다는 사실이다.[28] 이 사건은 이후 논란과 함께 많은 이야기를 빚어냈다. 이러한 역사적 사연들 때문에 금주는 조선후기 사신들의 많은 관심을 받았다.

---

24 『慕齋集』 권 2, 「紀行」. "水淺淩河不用船, 戍城郵館列河邊. 松山已過投何處, 村杏林中更促鞭. 所過大淩河邊有城, 曰大淩河所, 小淩河邊有馹, 曰淩河馹. 過驛有城, 曰松山所, 夕宿杏山驛."

25 張士尊, 앞의 책, 321~323쪽. 수수영(水手營)은 『계산기정』(1803)에 한번 서점자(西店子)의 다름 이름으로 나온다. 물론 이 당시에는 역참이 있는 곳이 아니었다.

26 이항복, 『白沙別集』 권 5, 「朝天錄 上」.

27 최덕중, 『연행록』 12월 13일 조.

28 여기에 대해서는 유승주, 「유림 장군, 청군 지원차 금주 명청 전투 참전」, 『한국인물사연구』16, 한국인물사연구소, 2011, 39~61쪽 참조.

남조의 백전노장 북조의 신하 되니	南朝老將北朝臣
웅위한 풍모에다 백발이 새삼스럽다	七尺長身白髮新
백전을 두루 겪은 성첩은 애틋하여라	粉堞可憐經百戰
얼마나 많은 건아 예서 목숨 잃었던고	健兒曾喪幾千人[29]

명청 교체 직후인 1646년 사은사로 북경에 가던 이경석이 멀리 금주성을 바라보며 지은 시인데, 이 시기 조선 문사의 착잡하면서 조심스러운 심경이 여실하다. 적국에 투항한 웅위한 백전노장의 백발이 새삼스럽다는 '신(新)'이나, 수많은 사상자들의 공포와 죽음이 묻어 있는 성첩이 가련하다는 '련(憐)'에는, 아직은 정리되거나 판단이 서지 않는, 예기치 않은 격변 직후 그 현장에 서 있는 조선 문사의 당혹스러운 표정이 잘 나타난다.

3. 송산소(松山所)-영원위(寧遠衛) 구간

1640년부터 청은 장기간 포위하여 곤핍하게 하는 것으로 대명 전략을 바꾸었다. 북쪽의 의주성(義州城)을 수축하여 군사를 주둔시키면서 산해관 밖의 농사를 막았으며, 주변의 방어시설들을 점령하여 간성(干城)들을 고립시켰다. 1641년 3월 금주성이 포위되자, 명 조정에서는 홍승주(洪承疇)로 하여금 구원하게 했다. 4월 홍승주는 13만의 군사를 거느리고 송산과 행산(杏山) 사이에 도착했다. 금주, 송산, 행산 일대에서 양군이 결전을 벌일 무렵, 청군은 탑산성(塔山城) 남쪽 필가산(筆架山)의 명군 식량을 탈취하였다. 홍승주의 군대가 주둔해 있던 송산성은 포위된 끝에 결국 2월 18일 함락되었다. 이

29 이경석, 『白軒集』 권 7, 「小凌河道上 望錦州衛城口號 乃祖摠兵所曾守也」.

어서 3월 8일에 금주성(조대수), 4월 9일에 탑산성, 4월 22일에 행산성이 차례로 무너졌다. 『청태종실록』에 따르면 당시 전사한 명군의 숫자는 5만 명이 넘는다. 요동의 방어체계가 붕괴된 이 전투를 송금전역(松錦戰役)이라 한다.

송금 지역이 무너지면서 명나라의 대청 전선은 영원성(寧遠城)으로 물러났다. 전후 20여 년 간 요양·심양·광녕·금주가 잇달아 함락되면서 명나라의 요동 방어는 매우 위태로운 형국이 되었다. 이후 1643년 8월, 황위 교체를 겪은 청은 9월에 다시 공세를 시작하여, 영원성을 그대로 지나쳐 중후소성(中后所城), 전둔위성(前屯衛城), 중전소성(中前所城)을 차례로 함락시켰다. 세 성이 무너지는 데 걸린 시간은 1주일 남짓인데, 전사자는 1만 5천 명이나 되었다. 산해관 동쪽에는 오삼계가 지키던 영원위성(寧遠衛城)과 사하소성(沙河所城)만 남았다. 하지만 두 성도 오래 버티지 못했다. 1644년 이자성(李自成)의 농민 반란군이 북경을 위협하자, 숭정제는 오삼계에게 영원성을 포기하고 북경으로 돌아올 것을 명하였다. 3월 10일 오삼계는 영원성에서 철수했다.[30] 이로써 산해관 동쪽에 바둑판의 바둑알처럼 포진되어 있던 명나라의 요동 방어 시설은 남김없이 청의 수중으로 넘어갔다. 이 구간의 사행 노정은 다음과 같다.

연행록	명청대 공식 명칭	현재 지명	거리	기타
송산[성, 보](松山[城, 堡])	송산중좌천호소성(松山中左千戶所城)	松山鎭	20리	소현세자, 봉림대군
관마산(官[觀]馬山)	관마산(觀馬山)	墩臺山	16리	산 위에 돈대(墩臺) 현존
행산[보](杏山[堡])	행산역(杏山驛) 〈명〉, 행산성(杏山城) 〈청〉	杏山鎭	2리	돈대
고교보(高橋堡)	고교포(高橋鋪) 〈명〉, 고교성(高橋城) 〈청〉	高橋鎭	18리	역성(驛城), 까오리팡즈(高麗棒子)의 유래

30 張愷新 편, 『興城古城』, 吉林攝影出版社, 2011, 69~71쪽.

연행록	명청대 공식 명칭	현재 지명	거리	기타
탑산[소, 성] (塔山[所, 城])	탑산중좌천호소성	塔山鄉	12리	소성(所城)
연산역(連山驛)	연산역 〈명〉, 연산성 〈청〉	葫蘆島市 連山區	20리	역성(驛城)
계명산(鷄鳴山), 수산(首山)	삼수산(三首山)	首山	25리	구혈대(嘔血臺) 전설
영녕사(永寧寺)	영녕사(永寧寺)	茶棚菴(?)		수산(首山) 아래
영원위(寧遠衛)	영원위성(寧遠衛城)	興城市	5리	위성(衛城), 원숭환(袁崇煥), 조대수 패루
각화도(覺華島)	각화도(覺華島)	菊花島		해로사행

송산은 금주시 중심에서 정남향 10km 지점에 위치했으며 현재 행정 지명은 송산진이다. 1960년대까지만 해도 성벽의 일부가 남아 있었다.[31] 지금은 흔적을 찾기 어려운데, 주민의 증언에 따르면 마을을 관통하는 대로가 성의 중앙 통로였으며, 송산촌인민위원회 건물 근처 높낮이가 다른 장소가 서문 자리이다. 송산은 조선 사신들에게 특별히 기억된 곳 중의 하나인데, 이는 소현세자와 봉림대군의 사연 때문이다. 『심양일기』는 1641년 9월 세자와 대군이 청태종을 따라 송금 전투에 참여하였으며, 세자와 대군이 머물렀던 장소에 포탄이 떨어진 사실을 담고 있다. 그 뒤로 사신들은 송산을 지나며 당시의 일을 환기하여 상상하곤 했다. 송산은 청석령과 더불어, 볼모로 잡혀간 세자와 대군 관련 사연으로 특별한 장소가 된 곳이다.

송산과 행산 사이 사행 중의 주요 표지가 되었던 곳은 관마산(官馬山)이다. 1574년 조헌과 허봉의 기록에 따르면 당시에는 관찰산(觀察山)이었다. 18세기 이후의 기록에는 모두 관마산으로 표기되어 있고, 『금현지(錦縣志)』(1683, 권 1, 「산천」)에는 관마산(觀馬山, 일명 關門山)으로 되어 있다. 조선후기 여

31 유겸, 앞의 책, 도판 28.

그림 36 관마산 돈대. 이렇게 남아 옛 사연을 몸으로 증언하고 있다(사진: 유광수).

러 연행록은 이 산 아래 적군 전사자들의 시신을 모아 묻은 경관(京觀)이 있다고 증언하였다. 지금 이 경관은 확인할 수 없지만, 백골이 산처럼 쌓여 있었다는 1649년 정태화의 기록,[32] 1657년 유배 길에 이곳을 지난 청나라 방효표(方孝標)의 시 내용으로 보아,[33] 거대한 무덤이 있었을 가능성이 있다. 장사존은 「승지공연행일록(承旨公燕行日錄)」(한덕후, 1732)의 기록을 들어, '관마(官馬)'란 이름은 청초 이 일대에 있던 황실 관마창(官馬廠)에서 유래한 것이라고 보았다. 설득력이 있다.[34] 다만 16세기 '관찰(觀察)'이란 이름은 산 위에 있던

---

32 『양파연기』 권 2. ""積聚白骨, 有如丘山."

33 「松山」. "廿載骷髏埋未了, 萬家妻子哭無聲." 「행산」. "朝露碧零沙上骨, 春雲黑壓海邊城." 이 내용은 楊海英, 『洪承疇與明清易代研究』(商務印書館, 2006) 60~82쪽에서 가져온 것임.

34 1778년 이덕무는 명나라 때부터 당시까지 말을 먹이는 장소였기 때문에 붙여진 이름이라고 했으

돈대와 관련 있을 가능성이 높다. 지금 이 산의 공식 명칭은 돈대산(墩臺山)이며, 산 위에는 아직도 돈대가 원형에 가까운 채로 남아 있다.

행산역은 돈대산에서 7시 방향 2km 지점에 있는 행산진에 있었다(G102 국도에서 동쪽으로 1km 지점). 지명은 2시 방향 3km 지점에 있는 행산에서 유래한다.[35] 역성의 흔적은 남아 있지 않으며, 70세 이상의 고로들도 성벽을 본 적이 없다고 했다. 하지만 여러 민가에는 성벽의 커다란 주춧돌이 놓여 있고, 그 위 세대 사람들은 동관(東關)이니 서관(西關)이니 하는 지명을 사용했다고 한다. 성 안에 있던 상제묘(上帝廟)는 근대 이후까지 존속했으며, 마을의 고로들은 그 터를 정확하게 기억하고 있다. 상제묘는 성의 북쪽에 있었을 것이다. 마을 사람 일부는 이를 고구려 성으로 알고 있으나, 이는 요동 지역에서 유행한 민간전승일 뿐이다. 1356년 이색은 북경에서 돌아오던 길에 「행점 도중 눈보라를 만나다 杏店途中風雪」란 시를 지었는데, 행산과 관련된 가장 오래된 기록이다.[36]

행산과 탑산 사이의 고교보(高橋堡)는 역성(驛城)이었다. 18세기 초까지 대릉하에서 이곳에 이르는 구간은 전쟁의 비애감을 자아내던 곳이었다. 1720년 이의현은 여기서 하루 지나온 백전의 터를 떠올리며 이화(李華)의 필력으로도 그 참혹한 분위기를 그려내기 어렵다고 술회했다.[37] 45년 뒤 홍대용은 이곳을 지나며, 끊임없는 군비 강화에 백성들이 고달팠던 명나라 때와는 다른, 평화롭고 풍요로운 풍광을 보고 청나라 정치에 매우 우호적인

며, 또한 경관의 존재를 증언하였다(「入燕記」 5월 2일).

35 1488년 최부는 이 행산을 행아산(杏兒山)으로 기록했다. 『표해록』. "至杏山驛. 驛東有杏兒山故名."

36 『목은시고』 권 4. 이 시는 「遷民鎭」(천민진은 지금의 산해관 일대)과 「大風過橫川寨宿丹家本國橫川縣人所居」(내용상 小凌河와 大凌河 사이) 사이에 편차되어 있다. 산해관과 凌海 사이에 '杏' 자가 들어가는 지명은 행림포(杏林鋪(지금의 綏中)와 행산(杏山) 밖에 없다. 확정이 어려워 현자의 판단을 기다린다.

37 『도곡집』 권 2, 「高橋堡次副使韻」. "盡日行經百戰墟, 當時堞壘已無餘. 李華筆力難摸處, 弔古悲懷詎少攄."

태도를 보였다.[38] 한편 이곳에서는 1776년 사행이 은 1,000냥을 잃은 일이 형부에까지 보고되어, 연루된 주민들이 크게 곤욕을 치른 사건이 있었다. 이로부터 마을 인심이 극도로 악화되어 한동안 조선 사행에게 숙소를 제공하지 않았다는 일화가 여러 연행록에 전한다. 최근 중국에서 한국 사람을 경멸하여 일컫는 '까오리팡즈(高麗棒子)'란 말이, 조선 사행단의 하층 수행원인 방자(幇(房)子)의 패악을 지칭한 데서 유래했을 것이라는 주장이 제기되었다.[39] 사행 도중 마두 등 하층배들의 패악에 대해서는 박지원도 통탄한 바 있는데,[40] 추론을 뒷받침할 만한 중간 단계의 논거가 요구된다.

탑산소성(塔山所城)이 있던 곳은 탑산촌(塔山村, 葫蘆島市 連山區 塔山鄉)이다. 길 건너에 1949년 '탑산전투'의 희생자를 기리는 혁명열사능원이 있다. 성은 흔적 없이 사라졌다. 조선 사신들에게는, 탑산이 함락될 때 자폭 순절한 성명 부전의 장수에 대한 사연이 회자되곤 했다.[41] 연산역은 조선 초부터 말까지 변함없이 조선 사행이 들렀으며, 특히 조선 전기에는 숙소로 이용되었던 역참이다. 몇몇 연행록에 따르면 이곳은 18세기에 이미 상당한 정도로 도시화되었던 것으로 보인다. 연산역은 현재 호로도시의 연산구(連山區)란 행정 지명으로 남아 있다. 연산구 내 연산가파출소(連山街派出所) 옆에 '연산역성지(連山驛城址)' 표석을 세워 부근을 작은 공원으로 조성해놓았다. 1548년 최연(崔演)은 연산역을 떠나 영원성으로 가던 도중, 72세 홍씨 성 호마(護馬)의 슬픈 노래 소리에 마음이 울려 세 수의 시를 지었는데, 이 또한 연행로의 한 풍경이요 소사(小史)라 할 만하다. 한 수만 소개한다.

---

38 『담헌서외집』 권 8, 「燕記·沿路記略」. "自高橋舖早發, 由村北行數里, 有古城曰高橋堡. 盖明以前邊關苦兵, 村皆有堡, 見今人畜布野, 城堡破壞不修, 四郊無戎馬之憂者已百年矣, 天運之盛際歟, 人謀之多算歟!"

39 黃普基, 「歷史記憶的集體構建 : "高麗棒子" 釋意」, 『南京大學學報』, 2012, 113~116쪽.

40 『열하일기』, 「일신수필」 7월 18일조.

41 한 예로 이의현, 『陶谷集』 권 2, 「塔山弔古 松杏之陷此城 守將自投砲火而死 節義凜然 而姓名不傳 可惜」, "月暈孤城夜, 風霾萬竈寒. 將軍死最烈, 過客涕頻彈. 壯氣晴空碧, 忠心赫燄丹. 何妨姓字泯, 竹策永無刊."

퇴락한 연산역참 제일로 슬픈 일은 連山殘驛最堪哀
일흔 살 늙은이가 호마로 온 것일세 七十衰翁護馬來
몇 곡조 슬픈 노래 차마 어찌 들으리 數闋悲歌那忍聽
소리마다 오열이라 마음 못 가누겠네 聲聲幽咽意難裁[42]

연산역과 영원성 사이에 있던 쌍수포(雙樹鋪), 건시령(乾柴嶺), 동팔리보(東八里堡) 등의 지명은 그대로 남아 있다. 수산(首山) 아래 있었다는 영녕사(永寧寺, 茶棚庵)는 현재 다붕암(茶棚庵) 편액을 단 채 폐사가 되어 있다. 수산의 원래 이름은 봉우리가 셋이라 하여 삼수산(三首山)이었다. 영원성에서 보면 세 봉우리가 선명하다. 수산 위에는 돈대가 원형 그대로 남아 있다. 여기 오르면 남쪽의 발해, 서쪽의 호로도시, 그리고 서쪽의 영원성이 한눈에 조망된다. 이러한 전략적 중요성 때문에 돈대가 설치된 것이다. 수산과 관련하여 조선 사신들 사이에 구혈대(嘔血臺) 전설이 유행했다. 1626년 영원성 싸움에서 패한 누르하치가 이 위에서 분을 못 이겨 피를 토하고 죽었다는 것이다. 현지에는 관련 전설과 지명이 전해지지 않는다. 이 이야기는 1626년 영원성 전투 이후 누르하치가 죽은 사실에 대한 상상, 원숭환에 대한 호의와 그의 억울한 죽음(1630)에 대한 안타까움, 그 현장을 지나는 조선 문사의 자괴와 자존이 섞인 묘한 심리 속에서 탄생한 것이다.[43]

현 흥성시(興城市)의 영원성은 중국에서 원형이 가장 잘 남아 있는 고성이다. 1430년에 처음 지어지고, 1564년에 수축되었으며, 1624년 원숭환에 의해 산해관과 금주를 잇는 영금방선(寧錦防線)의 중심 요새로 거듭났다. 1626년 1월 후금 대군이 공격하다가 패퇴하였고, 1627년에는 새로 등위한 홍타이지의 대군도 공략에 실패했다. 당시 성의 책임자가 원숭환이었다. 두

---

42 최연, 『艮齋集』 권 3, 「發連山驛 抵雙樹鋪 道中有護馬的姓洪者 年七十二 騎驢在後 發悲歌數曲 有感(1)」

43 구혈대 전설의 형성 시기와 전승 과정에 대해서는 김일환, 「연행록에 나타난 '구혈대(嘔血臺)'의 의미 연구」, 『한국문학연구』 43, 동국대한국문학연구소, 2013, 18~30쪽 참조.

전투의 승장 원숭환은 후금의 반간계로 1630년 북경에 소환되어 책형(磔刑)에 처해진다.[44] 조선 전기 영원성의 인상은 명조의 안정과 위력이 일반이었다.[45] 명청 교체 이후 영원성에서 특히 주목받은 인물은 원숭환과 조대수이다. 원숭환에 대해서는 '인재의 억울한 죽임과 명나라의 멸망'을 결부시킨 의론이 많다.[46] 영원성 남쪽 거리에 조대수와 조대락(祖大樂) 사촌형제의 공적을 기린 패루가 서 있는데, 사신들은 조형미와 반비례하는 두 사람의 행적에서 역사의 아이러니를 발견하곤 했다.[47]

연행의 역사와 관련하여 그 지리의 중요성을 언급하지 않을 수 없는 곳이 각화도(覺華島)이다. 직선거리로 영원성에서 13km, 흥성시 해안에서 8km 떨어진 각화도는 명청교체기 전략적 요충지였다. 이곳은 명나라의 군량미 비축 장소였는데, 1626년 1월 후금의 군대에 의해 탈취되었다. 당시 각화도 수비군은 거의 전멸하고 군량미도 모두 불타, 영원성의 전력이 크게 손실되었다. 한편 각화도는 요동 일대가 후금에 점령되면서 해로 사행이 시행될 시기, 구체적으로 1629년부터 1636년 사이의 중요한 기착지였다. 평안도 해안을 출발한 사행은 연안 해로를 따라 각화도에 정박했다가 정황에 따라 영원성을 거쳐 북경으로 향했던 것이다.[48] 1632년 이안눌은 7월 16일 석다산(石

---

44 영원성의 연혁과 규모, 당시 원숭환의 활약과 전황에 대해서는 閻崇年, 『袁崇煥傳』, 中華書局, 2005의 41~98쪽 참조.

45 1609년 조위한이 지은 다음 시도 그러한 경향을 보인다. 『玄谷集』 권 3, 「過寧遠衛」. "曉發連山驛, 朝經寧遠城. 騰凌軍馬鎮, 節度摠兵營. 控扼當區脫, 關防衛帝京. 聖朝多勝算, 邊境賀升平."

46 박지원의 발언이 그중 하나이다."아아, 명은 말운을 당해 인재를 쓰고 버림이 거꾸로 하고 공과 죄가 밝지 못했다. 웅정필과 원숭환의 죽음을 보면 스스로 장성을 무너뜨린 셈이니 어찌 후세의 기롱을 받지 않으리요!"(『열하일기』, 「도강록」) 웅정필도 요양성 수비를 맡았다가 누명을 쓰고 죽었다.

47 뒷날 건륭제는 패루를 두고, "패루에 이름 석 자 남기지 않았다면, 4대 원융(元戎)의 두 마음을 그 누가 알았으리. 若非華表留名姓, 誰識元戎事兩朝."(「題寧遠祖氏石坊」, 1754)라고 읊었다.

48 당시 해로사행에 대해서는 정은주, 「명청교체기 대명 해로사행기록화 연구」, 『명청사연구』27, 명청사학회, 2007, 195~200쪽; 박현규, 「17세기 전반 대명 해로사행에 관한 행차 분석」, 『한국실학연구』1, 2011, 117~148쪽 참조.

多山)을 출발해 9월 5일에야 각화도에 도착했고, 8일에 하륙하여 영원성으로 들어갔다. 51일을 배 위에서 보냈는데, 그 과정이 무척이나 험난했음을 술회한 바 있다.[49]

4. 조장역(曹庄驛)–산해관 구간

1622년 광녕성 함락으로 명나라 요동방어의 무게 중심은 영원성과 금주성 일대에 놓이게 되었다. 1626년의 영원성 싸움, 1627년의 영원성 금주성 싸움, 1631년의 대릉하 싸움, 1642년의 송산 금주성 싸움 등 국면 전환의 분기점으로 삼을 만한 전투는 모두 이 지역에서 벌어졌다. 금주성 함락 후 영원성은 그나마 버티고 있었지만, 그 서쪽의 여러 성들은 맥없이 무너졌다. 따라서 명청 전쟁과 관련하여 특별히 기억될 만한 사건이 거의 없다. 영원성과 산해관 사이 200리 구간에도 방어체계가 촘촘하여 지명은 복잡한데, 외적 표지로 삼을 만한 큰 산천도, 먼 기원을 가진 유명한 역사 사연도, 명청 교체기의 비중 있는 전투도 거의 없었던 관계로 연행의 지리 구도를 파악하기가 쉽지 않았다. 그만그만한 산천과 시설들로 점철된 이 구간의 지리 구도를 명료하게 정리하는 것이 이 절의 목적이다.

---

49 『東岳集』 권 20, '朝天後錄', 「覺華島舟中書事 - 七月十六日壬子, 發平壤石多山, 九月初五日庚子, 到寧遠衛覺華島, 初八日癸卯, 登陸入城, 在舟中凡五十一日」. "梧桐初落浿江城, 遼岸蝦蟆缺又盈. 鯨渤三千里潮汐, 鳧舟五十日陰晴. 怒霆擊水天關破, 狂颶衝山地軸傾. 篙子今朝始相賀, 茲行恐懼冠平生."

연행록	명청대 공식 명칭	현재 지명	거리	기타
조장역(曹庄驛)	조장역(曹庄驛), 조장성(曹庄城) 〈청〉	曹庄鎭	13리	역성(驛城)
사하소(沙河所)	사하중후소성(沙河中右所城)	沙後所鎭	17리	소성(所城), 「사하곽생(沙河郭生[홍대용])」
연대하(烟臺河)	연대하(烟臺河)	烟臺河	8리	
동관역(東關驛)	동관역(東關驛)	東關站村	22리	역성(驛城), 해빈사(海濱寺), 고구려설화
육주[도, 고](六州[渡, 股])하(河)	육주하(六州河)	六股河	16리	패수설(浿水說[최은형])
중후소(中後所)	중후소성(中後所城)	綏中縣	2리	소성(所城), 관모(冠帽) 수입처
삼대자(三臺子)	삼대자(三臺子)	三臺子	12리	돈대[연대](墩臺[烟臺]) 원형 현존
사하점[참](沙河店[站])	사하역(沙河驛)	沙河鎭	8리	역성(驛城)
구어아[하](口魚兒[河])둔(屯)	사하보성(沙河堡城) 〈명〉, 고아포성(高兒鋪城) 〈청〉	狗河城村	10리	보성(堡城)
구어하(口魚河), 구아하(狗兒河)	고아하(高兒河)	狗河		
전둔위(前屯衛)	전둔위성(前屯衛城)	前衛鎭	16리	위성(衛城) 겸 노성(路城), 양조(楊照)
고령역(高嶺驛)	고령역(高嶺驛)	高嶺鎭	20리	역성(驛城)
중전소(中前所)	중전소성(中前所城)	前所鎭	19리	소성(所城), 성벽 현존
망해정(望海亭), 망부석(望夫石), 강녀묘(姜女廟)		孟姜女廟	25리	맹강녀설화
장대(將臺), 사방대(四方臺), 사방성자(四方城子)		威遠臺		
산해관(山海關)	山海關	山海關	10리	

사하중우소성(沙河中右所城)은 1643년 청이 영원성을 지나쳐 산해관 이전의 여러 성들을 차례로 함락시킬 때 무너지지 않고 버티던 곳으로, 지금은 사하소진(沙河所鎭)이 되어 있다. 서벽의 주초석 일부가 민가의 담장으로 사용되고 있다. 1765년 이곳에서의 인연을 담은 홍대용의 「사하곽생(沙河郭生)」은 우언 산문으로, 「의산문답」의 자매편이다. 배경은 사하소성의 한 점

방(店房)이다. 내용은 독서에 대한 점방 주인 곽생과 역관들의 대화가 전부이다. 과거와 무관한 독서의 무용성을 내세우며 점방 주인을 은근히 무시하는 역관들에 대해, 곽생은 명리와 부귀를 초월한 독서의 의의와 즐거움을 얘기하고, 그 시절 벼슬하는 것에 대한 회의를 밝히고 인사도 없이 떠나간다. 홍대용은 형식상 관찰자의 입장을 유지하면서, 시은(市隱)을 만났으되 이야기를 더 나누지 못한 짙은 아쉬움을 남긴 채 글을 맺는다.[50] 1794년 홍양호는 사하소를 떠나며, 150년 전 전쟁은 모두 잊은 채 만인과 한족이 섞여 살며 생업에 힘쓰는 모습을 담담하게 묘사했다.[51] 이 시기 옛 전장의 분위기는 거의 사라져 남지 않았다.

사하소를 지나면 잇달아 연대하(烟臺河)와 곡척하(曲尺河)를 건너야 했다. 두 물 줄기 사이의 거리는 6km 정도이며, 규모는 연대하가 두 배 이상 크다. 곡척하는 현재 이름은 곡하(曲河)이다. 1678년 이하진(李夏鎭)은 곡척하를 지나며, 허물어진 채 남아 있는 돈대가 말없이 사신의 수레를 지켜보는 장면을 인상 깊게 그려냈다. 연대하란 이름 자체가 근처에 있었던 연대에서 유래했을 가능성이 높듯이, 당시만 해도 곡척하 주변에도 무너져가는 모습으로 말없이 지난 전쟁을 증언하는 연대가 서 있었던 것으로 보인다.[52]

동관역(東關驛)은 요나라 때 해빈현(海濱縣)이 설치되었던 곳이다. 현재 마을을 지나는 대로 가에 '동관역' 액석이 놓여 있다(東辛庄鎭 滿族鄕 關站小學 앞). 성 안에 해빈사(海濱寺)가 있었다. 최덕중의 1712년 증언에 따르면, 이 해에 세워진 비석의 글에 "이 땅은 삼한의 옛 승지(勝地)이고, 이 절은 삼한의

---

50 『담헌서외집』 권 7, 「燕記, 沙河郭生」.

51 『耳溪集』 권 7, 「燕雲續詠 · 自沙河所向東關驛」. "全遼地錯古扶餘, 滿漢同袍不異閭. 近海皆爲平頂屋, 搬柴多用獨輪車. 塵埃障日無飛鳥, 原隰隨陽好放豬. 寧遠城邊百戰地, 居民但道力耕鋤."

52 『六寓堂遺稿』 册 2, 「曲尺河」. "曲尺河名古, 三千客路賒. 烟浮數村晚, 風捲片雲斜. 敗荻晴搖水, 圓沙冷帶花. 廢墩餘舊蹟, 無語傍征車."

고찰이다."라는 구절이 있었다고 한다.[53] 1798년 서유문도 비슷한 증언을 하면서, 새삼 삼한의 의미를 풀이하고 고대사의 강역을 떠올렸다.[54] 이 마을의 북쪽 밭에는 희미하게 성터가 남아 있다. 안내 표석에는 한나라 때의 성터로 설명을 하고 있지만, 마을 사람들은 대개 이를 고려성(高麗城)으로 기억하고 있으며 관련 설화를 들려주기도 하였다.[55] 이 지역에는 예로부터 이 일대가 삼한 또는 고려의 영역이었다는 이야기가 전승되어온 것으로 보인다.[56]

동관역에서 중후소성에 이르기 위해서는 자연 해자 역할을 하는 큰 물줄기를 건너야 했다. 조선전기에는 육주하(六州河), 후기에는 육도하(六渡河)로 불렸는데, 지금의 공식 명칭은 육고하(六股河)이다. 최근 한 연구자에 의해 패수로 비정된 바 있다.[57] 중후소성은 18세기 중반에 벌써 상당히 도시화 되었던 것으로 보인다. 1765년 홍대용은 중후소의 중심가는 번화하고 복잡하여 제대로 걸어가기도 어려울 정도였으며, 마을의 규모를 대변하는 관제묘도 가장 크고 화려하다고 했다.[58] 현재는 인구 64만(2011년 기준)의 요녕성 직할 수중현(綏中縣)으로 성장하였다. 중후소성은 구시가지에 남문구(南門區), 고루가(鼓樓街) 등의 이름으로 남아 있다. 연행 무역에서 이곳은 털모자[冠帽]의 생산과 교역의 중심지로, 18세기 조선의 털모자는 모두 이곳에서 수입된 것이었다. 이기지의 증언에 따르면 남문 밖이 모두 관모 공장이었다고 한다. 박지원은 국가 재산인 은을 한갓 소모품에 지나지 않는 털모자를 사는 데 허

---

53 최덕중, 『연행록』, 12월 16일.

54 서유문, 『무오연행록』 권 2, 12월 10일.

55 고구려 관련 설화의 내용에 대해서는 김태준 외, 『문명의 연행길을 가다』, 푸른역사, 2005, 473쪽.

56 마을의 岳文山 옹(76세)은 옛 역성의 일부, 관제묘, 해빈사의 위치와 구조를 정확하게 기억하고 있었다. 10년 전과 달리 해빈사 자리에는 민가가 들어서 있다.

57 崔恩亨, 앞의 논문, 45~48쪽.

58 『담헌서외집』 권 8, 「沿路記略」.

그림 37 삼대자(三臺子) 돈대. 길 옆에 있는 노대(路臺)로, 남아 있는 것 중 가장 완벽한 형태를 갖추고 있다(사진: 이형우).

비하는 것을 비판한 바 있다.[59]

중후소 서쪽으로는 3~5리 간격으로 돈대가 있어 지금의 이대자, 삼대자 지명으로 남아 있다. 대(臺)는 주로 봉화를 담당했던 소규모 방어시설이다. 이는 기능에 따라 변장 선 위에 있던 변대(邊臺), 변장 안쪽에 있던 복리접화대(腹裏接火臺), 역로 양쪽에 설치했던 노대(路臺) 등으로 나뉜다. 요동지역에 설치된 대는 1,700기가 넘었다고 한다.[60] 조선 사신들은 이를 보통 연대라 일컬었고, 지금 현지에서는 돈대로 통칭된다. 연대의 제도에 대해서는 이의현의 설명이 자세하다.[61] 조선 사신들이 본 것은 대부분 노대였다. 현재

---

59 이기지의 증언은 『一庵燕記』, 박지원의 비판은 『열하일기』, 「일신수필」.

60 劉謙, 앞의 책, 4장 「傳烽系統的設施及考察」(170~175쪽).

61 "요동, 심양 이후로는 길가에 **연대**가 많다. 연대의 제도는 모가 나기도 하고 둥글기도 한데, 모가 난 것은 한쪽 면이 3장이 넘고, 둥근 것은 주위가 19아름쯤, 높이가 5장 이상이 된다. 벽돌로 회를 섞어서 쌓았는데 사면이 깎아 놓은 것 같다. 3분의 2 가까이 올라가면 앞뒤로 두 문이 있는데 겨우 사람이 출입할 만하고, 거기를 오르내리는 데는 반드시 성벽을 오르는 긴 사다리를 써야 한다. 위에는 층대(層臺) 하나가 있는데 높이가 반 길이나 된다. 이것은 장령(將領)이 앉는 곳이다. 위아래 대에는 모두 타첩(垛堞)이 있다.

삼대자에는 거의 유일하게 원형이 보존되고 있는 노대가 남아 있다. 보통 삼대자돈대(三臺子墩臺)로 일컬어지는데, 높이가 11m 둘레가 53m에 이른다.

산해관 동쪽의 두 번째 역참이었던 사하역(沙河驛)의 현재 지명은 사하진이다. 여기서 엽가진(葉家鎭, 옛 지명은 葉家墳)을 지나 4km쯤 가면 구하(狗河)가 나온다. 구하는 연행록에서 구어하(口魚河), 구아하(狗兒河) 등으로 표기되었다. 구하 전 1.5km 지점에 성터가 남아 있다. 이 성을 소개한 문헌은 『요기(遼紀)』가 유일하다. 여기에는 1532년 도어사 문성(文成)이 쌓은 사하보성(沙河堡城)으로 소개되어 있다. 중간에 이름이 바뀌어 『금주부지』(1682)에는 고아포성(高兒鋪城)으로 소개되었다. 유겸은 정황상 변보(邊堡)에 속하는 성은 아니라고 했고, 장사존은 명대의 급체포라 했는데 그 근거가 명확치 않다. 연행록에는 구어하둔(口魚河屯) 또는 아이성(峩爾城) 등으로 표기되었는데, 최덕중의 기록에 따르면 1712년까지만 해도 그 형태가 온전하였다. 1803년 이해응은, 물이 말라 돌들이 드러난 구어하(口魚河), 가축 울타리를 친 토성 안의 풍경, 그리고 그 안의 코뚜레와 굴레가 없어 물성(物性)을 보존하고 있는 소와 나귀의 모습을 그려낸 바 있다.[62] 지금도 볼 수 있는 풍경이다.

구어하와 양수하(凉(兩, 亮)水河)를 건너면 남로전둔로성(南路前屯路城)이 있었다. 노성(路城)은 진성(鎭城) 다음 등급의 시설로, 방어 상의 주요 길목에 설치했다. 이 성에서 영원성에 이르는 길을 영전로(寧前路)라 했다. 성을 전둔위(前屯衛)에 설치했기 때문에 보통 전둔위성(前屯衛城)으로 불렸는데, 이는 길을 중심으로 해서 두 성이 하나의 단위로 묶인 방어체계임을 의미한다. 한때 이곳에서 조선 사신들의 집중 관심을 받은 인물은 16세기 후반 두 차례에 걸쳐 4년 반 동안 요동총병을 지내며 무명(武名)을 날린 양조(楊照,

---

가까우면 5리, 멀면 10리만큼 씩 바둑알처럼 놓여 있어 서로 바라다보게 되는데, 한 대에 백 명이 지키고 일이 있으면 포를 쏘아서 서로 알린다."(『도곡집』 권 29, 「庚子燕行雜識 上」, 번역은 고전번역원) 이밖에 연대에 대해서는 1608년 최현의 견문 보고가 자세하다(『訒齋續集』 권 1).

62 『계산기정』 권 2, 12. 16. "石出河殘古口魚, 畜欄今闢土城墟. 牛无絡鼻驢无勒, 物性猶全稟賦初."

1524~1563)[63]이다. 그와 조선 사행이 결부된 일화 하나가 전한다. 1560년 오상(吳祥) 일행이 여양역에서 달자에게 포위되어 역승(驛丞)이 항복하려고 할 때 역관 곽지원(郭之元)이 애기살[片箭]을 쏘아 포위망을 풀었는데, 총병 양조가 곽지원을 불러 크게 치하하며 화살을 달라고 하여 살펴보았다는 것이다.[64] 양조는 죽은 뒤 전둔위성 밖에 묻혔고, 성 안에는 그를 기리는 칙사포충묘(勅賜褒忠廟)[65]가 세워졌다. 16세기말 몇 십 년 한때지만, 전둔위에서 양조는 조선 사신들 사이에서 가장 뜨거운 인물이었다. 전위진(前衛鎭) 마을 가운데 전둔위성의 토축 일부가 남아 있다.

전둔위를 지나면 산해관 동쪽의 첫 번째 역참 고령역(高嶺驛)이 있었다. 고령역에 이르면 서북쪽으로 장성이 보인다. 1678년 이하진은 이 길을 걷는 감회를 이렇게 읊었다.

오랑캐 막아낼 제 장성으로 무얼 했나	防胡何用此長城
관내는 오늘 보니 노상(老上)의 마당일세	關內今爲老上庭
단단히 묶은 궤짝 한밤중에 훔쳐내니	莊櫃當時逢夜劫
묶음이 허술할까 오히려 걱정이네	劫來唯恐不緘扃[66]

명나라가 오래도록 국력을 기울여 쌓은 장성은 결정적인 순간에 아무런 힘을 발휘 못하고, 산해관 안쪽은 그토록 막으려고 하던 이민족의 마당

---

63 양조에 대해서는 허봉의 「조천기 하」, 9월 29일 조에 역관 홍순언의 말로 소개가 자세하다. 삼차하에서 광녕에 이르는 변장(築道)도 그의 지휘 아래 만들어진 것으로 알려져 있다.

64 이익, 『성호사설』 제 5권, 「萬物門, 邊箭」. 이 이야기는 『패관잡기』와 『연려실기술』 등에도 실려 있다. 곽지원은 16c 중후반의 역관으로, 배삼익의 「조천기」에 따르면 1587년 6월 북경에서 죽었다.

65 이 사당은 張士尊의 「明代遼東忠烈祠的修建與邊疆文化特色」, 『吉林師範大學學報(人文社會科學版)』 2009년 5월 제 3기(31~37쪽)의 목록에 빠져 있다.

66 『六寓堂遺稿』 冊 1, 「高嶺驛望長城」.

이 되고 말았다. 노상(老上)은 한나라 초 흉노 선우의 명칭이다. 3~4구는 『장자』, 「거협(胠篋)」에서 시상을 가져왔다. 보통 사람들은 도둑에 대비하기 위해 노끈으로 상자를 묶고 자물쇠로 궤짝을 잠근다. 하지만 큰 도둑은 상자와 궤짝을 통째로 들고 가는데, 그때는 오히려 상자나 궤짝이 단단하게 묶이지 않았으면 어쩌나 걱정한다. 이제 중원의 주인이 된 청 또한 산해관이 관성(문)으로서의 기능을 제대로 하지 못할까 걱정한다. 시인은 멀리 장성을 보며 역사의 아이러니에 사로잡혔다.

전소진(前所鎭)의 중전소성(中前所城)은 성벽이 거의 원형 그대로 남아 있다. 1652년 신유(申濡)는 이곳에서 밥을 먹고 5언 22구의 시를 지었다. 이에 따르면 요동에는 성이 모두 열아홉으로, 그중에 소성(所城)이 여섯이고 위성(衛城)이 넷이었다. 이들 성을 지키던 군사들은 모두 죽어 시신이 산을 이루었고 성은 무너져 밭이 되었지만 오직 이 성만 온전한 형태를 유지하며 평야에 우뚝 솟아 있다. 그런데 이렇게 성이 온전한 이유를 성 안의 사람들이 목숨을 아껴 포로 됨을 감수하고 항복했기 때문으로 보았다. 신유는 다소 강개한 어조로 이 성의 장수를 비난한다.[67] 하지만 이 성이 온전하게 남은 이유는, 중전소성의 군민은 전투를 겪지 않은 채 산해관 안으로 철수했고, 청도 군이 이 성을 파괴해야 할 전략적 필요를 찾지 못했기 때문으로 추측된다. 이는 영원성이 보존된 이유와도 상통한다.

영원성과 산해관 사이에서 조선 전후기를 통틀어 사신들의 가장 많은 관심을 받은 곳은 강녀묘(姜女廟)이다. 강녀묘는 만리장성 축성역이 빚어낸 비극적인 사연의 주인공인 허맹강(許孟姜)을 모신 사당으로 송나라 때 처음 세워졌으며, 관련 이야기는 중국 4대 설화의 하나로 일컬어진다. 맹강녀 설

---

67 『竹堂集』 권 6, '燕臺錄', 「飰中前所」. "遼東十九城, 六所有四衛. 所衛皆兵馬, 兵力盡見斃. 積骸如阺隤, 夷壘劇畦畷. 獨有中前所, 巍然見舊制. 粉堞繞平野, 麗譙動雲際. 荒塗入寒草, 流水門空閉. 與戰輒殘滅, 所歷非此例. 得非近關門, 全城作降計. 偸生顧何益, 遷虜幷荒裔. 仍念主將騃, 慷慨懷奮厲. 擧目觀設險, 歎息皇王世."

화는 중국에서 널리 전승되며 시대마다 조금씩 다르게 변주되어 왔는데, 명청대에 이르러 열녀 탄생의 과정이 더욱 극적으로 재구되어 나타났다. 축성역에서 태어난 고통과 원망의 사연이 유교 관념과 만나고 지배 이념의 통제를 받으면서 '열녀' 이야기로 바뀐 것이다. 홍대용이 들렀을 때 사당의 좌우 기둥에, 문천상(文天祥)의 글과 글씨로 알려진 주련 "진시황은 어디 있는가, 만리장성에는 원망이 쌓였어라. 맹강녀는 죽지 않았네, 천년토록 조각돌에 정절이 새겨 있으니. 秦皇安在哉, 萬里長城築怨. 姜女未亡也, 千秋片石銘貞."(「연로기략(沿路記略)」)이 씌어 있었다. 열녀 맹강녀와 한족 지사 문천상의 만남은 남성 및 중화주의 관념이 강했던 조선 후기 연행사들의 심경을 묘하게 자극했다. 하여 후대로 올수록 강녀묘는 연행사들의 필수 관람지가 되다시피 했다.[68]

강녀묘에서 산해관까지의 거리는 직선으로 6km밖에 되지 않는다. 상황에 따라 다르긴 했지만 연행사들은 대개 강녀묘 관람을 끝으로 산해관에서 통관 절차를 밟고 관내로 들어갔다. 간혹 구경 좋아하는 나그네는 그 사이의 위원성(威遠城)을 찾기도 했다. 위원성은 산해관 동쪽 2km 지점에 있는 전초기지로, 오삼계가 청에게 항복 의식을 치른 것으로 알려진 곳이다. 연행사들은 위원대(威遠臺), 사방성(四方城), 호한장대(胡汗將臺) 등으로도 불렀다. 오삼계가 쌓았다고 해서 오왕성(吳王城)으로도 불렸다는데, 이해응은 만력(萬曆) 연간 웅정필(熊廷弼)과 양호(楊鎬) 등이 쌓은 것으로 바로잡았다.[69] 현지에서는 '오열성(嗚咽城)'으로도 불렀다고도 한다.[70] 박지원은 "산해관 밖의 장

---

68 맹강녀 전설의 생성과 변천에 대해서는 賈芝, 「關於孟姜女故事研究」, 『비교민속학』3, 비교민속학회, 1988; 兪泰揆, 「孟姜女故事的演變過程考察」, 『중국문화연구』3, 2004 참조. 최근 연행록 소재 맹강녀 전설에 대한 연구 결과도 보고되었다. 김철, 「연행록 중의 맹강녀 전설 기록 양상 소고」, 『민족문화연구』63, 2014.

69 『계산기정』 권 2, 12월 17일.

70 趙允祜, 『臨楡縣志』(1929), 권 30, 「建置·城池」. "威遠城俗稱'嗚咽城', 在長城東二裏外歡喜嶺上. 城高三丈, 下以石, 四隅起台跺. 城上女牆高五尺, 周方七十步. 正南爲城門, 上鐫威遠二字. 이덕무는 이 성의 다

그림 38 산해관 동쪽의 전초 방어 시설이었던 위원성(威遠城)의 오늘날 모습. 양떼가 한가로이 풀을 뜯고 있다.

대를 보지 않고는 장수의 위엄을 알기 어려울 것"이라며 장대를 인상적으로 설명했다.[71] 현재 위원성은 토벽만 남아 있는데, 그 안은 모두 밭이고 밖은 양떼의 목초지이다.

산해관을 지날 때는 심양성에서처럼 사행단이 문무로 줄을 나누어 통관 절차를 밟았다. 산해관은 정치적인 국경과는 다른, 문화의 또 다른 경계였다. 압록강을 건넌 사신들이 산해관까지 오는 데는 노정과 기후에 따라 20~22일쯤 걸렸다. 그간 지나온 곳이 조선과 산수 풍속이 흡사했던 동팔참 구간, 서 있는 자리를 중심으로 동심원이 그려지는 요야 구간, 그리고 치열했던 전장 구간이었다면, 산해관 안쪽은 중국 문화의 영역이었다. 어릴 때부터 중국의 문화를 학습하던 조선 문사들에게 있어 산해관 안으로 들어가는 일은 시대를 막론하고 설레는 체험이었다.

른 이름으로 '오언성(烏言城)'과 '오열성(烏烟城)'을 소개하였는데, 오열성(嗚咽城)을 잘못 표기한 것으로 보인다.

71 『열하일기』, 「馹汛隨筆·將臺記」.

5. 소결

시간은 그 자체로 인식되지 않는다. 태양의 이동이나 강물의 흐름과 같은 사물에 의해 은유적으로 이해되거나, 변화에 의해 결과로만 감지될 뿐이다. 대규모의 역사 변동 또한 마찬가지이다. 역사의 흐름이 매우 완만하던, 그래서 변화의 표지가 잘 드러나지 않던 근대 이전, 17세기 전반 조선이 잇달아 겪은 전쟁과 명청의 교체는 매우 거대한 전환이었다. 그렇다면 당시 조선 사람들은 이 변화를 어떻게 감지할 수 있었을까? 대부분의 사람들은 비록 개인적인 피해와 아픔이 있었을지라도, 역사의 변동을 감지하지 못했다. 시간의 흐름을 '역사'라는 추상적 개념으로 이해하는 문사는 일부에 지나지 않았고, 그중에서도 역사의 변동을 구체적으로 인식한 사람은 극소수였다. 명청 교체 이후 100여 년 동안 이 역사 변동을 가장 구체적으로 인지하는 계기는 연행이었다.

압록강을 건넌 연행사들이 북경에 이르는 한 달 정도의 여정 동안 주로 체험하고 느끼는 것은 구간에 따라 달랐다. 이는 각 구간의 독특한 지리 형세와 역사 사연에 따른 것이었다. 몇몇 거점 도시의 인상을 논외로 한다면, 동팔참 구간에서는 조선과 상통하는 산천 기맥에서 친숙감을 느꼈고, 요양에서 광녕 사이 요동벌 구간에서는 조선에서는 볼 수 없는 광대무변한 지형에서 충격을 받았다. 본고에서 살펴본 바 광녕에서 산해관에 이르는 구간은 역사 변동을 시각으로 체험하는 현장이었다. 이러한 특징은 명청 교체 이후 두드러지게 나타난다. 이 구간에 밀집되어 있던 수많은 성보들은 퇴락한 채 왕조의 교체라는 역사 변동을 온 몸으로 증언하였다. 그 사이를 지나며 연행사들은 옛일을 떠올리고 만감에 사로잡혔으며 달라진 모습을 확인하였다. 그리고 차츰 차츰 그 변화를 인정해갔다.

이 구간의 노정 재구에 있어 난점은 복잡한 지명과 사건들이었다. 산해관 기준 동쪽으로 240km에 걸친 이 지역에는 명나라에서 설치한 5~6단계의 시설들이 바둑판의 바둑알처럼 포진되어 있었다. 그런데 그 지명이 몹시 복잡하여 연행록의 이 구간 기록을 접하는 독자들을 몹시 곤혹스럽게 한다. 설치 당시의 명칭, 편의적 간칭, 왕조 교체 이후 달라진 명칭, 발음이나 글자 모양이 비슷한 명칭 등이 뒤섞여 나타나기 때문이다. 이 곤혹감에는 20년에 걸친 명청 전쟁의 추이를 간결하게 정리하기 어려운 사정도 일조한다. 이 글은 17세기 중반에서 19세기 중반에 이르는 대략 200년의 기록을 중심으로 이 구간의 옛길을 복원한 결과인데, 이는 앞으로 이 구간에 대한 연행록 이해에 편리를 제공할 것이다.

마지막으로 연행사들은 어디서 묵었으며 이 구간을 며칠이나 걸려 지났을까? 연행사들이 이 구간을 지나는 데 걸렸던 일정은 기록에 따라 들쭉날쭉하다. 다만 청나라의 통치가 안정된 18세기 이후에는 여정이 6박 7일로 규격화된다(아래 표 참조). 묵는 숙소도 대개 일치했던 것으로 보인다. 16세기에는 이보다 이틀이나 사흘이 더 걸렸는데, 이는 명말 전반적으로 사회 기강이 흐트러지면서 역참의 운영도 부실했던 때문이다. 두 나라의 우호 외교가 시작된 지 이미 100여 년이 지났고 그 사이에 특별한 위기가 없었기에, 외교 사행의 분위기도 당연히 느슨했을 것이다. 이와 달리 청조가 들어섰지만 아직 국가 체제가 안정되기 전인 1660년대에는 4박 5일이나 5박 6일 밖에 소요되지 않았다. 아직 명조의 항거가 끝나지 않은 상태에서 청조는 새로운 국가 건설에 의욕적이었고, 새로운 외교 관계가 형성되는 과정에서 모든 일처리가 긴장감 넘치게 진행되었던 표지로 볼 수 있겠다.

연행사	년도	숙박지	출처	소요 시일
권벌	1539	여양역, 십삼산역, 소릉하역, 행산역, 연산역, 영원위, 동관역, 사하역, 고령역, 산해관	沖齋集	9박10일
허봉	1574	여양역, 소릉하역, 행산역, 연산역, 조장역, 동관역, 사하역, 고령역, 산해관	荷谷集	8박9일(조장역 체류 2일 제외)
이항복	1598	여양역, 대릉하성, 소릉하역, 행산역, 연산역, 영원위, 동관역, 사하역, 고령역, 산해관	白沙別集	9박10일
정태화	1662	십삼산역, 행산역, 영원위, 사하역, 산해관	陽坡遺稿	4박5일

연행사	년도	숙박지	출처	소요 시일
민진원	1669	십삼산역, 행산역, 영원위, 중후소성, 중전소성, 산해관	老峯集	5박6일
김창업	1712	십삼산역, 소릉하역, 고교포, 영원위, 동관역, 양수하, 산해관	연행일기	6박7일
박지원	1780	십삼산, 대릉하점, 고교보, 영원성, 동관역, 전둔위, 산해관	열하일기	6박7일(동관역 체류 1일 제외)
김경선	1832	석산참, 쌍양점, 주가점, 영원위, 중후소, 중전소, 산해관	연원직지	6박 7일

문명 중심으로의 근접, 그 흥분과 기대

-산해관山海關~영평平永~통주通州-

천고의 금대 사연 이제는 아득하여	千古金臺事渺茫
황량한 들판에는 조문객 하나 없네	荒原無客弔昭王
옥갑을 입은 채로 황토에 묻혔으니	珠襦玉匣埋皇土
황혼녘 바람결에 백양목 슬피 운다	落日悲風饗白楊

허균, 「옥전현(玉田縣)」(1615)

1. 서언

> 산해관 밖은 1,350리나 되지만 주(州)·현(縣)·성(城)·둔(屯)이 겨우 7곳인 데 반해, 산해관 안은 670리에 불과해도 주와 현과 위(衛)가 14곳이나 된다. 드문드문 멀리 떨어지고 촘촘하게 가까이 붙은 것이 바로 기내(畿內)와 변수(邊陲)의 차이이다. 시를 읊조리거나 글을 읽으면서 그 지은이를 알지 못하면 군자가 비루하게 여기거늘, 얼굴을 보고 함께 이야기도 나누었으면서 그 사람 이름을 알지 못하는 자임에랴! 중국에 들어간 동국 사람 중에는 수십 번이나 그 땅을 밟아 오갔으면서도 지역 경계를 물으면 벙어리처럼 대답을 못하는 이가 많다. 나는 이런 까닭에 특별히 자세하게 기록하여 혹 있을지 모를 길 묻는 사람을 기다린다.[72]

위는 1803년과 1831년 두 차례 북경을 다녀온 홍석주(洪奭周, 1774~1842)가 연행로 상의 지리경계에 대해 남긴 글 중 마지막 부분이다. 이 말을 오늘에 적용해본다. 연행의 역사가 600년이나 되고, 관련 기록이 500종을 상회하며, 연구자들마다 연행의 중요성을 말하는데, 그 지리 정황을 알지 못한다면 군자가 비루하게 여기지 않겠는가! 옛 사신들은 어느 길을 오갔고, 어디에 머물렀는가? 그 과정에서 어떤 일이 일어났으며, 무엇을 상상하고 깨달았는가? 본고는 이런 소소한 의문에서 출발한다. 논자는 이 글을 통해 사신들의 이동 경로 및 체류 공간에 대응하는 현재의 지리 정보를 소개하고, 시대를 뛰어넘어 많은 사람들이 공유했던 체험이나 정서를 기술하려고 한다.

---

72 홍석주, 『淵泉文集』 권 25, 「北方疆域志」. "由山海而外一千三百有五十里, 而爲州爲縣爲城爲屯者廑七, 由山海而內六百有七十里, 而爲州爲縣爲衛者凡十有四. 或遠而踈, 或近而數, 畿內與邊陲異也. 夫誦其詩讀其書, 而不知其人, 君子以爲陋, 况覿其容貌, 與之談論, 而不識其姓名者乎! 東人之入中國者, 或往來數十遭, 終身跋履乎其土, 而問其壤界之何屬, 則茫然不能對者衆矣. 余是以志之特詳, 以竢夫有志於問津者." 홍석주의 연행에 대해서는 김새미오, 「연천 홍석주의 연행과 그 의미」, 『동방한문학』 30, 2006, 315~339쪽 참조.

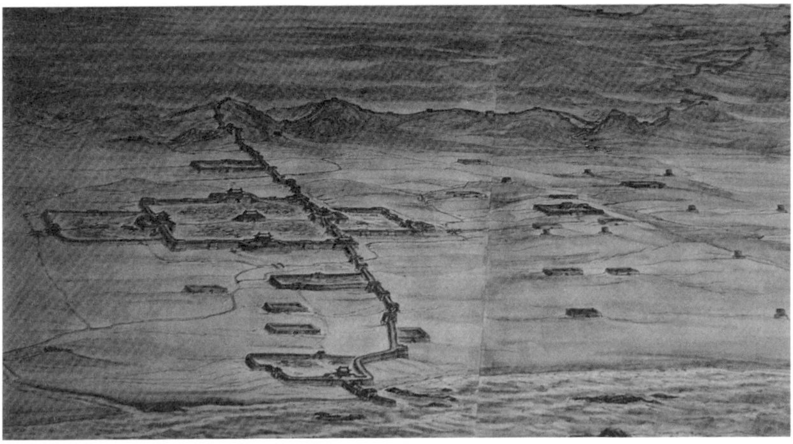

그림 39 산해관 상상조감도. 동쪽에 위원성이 있다. 북쪽에 솟은 두 봉우리 이름은 각산(角山)이다. 옛사람들은 만리장성을 거대한 노룡(老龍)으로 비유했는데, 각산은 노룡의 두 뿔이다. 노룡이 바다에 머리를 담그고 있는 곳이 노룡두(老龍頭)이다. 장성의 중축선이 지나가는 곳에 서있는 큰 건물이 천하제일관(天下第一關)이다.

논의의 편의를 위해 전체 구간을 다시 5개의 소구간으로 나누었다.

2. 입관의 흥분과 임유관 옛길, 산해관-무녕(撫寧)

산해관의 옛 이름은 임투(유, 여)관(臨渝(楡,閭)關)이었다. 원래 이 지역의 명칭은 임투(臨渝)로, 진나라 때 요서군(遼西郡)에 설치한 14개 현(縣) 중의 하나였다. 임투(臨渝)라는 명칭은 '투수(渝水)'에서 생긴 것이다. 임유관(臨楡關), 유주(楡州) 등 '유(楡)' 자가 사용된 명칭은 『요사』, 「지리지」에 처음 보이는데, 이후 '투(渝)'와 '유(楡)'는 여러 문헌에서, 심지어는 한 책 안에서도 혼용되곤 했다. 건륭 26년에 임유현(臨楡縣)이 설치되면서 지명의 글자는 '유(楡)'로 확정되었고, 명칭도 군사용 건축물 산해관과 산해관을 포함한 행정 구역명 임유현으로 정리되었다. 산해관이란 명칭은 명초 이 지역에 관성을 축조하면서 거산임해(據山臨海)의 지형 때문에 붙여진 것이다.[73] 명나라 『일통지』의 "유관이 무녕현 동쪽 20리에 있었는데, 홍무 초 서달(徐達)이 60리 동쪽으로 옮겨 쌓아 산해관이라 했다."[74]라는 기록 때문에, 이곳이 본래의 임투(유) 자리라는 설이 널리 퍼졌는데,[75] 지리 정황과 이수(里數)로 보아 그 기록은 오류이며 '유관'은 역참 설치 시 이 지역의 옛 일임을 차용한 것에 지나지 않는다는 견해가 제기되었다.[76] 여기에 대해서는 아직 결론이 나지 않았다.[77]

연행록 지명	현재의 행정 지명	기타
석하(石河)	石河	秦皇島市 山海關區 石河鎭, 옛 투수(渝水)로 추정
오화성(五花城)	古城(石河鎭 古城村)	홍화점촌(紅瓦店村) 동남쪽 1km
홍화점(紅花店)	紅瓦店村(石河鎭)	
범가장(范家莊)	范家店村(秦皇岛市 海港区)	진황도 기차역 소재 마을
심하역(深河驛)	深河鄉(秦皇島市 撫寧區)	
망자점(網子店)	往子店村(撫寧區)	'망(網)'과 '왕(往)'의 발음 같음 *[wǎng]
유관(榆關)	榆關鎭(撫寧區)	
무녕(撫寧)	秦皇島市 撫寧區	동서남북 대가(고성의 중심 도로)

---

73 우리 문헌에서 '산해관'은 1439년(『세종실록』)에 처음 보이며, '산해위(山海衛)'는 1389년 권근의 '봉사록'에 가장 먼저 보인다. 권근의 기록에는 유관(榆關)도 나오는데, 여기서 유관은 오늘날 유관진(榆關鎭)을 가리킨다. 당시 산해관과 유관은 다르게 사용된 것이 분명하다.

74 "榆關在撫寧縣東二十里, 洪武初魏國公徐達, 始徙而東, 去舊關六十里, 謂之山海關."

75 조선에도 수용되었다. 한 예로 홍경모, 『耘石外史』, '槎上韻語' 「一名臨閭關, 隋開皇間, 漢王諒將兵伐高麗出臨榆關, 卽此地也. 古稱山海關, 元末明初, 城池而毁, 徐中山移築於八十里, 今之山海關是也」.

76 이상은 1927년 속수(續修)된 『臨榆縣志』의 권 1 沿革, 권 5~6 輿地, 권 7 古蹟의 내용을 간추린 것이다. 여기서 임유현은 서쪽의 심하(深河)에서 동쪽으로 수중현(綏中縣) 서쪽 경계에 이르는 행정구역을 지칭한다.

77 1877년 간행된 『撫寧縣志』 권 2에는 장편의 「榆關考」(王立柱)라는 논문이 실려 있다. 유관의 명칭과 위치는 근대 이전부터 사가들의 관심사 중 하나였다.

산해관은 사행이 마지막으로 통관 절차를 밟는 곳이었다. 사행은 인마의 수효를 적은 단자(單子)를 보낸 뒤 문이 열리기를 기다려 문관과 무반이 열을 이루어 들어갔는데, 세관과 수비관의 지휘를 받는 군사들이 단자와 대조하며 인마를 점검했다. 이는 입관의 관례였다.[78] 입관 절차를 마친 사행은 대개 관성의 서문 밖에 숙소를 정했는데, 조선후기로 올수록 그 장소가 홍화점(紅花店)으로 특정될 때가 많다. 이 과정에서 사신들에게 체험된 산해관은 문명의 경계이자 통로였고, 천하제일의 군사 장벽이자 중화문명(또는 帝都)으로 들어가는 입구였다. 명조 위엄의 표상이었다가 멸망의 증거가 되었다. 산해관은 차단과 소통, 숭고와 붕괴, 영원과 찰나, 웅대와 허무의 이중성을 한 몸에 갖춘 건축물이었던 셈이다.

이러한 산해관 감회는 세 가지로 간추릴 수 있다. 첫째, 문명의 중심으로 진입하는 흥분과 감격이었다. 1459년 이승소는 경사로 가는 기쁨에 넘어질 듯했으며 집이 멀어지는 것도 잊어버렸을 정도라고 했다.[79] 1481년 홍귀달은 산해관을 떠나며 송골매가 내려앉는 서북쪽 신경(神京)을 바라보니 마음이 먼저 길을 나섰다.[80] 산해관 진입은 한 달 남짓한 객로에 지친 사신들에게 새로운 기대감을 불러일으킨 사건이었다. 둘째, 명청 교체 이전 산해관은 난공불락의 요새이자 영원불멸한 황조의 표상이었다.[81] 그것은 명조에 대한 경외감을, 불변의 질서라는 안정감을 심어주기에 충분했다. 조선의 많은 문사들은 명나라 멸망 전에는 물론, 멸망한 지 한참 지나서도 그 엄연한 현실을 인정하지 않으려 했다. 셋째, 현실 인식의 장소이자 아이러니의 체험 공간이었다. 외적을 막기 위해 쌓은 요새의 문이 안에서 열리고, 이를 통해

---

78 김경선, 『연원직지』 권 2 출강록, 12월 11일.

79 『三灘集』 권 2, 「入山海關」. "遼陽始遠似欣然, 及到關門喜欲顚. 爲有如京心事急, 却忘家在日東邊."

80 『虛白續集』 권 4, 「發山海關」. "簷間鳥語報天明, 門外馬嘶催客程. 起傍征鞍望西北, 天低鶻沒是神京."

81 朴而章, 『龍潭集』 권 4, 「山海關詩序」(1591). "山海關, 左大洋右峻嶺, 境界華夷, 控制要衝, 天下雄藩也."

청나라 군대가 들어가 중국을 차지한 현실 앞에서 산해관은 매우 역설적인 존재가 된다. 박지원이 그 의도와 결과의 상호 배반, 웅대한 규모와 소소한 쓰임의 부조화를 지적했던 이유이다.[82]

그런가 하면 이곳의 먼 역사를 환기하기도 했는데, 이색이 1351년 귀국길에 지은 「정관음, 유림관에서 짓다 貞觀吟, 楡林關作」가 여기에 해당된다. 이 시에서 이색은 천하를 얻은 당태종이 경솔하게 고구려 원정에 나섰다가 그만 화살에 한쪽 눈을 잃고 돌아가 위징(魏徵)의 비석을 다시 세워준 일을 조롱했다(2장에서 논의). 645년 고구려 원정에 실패한 당태종은 9월에 회군을 시작했고, 11월에는 임투관으로 들어와서 황태자를 만났다고 한다.[83] 임투(유)관은 산해관이 지어지기 전 그 자리에 있던 관문으로 간주된다. 고당 전쟁 관련해서는 당송 시기부터 많은 설화가 전승되었고, 원대에는 여기에서 유래한 희곡이 발달했다. 이후 요동 일대에는 당태종과 설인귀 설화가 널리 전승되었다.[84] 이색은 여기서 숙지하고 있던 관련 사연이 떠올라 시를 지었던 것으로 보인다. 이 시는 어양(漁陽)과 옥전(玉田) 에서 지은 시 다음에 배치되어 있다.[85]

석하(石河), 홍화점, 범가장(范家莊), 유관 등의 지명은 행정 단위가 부기되거나 같은 발음의 글자로 바뀐 것을 제외하면 거의 그대로 남아 있다. 마을은 모두 북경과 하얼빈을 잇는 경합선(京哈線) 연로에 자리하고 있어, 격변

---

82 『열하일기』, 「일신수필 · 산해관기」. "蓋此爲天下雄關, 而關以西, 漸近皇都故也. … 嗚呼, 蒙恬築長城以防胡, 而亡秦之胡, 養於蕭墻之內, 中山設此關以備胡, 而吳三桂開關迎入之不暇也. 當天下無事之日, 徒爲商旅之譏征, 則吾於關亦奚足云."

83 『자치통감』 권 198. "丙辰, 上聞太子奉迎將至, 從飛騎三千人馳入臨渝關, 道逢太子."

84 여기에 대해서는 黃斌 · 張春萍, 『薛禮征東的史實與傳說』, 遠方出版社, 2008 참조.

85 유림(楡林)은 수나라 때 섬서성(陝西省) 황하 북단에 설치된 군으로 당나라 때의 승주(勝州)이다. 『자치통감』에서도 유림군(楡林郡)의 유관(楡關)과 투수(渝水)의 유관(楡關)은 엄격하게 구별했다. 권근처럼 이색도 유관(楡關)과 천민진(遷民鎭, 원나라 시기 산해관의 행정 지명)을 구분하여 사용했다. '유림관(楡林關)'이란 명칭의 사용은 이색의 착오로 보인다.

의 역사와 불변하는 이름 사이의 묘한 아이러니를 느끼게 한다. 1488년 산해관을 지난 최부는 "석하에 이르렀다. 그 남쪽에 오화성(五花城)이 있는데, 당태종이 고구려를 칠 때 설인귀가 쌓은 것이라고 한다."[86]라고 기록하였다. 다섯 성이 고리처럼 연결되어 꽃 모양을 만든다 하여 오화성이다. 『임유현지(臨楡縣志)』에는 당시 당태종의 급박했던 사정을 들어 설인귀 축조 설을 부정했다. 한편 홍대용을 비롯한 몇몇 조선 사신들은 오화성을 산해관으로 간주하였다.[87] 현지에서도 그런 견해가 있어왔는데,[88] 이는 후대에 덧붙여진 것으로 보인다. 현재 토축 성벽 일부가 홍화점 남동쪽 1km 지점에 남아 있으며, 현지 고로들은 이 성을 고려성(高麗城)이라 부른다.

유관은 홍화점 숙박이 여의치 않을 때, 사행의 관내 첫 숙소로 종종 이용되던 곳이다. 우리 문헌에서 이 지명은 이색의 기록에서부터 나오며, 유관역은 1481년 홍귀달의 시에 처음 보인다. 이로 보아 '유관'이란 지명은 늦어도 14세기 중반에는 있었음을 알 수 있다. 애초부터 유적은 없었지만 이름 때문에, 몽염이 느릅나무를 심어 변새를 만들었던 곳[89]이라는 등 장성을 환기하는 시들이 많이 지어졌다. 아래는 16세기 유관의 소품 풍경화 두 점이다.

동관 지나 산해관 또다시 유관이라	東關山海復楡關
세 관문 지났어도 남은 길 험난하네	透得三關尙阻艱

---

86 최부, 『표해록』, 5월 6일. "行至石河, 南有五花城, 乃唐太宗征高句麗時薛仁貴所築也."

87 홍대용, 『담헌서 외집』 권 8, 「燕記, 沿路紀略」; 박사호, 『심전고』, 「연계기정, 12월 16일」.

88 『臨楡縣志』 권 7, 「輿地編, 古蹟」. "[五花城] 在縣西南八里, 其城連環五座, 相傳爲唐太宗征高麗時所築. 永平府志, 太宗征遼, 自發雒陽, 春蔬亦不進, 懼其擾民, 但明斥堠, 不斬土壘運糧, 草騎野宿如中國, 安得築城於此, 其說近理, 山海志所載, 恐未足據也." [주석] "… 盛京通志云, 山海關有老城, 東羅城, 西羅城, 南新城, 北新城, 五城連繞, 亦名五花城."

89 김창업, 『연행일기』 권 3, 12월 19일.

게다가 거용관이 황제 고을 둘렀으니　　更有居庸環帝里
언제나 첩첩 산속 천자봉 만나려나　　何時疊翠對孱顏[90]

꽃비는 떨어져도 향기는 날리거니　　一簾花雨細飛香
구름은 밤 깊도록 통방에 자욱하네　　半夜行雲鎖洞房
백발의 늙은이라 말들을 마시게나　　莫道老翁鬚盡白
풍류는 소년랑에 밑지지 않는다오　　風流猶勝少年郎[91]

위는 유관에서 지나온 동관(東關)과 산해관, 그리고 앞으로 맞이할 거용관(居庸關)을 떠올리며, 멀고 지루한 여정 속에서 하루빨리 천자를 만나 사행을 끝내고 싶은 염원을 담은 희작이다. 동관은 산해관 전의 역참이고 거용관은 사행로와는 무관하니 사실 여부를 따지는 것은 부질없지만, 앞뒤 여정을 헤아려 시상을 떠올리며 여정의 고단함을 달래는 모습은 음미할 만하다. 아래는 유관의 창루(娼樓)에서 하루를 묵은 늙은 역관을 놀리는 작품이다. 대규모 사행단이 묵는 곳에는 자연스럽게 장시가 섰으니, 거기 주루가 있었음은 어렵지 않게 상상할 수 있다. 근엄한 외교사행의 이면을 엿볼 수 있는 자료라 소개한다. 유관의 주루에는 실제 창기 양한적(養漢的)이 있었던 것으로 전해진다.[92] 1800년 전후 제패련(齊佩蓮)이란 서생이 있어 조선의 여러 사신들과 시를 주고받았는데, 경유지에서의 이런 소소한 교류의 양상도 눈여겨볼 만하다.[93]

90　정사룡, 『호음잡고』 권 2, 「楡關戲書」(1534). 마지막 구의 '잔안(孱顏)'은 험준하고 높은 봉우리를 의미한다. 여기서는 천자의 비유이기에 '천자봉'으로 번역하였다.

91　한응인, 『백졸재유고』 권 1, 「楡關城裡, 嘲韓譯潤輔宿倡家」(1584). 花雨와 細香, 行雲은 모두 중의로 사용된 것이다. 한응인은 산해관과 유관성(楡關城)을 구분하여 사용하였다.

92　서유문, 『무오연행록』(1798) 권 2, 12월 13일 조.

93　홍양호(1794), 김재찬(1799), 강준흠(1805)의 시 참조.

그림 40 조선 사신들이 서씨 성 학사 집에 들러 서화를 감상하곤 했던 무녕(撫寧) 서대가(西大街)의 2018년 고아한 모습.

사신들에게 무녕(撫寧)은 산수와 풍기가 좋기로 정평이 난 곳이었다. 그 이유로 크게 두 가지를 꼽을 수 있다. 하나는 멀리 보이는 창려현(昌黎縣)의 문필봉(文筆峰)이었다. 사신들은 글로만 익혔던 한유(韓愈)의 문기(文氣)를 산봉의 모습으로 지각할 수 있었던 것이다. 다른 하나는 1723년 윤순(尹淳)과 서학년(徐鶴年)의 만남으로부터 시작된 서화 교류의 전통이다. 사신들은 으레 서학년 후손의 집에 들러 고금의 서화를 구경했는데, 밖에서는 서화 매매도 이루어졌던 것으로 보인다. 이런 이유로 무녕은 문명의 고을로 일컬어졌다.[94] 이덕무도 1778년 이 집에 들렀고 그 감회를 시로 지었다.

고려의 나그네가 고려성(古驪城) 도착하니　　高麗客到古驪城
문화가(文華家) 현주께서 반가이 맞아주네　　賢主華堂把臂迎

---

94 홍대용, 『담헌서외집』 권 7, 「燕記, 撫寧縣」. "撫寧縣在楡關西二十里, 山水明媚, 西南接昌黎縣, 奇峯秀出天外如卓筆, 俗稱文筆峯以此. 撫寧自古以文明稱, 有徐氏尤縣中大姓, 有中進士者家富豪, 多書畫器玩, 頗喜詩律, 使行過之者莫不踵門求見. 進士亦延接欵洽, 由是徐進士名聞東國."

헤어지기 아쉬워 술잔을 기울이매	惜別深盃傾細細
술 이름 아황주라 남경 산 명주라오	鵝黃名酒出南京[95]

시 끝에 "무녕현성 동문을 고려라 한다. 古驪撫寧縣城東門曰古驪"고 주를 달았다. 고려(古驪)는 '옛 여성(驪城)'이란 뜻이니, 한나라 때 이 지역에 여성현(驪城縣)이 설치되었던 데서 가져온 것인데,[96] 그럼에도 언어유희의 즐거움이 배어난다. 이처럼 경쾌한 언어유희가 가능했던 것은 서소분(徐紹芬) 집에서의 즐거운 체험 덕분이다. 주인을 만났고, 마음이 통했는지 헤어짐이 아쉬워 이별주를 마셨는데, 거기에 술까지 명주였다.[97] 짧은 시의 문자들이 놓친 1778년 2월 8일 무녕 서소분 집에서의 대화 내용과 분위기를 그리려면, 우선 자리 하나를 차지했을 박제가의 모습을 상상해야 하고, 나아가 규장각 검서로 임명되기 전 정조의 명에 따라 사행을 따라 나선 서얼 문사의 흥분과 포부를 가늠할 수 있어야 한다.

3. 갈석(碣石) 문필(文筆) 원경과 난하(灤河) 풍정(風情), 무녕–영평(永平)

무녕을 떠난 사행은 양하(洋河)를 건넜고, 곧 발을 멈추고 길 남북에 솟아 있는 토이산(兎耳山, 해발 571m)과 천마산(天馬山, 해발 300m)에 시선을 빼앗겼다. 토이산은 토끼의 두 귀 모양이라 하여 붙은 이름이고, 북쪽의 천마산

---

95 『靑莊館全書』 권 11, 雅亭遺稿 3, 詩 3, 「題撫寧縣徐紹芬家」.

96 『撫寧縣志』(1877년 重修) 권 1에는 「陽樂驪城考」란 논문이 실려 있어 그 전후 정황을 자세히 고증하였다. 이에 따르면 여성현은 당시 무녕성(撫寧城) 서문 밖에 있었다고 한다.

97 이 날의 정황이나, 집의 분위기 등은 그의 「入燕記」(상) 2월 8일 기사에 자세히 소개되어 있다.

은 천마산(天魔山)으로 표기되기도 했는데,[98] 현재 두 산 모두 무녕의 풍경구로 지정되어 있다. 그런데 사신들의 발길을 더 오래도록 잡아두고, 걸음을 옮긴 뒤에 또 귀국한 뒤에도 오래도록 뇌리에 남아 있던 산은 토이산 넘어 창려현에 있는 갈석산(碣石山)과 문필봉(文筆峰)이었다. 창려 북쪽에 나란히 솟은 갈석산(695m)·문필봉(五峯山)과 영평 가는 길 사이의 직선거리는 육안으로 충분히 포착할 수 있는 16~17km에 지나지 않는다.

연행록 지명	현재의 행정 지명	기타
탈양하(脫羊河)	洋河	羊河, 羊腸河, 陽河, 楊河, 洋河
갈석산(碣石山), 문필봉(文筆峰)	碣石山, 文筆峰(五峰山)	창려현(昌黎縣) 북쪽, 무녕(撫寧)과의 직선거리 대략 17km
토이산(兎耳山)	兎耳山	토이산(兎兒山), 토아산(兎魚山)
노봉구역(蘆峰口驛), 배음포(背陰鋪)	蘆峰口村, 背陰鋪村	
쌍망보(雙望堡)	雙望鎭	
영평부(永平府)	盧龍縣(秦皇島市)	서문(西門[望京])과 서벽 잔존, 고려관(高麗館)
사호석(射虎石)	虎頭石村(盧龍鎭)	설화만 유전되고 있음
청룡하(靑龍河), 난하(灤河)	靑龍河, 灤 河	
이제묘(夷齊廟)	唐山市 灤縣 油榨鎭 孫薛營村	흔적 없이 인멸

창려현에 가본 적 아직 없지만　　未到昌黎縣
갈석산 여러 사연 알고 있다네　　傳聞碣石山

서거정이 사행 임무를 마치고 돌아오다가 노봉역(蘆峰驛)을 지나 무녕을

98 다음 시는 유관에서 토이산과 천마산을 본 감회를 표현한 것인데, 지리상 두 산을 한 번에 바라볼 수 있는 자리는 무녕과 영평(永平) 사이이다. 李夏鎭, 『六寓堂遺稿』 冊 1, 「楡關望天魔山」. "兎耳昌黎爽氣多, 中間獨立是天魔. 探奇宿願今方愜, 喚酒楡關倚半酡."(1678)

그림 41 무녕에서 바라본 갈석산 문필봉. 연행사들은 멀리 이 산을 보면서 아쉬움을 달래곤 했다.

향해 가는 길에 지은 시의 3~4구이다.[99] 여기서 서거정이 문헌으로 읽어 알게 된[傳聞] 갈석산이란, 진시황이 올라 신선이 되기를 구했다는, 207년 오환(烏桓)을 정벌하고 돌아오는 길에 올라 "동쪽으로 갈석산에 올라, 창해를 바라보았네 東臨碣石, 而觀滄海"로 시작하는 시 「관창해(觀滄海)」를 지었다는, 『태강지리지(太康地理志)』 등 여러 지리지에 나오는 바 낙랑(樂浪) 수성현(遂城縣)에 있는 장성의 동쪽 기점이라는, 아니면 『삼국사기』, 「고구려본기」에 언급된 고구려와 수나라의 전쟁 시기 고구려가 군사를 모았다는 '갈석과 발해 사이'의 갈석 등일 것이다. 이 갈석산의 위치에 대해서는 창려현 갈석산설, 북대하(北戴河) 해안의 금산취(金山嘴) 설, 산동성 무체현(無棣縣) 마곡산(馬

99 『四佳詩集』 권 7. 「撫寧衛途中」. "蘆峯靑隱隱, 楊水碧灣灣. 在蘆峯東南七八里 … 官橋楓葉亂, 野路菊花團. 薄暮催詩雨, 蕭蕭入鬢斑."

谷山) 설 등이 제기되었지만, 최근에는 창려현 갈석산 설로 의견이 모아지고 있다.[100]

서거정은 화제를 진전시키지 않았지만, 이를 오늘날 사유의 기점으로 삼을 수 있다. 갈석산은 그 역사 사연만으로도 매력적이지만, 고조선과 한나라의 경계인 패수의 정체, 고조선의 강역, 그리고 낙랑의 위치 등 고대사의 여러 문제를 푸는데 중요한 단서가 되기 때문에도 매우 중요하다. 그런데 고대사 논의는 갈석산의 위치, 장성의 동단(東端), 패수 및 낙랑의 위치 등을 논할 때마다 각각 기준이 달라 혼란이 빚어진다. 국가주의 등 외부 요인들이 지나치게 작동하는 탓이다. 여기서 이 문제를 논의하는 것은 적절치도 않다. 다만 연행로의 많은 부분은 고대 한국사의 강역과 겹치고, 지리현장에 대한 고찰에는 이 문제가 따라올 수밖에 없는데, 연행로 일대 지리지들과 여기서 지어진 한중 문사들의 시문에는 이 사안에 중요한 단서가 될 만한 정보들이 담겨 있다는 사실만 지적해둔다. 아울러 연행록은 연구 수준에 따라 작자의 의도와 지식, 또는 문자 그 자체를 넘어서는 가능성을 지니고 있다는 사실도 언급해둔다.

사신들의 관심을 더 많이 받은 산은 문필봉이다. 논란이 있었지만 문필봉이 있는 창려는 한유(韓愈)의 군망(郡望)이고,[101] 창려와 오봉산에는 한유의 사당이 있었으니, 한유를 읽으며 문장을 익혔던 조선 문사들은 이 산을 한유와 동일시하며 특별한 관심을 보였다. 창려에 한유 사당을 세우고, 문필봉을 명명한 것은 1641년 산해관 주수(駐守) 범지완(范志完)이 한 일이다. 중국에서 한유를 상징하는 지역은 고향인 하남 맹주(孟州), 임지였던 광동

---

100 여기에 대해서는 최근 의미 있는 연구 결과가 발표되었다. 任乃宏, 「"碣石" 新考」, 『文物春秋』, 2014; 宋蒼松, 「曹操東臨"碣石"到底在哪」, 『中華讀書報』, 2015.

101 한유가 여기서 태어나지 않았다는 것이 의문의 가장 큰 이유이다(심상규, 『斗室存稿』 권 1, 「撫寧途中 望昌黎碣石山」. "記言碣石亦傳疑, 廣輿記有石特出山頂. 形如柱, 疑卽禹貢冀州之碣也. 文筆名峯更可嗤, 俗號此爲文筆峯. 若指文公當地驗 文公初不産於斯.").

(廣東) 조주(潮州), 그리고 창려 세 곳인데, 오랜 논란 끝에 창려가 그의 조적지(祖籍地)라는 설이 우세하다고 한다.[102] 사실 여부보다 사신들의 마음을 움직인 것은 한유에 대한 선망, 그리고 그의 문장이 표상하는 중국 문명에 대한 동경이었다. 하여 박지원도 동행을 구하지 못해 탐방 욕심을 안타깝게 접었고(「관내정사」 7월 25일), 많은 경우 이는 염원으로만 남게 되었다.[103]

창려현 북쪽으로 필봉이 푸르거니	昌黎縣北筆峯靑
선생의 문장 영기 여기서 배었구나	夫子文章此孕靈
하물며 옛 구름이 아직껏 있다 하니	况說雲仍今尙在
옛 고을 바라보며 남은 향 맡아보네	遙瞻舊里挹遺馨[104]

조문명(趙文命)의 시(1725)는 문필봉을 바라보는 사신들의 심경을 잘 대변한다. 배삼익(裵三益)이 1587년 지은 바, 사행 일정상 그 자취를 찾아보지 못함을 안타까워하면서, 그 문장의 남다른 성취와 백대에 끼친 공적을 기리는 시의 정서 또한 위 작품의 그것과 상통한다.[105] 이러한 체험은 문명의 중심에 다가가고 있다는 느낌을 낳았다. 홍양호는 무녕과 창려의 여러 산 위에 떠있는 문명의 기운에서 비로소 중화세계에 이른 느낌을 토로했다. 장성 안의 기주(冀州) 땅은 황제의 존엄이 서린 곳인데, 사신들은 갈석산과 문필봉 등을 바라보면서 비로소 관외와는 다른 관내의 역사문화적 풍기를 실감했

---

102 百度百科의 '昌黎县韩文公祠' 조.

103 이의현, 『도곡집』 권 3, 「紀行述懷次三淵韻 其 33 昌藜縣」. "… 恨殺行驂長帶忙, 未得迤轡一尋見."

104 조문명, 『鶴巖集』 冊 2. 「望昌黎縣文筆峯」(1725). "문공의 후손 詢이 擧人으로 여기 산다고 한다. 聞文公之後名詢。以擧人在其里云."는 주석이 달려 있다.

105 배삼익, 『臨淵齋集』 권 3, 「昌黎縣」. "聞道昌黎古縣空, 嚴程不暇訪遺蹤. 風雲變態篇章裏, 日月爭光奏疏中. 事業無成身已遠, 勳名不立命何窮. 秖今廟食稱山斗, 扶植斯文百代功."

그림 42 영평성의 서문인 망경문(望京門, 2004년). 연행사들은 이 문을 나서 북경으로 향했고, 이 문으로 들어 조선으로 돌아왔다. 박지원은 이 문 밖 들판을 '그야말로 대야(大野)'라고 했다(사진 : 김일환).

던 것이다.[106] 조문명은 4월 궁궐을 나서 연행길에 오르는 감회를 "오늘 아침 하직하고 대궐을 나서보니, 갈석산 문필봉이 말 머리 앞에 있네. 今朝始拜丹墀出, 碣石峯山在馬頭."[107]라고 읊조렸을 정도로, 갈석산과 문필봉은 연행길의 표상 산천이었다.

갈석산과 문필봉의 사연들을 음미하는 가운데 도착한 곳은 영평부(永平府)였다. 도중의 노봉역 등 옛 지명은 대개 지금도 그대로 사용되고 있다. 영평은 명청 시기 내내 부(府)의 지위를 잃지 않았으며 심양성에 견주어질 정도로 성지(城池)의 규모가 웅장했다. 현재 서쪽으로 성문과 성벽 일부가 남아 있으며, 서문 옹성 벽 위에 '망경(望京)' 액석이 옛 모습을 지니고 있다. 현

106 홍양호, 『耳溪集』 권 7, 「燕雲續詠 · 途中望見撫寧, 昌黎諸山文明之氣, 眞是中華世界, 詩以賦之」. "包山絡野壯藩垣, 天限華夷此一門. 海內無如冀州大, 域中方識帝鄉尊. 文峰日暎昌黎縣, 岱嶽雲深闕里村. 風氣由來隨地變, 長城內外異寒暄."

107 『鶴巖集』 冊 2, 「燕行錄 · 辭陛」.

지의 고로들은 서문 안 황목장호동(荒木場胡同)에 고려관(高麗館, 또는 朝鮮館)이 있었다고 하는데, 우리 문헌에 성내의 전용 숙소에 대한 언급이 없고 성 밖에서 묵었다는 기록이 대부분이어서, 증언을 그대로 믿기 주저된다.

영평은 고대 고죽국(孤竹國)의 영역으로 알려져 왔다. 최근 연구에 따르면, '고죽(孤竹)'이란 명칭은 흉노(匈奴), 훈육(獯鬻), 호(胡) 등 북방 유목민족을 가리키는 명칭과 고대어 발음이 유사한 데서 기원하는데, 그 뜻은 '아들'이고, 여기서 '천자(天子)'란 의미가 파생되었으며, 고대 황제의 자칭인 '고(孤)'도 흉노에서 유래한 것이라고 한다. 고죽국의 영토는 노룡(盧龍)과 조양(朝陽) 일대였는데, 북송 시기 『책부원귀(冊府元龜)』의 "고려 땅은 본래 고죽국 지역이다.",[108] 『회남자』의 "동방의 끝은 갈석산으로부터 조선을 지나 …."[109] 등의 기록을 근거로 당시 고조선의 영토가 고죽국 인근이었음을 추론하였다. 나아가 오랫동안 의문에 싸여 있던 (조선)'천독(天毒)'(『산해경』)의 음가가 험독(險瀆)과 같았으며, 언어의 유사성으로 보아 조선과 흉노의 기원이 같다는 과감한 견해도 제기되었다.[110] 옛 문헌에는 기자조선이 고죽국과 인접하였고,[111] 때문에 영평 경내에 조선성(朝鮮城) 또는 조선현(朝鮮縣)이 있었다는 기록이 꾸준히 전승되었다.[112]

하지만 북경 사행이 진행되는 동안, 옛 고죽국 땅에서 사신들의 관심을 끈 것은 오직 이제(夷齊)의 사연이었다. 1356년 이색은 형제의 자취를 찾아 감개한 마음을 드러냈고,[113] 1463년 강희맹은 난하역(灤河驛)에서 형제를 기

---

108 권 990. "高麗之地, 本孤竹國也."

109 「時則訓」. "東方之極, 自碣石過朝鮮 …."

110 趙志强, 「孤竹國夷齊及相關問題研究」, 寧夏大學學報, 제 38권 제 2기, 2016.

111 黃斌·劉厚生, 『箕氏朝鮮史話』, 遠方出版社, 2007, 제 8장, 「孤竹之國, 與其毗連」.

112 『太平寰宇記』 권 70의 孤竹城, 『一統志』(明) 권 5의 孤竹國, 『大淸一統志』 권 14의 영평부(永平府) 관련 기사에 그러한 내용이 있다.

113 『牧隱詩藁』 권 4, 「孤竹吟 盧龍縣作」. "… 扁舟日暮渡河頭, 訪問遺蹤傷我情. 燈前坐詠孤竹吟, 天理人

리는 시 세 수를 지었는데 '고죽청풍(孤竹淸風)'을 읊는 본국인이 자못 많다고 했다.[114] 여러 차례 북경을 다녀온 성삼문은 이제의 사당을 찾은 감격을 시로 남겼으며,[115] 연행 경험 없는 김시습도 서거정의 「영평팔경」에 화답하면서 '고죽청풍'을 찬미했다.[116] 이들이 받아들인 이제는 공자를 거친 유교적 충절의 표상이었고, 이는 여말선초 사대부 문사들의 관념에 쉽게 용해되었으며, 현장 체험은 용해작용을 촉진시켰다. 세조의 계유정난에 많은 문사들이 맞서 희생된 데에는 이러한 요소도 상당 부분 작용했을 것이다.

이제 숭모는 조선 후기에 더 강화되어 신앙에 가까워진다. 이는 양란 뒤 전체적으로 보수 이념화 되는 조선 사회의 분위기와 관련이 있다. 영평을 떠난 사행은 청룡하(靑龍河)와 난하를 건너, 또는 난하를 거슬러 올라가 이제묘(夷齊廟)에 참배하였다. 연행록의 이제묘 외관과 운영에 대한 묘사는 매우 풍부하여 변천사 기술이 가능할 정도이고, 18세기 이후의 몇몇 기록은 이를 토대로 복원이 가능할 정도로 상세하다.[117] 사행이 고사리국을 끓여 이제묘에 참배하는 행사는 1712년에 이미 상례가 되어 김창업의 웃음을 샀다. 이는 윤리가 이념이 되고 이념이 신앙이 되면서 종교 의례가 발생하는 메커니즘을 잘 보여준다. 이러한 현상은 또한 그 허위와 모순에 대한 풍자와 조롱을 낳았다. 과도한 작용에 대한 비판적 반작용인 셈이다.

박지원은 『열하일기』에서, 7월 26일 조에 이제묘에 들른 사실을 기록했다. 이어 세 편의 독립 산문 「이제묘기(夷齊廟記)」, 「난하범주기(灤河泛舟記)」,

---

心無古今."(1356년 귀로)

114 『私淑齋集』 권 1, 「癸未秋, 朝燕到灤河驛, 前廳倚幛, 有永平八景圖, 本國人詠孤竹淸風者頗多, 遂題三絶」.

115 『成謹甫先生集』 권 1, 「灤河祠」. "當年叩馬敢言非, 大義堂堂日月輝. 草木亦霑周雨露, 愧君猶食首陽薇."

116 『梅月堂詩集』 권 6, 「四佳先生赴京, 於途中, 作永平八景奉和 · 孤竹淸風」. "長歌易暴不知非, 一代芳名萬古輝. 商嶺紫芝雖曄曄, 淸風爭似北山薇."

117 黃梓, 『갑인연행록』(1734) 권2, 「度關錄」의 9월 1일 기사나, 淸節廟 · 淸風臺 · 首陽山 · 灤河 · 孤竹君廟에 대한 독립 기사를 모은 「孤竹古蹟記」(『遼野紀程』)이 대표적인 사례이다.

「사호석기(射虎石記)」를 배치했다. 27일 조에 그 날의 여정을 기술하고는, 잊고 있었다는 듯 이제 관련 세 편의 일화를 짐짓 삽입해놓았다. 두 편은 이제묘에서 일어났던 고사리국 관련 해프닝이고, 하나는 대명의리론에 사로잡혀 있는 시골 훈장이 자기 학동들에게서 조롱당하는 이야기이다. 세 삽화는 이제묘에 관한, 그리고 이제묘가 환기시킨 이야기이면서, 조선 사신들의 이제묘 참배 풍경이 자아내는 우스꽝스러움, 나아가 조선 문사들의 허위에 대한 풍자이다. 이러한 풍자가 중요한 것은 관습적이고 상투적인 인식을 멈춰 세우는 힘을 주기 때문이다. 내용도 내용이거니와 구성과 배치의 묘미 또한 음미할 만하다. 그런데 청나라에서는 이보다 이른 시기에 백이숙제에 대한 재해석이 풍자 서사로 그려진 바 있어 우리 연구 시야의 확대를 요구한다.[118]

4. 계문란(季文蘭)의 사연과 고려포(高麗鋪)의 비밀, 영평－풍윤(豐潤)

이제묘 참배를 마친 사행은 야계둔(野鷄屯)과 사하역(沙河驛)을 지났다. 사하역은 사행이 자주 묵던 곳으로, '사하(沙河)'가 들어가는 연행로 상의 네 곳 지명 중 마지막 장소이다. 인평대군은 1652년 초 사하역에서, 전년도 그 맘때를 회고하는 두 수의 시를 지었다. 한 수의 내용은 청 황실에서 조선 공녀(貢女)[119]를 되돌려 보낸다는 소식을 접하고 기뻐했던 일이며, 다른 하나는

---

118 청초 저술로 추정되는 『豆棚閑話』 소재 「首陽山叔齊變節」이 그것이다. 여기서 숙제는 굶주림을 못 이겨 혼자 하산하고, 왕조의 흥망성쇠가 자연스러운 일임을 확신하게 된다. 루쉰의 「采薇」(『故事新編』, 1935)도 같은 맥락의 작품이다. 이에 대해서는 김민호, 「『두붕한화(豆棚閑話)』 제7칙 「수양산숙제변절(首陽山叔齊變節)」, 또 다른 해석의 가능성에 대하여」, 『중국어문논총』 22, 2002; 「계보학적 측면에서 접근한 백이·숙제 고사 연구」, 『중국소설논총』 16, 2002 참조.

119 김갑주, 「병자호란 후 대청공녀(丙子胡亂 後 對淸貢女) 고」, 『동국사학』 14, 1980, 27~51쪽.

도르곤이 죽었다는 소식을 접하고 이경석과 조경(趙絅)의 안위를 걱정했던 일이다.[120] 당시 이경석과 조경은 효종이 계획한 북벌의 책임을 지고 백마산성에 위리안치되어 있었고, 도르곤[121]은 조선에 호의적인 실권자였기 때문이다. 인평대군은 전쟁과 인질, 명청의 교체와 승전국의 압력, 외교 사행을 두루 겪은 갓 30세의 패전국 왕자였다. 이로부터 150년 뒤 홍양호는 길가의 아름드리 가로수와 사람들의 말끔한 복색을 보며 청나라의 승평과 번화상에 찬탄을 금치 못했다.[122]

연행록 지명	현재의 행정 지명	기타
야계둔(野鷄屯), 사하역(沙河驛)	野鷄坨鎭, 沙河驛鎭(唐山市 灤县)	
칠가령(七家嶺), 건하초(乾河草)	七家嶺村, 干河草村	
진자점(榛子店)	榛子鎭(唐山市 灤县)	계문란 제벽시(季文蘭 題壁詩)의 사연
판교(板橋), 은성포(銀城鋪)	板橋村, 銀城鋪	풍윤구 동남쪽 교구(郊區)
풍윤현(豐潤縣)	豐潤區(唐山市)	영녕도(榮寧道), 고성의 중심을 동서로 갈랐던 도로.
환향하(還鄉河)	還鄉河	경수(浭水), 당태종과 북송의 휘종 흠종 전설
고려포[보](高麗鋪[堡])	高麗鋪村(豐潤區 豐潤鎭)	황량타(謊粮坨), '고려보(高麗堡)' 표석(1555)은 당산시(唐山市) 박물관

120 『松溪集』 권 2, 「沙河驛 回想去年光景」. "去年今日此間過, 古壘風塵薄暮多. 飛騎忽傳還貢女, 爲停行盖喜如何." "邊人來報單于死, 落日初斜古郭時. 兩夜催行六百里, 片心唯恐二臣危. 二臣卽李相國景奭 趙判書絅."

121 당시 도르곤의 정치적 위상에 대해서는 김선민, 「조선통사(朝鮮通事) 굴마훈, 청역(淸譯) 정명수(鄭命壽)」, 『명청사연구』 41, 2014 참조. 도르곤은 1650년 12월 31일에 죽었다.

122 『耳溪集』 권 7, 「燕雲續詠(甲寅)·向沙河驛, 路傍多大樹, 漫吟」. "百年中國報昇平, 生老鄉廬不見兵. 路畔樹多連抱壽, 里中人少弊衣行. 始知漢法元從簡, 方信天心在好生. …."

이어 지났던 진자점(榛子店)은 뜻밖의 사연으로 1680년부터 200년 동안 사신들에게 화제가 되었던 곳이다. 그 발단은 신정(申晸)이 이곳 객점 벽에 쓰인 시를 옮겨 적고, 그에 대한 시를 지은 일이다. 진자점에는 명대부터 술집이 많았고,[123] 청대에 들어서도 기녀가 많았던지라 박지원도 한바탕 주루 체험을 하면서 그녀들이 부른 노래 가사들을 기록하기도 하였다.[124]

> 서장관 목군칙(睦君則)이 풍윤 진자점 벽 위에서 시 한 수를 발견하고 내게 말해주었다. 시는 이러하다. "설어라 뭉치 머리 옛 모습 서글프고, 비단치마 어디 가고 길 차림 하였어라. 부모님 생사 여부 어디에 물으려나, 살 에는 봄바람에 심양으로 팔려가네. 椎髻空憐昔日粧, 征裙換盡越羅裳. 爺娘生死知何處, 痛殺春風上瀋陽." 그 아래 "나[奴]는 강주(江州) 수재 우상경(虞尙卿)의 아내이다. 지아비는 살해당하고 나는 사로잡혀 왕장경(王章京)에게 팔렸다. 무오년(1678) 정월 21일 눈물을 훔치며 벽에 적는다. 천하에 유정한 사람 있어 이를 보고 구해준다면 비루하다는 욕설도 참아낼 수 있을 것이다. 나는 21살이고, 아버지 계(季)아무개는 수재이며, 어머니는 진(陳)씨이다. 오빠의 이름은 국(國)으로 부학(府學)의 수재이다. 계문란 쓰다."라고 하였다. 나는 듣고 슬피 말했다. "이는 시를 잘 짓는 규중 아낙의 솜씨이다. 세상에 전란이 일어 백성들이 그 화를 당했으니, 규중의 섬약한 여인 또한 이역에 몰락함을 면치 못했구나. 천고의 원한이 채문희(蔡文姬) 한 사람뿐이 아니로다." 절구 한 수를 지어 그 일을 읊조려본다.[125]

계문란의 시는 얼마 안 가 지워지고 또 벽이 헐려 흔적조차 사라졌지

---

123 이수광, 『芝峯集』 권 16, 「榛子店」(1611). "花前聽鳥成歌管, 霧裏看山似畫圖. 傍柳人家知有酒, 囊中羞却一錢無."

124 『열하일기』, 「관내정사」 7월 27일.

125 申晸, 『汾厓遺稿』 권 5, 燕行錄.

만, 이 사연은 1881년까지 계속 화제가 되었으니, 관련 기사가 59건이나 된다.[126] 연행록에서 한 사람의, 그것도 사서에 오르지 못한 한 여인의 사연이 59회나 화제가 된 것은 이례적인 일이다. 계문란의 행적에 대한 관심은 공명과 동조였다. 여기에는 동일한 대상으로부터 유린당한 삶의 상실감이라는 동질감이 작용한 것으로 보인다. 즉 사신들은 패전국 문사의 비애를 계문란에 투영했고, 반대로 계문란의 사연에서 자기 처지를 확인했던 것이다. 상대방을 위로하면서 자기 상처도 어루만지는 피해자끼리의 연대감이랄까, 하지만 이런 태도는 상처를 극복하려는 반성이나 노력 없이 위안을 통해 그 상태에 머무르려 한다는 점에서 병약함의 징후로 보인다. 계문란의 사연은 당대 피로(被虜) 여성들의 실상을 보여주는 사례, 그리고 명말청초 중국 문학사의 특징적 현상으로 해석되기도 하였다.[127] 제가의 해석은 계문란이 실존인물이라는 전제에서 출발하는데, 영고탑 등지로 유배 가는 남성 사인에 의해 지어졌을 가능성을 검토할 필요가 있다.[128]

풍윤은 조선 전후기를 막론하고 거의 모든 사행이 묵었던 곳이다. 사족이 많아 필담이 잦았다.[129] 서사(書肆)가 발달하여 수많은 책이 쌓여 있었으며, 서적 매매도 활발했던 것으로 보인다. 1685년 최석정은 상아 책갈피 꽂인 수만 권 책을 뒤지느라 시름을 잊을 정도라 했고,[130] 1712년 김창흡은 김

---

126 관련 제반 사항에 대해서는 윤주필, 「전란의 상처 '잡혀간 여자'의 기억 – 연행길의 진자점 계문란 사적에 대한 조선 문사의 추모의식」, 『한국한문학연구』 61, 2016 참조.

127 관련하여 楊海英, 「朝鮮士大夫的季文蘭情結和清初被擄女人的運命」, 『清史論叢』, 2007; 林津羽, 「無名·匿名與暴力書寫 – 明末清初女性題壁詩之研究」, 대만 정치대학 석사논문, 2008 참조.

128 한 예로 1659년 오조건(吳兆騫)은 영고탑으로 유배가는 도중, 계주 근처 역참 벽에 금릉(金陵) 여인 왕천양(王倩孃)을 가탁하여 두 수 시를 적었는데, 그 정조가 하도 처량하여 북경 부근의 많은 사람들이 거기에 화답하였다고 한다. 이승수, 「오조건(吳兆騫)과 영고탑(寧古塔), 그리고 조선」, 『한국언어문화』 62, 2017, 95~96쪽.

129 남구만은 1686년 풍윤에서 곡문장(谷文張)과 작시의 압운(押韻)에 대해 나눈 대화를 화제로 삼아 한자어음의 변천 가능성을 유추한 것이 좋은 사례이다(『藥泉集』 第 29, 「丙寅燕行雜錄」).

130 『明谷集』 권 3, 「椒餘錄乙丑冬·豐潤疊投字」. "畿東保障前朝設, 遼左行人此日投. 幾處市鋪聯彩牓, 兩

창업을 보내며 비단 보자기에 싸인 책들로 가득한 천 칸 서사를 언급하며 너무 낭비하지 말라고 당부했다.[131] 서화와 골동을 팔러오는 사람도 많았다고 한다.[132] 사행에는 으레 대규모 상단이 따랐고, 교역은 이들을 통해 이루어졌지만 사신들의 기록에 그 모습은 거의 보이지 않으니, 한마디씩 언급되는 시장과 거래의 규모는 생각보다 훨씬 컸을 것으로 짐작된다.[133] 풍윤은 심양이나 산해관에 비해 금제가 허술하여 성벽 위 출입이 가능했는데, 홍대용도 풍윤성 위에 올라 그 제도의 정밀함에 찬탄을 금치 못하였다.[134] 풍윤의 영녕도(榮寧道)는 옛 풍윤성의 동서 대로이며, 현지의 고로들은 문묘(文廟)와 관제묘 자리 등을 기억하고 있다.

사행은 풍윤성 남문을 나와 서쪽으로 10여 리를 가서 환향하(還鄕河)를 건넜다. 환향하의 이름 유래 설화는 두 가지다. 하나는 당태종이 고구려 원정에 실패하고 이 강을 건너 돌아갔다는 데서 유래했다는 것, 다른 하나는 북송의 휘종이 이 물줄기를 건너며 기약할 수 없는 환향(還鄕)을 탄식했다는 데서 비롯되었다는 것이다. 조선 사신들에게 환향하는, 도하 이후 바로 나타나는 고려포(高麗鋪-堡)와 결부되어 짙은 향수를 불러일으키곤 했다. 연행록에 고려포는 1539년부터 등장한다. 이 마을에 논[水田]이 있고 음식도 조선과 비슷하여, 굳이 이름 묻지 않아도 조선 마을임을 알 수 있을 정도였다고 한다.[135] 중국 북방의 논농사가 근대 조선인들이 이주하면서 시작된 사

重城閶帶淸流. 當壚女或粧明媚, 衽革民今俗惰偸. 萬軸牙籤堆眼裏, 手忙披處可忘憂."

131 『三淵集』 권 11, 「送大有隨伯氏赴燕 36」. "絳紗護架千間肆, 玉軸牙籤貯秩秩. 中原已絶讀書種, 捴爲朝鮮人檢閱. 不須浪費槖中金, 滿目山川卽故實. 豐潤書肆"

132 홍대용, 『담헌서 외집』 권 8, 「연로기략」.

133 유득공은 풍윤에서 날렵한 부채 하나를 사 오면서 그 감회를 시로 표현한 바 있는데, 풍윤은 撫寧과 함께 부채의 산지로도 유명했다. 『영재집』 권 5, 「遼野車中雜詠」. "梨花千里坐褰簾, 詩卷燕臺歲月淹. 買取輕盈豊潤扇, 榆關東出禦新炎. 豊潤縣"

134 홍대용, 위와 같은 곳.

135 김창업, 『老稼齋集』 권 5, 「燕行塤篪錄 · 和伯氏高麗堡作」. "草屋柴籬烟火踈, 門前稻畒水平渠. 村名不

그림 43 2003년 춘절 고려포 마을의 모습(김일환 촬영). 패루 상단에 '高麗鋪驛站'라 쓰고, 그 아래 작은 글씨로 '고려포역참'이라 씌어 있다. 이 일대의 학교와 상점 등에는 모두 고려포 지명이 사용되었는데, 몇 년 뒤에 모든 게 흔적 없이 사라졌다(사진 : 김일환).

그림 44 마을 기념관 안에 전시되어 있던 고려포보 표석 탁본(사진 : 김일환).

실을 감안하면 매우 특별한 일이다. 하지만 지명의 내력에 대해서는 첫 기록에서부터 18~19세기까지 시종 아는 사람이 없었다.[136] 고려포의 내력은 아직 비밀에 싸여 있다.

이 비밀을 풀려는 논의가 두 차례 시도되었다. 왕득성(王得成)은 『풍윤현지』의 내용과 전설을 종합하여 마을의 역사적 실체에 접근하고자 했다. 그에 따르면, 마을 이름은 황초타(黃草坨) 또는 황량타(謊粮坨)였으며, 당대(唐代)에 고려인들에게 만들어준 것이다. 현지 조사 중에 '대명가정삼십사년, 고려보(大明嘉靖三十四年, 高麗堡)'가 새겨진 표석[137]을 발견했다. 명대에는 조선 사신을 보호하는 역할을 했으며, 문물 교류의 중심지였다. 상호간의 기술 교류가 제지술과 직포술(織布術) 등 이 지역의 수공업 발전을 촉진시켰는데, 조선 부채를 개선하여 만든 풍선(豊扇)이 북경 동쪽에서 크게 이름을 떨친 것을 예로 들었다.[138] 청일전쟁 이후 사람들이 고향으로 돌아가는 등 마을이 급격히 쇠락했다고 한다.[139] 이 논문은 아직 연행록 자료를 활용하지 못한 데다, 그 시각과 분석이 다분히 낭만적이어서 십분 수긍하기 어렵지만, 현지 자료들을 충분히 활용하여 시도된 첫 번째 논의라는 점에 의의가 있다.

최근 논문에서 황보기는 고려포의 성쇠는 환향하의 물길 변화와 불가분의 관계가 있다고 보았다. 고려포가 1539년 기록에 처음 보이고 1537년

必煩相問, 景色依然是我居."

136 권벌(權橃), 『冲齋集』 권 7, 「朝天錄」. "高麗鋪, 問之未詳."(1539) ; 홍양호, 『耳溪集』 권 7, 「燕雲續詠(甲寅冬) · 到高麗堡, 招問父老, 無人識古事者, 悵然而題」(1794).

137 2003년 1월 논자가 처음 방문했을 때, 마을에는 기념관이 있었고 그 안에 표석 및 안내문 등이 있었다. 2004년 방문했을 때 이 기념관 자체가 없어졌는데, 당산시(唐山市) 박물관으로 옮겨졌다고 한다.

138 다음 『풍윤현지』, 「물산」의 기록에 의거한 것이다. "高麗國貢使每年冬至春歸, 經由邑之南關, 其輿隸僕從, 輒携其扇簟貨賣, 制極粗惡, 而膠瑟牢固. 屠賈時或利之, 士大夫不屑捉也. 豊人倣其式爲之, 而小變其法, 骨以斑竹雲竹棕竹, 繪以山水花卉翎毛. 著名畵士如商山, 紀紘 唐瓚 雷炳, 嘉道以如侯國祥, 葉成學, 鄭榮祺, 曹銓, 現在如于榮慶, 亦俱生動有致. 豊扇之名與豊胰幷驅畿東, 良有以也."(王得成, 「中朝, 中韓交往的重要驛站-高麗鋪」, 『河北學刊』, 1995에서 재인용)

139 王得成, 앞의 논문.

기록에 보이지 않는 점, 1537년 대홍수로 환향하가 범람했다는 연행록의 기록을 들어, 건촌 시기를 1537년 10월~1539년 10월 사이로 단정했다. 고려포의 쇠락 또한 18세기 말 환향하 물길의 변화로 논농사가 타격을 받았기 때문이라고 했다. 조선 사신들이 고려포에 특별하게 반응한 것은, 전란 이후 반청(反淸)과 향수(鄕愁) 등의 복합적인 심리 현상에 지나지 않으며, 고려포는 고려(조선)와는 무관하다고 주장했다.[140] 고려포의 흥망을 자연현상과 관련지어 해석한 것이 흥미롭다. 하지만 이 주장은, ①하필 이름이 '고려'였는지, ②수많은 기록이 증언하는 수전(水田) 등 조선의 문화는 다 무시해도 좋은 것인지 등의 문제는 생략하고 있어 모두 받아들이기 어렵다.

여기서는 한 가지 가능성을 조심스럽게 제기해본다. 첫째, 마을의 건립 연대와 경위는 황보기의 견해를 수용한다. 둘째, 마을 이름이 '고려(포)'가 된 것은 원래 지명인 황량타와 관련 있을 것이다. 하북과 요동 지역에 전승되는 황량타 설화는 쫓기던 당태종이 가짜 곡식 무더미로 고구려군을 속였다는 내용이다.[141] 고구려 관련 설화나 산성 등 유적이 있는 곳의 지명에 '고려(高麗)' 또는 발음이 비슷한 '고력(高(古)力)' 등이 들어가는 사례는 적지 않다.[142] 셋째, 수전과 음식 등의 조선 문화는 후대에 유입되었을 것이다. 음식 등은 조선 사람이 아니라도 또 대규모 유입이 아니라도 얼마든지 전파될 수 있는 것이라 문제가 안 되는데, 논농사의 규모가 꽤 컸다면 집단 유이민(전쟁 포로 포함)의 가능성을 상정하지 않을 수 없다. 수전의 유무 여부를 확인하기 위해서는 자연과학적 접근이 필요할 터이다. 고려포의 비밀을 풀기 위해서는 여러 단계의 가설이 필요하다고 본다.[143]

---

140 黃普基, 「"心存卽爲鄕"淸代朝鮮使者對高麗鋪歷史的構建」, 『사회과학』 2013년 제 2기.

141 『풍윤현지』, 「古迹」. "謊粮坨在縣西北十五里, 相傳唐太宗設, 以誑高麗."(王得成 논문에서 재인용)

142 여기에 대해서는 이승수, 「요동지역 고구려 관련 설화의 문헌 및 현장조사 연구」, 『고구려의 등장과 그 주변』, 동북아역사재단, 2009 참조.

143 2003년에 확인한 바 고려포촌의 기념관에는, 1466년 사은사로 갔다가 귀국 도중 통주에서 죽은

5. 「호질(虎叱)」의 탄생과 연소왕의 회억, 풍윤-계주(薊州)

연행록 지명	현재의 행정 지명	기타
사류하(沙流河), 동팔리보(東八里堡)	沙流河鎭, 八里鋪村	
옥전현(玉田縣)	玉田縣(唐山市)	「호질(虎叱)」, 고루터 중심의 고루동서가, 고루남북로
채정교(彩亭橋), 봉산점(蜂山店)	彩亭橋鎭, 蜂山村	채정교 2001년에 복원
송가[자]성(宋家[子]城)	石河村(唐山市 玉田縣)	후손 살고 있음
별산점(別[鱉]山店)	別山鎭	여기서부터 계주(薊州) 가는 옛길 분기
대소(大小)운천사(雲泉寺)	(大小)雲泉寺村	운전사(雲田寺 [운선사雲禪寺]) *현재 철거공사 진행중
황량돈[대](謊粮墩[臺])	?	고당(高唐)전쟁 관련 설화 유전(추정)
취병산(翠屛山)	翠屛山	양웅(楊雄)과 석수(石秀) 석상, 안록산과 양귀비 사당
어양교(漁陽橋)	州河(?)	영제교(永濟橋), 어수(漁水), 용지하(龍池河), 양비묘(楊妃廟), 녹산사(祿山祠)
계주(薊州)	薊州區(天津市)	역관 초행례(初行禮)
독락사(獨樂寺)	獨樂寺	와불사(臥佛寺), 백탑, 안약
무종산(無終山)	府君山(추정)	연소왕(燕昭王) 무덤(추정)
반산(盤山 [공동산崆峒山])	盤山	공동산(空同山), 건륭황제 행궁, 1766년 홍대용 유람

고려포 다음의 큰 고을인 옥전 역시 대부분의 사행이 오며 가며 묵었던 곳이다. 옥전 지명은 효자 양옹백(陽翁伯)이 무종산(無終山) 밭에서 옥을 캤다는 설화에서 유래한다.[144] 이 설화보다 사신들의 마음을 더 강하게 끈 것은 연소왕이었다. 그는 황금대를 설치하여 널리 천하의 인재들을 초빙했고, 악의(樂毅)와 소진(蘇秦) 등을 등용하여 변방 약소국인 연을 전국7웅의 하나로

이문형(李文炯)의 무덤이 마을에 있었다고 했으며, 조선 사신이 지은 시 「풍윤 역참에 적다 題豊潤驛站」. "柝聲傳永巷, 新月卦西樓. 千里東歸客, 寒窓一夜愁."가 벽에 씌어 있었다.

144 『태평광기』 권 5, 「仙傳拾遺」.

성장시켜, 초현납사(招賢納士)의 표상 군주로 꼽혀왔는데, 예로부터 그의 무덤이 무종산 위에 있다는 설이 전해져왔기 때문이다. 하여 사신들은 옥전에서 연소왕을 떠올리고 북경에서 황금대를 상상하곤 했다. 이러한 경향은 병자호란 이후 복수설치 의식과 만나면서 더 강해져, 연나라의 마지막 태자 단과 자객 형가가 자주 시문 속에 호출되었다.

잡풀 속 황금대에 석양은 저무는데	金臺蕪沒夕陽餘
천 년 옛 무덤도 무너져 형체 없네	古墓千秋只廢墟
지하에 혼백 있어 옛일 아니 잊었다면	地下有魂如念舊
악의의 편지 보며 눈물을 흘리리라	也應垂涕樂生書[145]

천고의 금대 사연 이제는 아득하여	千古金臺事渺茫
황량한 들판에는 조문객 하나 없네	荒原無客弔昭王
옥갑을 입은 채로 황토에 묻혔으니	珠襦玉匣埋皇土
황혼녘 바람결에 백양목 슬피 운다	落日悲風饗白楊[146]

이덕형(李德馨, 1608, 추정)과 허균(1615)의 시 두 수 모두 옥전에서 연소왕을 떠올리며 지은, 옛 영화와 지금 황량함의 대조를 통해 역사의 무상감을 자아내는 작품이다. 여기에는 오랜 전란을 겪은 조선의 피폐한 상황도 배어 있는 것으로 보인다. 두 시는 황금대→소왕 무덤의 외관→무덤 속 소왕의 순으로, 시상을 일으키고 받고 전환시키는 공통의 구성을 지니고 있다. 차이는 결구에서 드러난다. 이덕형이 말한 악생(樂生)의 편지란, 소왕이 죽은

145 이덕형, 『漢陰先生文稿』 권 1, 「玉田, 過燕昭王墓, 有感」. 이덕형은 1592년, 1608년 두 차례 명나라에 다녀왔는데, 위 시는 1608년에 지어진 것으로 보인다.

146 허균, 최강현 역주, 『을병조천록』, 국립중앙도서관, 2005, 「玉田縣 2」. 3구의 珠襦玉匣은 황제의 시신에 입히는 옷을 의미한다. 옥갑(玉匣)은 귀한 요금(瑤琴)이나 보검을 보관하는 집이라는 뜻으로도 사용된다.

그림 45 옥전(玉田)의 고루(鼓樓) 동가(東街). 「호질」 서사가 시작되는 곳이다.

뒤 악의가 혜왕(惠王)에게 보낸 것을 가리킨다. 혜왕은 부왕의 충신인 악의를 의심하여 쓰지 않았고, 얼마 안 있어 연나라는 멸망하고 만다. 소왕이 눈물을 흘릴 만한 이유이다. 허균의 작품은 제왕의 시신이 입고 있는 화려한 복장과 저물녘 무덤 주위 백양목의 쓸쓸한 바람 소리를 대조하여 허무감을 배가시키는 것으로 시상을 맺고 있다. 시대마다 또 개인에 따라 내용은 조금씩 다르지만, 연행 시기 내내 연소왕은 옥전의 첫 번째 표상이었다. 연소왕의 사연은 신비로운 안개로 자욱한 「호질」로 들어가는 첫 번째 입구이다.

저녁에 옥전현(玉田縣)에 이르니 ①무종산(無終山)이 있다. 혹은 이르기를, "②연 소왕(燕昭王)의 사당이 이곳에 있었다." 한다. 성중에 들어가서 한 점포를 조용히 구경하고 있는 즈음에 어디서인지 ③음악 소리가 흘러나오므로, 곧 정 진사와 함께 그 소리를 따라 들어가 보니 낭각 아래에 젊은이 대여섯이 늘어 앉아서, 혹은 ④저와 피리를 불며 혹은 현악(絃樂)을 타는 이도 있다. 방 가운데에는 ⑤한 사람이 교의 위에 단정히 앉았다가 우리를 보고 일어나 읍하는데, 얼굴이 제법 단아하고 나이는 쉰 남짓해 보이며 수염이 희끗희끗하다(『열하일기』, 「관내정사」, 7월 28일/고전번역원).

옥전 시내는 현재 옛 고루(鼓樓) 자리를 중심으로, 고루동서가(鼓樓東西街), 고루남북로(鼓樓南北路)가 정연하여 사신들이 거리를 거닐고 박지원이 노인과 이야기를 나누는 장면 등을 상상해볼 수 있다.[147] 하지만 옥전에 있었다는 무종산과 연소왕의 무덤(사당) 위치는 종내 알려지지 않았다. 이덕형과 허균 시 속의 고묘(古墓)와 황원(荒原)은 상상의 풍경일 뿐이다. 설화를 제외하면,[148] 아무 기록이 없어 연소왕의 무덤은 연행사들은 물론 작금 중국 역사학계에서도 풀리지 않는 의문 중 하나이다. 그런데 최근 고대 무종국이 있었던 곳은 옥전이 아니라 계주(薊州)이며 무종산과 연소왕 무덤 또한 계주에 있다는 기록, 그리고 계주 지역 전설을 근거로 탐문한 결과, 계주 북쪽 부군산(府君山) 아래 백마천(白馬泉) 골짝의 대형 봉토(封土)가 연소왕의 무덤이라는 설이 제기되었다.[149] 무종국의 위치가 계주임을 밝힌 것은 『일통지』(清)이다.[150] 그럼에도 불구하고 이 문제는 수수께끼로 남을 가능성이 크다.

옥전과 계주 사이 채정교(彩亭橋), 봉산점(蜂山店), 별산점(別(鱉)山店) 등의 지명은 그대로 남아 있다. 이 사이 청조 성립 이후 연행사들의 뜨거운 관심을 받은 곳은, 자체적인 방어벽을 갖추고 일시 청군에 대항했다는 송가성(宋家城)이다. 송가성은 최근(2016년) 답사에 의해 확인되었는데, 현재 30명 정도

147 이덕형은 귀로에 옥전에 여선진(呂仙眞)과 조송설(趙松雪)의 제발이 적힌 옛 그림이 있다는 말을 듣고도 일정에 쫓겨 보지 못한 안타까움을 시로 표현한 적이 있다(위와 같은 곳, 「玉田, 聞有古畫呂仙眞, 趙松雪題跋, 行忙不得見有作」). 「호질」의 배경을 이해하기 위해 고려할 만한 증언이다.

148 干寶의 『搜神记』 권 18에, 소왕 무덤 앞의 화표(華表)와 여우, 그리고 장화(張華)가 등장하는 설화가 실려 있다. 홍경모의 시에도 이 사연이 소개된 바 있다(『耘石外史』, 「槎上韻語 · 玉田縣」).

149 百度百科 '燕昭王' 조에 등재되어 있는데, 학술논문으로는 보고된 바 없다. 『薊賢史志』 편찬 과정에서 제기된 견해로, 여기서 지목하는 장소는 부군산(府君山) 중턱 지도장원(至道莊園) 옆에 있다.

150 『欽定大清一統志』 권 6, 順天府 3. "[無終故城] 今薊州治. … 舊志皆以今玉田縣為古無終, 今考玉田乃唐初析置之無終, 非漢縣也." 홍경모도 위 시의 주에서 이 기록을 인용한 바 있다.

의 후손이 살고 있다고 한다.[151] 별산진에서 경합선(京哈線)을 벗어나 서북쪽으로 갈라진 길로 접어들면 운천사촌(雲泉寺村)과 취병산(翠屛山)이 잇달아 나오는데, 여기가 사신들이 오갔던 옥전과 계주 사이 옛길이다. 16세기 초~18세기 말에 지어진 연행록에는 이 일대에 당태종이 쌓았다는 황량돈(대)(謊粮墩(臺))을 언급하고 있는데, 지금은 전설과 지명 모두 찾아보기 힘들다. 취병산은 『수호전』에서 양웅(楊雄)과 석수(石秀)가 반교운(潘巧雲) 등을 죽이고 양산박으로 향했던 곳이다. 이런 까닭에 취병산 아래 석상(石像)이 있었는데, 이 석상이 양웅과 석수인가 아닌가의 문제를 두고 가십성 논란이 일기도 했다. 계주성 동(남)쪽에 있었던 어양교(漁陽橋)의 위치는 오리무중인데, 지리 정황상 취병산 아래 옛길에서부터 계주성으로 이어지는 도중에 만나는 하나뿐인 물줄기 주하(州河)에서 찾을 수밖에 없다.

어양교(漁陽橋)(동)와 오리교(五里橋)(서)는 각각 영제교(永濟橋)와 통(광)제교(通(廣濟)橋)라고도 하며, 계주성을 중심으로 대칭을 이루던 다리인데, 그 옆에 있던 양비묘(楊妃廟)와 녹산사(祿山祠)가 한동안 화제였다. 기록마다 내용이 조금씩 달라 정확한 재구는 힘들지만, 최소한 어양교 양쪽에 양비묘와 녹산사가 쌍으로 있었고, 오리교 옆에도 작은 건물 안에 양비 소상이 있었던 것으로 보인다. 1712년 김창업과 최덕중의 기록에 처음 나타난다. 계주는 안록산이 755년 11월 군사를 일으킨 곳으로, 만당에는 유주(幽州) 일대에 안록산과 사사명(史思明)을 2성(聖)으로 추앙하고 사당을 세워 제사지내는 풍속이 있었다고 한다.[152] 그런데 18세기 이후 갑자기 안록산에다 양귀비 사당까지 등장한 것은 의아스러운 현상이다. 질문의 핵심은 세 가지다. 연행사들이 본 사당이나 소상이 진짜 양귀비와 안록산의 것이 맞는지? 현지의 지리지에는 왜 기록되지 않았는지? 왜 18세기에 등장하여 지금은 흔적도 없이 사라졌는

---

151 신춘호, 「담헌 홍대용이 들렀던 宋家城의 위치를 확인하다」(http://cafe.daum.net/chinaview).

152 후지요지 마스미, 정병준 역, 『비단버선은 흙먼지 소에 뒹굴고』, 시공사, 2003.

그림 46 계주 독락사의 금강역사.

지? 이와 관련하여 1676년 이서우(李瑞雨)가 지은 시 제목 「낭랑묘(娘娘廟)가 계주에 있는데, 세속에 전하기를 안록산이 세운 양비묘라고 한다」[153]에 유의할 필요가 있다. 중국 전통의 낭랑묘 등이 와전되어 양비묘로 둔갑되었을 가능성이 있기 때문이다. 양비묘에 대한 기록이 주로 전문에 의거하고 있고, 누구 하나 그 편액이나 비문을 확인한 사람이 없기 때문이다. 중국 현지에서도 당장은 연행록의 기록을 인용하여 문제를 제기하는 수준에 그치고 있다.[154]

---

153 이서우, 『松坡集』 권 3, 「娘娘廟在薊, 俗傳祿山所立楊妃廟」.

154 丁連舉, 「薊州曾有"貴妃祠"」, 『今晚報』, 2017.4.5.
(http://epaper.jwb.com.cn/jwb/html/2017-04/05/content_12_8.htm)

현재 계주는 고루를 중심으로 문창가(文昌街, 동), 무정가(武定街, 서), 어양남로(漁陽南路), 어양북로(漁陽北路)가 정연하여 옛 성의 형태를 가늠할 수 있다. 역대 황제들의 묘역인 동릉(東陵)이 동북쪽 40km 지점에 있어 황제들의 행차가 빈번했던 곳이며, 서문 가까이 남아 있는 독락사(獨樂寺)는 중국 건축사의 절품 중 하나로 꼽힌다. 독락사는 추정 건축연대가 최고 수대(隨代)까지 올라가며, 보통 당풍요건(唐風遼建)으로 간주된다.[155] 독락사의 연혁에 대한 우리 기록으로는 서호수의 『연행기』(1790)가 근래의 연구 성과에 비견될 만큼 상세한데, 수행원인 유득공, 박제가, 이희경의 힘으로 여겨진다. 1609년 독락사에 들른 유몽인은 7수의 시를 시주하였는데, 모두 "동국의 사람들은 거기 태어나기를 발원하니, 중원은 … 東國之人願往生, 中原 …"으로 시작한다. 중원에 태어나게 해달라는 일종의 발원인 셈이다. 자기 문장에 대한 자부심이 남달랐고, 중원 문인과 학식과 문장을 겨뤄보는 것이 평생 원이었던 문사의 심사가 잘 보이는, 독락사에서 지어진 가장 독특한 작품이다.

6. 운하의 장관과 제도(帝都)의 기운, 계주-통주

계주에서 묵을 경우 이튿날은 방균점(邦均店)에서 점심을 먹고 삼하현(三河縣)에서 자는 것이 대개의 여정이었다. 방균(邦均)의 지명 기원은 세 가지인데, 그 중 하나는 당태종의 동정과 관련 있는 것으로, 원래 이름은 '군사를 도와준다는 뜻'의 방군(幇軍)이었다고 한다. 이 곳은 바늘이 유명하여, 사

155 독락사의 건축사적 가치는 1932년 세키노 다다시(關野貞)와 梁思城에 의해 발견되기 시작했다. 여기에 대해서는 丁垚, 「發現獨樂寺」, 『建築學報』, 2013 참조. 독락사의 연혁은 韓嘉谷, 「獨樂寺史迹考」, 『北方文物』, 1986에 자세히 정리되어 있다.

행단 중에는 짐바리로 하나씩 사가는 사람도 있었다.[156] 중후소(中後所)의 털모자, 무녕의 부채, 풍윤의 서책처럼, 방균은 조선 사행에 의해 대량 구매가 이루어진 바늘의 특산지였던 것이다. 이곳은 16세기 초 소세양이 찾았을 때 이미 점포들이 줄을 지었고 온갖 장사치들 소리가 요란했을 정도로 상업이 발달했다.[157] G102공로 북쪽, 방균의원 앞에 동서로 난 길이 옛날 점포와 객점이 몰려 있던 거리이다.

연행록 지명	현재의 행정 지명	기타
오리교(五里橋)	五里橋	광제교(廣濟橋), 통제교(通濟橋), 양비묘(楊妃廟)
방균점(邦均店)	邦均鎭(天津市 薊州區)	바늘 산지
백간점(白澗店), 향화암(香花庵)	白澗村	白澗衛生所 골목, 향화암, 행궁 터는 모두 민가
삼하현(三河縣)	三河市	조선관(朝鮮館), 손유의(孫有義)
하점(夏店)	夏墊鎭	'店'과 '墊'의 현재 발음 같음[diàn]
연교보(燕郊堡)	燕郊鎭(三河市)	
노하(潞河)	北運河	백하(白河), 통주하(通州河) *조백하(潮白河)
통주(通州)	北京市 通州區	동관대교(東關大橋)

삼동에 먼 길 가니 살쩍은 희어지나	三冬行邁鬢成斑
아름다운 곳에선 웃음 절로 지어진다	佳處欣然却解顔
요동벌 다 끝나자 계주벌 나타나고	遼野窮來仍薊野
여산을 지나오니 또다시 반산이라	閭山過後又盤山
어지러운 수레자국 황도(皇都)가 가까우니	輪蹄交織皇都近

156 최덕중, 『燕行錄』 2월 17일(귀로). "朝飯于邦均店, 此店乃針店也. 李彩身死之後, 所謂苗哥者傳其業, 他人圖印苗標, 通稱苗針, 而行中多買者, 或至一駄, 萬介之價, 二兩八錢銀云矣."

157 소세양, 『陽谷集』 권 3, 「午飯邦均店」. "邦均店裏日正午, 列肆槐陰喧百賈. 下馬少憩道觀中, 時有淸風自開戶."(1533)

북소리 아니 울려 수졸도 한가롭네	鼙鼓無聲戍卒閒
천고의 흥망성쇠 큰 형국 살펴보니	千古興衰觀大局
중화니 오랑캐니 하늘은 관심 없네	天心不在夏夷間[158]

홍경모가 1830년 방균점에서 말을 먹이며 지은 시이다. 2구의 '가처(佳處)'란 다름 아닌 방균이겠다. 벌판 건너 다시 벌판에 서고, 산을 지나 다시 산 앞에 앉아보니, 어느새 황도가 가까운데, 태평세월이 오래인지라 수졸들도 할 일이 없다. 자외(字外) 행간에는 시장 분위기가 떠들썩하고, 사람들의 복색과 표정에는 누추한 기색이 없다. 태평 성시 속에서 역사의 큰 흐름을 돌이켜 보니, 중화와 이적(夷狄)을 우열과 시비(是非)로 나누는 태도는 모두 틀린 것이었다. 이는 방균에서 말에게 꼴을 먹이면서 얻은 깨달음이라 할 만하다.

716년에 처음 설치된 삼하는 세 하천이 있어 생긴 이름인데, 세 물줄기는 구하(泃河)와 여하(洳河), 그리고 포구하(鮑邱河)라는 게 통설이다.[159] 이 중 구하는 고을 동쪽에 있어 연행사들이 오가면 건넜던 물줄기이다. 구하가 현성을 서→동→남 방향으로 흐르고, 구하의 지류인 홍낭항(紅娘港)이 서→동으로 흘러, 현성의 동남쪽에서 만나 남쪽으로 흐른다. 세 면이 강으로 둘러싸여 있는 형국이다. 지명 동관촌(東關村), 남관교(南關橋) 등을 기준으로 옛 현성의 위치를 잡을 수 있다. 김창업의 증언에 따르면, 1712년 당시 동문 안에 '조선관(朝鮮館)' 편액이 걸린 대규모의 찰원이 있었다고 한다.[160]

삼하를 지난 기록은 14세기 이색의 시에서부터 나타나기 시작한다. 1766년 3월 귀로의 홍대용은 이곳에서 등문헌(鄧汶軒)과 손유의(孫有義)를 만

158 홍경모, 『耘石外史』, 「槎上韻語 · 午秣房均店」.

159 三河의 연혁에 대해서는 『三河縣志』(1988)의 48~49쪽, 57쪽 참조.

160 김창업, 『연행일기』 권 3, 12월 25일.

나 교류하였다.[161] 등문헌은 두 차례나 눈물을 글썽이며 아쉬워했고, 손유의와는 이후 10여 년이나 서신을 주고받았으니, 만남은 짧았지만 우정이 얕았다고는 볼 수 없다. 삼하에서부터 통주까지는 하루, 북경까지는 하루 반 여정밖에 되지 않는다. 고단한 여정이 일단 마무리된다는 안도감, 문명의 중심으로 다가간다는 기대감으로, 삼하를 출발하는 사행의 정서는 매우 경쾌할 때가 많았다.

짐 꾸리고 경전(更箭)을 초루에 전달하니	打包更箭尙傳譙
신경(神京)에 닿는지라 말 또한 씩씩하네	行近神京馬亦驕[162]

신주(神州)로 향하면서 발걸음 빨라지니	客程轉向神州快
요동과 장성 요새 아득히 멀어졌네	眞背全遼並塞墻[163]

북경 입성 전 마지막 도회는 운하의 도시 통주(通州)였다. 청말 운하 운행이 폐지되기까지, 만국이 조회하러 오고 4해 9주의 온갖 물산이 운집하는 이 곳의 조운은 통주의 상징이었다.[164] 지명 또한 조운이 천하에 통한다 하여 생긴 것이다.[165] 통주에는 북경과 항주(杭州)를 잇는 경항대운하(京杭大運河) 외에도 건립 시기와 목적이 조금씩 다른 다섯 갈래의 인공 운하가 있

161 『담헌서 외집』 권 7, 「燕記」 권 7.

162 정사룡, 『湖陰雜稿』 권 2, 「朝天錄 · 三河早發」(1534). '更箭'은 물시계의 초침, 또는 조선 후기 순라꾼들이 상호 표식으로 삼은 화살을 뜻한다. 여기서는 후자로 번역하였다.

163 최립, 『간이집』 권 7, 「甲午行錄 · 向通州」(1594).

164 雍正帝는 통주를 이렇게 묘사했다. "潞河爲萬國朝宗之地, 四海九州歲致百貨, 千檣萬艘, 輻輳雲集, 商賈行旅梯山航海而至者, 車轂織路, 相望於道, 蓋倉庾之都會而水路之沖達也."(「御制通州石道碑」)

165 이의현, 『도곡집』 권 29, 「경자연행잡지」. "卽天下通漕之處也, 通州之稱, 亦以是云."

었다.[166] 원대 이후 해마다 동남지역에서 북경으로 공급되는 수백만 석의 곡물은 해운과 하운을 막론하고 모두 천진을 거쳐 북운하를 경유하여 통주에 이른 뒤, 북경과 통주 창저(倉儲)에 나뉘어 보관되었다.[167] 1528년 통혜하(通惠河) 수로가 완공되면서 조운의 중심의 장가만(張家灣)에서 통주로 이동하였으며, 물류의 목적과 성격에 따라 별개의 나루[碼頭]가 운영되었다.[168] 그 전에는 7~8월 강우량이 많을 때만 통주성 아래까지 수운이 가능했다. 북경으로 들어가는 통혜하는 이조하(裏漕河), 노하(潞河)는 외조하(外漕河)로 일컬어졌다. 건륭 38년(1773) 이후 운하수도에 변화가 일어나 통혜하 수로 운영이 불가능해졌다.[169]

우리 문헌에서 통주에 대한 최초의 기록은 13세기 초 진화(陳澕)의 시이다.[170] 이로부터 100년 뒤 원나라 전성기 이색의 시에는 운하를 통해 남방의 미곡은 물론, 바다 밖 특산물이 모이는 풍경이 이미 익숙하게 그려지기 시작한다.[171] 이후 통주 풍경은 수많은 시문으로 재현되며 연행의 대표적인 장관으로 꼽혔다.

한 줄기 긴 물결이 경기로 이어지니	一帶長河控帝畿
조운선 상선들이 이끌리듯 몰려드네	漕舡商舶此來歸

---

166 蘇光興·田永君, 「通州運河知多少」, 『北京檔案』 2003년 제 9期.

167 王永謙, 「淸代乾隆中晩期的潞河漕運 – 『潞河督運圖卷』的初步硏究」, 중국역사박물관, 1983.

168 石垻碼頭(통주성 북문 밖 통혜하와 북운하가 만나는 곳, 북경 창저(倉儲, 內倉)로 운송)와 토파마두(土垻碼頭, 통주성 동문 밖 운하 西岸, 통주 倉儲(外倉)에 보관), 그리고 민간 상선들을 위한 碼頭(土垻碼頭 남쪽).

169 陳喜波·鄧輝, 「明淸北京通州城漕運碼頭與運河漕運之關系」, 『중국역사지리논총』, 제 31권 제 2기, 2016.

170 진화, 『梅湖遺稿』, 「금나라에 사신으로 가다, 9일 통주에서 使金, 通州九日」. 진화의 등제 시기가 1215년이고, 금나라가 1234년에 멸망했는데, 그 사이 금의 수도는 개봉(開封)이었다. 이 시는 그 사이 운하를 이용하여 개봉으로 가기 위해 통주에 머무는 중 지어졌을 가능성이 높다.

171 『牧隱詩藁』 권 2, 「通州早發」. "… 檣烏接翅桃花漲, 穩送番商入鳳城."; 「通州 2」. "南國珠犀入帝都, 畫舡無數照通衢. …."; 권 3, 「途中」. "車馬飛塵陣陣來, 通州米斛似山堆. 誰知使者求花石, 帆影隨風海上回."

높이 솟은 돛대들 묶은 듯 빼곡하고	危檣簇立多如束
그림배들 이어져 끝 아니 보이누나	畫鷁遙連望轉迷
만국은 사방에서 특산물을 가져오고	萬國方來輸土貢
여러 겹 통역 거쳐 천자를 알현하네	幾人重譯覲天威
태평성대 기상을 그대는 기억하게	太平氣像君須記
쌀 한 말 서푼 함은 예부터 드물어라	斗米三錢古亦稀[172]

1459년 이승소의 눈에 포착된 통주 운하 풍경인데, 이러한 풍경은 19세기 연행사들의 시문에까지 지속된다. 통주 운하는 사람에 따라 다양한 의미로 포착되었다. 누군가는 여기서 운하 수로를 이용하여 남쪽으로 가기도 했고,[173] 누군가는 배 위 올라 남방의 진귀한 물산들을 구경했고,[174] 누군가는 동정호 악양루에 오르고 구의산(九嶷山)에서 배를 띄워 상강(湘江)에 이르는 꿈을 꾸었고,[175] 누군가는 남방 사람을 만나 이야기를 나누고 서호(西湖) 풍경을 상상했고,[176] 누군가는 일본 오사카와 그 번화상을 견주었으며,[177] 누군가는 통주역참 벽 위에 적힌 안남(安南) 사신의 시에 차운하며 가보지 못한 먼 나라를 간접 체험하기도 했다.[178] 국제 교류가 중국과 일본에 국한

---

172 이승소, 『三灘集』 권 2, 「望潞河漕舡, 連亘百餘里」. 제 8구의 '두미삼전(斗米三錢)'은 정관(貞觀) 4년(630)에 대풍에 쌀값이 크게 내려간 데서 나온 말로, 물산이 풍부하여 값이 비싸지 않음을 뜻한다.

173 권근, 『陽村集』 권 6, 「奉使錄 · 是日到通州, 通津驛發船, 古之桑乾渡, 今謂之白河, 亦名潞河」.

174 조문명, 『鶴巖集』 冊 2, 「通州江有福建暹羅船, 滿載進貢花鳥, 上船見之, 取其知名者各賦一絶」.

175 홍귀달, 『虛白先生續集』 권 4, 「登通州驛門樓」. "… 元龍豪氣隘九州, 一豁萬古幽脩腸. 散髮枕風臥長牀, 夢中逸翮凌蒼蒼. 南遊洞庭登岳陽, 便從九疑浮三湘. 二十五絃不勝淸, 歸來日暮川無梁. 塔鈴喚我忽欠伸, 還臥當時五雲鄕."

176 박제가, 『貞蕤閣初集』, 「東潞河, 贈鮑紫卿」. "有客棄舟到夕陽, 自言嫁娶住蘇杭. 南朝寺外鐘聲遠, 西子湖頭樹影長. 萬里生涯春水宅, 一天魂夢白鷗鄕. 三韓使者腸堪斷, 回首烟波入杳茫."

177 남용익, 『壺谷集』 권 12, 「燕行錄 · 通州歌」. "昔年我作桑海遊, 大坂城頭繫客舟. 今年我躡北燕路, 通州館裏停行輈. … 中冬節候適相合, 兩地繁華誰最雄. …."

178 김정국, 『思齋集』 권 4, 「摭言」. "伯氏(金安國), 戊寅年(1518)以謝恩使赴京回還, 語余曰, 通州潞河驛門樓

되고, 중국의 경우도 북경까지로 제한되었던 시기, 통주운하는 중국의 문물을 관찰하는 데서 나아가, 그 길로 이어진 남방의 여러 세계와 문물을 체험하고 상상하는 장소였다.

이제 북운하를 가득 메웠던 조운선 상선들은 보이지 않고, 남방의 미곡들을 하역하던 부두[碼頭]는 사라졌으며, 조선 사신들을 보내고 맞이하던 통주성의 자취도 찾아볼 수 없다. 유일하게 남은 것은 통주성 북쪽에 서 있는 고탑(古塔) 한 기뿐. 사신들이 배를 타고 건넜던 (겨울에는 얼음 위로) 물 위에는 동관대교(東關大橋)가 놓여 있다. 동관대교 서쪽 강안(江岸)이 토은마두(土垻碼頭)가 있던 곳이다. 통주 노하를 건넜으니 북경까지 남은 여정은 한나절뿐이다.

7. 소결

산해관에서 통주까지의 거리는 630리(홍대용 기준)였다. 기후나 사정에 따라 조금씩 차이가 나고, 산해관과 통주에서 묵지 않는 경우가 많아 날짜가 똑 떨어지지 않지만, 소요 시일은 대략 8~9일이었다. 16세기부터 19세기까지 나온 연행록에서 10개의 사례에서 숙소로 가장 많이 이용된 곳은 풍윤(10회)이며, 영평(9회)·옥전(8회)·사하역(6회)·계주(6회)·삼하(6회)·통주(6회)·홍화점(5회), 유관(5회) 등도 숙박지로 자주 이용되었다. 표본이 적어 통계 근거로 삼기는 어렵지만, 대략의 양상을 추정할 수 있는 근거는 된다. 이중 영평과 사하역 사이의 이동 거리는 다른 구간의 평균 거리에 비해 70~80% 밖에 되지 않는데, 그 사이에 이제묘가 있어 참배하느라 시간이 지

壁上, 安南國使臣題詩曰, …."

체되었기 때문이다. 옛 지명 대부분이 G102 경합선(京哈線) 공로 연변에 남아 있어, 연행로 재구가 비교적 용이한 편이다. 산해관-통주 구간의 전 여정 대략 아래와 같다.

사신	시기	숙박지	출처	소요시일
권벌	1539	천안역(遷安驛), 심하역, 무령현, 영평부, 영제역(풍윤), 양번역(옥전), 어양역, 삼하, 관음사(악천후), 통주	沖齋集, 朝天錄	10박 11일
허봉	1574	산해관, 심하역, 무령, 영평, 의풍역(풍윤), 양번역, 삼하역, 통주	荷谷集, 朝天記	8박 9일
이요	1656	산해관, 유관, 영평 서관, 사하역, 풍윤, 옥전, 계주, 삼하, 통주	연도기행	9박 10일
정태화	1662	산해관, 옥관점(유관), 영평, 사하역, 풍윤, 옥전, 계주, 삼하, 통주	陽坡遺稿, 飮氷錄	9박 10일
김창업	1712	유관, 영평, 사하역, 풍윤, 옥전, 계주, 삼하, 통주	연행일기	8박 9일
홍대용	1765	유관, 영평, 사하보, 풍윤, 옥전, 계주, 삼하, 통주	담헌서, 연기	8박 9일
박지원	1780	유관, 영평, 사하역, 풍윤, 옥전, 방균, 연교보	열하일기	7박 8일
서유문	1798	홍화점, 노봉구역, 사하역, 풍윤, 옥전, 방균점, 연교보	무오연행록	8박 9일
김경선	1832	홍화점, 무녕현, 영평부, 사하역, 풍윤현, 옥전현, 연교보	연원직지	8박 9일
서경순	1855	홍화점, 무녕, 영평, 사하역, 풍윤, 옥전, 계주, 조림장	몽경당일사	7박 8일

연행로는 과거의 길이면서 오늘날 역동하는 길이고, 특정 시기 우리의 특수한 지리공간이기에 앞서 수천 년을 이어온 그들의 생존과 역사의 현장이다. 따라서 연행로를 깊이 이해하기 위해서는 고금(古今)과 피아(彼我)를 아우르는 시야와 지식을 갖춰야 한다. 이 글에서는 편협한 시야에 갇히지 않기 위해 최근 현지의 역사지리 관련 연구 성과를 십분 참조했는데, 그 도움으로 약간이나마 평면적인 기술을 면할 수 있었다고 생각한다. 오화성의 위치, 갈석산의 의의, 고려포의 비밀, 취병산 옛길 등에 접근한 것은 이 논문의 작은 성과이다. 그럼에도 어양교의 위치, 양비묘의 종적 등 여러 문제는 여전히 수수께끼로 남게 되었다.

연경 입성, 조양문朝陽門의 어제와 오늘

-통주~조양문朝陽門~옥하관玉河館-

만 가지 수양버들 늘어진 주마대에	萬縷垂楊走馬臺
옥하의 흐르는 물 이끼보다 푸르러라	玉河流水碧於苔
물결치는 비단잉어 수를 다 셀 수 없고	跳波錦鯉看無數
따슨 볕 산들바람 고운 뺨 반짝이네	日暖風輕露錦顋

성현, 「옥하교의 노래, 玉河橋雜詠」(15세기 후반)

1. 서언

압록강을 건넌 여행사들이 북경에 도착하기까지는 대략 30일 정도가 걸렸다. 종종 연교보(燕郊堡)에서 묵기도 했지만, 북경 도착 마지막에 묵었던 곳은 주로 통주였다. 이 경우 새벽에 통주성 서문을 나서, 대왕장(大王莊)이나 팔리보(八里堡)에서 아침을 먹었다. 동악묘(東嶽廟)에서 관복으로 갈아입은 뒤 말을 타고 조양문을 통해 북경성으로 들어갔다. 북경성 안의 조선 사신 숙소는 일정치가 않았는데, 오랜 시기 가장 빈번하게 묵었던 곳은 옥하관(玉河館)이었다. 통주성 서문에서 조양문까지의 거리는 39리였으며, 오늘날 척도로는 20km 정도이다. 연행록에는 조양문 안 이동 거리는 표기하지 않았는데, 조양문에서 옥하관 터까지의 거리는 5km이다. 통주성에서 옥하관까지의 총 거리는 25km 정도가 되는 셈이다. 시간 당 4km를 가고, 중간에 식사에 필요한 1시간과 동악묘에서 옷을 갈아입고 둘러보는 1시간을 더하면, 새벽 5시에 출발한다고 가정했을 때 오후 3시 전에는 도착할 수 있었다. 옥하관에 도착한 직후 표문(表文)과 자문(咨文)을 예부에 전달하면서서 사신의 외교 일정이 시작되었다. 본고는 연행로의 마지막 구간인 통주~옥하관의 노정을 재구하고, 연행의 관점에서 그 일대의 역사 사연을 살펴보는 것을 목적으로 한다. 이 구간의 노정 정보를 표로 정리하면 아래와 같다.[179]

---

179 홍대용의 『燕記, 路程』(『담헌서 외집』 권 10)을 기본으로, 다른 연행록의 기록을 참고하였다.

연행 지명	거리	현재 행정 지명	다른 이름	기타
통주(通州)		北京市 通州區		성벽 남아 있지 않음
팔리교(八里橋)	8리	조양구 八里橋站 북쪽	영통교(永通橋), 대통교(大通橋)	1446년 건립
		通惠河(大通河), 東便門 ~ 북운하 사이 운하		
양가갑(楊家閘)	2리	조양구 楊閘村		
관가장(管家莊)	3리	조양구 管莊村	관가장(關家莊)	
삼간방(三間房)	3리	조양구 三間房鄉		
정부장(定府莊)	3리	조양구 定福莊		
대왕장(大王莊)	2리	조양구 大黃莊	대왕점(大王店), 대왕둔(大王屯)	
태평장(太平莊)	3리	조양구 太平莊村		
홍문(紅門)	3리	조양구 紅門十里堡		
금대석조비(金臺夕照碑), 朝陽區 東三環中路 23號 財富中心大廈 내(金臺夕照站), 2002년 발견				
십리보(十里堡)	2리	조양구 十里堡村	시리보(是里堡)	
팔리보(八里堡)	2리	조양구 八里堡村	파리보(巴里堡)	
신교(新橋)	6리	조양구 東大橋站	동대교(東大橋(?))	팔리포(보)에서 6리
동악묘(東嶽廟)	1리	朝陽門外大街	미륵원(彌勒院)	1322년 완공
조양문(朝陽門)	1리	동성구 朝陽門路口	제화문(齊化門), 두문(杜門)	1956년 철거
조양문외대가(朝陽門外大街[國門東孔道, 朝陽門關外石道]) – 통주(通州)와 조양문(朝陽門) 사이, 1729년 개설				
동사패루(東四牌樓)	1.5km	동성구 東四路口 *東四站		1954년 철거
동단패루(東單牌樓)	1.8km	동성구 東單路口 *東單站		1954년 철거
옥하교(玉河橋)	1.7km	최고인민법원 사거리	어하교(御河橋)	
동강미항(東江米巷)		東交民巷		
옥하관(玉河館)		最高人民法院	남관(南館), 회동사역관(會同四譯館)	

2. 팔리교에서 통혜하의 수운을 살피다

통주성에 진입하기 위해서는 노하를 건너야 했다. 노하는 원대 이후 중국 물류의 대동맥 구실을 했던 경항대운하의 북단을 가리킨다. 겨울에는 얼음 위를 도보로 건넜고, 다른 계절에는 배를 엮고 그 위에 널판을 얹은 부교를 주로 이용했다.[180] 물론 사정에 따라 배를 타고 건너기도 했다. 노하의 서쪽 대안, 통주성 동문 밖에는 통주의 세 나루 중 하나인 토파마두(土壩碼頭)가 있었다. 연행사들의 지나던 물길 위에는 현재 동관대교(東關大橋, 2006년 준공)가 놓여 있다. 다리 이름은 통주성 동문 밖의 거리가 동관대가(東關大街)[181]였던 데서 유래한 것으로 보인다. 이 다리는 지금도 북경으로 진입하는 동쪽의 주요 통로 구실을 한다.

통주성 동문 밖에는 영락(永樂) 연간(1402~1424)에 세워진 노하역이 있어 드물게 사신들의 숙소로 이용되기도 했다. 노하역은 운하 가에 있어 경관이 아름다웠던 것으로 전해진다. 1460년 서거정은 귀로에 노하역에 묵으며 주위 풍광을 찬미했다.[182] 이곳은 운하 수로를 이용하여 북경을 오갔던 베트남 사신들이 이용하던 장소로, 간간이 이들과의 교류도 이루어졌다. 15세기 말에서 16세기 초 사이, 연행록에는 노하역에서 안남국 사신의 시에 차운한 작품이 여러 수 남아 있다. 1481년 홍귀달은 이곳에서 안남국 사신을 만나 시를 주고받았으며, 김정국은 1518년 노하역 문루 벽 위에 안남국 사신의 시가 씌어 있었다는 형 김안국의 전언을 기록했다.[183]

---

180 김성일, 「朝天日記」(1577년, 『학봉일고』 권 3) 4월 1일의 기록, 서경순, 『몽경당일사』(제 2편, 「五花沿筆, 1855」) 11월 26일의 기록 등 사례가 적지 않다. 1883년 간행된 『通州志』 권 首에 실린 역대 황제들의 시에도 '통주부교(通州浮橋)'가 자주 보인다. 선교(船橋), 항교(航橋)라고도 했다.

181 위 『통주지』의 「城池圖」 참조.

182 서거정, 四佳詩集 권 7, 「通州潞河驛」. "還投潞河館, 倍覺眼增明. …."

183 김정국, 思齋集 권 4, 「摭言」. "摭言伯氏。戊寅年以謝 恩使赴京回還。語余曰。通州潞河驛門樓壁上。

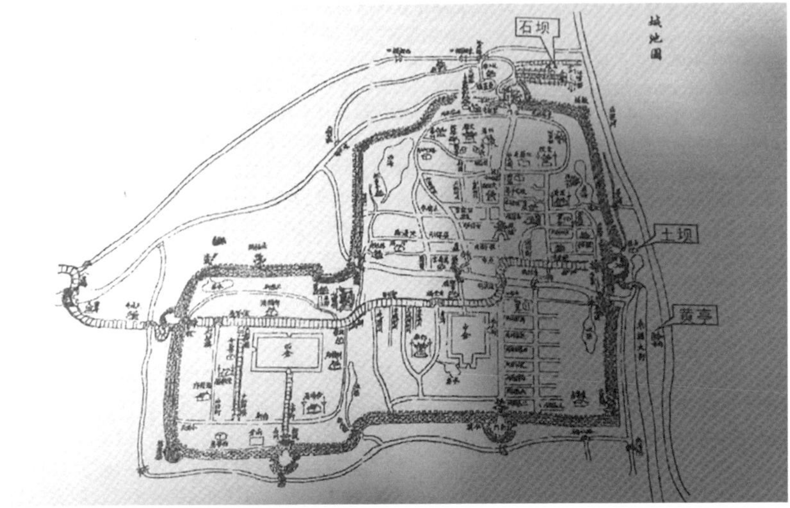

그림 47 1883년에 만들어진 「통주성지도(通州城池圖)」. 동쪽에 남북으로 난 물줄기가 노하(潞河), 북쪽에 동서로 표시된 물줄기가 통혜하이다. 사신들은 토파마두(土垻碼頭)에서 물을 건너 통주성으로 들어갔다. 지도 왼쪽 끝에 팔리교가 그려져 있다.

그림 48 동관대교(東關大橋). 토파마두와 통주성 동문을 잇는 자리에 다리가 놓였다. 이 다리를 건너 통주를 지나면 팔리교가 나온다.

安南國使臣題詩曰 …." 1519년 김세필이 여기서 차운한 원시가 이 작품이다(『十淸軒集』 권 3, 「通州潞河驛, 次安南國使臣韻」).

하지만 노하역이 숙소로 이용된 횟수는 많지 않으며, 그나마 명청 교체 이후에는 기록조차 보이지 않는다. 사신들은 동문을 통해 통주성으로 들어갔으며, 여기서 묵을 경우 대개 서문 밖의 민가를 이용했다. 원나라 이후 통주는 조운(漕運)과 창저(倉儲)이 중심지로, 그 도시 위상이 수도 다음으로 으뜸이었다. 명나라 시절, 통주성은 평범한 군읍(郡邑)의 성이 아니라 천자의 성으로 일컬어졌다(『일하구문고(日下舊聞考)』 권 108). 명 건국 직후 서달(徐達)의 지휘로 새로 성을 쌓았다. 북쪽이 뾰족하게 나온 모양으로, 민간에서는 북쪽 성벽 안쪽의 연등탑(燃燈塔, 文殊塔)을 돛으로 삼아 노하에 정박한 거대한 배의 형상으로 운위되었다. 1449년 몽골의 침입을 받은 뒤로, 서문 밖 창저를 보호하기 위한 성을 신축하여, 신구 두 성의 체제를 갖추었다. 연행록에 서쪽의 겹 벽 겹 문에 대한 언급이 자주 보이는 이유이다. 1765년 건륭제는 두 성 사이의 성벽 철거를 지시했는데, 그 이후에도 상당 기간 이중성의 형태가 유지되었던 것으로 보인다.[184]

명청 시기 통주성은 심양·산해관보다 훨씬 화려하고 번화한 도시였다. 천하의 조운이 운집했고 천자의 곡물 창고 반이 이곳에 있어 재화가 풍부하였으며 행정상의 위상이 높았다. 이러한 조건은 다시 거꾸로 교역과 상업의 발달을 촉진했다. 1780년 8월 1일 통주성을 지난 박지원은 그 풍경을 이렇게 묘사했다.

> 동문에서 서문까지 줄곧 5리 사이에 외바퀴 수레 몇만 채가 꽉 차서 몸 돌릴 곳이 없다. 말에서 내려 한 점방으로 들어가니 기려하고 번창함이 벌써 성경·산해관 따위에는 비길 것이 아니었다. 길이 비좁아 간신히 조금씩 나아가 본즉, 저자 입구 패루의 현판에는 '만소운집(萬艘雲集)'이라 씌어 있고,

---

184 통주성의 연혁과 규모에 대해서는 陳喜波·鄧輝, 「明清北京通州古城研究」, 『중국역사지리논총』 32권 1호, 2017년 1월, 37~47쪽 참조.

한길 옆 이층 높은 다락에는 '성문구천(聲聞九天)'이라 써 붙였다. 성 밖에는 창고 셋이 있는데 그 제도를 성곽과 같이 해서, 지붕은 기와로 이었고 그 위에는 공기창을 내어서 나쁜 공기가 나가도록 했다. 벽에도 곁 구멍을 뚫어서 습기가 가시게 하고 강물을 끌어들여 창고를 둘러 해자를 만들었다.[185]

이밖에도 박지원은 "노하의 배들을 보지 않으면 제도(帝都)의 장관을 알 수 없다."고 했고, 1833년 김경선은 "성 밖 인가 또한 모두 물에 임했으니, 다방(茶房), 주루(酒樓)들이 물빛에 반사되어 그림 같다."[186]고 했다. 통주는 성의 안팎은 물론이고 운하까지 더하여 매우 역동적이면서도 화려함을 과시했던 도시였다. 연행록에는 통주 일대의 번화상이 다채롭고 상세하게 묘사되어 있으며, 이들은 최근 통주 역사의 연구에 요긴하게 활용되고 있다.[187]

통주성 서문 밖을 나서 얼마 가면 길이 50m, 너비 16m에 달하는 석교가 나왔다. 원래 이름은 영통교(永通橋)인데, 통주에서 8리 떨어진 곳에 있다 하여 팔리교라 일컬어졌다. 서남쪽의 노구교(盧溝橋, 1188년 건립), 북쪽의 조종교(朝宗橋, 1447년 건립)와 함께 북경에 들어가기 위해 건너야 했던 세 다리 중의 하나로, 1446년에 건립된 것이다. 육로와 수로 양 방면에서 통주에서 북경성으로 들어가는 대량의 화물 운송에 맞도록 설계되었다. 가운데 아치는 높이가 8.5m 너비가 6.7m에 달해, 웬만한 크기의 조운선이 지나다닐 수 있었다.[188] 압록강을 건넌 연행사들은 도중 몇 개의 돌다리—만보교(萬寶橋, 1621), 영안교(永安橋, 1641), 채정교(彩亭橋, 금대)—를 건넜는데, 팔리교는 마지막에 건넌 가장 큰 다리였다.

---

185 박지원, 『국역 열하일기』, 「관내정사」(고전번역원).

186 고전번역원 간, 『연원직지』 권 5, 「回程錄 · 通州記」.

187 한 예로, 楊昕, 「朝鮮使臣筆下的明代通州」, 『延邊大學學報(社會科學版)』, 2009년 4월.

188 연행록 중 이 다리를 大通橋로 표기한 것은 오류이다. 대통교는 북경성 외성의 東便門 밖에 있던 다리로, 여기에는 통혜하로 운송된 화물이 하역되는 부두[碼頭]가 있었다.

1548년 최연은 팔리교를 건넌 감회를 이렇게 표현했다.

장강 회수 멀리 닿은 제도의 동쪽이라	江淮遠接帝城東
은하수 위의 비교 영통이라 부른다오	架漢飛橋號永通
채찍질로 피 흘린 돌 사연 민망하고	浪役神鞭羞血石
화려함 자랑하는 수홍교도 우스워라	謾誇金壁笑垂虹
까치들 수고로이 강물 아니 메워도	不勞靈鵲塡河上
푸른 용 나타나서 물속에 잠겼어라	自有蒼龍落水中
사마상여 출세 뜻을 품기도 했지마는	題柱空懷乘駟志
세상 구한 공적 없음 남몰래 부끄럽네	微才愧乏濟川功[189]

수련 두 구절은 팔리교 아래를 흐르는 통혜하의 운하 기능, 다리의 규모와 이름을 소개한 것이다. 함련에서는 두 개의 고사를 원용하였다. 진시황이 동해 위에 석교를 놓아 해 뜨는 곳을 보고 싶어 하자, 신인(神人)이 돌을 몰아가며 채찍을 휘두르니 돌에서 피가 났다는 이야기가 전한다(『태평환우기(太平寰宇記)』). 4구는 1048년에 처음 세워지고 1325년에 석교로 다시 만들어졌다는 길이 500여m에 달하는 소주(蘇州) 수홍교(垂虹橋)를 가리키는 것으로 보인다. 누군가를 괴롭힌 흔적이 없고, 또 실속으로 가득하기 때문에, 그 유명한 다리들도 팔리교만 못하다는 뜻이다. 경련은 다른 각도에서 함련의 뜻을 거들어준다. 까막까치를 수고롭게 하지 않아도, 푸른 용이 물에 잠겨 다리가 되었다는 것이다.[190] 미련에서는 다리의 공능을 구세(救世)의 능력으

189 최연(1503~1549), 『艮齋集』 권 3, 「過永通橋」 두 수 중 其 1. 제목에 "다리는 통주성 십리 지점에 있으며, 큰 강 위에 걸쳐 있다. 橋在通州城西十里, 跨大河"라고 부기하였다.

190 다리엔 난간 기둥의 33쌍 사자 상을 비롯하여, 몇 기의 서수(瑞獸) 상을 조각해놓았다. 창룡이 물에 잠겨 다리가 되었다는 고사가 확인하지 못했다. 서수 상을 가리킬 가능성이 있어 의문을 남겨둔다.

로 이해하는 은유를 빌려와, 자신도 그러한 포부를 품어보았지만[191] 이 다리처럼 세상 사람들을 어려움에서 구해주는 공적[192]이 없음을 부끄러워하는 것으로 시상을 거두었다. 건설된 지 100년이 지난 시점, 그 위에 서서 연혁과 공능을 헤아려보고, 조형미에 취했다가 자신의 삶을 돌아보는 조선 행객의 모습이 생생하다. 팔리교 일대는 여전히 북경 동쪽의 교통 요지이다.[193]

팔리교 아래를 흐르는 물줄기는 통혜하이다. 원대 초기(1292~1293) 쿠빌라이의 명에 의해 곽수경(郭守敬)의 주도로 개설된 운하이다. 대통하(大通河)라고도 하였다. 개착 당시 통혜하는 창평현(昌平縣) 백부촌(白浮村) 신산천(神山泉)에서 시작하여 옹산박(甕山泊, 지금의 昆明湖)을 거쳐 적수담(積水潭)과 중남해(中南海)에 이르렀다가, 문명문(文明門, 지금의 崇文門)으로 빠져나가 동쪽으로 방향을 바꾼 뒤 지금의 조양구(朝陽區) 양갑촌(楊閘村)에서 동남쪽으로 꺾어진 뒤 통주 고려장(高麗莊, 지금의 張家灣村)에 이르러 노하에 합류했다. 길이는 82km에 달했다. 통혜하 개착 후, 조운선이 적수담까지 이르게 되었다. 적수담은 지금의 십찰해(什刹海)와 후해(後海) 일대를 아우르며 대운하의 종점 구실을 했는데, 온갖 선박이 몰려들어 장관을 연출했다. 원말 명초 전란과 홍수 등으로 상류가 없어졌다. 이로부터 통혜하는 동편문(東便門)에서 북운하에 이르는 20km 구간만을 지칭하게 되었다. 유량을 통제하여 선박의 통행을 조절했는데, 이를 위해 24개의 갑문을 설치했다. 명대에는 어하(禦河, 玉

191 7구는 司馬相如가 成都의 升遷橋 기둥에, "사마 끄는 높은 수레 타지 않고는 이 다리를 지나지 않으리. 不乘駟馬高車不過此橋."라 적었다는 고사(『太平禦覽』 권 73, 「地部」 38 橋)를 원용한 것이다.

192 8구의 '제천(濟川)'은 『尙書』, 「說命 上」에서 가져온 것이다. 은(殷) 고종(高宗)이 부열(傅說)을 재상으로 등용하면서, "쇠붙이가 있다면 그대를 숫돌로, 큰 내를 건너야 한다면 그대를 배와 노로 사용할 것이오. 若金, 用汝作礪; 若濟巨川, 用汝作舟楫."라 하였다. '제천공(濟川功)'은 제왕을 보좌하여 세상을 구한 공적을 뜻한다.

193 八通線, 京通快速路, 京哈高速道路, 通燕高速道路 등이 이곳을 통과한다. 다리 남쪽에 팔리교참(八里橋站)이 있다. 이 일대는 2차 아편전쟁 시(1860) 3만 대군이 영불 연합군에 전멸된 곳이다.

河)로 불리기도 했다.[194]

통혜하를 처음으로 기록한 우리 문헌은 『표해록』이다. 최부는 통혜하를 옥하(玉河)로 표기했다. 옥하는 통혜하의 명대 명칭인 어하(御河)에서 파생한 이름이다('玉'과 '御'의 중국어 발음이 같음). 조선 사신들의 숙소 이름이 옥하관(玉河館)인 것도, 그 위치가 이 물줄기 가까운 곳이었기 때문이다. 최부는 옥하의 시원과 흐름을 비교적 정확하게 기록해놓았다.[195] 통주와 북경 사이를 오간 연행사신들은 팔리교를 지날 때에만 통혜하를 목격할 수 있었다. 이들의 기록 가운데는 통혜하 수운의 제도와 방법에 대한 진지한 관찰의 결과도 들어 있다.

> 대통하는 노하 또는 통혜하라고도 한다. 창평 동쪽에서 발원하여 북경성을 가로질러 대통교를 거쳐 통주로 흘러가는데, 그 길이가 160리이다. 대통교에서부터 통주 돌 제방까지는 40리이다. 그 사이에 여섯 개의 갑문을 설치하여 물을 가두어 수운을 가능하게 했으며, 갑부(閘夫) 120명으로 지키게 한다. 갑문의 제도를 직접 보지는 못했지만, 듣자니 물이 얕으면 배가 다닐 수 없기에 바위로 둑을 쌓아 수위를 높이고, 그 가운데 석문을 만들어 배가 지나갈 때 열며, 평소에는 물을 가두어놓았다가 백성들의 밭에 댄다고 한다.[196]

> 물 양쪽에 제방을 쌓고 가운데 문을 내는데, 너비는 배 두 척이 나란히 갈

194 蔡蕃, 「北京通惠河考」, 『中原地理研究』(1985)

195 『표해록』 권 2, 4월 23일 조. "玉河源出玉泉山, 經皇城大內中, 出都城東南爲大通河, 至高麗莊, 與桑乾河俱入白河."

196 『松湖集』 권 6, 「燕京雜識」. "大通河, 一曰潞河, 一曰通惠河. 源出昌平州東, 貫北京城, 由大通橋而下至通州, 凡一百六十里. 自大通橋至通州石壩四十里, 中設六閘蓄水, 以濟輓運, 設閘夫一百二十名以守之. 閘之制雖未得目見, 而槩聞水淺則難以行舟, 故以石爲防, 蓄水使高, 中作石門, 舟過時則開之, 平時則貯水, 以灌民田."

그림 49 통혜하(通惠河)와 팔리교(八里橋). 가운데 높은 수문이 조운선의 통로였다.

수 있도록 한다. 양 둑에 돌을 수직으로 쌓고, 위에서부터 돌을 파내어[斷石] 갑도(閘道)를 만드는데, 깊이와 너비가 한 자 남짓이다. 아래로는 강바닥까지 닿게 한다. 강바닥에도 돌을 가로 놓아 문지방을 만들고, 그 곁은 갑도와 들어맞게 한다. 큰 나무로 갑문을 만드는데, 양쪽 끝을 깎아 돌 홈에 들어가게 하고, 위와 아래 부분은 평평하게 깎아 이어 붙임에 빈틈이 없게 한 뒤에, 뉘어 포개어 둑의 높이와 나란하게 한다. 조금씩 새는 것은 어쩔 수 없지만 시내와 도랑의 물만을 모아 너덧 길 깊이의 바다를 만들 수 있다. 갑문의 간격은 지세에 달렸으니, 지세가 고른 곳에는 천보에 하나를, 지세가 낮은 곳에는 수백 보마다 하나씩 설치하여 지표 높이의 차이를 없애는데 반 길을 척도로 삼는다. 대통교(大通橋)의 경우 통주에서 40리 지점에 있는데, 지표 높이의 차이가 다섯 길이므로, 갑문 10개를 설치해야 배의 운행이 가능하다.[197]

197 홍대용, 『국역 담헌서외집』 권 10, 「燕記 · 器用」(고전번역원, 번역 일부 수정).

위는 1749년 동지사의 서장관으로 북경을 다녀온 유언술(兪彦述, 1703~1773)의 증언이다. 관심은 있으나 관찰에는 이르지 못하고, 문헌에서 읽거나 사람들에게 들은 바를 옮겨 적은 수준이다. 아래는 홍대용의 1765년 보고의 일부이다. 인용문 앞에는 선박의 제도와 수운의 공능을 서술했고, 그 뒤에는 운영 방법과 수차(水車)의 제작 방법과 작동 원리를 소개했다. 인용문은 각개 수갑(水閘)의 제작 방식과 더불어 설치 간격의 조절 원리를 과학적으로 설명한 부분이다. 대개의 연행사들은 무심히 지나쳤고, 그중 일부는 겉모습만 스쳐보고 지나가며 순간의 인상만 남겼고, 또 일부는 견문의 내용을 옮겨 적는데 그쳤다. 이에 반해 홍대용은 당대 최고의 과학자답게 운하 운용의 관건을 수갑 제도로 보아, 그 제도와 운영을 상세하게 기록해놓았는데, 이는 연행 전후의 연구와 현장에서의 관찰이 어우러진 결과이다.

3. 마음속 깊이 새겨진 장소, 황금대와 금대석조(金臺夕照)

팔리교를 지난 사행은 대왕장이나 팔리보에서 휴식했다. 연교보에서 묵은 사행은 점심을, 통주에서 출발한 사행은 이곳에서 아침을 먹었다. '대왕장' 명칭은 이 일대가 청나라 공경 왕자의 묘역이었기 때문이라고 여러 연행록이 밝히고 있다. 팔리보란 지명은 조양문에서 8리가 떨어진 데서 유래한다. 이제 1시간이면 조양문을 통해 북경성에 들어갈 수 있는 거리만 남은 셈이다. 그런데 이 사이 연행사들의 관심이 높아 그냥 지나칠 수 없는 두 장소가 있다.

연행록 지명으로는 팔리보와 신교(新橋) 사이, 현재 북경의 지명으로는 팔리장(八里莊)과 동대교참(東大橋站) 사이에는 금대석조참(金臺夕照站, 전철), 금대리(金臺里), 금대로(金臺路) 등의 명칭이 눈에 띈다. 금대석조참 D출구로 나오면 100m도 떨어지지 않은 곳(朝陽區 東三環中路 23號 財富中心大廈 뜰)에 1751년 건륭제가 지은 시를 새긴 '금대석조비(金臺夕照碑)'가 서 있다. 모두 전국시대 연나라 소왕이 천하의 현사들을 모아 국력을 키웠다는 황금대 고사와 관련이 있는 것들이다. 연행록에는 이곳을 지나며 황금대 고사를 언급한 기록이 전혀 없다. 어떻게 된 일일까? 이쯤에서 오랜 세월 연행사들이 흠모했고 찾아 나섰던 황금대에 관한 이야기를 하는 게 좋겠다.

북경은 전국시대 열국의 하나이되 변방 약소국이던 연의 도읍이었다. 기원전 312년 소왕은 잇단 내란과 외침으로 파탄 난 나라를 맡게 되었다. 그는 복수설치를 위해 천하의 현사들을 얻으려 했고, 곽외(郭隗)를 찾아가 그 방법을 물었다. 곽외는 옛날 임금이 천리마를 얻은 우화를 들려주었고, 소왕은 곽외를 위해 궁실을 짓고 스승으로 섬겼다. 이 사연이 세상에 알려지자 악의(樂毅)와 추연(鄒衍) 같은 천하의 인재들이 연나라로 몰려들었다. 28년의 준비 끝에 연나라는 부강해졌고, 소왕은 처음의 뜻을 이룰 수 있었다.[198] 이후 소왕은 북경을 표상하는 역사 인물이 되었고, 우리 문사들도 북경 하면 으레 그 사연을 떠올리곤 했다.

백마 타고 떠난 님 노닐며 아니 올 새	郎騎白馬遊不歸
황금대 앞 뜰에는 풀만이 우거졌네	黃金臺前草萋萋
두견화는 옛 가지에 또다시 피었건만	杜鵑花開去年枝
언제나 그 말울음 다시 듣게 되려나	何時更聞郎馬嘶[199]

연도를 떠올리니 그 기억 아득해라	回首燕都更渺茫
황금대 위에는 또 석양이 비치겠지	黃金臺上又斜陽
교문 안 오백 명 학사 중 어느 누가	橋門五百靑衿子

---

198 소왕(昭王)의 사연이 가장 자세하게 실린 문헌은 『전국책』이다. 『사기』, 「燕世家」에 실린 내용은 『전국책』의 내용을 2/5 정도로 축약한 것이다.

199 이제현, 『益齋亂稿』 권 4, 「寄雞林郡公」. 백마 탄 님은 왕후(王煦)를 가리킨다.

중흥송 지어 내어 대당에 견주려나　　　　誰頌中興比大唐[200]

위는 이제현이 왕후(王煦, 1296~1349)에게 보낸 시로, 북경(당시에는 大都)에서 지은 것으로 보인다. 아래는 이색이 고려에 돌아와 연경을 떠올리며 지은 시이다. 두 작품에 공통으로 들어가는 시어는 황금대인데, 이는 북경의 환유 표현이다. 아래 시에서 둘째 구는 연도팔경(燕都八景)의 하나로 꼽혔던 '금대석조'를 표현한 것으로 보인다. 그런데 『전국책』이나 『사기』에 보이지 않던 '황금대'가 어떻게 고려 문사의 시에 나타났을까? 아울러 조선 연행사들도 종종 차운하여 지었던 연도팔경 시의 전승 경위는 설명될 수 있을까?

소왕의 곽외에 대한 예우는 처음 '축궁(築宮)'으로, 다음에는 '축대(築臺)'로 나타난다(孔融, 「論盛孝章書」). 황금대는 공연(孔衍, 268~320)의 『춘추후어(春秋後語)』에 이어, 남북조 시대 유송(劉宋) 포조(鮑照, 414~466)의 「대방가행(代放歌行)」에 나타나는 것으로 알려져 있다.—"어찌 흰 벽옥만 내릴 것인가, 황금대라도 쌓을 터인데. 豈伊白璧賜, 將起黃金臺."—이백은 "연 소왕이 곽외를 맞아, 황금대를 쌓아 올리자, 극신은 조나라에서 오고, 추연은 제나라를 떠나왔다네. 燕昭延郭隗, 遂築黃金台. 劇辛方趙至, 鄒衍複齊來."(「고풍(古風)」 15, 752년)라고 노래했는데, 이 시기에 오면 황금대설이 세상에 널리 알려져 문사들의 사랑을 받았다. 황금대는 연대(燕臺), 연소대(燕昭臺), 초현대(招賢臺), 현사대(賢士臺) 등의 이름으로도 불려졌다.[201] 이런 현상은 황금대의 위치와 터에 대한 관심으로 이어졌다.

황금대의 위치에 대해서는 임방(任昉, 460~508)의 『술이기(述異記)』에서 처음 언급되었고, 북위 역도원(酈道元, 472~527)의 『수경주』에서 역수(易水) 근처로 추정되었다. 연 소왕에 대한 흠모가 더해지면서 시대마다 황금대의 위

---

200 이색, 『목은고』 권 6, 「憶燕都」. 3구의 橋門이 어디인지는 미상이다. 4구에는 당나라 때 元結이 「大唐中興頌」을 지은 일이 원용되었다.

201 周士琦, 「黃金臺與金臺夕照」, 『文史雜志』, 1993년 2기, 13~14쪽.

치가 부회되었고, 이런 저런 근거에 의해 황금대 터로 추정된 곳만 북경과 하북성 일대에 8곳이나 되었다. 그런데 최근 황금대의 존재가 사실이라는 전제하에, 연나라의 천도 양상과 후대의 다도제(多都制) 운영, 『수경주』의 기록과 두 차례 걸친 발굴 보고서의 내용, 여기에 명청 시기의 지리지, 개인 기록, 비문, 민간 전설 등을 두루 고려하여, 기존의 견해를 모두 부정하고 역수(易水) 가 무양성(武陽城) 터의 한 지점을 황금대 터로 비정하는 견해가 제기되었다.[202]

이러한 연구 성과는, 황금대는 소왕에 대한 후대의 흠모 속에서 미화되어 만들어진 허구일 가능성이 높으며, 실제 있었다고 해도 그 자리가 지금의 북경 지역이 아니라는 사실을 알려준다. 하지만 북경 황금대에 대한 설화적 믿음은 역사 사실과는 별개로 면면히 존속되어 왔으며, 역사적 계기에 의해 강화되었다. 금나라는 1151년 북경을 중도(中都)로 삼았는데, 그 뒤 장종(章宗, 1189~1208 재위) 시절 연경팔경(燕京八景)이 제정되었다. 8경 중 하나가 도릉석조(道陵夕照)였다(道陵은 장종의 무덤). 금대석조는 종종 도릉석조를 대신했으며, 청나라 건륭 시기(1751년) 8경의 하나로 완전히 굳어졌다.[203] 이후 금대석조는 춘분, 추분에 수많은 인파가 운집하는 호황을 누렸다.[204]

북경에는 석조사(夕照寺), 금대서원(金臺書院), 조양문 밖 언덕 등이 황금대 터라는 설이 전승되어 왔는데, 건륭은 조양문 밖 현장을 둘러본 뒤 이곳을 황금대 터로 확정했다. 8경 각각에 대한 시를 짓고, 시를 새겨 비석을 세웠는데, 이로부터 팔경의 내용이 고정되었다. 그중 금대석조비의 종적이 사라졌다. 1935년 출판된 『구도문물략(舊都文物略)』에 "건륭제가 지정한 금대석

---

202 艾虹·吕晓青, 「黃金臺位置考辨」, 『保定学院学报』, 2017.

203 중국의 포털사이트 百度百科의 '燕京八景' 조에는 건륭 이후 도릉석조가 금대석조로 교체되었다고 설명하고 있지만, 우리 기록에서 1751년까지 이승소의 「次北京八景詩」(1481년, 『삼탄집』 권 8) 이후 '금대석조'가 팔경의 하나로 정확하게 지칭된 경우가 6차례에 달한다.

204 高巍, 「燕京八景析說」, 『북경고도역사문화강좌』, 2009. 4, 211~229쪽.

조가 조양문 밖 동남쪽 2리쯤의 묘가지(苗家地) 북쪽 언덕에 있다."는 기록이 있어 발굴에 나섰지만 찾지 못했다. 이로부터 이 일대는 금대석조의 장소로 인식되어, 금대로, 금대서로, 금대북가, 금대리 등의 지명이 생겼다. 비석은 2002년 건설 현장에서 발견되었고, 재부중심대하(財富中心大廈) 구역 안에 세워지게 된다.[205]

고려 이후 북경을 찾은 많은 문사들은 으레 연소왕을 떠올리고 그에 대해 이야기했으며, 나아가 황금대를 찾아 나서기도 했다. 연행록에 보이는 바 당시 북경의 황금대 터로 전승되었던 곳은 석조사와 조양문 밖의 특정 지점으로 수렴된다. 그런데 조양문 밖에 있었다는 흙무덤도 해자 (동)남쪽 어딘가로 기술되어 있어 지금의 금대석조참 일대와는 거리가 있다. 간혹 서쪽 덕승문(德勝門) 밖 어딘가로 알려주는 사람도 있었다. 하지만 어떤 경우에도 황금대 터를 찾은 사람은 없었다. 소왕은 약소국을 부강한 나라로 만들고 오랜 세월에 걸쳐 국가의 수치를 씻은 이상적인 군주였고, 황금대는 그러한 소왕의 지도력을 표상하는 조형물로 애초부터 마음에 새겨진 장소였기 때문이다. 아래는 황금대에 대한 조선 후기 문사들의 의식을 잘 보여준다.

> 노이점(盧以漸) 군은 국내에 있을 때 경술(經術)과 행검(行檢)으로 쳐 주었고, ①또 『춘추』의 중국을 높이고 오랑캐를 배격하는 대의에 엄격하였으므로 길을 오면서도 사람을 만나면 만(滿)·한(漢)을 불구하고 한결같이, "되놈"이라고 불렀다. 거쳐 온 산천이나 누대들은 모두 누린내 나는 고장이라 하여 구경도 하지 않았다. ②그러나 고적으로서 황금대나 사호석(射虎石)·태자하 같은 곳은 길을 돌아가는 데나 또는 이름이 틀렸음에도 불구하고 반드시 파고 들어서 찾아내고야 만다. 어느 날 나와 황금대를 구경하기로 약속하였다. 나는 곧 여러 사람들에게 널리 물었으나 아는 자가 없었다. 또 옛 기

205 王銘珍,「金台夕照禦制碑出土」,『北京檔案』, 2007. 8, 50~51쪽.

록을 찾아보았으나 이야기들은 다 같지 않았다. 『술이기』에 이르기를, "연 소왕이 곽외를 위하여 쌓은 축대로서 지금의 유주(幽州) 땅인 연왕(燕王)의 옛 성 안에 있는데, 그곳 사람들은 현사대(賢士臺)라고 부르고 또는 초현대(招賢臺)라고도 한다." 하였으니, ③지금의 북경이 곧 기주(冀州) 땅이고 본즉, 연왕의 옛 성이란 데는 어느 곳에 있는지 나는 모를 일이니, 하물며 이른바 황금대일까보냐. 또 『태평어람(太平御覽)』 중에는, "연 소왕이 천금을 대 위에 두고 천하의 현사를 초청했다 하여 황금대라고 불렀다." 하였다. 그러면 뒷세상 사람들이 함부로 그 이름만 전할 뿐이요, 대가 없다는 것을 알 수 있겠다. ④노군은 어느 날 몽골 사람 박명(博明)으로부터 얻었다는 『장안객화(長安客話)』 중에서 초록한 것을 나에게 보인다. "조양문을 나서서 남쪽으로 못을 돌아가면 동남쪽 모롱이에 높다랗게 솟아 있는 흙 둔덕이 바로 황금대라 한다. 해가 뉘엿뉘엿 서산으로 넘어갈 때 옛일을 슬퍼하는 선비로서 이 대 위에 올라간 자는 갑자기 천고의 고사를 회상하면서 고개를 숙이고 거닐게 된다." 노군은 이때부터 서글퍼하면서 구경을 파하고 다시는 황금대 이야기를 꺼내지 않았다. ⑤노는 날 틈을 타서 노군과 함께 동악묘의 연극 구경을 가기 위해 같은 수레로 조양문을 나갔다가 돌아오는 길에 태사(太史) 고계생(高棫生)을 만났다. 고는 사헌(簑軒) 능야(淩野)와 함께 탔는데, 이르기를, "지금 황금대를 찾아 가는 길입니다." 한다. 능은 본시 월중(越中, 절강 지방) 사람으로서 역시 기이한 인물이었다. 북경에 처음 와서 고적 구경을 하기 위하여 나에게 동행을 청한다. 노군은 매우 좋아하여, "하늘이 정해주신 연분이야." 하고, 가서 본즉, 두어 길 되는 허물어진 흙 둔덕이 주인 없는 황폐한 무덤과도 같으면서도 억지로 이름을 황금대라고 불렀다. 별도로 이에 대한 기록을 남겼다.[206]

---

206 박지원, 『국역 열하일기』, 「黃圖紀略 · 黃金臺」(고전번역원).

그림 50 금대석조비.

단락 별로 의미를 따져보자. ①은 추어주는 말 같지만, 노이점은 연암이 말한 상사(上士)에 해당되는 인물로 그 의미가 묘해진다. ②는 노이점이 먼 과거의 기록을 중시하는, 즉 이른바 중화문명에 집착하는 인물임을 보여준다. ①과 ②를 종합하면, 노이점은 당대 청나라의 현실은 애써 외면하면서, 관심이 과거 한족 문명에 국한되어 있는 인물이다. ③은 박지원의 생각, 즉 '황금대'란 실체가 없는 이름일 가능성이 높다는 견해이다. 그는 처음부터 황금대의 존재를 의심했다. ④는 다시 노이점에 대한 서술이다. 그가 슬퍼한 이유는 황금대란 있다고 해도 허물어진 흙무덤에 지나지 않았기 때문이다. 노이점은 '보이는 것'에서 벗어나지 못하는 인물임을 말했는데, 이는 노이점 한 사람만을 지칭하는 것이 아니다. ⑤는 황금대 터 확인 경위이자, 동시에 그 허구성에 대한 지적이다. 이 글은, 황금대란 독서를 통해 내면화된 장소이며, 사람들이 그 실체에 집착하지만, 외형에 대한 집착은 허사라는 복합적인 의미를 담고 있다.

금대석조비와 관련하여 두 가지 의문이 있어 제기해 둔다. 첫째, 조양문 동쪽 일대에 황금대 관련 지명이 생기게 된 연유를 황량대(謊糧臺) 설화와 결부시킨 해석이 있다. 18세기에 동악묘 동쪽 5리 일대를 황량대라고 했는데, 이 지명은 당태종의 고구려 원정 실패에서 유래되었다는 설화와 관련이 있었다.[207] 황금대의 기원을 황량대에서 찾은 것이다.[208] 둘째, 현재 금대석조비의 위치는 과거 연행로와 500m 이상 떨어지지 않은 곳이다. 1751년 이후면 연행사들의 북경 행적이 비교적 자유롭던 시절이다. 황금대에 대한 연행사들의 높은 관심, 일군의 문사들이 보여준바 일행을 벗어나서라도 명승지를 유람하거나 오랜 필담을 나누었던 과감한 행적 등을 고려하면, 이 비석에 대한 일언척구의 언급이 없는 것이 이상하다. 이는 비석이 종적을 감추었다가 나타난 일만큼이나 의아스러운 일이다.

4. 조복을 착용하고 이국 문화를 체험하다, 동악묘

팔리보에서 6리 지점에 돌다리 신교(新橋)가 있었다. 관련 언급은 1712년 김창업의 『연행일기』에서 시작되어 이후 『열하일기』 등 18세기 문헌에 간간이 나타난다. 김창업은 이 다리에 대해, "세 대로가 이곳에서 모이는데, 우리가 온 길은 그 가운데 길이다. 여기서부터 저자가 잇달아 있고 거마가 붐볐다."고 했다. 지리 정황이나 지명을 고려하면, 지금의 지하철 6호선 동대교참(東大橋站)이 신교 자리이다. 동대교참은 남쪽으로부터 차례로 동대교, 조양문외대가(朝陽門外大街), 관동점북가(關東店北街)가 모이는 교차로에 놓여 있으

---

207 『열하일기』, 「口外異聞, 謊糧臺」; 서호수, 『연행기』 권 4, 9월 4일 조. 황량대에 대해서는 뒷날 신채호도 주목한 바 있다(『조선상고사』).

208 高巍, 「燕京八景析说」, 『北京古都歷史文化講座』, 2009. 4.

며, 조양문과 통주 사이를 잇는 길은 가운데 조양문외대가였다. 현재 동대교의 터나 명칭 연원에 대해서는 아쉽게도 밝혀진 게 없다.[209]

김창업은 신교에서부터 저자가 잇달아 있고 거마가 붐볐다고 했는데, 이는 여기서부터 조양문까지 상업지구, 즉 이른바 관상(關廂)이었음을 알 수 있다. 관상이란 금나라 중도 이후 발달한, 상업이 발달하고 고관 부고(富賈)들이 많이 살았던, 북경성 문 밖 대가와 그 주변의 인구 밀집 지역을 가리키는 말이다.[210] 신교와 조양문 사이에는 동악묘가 있어 왔다. 동악묘 건립은 번화한 상업 지구라는 입지 조건과 관련이 깊다. 건립 이후에는 반대로 동악묘가 이 지역의 상업 발달 및 문화 번창을 촉진했다. 동악묘는 연행사들이 북경성에 들어가기 전에 들러 옷을 갈아입고 그 안을 관람하며 중국의 문화를 체험했던, 연행의 역사에서도 의미가 깊은 장소이다.

동악묘의 시원은 고대 산악숭배이다. 태산은 순(舜)임금 시절 국가에서 제사를 지내던 곳이었는데, 당시는 자연 숭배의 단계였다. 이후 왕권이 강화되고 방사(方士) 계층이 성장하면서 태산의 지위도 달라져, 초기의 순례 제도는 조정의 봉선대전(封禪大典)으로 격상되었다. 진시황과 한무제는 태산에서 봉선 의식을 거행했다. 이 무렵 저승 세계로서의 태산 관념이 형성되었고, 태산은 생사를 주관하는 신의 거처가 되었다. 당송 이래 태산은 조정과 관부의 조직을 갖춘 지부(地府)로 상상되었고, 이는 동악묘에 36옥(獄) 72사(司)의 형태로 구현되었다. 동악신의 도시 진입은 송나라 진종(眞宗, 997~1022 재위)이 태산을 크게 봉한 것이 계기가 되었다. 여러 도시에 동악묘가 지어졌고, 동악신은 성황(城隍)의 윗자리를 차지하는 새로운 주관신(主管神)이 되었다. 북경에는 "살아서 동악묘에 가지 않으면, 죽어서 갈 곳이 없다. 活着不去

---

209 최근 동대교의 명칭과 위치를 탐문한 기사가 보도된 바 있다. 「東大橋 : 沒有橋 有座東嶽廟」, 『北京日報』 2017년 1월 12일(http://bjrb.bjd.com.cn/html/2017-01/12/content_96262.htm).

210 王永斌, 『北京的關廂鄉鎮和老字號』, 東方出版社, 2003, 135~152쪽.

東嶽廟, 死了沒着落."는 말까지 유행했다.[211]

북경성 동쪽 밖의 동악묘는 원대 연우(延祐) 연간(1314~1320), 당시 흥성했던 현교(玄教)의 대종사 장류손(張留孫, 1248~1322)의 주도로 건립되었다. 이 사업은 제자 오전절(吳全節, 1269~1346)에 의해 계승되었으며, 1328년 침전에 소덕전(昭德殿)이 사액되면서 일단락된다. 1329년 쿠빌라이는 조맹부로 하여금 장유손을 기리는 글을 짓게 하고, 붉은 글씨를 새겨 동악묘 장유손 사당 앞에 세웠다. 1592년 신종(神宗)은 묘문 앞 동서 패루에 '굉인석복(宏仁錫福)', '영악숭사(靈嶽崇祠)'을 사액했고, 1607년에는 묘문 건너편에 유리 패루를 세워 남북 양면에 각각 '질사대종(秩祀岱宗)', '영연제조(永延帝祚)' 편액을 붙였다. 이때 오늘날의 형태가 대략 이루어졌다. 1900년 의화단 사건 이후 여러 차례 군대가 주둔하면서 폐쇄되었고,[212] 1985년부터 복원작업을 시작하여 1999년 춘절에 정식으로 개방되었다.[213] 묘문 앞 동서 패루 사이로 조외대가(朝外大街)가 나있었는데, 바로 연행사들이 오갔던 길이다.

동악묘는 원·명·청대, 창건에서 중건에 이르기까지 황제들의 전폭 지원을 받아, 황가 사묘(祠廟)로서의 위상이 매우 높았다. 자연스럽게 조정 중신과 환관들의 출입이 잦았다. 조선과 베트남 등 외국 사신들이 들렀던 것도 그 위상을 높여주었다. 동악묘는 황가의 사원이면서 동시에 시민 문화의 중심지였다. 기록상 천력(天歷) 연간(1328~1330)에 시작된 이곳의 묘회(廟會)[214]는 북경 지역에서 가장 이르고 영향력이 큰 것이었다. 묘회는 음력 3월 15일 시작하여 보름 동안 계속되었는데, 동악대제의 생일로 알려져 있는 3월

---

211 肅放, 「東嶽廟與城市社會信仰空間的建構 - 以北京東嶽廟爲例」, 『華中師範大學學報(인문사회과학판)』, 2009년 1월, 92~97쪽.

212 李錦萍 역, 「1927年的北京東嶽廟」, 『북경민속논총』 제 2집, 2014, 173~189쪽(원문은 Janet R. TenBroecK, *The Peking Temple of the Eastern Peak*(Monumenta Serics, 1964)).

213 陳巴黎, 『北京 東嶽廟』, 中國書店, 2002, 1~15쪽.

214 묘회의 기원과 역할에 대해서는 寧欣, 「廟會與市場」, 『文史智識』, 2006 참조.

28일이 그 절정이었다. 묘회는 통혜하의 조운과 어우러져 상업의 발달을 촉진했고, 이곳은 각종 행업 조직과 신앙 활동의 중심이 되었으며, 서북쪽의 행업조사전(行業祖師殿)은 그 결과로 나타난 것이다. 동악묘는 국가 제사와 민간 신앙을 이어주는 유대였으며, 그 사회 문화적 파생 효과는 다양한 사회 문화 현상으로 나타났다.[215]

연행사들은 대개 동악묘에 들러 조복으로 갈아입고 북경 입성을 준비했다. 간혹 동악묘가 아닌 미륵원(彌勒院)에서 환복했다는 기사도 보이는데, 여러 기록을 종합해 볼 때 미륵원은 동악묘와 인접해 있거나 서로 통하는 사원이었던 것으로 보인다. 시간의 여유가 있을 경우 사신들은 휴식하면서 이국 문화를 관찰했다. 가장 쉽게 눈에 들어온 건 이들의 종교 문화였고, 묘회 기간에는 생활 문화와 상업 활동을 목격할 수 있었다. 연행록에는 동악묘 기사가 꽤 많은데, 그중 역사적 특성과 사회의 풍정을 엿볼 수 있는 몇 조목만 뽑아 본다.[216]

① 그윽한 전각들이 그 절로 한 세계라	祕殿沈沈自一天
제 각각 다른 모습 모두가 신선일세	殊形異狀盡神仙
문 앞의 수레와 말 언제나 끊어질까	門前車馬何時絶
복 빌며 꾸리는 삶 하나같이 애틋하네	丐福營生摠可憐[217]

② 초닷새 날 아침에 길을 떠나, 북경 조양문 밖에 이르렀다. 동악묘에 말을 멈추었다. 동악묘는 태산 신을 제향하는 곳이다. 천만 개 수많은 문들, 그윽한 전각들을 담장이 둘렀는데 지극히 장대하고 수려하다. 각각

215 李彩萍, 「北京東嶽廟與京城文化」, 『文化學刊』, 2011년 1월 제 1期, 100~104쪽.

216 1679년 심양 경유로 사행로가 변경되기 전까지 연행사들은 광녕성 동쪽 망성강(望城崗) 위에 있었던 동악묘를 들러보곤 했다. 이 점 동악묘 기사를 살펴볼 때 유의해야 한다.

217 이색, 『牧隱詩藁』 권 2, 「東嶽廟」(1355).

의 방에는 도사가 있어 이름으로 내건 신격을 맡고 있다. 거처가 정갈하여 볼 만했다. 한 곳에 이르니 큰 족자 두 폭이 있기에 보니 미만종(米萬鍾, 1570~1628, 서화가)의 필적이다. 각각 7언 절구를 썼는데 글자의 획에 힘이 넘치는 게 자못 공손대낭(公孫大娘)이 칼춤을 추는 필세가 있다. 역관을 시켜 백금을 주고 사려 했으나, 주인이 웃으며, 천하의 보물이니 백금은 가당치 않으며 천금을 준대도 다른 나라에 팔아 보낼 수 없다면서 머리를 흔든다.[218]

3 수레 세워 동악묘서 잠시 쉬는데	停車暫歇東岳廟
전각은 웅장하고 단청은 화려하다	殿宇宏敞丹靑賁
뜰 가득 비석들은 사방을 비추는데	盈庭碑版照四裔
조맹부의 필적이 더더욱 절묘해라	子昂妙筆尤姿媚
두셋 도사 그 사이에 앉아 있다가	二三道士席其間
방으로 맞아 들여 경전을 보여주네	迎我入室看經字
매화는 움이 트고 난초 잎은 푸른데	梅花欲發蘭草綠
화분에 심겨 있고 그릇에 물 두었네	貯在盆盎水在器
코 덮는 향기가 마냥 사랑스러워	淸香擁鼻最可愛
나가려다 멈춘 채 떠나지 못하였지	欲出還留未能離[219]

4 (1662년 9월 15일) 과거에 응시하는 선비들이 대거 몰려든 까닭에 가까운 고을의 서책들이 다 모였다. … 동악묘 앞에 이르렀다. 시장의 점포 사이마다

---

218 이만영(1604~1672), 『雪海遺稿』 권 3, 「崇禎丙子朝天錄」 11월. "初五日早行. 到北京朝陽門外. 歇馬於東嶽廟. 廟卽泰山神祀享之所也. 千門萬戶. 曲房周垣. 極其壯麗. 各房皆有道士爲名者主之. 居處精洒可觀也. 到一處. 看有大簇二幅. 乃米萬鍾筆也. 每幅書七言一絶. 字畫甚壯. 頗有大娘舞劍之勢. 余使舌官. 以百金要買. 主者笑曰. 天下之寶. 豈直百金. 雖千金不可賣送他國. 掉頭不肯."

219 김육, 『潛谷遺稿』 권 1, 「玉河館紀行, 書懷, 示書狀」

사람과 말이 미어질 뿐 아니라, 보름을 맞아 향을 사르는 인파가 몰려 발 붙일 데가 없었다. 겨우 사정(射亭)으로 가서 옷을 갈아입고 성에 들어갔는데, 흙먼지가 자욱하여 눈을 뜨지 못해 간신히 옥하관에 도착했다.[220]

5 뉘 집 젊은 아낙인가 머리를 곱게 빗고　　誰家少婦玉梳兒
천천히 정성 다해 향 사르고 절을 하네　　頂禮焚香獨自遲
소곤소곤 속삭이며 무언가를 비는데　　呢呢細言何所訴
남들은 모르도록 신만이 알 수 있게　　不敎人聽要神知[221]

1은 이색이 1355년 북경에 들어갈 때 지은 시로, 북경 동악묘에 대한 우리의 최초 기록이다. 동악묘 창건 시기는 원 간섭기로 이제현과 이곡이 북경에서 활동할 무렵인데, 두 사람은 관련 기록을 남기지 않았다. 이 시가 지어진 시점은 동악묘 건립이 완성된 1328년으로부터 30년이 채 지나지 않았을 때였는데, 이곳을 찾아 복을 구하는 사람들의 발길이 끊이지 않을 정도로 인기가 높았던 것으로 보인다.

2와 3은 1636년 11월 5일 같은 날의 증언이다. 동악묘의 구조와 기능은 이색의 시대로부터 별반 달라지지 않았던 것으로 보인다. 2에서는 당대의 서화가 미만종(米萬鍾)의 글씨를 두고 거래하는 장면이 눈에 띈다. 정황으로 보아 동악묘는 일종의 시장 기능을 했고, 그 품목 중에는 서화도 들어 있었으며, 상거래에는 조선 상인들도 참여했음을 짐작할 수 있다. 3에서 언급한 조맹부의 필적이란, 1329년 쿠빌라이가 짓게 하여 세운 비석을 가리킨

---

220 정태화, 『양파유고』, 권 14, 「음빙록」 임인 9월 15일. "科擧士子多會之故. 近邑書冊皆集. … 至東嶽廟前. 非但市肆之間人馬塡咽. 月望燒香. 士女紛沓. 不得接足於廟門. 迤往射亭. 改服入城. 塵土滿面. 未能開眼. 艱到玉河館."

221 이기지, 『일암집』 권 1, 「燕京雜詩」. "동악묘 안에서 화려한 옷을 입은 여인이 신 앞에서 기도하고 있었는데, 절을 하며 기원하는 것이 몹시 간절해 보였다. 東嶽廟中. 見彩服女子禱神前. 且拜且禱. 情甚懇至."는 설명이 부기되어 있다.

다. 사신들은 시간 나는대로 동악묘 안을 둘러보았는데, 그러면서 자연스럽게 도사들과 가볍게 교분을 나누며 휴식을 취하기도 했다. 도사 방 매화, 난초 화분에서 피어나는 맑은 향기와, 음력 11월 한겨울 병화(兵禍)를 앞둔 고국을 떠나 오랜 여정으로 심신이 피폐한 사신의 내면이 묘한 대조를 이룬다.

4는 청나라 초기(1662년) 정태화의 기록이다. 몇 글자 되지 않지만, 왕조가 교체된 지 얼마 안 되어 정국이 불안정한 시점임에도, 시장은 변함없이 번창하여 사람들이 들끓고, 한족 문사들을 포섭하기 위한 과거가 설행되고 거기에 부응하여 전국의 수재들이 몰려들었으며, 15일 묘회를 맞아 향불을 사르는 사람들까지 운집하여, 발 디딜 틈조차 없는 동악묘 일대의 복합적 상황을 잘 보여주고 있다. 이 기록만 보면 명청 교체의 충격이나 혼란은 전혀 느껴지지 않는다. 5는 1720년 이기지가 목도한 동악묘의 풍경 소품이다. 젊은 여인이 절을 하며 무언가를 기원하는데, 유독 느린 것이 동작 하나하나에 정성을 싣는 것으로 느껴져 인상이 깊었던 것이다. 이는 시대를 뛰어넘어 오늘날에도 종종 볼 수 있는 풍경이다. 묘회 풍속은 더 이상 이어지지 않고, 일대의 떠들썩한 장시 광경은 사라졌지만, 동악묘는 예전 모습으로 그 자리를 지키고 있다.

5. 북경 입성과 귀국 제일보를 딛다, 조양문

동악묘에서 관복으로 갈아입으며 잠깐의 휴식을 취한 사행에 남은 거리는 이제 조양문까지의 700여m, 그리고 조양문에서 숙소까지의 5km 정도이다. 압록강을 건넌 뒤에만도 한 달에 걸친 1,950리(약 1,000km)의 긴 여정[222]

---

222 사행마다 사정에 따라 소요 일수와 거리에 조금씩 차이가 있다. 1712년 김창업의 경우는 31일이 걸

이 끝나가는 시점이다. 명청 시기 사행이 들어갔던 북경성 동문 이름은 조양문이었고, 원나라 때에는 제화문(齊化門)이었다. 본 절에서는 이 문을 지났던 사연을 살필 텐데, 그에 앞서 조양문과 통주 사이에 놓였던 길에 대해 먼저 언급하려고 한다.

고대 북경성의 동문은 동북쪽으로 이어지는 통로의 관문이었다. 이 통로가 제대로 닦이기 시작한 시기는 원나라가 북경에 도읍하면서부터이다. 현재 조양문 터에서 동대교참에 이르는 길은 조양문외대가(조양로) 중에서 동대교참과 관장촌(管莊村) 사이 구간, 그리고 관장촌에서 팔리교를 지나 통주의 신화서가(新華西街)로 이어지는 20km의 길이 옛날 통주와 조양문 사이의 사행로이다. 이 길을 명청 시기에는 국문동공도(國門東孔道) 또는 조양문외대가(朝陽門外大街)라 했고, 조양문관외석도(朝陽門關外石道)로 불리기도 했다. 여기서 주목할 것은 '석도'이다. 18세기 연행록에는 석도에 대한 묘사가 자주 등장하는데, 한 예만 보자.

> 통주에서 북경까지는 40리이다. 길은 모두 돌을 깔았으나 밤낮으로 수레바퀴에 닳아서 이따금 움푹 팬 곳이 있는데, 수레가 그 위로 가면 기우뚱거려 자못 괴로웠다. 다시 몇 리를 가니 길 오른편에 누런 기와로 이은 겹처마의 큰 비각이 있다. 이것은 곧 조양문 밖의 석로(石路)를 중수한 데 대한 비기(碑記)로서 건륭 36년에 어제한 것이었다.[223]

세 기록은 모두 조양문과 통주성 사이에 있었던 석도에 대한 내용이다. 석도는 지대가 낮아 자주 침수되는 폐해를 없애고, 아울러 통주와 북경 사이 물류를 원활하게 할 목적으로 만든 것이다. 길이는 21km에 달했으며 폭

렸고(11월 26일~12월 27), 밟아 간 거리는 1,949리였다(『연행일기』 권 1, 「왕래총록」).

223 김경선, 『국역 연원직지』 권 2, 「出疆錄」 1832년 12월 19일(고전번역원).

그림 51 1901년 동악묘 앞 패루와 조외대가(朝外大街). 패루 아래 돌길[石道]의 형태가 분명하다. 1910년대 이후 사진에는 이 석도가 보이지 않는다.

은 4m 전후였다. 옹정 시기인 1729년 공사가 시작되었고, 1733년에 완성되었으며, 건륭 36년인 1771년 개수되었다. 이 길이 닦인 후 운송 비중이 통혜하 물길보다 높아졌다.[224] 길의 조성 경위는 옹정제가 지은 「어제통주석도비문(御製通州石道碑文)」[225]에 담겨 있다. 「통주석도비(通州石道碑)」(1733년 건립)는 현재 팔리교 남단에서 동쪽으로 430m 지점에, 「중수조양문석도비(重修朝陽門石道碑)」(1761년 건립)는 정복장촌(正福莊村) 조양로 가에 있다. 사진 기록에 따르면 이 석도는 1901년까지는 원형을 지니고 있었으며, 1920년대부터 파헤쳐지기 시작했던 것으로 보인다.

---

224 李軍·謝夢沖, 「朝陽門與朝陽門外大街追述」, 『北京檔案』, 2005년 제 3기.

225 『통주지』 권 首, 「宸章」.

연나라 멸망 후 북경의 도시 위상이 높아진 시기는 요나라 때였다. 938년 요 태종은 유주(幽州)를 남경으로 승격시켰고, 이곳을 연경이라고도 했다. 금은 요의 제도를 계승했고, 1151년 해릉왕(海陵王)이 이곳을 수도로 삼았다. 원 세조(1260~1294 재위)는 등위 초기부터 북경 천도를 계획하고 대규모 궁성을 축조했다. 성의 동남쪽 문의 이름이 제화문이었다. 이 문은 명나라 초기에도 같은 이름으로 불리다가, 1420년 명나라의 북경 천도 이후 성이 개축되는 과정에서 조양문으로 바뀌었다.[226]

'제화(齊化)'의 유래와 의미는 보통 동악신(東嶽神)과 관련 있는 것으로 해석된다. 천제(天齊)는 고대 제나라 지역의 천신 이름이었다. 당 현종은 태산신을 천제왕(天齊王)으로 봉했고, 그 뒤로 동악은 천제로 여겨졌다. 동쪽은 만물이 시작되는 곳이자 죽으면 돌아가는 곳이라는 인식 전통 속에서, 동악신은 만물의 생산과 사민의 화육을 주관하는 신으로 그 위상이 높아졌다. '제화(齊化)'는 '천제가 낳고 기른다'는 뜻의 '천제생화(天齊生化)'를 줄인 말이다. 동악묘 남쪽 2km 지점에 일단(日壇)을 건립한 것도, '해는 동방에서 나와 생명을 주관한다[日出東方, 仍爲主生]"는 뜻을 담은 것이다.[227] 원 황실의 도교 숭봉을 고려하면, 천제의 그런 권능에 통치의 이상을 담았다고 해석하면 무리가 없다. 다만 이 해석의 경우, 제화문의 건립 시점과 동악묘의 건설 시기 사이에 생기는 50년 정도의 간극을 설명하기 어려운 문제가 남는다.[228]

제화문은 원나라 시절 고려 사람들이 들고 나는 문이었는데, 남아 있는 자료는 대도에 드는 감회보다 문을 나서는 흥분을 표현한 것이 대부분이다. 1306년 고세(高世)를 비롯한 몇몇 신료는 충렬왕에게 "전하를 모시고 동쪽

---

226 陳宗蕃 편저, 『燕都叢考』, 北京古籍出版社, 2001, 「제2장 城池」(10~17쪽) 참조.

227 曹彦生, 「北京朝陽門外大街溯源」, 『北京民俗論叢』, 2013, 135~139쪽.

228 원대 대도 궁성의 건립은 1270년 즈음에 완공되었으며, 궁문의 이름도 이때 지어진 것으로 추정된다. 동악묘가 건립되기 전에, '동쪽'이라는 방위와 관련하여 동악신 관념을 사용했을 수도 있다.

제화문을 나가기를 원할 뿐"[229]이라고 했는데, 제화문에 관한 첫 번째 기록이다. 제화문을 나선다는 것은 고려로의 귀국을 의미한다. 1364년 이공수(李公遂)가 연경 제화문을 나섰다고 한 것[230]도 같은 의미이다.

30년 전 먼 길에 지쳤던 나그네는	三十年前倦遊客
4천 리 밖으로 이제 홀로 돌아가네	四千里外獨歸身[231]

옥당의 나그네는 연신 뒤를 돌아보니	玉堂有客頻回首
말 앞에는 아득하니 4천 리 길이로다	馬上迢迢路四千[232]

1340년과 1356년 귀국길에 오르는 이제현과 이색의 감회를 담은 시의 일부이다. 모두 제목에 '제화문'을 넣었다. 이제현은 1314년(28세)에 처음 원나라에 들어갔으며, 오래도록 북경에 머물며 지금의 사천성, 절강성, 감숙성 등지를 여행했다. 이 시는 1339년 조적(曺頔)의 난으로 원나라에 잡혀간 충혜왕을 수행했다가 이듬해 돌아오면서 지은 것으로, 첫 입원으로부터 26년이 지났기에 '30년'이라 하였다. 이색은 1354년 원나라에 가서 과거에 합격하고 한림원에 제수되었다가 1356년 귀국하였다. '옥당의 나그네'란 한림원에서 일하던 시인 자신을 가리킨다.

명나라 초기 수도는 남경이었고, 북경성의 제도는 대개 원대의 것을 이어 받았다. 제화문이란 명칭은 명초는 물론 1420년 북경 천도 이후에도 한동안 준용되었다. 1437년 시작되어 1439년 끝난 북경성의 대대적 수축 공

---

229 『고려사절요』 권 23, 충렬왕 32년.

230 『동사강목』 권 15, 갑진년 공민왕 13년(元 順帝 至正 24, 1364).

231 이제현, 『益齋亂稿』 권 4, 「庚辰四月. 將東歸. 題齊化門酒樓」의 頷聯.

232 이색, 『牧隱詩藁』 권 4, 「丙申正月. 出齊化門東歸. 明日紀行」의 尾聯.

사 이후, 조양문으로 바뀌었다. "오동이 자라누나, 해 뜨는 동쪽에서. 梧桐生矣, 于彼朝陽"(『시경』, 「卷阿」)에서 말을 가져왔으며, '손님으로 아침 해를 맞이한다[迎賓出日]'는 뜻을 취했다. 동남방의 미곡과 물산이 모두 이 문으로 들어왔으므로 양문(粮門)으로도 일컬어졌다. 옹성 무지개 문 위에 한 줄기 곡식 이삭을 새겨놓아, '조양곡수(朝陽穀穗)'의 일컬음이 있었다.[233] 근대까지 종종 제화문으로 일컬어졌으며, 발음이 비슷한 기화문(奇貨門)으로 와전되기도 했다. 부근에 해운창(海運倉), 동문창, 녹미창(祿米倉) 등이 있었는데, 해운과 녹미는 지명으로 남아 있다. 1900년 8국 연합군의 공격으로 훼손되었으며, 1915년 북양정부가 교통문제를 해결하기 위해 성문 옹성을 허물고 철로를 건설했다. 해방 초기 대규모 도시 계획과 건설에 따라 조양문과 옹성 모두 철거되었다.[234] 아래는 조양문을 지나는 조선 사신의 모습이다.

새벽에 행장 꾸려 통주를 떠나	曉裝發通州
의욕 넘쳐 서쪽으로 치달려가네	西馳行意王
순식간 조양문에 이르렀는데	倏至朝陽門
천 길 높은 성벽이 우람하여라	城高千仞壯
중사가 들고 행인들 기찰하매	中使譏出入
창들이 삼엄하게 숲을 이룬다	棨戟森相向
고삐 늦춰 감히 지나지 못하노니	徐驅不敢過
하나 하나 이름을 크게 외치네	一一名字唱[235]

동악묘 남쪽의 한 민가에 도착해서 관대를 착용했다. 조양교를 지나 조양

---

233 張連星, 「北京朝陽門舊貌」, 『북경당안』, 2012.

234 李軍 · 謝夢沖, 「朝陽門與朝陽門外大街追述」, 『北京檔案』, 2005년 제 3기.

235 소세양, 『陽谷集』 권 3, 「玉河館 舊名烏蠻驛」(1533)의 초반 부분.

문에 이르니 원나라 때의 제화문이다. 문지기가 지키고 있어 상역(上譯)이 은을 준 뒤에야 들어갈 수 있었다.[236]

세 사신은 드디어 길복(吉服, 예복)으로 갈아입고 차례로 말을 타고서 조양문으로 해서 들어가니, 즉 외동문이다. 누문은 3층으로 되었는데 청기와로 덮었다. 옹성 위에도 2층 누각이 있는데 난간은 만들지 않았다. 사신 일행이 성문에 들어서면 항상 수레와 말에 막혀 반나절 동안이나 들어가지 못한다고 들었는데, 지금 와 보니 그렇지 않다. 아마도 외국에서 바치러 온 사람이나 원근의 장사꾼들이 27일 이전에 모두 들어갔기 때문인가, 그렇지 않으면 혹 물품의 풍성함이 전날만 못해서 그런 것인가?[237]

각각 1533년 소세양, 1595년 민인백, 1720년 이의현이 남긴 바 조양문 안으로 들어가는 풍경의 일단이다. 소세양의 시에는, 연행 막바지 북경성에 이르는 흥분과 조양문의 외관, 그리고 성문 통과시의 기찰 모습이 담겨 있다. 민인백의 기록에는 문으로 들어가기 전 옹성 밖 해자에 설치되어 있던 조교(弔橋)를 건너야 했던 과정, 그리고 명나라 말기 국가 체제가 무너지면서 뇌물이 극성했던 정치 상황을 잘 보여준다.[238] 이의현의 기록은 청나라가 강희 치세기로 접어들어 외국 사신에 대한 태도가 여유로워지던 시절을 배경으로 한다. 조양문의 손쉬운 통과는 1712년 김창업의 기록에도 똑같이 나타나는데, 뇌물이 극성하던 명말이나 정국이 혼란스러워 기찰이 심하던 청

---

236 민인백, 『苔泉集』 권 3, 「朝天錄 上」 萬曆 23년(1595) 8월 8일.

237 이의현, 『국역 경자연행잡지 상』(1720, 고전번역원)

238 명말 뇌물이 극성했던 사정은 연행록에 자주 보인다. 한 예로 이만영, 『雪海遺稿』 권 3, 「崇禎丙子朝天錄」과 김육의 『조경일록』에, 1636년 11월 5일 뇌물이 적다는 이유로 사행이 조양문 통과를 거부당한 사건이 자세하다.

초와 달라진 정치 상황이 사뭇 다르다.[239]

명청 시기 연행사들에게 조양문은 입문의 설렘보다는 출문의 흥분이 훨씬 강했던 장소였다. 1714년 3월 초 귀국길에 오른 조태채(1660~1722)는 조양문을 나서는 흥분을, 시원하기가 하늘을 나는 듯하다고 했다.[240] 1778년 6월 이덕무는 조양문을 나선 뒤 말머리가 동쪽으로 향하고 있음을 기뻐했다.[241] 1829년 2월 박사호는 그 감동을 "조양문을 나섰는데, 사람들은 모두 양쪽 겨드랑이에 날개가 돋친 듯, 말도 네 굽 부지런히 천 리를 달리려는 의사가 있으니, 대단하도다. 고향을 그리워하는 생각이여!"라고 표현했다.[242]

600년 동안 고려와 조선의 사신과 상인들이 끊임없이 드나들던 조양문은 이제 흔적조차 없다. 조양문이 있던 터임을 알려주는 조형물만 남아 있을 뿐이다. 옛 조양문 근처에서 지금 가장 유명한 건물은 중국 외교부 청사이다. 조양문 밖 동남쪽에 자리 잡은 외교부 청사 일대는 예전 연암을 비롯한 연행사들이 금대석조 터를 찾아다니던 곳이다.

6. 패루(牌樓) 길 지나 옥하교(玉河橋)를 건너다

연행의 역사에서 조양문 진입의 감회를 가장 인상 깊게 드러낸 것은 1780년 8월 1일에 대한 박지원의 기록이다. 아래는 그중의 일부이다.

---

239 조양문을 통과하는 사신의 행차에 대해서는, 홍대용, 『담헌서 외집』 권 9, 「燕記, 入皇城」(1765), 『열하일기』, 「관내정사」 8월 1일(1780), 김선민, 『觀燕錄 上』 12월 23일(1804) 등을 참조.

240 『二憂堂集』 권 1, 「出朝陽門」. "燕城春日客初歸, 東出朝陽快若飛. 遙想此行臨鴨水, 岸花汀草正芳菲."

241 『청장관전서』 권 67, 「入燕記 하」 6월 16일. "及出朝陽門, 到大王庄。路樹蔭綠。肥蔔黍如人。嘆時物之已變。喜馬首之指東。久客將歸。意致頗好。"

242 박사호, 『국역 심전고』 제 1권, 「燕薊紀程」(고전번역원).

내 이제 조양문에 들어서자, 곧 저 요·순의 이른바 유정·유일의 마음씨가 이러하고, 하우씨의 홍수 다스림이 이러하고, 주공의 정전이 이러하고, 공자의 학문이 이러하고, 관중의 이재(理財)가 이러하였음이 눈에 선하게 띄었으며, 걸·주가 옥과 구슬로 궁궐을 세운 것도 이런 방법에 지나지 않고, 몽염이 산을 허물어서 골을 메운 것도 이런 방법에 지나지 않으며, 진 시황이 곧은 길을 닦은 것도 이런 방법에 지나지 않고, 상앙이 제도를 통일시킨 것도 이런 방법에 지나지 않음을 깨달았다. 어째서 그런가 하면, 성인이 일찍이 율(律)·도(度)·양(量)·형(衡) 등을 하나로 통일시켜서 둥근 것은 그림쇠에 맞도록, 모난 것은 곡척(曲尺)에 맞도록 하고, 곧은 것은 먹줄에 맞추었기에, 천하에 퍼지자 천하가 이를 좇고, 걸·주에게 주어도 걸·주 역시 받아들이지 않을 수 없었다. … 성인이 일찍이 그 문인의 물음에 대답하여 나라를 다스리는 법을 말씀하셨으나, 이는 다만 말로만 하였을 뿐 몸소 행한 것은 아니었다. 그러나 후세의 임금들이 반드시 그 학문이 성인보다 나은 것이 아니로되 곧 이를 행할 수 있었다. 그러니 이 역시 어찌 중화 민족만이 그러하리오. 이적(夷狄) 출신으로서 중원의 임금이 된 자치고, 일찍이 도를 물려받아서 행하지 않는 이가 없었으며, 또 의식이 넉넉한 뒤에야 예절을 지킬 수 있다 하였은즉, 후세의 임금들 중에 그 나라를 튼튼히 하고 그 군사를 굳세게 하고자 한 자가, 차라리 각박하고 인정머리 없다는 이름을 무릅쓸지언정, 어찌 그 자신을 위해서 사리를 탐했다고 이를 수 있겠는가. … 저들이 곧 이른바 정일(精一)의 방법을 알았다고는 할 수 없겠으나, 그 공리의 효과를 누림에 있어서는, 비록 그 방법이 이적에서 나왔다 하더라도, 그 여러 가지 좋은 점을 모아서 행하는 데 있어서는 역시 정일을 본받지 않음이 없었던 것이다. 그러므로, 내가 앞서 이른바 재지와 역량이 하늘과 땅을 움직일 수 있다 함이 오늘날의 중국을 이룩한 것이며, 21대 3천여 년 동안의 모든 제도를 이에서 가히 상고할 수 있음을 의미하는 것이다. 이제 그들은 나라 이름을 '청(淸)'이라 하고, … 그는 국통을 이은 지 벌써 네 대였고, 연호

를 세워 '건륭(乾隆)'이라 한다.[243]

『열하일기』를 관류하는 박지원의 가장 큰 문제의식은, 청나라에 대한 허위의 관념과 그 실상 사이의 큰 괴리를 좁히는 것이었다. 청의 실상을 밝히고 인정하면 허위의 관념을 부정할 수밖에 없는데, 이는 조선의 금기를 저촉하는 일이었다. 박지원은 이 금기 속에서 성장했기 때문에, 그로부터 완전히 자유롭지 못했다. 금기의 위반은 자신의 일부를 부정하고 자아를 재정립하는 일이기도 하다. 그 목적을 이루면서 충격을 최소화화기 위해서는 표현과 형식의 문제를 고민할 수밖에 없었다. 『열하일기』는 그러한 내외 이중 투쟁의 장소이자 문학적 실험의 현장이다. 위 글도 현란한 수사와 장황한 논거에 비해 요지는 간단하다. "중국의 제도와 문물은 오랜 역사 전통의 산물이며, 그건 왕조를 세운 민족과는 무관하다. 지금 청나라의 문물과 제도는 21대 3천 년 전통 속에 있으며, 거꾸로 이를 통해 찬란한 역사 전통을 확인하는 것이 가능하다. 그들은 천하의 지배자이며 그럴 만한 능력을 지니고 있다." 부법(部法)의 차원에서 이 글은 6월 27일 책문의 기록과 조응 관계에 있으며, 주제를 두 글자로 간추리면 '공리(功利)'이다.

조양문을 통과한 사행은 성내의 거리를 거쳐 사관으로 이동했다. 이동의 경로를 파악하기 위해서는 사관의 위치부터 파악해야 한다. 명나라는 이웃 나라 사신의 접대 및 관리를 위해 담당 기구를 만들고 건물을 지었는데, 이를 회동관(會同館)이라 하였다. 명초에는 남경에 회동관을 두었고, 북경 천도 이후에는 정통 6년(1441)에 남관과 북관을 설치했다. 북회동관은 징청방(澄淸坊) 대가 동쪽, 남회동관은 동강미항(東江米巷) 옥하교(玉河橋) 서가(西街) 북쪽에 있었다. 정양문으로 들어가 성벽을 따라 동쪽으로 가면 남훈방(南薰坊)이 있었는데, 동강미항은 남훈방 안에 있었다. 남훈방 동북쪽으로 이웃하

243 박지원, 『국역 열하일기』, 「관내정사」(고전번역원).

그림 52 1920년대 동사패루. 멀리 조양문이 보인다. 사행은 조양문으로 들어와 첫 번째 패루를 지난 뒤 왼쪽으로 꺾어 남쪽으로 향했다.

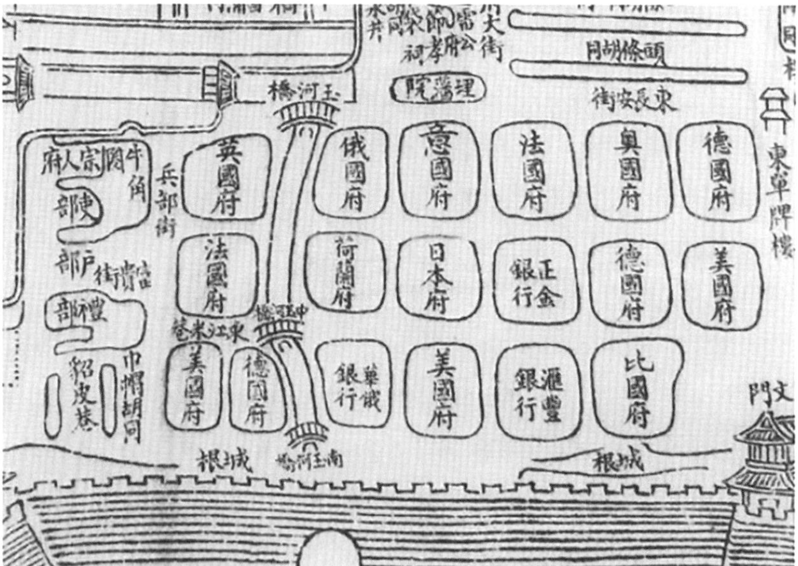

그림 53 근대 북경 지도 부분도. 왼쪽 중단에 중옥하교(中玉河橋)와 동강미항(東江米巷) 표시가 선명하다.

고 있는 마을이 징청방이었다.[244]

이중 남회동관이 조선 사행이 주로 이용한 사관이었다. 옥하(玉河), 더 정확하게는 옥하에 놓인 세 다리 가운데 중옥하교(中玉河橋)[245] 서쪽 거리 북쪽에 있었다고 하여 보통 옥하관이라 불렀으며 남관(南館)이라고도 했다. 남관의 규모가 북관에 비해 반밖에 안 되었기 때문에 남소관(南小館)이라고도 했다. 현재 최고인민법원 자리가 옥하관 터로 추정된다. 회동관은 청초 회동사역관(會同四譯館)으로 이름이 바뀌었다. 옥하관은 조선 사신들의 전용 사관으로 이용되었기에, 조선관 또는 고려관으로도 불렸다.[246] 이밖에 사이관(四夷館)이나 오만관(烏蠻館)으로도 불렸는데, 후자는 1405년 오만역(烏蠻驛)이 회동관에 통합된 일에 연유한다. 북극사(北極寺, 1720년 이의현)나 지화사(智化寺, 1737년 이철보)를 일시 숙소로 삼은 적이 있지만 특수한 경우였고, 조선 연행사의 대부분은 옥하관에 묵었다고 봐도 과언이 아니다.

그런데 1689년 청나라와 러시아 사이의 네르친스크조약의 성립으로 변수가 생겼다. 러시아 사행이 북경에 오기 시작하면서 사관 이용에 문제가 생긴 것이다. 이에 옹정 2년(1724) 건어호동(乾魚衚衕) 관방(官房)을 설치하여, 러시아 사절이 회동관에 먼저 들면 조선 사신을 이곳에 머물게 했다.[247] 건어호동 사관이 새로 생긴 이유이다. 몇 년 뒤인 1732년에는 이의현이,[248] 1734년에는 황재가[249] 건어호동 사관에 묵었다. 앞 연구에서는 건어호동을

---

244 王靜, 「明朝會同館論考」, 『中國邊疆史地研究』 제 12권 3기, 2002년 9월, 53~55쪽.

245 옥하교는 북쪽에서부터 차례로 장안가, 동강미항, 남성 벽에 있었다(陳宗蕃, 앞의 책, 174쪽).

246 祁慶富·김성남, 「清代北京的朝鮮使館」, 『청사연구』 2004년 8월 제 3기.

247 『欽定大清會典則例』 권 95.

248 도곡집 권 3, 「入燕都, 處乾魚衚衕」; 같은 곳 「紀行述懷 次三淵韻」 其 46. "근래 새로 지어 우리 사신 머물게 하니, 전날 옥하관을 대신한 것 近復新創處我使。替他前日館玉河."; 같은 곳 「留館日無聊 漫次杜陵韻 追叙行役 爲一大篇 百韻」 주에도. "저 나라가 우리 사신을 위해 집을 지어 머물게 하고는 건어호동이라 했다. 彼國爲我使, 構屋而處之, 名曰乾魚衚衕."라고 하였다.

249 황재, 『국역 갑인연행록』 권 2 8월 7일 기사(고전번역원).

왕푸징(王府井) 대가 동북쪽의 감우호동(甘雨胡同)으로 보았다.[250] 건어(乾魚, gānyú)와 감우(甘雨, gānyǔ)의 발음이 거의 같은 것도 그런 주장에 힘을 보탠다. 이렇게 볼 경우, "길을 돌아서 남쪽으로 가고 다시 돌아서 서쪽으로 가다가 건어호동에 들어섰다."는 황재의 기록은 지리 정황과 부합된다. 논란의 여지가 없는 것은 아니지만,[251] 여기서는 명청 시기 조선 사신의 숙소를 옥하관으로 설정하고 논의를 진행한다.

그렇다면 역관이나 의원 등 사신의 수행 관리들과 구마 등 하천배, 이밖에 수많은 상인들은 어디에 묵었을까? 다행히 김경선의 기록이 있어 당시의 상황을 추정할 수 있다.

> 듣건대 옛날에 관사가 협소하여 용납할 수 없으므로, 우리가 따로 동쪽 담 밖의 집 하나를 사서 터 가지고 용접(容接)하는 곳을 만들었는데, 이것이 이른바 북캉[北炕]이었다. 상사와 부사의 주방과 임역(任譯)의 거주를 다 여기에 옮겼다. 그리고 그 나머지 공터 수백 묘에는 수행한 장사치들이 각각 삿자리 집을 지어 지냈는데, 돈이 넉넉한 자는 온돌방을 좀 사치스럽게 꾸몄다. 일행의 쇄마(刷馬)와 역마(驛馬)는 모두 삿자리 집 밖의 노천에 있었다. 이른바 도복인마(都卜人馬)가 관 밖에 있으므로 임시로 5~6칸짜리 집 하나를 사서 구인(驅人)들을 거처하게 하였으나 말은 다 노천에 서게 되었다.[252]

---

250 祁慶富·김성남, 앞의 논문. 주요 논거는 두 가지이다. 하나는 『欽定日下舊聞考』 권 45에 실려 있는 "원극관이 건어호동에 있었는데, 지금도 존속한다. 元極觀在乾魚衚衕, 今存."라는 구절, 그리고 1732년 건어호동에 묵었던 이의현이 「壬子燕行雜識」에 남긴, 숙소에서 몇 십 걸음도 채 되지 않은 천주당 구경 기사이다. 천주당 동당은 지금도 왕푸징(王府井)에 있다.

251 연행록의 기사를 보면 건어호동의 위치가 혼란스러워진다. 박지원은 건어호동이 정양문 안쪽 동쪽 성벽 아래 있다고 했고,(「알성퇴술, 조선관」) 김경선은 옥하관 뒤의 거리라고 했다(『연원직지』 권 3, 「악라사관기」). 김경선은 건어호동의 사관이 서관(西館)이라고 했는데(『연원직지』 권 2, 「옥하관기」), 이는 서관이 첨운패루(瞻雲牌樓) 거리에 있다고 한 박지원의 기술과 어긋난다(『열하일기』, 「황도기략, 서관」).

252 김경선, 『국역 연원직지』 권 2, 「 옥하관기」(고전번역원).

이에 따르면 사신들은 옥하관에, 주방과 역관 등은 새로 지은 북캉에, 그리고 상인들은 관사 주위 공터를 이용하여 형편에 따라 거처를 마련했으며, 구인(驅人)들은 사관 근처에 따로 집을 마련하여 묵게 하였으니, 사행 전체가 옥하관을 중심으로 모여 있었음을 알 수 있다. 북캉은 김창업의 『연행일기』에 나오는 것을 보아 늦어도 1712년 이전에 마련된 것이다. 아래 김창업의 기록을 근거로 조양문에서부터 옥하관까지의 경로를 하나하나 짚어 살펴보자.

> 성안의 큰길은 넓이가 겨우 70~80보로, 우리나라의 종가(鐘街)에 비해 3분의 1쯤 더 넓은 셈이다. 좌우의 시사(市肆) 역시 별로 화려하지 않았다. ①성문에 들어가 3리쯤 가니, 네거리가 있고 동서남북에 모두 패루가 있었으니 곧 사패루(四牌樓)이다. 패루 옆에는 '이인가(履仁街)'라고 씌어 있었다. ②동패루로 들어갔다가 남패루로 나와서 2~3리쯤 가니 성문이 바라보였으니, 바로 '숭문문(崇文門)'으로 도성의 동남문이다. ③또 이 문에 이르기 수백 보 앞에서 꺾어서 서쪽 1리 거리에 이르면 석교가 있으니, 바로 옥하교(玉河橋)다. … ④옥하교를 지나 수백 보를 가면 관에 이른다. 관은 길가 북쪽에 있었다. 통관배가 대문 안에 있다가 사신을 맞이하는데 거수례(擧手禮)로 하였다. 이곳을 지나 중문으로 들어가니 문안에 동서로 낭옥(廊屋)이 있는데 다 허물어져 있었다. 원역배가 거처하는 곳이다.[253]

조양문에서 서쪽으로 1.5km를 가면 동사패루(東四牌樓)가 나왔다. 네거리 길마다 패루가 서 있어 사패루인데, 서쪽에도 똑같은 것이 있어 '동(東)'을 붙인 것이다. 명나라 때 건립되었다고 하지만, 우리 문헌에는 1712년의 위 기록이 최초이다. 동서 패루에는 각각 '이인(履仁)'과 '행의(行義)'를, 남북의 패루에는 모두 '대시가(大市街)'를 새긴 돌 편액을 부착했다. 패루의 정식

---

253 김창업, 『국역 연행일기』 권 3, 12월 27일(고전번역원).

명칭은 패방(牌坊)이고, 상점·다리·사당·공관·효렴(孝廉) 등을 나타내는 몇 가지 기능을 가지고 있는데, 동사패루는 거리를 표시하는 기능을 한 것이다. 1954년 12월 서사패루, 동단패루, 서단패루(西單牌樓) 등과 함께 철거되었다.[254] 지금은 그 자리에 전철 6호선 동사참(東四站)이 있다.

동패루로 들어갔다가 남패루로 나왔다 함은, 동사패루 네거리에서 남쪽으로 길을 틀었다는 뜻이다. 동사패루에서 남쪽으로 1.8km를 가면 장안가(長安街)와 교차하는 지점에 동단패루(東單牌樓)가 서 있었다. 동단패루의 이름은 '취일(就日)'이었으며, 이는 장안가 서쪽 맞은편에 있는 '첨운(瞻雲)' 패루와 대칭을 이루었다. 박지원은 서단패루에 서관(西館)이 있었다고 증언했다. 건어호동에 묵을 경우에는 800m 지점에서 서쪽 골목으로 꺾어져 들어갔다. 동단패루에서 남쪽으로 직진하면 북경성의 남동문인 숭문문이 나타났다. 김창업 일행은 숭문문까지 이르지 않고 수백 걸음 못 미친 곳에서 서쪽으로 방향을 꺾었는데, 이곳이 동교민항(東交民巷)의 동쪽 끝 지점이다. 여기서 숭문문까지의 거리는 200m 남짓이니, 수백 걸음에 해당 된다.

동교민항의 원래 이름은 동강미항(東江米巷)이다. '항(巷)'은 '가(街)'와 '로(路)'는 물론 호동(衚衕)보다 좁은 골목길을 의미했다. 원나라 시절 이 길은 성 밖에 있었으며 강미항(江米巷)이라고 했다. 명나라 영락 연간 성을 개축하면서 성 안으로 들어왔는데, 대명문(大明門) 밖에 기반가(基盤街)를 닦으면서, 동강미항과 서강미항으로 나뉘었다. 원나라 때 남방에서 조운한 미곡(米穀)이 이 일대에서 하역 집산되었는데, 당시 남방의 나미(糯米, 찹쌀)를 북방 사람들은 강미(江米)라고 했다. 세월이 지자며 이 일대가 강미항이 된 것이다. 1860년 아편전쟁 이후 외국 공사가 이 일대에 대거 자리를 잡으면서, 이 거리는 'Legation Street'(使館街)로 일컬어졌고, 지도에 동교민항으로 표기되었

---

254 패루의 기능 및, 동사패루와 아래 설명하는 동단패루의 연혁에 대해서는 陶然野佬,「老北京的"单牌楼"和"四牌楼」(http://blog.sina.com.cn/s/blog_538fed5d0102uxlm.html, 2014.7.12.) 참조.

다. 교민(交民)은 외교지민(外交之民)의 줄임말이다. 서강미항은 자연 서교민항이 되었다.[255] 이 길을 따라 1km를 가면 정의로(正義路)와 교차하는 지점이 나오는데, 여기가 바로 남북으로 나란히 놓인 세 개의 옥하교 중 중옥하교 자리이다.

옥하는 1293년 곽수경(郭守敬)이 주도한 운하 건설의 일단으로 조성된 것이다. 옥천산(玉泉山)의 물을 적수담(積水潭)으로 끌어온 뒤, 황궁 안을 통과하게 했다. 이로 인해 어하(御河)라고도 불려졌다. 남하연(南河沿)과 북하연(北河沿) 등의 지명은 이 물줄기에서 기인한다. 옥하는 지금의 정의로 아래를 흘러 남옥하교에 이르러 동쪽으로 꺾여 통혜하로 들어갔다. 그중 지금의 동장안가에서 남옥하교에 이르는 구간은 정치적으로 매우 중요한 지역이었다. 1860년 이전에는 조정의 주요 부서들이, 그 이후에는 외국의 공관들이 그 주위에 밀집해 있었기 때문이다. 원대에는 조운 물류가 활발했고, 명대에는 최소한 물이 맑고 양 둑에는 버드나무가 늘어서 있어 그 풍광이 수려하기로 유명했는데, 1860년대 이후의 사진에는 물이 마르고 주변이 황폐해졌다.[256]

연행사들은 중옥하교를 건너 옥하관으로 들어갔다. 옥하교의 건립 연대는 명확하지 않은데, 옥하 조성 시기에서 멀지 않을 것으로 추정된다. 우리 기록에 옥하교는 15세기 후반부터 나타나기 시작한다. 1481년 홍귀달(1438~1504)은 옥하교 서쪽에 화려한 사관이 열려 있다고 했다.[257] 아래는 성현이 포착한 옥하교의 풍경이다.

---

255 동교민항의 내력에 대해서는 「老北京的"交民巷"牌楼」(http://blog.sina.com.cn/s/blog_538fed5d0102v0rr.html, 2014. 8. 26) 참조.

256 李弘, 「老地图中的帝都 26 百年前这里叫玉河」(http://opinion.caixin.com/2016-05-20/100945933.html, 2016. 5. 20) 참조.

257 『虛白續集』 권 4, 「六月一日發通州, 路上被雨, 馳入玉河館, 是夜又雨」. "… 星馳電奔入金城。玉河橋西華館開. …."

만 가지 수양버들 늘어진 주마대에　萬縷垂楊走馬臺
옥하의 흐르는 물 이끼보다 푸르러라　玉河流水碧於苔
물결치는 비단잉어 수를 다 셀 수 없고　跳波錦鯉看無數
따슨 볕 산들바람 고운 뺨 반짝이네　日暖風輕露錦顋

무지개 다리 위에 흰 옥돌 난간이라　夾路虹橋白玉欄
기대 선 아가씨의 쪽머리 반듯하네　倚欄纖手整螺鬟
백 자 늘인 동병에선 물방울 날리는데　銅瓶百尺飛瀾灑[258]
궁궐에서 흘러나와 식수로도 가능하네　源出金溝淨可餐[259]

성현은 세 차례(1472, 1485, 1488) 사신으로 북경에 다녀왔다. 위 시가 어느 해 지어진 것인지는 정확하지는 않지만, 15세기 후반 옥하교 일대의 풍광을 상상하는 데는 많은 도움이 된다. 양 둑에 버들이 늘어서 있다고 한 것은 중국의 역대 기록과 부합한다. 머리를 단정하게 단장한 미인이 난간에 기대고 있는 모습은, 옥하교 일대의 청수함을 더해주는 역할을 한다. 실제 사용 여부와는 상관없이, 성현의 눈에 비친 옥하의 물은 식수나 밥물로 사용해도 될 만큼 맑고 깨끗한 것이었다.

---

258 동병은 구리로 만든 두레박을 말한다. 蘇軾의 「昨見韓丞相 …」(『蘇東坡詩集』 권 29) 시에 "동병을 푸른 우물에 드리우니, 백척 난간에 날린 물방울이 울어 대네.〔銅瓶下碧井 百尺鳴飛瀾〕"라고 하였다. 임정기 역, 『허백당집』(고전번역원, 2008)의 주석 참조.

259 『허백당집』 권 3, 「玉河橋雜詠」.

7. 소결

연행사들은 옥하교를 건너 서쪽으로 수백 걸음 지나 옥하관에 당도했다. 한양을 떠난 지 한 달 반, 압록강을 건넌 뒤로 한달 동안 이어진 긴 여정이 일단 마무리되는 것이었다. 앞선 연구에서는 1441년 외국 사신을 위한 회동관을 건립했다고 했는데(각주 250), 천도 직후인 1421년부터 1440년 사이에도 외국 사신들이 묵는 관소가 있었고, 그 이름은 회동관으로 불렸던 것으로 보인다. 『세종실록』의 기사에는 1421년부터 1440년까지 북경 '회동관'이 11차례나 나온다. 자주는 아니지만 사이관, 회동사역관, 사역관, 오만관이란 명칭도 꾸준히 사용되었다. 가장 흔히 사용된 이름은 역시 옥하관이다. 이는 공식 칭호가 아니라 연행사들이 사용하던 관습상의 명칭으로, 중국의 문헌에서는 그 용례가 검색되지 않는다. 옥하관 명칭은 1463년 강희맹이 사관 수문관인 교위(校尉) 복이령(卜以齡)에게 준 시의 서문에 처음 보인다.[260] 이로부터 점차 자주 사용되었으며, 16세기 이후에는 사용 비중이 압도적으로 높아진다. 짐을 풀고 준비해 온 표자문서(表咨文書)를 예부에 제출하면서 사행의 공식 업무가 시작되었다. 사행의 옥하관 생활은 사안과 시대, 신분과 취향에 따라 달랐다. 사신들은 업무를 마친 뒤에도 한 달 정도를 여기서 머무는 경우가 많았다. 사신들은 옥하관에서 어떻게 생활했고, 거기에는 어떤 변화가 있었는가? 공식 외교는 어떤 방식으로 진행되었으며, 외교 업무가 종료된 이후 옥하관과 그 주변에서는 어떤 일들이 벌어졌는가? 옥하관이 우리에게 어떤 의미가 있으며, 어떤 일들을 기억해야 하는가? 옥하관에 도달한 이 시점에서 새롭게 떠오르는 의문들이다.

---

260 강희맹, 『私淑齋集』 권 4, 「贈卜校尉」(5수) "歲癸未秋, 希孟奉使朝燕, 寓玉河館. 一日, 散步門外, 門者卜校尉以齡, 敍寒暄 …."

18세기 후반 북경 우정의 허실虛實

-박제가의 마음속 출로, 연경의 우정-

평생토록 쓸쓸한 우리들의 신세여　　平生寂寂吾三子
구변의 반 다닌들 뉘라서 알아주리　　誰識行裝半九邊

박제가, 「영감사(靈感寺)의 밤, 유득공 이희경과 함께 앉아서 靈感寺夜坐同柳惠甫李三」(1790)

세상에서 누가 날 알아주려나　　海內誰知己
막막히 말발굽에 길을 맡기네　　悠悠信馬蹏

박제가, 「고북구 가는 길 北口道中」(1790)

1. 서언

박제가는 18세기 후반 조선이 도달한 여러 수준을 측정할 수 있는 리트머스시험지 같은 인물이다. 몇몇 분야에서 그의 성취는 곧 당시 조선의 성취였고, 그의 좌절과 패배는 곧 조선의 한계와 연결된다. 오늘날 보아 그가 이른 독보의 경지 중 하나는 근대 이전 그 유례를 찾기 어려운 외국 문사들과의 교유와 우정이다. 이는 대개 긍정적인 시선으로 조명되며, 매우 인간적인 미담 나아가 문화사적인 성취로 평가되곤 한다(18세기 조선의 우정 담론과 현상에 대한 평가도 이와 유사하다). 확실히 박제가의 국제 교유는 이례적이고 우정은 아름다워서 여전히 미적 충격과 윤리적 각성을 일으키는 힘을 지니고 있다.

하지만 아름다운 현상을 뒤집어 보면 꽤나 불편한 진실들도 발견된다. 그의 국제 교유와 우정은 문화사의 성취이기에 앞서 지극히 개인적이고 돌발적인 사건이다. 박제가의 교유는 국가의 지원이나 사회경제적인 성장의 뒷받침, 일정한 문화 수준의 토대 위에서 형성된 것이라고 보기는 힘들기 때문이다. 박제가의 교유와 우정은 개인 삶의 차원에서 먼저 이해되어야 한다. 이를 위해 그의 처지와 심리 등을 면밀하게 살펴야 하는데, 이 과정에서 '건강'에 의해 가려졌던 심리적 병증과 더불어 사회의 모순 등이 드러난다. 박제가의 교유와 우정은 홍양호·서호수나 홍대용·박지원의 그것과 다르고, 또 개인의 기질과 성향 때문에 비슷한 처지였던 이덕무·유득공의 그것과도 다를 수밖에 없다.[261]

이 글은 박제가의 삶에서 청조 문사들과의 교유와 우정이 갖는 자잘한 의미들을 밝히는 것을 목적으로 한다. 박제가는 왜 그토록 북경을 동경했으

---

261 모두 당대를 대표하는 문사이지만, 홍양호와 서호수는 외교 사절의 대표인 고위 관료였고, 홍대용과 박지원은 사신을 따라간 포의의 신분이었으며, 이덕무와 박제가 등은 서얼이었다. 이들은 모두 연행을 통해 청나라의 인사들과 교유했는데, 그 외양은 비슷해 보이지만 안으로는 적지 않은 차이가 있는 것으로 보인다. 이 차이를 이해하기 위해서는 더 정밀한 잣대가 필요하다.

며 유리창을 서성거렸는가? 박제가의 교유와 우정은 1790~1791년 즈음 집중되어 아주 진한 심리의 징후로 남는데, 왜 하필 그 시기인가? 아름다운 우정 이면의 심층 심리는 무엇인가? 박제가의 우정을 바라보는 우리의 시선에 진실을 외면하는 비겁함은 없는가? 박제가의 우정이 정작으로 지금 시대에 요구하는 성찰은 무엇인가? 이러한 의문들에 대한 소박한 답변을 내고자 한다. 논의는 교유의 세부 내용에 집중하기보다는, 박제가의 삶에서 북경 우정이 지니는 비중과 의미의 윤곽을 그리는 데 주력할 것이다.

2. 차이와 경계를 뛰어넘은 아름다운 우정

우정을 정의하는 것은 매우 어려운 일이지만, 옛사람들의 언급과 사례를 통해 어슴푸레하게나마 그 대략의 윤곽과 의미 범주를 잡는 일은 가능하다. ① 생사와 빈부와 귀천이 다를 때 교정(交情)을 볼 수 있다고 한 사마천의 말처럼,[262] 언어 · 나이 · 신분 · 빈부의 차이를 뛰어 넘거나 조건이 달라져도 달라지지 않는 마음의 상태나 관계와 관련이 있다. ② 지음(知音)의 고사나 지기(知己)에 관한 여러 언급대로 서로 상대방의 마음과 능력을 헤아리는 마음의 작용과 그에 대한 실천으로서 배려의 행위와 관련이 있다. ③ 신(信)이 오륜의 끝에 있음은 나머지 모든 윤리를 통섭하기 때문이라는 박지원의 견해와 같이, 서로에 대한 깊은 신뢰와 관련이 있다.[263] 최근 박성순은 '우정

262 『사기』, 「汲鄭列傳」.

263 『연암집』 권 8, 「放璚閣外傳自序」. 연암에게 영향을 끼친 명말의 하심은(何心隱)은 "천지의 사귐을 태(泰)라 하는데, 사귐은 벗에게서 완성되며, 부부와 부자와 군신 모두 그러한 사귐 아닌 것이 없다고 했다. "天地交曰泰, 交盡於友也. 友秉交也, 道而學盡於友之交也. … 夫婦也, 父子也, 君臣也, 泌不交也."(『何心隱集』 권 2, 「論友」) 李贄를 중심으로 한 명말 양명좌파의 우정론에 대해서는 오상훈, 「이탁오(李卓吾)의 교우관과 생사관」, 『전해종박사화갑기념사학논총』, 일조각, 1979 참조.

은 사랑의 윤리적 표현'이라는 프란체스코 알베르니의 명제를 근거로, "우정은 상대의 자유를 소중히 여기는 것으로 구조화되고, 그 토대를 흔드는 불평등의 원리들을 제거하면서 지속되며, 우정의 언어는 규범화된 집단에 대항하는 논리를 마련하면서 조직된다."는 보다 체계적인 견해를 내세웠다. 그에 따르면 우정이란 '너는 나다'의 동일시를 넘어 상대와 자신을 상대와 자신을 구별해내는 '나는 나다'의 인식에 도달하는 것이다.[264] 여러 발언들을 모으면 우정에 대한 다음과 같은 명제를 구성할 수 있다.

> 우정은 차이와 경계를 넘어 동등한 위치에서 서로를 이해하고 신뢰하며 자유롭게 하는 변치 않는 관계, 또는 마음의 작용이다.

하지만 이는 이론일 뿐이고 우정을 판단할 수 있는 것은 실제 사례이다. 우정의 사례는 대개 글로 된 이야기로 형태 지워지기 때문에, 우정론은 본질적으로 텍스트에 대한 접근으로써 성립된다. 박제가가 연경에서 맺은 우정은 풍부한 문헌으로 남아 있다. 그의 우정은 당대에 이미 특수한 미담으로 회자되었고, 영향 받은 후배들에 의해 계승되었다. 1920년대에 일본인 학자 후지쓰까(藤塚鄰)는 "그들의 시문 척독 필어나 관련 자료를 읽고 있으면 마치 건륭(乾隆) 가경(嘉慶) 시대에 살고 있는 듯한 느낌이 든다."라고 고백했다.[265] 중국인 학자 주제친(朱杰勤)도 18~19세기 조선과 청 문사들의 교유사를 소개하면서 한중우의의 역사적 의의를 새롭게 환기하였는데, 박제가의 우정이 중요한 사례로 거론되었다.[266] 박제가와 청조 문사들의 교유와 우정

---

264 박성순, 「우정의 윤리학과 진정성의 구조」, 『18세기 조선 문사의 문화의식』, 한양대출판부, 2001.

265 후지쓰까(藤塚鄰), 박희영 역, 『추사 김정희 또 다른 얼굴』, 아카데미하우스, 1994, 60쪽.

266 朱杰勤, 「十八, 九世紀中朝學者的友好合作關係」, 『中外關係史論文集』(河南人民出版社, 1984). 처음 논문이 발표된 시기는 1978년이며, 여기 한중관계에서의 한국(조선)은 당시 긴밀한 맹방관계를 유지하며 반미 공조 노선을 펼치던 북한을 가리킨다.

은 최근 연구 환경의 변화와 더불어 집중적으로 주목받고 있으며,[267] 이는 인물별로 더 확장될 가능성이 높다.

박제가의 교우 사례를 모두 드는 것은 불가능할뿐더러 비효율적이기 때문에 두 사례만 들어본다. 우정의 쌍방성을 고려하여 청나라 인사들의 글만을 뽑아 이들 사이의 우정을 가늠해보기로 한다.

우연히 서로 만나 곧바로 친해졌는데	偶然相見卽相親
헤어진 뒤 어느새 몇 번 봄 지났는가	別後匆匆又幾春
거꾸로 신발 신고 천하 선비 맞으면서	倒屐常迎天下士
시 읊던 해동 사람 애타게 그리노라	吟詩最憶海東人
산과 하천 가로막혀 편지 한 장 없어서	關河兩地無書札
사신들 올 때마다 그 이름을 묻는다오	名姓頻年問使臣
혹 새로 시를 지어 나를 아니 그렸는지	可有新篇褱我未
늙은이 양 살쩍은 은빛으로 물든 것을	老夫雙鬢漸如銀[268]

헤어진 지 어느덧 한 해가 지나가니 이 마음은 마치 무엇을 잃어버린 듯하오. 그리움이 일 때마다 문득 그대가 보여준 시책(詩冊)과 주고받은 물건들

---

267 대표적인 성과로는 안대회, 「초정 박제가의 연행과 일상 속의 국제교류」, 『동방학지』 145, 연세대 국학연구원, 2009; 楊雨蕾, 김관웅 · 금지아 역, 「호저(縞紵)의 정(情)」, 『규장각』 38, 서울대 규장각, 2011.

268 『縞紵集』 제 2책 권 2에 「이후 선생(박제가)을 그리며 寄褱而后先生」이란 제목으로, 기윤의 『紀文達公集』 권 11에 「박제가를 그리며 懷朴齊家」란 제목으로 실려 있다. 박장암은 이 시에 "내가 보기에 기상서는 이 시를 지어 선공을 부르는 뜻의 편지를 보내 우리 선대왕께 청했던 것으로 보인다. 왕께서는 즉시 선공의 입시를 명하여 이 시를 직접 하사하셨는데, 환한 얼굴로 시신들을 돌아보며 유시하시길, '이로 보아 박제가은 나라를 빛낸 인재가 아닌가! 더욱 기이하도다'라고 하셨다니, 어찌 뜨거운 마음으로 눈물을 삼키지 않을 수 있겠는가!"(長馣案, 尙書作此詩, 出給(送致)先公之意書, 請于我先大王, 上卽命先公入侍, 面賜此詩, 天顔和霽, 顧諭侍臣曰, 以此觀之, 朴齊家非華國之才歟, 益異云. 寧不慨然飮泣者乎.)라고 부기하였다. 박제가는 유배지 종성에 있던 1803년 2월 6일 되짚어 효람 선생이 보내준 시에 차운하다. 「追次曉嵐見寄詩韻」(『정유각시집』 권 5)을 지었다.

을 펼쳐놓지요. 그러면 꿈인 듯 생시인 듯 그 모습이 보이는 듯도 하고, 꿈결 속에 나는 장경교(長慶橋) 서쪽에 자리하여 그대와 만나 커다란 소나무와 이름난 샘물 사이에서 이야기를 나누곤 합니다. 내가 그대를 그리는 것으로 미루어 그대가 나를 얼마나 생각할지 알 수 있습니다. 정월 닷새 날 원조헌(遠照軒)과 만나 그대가 직접 쓴 편지를 받았는데, 그 뜻이 은근하고 절실하여 나로 하여금 그리움을 견디지 못하게 합니다. 윤공이 나를 위해 그대의 요즘 정황을 모두 말해주어 깊이 위로가 됩니다. … 여러 남천(南泉) 이병수(伊秉綬)와 검담(劒潭) 왕서광(王端光) 같은 벗들은 모두 그대의 안부를 궁금해 합니다. 그런데 두 사람이 말하기를, 그대의 회인시(懷人詩)에 어째서 우리 세 사람이 없느냐고 하더군요. 원조헌은 격조가 높아 기뻐할 만하여 아우와 한 번 보고는 오랜 친구가 되었으니 참으로 차수(次修)의 벗이 되기에 마땅합니다.[269]

시는 기윤(紀昀, 1724~1805)이 박제가에게 보낸 것으로, 그 시기는 박제가가 2~3차 연행을 마치고 돌아온 1791년에서 두세 해가 지난 뒤로 보인다. 박제가는 1790년 8월 2차 연행에서 처음 기윤을 만났는데, 어디서 또 몇 차례나 만났는지는 기록이 없다.[270] 두 사람의 필담록이 남아 있는데 『열미초당필기(閱微草堂筆記)』(1800년 간) 관련 내용이 있는 것으로 보아 1801년 4차 연행 때의 것으로 보인다. 사고전서 편수관이었던 기윤은 조선 사신과의 교

---

269 龔協, 「次修先生手披」. "別來倏已一年, 此心忽忽如有所失. 每一念及, 輒展足下所示詩冊, 往復觀玩. 於是, 夢寐之間, 如或見之, 恍惚置我於長慶橋西, 與足下相晤, 對於大松名泉間也. 我之思君, 知君之思我矣. 獻歲五日, 得晤遠照軒, 接到足下手書, 意致勤眷, 殊使我難以爲懷. 尹公又爲我, 道足下一切近狀, 深爲慰藉. … 諸同好如伊南泉 · 汪劒潭, 皆致意於足下. 南泉 · 劒潭云, 足下懷人詩, 何以無我三人耶. 遠照軒灑脫可喜, 與弟一見如故, 眞足當次修之友矣."(『縞紵集』 제 2책 권 2)

270 웅방수(熊方受)의 다음 시 제목으로 보아, 사신관 곁의 한림서상관에서 기윤, 옹방강, 철보 등이 함께 모인 적이 있다는 것은 알 수 있다. 「乾隆五十五年八月, 晤次修檢書于庶常館, 鐵冶亭侍郎, 翁潭溪學士, 紀曉嵐尙書, 爭贈以詩. 因作長歌, 幷錄舊作數首, 將以貽之, 會有他故, 不能卒冊. 卽持贈次修, 且附數語, 不審何日更了此緣也」(『호저집』 제 2책 권 2)

유에 적극적이어서, 박제가와 유득공 뿐 아니라 홍양호와 서호수 등과도 교분을 나누었다. 아래 편지는 공협(龔協, 1751~?)이 1791년 1월 헤어진 다음 해 1월 북경에서 원조헌(遠照軒) 윤인태(尹仁泰) 편에 부친 것이다. 공협은 필담을 나누던 중 자기 집안 계보와 자식들 상황까지 자세하게 알려주며 세교(世交)를 제안했을 정도로 박제가에게 친밀감을 보여준 인물이다.[271] 왕어양이 어머니 쪽으로 고조부가 되며, 뒷날 비방에 걸려 흑룡강성으로 유배를 떠나 박제가의 안타까움을 샀다. 박제가의 문집에는 두 사람을 그리거나 그들에게 준 시가 각각 네 수씩 실려 있다.

두 편의 글은 우선 헤어진 지 최소한 1년이 지난 시점에서 애틋한 그리움을 담아 이국의 벗에게 보낸 것이라는 점에서 외형상 공통점을 지닌다. 보다 중요한 것은 이 글들에서 깊은 우정을 읽을 수 있다는 점이다. 기윤·공협과 박제가는 국적이 다르고 언어가 통하지 않는 차이를 뛰어 넘었다. 더구나 기윤과의 나이 차이는 26살에 이른다. 이들은 국적과 언어는 물론 서로의 신분을 따지지 않고 동등한 위치에서 서로를 대했던 것이다. 언어가 통하지 않았지만 다행히 문언문은 공유하여 이것이 소통의 매체가 되었다. 일정한 세월의 경과는 이들의 우정이 1회성으로 끝난 것이 아니라 지속적이었다는 징표가 된다. 두 사람이 어느 정도 박제가를 이해했는지는 미지수이다. 하지만 이들이 박제가와 깊이 교감하고 그를 좋아하였으며 굳게 신뢰한 것은 의심의 여지가 없어 보인다. 기윤은 평소 천하의 명사 만나기를 좋아하여 많은 사람을 만났지만 그중에서 가장 기억이 나는 사람은 박제가였으며, 그래서 사신들이 올 때마다 박제가의 이름이 있는지를 물었다고 했다. 이는 박제가를 천하 명사 중의 명사로 인정한다는 신뢰감의 표현이다. 공협도 그리울 때마다 상상 속에서 장경교(長慶橋) 서쪽 박제가의 집을 찾아 이야기를 나누고, 자기의 마음으로 미뤄 박제가도 자기를 그리워할 것을 확신하였으며, 편지

271 『호저집』 제1책 권1.

를 전해준 윤인태에 대한 전폭적인 신뢰감을 표현하였는데, 이러한 마음은 기윤의 그것과 다르지 않다. 이들에 대한 박제가의 마음과 태도는 두말할 나위가 없다.

극복하기 어려운 차이를 뛰어넘어 서로 깊은 신뢰와 이해(애정)을 이어 나가면서도, 상대방을 구속하지 않고 각각 자유로운 자아를 지켜낸 이들의 우정은 동시대 및 지금까지 많은 사람들의 감동과 공명을 자아냈다는 점에서 매우 미적이다. 이를 토대로 조선과 청 두 나라 문사들의 교유가 면면히 이어졌다. 또한 이들의 우정은 배타적으로 경계(계급) 내의 연대를 고착시키거나 사회적 모순에 한계 지워지지 않고, 역사적 변혁과 인간 삶의 질적 향상을 위한 바람직한 우도를 성찰하게 한다는 점에서 자못 윤리적이다. 박제가의 우정은 오늘날에도 여전히 사회적 공감을 자아내며, 바람직한 윤리의 모색과 실천을 요구하고 있다. 이런 점에서 박제가가 보여주는 우정은 곧 그 시기 조선 사회가 도달한 미적·윤리적 성취의 수준이 된다.

3. 여기 모순과 부조리의 대안(對岸), 청·연경·유리창(琉璃廠)

박제가의 연경 교유는 그 대상의 숫자와 질적 깊이에서 상식을 넘어선다. 1809년 박장암(朴長馣)이 편찬한 『호저집(縞紵集)』(6권 2책)에 따르면, 박제가가 4차례의 연행을 통해 직간접으로 교유한 청나라 인물은 110명에 이른다. 한 차례 연행에서 연경에 머무는 기간을 30일로 잡는다면 박제가가 연경에서 묵은 기간은 120일 정도가 된다. 이들 중 시문과 필적(筆跡) 및 필담 등을 주고받은 사람이 70명에 이른다. 박제가가 귀국 후에도 잊지 못하고 회인시(懷人詩)나 잡절(雜絶) 등의 형식으로 그리움을 표백한 인물도 50명에 가깝다. 청나라 인사와의 교유가 한때의 가연(佳緣)이 되는 경우는 적지 않다. 하지만 박제가와 연경 인사와의 교유는 20살 무렵에 시작되어 50살이 넘을 때까지 지속되었다. 그것은 한때의 추억거리에 그치는 것이 아니라, 그의 삶에 활기를 불어넣은 동력이었고 위태로운 내면을 받쳐주는 지렛대였다.

박제가는 왜 그토록 연경의 벗들에게 집착했을까? 기억된 것의 의미는, 이 기억을 위해 소멸·망각·배제된 것들을 헤아리는 가운데 파악될 수 있다. 이 문제를 풀기 위해서는 개인 교유나 내면의 우정을 넘는, 조선·박제가·청 셋 사이의 함수 관계를 먼저 고려할 필요가 있다. 박제가에게 있어 당시 조선은 제반 부조리와 모순이 팽배한 사회였고, 그 원인은 사대부들의 무능과 부패였다. 그는 29세에 저술한 『북학의』에서 그러한 사실을 지적했고, 37세에는 작정하고 개혁 시책을 상언하면서 사족을 놀고먹는 나라의 좀벌레라고 비판의 수위를 극도로 높였다.[272] 이러한 생각은 그의 평생을 일관했다. 그것은 수백 년 간 쌓인, 뼈 속 깊이 든 병과 같아서 한때 한두 사람의 힘으로 고칠 수 있는 것이 아니었다. 이러한 현실에 박제가는 절망했고, 절망감은 입신의 한계라는 개인의 좌절과 어우러져 증폭되었다. 홍길동과 같은 반귀반천의 존재인 그의 능력이 뛰어나고 포부가 클수록 절망과 비애는 깊어질 수밖에 없었다.

안에서 도저히 모순이 풀리지 않을 때, 능력 있는 존재는 필연적으로 밖에서 출로를 모색할 수밖에 없다. 홍길동은 물리적인 힘으로 새로운 국가를 건설했지만, 그건 일종의 문학적 알레고리일 뿐 현실적으로 가능한 일이 아니었다. 박제가에게 있어 이러한 '여기의 모순'을 일시적으로 또 심리적으로 해소시켜 준 것이 바로 '연경의 사람들'이었다. 연경은 차별과 구속이 작동치 않는, 조선에서의 모든 부재와 결핍이 충족된 곳일뿐더러, 박제가가 성취한 수준 높은 학문과 문예가 기원한 장소이자, 조선의 고루함을 혁신할 수 있는 문명의 모델이었다. 박제가는 당대의 조선과 사대부를 극도로 부정

---

272 『국역 정유각집(하)』(돌베개, 2010)의 권 2, 「北學議自序」와 「丙午正月二十日朝參時典設署別提朴齊家所懷」 참조.

하였으며, 이 부정의 정도는 청나라 문명과 연경 문사에 대한 긍정의 정도와 반비례하였다. 동경은 혐오에 대한 반작용이며, 저기서 얻는 일체감의 강도는 여기에 상존하는 괴리감의 반증인 셈이다.

박제가의 조선 사대부와의 불화와 청·연경 문사에 대한 동경은 여러 시문에 나타나는데, 아래는 그중 하나이다.

> 아아, 저는 어떤 사람일까요! 27년 간 자라나 거북이처럼 움츠려 살다가 하루아침에 대인군자의 넘치는 칭찬을 두루 받으니 추운 골짝에 봄이 돌아오고 마른 나무에 꽃이 핍니다. 철석 간장인들 감읍하지 않을 수 있겠습니까! 저는 우활한 선비로 시대와 맞는 게 없고 성정도 너무 비장하여, 가을과 겨울 즈음에 이르면 온갖 감정이 몰려드는데 가족과 벗들도 알지 못합니다. 어렸을 때 호를 초정(楚亭)이라 했는데, 초정이라 함은 초인(楚人)의 「이소(離騷)」를 읽는 사람이란 뜻입니다. 문장은 깊은 조예가 없어 감히 예원의 여러 어른과 장단을 견줄 수 없고, 또한 후세에 전해지고 아니고를 마음에 두지 않아 때때로 붓을 들어 대략 뜻을 보일 정도입니다. 시는 억지로 지어선 안 되고 문장은 경제와 같이 가야 한다고 생각하여, 뜨거운 마음으로 정초(鄭樵)와 고염무(顧炎武)의 학문을 사모하였습니다. 민생이 날로 궁핍해짐을 슬퍼하고 동지들이 대개 가난한 것이 가여워, 중국의 제도를 배워 토실을 쌓고 수차를 만들어, 비용은 줄이되 수확은 두터이 함으로써 한 고을의 풍속을 옮겨 벗들의 삶이 어긋남이 없게 하는 것이 오랜 고심입니다. 하지만 작은 몸뚱이로 천하를 크게 돕는 뜻을 지녔고, 하룻저녁의 근심도 해결하지 못하면서 백년의 혜택을 바라고 있으니 어렵습니다. 이 말씀을 드리는 것은 하늘 끝의 지기께서 내가 어떤 사람인지를 그려 망령됨을 용서해주십사 하는 바람 때문입니다.[273]

---

273 『호저집』 상책 권 2. "嗟呼, 不佞誠何人哉. 黿處鼃居二十七年, 一朝被大君子吹噓剪拂, 無所不至, 寒谷

1777년경 사행인 편에 받은 이조원(李調元, 1734~1803) 편지에 대한 답서로 『호저집』에만 실려 있다(상책 권 1). 박제가에게 있어 조선에서의 27년 삶은 목을 잔뜩 움츠린 거북이나 자라 같은 삶이었고, 일면식도 없는 이조원이 편지에 의례히 써 보낸 칭찬은 죽어 있던 사람을 다시 살리는 듯한 감동을 주었다. 당대 조선과는 하나도 맞는 게 없었지만, 한 서얼 청년에게 세계는 거대한 산과도 같았는지라, 남몰래 슬퍼하고 괴로워할 수밖에 없었다. 이런 가운데서 그는 경제학에 뜻을 두었고, 그 모델은 중국의 제도였으며, 작게는 벗들을 크게는 백성들의 삶의 수준을 높이는 것을 목적으로 했다. 이듬해 연경을 다녀온 직후 『북학의』를 짓고, 절친한 벗으로부터 지나친 당벽(唐癖)에 대한 충고를 들을 정도로, 박제가가 청나라의 문물에 경도되었음은 잘 알려진 사실이다. 이는 1차적으로 조선의 현실에 대한 환멸과 절망에서 기인한 것이며, 연경에서의 우정은 이런 큰 맥락 속에서 고찰되어야 한다.

박제가의 마음이 향하고, 또 교유가 실천된 장소가 연경이었던 데에는 역사적 필연성이 있다. 1421년 이후 조선의 명청 사행은 연경까지로 제한되었고, 자유로운 교역·여행·유학 등은 일체 허용되지 않았다. 하지만 박제가의 상상력과 관심은 연경에 국한되지 않았다. 이 시기 진보 문사들은 서양의 존재를 알고 있었고, 박제가는 매우 적극적으로 개방적인 통상과 교류를 주장했다. 자신의 연경 체험을 중화의 변두리를 본 것에 지나지 않는다며 평가 절하했고,[274] 서양 선박을 탈 수만 있다면 관내(關內)의 제후보다 장

廻春, 枯木生華. 雖有鐵腸, 寧無感泣. 不佞迂士也, 與時無當, 性又多悲, 每於秋冬之際, 百單交集, 雖家人朋友, 莫能相解. 幼時號曰楚亭, 楚亭云者, 讀楚人之騷者也. 至於文章, 尤無深造, 固不敢與藝苑諸公爭長較短, 亦未嘗以傳與未傳, 置諸胸中. 時時命筆, 略見其志. 自以爲詩不强作·文附經濟, 慨然慕鄭漁仲·顧寧人之爲學. 哀民生之日乏, 憫同志之多窘, 欲學中國之制, 築土室, 造水車, 省費而厚斂, 移風俗於一鄕, 庶朋友之無違, 此宿夕之苦心也. 雖然, 以眇然之身, 而有大庇之志, 無終夕之憂, 而望百年之惠, 難矣哉. 所以爲此言者, 欲使天涯知己, 想其人而恕其妄耳."

274 시집 권 4, 「연경잡절, 자형 임은수와 헤어지며 옛일을 떠올려 붓 가는 대로 140수를 얻다. 燕京雜絶贈別任恩受姊兄 追憶信筆 凡得一百四十首」. "人言萬里道, 僅到中華邊. 未及益齋半, 空慙魯認先."

사군이 나올 것이라고도 했다.[275] 박제가의 넓은 세계인식과 해외에 대한 적극 관심은 그간 충분히 논의되어 재론을 요하지 않는다. 박제가에게 연경은 청나라의 문물 제도를 관찰하고 여러 문사들과 교유한 체험의 장소로서 특별한 의미를 지닌다. 연경 체험은 20대 이후 거의 평생 소중하게 기억되었으며, '여기'에서의 불화가 심해지면 일하(日下) 또는 일변(日邊)이라는 이름으로 호출되곤 했다.

18~19세기 조선 사신들에게 유리창은 특히 연경 중에서도 '서적 열람 구매' 및 '교유와 우정'의 장소로 약호화 되는 장소였다. 20살 무렵의 박제가를 감동시켰던 홍대용의 천애신교(天涯神交)도 유리창에서의 인연으로 시작되었고, 1777년 『한객건연집(韓客巾衍集)』을 들고 간 유금(柳琴)이 이조원(李朝元)을 찾아가게 되는 계기도 유리창에서 마련되었다. 박제가는 연행 이전부터 이미 간접적으로 유리창을 매개로 한 교유를 시작하였고, 이후 유리창은 특별한 기억과 그리움을 내포한 우정의 장소가 되었다. 박제가는 실제 연경에 머무는 동안 빈번하게 유리창을 다니며 사람들을 만나 사귀곤 했다. 그것이 가능했던 이유는 우선 물리적으로 유리창이 사관(使館)에서 가까워 왕래하기가 쉬웠고, 1712년 이후 문금(門禁)이 완화되어 사행의 바깥출입이 비교적 자유로워졌으며, 1772년 사고전서관(四庫全書館)이 개설됨으로써 천하의 서적과 문사들이 유리창에 모여들기 시작했다는 사실을 들 수 있다. 사신의 수행원 신분이었던 검서관의 주요 업무가 서적 관련이었으므로 자연스럽게 유리창 서사(書肆)에 발길이 잦아 그곳 사정에 익숙했다는 사실도 한 이유가 될 만하다.

'교유와 우정의 장소'로서 유리창의 기능은 시기에 따라 조금씩 달라진 것으로 보인다. 1778년 1차 연행의 경우 5월 15일부터 6월 15일까지 연경에

---

275 시집 권 1, 「왕어양이 세모에 지은 회인시를 흉내 내어 60수를 짓다. 戲倣王漁洋歲暮懷人六十首[幷小序]」20 '洪湛軒大容'. "朱墨餘閒萬里愁, 孤雲舊縣夢中州. 人生若上西洋舶, 估客優於關內侯."

머무는 동안 박제가는 이덕무와 함께 7차례 유리창에 갔고, 이정원(李鼎元, 5차례), 이기원(李驥元, 3차례), 당낙우(唐樂宇, 5차례), 축지당(祝芝堂, 3차례), 반정균(潘廷筠, 4차례), 심순심(沈醇心, 2차례) 등을 만났지만, 유리창에서 누군가를 만난 적은 없다.[276] 2~3차 연행(각각 1790년 7월 26일~9월 3일, 1790년 12월 25일경~1791년 1월 26일)[277]에서는 사정이 조금 달라진다. 박제가는 몇 차례 유리창 거리 안 관음각(觀音閣)으로 나빙(羅聘)을 찾아갔고, 거기서 왕조가(王肇嘉)와 전동벽(錢東壁) 등을 사귀었다. 또 웅방훈(熊方訓)이 박제가에게 골동품을 사주기 위해 여러 차례 유리창을 갔다는 증언으로 보아, 이들의 교유에 유리창이 직간접적으로 연루되었음을 추정할 수 있다. 이밖에 박제가는 송균암(松筠菴), 선무방(宣南坊), 미소재(米蘇齋), 관음사(觀音寺), 미시호동(米市胡同) 등지로 장문도(張問陶), 만응성(萬應馨), 강덕량(江德量), 반정균(潘庭筠), 진숭본(陳崇本) 등을 찾아갔는데, 관음사를 제외하면 모두 유리창 근처에 있었다.

그런데 1801년 4차 연행에서는 사정이 확연히 달라진다. 주자서 구입을 위해 사은사와 동행한 박제가와 유득공은 4월 1일에서 5월 2일 사이 연경에 머문다.[278] 사람들을 만나 사귄 장소는 거의 모두 유리창 서사였다. 『호저집』에 기록이 남은 사람만 해도 이정원(李鼎元), 진단(陳鱣), 황성(黃成), 성학도(盛學度), 황비열(黃丕烈) 등 다섯 명에 이른다. 『연대재유록』에는 조금 더 많은 사례가 소개되었는데, 서사는 대개 오류거(五柳居)였던 것으로 보인다. 1778년부터 몇 차례에 걸쳐 연행하면서 오류거에서 많은 책을 구입하였기 때문에 자연 주인과 친분과 신뢰가 생겨 서사를 편하게 이용하였고, 서사 주인 또

---

276 유리창 근처의 사천신회관(四川新會館)으로 당낙우(唐樂宇)를 만나러 간 적은 있다. 이 시기 박제가의 연경 행적은 이덕무의 「入燕記」에 자세하다(『국역청장관전서』 제 11책).

277 2차 연행의 일정은 서호수의 『燕行紀』(『국역 연행록선집』 제 5책)와 김기성(金箕性)의 『燕行日記』(임기중·夫馬進 편, 『연행록전집 일본소장편 1』, 동국대 한국문학연구소, 2001)을 참고. 다만 김기성의 『연행일기』는 권 2의 1791년 1월 17일부터 수록되어 있어, 그 이전 일정은 정확히 알 수 없다.

278 일정은 유득공의 『燕臺再遊錄』(『국역연행록선집』 제 7책)에 자세하다. 박제가는 이 연행에서 돌아온 직후 옥사에 연루되어 유배를 떠났다. 문집에 관련 시문이 거의 실리지 않은 것은 이 때문이다.

그림 54 유리창 관음사가(觀音寺街)에 퇴락한 채 남아있는 호국관음사(護國觀音寺)의 2011년 모습이다. 혹시 이곳이 나빙과 박제가가 만났던 곳인가 하여 한참을 서성거렸다.

한 자연스럽게 자기 고객들을 박제가 등에게 소개시켜주었던 까닭이다.[279]

이곳의 현실인 조선과 사대부에 대한 불신과 부정은 박제가의 내면에 그 대안(對岸)에 대한 동경과 선망을 만들어냈고, 동경과 선망은 네 차례에

---

279 『호저집』에 실린 다음 黃丕烈의 시 제목이 좋은 증거가 된다. 「내가 오류거 서점의 주인과 막역한 벗이 되어, 도성에 가면 매번 책을 보려고 그 서점에 가곤 하였다. 그때 박정유, 유혜풍 두 분과 만나 기이한 책을 감상하고 의심나는 것을 풀었으니, 참으로 이번에 북쪽에 온 것이 해외 군자와의 사귐을 얻기 위한 것임을 깨달았다. 떠나는 날이 가까워 글을 주고 싶은 생각이 있었지만 스스로 재주가 졸렬함이 부끄러워 그렇게 하지는 못하였다. 4월 27일에 숙소에 무료하게 있다가 점심밥을 먹은 뒤에 먹을 갈고 종이를 펼쳐 7언 고시 20운을 얻었다. 가져가서 두 분께 드리니, 마땅히 내가 너무 쉽게 내놓는 것을 웃고 다듬지 않은 옥 다듬지 않은 옥을 보여주는 것을 비웃음이 있을 것이다. 余與五柳居主人, 爲莫逆交. 至都每觀書, 至其肆. 時遇朴貞蕤 · 柳惠風二公, 賞奇釋疑. 眞覺此番此來, 獲交海外君子. 臨行之日, 思有以贈. 自愧才拙未能也. 四月二十七日, 在寓無聊, 午飯後, 磨墨伸紙, 得七言古二十韻, 持贈二公. 當笑我出之太易. 有示璞之譏已.」(하책 권 3)

걸친 연행을 통해서 새로운 사회에 대한 학문적 전망과 강렬한 일체감의 우정으로 전환되었다. 그러한 전환이 이루어진 장소는 연경이었다. 박제가의 삶에서 연경과 거기서 맺은 우정은 현실과의 불화와 이로 인한 절망감을 보상하는 심리적 출로가 된다. 유리창은 연경에서도 교유의 핵심 장소였다.

4. 불화의 증폭과 결핍감의 팽배 속 1790년

박제가에게 있어 1790년은 매우 특별한 해이다. 5월 27일 건륭제의 만수절 축하사절의 수행원으로 한양을 출발하여, 열하와 북경을 거쳐 10월 22일에야 한양에 도착했다. 12년만의 연행으로, 29세의 청년은 41세의 장년의 몸이 되었다. 이 연행은 통상의 경로가 아닌, 신점에서 의무려산 뒤를 돌아 변장과 장성 밖으로 나가 열하(熱河)로 직행하는 길을 이용했는데, 연행의 역사에서 유일한 사례이다. 5개월 만에 돌아왔지만 박제가는 겨우 이틀밖에 쉬지 못했다. 6월 18일의 원자 탄생에 대한 건륭제의 특별한 축하에 사례하기 위해 임시 군기시정(軍器寺正)이 되어 지친 몸을 이끌고 동지사행과 함께 3차 연행 길에 나섰고 이듬해 3월 7일에 한양에 돌아왔다. 아홉 달 이상을 나그네가 되어 객지를 떠돈 것이다. 그중 연경에 머문 시기는 대략 70일쯤이 된다. 정신적으로도 육체적으로도 피로가 극에 달한 해이다.

하지만 이 극심한 피로 속에 보낸 이 9개월 작게는 70일의 시간은 박제가의 생애에서 우정이 가장 빛났던 때이다. 『호저집』은 박제가의 교유 내용을, 크게 무술년(1778), 경술·신해년(1790~1791), 신유년(1801)으로 분류하였다. 교유 인물의 인적 사항과 인물 별 박제가의 시문을 기술한 상책의 경우 소개한 인물은 각각 26명, 93명, 48명이다. 주고받은 시문을 정리한 하책은 경우는 각각 14명, 37명, 18명이다. 그나마 권 1에 소개된 내용 중에는 그 전후에 있었던 것들이 많이 섞여 있다. 문집에 실린 시의 경우 1차 연행시의

그림 55 나빙(羅聘, 1733~1799)이 그려준 박제가 초상. 두 사람은 1790년 8월 유리창 서쪽 관음사(觀音寺)에서 처음 만나 서로에게 깊이 스며들었다. 당시 나빙은 궁핍했고, 박제가는 불우했다.

교유와 관련 시는 4수에 지나지 않는다. 2~3차 연행에서는 25수가 넘는다. 여기에 1791년 귀국 직후에 지은 「회인시」 50수, 1793년에 지은 「속회인시」 18수이며, 1796년에 지은 「연경잡절(燕京雜絶)」에도 교유시가 20수나 된다. 박제가의 연경 교유는 1790~1791년에 걸쳐 절정에 달했고 우정은 깊어졌다. 왜일까?

앞 절에서 본 것처럼 박제가와 조선 사대부와의 불화, 그리고 이에 대한 반작용으로 청나라의 문물과 문사에 대한 선망은 20세 무렵 형성되어 거의 전 생애를 일관했다. 정조와의 만남과 검서관 임용은 한때 그를 크게 고무시켰다. 그는 평생의 포부를 실현할 수 있다고 믿었고, 『북학의』는 그러한 열망의 소산이었다. 하지만 1786년 「병오소회(丙午所懷)」를 기점으로 잠복해 있던 불화와 불만이 드러나기 시작했다. 10년이 지나도 검서관은 여전히 비정규 말직에 지나지 않았고, 실현할 수 있다고 믿었던 경세제민의 포부는 절대적 한계에 부딪쳐 무력하기만 했다. 세계와의 동일성은 정조에 대한 보은의식 및 몇몇 동류들과의 정신적 연대 정도만 명맥을 유지했고, 갈수록 긴극은 멀어지고 절망의 골은 깊어졌나. 새로운 세계는 열리지 않았고, 박제가의 삶은 지루한 매너리즘에 빠졌다. 이러한 가운데 12년 만에 2차 연행의 기회가 찾아왔다.

1790~1791년 연경에서의 폭발적인 교유와 우정을 이해하기 위해서는 이 무렵 박제가의 마음을 엿볼 필요가 있다. 7월 9일 사행은 조양(朝陽)에 도착하여 관제묘에서 묵었다. 세 사신은 별 일 없이 잠든 가운데, 수행원 세 사람(박제가, 유득공, 이희경)만 새벽에 이르도록 술을 마시며 잠들지 못했다. 세 사람은 각각 그날 밤의 정경을 시로 남겨놓았는데, 아래는 박제가의 작품이다.

처마 위로 달 뜨고 푸른 안개 차운데	月上觚稜淨綠烟
마름풀 빈 섬돌에 우두커니 앉았자니	空堦荇藻坐翛然
청산은 흥중부의 옛 시절 말해주고	靑山舊說興中府
묵은 절 아직까지 철목 시대 전해주네	古寺猶傳鐵木秊
금오리 향로 식어 발도 막 내려가고	金鴨香寒纔下箔
벌레 소리 애절하여 선담도 그만두네	艸蟲聲切罷談禪
평생토록 쓸쓸한 우리들의 신세여	平生寂寂吾三子
구변의 반 다닌들 뉘라서 알아주리	誰識行裝半九邊[280]

280 『정유각시집』 권 3, 「靈感寺夜坐 同柳惠甫, 李十三」.

수련에서는 시공간의 배경을 제시했다. 밤이 깊어 초가을 안개가 서늘하고 달빛이 만든 나뭇잎 그림자가 물풀처럼 흔들리는 섬돌 위에 시인과 벗들이 우두커니 앉아 있다. 함련은 조양에 서린 역사의 사연을 말했다. 이곳은 먼 옛날 중원을 호령하며 찬란한 문화를 꽃피웠던 요(遼)나라의 흥중부(興中府)가 있었으며, 그 뒤에는 세계 제국 건설의 주역인 칭기즈칸 테무친[鐵木眞]의 행적이 남아 있는 장소이다. 요와 원(元)은 모두 대제국이었고, 그 주역들은 세칭 불후의 영웅들이다.

먼 곳에서 만난 먼 옛날 영웅과 그들의 위업은 문득 사람의 마음을 걷잡을 수 없이 몰아간다. 그건 인생에 대한 허무감이고, 자신들의 삶이 속절없이 초라하고 보잘것없이 느껴지는 비소감(卑小感)이다. 객관 사실만 제시된 무아지경(無我之境)으로 보이나, 경중정(景中情)이고 물아(物我)는 상생호함(相生互涵)인지라 시인의 감정이 두루 착색되어 있는데, 사물과 자아의 사이를 이어주는 글자는 '설(說)'과 '전(傳)'이다. 그 순간 화자의 시선은 먼 옛날의 역사 사연에서 눈앞의 광경으로 옮겨온다.

인생처럼 밤은 깊어 향도 재만 남아 발을 내리고 방안으로 들어왔다. 세상 명리 같은 온갖 가상(假相)에 대한 집착을 버리고 선담(禪談)을 나누기 시작했지만 곧 그만두고 말았다. 가을을 예감한 풀벌레 소리들이 너무나 애처로웠기 때문이다. 함련에서 숨겨졌던 시인의 내면은 경련에 오면 은미하게 드러난다. 차갑고[寒] 애절함[切]은 향의 재나 벌레 소리가 아니라 시인의 마음이니, 집착과 번민에서 자유롭지 못했기 때문이다.

은미했던 마음은 미련에서 숨김없이 발화된다. 무엇이 이들을 잠 못 이루게 했는가? 천년 고도에서 이들이 공감한 것은 굴레처럼 운명 지어진 쓸쓸한[寂寂] 삶이다. 구변(九邊)[281]의 반을 다니며 경륜을 넓힌다 해도, 넓은 천

---

281 명나라 초기 동북방에 설치한 군사 방어벽으로, 대부분 흙으로 쌓았다. 조선에서는 보통 장장(長牆)으로 일컬었다. 최근 공식 용어는 변장(邊牆)이다. 아홉 개의 중요한 진(鎭)으로 나누었기에 구변(九邊)이라 하였다.

지는 그만두고 조선에 돌아가면 알아줄 사람 하나 없는 처지인 것이다. 박제가의 이 시는 조선사회에 있어 서얼 문사의 비애와 절망을 단적으로 보여준다. 세 사신이 모든 잠든 밤에 세 수행원이 밤 깊도록 술을 마시며 시를 지은 일은 그 자체로 매우 상징적인 사건이다. 또한 유득공·이희경과는 다른 이 시점 개인 박제가의 내면에 극도로 증폭된 공허감과 결핍감의 징표이기도 하다.

사행은 7월 15일 열하에 도착했고, 21일 열하를 떠나 연경으로 향했다. 22일에 고북구(古北口)를 지났는데, 아래 시는 그 날 지은 것이다.

먼 구름 위태로이 떨어지면서	遠雲危欲墮
석양을 향해서만 드리워 있네	偏向夕陽低
사신은 갈바람 가운데 가고	漢節秋風裏
장성은 고목의 서쪽에 있네	秦城古木西
큰 강은 흘러 흘러 쉬지 않는데	大河流不息
들판 기운 언제나 길 잃게 하네	平埜氣常迷
세상에서 누가 날 알아주려나	海內誰知己
막막히 말발굽에 길을 맡기네	悠悠信馬蹏[282]

전체적으로 가을[秋風] 저녁[夕陽]의 하강[墮]과 노쇠함[秦城·古木]의 분위기로 물들어 있는 작품이다. 때는 가을이요, 곳은 진(秦)나라 적 장성이 있는 곳이다(실제 고북구 장성은 명대에 축조된 것). 눈에 든 건 추락할 듯 낮게 깔린 구름이요, 묵은 나무이다. 구름이 위태로울 리 없으니 시인의 마음이 위태로운 상태이다. 고북구 동서에 있는 반룡산(蟠龍山)과 와호산(臥虎山) 사이로 조하(潮河)는 쉬지 않고 흘러 뜻을 얻지 못한 삶을 조급하게 하고, 사방에 펼쳐

282 『정유각시집』 제 3집, 「고북구 가는 길 古北口道中」.

진 광대한 산야는 새삼 존재의 미미함을 자각하게 하는 동시에 좌표를 잃게 만든다. 1~6구는 풍경만을 묘사했고 그 안에 자아를 표상하는 것은 '한절(漢節)' 두 글자 밖에 없다. 그는 아득한 시공간 속의 한 점에 지나지 않는데, 그에게서 흘러나오는 '일모도원(日暮途遠), 부지소향(不知所向)'의 짙은 비애감은 모든 외부 세계를 물들이고 있다. 마지막 두 구절은 그것에 대한 압축적 진술이다. 넓은 세상에는 그를 알아줄 사람이 없는 없다. 그는 문득 모든 의욕과 목적을 잃는다. 막막하고 아득한 상태에서[悠悠] 그저 말 가는대로 몸을 맡길 뿐이다.

2차 연행을 떠날 무렵 박제가는 극도의 무력감에 빠져 있었는데, 이는 연행 도중에도 전혀 치유되지 않았으니 고독감과 상실감은 객감(客感)과 상승작용을 일으키며 짙어져만 갔다. 그는 이런 심리 상태에서 연경에 도착했다. 자존심과 성취욕이 남달리 강했던 박제가에게는 자기 삶의 결손을 채워주고 괴리를 메워줄 무엇인가가 필요했다. 그것은 무언가 특별한 것이어야만 했다. 그 특별한 것은 바로 연경의 문사들이었다. 박제가는 연경에 머무는 동안 마치 탐식하듯 열정적으로 사람들을 만나 사귀었고, 예기치 않은 3차 연행은 교유의 연속성을 가능하게 했다. 지위와 명성을 따져 가리지 않는, 모든 조건을 떠나 서로 깊이 마음을 적시는 연경 문사과의 교유는 사실 20살 무렵부터 꿈꿔오던 것이었다. 3차 연행 귀로에 북진묘에서 지은 시에, 연경에서의 교우에 대한 감동적인 되새김이 잘 나타나 있다.[283] 박제가에게 있어 연경 문사들과의 교유는, 조선에서의 결핍을 채워주고도 남는 그런 소중한 것이었다.[284]

---

283 권 3, 「북진묘에서 북경의 여러 벗에게 부치다. 北鎭廟寄日下諸子」. 번역은 정민 외 역, 『정유각집(중)』, 돌베개, 2010, 152~153쪽 참조.

284 박제가는 3차 연행에서 돌아온 지 얼마 안 된 1791년 7월 규장각의 서국(書局)에서 박지원, 성대중 등과 함께 숙직하면서 여러 수의 시를 지었다. 그 중 한 수에서 그는 연경에서의 교유를 언급하고는, "희음(希音)이 여러분의 인정을 받았으니, 한 시절의 기림은 한 푼어치도 되지 않는다."고 하였다. 권 3, 「辛亥七月, 同淸莊泠菴, 奉命纂輯國朝兵事, 開局於秘省, 而靑城適就直, 太湖 · 燕巖 · 玉流諸公偶集」. "自笑名高謗亦

1790년 박제가의 연경 교유는 극도의 상실감과 좌절감의 토대 위에서 일어난 것이다. 그 무렵 박제가에는 삶의 결손을 채워주고 불평을 회복해줄 무엇인가가 간절하게 필요했는데, 그것은 바로 오랫동안 꿈꿔왔던 연경의 문사들이었다. 연경에서의 교우는 병리적 집착처럼 보일 정도인데, 이는 상실감과 좌절감을 보상받고자 하는 심리가 워낙 강렬했던 때문이다. 물론 이것만으로 교유가 가능했던 것은 아니다. 이는 보이지 않는 박제가의 조건일 뿐이다. 교유는 쌍방향의 상호 작용이니만큼 간절한 마음만으로 성사될 수 없고, 연경의 문사들을 매료시킬 만한 요소가 있었다고 보아야 한다. 그것은 박제가가 성취한 높은 수준의 학문과 교양이었다. 그 사이 연행의 경험이 축적되었고, 안목은 깊어졌다. 10여 년이 지나는 사이 그의 학식과 시문 창작 능력은 절정에 이르렀고 필법은 원숙해졌다. 전통 문인의 교양에 있어, 박제가는 연경 여러 문사들의 마음을 사로잡을 만한 수준에 이르렀다. 서얼의 신분과 검서관의 직무 한계에 갇혀 있던 박제가의 식견은 일시적이나마 연경 문사들과의 교유에서 마음껏 자유를 누리며 매력을 발산할 수 있었다.[285]

5. 불완전한 우정의 성립과 그 안의 불편한 진실들

지금까지 박제가와 연경 문사들 사이의 교유와 우정이 매우 감동적이면서도 바람직한 윤리적 전망을 가능하게 했고, 또 박제가의 삶에서 그 교

薰, 淸狂寧向若曹分. 天長箕尾飛騰野, 路展巫閭襞積雲. 墨藪詩林輪一夢, 水邊花下憶同醺. 希音枉被群公賞, 時譽何嘗値一文."

285 교유한 여러 문사들은 박제가의 학문과 필법에 탄사를 보냈다. 당시 연경에서 박제가의 성가는 무척이나 높아서 유리창에는 그의 가짜 필적이 유통될 정도였다고 한다(권 4, 「燕京雜絶 贈別任恩受姊兄 追憶信筆 凡得一百四十首」 137에 "검서관 박정유가 글씨를 쓰니, 유리창에 가짜 글씨 돌아다니네. 貞㽔檢書書, 廠中傳贋本."란 구절이 있다).

유가 이루어지고 우정이 맺어진 1790년의 북경 유리창의 특별한 의미를 살펴보았다. 이 지점에서 우리는 이런 의문을 제기할 수 있다. 아름다운 것은 그저 아름답기만 한 것이고, 윤리적 정당성은 정당성만으로 존립할 수 있는 것일까? 니체는 "무서운 깊이 없이 아름다운 표면은 존재하지 않는다."[286] 했고, 최후의 것을 최초의 것으로 잘못 생각하는 버릇이 철학자들의 가장 위험한 특질이라고 했다.[287] 그는 아름답고 빛나는 것은 더럽고 어두운 것 때문에 드러날 수 있고, 도덕이나 종교는 전적으로 공포와 편견에 근거한 오류의 심리학에 속한다고 단언했다.[288] 이러한 명제에 동의한다면, 미학과 윤리학 차원에서 확인했던 우정의 감동과 정당성을 다시 한 번 검토할 필요성이 생긴다.

미학과 윤리학의 시각에서 드러나지 않았던 교유와 우정의 실상을 보기 위해서는 사회학과 심리학 차원의 접근이 필요하다. 그것은 박제가가 말도 안 통하는 연경 문사들과의 사귐에 그토록 집착할 수밖에 없었던 토대로서 조선의 사회를 검토하는 일이고, 또 아름답고 감동적으로만 보이는 우정 이면에 감추어진 심층 심리를 투시하는 일이다. 2절에서 재구해 본 우정에 대한 명제 중 아직 깊이 따져보지 않은 요소가 있다. '동등성'이 그것이다. 우정은 차이와 경계는 물론 차별 요소를 배제한 동등성의 토대 위에서 성립할 수 있다고 가정해보자. 연경에서의 우정은 그것이 가능했기에 아름답고 정당했다. 박제가가 연경에서의 동등한 교유에 마음을 쏟았던 것은, 원인의 결과이자 작용에 대한 반작용이라고 할 수 있다. 그렇다면 그 원인과 작용에 해당되는 것은 일단 불평등이 된다. 박제가는 인간관계가 불평등한 사회 조건 속에서 동등한 교유를 갈망했던 것이다.

---

286 『비극의 탄생』 초판 서문. 민주식, 「니체의 예술철학-『비극의 탄생』에서 '디오니소스적인 것'의 의미, 『인문연구』 17, 영남대 인문과학연구소, 1997의 186쪽에서 재인용.

287 송무 옮김, 『우상의 황혼』, 청하, 1986, 37쪽.

288 위의 책, 55쪽.

여기서 우리는 불가피하게 조선의 신분 제도라고 하는 해묵은 의제를 다시 꺼내지 않을 수 없다. 조선은 건국 초부터 서얼의 등용을 엄격하게 제한했고, 이러한 제도 속에서 사대부와의 동등한 교유는 물론이고 가족 내에서의 호부호형도 허락되지 않았다. 제도 개선에 대한 요구가 여러 차례 제기되었음에도 불구하고, 그 문제는 박제가 시대에 이르도록 조금도 해결되지 않았다. 이는 역사적 사례도 없고 예법에도 없는 조선에서만의 특수한 현실로, 서얼들은 능력이 있어도 거기에 맞게 쓰이지 못했고, 양반과도 어울려 벗할 수가 없었다.[289] 실제 박제가는 이러한 제도의 모순을 인식하였으며, 이를 극복하고 개선하려고 노력했다. 그 과정에서 사대부들을 극도로 불신하였으며, 그들의 부도덕성과 무능력을 질타했다.[290] 이 시대 조선의 문사들 사이에 형성된 우정 담론의 표면을 보면 하나의 큰 덩어리로 보이지만, 그 실상을 들여다보면 그 안에 여러 층위와 색깔이 있었으며, 박제가의 우정은 대부분 신분상 동류(同類)의 교유에서 형성된 것임을 알 수 있다. 사회적으로 지극히 국한된 범위 안에서만 가능했던 것이다. 박제가는 현실 속의 '홍길동'이었던 셈이다.

이와 관련하여 주목할 만한 견해가 있다. 데리다는 우정이 평등한 인격체 간의 공유와 계약을 근간으로 하는 민주주의와 결부된다는 점에서 그것을 '민주주의의 정치학'으로 정의하였다. 이런 관점에서 우정이 성립할 수 있는 보편적 요건 두 가지를 제시했는데, 하나는 '지속성'과 '근접성'이다. 우정은 오랜 시간의 검증을 거쳐야 하며, 그 사이에는 대화가 있어야 한다. 사회 구성원 사이의 동등하고 지속적인 대화를 통해 바람직한 민주주의 사회가

---

289 이 시기 서얼 차별 제도의 문제점에 대한 비판적 의론이 형성되었다. 서얼 차별의 역사와 실상, 그리고 문제점에 대해서는 이익의 「서얼방한(庶孼防限)」(『국역 성호사설』 제 8권), 박지원의 「의청소통서얼소(擬請疏通庶孼疏)」(『국역 연암집』 제 3권), 정약용의 「서얼론(庶孼論)」(『국역 다산시문집』 제 12권)을 참조.

290 이는 「북학의자서(北學議序自)」, 「병오년 정월 20일 조참에서, 전설서 별제 박제가의 소회 丙午正月二十日早參時, 典設署別提朴齊家所懷」(『정유각문집』 권 2) 등의 글에 잘 나타나 있다.

형성될 수 있다는 관점에서 우정과 정치의 함수관계를 밝힌 것이다.[291] 이는 오랜 세월 아름다운 이야기로 전승되어 왔던, 무언의 교감과 그리움을 중시하는 우정의 사례, 특히 18~19세기 연행사들과 연경 문사들 사이에 조성된 신교(神交)의 우정관과는 괴리가 크다. 하지만 박제가가 보여주는 신교(神交)의 우정이 아름답기는 하지만 사회적 합리성과 정치적 건강성까지 담보하는 것은 아니며, 오히려 그 반대에서 탄생했다는 점에서 데리다의 견해는 유효하다. 아직 민주주의 사회체제를 논할 만한 단계는 아니라고 하더라도, 당시의 조선 사회는 이웃 나라들에 비해 심각한 불평등 요소가 많아 건강한 우정을 방해했던 것은 사실이다.

우정에 감추어져 있는 박제가 개인의 심리도 고려해야 한다. 1786년 「병오소회」를 기점으로 박제가는 점점 지쳐갔다. 마음 한편에는 정조의 지우(知遇)를 입어 국사에 참여하고, 이 세상 어느 누구도 자기만큼 먼 세계를 노닌 사람이 없을 것이라는 자부심이 있었다.[292] 하지만 이러한 자부심은 노쇠함, 피로감, 절망감에 의해 잠식되어 갔다. 3차 연행 시 의주에서는, "보잘 것 없는 자신의 관직에 부끄러움을 느꼈고, 군복을 입고 있는 행색을 자조하였다.[293] 책문에 이르러서는, 넓은 중원 땅에서 천년을 넘나드는 생각을 홀로 품고 있는 남다른 포부와, 만 리를 오가느라 부쩍 노쇠해버린 자신의 외모를 대비하여, 이상과 현실 사이의 크나큰 괴리를 탄식했다.[294] 통원보에

---

291 데리다의 우정론은 *The Politics of Friendship*, Translated by George Collins, Verso 2005에 담겨 있는데, 이 책은 아직 번역되거나 널리 소개되지 않고 있다. 본고에서는 김준년, 「인종의 역사와 우정의 윤리 - 후기 데리다를 통해 다시 본 카리브해의 인종정치학과 자메이카 킨케이드의 작품세계」, 『영어영문학』 제 56권 1호, 2010, 103~133쪽에 소개된 내용을 가져온 것이다.

292 3차 연행 귀로에 지은 「사류하술회(沙流河述懷)」(시집 권 3)에 "동국 사람 하나 둘 꼽아보아도, 나만큼 멀리 노닌 사람 없다오. 歷數東國人, 遠遊無我似."란 구절이 있다.

293 권 3, 「의주 객관의 밤 灣館夜賦」의 5~6구. "사신 수레 낮은 벼슬 부끄러운데, 군복 입고 서생 신세 웃음이 나네. 輶軒慙小吏, 袴褶笑書生."

294 권 3, 「동짓날 책문에서 柵門冬至」의 5~6구. "중원에서 천 년 생각 나 홀로 품었지만, 만 리 길에 흰 터럭 내 삶을 속였구나. 周原獨抱千年想, 華髮偏欺萬里蹤."

그림 56 「증추사동귀도(贈秋史東歸圖)」(1810). 청나라의 학인 주학년(朱鶴年, 1760~1834)이 조선으로 돌아가는 추사 김정희를 위해 그려준 그림이다. 이러한 국제 교유와 우정의 길을 닦아놓은 사람이 박제가이다.

서 연산관 가는 길에서는, 고니를 타고 하루만에 연경을 다녀왔으면 좋겠다고 했는데, 이는 극심한 피로감의 표현으로 보인다.[295] 유관(楡關)에서는 세 차례 연행으로 사해의 한 구석을 보았다고 자부할 수 있지만, 솟구치던 의기는 이미 다 줄었다고 고백했다.[296]

개혁 의지와 신념, 그리고 세상을 바꿀 수 있을 것 같은 호기는 감소하고, 그 자리를 절망과 체념이 잠식해가던 1790년 즈음 박제가의 앞에 연경의 문사들이 나타났다. 심한 공복의 상태에서 음식을 탐하듯, 박제가는 심각한 허망감 속에서 그들을 만나 마음을 주고받았다. 위안과 사랑의 결핍 속에서 맛본 일체감과 공명의 흥분은 아주 강렬한 것이었고, 이는 이들이

---

295 권 3, 「참봉 자범의 도중 시에 차운하다. 次參奉(箕元)子範途中」의 7~8구. "한 쌍의 고니에 몸을 맡겨 노닐면서, 압록강 연대(燕臺) 사이 하루에 오가고파. 遨遊願托雙黃鵠, 鴨水燕臺一日還."

296 권 3, 「유관(楡關)」의 5~8구. "10년 간 이 곳을 세 번 왔으니, 사해의 한 구석을 보았다 하리. 솟구치던 의기는 모두 사라져, 행로의 어려움을 비로소 아네. 十年三到處, 四海一邊看. 減却飛騰意, 方知道路難."

주고받은 시문과 필담 속에서 아직껏 생동한다. 그 교유는 만나자 헤어져야 하는 특수한 것이었다. 만남의 설렘과 일체감의 기쁨은 곧 헤어져야 하는 운명과 이별의 눈물 속에서 그대로 화석화되어 남았다. 만남 속에 이별이 내재해 있고, 이별하여 각자로 돌아가면서 만남은 그때의 그 감동과 충격으로 존속한다. 오해도 상처도 부담도 없는 우정은 결정체처럼 순수했다. 지속 반복되지 않는 순간의 만남이기에 오히려 영원할 수 있었던 셈이다.

니체는 친구와 우정의 실상에 대해 아주 냉소적으로 설파한 바 있다. 우정이라는 것은 수많은 오해와 착각을 무시하거나 외면하는 데서 성립되며, 반대로 서로에 대한 오류와 착각 때문에 가능하다는 것이다. 그리고 우정의 관계는 표현하거나 들추지 않는 데서 나오기 때문에, 친구로 남기 위해서는 침묵하는 법을 배워야만 한다고 했다. 이는 흔히 동일성이나 일체감을 우정의 표지로 생각하는 상식에 대한 전면적 전복이다. 그는 오랫동안 유럽에서 전승되어 온, 죽어가는 현자가 외쳤다는 잠언 "친구들이여, 친구라는 것은 존재하지 않는다!"에 반하여, "친구여, 적이란 존재하지 않는다!"고 주장한다.[297] 다양한 인간관계는 서로의 필요에 의한 연대이자 이해에 따른 결탁에 지나지 않는다는 뜻이다. 박제가의 연경 우정은 일상의 밖에서 이루어진 것이고, 현실 속에서 연루된 것이 아니다. 그렇기 때문에 서로 간에는 오해나 충돌이 생길 우려가 없다. 니체의 말을 빌리면 태생적으로 '서로에게 침묵하는', 역설적으로 그렇기에 유지될 수 있는 우정이었던 셈이다.

미적 감동과 윤리적 정당성에도 매우 불편한 진실들이 내재되어 있다. 박제가의 연경 우정은 비슷한 사례를 찾아보기 힘들 정도로 아름답고 정당하다. 하지만 그 아름다움과 정당성 속에는 조선의 심각한 사회 모순과 박제가의 불화가 놓여 있다. 표면의 빛에 현혹되면 볼 수 없는 불편한 진실이며 기원이다. 박제가의 연경 우정은 일상의 삶이 심리 현상, 지속되는 것이

---

297 니체, 김미기 옮김, 『인간적인 너무나 인간적인 1』, 책세상, 2007, 317~319쪽.

아닌 순간의 것, 현실의 것이 아닌 기억 속의 것에 가깝다. 보편적인 우정이 아니었기에 거기에는 특별한 아름다움이 있지만, 특별한 아름다움 속에는 남다른 모순과 상처가 감추어져 있었다. 그래서 그 우정은 아름답지만 무언가 불편함을 감추고 있고, 모순과 상처에서 태어났지만 여전히 아름다운 모순적인 존재이다. 이익은 서얼 제도의 개선을 논의하면서 『주역』의 "궁즉통(窮則通), 통즉변(通則變)."을 인용하여, 이제는 궁함이 극에 달했으니 변통해야 할 때라고 주장했다. 하지만 오랜 세월 고착된 제도와 풍속은 지배층의 완강한 기득권과 결탁하여 미동도 하지 않았다. 변통할 수 있는 부분은 개인의 심리나 기억에 지나지 않았다. 박제가 삶에 있어 연경 우정은 심리적 출로이자 내면의 통변이었던 것이다.

6. 소결, 한여름 밤의 꿈과 그대로 남은 현실

이 글은 근대 이전 우리 역사에서 유례가 드문 박제가의 국제 교유와 우정이 왜 하필 1790년 연경(유리창)에서 맺어졌으며, 그 사회적 조건과 심리적 기원이 무엇인가 하는 문제의식에서 출발하였다. 우정의 의미는 접근 각도와 문제의식의 수준에 따라 크게 달라지는데, 기왕의 논의는 대개 우정의 현상을 발굴하여 외적인 아름다움과 정당성을 강조하는 선에서 그치고 말았다. 또 개별적 사안에 접근해도 도출되는 결론은 별로 달라지지 않았다. 18~19세기 조청 문사의 교유와 우정이 지니는 의의를 매기기 위해서는 개별적인 사안에 대한 정밀한 접근이 선행되어야 한다는 전제로 논의한 결과, 박제가의 연경 우정은 조선의 사회 모순과 그 자신의 심각한 불화감 속에서 탄생한 것임을 확인할 수 있었다. 그 우정은 개인에게는 꽤 유효한 심리적 위안이 되기는 했지만, 불화감의 근거인 사회 모순을 해결해주지는 못했다. 우정의 강도는 조선 사회의 현실(수준)과는 반비례하는 것이었으니, 사회적인 차원에서 박제가의 우정은 지극히 불완전한 것이었던 셈이다.

박제가 우정의 사회적 조건과 심리의 실상을 따져보는 것은, 오늘날 우리 사회의 우정에 대한 성찰과 불가분의 관계가 있다. 아름답고 정당한 과거 현상 이면의 불편한 진실들에 대한 통찰은 오늘날 우리 사회의 우정이 지니는 문제점들에 성찰이 있어야만 가능한 일이다. 가혹한 서얼(庶孼) 방한(防限) 제도 속에서 과연 사대부와 서얼 사이의 우정이 가능했을까? 이는 노예제하의 미국에서 흑인과 백인이 서로 친구가 될 수 있었는가, 또는 자본주의 사회에서 자본가와 노동자 사이의 교유가 이루어질 수 있는가 하는 질문과 다르지 않다. 예외 사례가 있고 여러 조건들이 붙겠지만, 동등하지 않다면 불가능하다. 따라서 18세기 조선 사회의 불평등 조건을 외면하고 겉으로 드러나는 특수한 우정의 아름다움만을 주목하는 것은, 결과적으로 우정의 본실을 왜곡하는 것일 뿐만 아니라, 지금 우리 사회의 불평등 조건을 조장하거나 묵인하는 지적 도덕적 책임 방기 행위가 될 수 있다. 마찬가지로 연경 우정에 감추어진 박제가의 심리 상태를 엿보는 것은, 지금 우리 사회에서 별 의심 없이 강조되는 우정의 심리적 기원이나 부작용을 헤아리는 행위와 연결되어 있다. 아름다운 현상을 그저 아름답게만 볼 수 없는 이유이다.

『허클베리 핀』에서 도망 노예 짐은 헉에게 "넌 나의 유일한 친구"라 말하고, 다른 장면에서 헉은 짐과의 우정을 배반하기보다는 차라리 지옥에 가겠다고 결심한다. 여기서 지옥은 감옥으로 해석될 수 있다. 백인이 흑인의 친구로 남기 위해서는 범죄자 혹은 백인 사회의 적이 될 수밖에 없다. 칼 야스퍼스(Karl Jaspers)는 '형이상학적 죄(metaphysical guilt)'를 말했는데, 이는 만약 누군가 어떤 범죄를 막기 위해 할 수 있는 행동을 하지 않았을 때 가져야 하는 죄책감이라고 한다.[298] 짐과 헉의 사례는 심각한 불평등 사회에서 우정이란 그 차별 요소에 온몸으로 저항하는 가운데 성립될 수 있음을, 야스퍼스

298 김준년, 앞의 논문, 123~124쪽에서 재인용.

의 말은 아름다운 현상을 감각적으로 소비하는 것은 때로 죄악이 될 수도 있음을 의미한다. 박제가 시대의 신분제를 지금 고칠 수는 없지만, 단지 과거의 일이라는 이유만으로 망각되거나 낭만화 될 수 없다는 뜻이다.

시대가 달라졌고 사회 환경은 크게 변하여, 이제 서얼을 차별하는 제도는 없어졌고 외국인과의 우정은 일상이 되었다. 18세기 말 박제가의 우정은 더 이상 특별할 것도 아름다울 것도 없다. 하지만 박제가 시대의 모순은 사라진 대신에, 더 복잡하고 심각한 문제들이 생겨났고, 그 속에서 우정의 접착성은 강화되었고 다른 형태의 특수한 우정들이 나타났다. 이러한 현상의 저변에 우리가 쉽게 간취하지 못하는 배제와 폭력과 불평등과 억압이 놓여 있는 것은 아닐까? 누가 보아도 아름답지만 얼마간 불편하고, 불편함이 묻어 있긴 했어도 끝내는 아름다운 박제가의 우정이 오늘날 우리에게 던지는 질문이다. 1790년 박제가의 연경 우정을 살피는 일은, 오늘 우리 사회의 여러 우정에 대한 문제의식에서 출발하고 또 그쪽으로 향해야 한다.

제5장

오래전 떠나온 곳, 북방의 기운과 풍물

아득한 옛날에 나는 떠났다
부여(扶餘)를 숙신(肅愼)을 발해(渤海)를 여진(女眞)을 요(遼)를 금(金)을
흥안령(興安嶺)을 음산(陰山)을 아무우르를 숭가리를
범과 사슴과 너구리를 배반하고 송어와 메기와 개구리를 속이고 나는 떠났다
나는 그때 자작나무와 이깔나무의 슬퍼하든 것을 기억한다
갈대와 장풍의 붙들던 말도 잊지 않았다
오로촌이 멧돌을 잡어 나를 잔치해 보내든 것도
쏠론이 십리 길을 따라 나와 울든 것도 잊지 않았다

백석, 「북방에서 – 정현웅에게」(1940)

고북구(古北口) 반룡산(盤龍山長城)에서 금산령(金山嶺), 사마대(司馬臺)로 이어지는 명(明) 장성.
이 장성 요처에 구관((口關)을 설치하였으며, 그 북쪽을 구외(口外)라고 했다.
박지원의 「야출고북구기(夜出古北口記)」는 고북구를 지난 경험과 감회를 담은 글이다.

1345년 이곡李穀의 상도上都 행로

-북경~거용관居庸關~토목참土木站~난경灤京-

이로곡(李老谷)은 깊어서 천지가 좁고	李老谷深天地窄
창간령(槍竿嶺)은 가팔라 구름이 낮네	槍竿嶺峻雲霄薄

이곡, 「길에서 읊다 途中吟」(1345)

저물녘 소와 양 떼 대지에 가득하고	滿地牛羊屯落日
초원에 매와 개는 바람 좇아 사냥하네	逐風鷹犬獵平蕪

이곡, 「난경(灤京)」(1345)

1. 서언

1364년 처음 간행된 『가정집(稼亭集)』 권머리에는 「가정선생연보(稼亭先生年譜)」가 수록되어 있다. 3면으로 작성된 매우 간략한 이 연보에는 이곡이 다섯 차례 입원(入元)한 사실이 기재되어 있다. 그중 눈길을 끄는 것은 지정(至正) 5년(1345)의 '호가상도(扈駕上都)'라는 네 글자이다. 지정은 원 혜종(惠宗, 1333~1368 재위)의 연호이고, 호가는 왕이나 황제의 어가를 지척에서 수행했음을 의미하며, 상도는 원나라의 여름 수도[夏都]를 가리킨다. 원나라는 쿠빌라이칸 즉위 이후 대도(북경)와 상도를 대등하게 운영했고, 황제들은 3~9월 상도에 머물면서 정사를 돌보았다. 1451년 원나라에 들어가 북경에 머물고 있던 이곡은 1345년 황제의 행차를 따라 상도를 다녀온 것이었다. 다행히 그는 이 체험을 9제 12수의 시에 담아 남겨놓았다.

이 글은 '호가상도' 네 글자에 대한 의문에서 출발한다. 상도는 지금의 어느 지역이고, 원나라 황제는 왜 이곳에 갔으며, 이곡은 어떤 연유로 그 행차의 일원이 되었을까? 이 경험은 이곡의 삶에서 어떤 의미를 지닐까? 이곡은 상도를 오가는 길에 무엇을 보았고 어떤 생각을 했으며, 이를 기록으로 남겼을까? 이곡은 어떤 길로 상도를 오갔으며, 그 길은 오늘날 어떤 모습으로 남아 있을까? 그 지리 공간은 한국문학의 특별한 장소가 될 수 있을까? 677년 전 이 체험의 역사적 의미는 무엇이며, 그 체험을 담은 시문이 차지하는 한국문학사에서의 위상은 어떤 것일까? 본고는 이중 이곡이 체험한 상도 행로의 재구를 고증의 목표로 설정하고, 이를 토대로 이 행로와 시문에 대한 문학사의 의의 부여를 해석의 주안점으로 삼는다.

중국과 울타리를 맞대고 살아가는 것은 우리의 역사지리적 운명이다. 오랜 세월 두 나라는 평화와 대결을 거듭해왔다. 이는 오늘날 진행되고 있는 역사의 현존이며, 또 앞으로도 감당해야 하는 과제이다. 한국인의 중국 체험은 끊이지 않았으며, 체험의 방식은 역사 조건에 따라 다양하게 펼쳐졌으며, 그 흔적은 여러 형태로 남아 있다. 이는 중국이 한국의 중요한 역사 공간이자 생활의 무대이면서 문학의 장소임을 의미한다. 이 장소를 특별히 의미 있는 곳으로 만드는 것은 우리의 이해와 관심에 달려 있다. 1345년 이곡의 상도 체험과 행로에 대한 작은 논의로, 한 개인의 삶과 역사의 길에 대한 이해가 한 치 깊어지고, 나아가 문학사의 시야도 한 뼘 넓어지기를 기대한다.[1]

2. 14세기 중엽 여원(麗元) 관계와 이곡의 생애

이곡이 활동했던 14세기 중엽은 원 제국 중심의 세계 질서가 공고해지면서 그에 대한 고려의 예속이 심화되었던 때였다. 충렬왕(1274~1308 재위) 이래 고려 왕실은 통혼과 문화 교류 등의 방법으로 원 황실과 긴밀한 관계를 구축해갔다. 이에 따라 고려에 대한 원의 영향력은 시간이 지날수록 증대되었다. 원 조정에서 고려의 왕위를 좌우할 만큼 왕권이 약화되자 권문세족, 왕의 측근 세력, 부원(附元) 세력 사이에 권력 쟁투가 치열해졌다. 이로 인해 고려는 14세기 전반 6명의 임금이 9번의 즉위와 폐위를 겪는 혼란을 겪어야 했다. 원에 대한 고려의 예속은 1350년 전후 원 제국이 쇠퇴하고 공민왕이 즉위하면서 해소된다.

하지만 같은 시기 원나라의 정치 사회는 급격하게 요동치고 있었으며, 이는 고려의 정세에도 깊은 영향을 미쳤다. 이러한 파동의 기점은 1330년 태정제(泰定帝)의 갑작스러운 죽음이었다. 예케 몽골 울루스의 건설 이래로 제위 계승 분쟁은 어떤 형태로든 꾸준히 있어왔으나, 이 사건을 통해 권신이

---

1 원래 이 글은 현지 조사를 토대로 작성될 계획이었다. 하지만 2020년 12월 코로나의 발생으로 중국에 들어가기가 어려워졌다. 연구 기간을 6개월 연장했어도 사정이 나아지지 않아, 문헌 자료와 온라인 지도만으로 논의를 진행할 수밖에 없었다. 이런 한계로 옛길을 연결하는 것이나, 현장의 지형과 분위기 등을 파악하는 것이 불가능했다. 뒷날의 보완을 기약하며, 아쉬운 대로 학계에 보고한다.

정권을 독점하는 현상이 나타나기 시작했다. 엘테무르(燕帖木兒), 바얀(伯顔), 톡토(脫脫) 일파 및 기황후(奇皇后) 등이 차례로 정권을 장악하면서 원 조정은 여러 권신 세력 간 권력 다툼의 각축장으로 변해갔다.[2]

충숙왕(1323~1330, 1332~1339 재위)은 심왕(瀋王) 옹립 운동, 입성책동(立省策動, 1309~1343) 등의 움직임으로 인해 항상 정치적으로 불안정한 입장에 있었다.[3] 정치에 환멸을 느낀 그가 1330년 세자에게 왕위를 넘기면서 충혜왕(1330~1332, 1339~1344 재위)이 즉위했다. 이후 십여 년간 충숙왕과 충혜왕 부자는 일련의 복잡한 즉위와 폐위, 복위 과정을 겪었다. 충혜왕은 끝내 1344년 원에 피랍되어 사망했다. 그 발생 원인은 다각도에서 살펴볼 수 있다. 먼저 엘테무르-바얀-톡토로 이어지는 원 제국 내 권신의 교체가 영향을 미쳤다. 고려 내에서는 기황후를 등에 업은 고룡보와 기철 등 부원 세력의 견제가 있었다. 충혜왕의 경제 정책 및 왕권 강화책이 원의 입장과 충돌했던 점도 고려할 수 있다.[4] 어느 쪽이든 충혜왕의 행적은 1330년부터 1340년대 중반까지 고려의 국정이 철저히 원에 종속되어 있었음을 상징적으로 보여준다.

1344년, 충목왕(1344~1348 재위)이 어린 나이로 즉위하면서 고려 사회의 총체적 혼란이 극에 달했다. 이에 원 순제(順帝)는 고려에 내정 개혁을 요구했다. 당시 고려 중앙 정계에는 이제현을 필두로 한 신진 유학자 관료가 다수 진출해 있었다. 이들은 순제의 내정 개혁 요구에 적극 동참했다. 그 과정에서 1347년 개혁 기구 정치도감(整治都監)이 설치되었다. 정치도감은 2년 반

---

2 권용철, 「대원제국 말기 정국과 고려 충혜왕의 즉위, 복위, 폐위」, 『한국사학보』 56, 고려사학회, 2014, 70~71면; 신은제, 「14세기 전반 원의 정국동향과 고려의 정치도감」, 『한국중세사연구』 26, 한국중세사학회, 2009, 195~203면.

3 김윤정, 「고려 · 원 관계 추이와 복식문화의 변천」, 연세대학교 박사논문, 2017, 108~119면.

4 이강한, 「고려 충혜왕 대 무역정책의 내용 및 의미」, 『한국중세사연구』 27, 한국중세사학회, 2009; 이정신, 「고려 충혜왕의 행적과 정치적 입장」, 『한국인물사연구』 13, 한국인물사연구소, 2010.

만에 기씨 세력의 공격으로 폐지되었으나, 원에 의탁하여 사회 모순을 심화시키던 기존 세력들에 대한 문제를 제기했을 뿐 아니라, 유교 문사들이 적극 참여함으로써 이후 공민왕대 개혁정치가 시행되는 여건을 마련했다는 의의가 있는 것으로 평가된다.[5]

충목왕 대를 거치며 고려는 개혁의 열기가 고조되었다. 그러나 1349년 즉위한 충정왕(1348~1351 재위)은 이를 수용하지 못한 채 재위 2년 5개월 만에 폐위되었다. 개혁은 1351년 공민왕이 즉위하면서 본격 실천된다.[6] 1356년 정동행성을 폐지하고 지정 연호 사용을 중지하였다. 물론 이때 고려가 원과의 사대 관계를 전면 부정한 것은 아니었다. 고려의 목적은 원 제국 질서로부터의 완벽한 일탈이라기보다는 원 간섭 이전 중국과의 관계에서 가졌던 자율성을 확보하고 내정 개혁을 추진하는 것이었다. 원 황실은 고려의 개혁 조치에 대응할 여력이 없었을뿐더러, 지배 질서에 균열이 가는 상황에 고려에게 오히려 유화적인 태도를 취했다. 이에 따라 원과 고려의 관계에서 외교의 주도권은 점차 고려에게 넘어갔다. 고려에 대한 원의 강권적 지배와 간섭은 사실상 이 시점에서 끝이 난다.[7]

이곡은 충선왕이 즉위했던 1298년에 태어나 공민왕이 권좌에 오른 1351년에 세상을 떠났다. 그가 이 세상에 머물렀던 기간은 고려의 원 예속이 정점에 달했던 시기이다.[8] 이는 거꾸로 고려와 원 사이의 교류와 왕래가

---

5 권혜림, 「고려 충목왕대 신흥유신의 동향에 대한 연구」, 서울시립대 석사논문, 2015, 23면.

6 공민왕 대 고려의 개혁이 성과를 거둔 데는 원의 쇠퇴라는 외적 요인이 주요하게 작용했다. 지배층이 권력 다툼에 몰두하는 동안 중국 대륙은 전국적 반란에 휩싸였다. 순제 즉위 초부터 봉기했던 백련교도(白蓮敎徒)는 공민왕 즉위를 전후하여 홍건적으로 세를 확장했다. 장사성(張士誠), 방국진(方國珍) 등이 이끌었던 한인 반란군도 위세를 떨쳤다. 고려에서는 1353년을 전후하여 원으로부터 홍건적 토벌 원조를 요청받으면서 처음으로 원의 분열을 감지하고 이후 개혁 추진에 박차를 가한다. 원말 반란에 대해서는 오타기 마쓰오 지음, 윤은숙·임대희 옮김, 『대원제국』, 혜안, 2013, 253~265면 참조.

7 김순자, 앞의 책, 1장 참조.

8 1275년 즉위한 충열왕(忠烈王)부터 1351년 타계한 충정왕(忠定王)에 이르는 여섯 대의 왕호에는 모두 원나라에 대한 충성을 의미하는 '충(忠)' 자가 들어가 있다.

가장 활발했던 시기이기도 하다. 그간 이곡의 생애는 고혜령,[9] 유명종,[10] 한영우,[11] 마종락[12] 등에 의해 정리가 되었으며, 어강석[13]과 김창현[14]은 이곡이 남긴 시를 통해 그의 인생 여정에 따른 교유 관계와 정서적 변화에 주목했다. 이들 선행 연구에 따르면 이곡의 생애는 관직 활동을 기준으로 크게 세 시기로 구분된다.

첫 번째는 고려에서 과거에 급제했으나 하급 관리에 머물던 시기이다. 지방 향리 가문에서 태어난 그는 1317년(20세) 고려 거자과(擧子科)에 합격하고 3년 뒤 다시 수재과(秀才科)에서 2등으로 합격했지만, 출신의 한계를 극복하지 못하고 입신이 정체되었다. 이를 타개하기 위해 1326년(29세)에 원나라 제과(諸科)에 응시했지만 낙방하면서 좌절과 침체를 겪었다. 두 번째는 원나라 제과에 급제하면서 고위 관료의 길로 들어서 원과 고려를 오가며 활약한 시기다. 이곡은 1333년(36세) 원의 대도에서 치른 회시(會試)에 합격하고 전시(展試)에도 제2갑(甲)으로 발탁되었다. 그가 작성한 대책이 시험관의 찬탄을 받았고, 이를 바탕으로 요직에 올라 원의 일급 문인들과 어깨를 나란히 하게 된다. 세 번째는 1346년 이후 고려 조정에 참여하면서 내정 개혁에 목소리를 내고 공민왕을 옹립하려 했지만, 1349년 충정왕의 즉위로 벼슬길에서 멀어져 금강산, 부여 등을 유람하며 세월을 보내다가 삶을 마칠 때까지의 시기이다.

---

9 고혜령, 「14세기 고려 사대부의 성리학 수용과 가정 이곡」, 이화여자대학교 박사논문, 1992.

10 유명종, 「가정 이곡의 생애와 사상」, 『동양철학』 8, 한국동양철학회, 1997.

11 한영우, 「가정 이곡의 생애와 사상」, 『한국사론』 40, 서울대학교 인문대학 국사학과, 1998.

12 마종학, 「가정 이곡 생애와 사상」, 『한국사상사학』 31, 한국사상사학회, 2008.

13 어강석, 「가정 이곡의 재원기(在元期) 시에 나타난 교유 양상과 정신적 갈등」, 『한국한문학연구』 45, 한국한문학회, 2010.

14 김창현, 「가정집 시 분석을 통한 이곡의 인생 여정 탐색」, 『한국인물사연구』 22, 한국인물사연구회, 2014.

이중 상도 체험은 두 번째 시기 중에서도, 재원 활동이 가장 왕성했던 1345년(48세)에 있었던 일이다. 이곡은 제과에 응시하기 위해 입원했던 1326년 이래 평생 6차례 원나라에 들어갔다. 29세 이후 죽을 때까지 20여 년 동안 그가 원에 머물렀던 세월은 10년이 넘는다. 청년기 이후의 생애 중 반에 가까운 시간을 원나라에서 보낸 셈이다. 그러니 이곡 개인의 삶을 논함에 있어 원나라 체험은 첫 번째 고려 사항이다. 나아가 그 의미는 한국문학의 지리 공간 차원에서 검토될 필요가 있고, 한중 간의 오랜 문사 교류사의 관점에서도 조명을 요한다.[15] 여섯 차례의 입원 활동을 정리해보자.

1326년 12월경 입원하여 회시를 보았으나 낙제하여 귀국했다. 『중국고시통사(中國考試通史)』에 따르면 원나라 각지의 향시는 8월 20일~26일 사이에 거행되었고, 향시에 합격한 이들은 이듬해 2월 대도에서 열리는 회시에 참가할 자격을 얻었다. 회시에 떨어진 이곡은 3월에는 귀국길에 올랐을 것이다. 당시에는 회시에 응거하는 고려 사람들이 많았고, 『가정집』에는 회시를 보러 왔다가 돌아가는 고려 사람을 전송하는 시가 여러 수 실려 있다.

1333년 2월 회시에 급제하고 이어 원나라에서 관직 생활을 했다. 이곡의 「대숭은복원사고려일대사원공비(大崇恩福元寺高麗第一代師圓公碑)」(권 6)에는, 그가 1333년 대도에 와서 대숭은복원사에 머무른 사실이 실려 있다. 1334년 흥학조(興學詔)를 받들고 정동행성으로 파견되었다. 흥학조란 학교를 면여하는 조서로, 원조에서는 각지에 명을 내려 학교를 건립하고 유가 교육을 시행하게 했다. 『원사』에는 원통(元統) 2년(1334) 2월에 내외에 학교를 세우라는 조서를 내린 일이 실려 있다. 이곡도 2월에 귀국길에 올랐을 것으로 추정된다.

1335년 3월 초에 입원하여 1337년 9월까지 2년 6개월 정도를 머물렀

---

15 『가정집』, 「잡록」에는 1334년 이곡이 귀국할 때 진려(陳旅)가 지어 준 「送李中父使征東行省序」와 宋本 등 13명이 지어 준 전별시 13제 16수의 시, 1346년 2월 주선(周璿)이 지어 준 「送李中父使征東序」와 張起岩 등 8명이 지어준 전별시 8제 8수가 실려 있다.

다. 최해(崔瀣)의 「송봉사이중부환조서(送奉使李中父還朝序)」(『拙藁千百』 권 2)에는, 이곡이 정동행성에 사신으로 왔다가 일이 끝나 돌아가면서 자신에게 들러 인사했다고 했다. 이 글이 지어진 시점은 1335년 3월 1일이다. 『가정집』에 실린 「송게리문서(送揭理問序)」(권 9)의 내용으로 보아 1337년 9월 이후 귀국했음을 알 수 있다.

1341년 3월 정동행성의 「하개원표(賀改元表)」를 받들고 원나라에 가서 5년 동안 머물렀다. 고려에 원나라의 개원반조사(改元頒詔使)가 도착한 시기가 2월 13일이니, 이곡은 늦어도 3월에는 하례 표문을 받들고 고려를 떠났을 것으로 보인다. 원나라에 머문 지 5년째 되던 1345년 봄 어가를 호종하여 상도에 다녀왔다. 주선(周璿)의 「송이중부사정동서(送李中父使征東序)」가 지어진 시점이 1346년 정월이고, 반삭(頒朔)의 목적을 고려하면 이곡이 대도를 떠나 고려로 향한 시점도 정월 초였을 것이다.

1347년 10월부터 1348년 5월까지 대략 7개월을 고려에서 머물렀다. 1347년 10월, 이곡은 고려에서 과거를 주관한 뒤 원나라로 갔다. 1348년 4월 대도에 온 아들 이색은 대도성의 동문인 제화문에서 아버지를 전송하였는데, 그때 지은 시에 "아버 뵈러 만 리 먼 길 왔건만, 아버지 외려 떠나시니 콧날이 시큰합니다. 遠游萬里爲思親, 親卻東還鼻自辛."[16]라는 구절이 있다. 마지막으로 1349년 겨울에 대도에 가서 1350년 여름쯤에 돌아온다. 이곡의 입원 활동을 간단히 표로 정리하면 아래와 같다.[17]

---

16 『牧隱詩稿』 권 2. 「東門送家君」.

17 이 표는 劉剛, 「李穀入元考辯」(『長春工業大學學報(社會科學版)』 26-1, 2014)에 실린 것을 토대로 일부는 수정하고 일부는 보완한 것이다.

회차	入元	귀국	기간	활동
1	1326년 12월경	1327년 4월경	4개월	회시(會試) 응거, 낙제
2	1333년 정월	1334년 3월경	1년	회시 급제, 승사랑한림(承事郎翰林), 국사원검열관(國史院檢閱官)
3	1335년 3월경	1337년 10월경	30개월	고려 貢女 폐지 요구 상서
4	1341년 3월경	1346년 1월	5년	1345년 어가(御駕)를 호종하여 상도(上都) 행
5	1347년 1월경	1348년 6월경	6개월	감창(監倉) 목적으로 고려에 파견
6	1349년 겨울	1350년 7월경	6개월	정동행중서성좌우사랑중(征東行中書省左右司郎中) 제수

3. 원대 대도–상도 교통로와 이곡의 여정

1345년 이곡은 언제 어떤 길로 상도를 오갔을까? 이 질문에 답하기 위해서는 먼저 당대 대도와 상도 사이에 운영된 교통로 실태를 파악해야 한다. 또 교통로 실태를 파악하기 위해서는 원대 양도제의 운영에 대한 이해가 선결되어야 한다.

상도는 북경에서 11시 방향으로 500km 떨어진 내몽고자치구 석림곽륵맹(錫林郭勒盟) 정람기(正藍旗)에 있었다. 금대에는 금련천(金蓮川)으로 불렸으며, 경명궁(景明宮)이 있던 황제들의 피서지였다. 원나라 대 상도가 설치된 경위는 다음과 같다. 1251년 대칸이 된 몽케(蒙哥)는 아우 쿠빌라이에게 사막 남쪽의 땅을 다스리는 일을 맡겼다. 쿠빌라이는 자신의 번부(藩府)를 금련천 지역으로 옮기고, 1256년 이곳에 성을 쌓아 개평부(開平府)라 명명했다. 당시 몽골의 수도는 카라코룸(哈剌和林)이었다. 1259년 몽케가 죽자, 쿠빌라이는 1260년 개평에서 대칸에 즉위했다. 카라코룸의 아우 아릭 부케(阿里不哥)와의 4년 내전에서 승리한 뒤, 1263년 개평부를 상도로 승격시켜 카라코룸을 대체했다. 1264년 연경을 중도로 개칭했고 1272년에는 대도로 승격시켰다.

이후 원나라는 왕조 내내 대도와 상도를 균등하게 수도로 이용하는 양도제를 시행했다. 상도 또는 상경(上京)이라는 명칭은 쿠빌라이가 국가의 터를 잡은 곳을 높이는 뜻에서 붙여진 것이다. 여름을 지내는 곳이라 하여 하도(夏都), 난하(灤河)[18] 가에 있다고 하여 난도(灤都)나 난경(灤京)으로도 일컬어졌다. 원나라 황제들은 매년 4월이면 상도에 가서 여름을 보내고 날씨가 시원해지는 8~9월에 대도로 돌아왔다. 황제는 상도에서 사냥하고 여가를 즐기는 일 외에 몽골 여러 왕과 귀족의 조회를 받거나(쿠릴타이) 전통 제사를 거행하기도 했다. 상도에는 대도에 설치된 주요 관아의 분아(分衙)가 설치되어 있었다. 대도가 중원 통치의 중심이라면, 상도는 발상지인 몽골을 다스리는 일종의 성지였던 셈이다.[19] 이러한 통치 방식은 뒷날 청나라의 강희제가 목란추선(木蘭秋獮, 군사 훈련을 겸한 대규모 사냥)을 거행하고 피서산장을 조성하는 데 결정적인 영감을 주었다.[20]

원은 매우 개방적인 제국이었고 고려와의 관계가 긴밀했다. 이로 인해 고려 사람들의 원나라 행은 그 성격이 매우 다양했으며 공간 역시 광범위했다. 고려의 승려들은 중국 각지를 순례했고, 상인들은 넓은 지역에 걸친 교역에 종사했다. 『노걸대』나 『박통사』 같은 한어 교재도 이런 배경 속에서 만들어질 수 있었다. 당연히 상도에도 고려 사람들의 발길이 닿았는데, 그 길을 처음 오간 사람들은 왕이나 세자였다. 1358년 고종의 세자(뒷날 원종)는

---

18 하북성(河北省) 풍녕현(豐寧縣)에서 발원하여 고원현(沽源縣), 정람기(正藍旗), 다륜현(多倫縣), 융화현(隆化縣), 난평현(灤平縣), 승덕현(承德縣), 천서현(遷西縣), 노룡현(盧龍縣), 난현(灤縣), 창려현(昌黎縣) 등지를 거쳐 발해로 들어가는 전장 888km의 물줄기이다. 원 시기 난하의 상류는 어하(禦河), 상도하(上都河)로도 일컬어졌다. 조선시대 연행사들이 건넜던 노룡현(盧龍縣, 영평부)의 난하는 이 물줄기의 하류이다.

19 원나라 상도의 위상과 그 운영에 대해서는 肖瑞玲, 「元上都的曆史地位」, 『內蒙古師大學報(哲學社會科學版』(1998, 47~51쪽) 참조.

20 이를 제일 먼저 정확하게 간파한 사람은 박지원이다. 원나라 상도와 청나라 피서산장의 동질성에 대해서는 丁海斌·於新, 「夏都的設立及其在元, 清兩代邊疆治理中的特殊作用」, 『중앙민족대학학보』 42, 중앙민족대학, 2015 참조.

원나라에 갔다가 예기치 않게 쿠빌라이와 함께 개평부에 이르렀고, 1261년 원종은 왕자 왕심(王諶, 뒷날 충렬왕)으로 하여금 참지사(參知事) 이장용(李藏用) 등 18인을 대동하고 개평에 이르게 했다. 1280년 충렬왕은 상도에 이르러 쿠빌라이를 조현(朝見)하고 환대를 받았으며, 1294년에는 부마의 신분으로 왕비 쿠틀룩켈미쉬(忽都魯揭里迷失)와 함께 쿠빌라이를 조상한 바 있다.[21]

그렇다면 고려 사절을 포함한 원나라 사람들은 어떤 길로 상도를 오갔을까? 연구자들은 『경세대전(經世大典)』, 『방여기요(方輿紀要)』 등의 사료, 왕운(王惲, 1227~1304)의 『중당사기(中堂事記)』(1261), 주백기(周伯琦)의 「호종시(扈從詩)」(1352) 등 상도를 오간 문인들의 시문을 토대로 당대 대도와 상도 사이의 교통로를 네 갈래로 정리했다.[22]

이름	용도	시설, 기타
고북구동로(古北口東路[禁路, 御史按行之路])	감찰어사, 군대 이동	1262년 고북구역(古北口驛) 설치.
흑곡동로(黑谷東路[輦路])	황제의 상도 행차 시	황제의 숙소 날발(捺鉢) 18곳. 대도(大都) – 차도구(岔道口), 우군두(牛群頭) – 상도(上都) 구간 역로와 일치.
망운역로(望雲驛路)	사신, 관리, 상인 왕래	중통(中統) 원년(1260) 유림(榆林)과 망운(望雲) 사이 역로 개설.
서로(西路[驀麻林之路, 李老站道, 捺鉢西路])	황제의 대도 귀환 시	상도(上都) – 차칸나르(察罕腦兒), 통막점(統幕店) – 대도(大都) 구간은 역로와 중복, 1260년 이전 내지와 막북 사이 교통로.

고북구동로(古北口東路)는 대도와 상도 사이 순주(順州, 북경 順義區) – 단주(檀州, 북경 密雲區) – 고북구(古北口) – 의흥주(宜興州, 河北 灤平縣 興州村 小城子) – 동

21 13세기 고려의 왕과 왕자 일행은 7회에 걸쳐 상도를 방문했다. 여기에 대해서는 葉新民, 「元上都的外國使者」, 『內蒙古社會科學』 1991년 제2期, 53~55쪽 참조.

22 가장 정확한 자료는 1352년 상도를 다녀온 주백기(周伯琦, 1298~1369)가 남긴 노정 기사인데, 여기 다음의 구절이 있다. "大抵兩都相望, 不滿千里. 往來者有四道, 曰驛路, 曰東路二, 曰西路. 東路二者, 一由黑谷, 一由古北口. 古北口路, 東道御史按行處也."(『近光集』 권 1, 「扈從詩」)

량정(東凉亭, 內蒙古 多倫縣 白城子)으로 이어지는 일종의 군사도로이다. 몽골의 여러 왕이 대도를 습격할 때 이 길을 이용했다. 대도에서 고북구까지는 1780년 연암 일행이 갔던 길과 거의 일치했을 것으로 추정된다. 흑곡동로(黑谷東路)는 연로(輦路)라고도 불린, 황제와 호종 신료들이 상도로 갈 때 이용한 길이다. 팔달령 서쪽 차도구(岔道口)에서 역로와 나뉘었다가 우군두참(牛群頭站)에서 만났다. 사이 18개 곳에 황제의 숙소 나발(捺鉢, nàbō, 요나라 말에서 기원, 行營을 뜻함)이 설치되었다. 대도에서 조관을 분조(分曹)한 이후에 출발한 신료들은 역로를 이용했다.

망운역로(望雲驛路)는 1260년 쿠빌라이의 명에 의해 개설된 길이다. 특별한 급무가 아닌 이상 사신과 관원, 상인들은 이 길을 이용하도록 했다. 문사들도 대개는 이 길을 이용하였기에 이 길을 배경으로 지어진 많은 시문이 남아 있다. 서로는 황제의 행차가 대도로 돌아올 때 사용했던 길이다. 황제의 북순은 동로로 가서 서로로 돌아오는, 동출서환(東出西還)이 원칙이었다.[23] 1260년 역로 설치 이전 내지와 막북을 잇는 교통로였으며, 역로 또한 이 길의 기초 위에서 개설된 것이다. 구처기(丘處機, 1221)와 장덕휘(張德輝, 1247)가 각각 칭기즈칸과 쿠빌라이를 만나러 갈 때 이 길을 이용했다. 선화부(宣德府, 張家口市 宣化縣)와 중도(中都, 張家口市 張北縣)를 통과하며, 상도와 차칸나르(察罕腦兒), 통막점(統幕店)과 대도 사이 구간은 역로와 중복된다.[24]

이 네 갈래 중 이곡은 어떤 길로 상도를 오갔을까? 그는 다행히 당시 체험을 담은 9제 12수의 시를 남겨놓았고, 이 시들에는 지명 등 노정을 추정할 수 있는 단어들이 여럿 들어 있다. 그 시어들만 추리면 아래와 같다.

---

23 周伯琦는 「호종시」에서 서로를 설명하는 가운데 이런 증언을 남겼다. "又西二十里, 爲興和路. 世祖所創置也. **歲北巡, 東出西還**故, 置有司爲供億之所."

24 원대 두 수도 사이의 교통로에 대해서는 많은 연구 성과가 축적되어 있다. 본고에서는 袁冀, 「元代兩京間驛路 考釋」, 『政治學術季刊』 3기 1권(葉新民·齊木德道爾吉 편, 『元上都研究叢書 元上都研究文集』, 북경 : 중앙민족대학출판사, 2003, 213~221쪽); 許風雲, 「元代內蒙古驛路交通研究」, 내몽고대학 석사논문, 2017, 2~62쪽을 주로 참조하였음.

관도(官道), 역로(驛路), 거용관(居庸關), 창간령(槍竿嶺), 이로곡(李老谷), 조과(鵰窠), 용문(龍門), 용문협(龍門峽), 이릉대(李陵臺)

이중 관도는 공식 교통로 일반을 통칭하는 단어이고, 거용관과 이릉대는 고북구동로를 제외한 세 길이 공통으로 지났던 곳이니, 특정 경로를 추정하는 데에는 도움이 안 된다. 길의 용도가 그렇거니와 세 지명만으로도 이곡이 고북구 길을 이용하지 않은 것은 분명하다. 역로는 네 갈래 길 중 하나의 성격을 특정하고 있고, 조과·용문·용문협·이로곡·창간령 모두 통막참과 우군두참 사이 역로의 주요 지명이라는 점에서 이곡의 행로를 추정함에 있어 결정적인 증거가 된다. 동로와 서로의 지명이 하나도 나오지 않는 것으로 보아, 이곡은 대도와 상도에서만 황제를 수행했고, 오갈 때는 어가와 떨어져 역로를 이용했던 것이다. 역로를 표로 정리하면 아래와 같다.

	이름	이칭	현주소	연혁, 기타
남단	건덕문(健德門)		북경 海淀區 지하철 10호선 建德門站	대도 경성의 북서문
	대구(大口)		관련 지명 지도에 없음(인멸)	건덕문에서 서북쪽 20리
	용호대(龍虎臺)	新店	**[北京]** 昌平區 南口鎮 龍虎臺村	대구에서 70리, 창평 경계
	남구(南口)		昌平區 南口鎮	거용관(居庸關) 남쪽 20리, 성에 남북 2문
	북구(北口)		延慶區 軍都山 關溝古道 北口	팔달령(八達嶺) 관문
	차도구(岔道口)		延慶區 八達嶺鎮 岔道村	연도(輦道)와 분기, 1551년 차도성(岔道城) 구축
	유림참(榆林站)		延慶區 康莊鎮 榆林堡村	원 세조 때 역참 설치
	회래참(懷來站)		延慶區 康莊鎮 官寧水庫 내	원 세조 때 역참 설치, 1951년 관녕수고(官寧水庫) 공사로 수몰(水沒)
중정	통막참(統幕站)	統幙. 土幕, 統漠	**[張家口市]** 懷來縣 土木鎮 土木村	서로와 분기, 북쪽 G239 신후가(新後街)
	장안령(長安嶺)	槍竿嶺, 桑乾嶺	懷來縣 王家樓村	거용관 밖의 중관(重關)
	이로곡(李老谷)		관련 지명 지도에 없음	장안령 북쪽 30리
	조악과참(雕鄂窠站)		赤城縣 雕鶚鎮 雕鶚村	

	이름	이칭	현주소	연혁, 기타
중정	호문령(浩門嶺)	合門嶺, 雕鶚堡	赤城縣 浩門嶺村	조악과 북쪽 25리, 명초 호령역 설치, 영락 연간 조악보 증설.
	적성참(赤城站)		張家口市 赤城縣	운주현(雲州縣) 〈원〉, 망운현(望雲縣) 〈요〉, 운문역(雲門驛) 〈명〉.
	사령(沙嶺)		관련 지명 지도에 없음	독석구 서남쪽 80리
	운주(雲州)		赤城縣 雲州鄉	적성현 북쪽 30리
	용문협(龍門峽)		관련 지명 지도에 없음	운주 동북 5리, 관외의 물 모두 여기를 지남(白河), 새북(塞北)의 요충지
	독석구참(獨石口站)		赤城縣 獨石口鎮	명 장성 선부진 상의 주요 관구, "上谷之咽喉, 京師之右臂."
	편령(偏嶺)	天嶺 辭鄉嶺	관련 지명 지도에 없음	독석구 북쪽 45리, 함번(陷番)하는 이들이 여기 오면 남쪽을 바라보며 통곡.
	담자와(擔子窪)		관련 지명 지도에 없음	편령 아래, 원나라 때 순검(巡檢) 설치.
	우군두(牛群頭)	失八兒禿	沽源縣 石頭城村	연도와 합류. 진창 많았음
북단	차칸나르참(察罕腦兒站)	海子, 長水海子	沽源县 小宏城子村	사방이 모두 흰 모래, 의미는 백해[호](白海[湖]), 1261년 행궁 건립
	명안참(明安站)		沽源县 馬神廟村	
	이릉대참(李陵臺站)		**[內蒙古 錫林郭勒盟]** 正藍旗 上都鎮 老黑城子村	이릉 설화 유전(오류)
	신환주참(新桓州站)	四郎城 六十里站	上都鎮 音高勒蘇木 四郎城嘎查	오환족(烏桓族) 구허. 금나라 때 환주 설치, 원초 폐지, 1336년 다시 설치. 송나라 장수 양사랑(楊四郎) 전설.
	남파점(南坡店)		正藍旗 동북 上都河 北岸	상도와 1사(舍[30리])
	상도(上都)		錫林郭勒盟 正藍旗	

건덕문(建德門)은 원나라 대도 경성의 북서문으로, 그 자리에 북경 지하철 10호선 건덕문참(建德門站)이 들어서 있다. 대구(大口)는 건덕문에서 20리 지점에 있던 곳인데, 3개의 큰 둔덕이 있었다고 했지만,[25] 지형이 크게 변해

25 周伯琦, 「扈從詩」에 5언 20구 「大口」가 실려 있는데, 제목에 "其地有三大垤, 土人謂之三疙瘩, 距都北

그 정확한 위치를 고증하기 어렵다. 용호대(龍虎臺)는 대구에서 70리 지점에 있었으며, 원명(元明) 왕조 북순(北巡) 북정(北征) 시 황제의 행차가 머물렀던 곳이다. 그 지명이 남아 있다. 남구(南口)는 거용관 남쪽에 있었던 관성(關城)이고 북구(北口)는 팔달령(八達嶺)에 설치되었던 진보(鎭堡)이다. 남구와 북구는 북경의 북쪽 중진(重鎭)으로 그 사이는 모두 험준한 산악이다. 북구를 벗어나면 비로소 평지가 펼쳐지는데,[26] 북쪽으로 5리를 가면 차도구(岔道口)가 나타난다.[27] '차도(岔道)'는 상도에 이르는 서로(역로 포함)와 동로의 분기점이라고 하여 붙여진 이름이다.[28] 유림참(楡林站)과 회래참(懷來站)은 모두 원 세조 때 설치되었으며, 명나라 때에 습용되었으며 필요에 따라 보(堡) 등의 군사 시설이 증설되었다. 회래참이 있던 곳은 수몰되어 사라졌다.

통막참은 서로와 역로가 나뉘는 곳이었다. 지명은 요 황제, 또는 당 장수가 머물며 큰 장막을 쳤던 사연에서 유래하며, 이후 비슷한 음가를 가진 이름으로 와전되다가 토목(土木)이 되었다.[29] 역로는 여기서 북쪽으로 이어지는데, 지도상 우군두참 자리에 이르기까지 오늘날의 G239 도로(新後街)와 거의 일치한다. 창간령은 명초 영락 연간에 장안령(長安嶺)으로 개칭되어 오

門二十里."란 주석이 달려 있다.

26 명나라 楊士奇(1531~1586)는 「岔道觀獵」에서 "험벽한 관문을 두 개 지나자, 비로소 넓은 들이 펼쳐지누나. 二度重關險, 初臨廣野平. …"라고 읊었다. 『延慶州志』(1879) 권 1, 「輿地」.

27 龍虎臺에서 岔道口에 이르는 사이의 지리 형세와 역사 연혁에 대해서는 顧炎武가 지은 『昌平山水記』(1659)이 내용이 가장 상세하다. 다음은 그중 거용관과 팔달령과 차도구의 군가 기능을 요약한 거이다. "自八達嶺下視居庸關, 若建瓴, 若闚井, 故昔人謂居庸之險不在關城, 而在八達嶺, 而岔道又八達嶺之藩籬. 元人於北口設兵, 其得地形之便者與!"

28 『延慶縣志』(건륭 연간 찬, 1938 復印), 권 2, 山川. "岔道, 在州城南二十里, 出居庸關, 東西路由是而分, 故名." 차도구에서 북쪽으로 20리 가면 연경주이고, 서쪽으로 60리 가면 유림역이다.

29 『懷來縣志』(1882) 권 5, 「建置」. "土木堡, 通志本名統幕鎭. 唐初高開道據懷戎時所置, 後訛爲土木. …."; 『延慶縣志』(건륭, 민국 연활자본), 위와 동일, "統幕, 在州城西南八十里. 相傳遼主遊幸, 嘗張大幕於此, 因名. 俗訛爲土墓."

늘에 이르고 있다.[30] 나머지 조악과참(雕鄂窠站),[31] 호문령(浩門嶺), 적성(赤城), 운주(雲州), 독석구(獨石口) 등의 지명은 그대로 또는 글자가 조금 달라져서 오늘날까지 남아 있다. 다만 이로곡, 사령, 편령(偏嶺) 등의 지명은 지도상에서 확인되지 않는데, 현지 조사를 거치면 대략의 위치를 비정할 수 있을 것이다. 그중에서 이곡을 비롯한 당시 문사들의 시문이나 지리지에서 특기되고 있는, 운주 동북 5리에 있었다는 용문협의 명칭이 검색되지 않는 것은 의아하다. 용문협을 『적성현지(赤城縣志)』(1748)에서는 『선화부지(宣化府志)』를 인용하여 이렇게 소개하였다.

『선화부지』에 이른다. 용문협은 운주 동북 5리에 있으니 즉 사신애(捨身崖)이다. 두 산이 문처럼 마주보고 있으며, 천 길 높이 절벽으로 서 있으니, 그 아래 새외의 여러 물이 벼랑을 따라 구불구불 모여들며 구슬 굴러가는 소리를 내니, 『수경주』에 이른바, "고수(沽水)가 남쪽으로 골짝을 나오니 이른바 독고문(獨固門)이다."라 한 게 여기이다. 절벽 중간에 바위를 뚫어 나무를 받쳐 관음각을 만들었다. 관음각 옆 바위에 사신대사(捨身大士)의 형상을 새겨져 있다. 전해오기를 토목(土木)의 변란(1449)에 창상보(倉上堡) 천호(千戶) 전곤(田坤)이 전사하자 그의 딸이 여기서 몸을 던져 목숨을 끊었는데, 지금도 가을이 되어 물이 줄면 바위 위에 핏빛이 어렴풋이 보이니, 마애상의 주인공이 바로 그녀라고 한다. 절벽 위에 새겨놓은 시문과 이름이 매우 많다. '용문협(龍門峽)' 세 글자와 '삭방병장(朔方屛障)' 네 글자는 글자 하나가 집채만하며 높이가 10여 길에 이른다. 또 '웅치기보(雄峙畿輔)', '삼로인후(三路咽喉)'

---

30 재미난 것은 이 지명이 『수호전』에서 말 도둑 단경주(段景住)가 준마를 훔친 곳이라는 사실이다. "今春去到槍竿嶺北邊, 盜得一匹好馬, 雪練也似價白, 渾身並無一根雜毛. 頭至尾, 長一丈, 蹄至脊, 高八尺. 那馬一日能行千里, 北方有名, 喚做照夜玉獅子馬."(김성탄 본 59회, 100회 본 60회)

31 彭大翼(1562~1643), 『山堂肆考』 권 23, "鵰鶚堡. 萬全都司宣府城東有鵰鶚堡, 本元雲州之鵰窠."; 『大淸一統志』 권 25, 「宣化府二」. "鵰鶚堡在龍門縣東四十五里, 元為雲州之鵰窠站. 明初置浩嶺驛, 永樂中改為鵰鶚堡. 宣德六年築城, 周二里有奇門二, 當北路之中為往來要道, 本朝設把總駐守."

라 새긴 큰 글씨와 '원인(元人) 외오아(畏吾兒)'가 새겨진 마애비도 있다.[32]

용문협의 험세와 중진 기능은 요나라 시기부터 유명했고,[33] 이후 각종 지리서에 빠짐없이 등장하는데,[34] 오늘날 그 지명을 찾을 수 없는 것은 의아한 일이다. 하지만 위치와 지형이 명확하고 바위 위의 여러 각자가 기록되어 있으니 현지 답사를 통해 바로 확인할 수 있을 것이다. 독석구는 참(站)이 설치되었던 곳이다. 명초에 막북 호인의 침입을 막기 위해 장성과 관성을 쌓았다. 관성은 청대에도 운영되었다. 원대 이후 이 일대는 "상곡(上谷)의 목구멍[咽喉]이자 경사(京師)의 오른쪽 어깨"로 일컬어질 만큼,[35] 북경 북쪽 천험의 요새였다. 특히 명대에는 이곳의 군사적 중요성이 한층 강조되었다.[36] 『적성현지』(1735)의 「독석도(獨石圖)」에는 장성(長城)과 관성(關城)이 그려져 있고 그 사이로 길이 나있는데, 이곡은 바로 이 길로 상도를 오갔다. 독석구를 지나면 우군두참에 이르렀는데, 차도구에서 헤어진 역로와 동로가 다시 만난다.

차칸나르(察罕腦兒)는 하얀 바다(호수)를 일컫는 몽골어의 음차이다. 이 일대는 사방이 모두 모래였다고 한다. 차칸나르에는 황제의 행영이 있었는

---

32 권 1, 「지리지」, 龍門峽. "[宣化府志] 在雲州東北五里, 卽捨身崖. 兩山相對如門, 壁立千仞, 其下塞外諸水, 循崖屈注. 琮潺有聲, 卽水經注沽水南出峽崖, 所謂獨固門, 是也. 岸半鑿石, 架木爲觀音閣, 閣傍鑱石爲捨身大士像. 相傳前明土木之變, 倉上堡千戶田坤戰歿, 其女投崖, 自靖于此. 至今秋溪水落, 石上血影, 尙隱然可辨, 此卽其像也. 崖上詩文題名摩刻甚衆, 有龍門峽三字, 朔方屛障四字, 字皆大如屋, 高十餘丈. 又有雄峙畿輔, 三路咽喉, 二大刻, 幷元人畏吾兒字摩崖碑."

33 『遼史』 권 41, 「지리지」 5. "龍門縣有龍門山, 石壁對峙, 高數百尺, 望之若門. 徼外諸河, 及沙漠潦水, 皆於此趣海, 雨則俄頃水踰千仞, 晴則淸淺可涉, 實塞北控扼之衝要也."

34 한 예로 『明一統志』 권 5. "龍門山在雲州堡東北五里, 兩山對峙, 高數百尺, 望之若門, 塞外諸水, 出其下故, 又名龍門峽."

35 『赤城縣志』 권 1에 『宣鎭圖說』을 인용하여 "上北路, 乃上谷之咽喉, 陵京之右臂. 獨出塞外, 三面受敵, 于九邊中, 尤稱衝要." 이 책에서 사용된 상북로(上北路), 하북로(下北路)의 경계가 명확치 않은데, 장안령과 독석구 사이를 나누어 그렇게 불렀고, 상북로는 독석구 일대를 가리키는 것으로 보인다.

36 于謙은 상소에서 "獨石諸城. 外爲邊境藩籬, 內爲京師屛蔽. 尺寸進退, 安危所係."라 했고, 葉盛은 "今日之事, 邊關爲急, 往者獨石馬營不棄, 則六師何以陷土木."이라고 했다. 앞의 책.

데, 그 터는 오랫동안 대굉성 유지(大宏城遺址, 沽源縣 북쪽 8km)로 알려져왔는데 최근에 와서는 그 동쪽 5km 지점의 소굉성자촌(小宏城子村) 설이 더 힘을 얻고 있다.[37] 소굉성자촌은 난하 상류 섬전하(閃電下) 서쪽에 인접해 있다. 그 북쪽으로 명안참(明安站)과 이릉대참(李陵臺站)이 있던 위치로 비정되는 마신묘촌(馬神廟村)과 노흑성자촌(老黑城子村)은 모두 섬전하 가에 있다. 신환주참(新桓州站)과 남파점(南坡店)은 상도 북쪽 섬전하(상도하, 난하) 건너에 있다.[38] 당시 사람들은 이 물줄기를 따라 올라간 뒤, 다시 남쪽으로 길을 꺾어 강물을 건너 상도에 이르렀던 것이다. 다만 지도상에 당시 경로를 추정할 만한 길이 표시되어 있지 않아, 지리 현황의 확인은 과제로 남겨둔다.

4. 연로의 삭방 풍정과 초원 상도의 견문

이제 이 지리 공간을 배경으로 지어진 이곡의 시를 감상하고 이해할 준비가 되었다. 『가정집』에는 이곡의 상도 체험을 다룬 시 9제 12수가 실려 있다. 「도중음, 상도에서 짓다 途中吟 上都作」 2수는 고시(古詩)만을 묶은 권 14에 들어 있다. 이곡의 상도 체험은 한 번뿐이고, 『가정집』이 시체(詩體)를 분류하여 편집되었음을 고려하면, 두 수의 시도 1345년에 지어진 것이 분명하다. 권 18에는 '난경기행(灤京紀行)'이라는 제하에 8제 10수가 묶여 있다.[39]

---

37 다음 논문들로 논의 추이를 알 수 있다. 陳得芝, 「元察罕腦兒行宮今地考」, 『歷史研究』, 1980. 2, 145~152쪽; 郭郛, 「元察罕腦兒行宮實地考辨」, 『文物春秋』 19, 1993, 67~70쪽; 尹自先, 「元代察罕腦兒行宮及明安驛故址辨」, 『張北高原歷史文化研究文萃 3』, 社會科學文獻出版社, 2019, 15~21쪽.

38 李陵臺와 新桓州에 대해서는 다음 논문 참조. 趙延花·米彦青, 「元詩中的李陵台」, 『內蒙古大學學報(哲學社會科學版)』 46-3, 2014. 5, 42~46쪽; 陳耀全, 「金桓州考」, 『尋根』, 2018.5, 54~56쪽.

39 고전번역원의 번역본에는 「早行失道」 2수를 난경기행 연작에서 제외했는데, 문집에 실린 표지 상 제외할 이유가 없고 내용이 앞의 시들과 연결되어 있어 연작에 포함시킨다.

이들 시에 나오는 기후로 이곡의 여정을 대략 추정하면, 5월 여름에 상도에 갔다가, 6월의 여러 날을 상도에 머문 뒤, 7월이 되기 전 서리가 내릴 무렵[40] 서둘러 상도를 떠났던 것으로 보인다. 이 시들의 내용과 형식 등을 간략하게 정리하면 아래와 같다.

제목	형식	내용(지명, 인명, 계절)
도중에 읊조리다, 상도에서 지음(途中吟, 上都作[2수])	5·7장단, 7율	긴 여행의 괴로움과 즐거움, 조과·용문·이로곡·창간령
거용관(居庸關)	7절	거용관의 지리 형세
도중(途中)	5율	연로의 풍경과 향수, 운주·용문·역로, 여름[夏日]
이릉대(李陵臺)	5율	이릉의 사연
난경(灤京[2수])	7율	난경의 연혁, 지리와 기후, 6월
종전대회(椶殿大會)	7율	사마연(詐馬筵)의 광경
난경에서 이별하며, 민급암 시의 운자로(灤京送別一首, 用閔及菴詩韻)	7율	난경의 기운과 풍광, 유보(劉保(?))·이릉·급암(及菴) 민사평(閔思平[1296~1359])
난경을 떠나며(發灤京)	5율	난경의 연혁과 지리와 기후, 서리[霜], 세조·유병충(劉秉忠[1216~1274])
일찍 나섰다가 길을 잃다(早行失道[2수])	5율	일찍 길을 나섰다가 길을 잃은 낭패감

'난경기행' 바로 앞에 편차된 시는 「운남왕을 따라 서남쪽 이국(夷國)으로 가는 정윤 최덕림을 전송하다 送崔德林正尹從雲南王入西南夷」이다. 같은 고려 사람인데 최덕림은 운남 쪽으로 향했고, 이곡은 상도로 가게 되었으니, 당시 고려 사람들의 종적이 지금의 북경에 국한되지 않았음을 알 수 있다. 최치원도 재당(在唐) 시절 산양(山陽, 지금의 江蘇 淮安)에서 고향 사람과 만나 헤어지는 특별한 감회를 시로 남겼거니와,[41] 이는 이곡 시절 원나라 곳곳

40 「發灤京」의 가을도 되기 전 서리가 내리고, 또 유자의 옷이 얇으니 서둘러 난경을 떠난다는 내용으로 보아, 7월이 되기 전에 상도를 떠난 것으로 추리할 수 있다.

41 『孤雲集』 권 1, 「山陽與鄉友話別」. "相逢暫樂楚山春, 又欲分離淚滿巾. 莫恠臨風偏悵望, 異鄉難遇故鄉人."

에서 흔히 있었던 일이다. 시 몇 수를 감상해본다.

산허리에 관도가 나 있고	山腰有官道
그 아래는 길고 긴 강물	其下長河水
동류하는 물결은 밤낮 바쁘고	河水東流日夜忙
길 위에 행인 또한 그치지 않네	路上行人亦未已
사람이야 각자 영위함이 있다지만	人生各有營
물결은 어찌하여 저리 바쁜가	水性何所以
이로써 알겠노라 천지간에	乃知天地間
분주하지 않은 존재 없다는 것을	無物不如此
말 위 세월 속에 머리만 세었으니	馬上光陰空白頭
공자의 마음으로 탄식하노라[42]	臨河之嘆自嘆耳

난경에 이르는 길은 구백 리	我行灤京路九百
풍토는 다르지만 맛도 있어라	風土雖殊差可樂
조과참 남쪽은 산 차츰 어여쁘고	鵰窠以南山漸佳
용문협 이북은 물 모두 험악하네	龍門之北水皆惡
이로곡은 깊어서 천지가 좁고	李老谷深天地窄
창간령은 가팔라 구름이 낮네	槍竿嶺峻雲霄薄
황조의 풍아 전통 이을까마는	皇朝風雅不敢繼
흥 일자 서툰 붓질 멈추지 않네	遇興拙筆無由閣[43]

42 공자가 위(衛)나라에서 쓰이지 못하고 조간자(趙簡子)를 만나러 진(晉)나라로 가다가 황하에 이르러 두명독(竇鳴犢)과 순화(舜華)가 죽었다는 소식을 듣고, "아름다워라 이 넘실거리는 물결이여! 내가 이 물을 건너지 못하는 것도 하늘의 뜻이로다! 美哉水, 洋洋乎! 丘之不濟此, 命也夫!"라고 자기 뜻을 펼칠 수 없게 되었음을 탄식한 일을 가리킨다. 『사기』, 「공자세가」에 보인다.

43 시는 고전번역원의 번역을 토대로 표현을 다듬고 주석을 보완하였다(아래도 같음).

「도중음(途中吟)」(권 14) 2수이다. '상도에서 짓다 上都作'라는 부제가 달려 있으니, 도중에 입으로 읊은 뒤 상도에 도착하여 마무리한 것으로 보인다. 첫 번째 시의 앞 두 구에 묘사된 바 절벽과 강물 사이 관도(官道, 驛路)가 나 있는 광경, 두 번째 시 중간 네 구에 보이는 지명들로 추정컨대, 이 시는 적성과 독석구 사이에서 지어진 것으로 보인다. 이 사이 연로에는 백하(白河)[44]가 남쪽으로 흐른다. 첫째 수에서는 사람의 왕래가 끊이지 않는 역로와 줄기차게 흐르는 강물의 광경을 짝으로 제시했고, 이를 통해 세상의 모든 존재는 자기 목적을 위해 끊임없이 운행한다는 천행건(天行建)의 통찰을 이끌어냈다. 그러면서도 그런 모든 노력이 부질없는 것이라는 허무의 감각을 공자의 사례를 가져와 토로했다. 두 번째 시는 창간령에서 용문협에 이르는 역로의 지리 형세를 개괄하면서, 9백 리 먼 길을 가는 괴로움 속에 새로운 풍경을 만나는 즐거움을 표백하였다. 길을 걷다가 정갈한 시골집을 만나면 이곳은 문득 고향 생각에 젖곤 했다.[45]

계책에 운이 맞아 두 서울 정했으니	龜協神謀定兩都
난경처럼 툭 트인 곳 세상에 없으리라	灤京爽塏世間無
사해의 수레 문자 진작 하나 되었으니	已知四海車書混
한 하늘 아래 날씨 어떻게 다르리오	誰信一天寒暑殊
저물녘 소와 양 떼 대지에 가득하고	滿地牛羊屯落日
초원에 매와 개는 바람 좇아 사냥하네	逐風鷹犬獵平蕪
고금을 덮는 호기 천하를 다 삼켰는데	古今豪氣呑夷夏

44 옛 이름은 고하(沽河)이다. 『大清一統志』 권 24에 그 형세가 설명되어 있다. "沽河在赤城縣東. 其源有二, 皆自塞外流入. 一曰獨石水, 由獨石城為西河, 一曰紅山水, 由紅石山, 逕獨石城東為東河. 俱流至城南而合. 又南逕龍門山下, 名龍門川, 又南逕雲州堡東. …"

45 운주(雲州)와 용문(龍門)이 나오는 「途中」도 이 길 위에서 지어진 것인데, 마지막 두 구에서 "이따금 만나는 시골집 좋아, 고향 생각 문득 일어나누나. 時逢村舍好, 忽起故園心."라고 하였다.

필마로 시나 읊는 썩은 선비 신세일세　　匹馬吟詩愧腐儒[46]

밝은 조정 크게 열어 솥과 종 늘어섰고[47]　　大闢明廷列鼎鍾
궁궐은 솟구쳐서 높은 성벽 압도하네　　巍巍椶殿壓崇墉
씨름하는 무부는 씩씩하기 범과 같고　　武夫角力雄如虎
하늘 뛰는 사마는 마치 용이 나는 듯[48]　　詐馬跑空炳若龍
대가를 받드는 이 의관이 일색이요　　一色衣冠扶鳳輦
낙타 등 헌상하는 음식은 팔진미라　　八珍羞膳進駝峯
바라건대 그대는 태평성세 구가하고　　願君永享升平樂
집집마다 사람들 큰 상을 받을지라[49]　　比屋多方儘可封[50]

위 시는 상도의 전체 인상을 포착한 「난경(灤京)」 두 수 중 하나이고, 아래는 황제의 연회 풍경을 담아낸 시이다. 건축으로 비유하면, 「난경」은 드넓은 초원 위에 자리 잡은 상도의 막힘없는 지리 형세로 입지를 다졌고, 천하 일통 제국의 안정된 통치와 목축과 사냥을 일삼는 유목민족의 생활 모습으로 골조를 세웠다. 그리고 드넓은 세계를 영토로 삼은 제국의 위업으로 장

46　권 18, 「灤京」 1.

47　솥과 종에 공명을 기록하여 위업을 과시하는 것을 의미한다. 『三國志』, 「魏志」에 "공명이 정종에 나타나다 功名著於鼎鐘", 「麒麟閣賦」에 "종정에 글을 새기다 銘之以鼎鐘"란 구절이 보인다.

48　사마(詐(奓)馬)는 원나라에서 크게 중시했던 연회 이름으로 '지(질)손(只(質)孫(또는 濟遜)'이라고도 하였다. 참여 종실과 관리들은 등급에 따라 황제가 하사한 같은 색 옷을 입었다. '마(馬)' 자와 몽골인들의 문화 전통으로 인해, 마상재를 공연하는 연회로 설명되어 왔으나 오해로 밝혀졌다. 여기서 공중을 도약하는 사마란, 화려한 복식으로 춤을 추는 걸 묘사한 것으로 보인다. 한 논의에 따르면 '사마(詐(奓)馬)'의 어원이 '옷'을 뜻하는 페르시아어의 음차이다. 韓儒林, 「元代詐馬宴新探」, 『历史研究』 1, 1981, 352~359 참조.

49　육가(陸賈), 『新語』, 「無爲」. "요순의 백성들은 집집마다 표창할 사람이 나왔는데, 걸주의 백성들은 집집마다 죽여야 될 자들이 나왔으니, 이는 임금의 교화가 그렇게 만든 것이다. 堯舜之民, 可比屋而封; 桀紂之民, 可比屋而誅者, 敎化使然也."

50　권 18, 「椶殿大會」.

식을 하면서, 거기에 비친 초라한 문사의 모습을 넣어 마감하였다. 세계와 자아, 보이는 풍경과 숨은 질서, 자연과 문명이 역동적이면서도 조화를 이룬 작품이다. 아래 시에는 상도에서 펼쳐진 궁중연회, 사마연(詐馬筵)의 장면이 담겨 있다.[51] 종전(椶殿)은 상도에 있던 별전의 통칭이다. 1260년 상도를 다녀와 『중당사기』를 남긴 왕운(王惲)은, "나라의 대사(大事)는 정벌, 수수(蒐狩, 사냥), 연향(宴饗) 세 가지일 뿐."[52]이라고 단정했을 정도로, 원나라는 화려한 연회를 자주 베풀었다. 초원 위에 솟은 궁전의 위용, 세계 도처에서 온 재료를 이용하여 다채로운 방식으로 만들어낸 산해진미, 지금도 영상 매체를 통해 볼 수 있는 몽골의 전통축제 나담(Naadam)에서 펼쳐지는 씨름(Bökh)과 경마의 장면이 짧은 구절 안에 약동한다. 이곡이 상도에서 접한 것은 몽골의 전통 풍속이며, 동서 수많은 나라의 것들이 뒤섞인 세계의 문화였다.

이슬 젖은 성 동쪽 새벽의 전별 자리	曉餞城東露浥筵
난경의 사방 백 리 풍광이 좋아라	灤京百里好風煙
집집마다 준마라 큰 뜻을 펼치겠고	家家駿馬便弧矢
곳곳에 높은 다락 풍악이 요란하네	處處高樓鬧管絃
유보가 살던 집엔 구름만 가득하고	劉保舊居雲滿谷
이릉의 남은 자취 풀들만 우거졌네	李陵遺迹草連天
급암은 호고 선비 시 솜씨 무적이니[53]	及菴好古詩無敵

---

51 7년 뒤인 1352년 상도를 다녀온 주백기는 시 「詐馬行」의 서문에서 사마연을 이렇게 소개했다. "國家之制, 乘輿北幸上京. 歲以六月吉日, 命宿衛大臣及近侍服所賜濟遜, 珠翠金寶, 衣冠腰帶, 盛飾名馬. 清晨自城外各持綵仗, 列隊馳入禁中. 于是上盛服, 御殿臨觀, 乃大張宴為樂. 唯宗王戚里宿衛大臣前列行酒, 餘各以所職敘坐合飲. 諸坊奏大樂, 陳百戲. 如是者凡三日而罷. 其佩服日一易, 大官用羊二千嗷馬三匹, 它費稱是名之曰濟遜宴. 濟遜華言一色衣也. 俗呼曰詐馬筵."(『近光集』 권 1)

52 『秋澗集』 권 57, 「大元故關西軍儲大使呂公神道碑銘」. "國朝大事, 曰征伐, 曰蒐狩, 曰宴饗, 三者而已. 雖矢廟謨, 定國論, 亦在於樽俎饜飫之際."

53 '호고(好古)'는 『논어』, 「述而」의 "我非生而知之者, 好古敏以求之者也."에서 가져온 표현이다.

오늘의 이 장관을 자세히 전하시라　　壯觀應須子細傳[54]

세조가 천명 받아 즉위하신 곳　　世祖膺圖處
유공이 정도 계책 바로 세웠지　　劉公定鼎謀
땅은 높아 하늘은 북쪽 끝이요　　地高天北極
옛일은 가고 물은 동류하노라　　事往水東流
구름 나오자 비가 내리고　　雲出便行雨
서리 내리니 가을을 기다리랴　　霜飛那待秋
유자의 옷은 본디 얇기만 하니　　儒衣元自薄
어서 가자 더 이상 머물 수 없네　　早去不堪留[55]

위 시는 상도에서 누군가를 전별하며 지은 것이다. 민사평(閔思平)이 언급된 것으로 보아 전별연 자리에 모인 이들은 고려 사람들이었던 것으로 보인다. 떠나는 이들은 일찍 길을 나섰고, 보내는 이들은 해 뜨기 전에 송별의 자리를 베풀었는데, 그 새벽의 풍광과 분위기가 무척 좋았다. 뿐만 아니라 집집마다 준마가 푸드덕거려 절로 사방지(四方志)의 기운이 솟아나고, 높은 다락에서는 이른 시간에도 풍악 소리가 울리 퍼졌으니, 그 활력이 문자 밖으로 넘친다. 5~6구는 이 지역과 연고 있는 두 사람을 말하고 있는데, 유보(劉保)는 유태보(劉太保)의 축약으로 보이고,[56] 이릉의 유적은 현지 전승을 가져온 것이다. 7~8구는 이곡이 전별하는 사람이 대도를 거쳐 고려로 돌아갈

---

54 권 18, 「灤京送別一首, 用閔及菴詩韻」

55 권 18, 「發灤京」.

56 역사상 유보(劉保)란 이름을 가진 이는 한나라 순제(順帝, 125~144 재위)인데, 그는 이 지역과 관련이 없다. 아래 시에 나오는 유공(劉公)은 원나라 초기 전장과 제도를 구축했던 유병충(劉秉忠, 1216~1274)이다. 그는 초명이 간(侃)이고, 1264년 태보(太保)로 승진했다. '유보(劉保)의 구거(舊居)' 운운으로 보아 그는 실제 상도에 살았던 사람임을 말해주니, 유보는 유태보의 줄임말로 여겨진다.

예정이며, 민사평과 관련이 있었던 인물임을 암시한다.[57] 벌써 4년 넘게 떨어져 있는 고국의 벗에게 전해달라고 할 정도로, 이날 새벽 상도성 일대의 풍광은 특별한 장관이었는데, 여기에는 고국을 떠난 이들의 객회가 작용했을 것이다. 아래 시는 상도를 떠나는 감회를 담고 있다. 아직 6월도 다 가기 전 그곳에는 벌써 서리가 내렸으니, 막북의 추운 날씨에 대한 충분한 준비가 되어 있지 않은 상태에서, 대개는 8월까지 상도에서 지내는 황제의 행차에 앞서 서둘러 귀환 길에 올랐던 것이다.

길을 잃은 내 신세 우스워라	失道自堪笑
한평생 기로에서 헤매고 있네	一生岐路中
다행히 길 헤맴 멀지 않아서	只緣迷不遠
길 다해 주저앉아 울지 않았지	未至哭途窮
공자도 서두름을 경계했건만	尼父戒欲速
지금은 이 말이 진부하다나	斯言今謂陳
빨리 가려다 외려 뒤에 처지니	早行還落後
날 밝기 기다린 이에게 부끄러워라	深愧遲明人[58]

상도를 떠난 이곡 일행은 역로를 되짚어서 대도로 돌아갔을 것이다. 현재 『가정집』에는 이 일정 중에 지은 시문이 실려 있지 않아 귀로의 정황을 알 수 없다. 다만 이른 시간에 길을 나섰다가 길을 잃어 늦게 출발한 사람들보다 뒤처지는 낭패감을 담은 시 두 수가 있는데, 귀로의 체험을 담아낸 것

---

57 이달충이 지은 묘지명에 따르면 이 해 민사평(1295~1359)은 고려에 있었다. 이곡은 민사평 시의 운자를 사용했다고 했는데, 현존 『급암시고』에 같은 운자의 시는 보이지 않는다. 민사평의 생애는 김경남, 「及菴 閔思平의 『及菴先生詩集』 譯註」, 고려대학교 석사논문, 2013, 5~11쪽 참조.

58 권 18, 「早行失道」.

으로 보인다. 위 시는 외부의 풍광이나 사건에 관심을 두지 않고, 평생 우왕좌왕하며 세월을 허송하는 듯한 자기 삶을 연민의 시선으로 바라보고 있으며, 또 매사 욕심을 부려 서두르다 보면 실수하게 되니 천천히 여유 있는 행보를 다짐하고 있다. 당시 이곡의 나이는 48세였다. 두 수의 시에는 대원 제국의 관리가 되어 황제를 호종하는 수행원의 하나가 되기까지 노심초사하며 자신을 독려해 온, 그런 과정에서 이어진 과도한 긴장에 지친, 길 위의 여행자이자 삶의 나그네 이곡의 모습이 어려 있다.

이곡은 난경에서 돌아온 직후, 대도에 와 있던 정포(鄭誧, 1309~1345)의 병사 소식을 들었다. 정포는 고려에서 유배 생활을 전전하다가 정치적 재기를 위해 대도에 왔으나 7월에 객사한 것이다. 입추 날(양력 8월 7~8일경) 자신의 죽음을 예감하는 듯한 내용의 시를 지었다.[59] 이곡은 시를 지어 그의 죽음을 애도했는데, '함께 하늘 끝에 있으면서도 다시 못 보고 同是天涯不重見'란 구절로 보아, 다시 만나지 못했던 것이 틀림없다.[60] 추석날에는 고달픈 나그네 신세를 술로 달래며 고향의 가족을 애틋하게 떠올렸다.[61] 정포의 죽음은 가을 객향의 이곡을 더 우울하게 했다. 평생 담담하게 마음을 나눈 최해(崔瀣, 1287~1340)는 몇 해 전 세상을 떠났고, 최문도(崔文度, 1292~1345)도 마침 이 해에 타계했으니, 그 상실감을 달래기 어려웠다.[62] 결국 이곡은 이듬해 정월 책력 반포의 책무를 띠고, 즉 원나라 사신의 자격으로 귀국한다.[63] 이때 승려 순암(順菴) 조의선(趙義旋)과 동행했던지, 그의 시에 차운하여 5언 절

---

59 『雪谷集』 권 하, 「乙酉立秋, 大都旅舍書中書懷」.

60 권 18, 「哭仲孚司議, 贈其兄鄭判事」.

61 권 18, 「中秋夜坐」. "年年此夜幾篇詩, 風露凄迷透薄衣. **已分勞生長作客, 每逢佳節倍思歸.** 浮雲礙月底心性, 美酒盈樽無是非. **想得故山秋正熟, 兒孫笑語侍庭闈.**"

62 그러한 마음을 담은 시가 「平生之游, 歷歷可數, 拙齋春軒相繼下世, 仲孚司議亦爲鬼錄, 作三哀詩, 寄呈耻菴, 汲古堂」(권 18)이다.

63 귀국의 이유와 시점, 그리고 떠날 때의 분위기는 주선(周璿)이 이곡을 전별하며 지어준 「送李中父使征東序」와, 몇몇 문우들의 전별 시에 잘 나타나 있다(「稼亭雜錄」).

구 두 수를 지었는데 이런 구절이 있다.

삼장은 불경을 바리로 실어 가고	三藏馱經去
나는 지금 책력을 반포하러 오네	吾今送曆來[64]

5. 소결

이곡의 상도 체험은 한 개인의 경험이며 동시에 우리 역사의 한 자취이다. 이곡이 여행에서 시를 지어 남겼으니 그곳은 우리 문학의 산실이며 배경이다. 이 글에서 이곡의 행로를 다시 구성해보고 길 위에서의 사연을 반추한 것은, 연암이 1780년 열하를 다녀와 『열하일기』를 남겼기에 다시 열하를 찾고, 윤동주가 1940년대 「쉽게 씌어진 시」를 지었기에 그 자취를 되짚어 교토를 가는 것과 동일한 행위이다. 우리 역사의 현장이자 문학의 영토라는 점에서 상도와 그 행로는, 『금오신화』의 경주 남산이고 『춘향전』의 남원 광한루이며 「순이 삼촌」의 제주인 것이다. 정치뿐 아니라 역사와 문학과 상상에도 영토가 있으며, 관리 여부에 따라 그곳은 비옥한 대지가 되기도 하고 불모의 황무지가 되기도 한다. 이 글은 그중 한 현장과 영토를 둘러본 보고서인 셈이다.

여러 문헌과 온라인 검색만으로도 옛 경로를 재구하고 현지의 형세를 상상할 수 있었지만, 이런 작업이 아무리 정교하게 이루어진다고 해도 실제 길을 연결하거나 현장의 생동감을 구현하는 것은 불가능하다. 그런 점에서 이 논문은 매우 불완전하며, 현지 조사를 위한 사전 준비작업의 성격도

---

64 권 18, 「次三藏韻」.

지닌다. 조만간 현지 조사가 가능해져서 677년 전 상도 행로와 이곡의 정서가 입체적으로 설명될 수 있기를 기대한다. 또 여기서 한발 나아가 역사와 문학을 보는 우리의 시야가 더 넓어지고, 우리의 역사와 문학의 대지가 외교 차원의 국경선에 갇히지 않고 더 비옥하게 가꾸어지기를, 나아가 이 작업이 미래 한국문학의 대지를 개척하고 경작함에 있어 적은거름이 되기를 바란다.

그림 57 차칸나르(察罕腦兒站)–상도 구간의 지도. 남북으로 길게 흐르는 물줄기가 옛날의 금련천(金蓮川), 난하(灤河), 상도하(上都河)이다. 오늘날의 이름은 섬전하(閃電河)이다.

그림 58 용문협(龍門峽)－차칸나르참 구간 지도. 남북으로 흐르는 하천의 옛 이름은 고하(沽河), 오늘날의 이름은 백하(白河)이다.

그림 59 통막참(統幕站)－운주(雲州) 구간 지도. 대부분의 옛 지명이 그대로 남아 있으나, 이로곡(李老谷) 등 두어 지명은 현지 확인을 요한다.

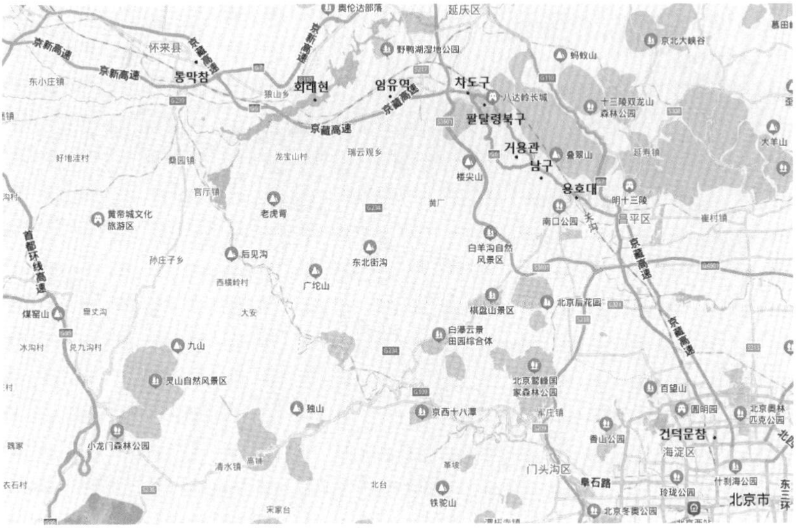

그림 60 건덕문(健德門)–통막참 구간 지도. 북경 근교는 도시화가 심해 옛길 추정이 어렵다.

그림 61 1735년 간행 『적성현지(赤城縣志)』의 「독석도(獨石圖)」. 북쪽으로 산을 둘러 명장성(明長城)이, 그 안쪽에 관성(關城)이 있다. 가운데 우군도(牛群頭)로 이어지는 길이 살짝 어긋난 채로 표시되었는데, 각판(刻板)이 다르기 때문에 나타난 현상이다.

잠결의 진경眞境, 꿈결의 웅변

-1780년 연암 박지원의 열하 행로-

속셈은 다르다. 그곳은 천하의 험지로 몽골의 목을 움켜쥐고 있는 북방의 요새이다. '피서(避暑)'를 내세웠지만 실은 천자가 몸소 북방 유목민족을 막자는[防胡] 것이다. 이는 원나라 시절 초원에 풀이 돋으면 도성을 떠났다가, 가을에 풀이 마르면 남쪽으로 돌아왔던 것과 같다. 천자가 초원 가까운 곳에 머물며 여러 차례 사냥을 나서면 유목민족들이 함부로 내려와 말을 풀어놓지 못하니, 천자의 오고 감은 언제나 풀이 돋고 마르고를 기준으로 하였던 것이다. '피서'라는 이름에 감추어진 속뜻이 이것이다. 올봄 황제는 남방 순행에 나섰다가 곧바로 열하로 돌아갔다.

박지원, 「막북행정록서(漠北行程錄序)」

1. 서언

현존『열하일기』는 모두 26편으로 구성되어 있다. 그중 압록강을 건너는 6월 24일부터 열하에서 북경으로 돌아온 8월 20일까지 56일 동안의 체험은「도강록」에서「환연도중록(還燕途中錄)」까지 7편의 일기에 담았다. 나머지 19편은 주제별 묶음이다. 거칠게 간추리면, 이 체제는 전통 역사서에서 '사(史)'와 '지(志)'의 구성과 비슷하다. 연암은 9월 17일 모든 일정을 마친 사행을 따라 북경을 떠나 귀국길에 오른다.『열하일기』에는 국내 여정, 8월 21일~9월 16일 사이 북경 생활, 그리고 귀로의 체험이 기술되어 있지 않다. 특별하지 않다고 생각했으며, 중복 기술을 원하지 않았던 때문으로 보인다.

1780년 청나라 여행에서, 연암에게 가장 특별한 체험은 무엇이었을까? 의심의 여지없이 열하를 다녀온 일이다. 무엇보다 제목에 '열하'를 앞세웠고, 56일의 여행을 담은 7편의 일기 중 열하와 관련된 16일의 견문과 소회를 담은 것이 3편이나 된다. 열하 여행을 종점으로 일기체 기술을 포기하는 것도 하나의 증좌이다. 열하에서 돌아온 뒤 한 달에 가까운 북경 생활을 대단하게 기술하지 않았음은, 이미 수많은 연행록에서 다루어진 것들이니 크게 새로울 게 없다고 생각한 게 아닐까. 일기체 7편을 제외한 나머지 19편 중에서도 열하 체험을 담은 것이 9편이나 된다.[65] 외부 표지만으로도 연암이 얼마나 열하 체험을 특별하게 생각했는지 짐작할 수 있다.

열하 체험은 그저 감각에 충격을 준 여행이었을까? 그렇지 않은 듯하다. 역사의 흐름과 세계정세를 통찰하는 인식의 깊이가 문장 곳곳에 담겨 있으며, 이를 표현하는 미적 방법 또한 시대를 달리해도 감동과 충격의 강도가 줄지 않을 만큼 예사롭지 않기 때문이다. 열하 체험 뒤 연암은 묵직한 주

---

65 「忘羊錄」,「鵠汀筆談」,「札什倫布」,「班禪始末」,「黃敎問答」,「避暑錄」,「行在雜錄」,「山莊雜記」,「口外異聞」이 그것이다.

제들은 일기에 담지 않고 별도의 편으로 독립시켰고, 「일야구도하기(一夜九渡河記)」나 「야출고북구기(夜出古北口記)」 같은 예술성 짙은 산문들도 따로 묶었다. 그렇다고 하여 일기의 구성이 허술한 것도 아니다. 「막북행정록」, 「태학유관록」, 「환연도중록」은 소소하면서도 단조롭지 않은 여러 삽화들이 미적으로 조직되어 있다. 『열하일기』를 잘 이해하려면 이러한 입체적 구조와 그 사이의 역동적이면서 다채로운 상호관계를 정교하게 파악하는 눈이 필요하다.

『열하일기』 중 열하 관련 내용에 담긴 인식의 깊이는 아래 예문에 잘 나타난다.

> 피서산장(避暑山莊)은 '피서'를 내세우니, 이름은 피서지만 깊은 뜻을 감추고 있다. 건륭 시기 피서산장을 방문했던 조선의 학자 박지원은 그 비밀을 이렇게 말했다. "열하는 장성 밖의 황벽한 지역이다. 천자가 무엇 하러 괴로이 이 새외 황벽한 땅에 머무는가? 이름은 피서지만 사실은 변방을 대비하자는 것이다." 그의 제자였던 유득공 또한 그 의미를 깊이 깨달았으니 이렇게 말했다. "적이 열하의 형세를 살펴보니, 북으로 몽골을 누르고, 동쪽으로 위구르를 견제하고, 서쪽으로 요동과 심양 일대와 통하며, 남쪽으로 천하를 통제한다. 이것이야 말로 강희제가 고심한 것이다. 피서산장이라 함은 그 뜻을 숨긴 것이다."[66]

인용된 연암의 말은 「황교문답」에, 유득공의 발언은 『난양록(灤陽錄)』에 실려 있다.[67] 위 글은 피서산장과 외팔묘(外八廟)를 소개한 책의 제1장에서

---

66 張愛萍·張紹興 主編/李月明 撰著, 『避暑山莊外八廟 觀賞手冊』(新疆大學出版社, 2002) 1장. 인용 중 연암 발언 원문은 "避暑山莊說'避暑', 名爲避暑, 實蘊深意.", 유득공 인용 원문은 "竊觀熱河形勢, 北壓蒙古, 右引回回, 左通遼瀋, 南制天下, 此康熙皇帝之苦心, 而其曰避暑山莊者, 特諱之也."이다.

67 1930년대 초 김육불(金毓黻, 1887~1962) 편찬 遼海叢書 제1집에 실려 있는 『灤陽錄』 소재 시 「熱河」

가져온 것이다. 저자들은 피서산장을 소개하면서, 첫 장에서 범상한 이름 속에 감추어진 정치적 의도를 먼저 설명하였는데, 그 근거를 박지원과 유득공의 발언에 두고 있다. 이는 200년 이상 지난 오늘의 시점에서도, 또는 한국이 아닌 중국의 관점에서도, 연암의 정세 인식이 매우 예리하고 정확했음을 의미한다.[68] 이것이 바로 단순한 여행기 수준에 그치지 않는 『열하일기』의 특별한 가치이며, 관련하여 깊이 있는 논의가 필요한 이유이다.

이 글은 1780년 8월 연암의 열하 행로를 재구하여, 『열하일기』 이해의 기초를 제공하는 것을 목표로 한다. 연암은 과연 어떤 길을 통해 열하(지금의 河北省 承德市)에 갔던 것일까? 「막북행정록」에 나오는 여러 지명들은 지금의 어디에 해당하며, 연암이 특별히 충격 받고 감동한 곳은 어느 지점인가? 연암이 보았던 풍경들은 어떻게 달라져 있는가? 그 행로를 따라가며 『열하일기』를 읽고, 그날의 감동을 추체험하는 것은 가능한가? 이는 매우 초보적인 질문이지만, 『열하일기』의 감상과 이해를 위해 생략할 수 없는 것들이다. 본고에서는 이들 질문에 가능한 한 답변을 내놓고자 한다. 논의의 효율성을 위해, 주제나 문장미 등에 대해서는 가급 언급하지 않을 것이다.

의 주석에 들어 있는 글이다(1987년 신서원 영인 간행 요해총서 제2책 708쪽). 이 책에서는 "窺觀熱河形勢, 北壓蒙古, 右引回回, 左通遼瀋, 南制天下, 此康熙皇帝之苦心, 而其曰避暑山莊者, 特諱之也."라고 인용했는, '窺觀熱河形勢'는 없는 말이다. 『泠齋集』 권4 「熱河紀行詩」 같은 시에는 이 주석이 없다.

68 『열하일기』는 청조 치하의 18세기 중국에 대한 조선인의 관찰 기록이라는 사료적 가치를 인정받아 왔고, 근래에는 중국에서도 적잖은 연구가 이루어지고 있다. 특히 馬靖妮, 『'熱河日記'中的中國形象研究』(中央民族大學博士學位論文, 2007)이 대표적이다. 일본의 平野聰, 『大清帝國と中華の混迷』(東京: 講談社. 2007)에서도 『熱河日記』를 비중 있는 사료로 인용하고 있다.

2. 열하 행의 정황과 북순(北巡) 어도(御道)

1780년 3월 20일, 진하겸사은사(進賀兼謝恩使)의 책임자로 박명원(朴明遠, 1725~1790)이 임명되었다. 진하의 목적은 여름에 있을 건륭제의 70세 생일이다. 황제로서 70세 생일을 맞는 것은 자주 있는 일이 아니었기 때문에 축하 사절을 보내기로 한 것이다.[69] 이는 청나라 및 서양 문물에 관심이 많았던 연암에게 일생의 호기가 되었다. 박명원은 연암의 삼종형이었고, 당시에는 '자제군관'이라는 비공식 직함의 친인척이 연행사를 수행하는 관행이 있었기 때문이다. 홍대용(1765), 이덕무와 박제가(1778) 등을 통해 이미 청나라 문물을 간접 체험했던 연암은 자제군관을 자원하여, 융복에 벙거지를 쓴 군관의 복장으로 사행단을 따라 길을 나섰다.

사행은 6월 24일 압록강을 건넜다. 건륭의 생일이 8월 13일이고, 도강 이후 북경에 이르기까지는 통상 30일 정도가 걸렸으니, 20일 정도의 여유를 두고 일정을 잡은 것이다. 그런데 사행은 예기치 못한 변수로 곤욕을 치렀다. 때는 마침 한여름 장마철이었고, 한여름 사행은 주기적으로 있는 것이 아니었기 때문에, 홍수로 인한 교통 장애를 미리 고려하지 못했던 것이다. 북경에 이르기 위해서는 중간에 여러 번 크고 작은 물줄기를 건너야 했는데, 홍수로 불어난 물들이 사행의 발목을 잡았다. 연암 일행은 37일 만인 8월 1일에야 북경 사관에 도착했다. 중간에 마음을 졸이긴 했지만 생일까지는 열흘이 넘게 남았으니, 사행 목적으로만 보면 크게 쫓길 것이 없는 일정이었다.[70]

---

69 건륭제가 숭모했고, 또 후대에 건륭과 함께 병칭되곤 하는 그의 할아버지 강희제(1654~1722)는 60년 동안 제위에 있었지만, 8세에 즉위했기에 산 햇수는 불과 69년이다. 게다가 청대 이전으로 확장하더라도 황제의 고희는 극히 드물었다. 『淸實錄』(北京: 中華書局, 1985) 「御製古稀說」의 기록을 보면, "삼대 이후 천자가 된 자로 고희까지 산 자는 겨우 6명을 찾을 수 있을 따름이다."라고 하였다. 여기서 6명은 한무제(漢武帝), 양무제(梁武帝), 당현종(唐玄宗), 남송 고종(南宋 高宗), 원세조(元世祖), 명태조(明太祖)이다.

70 이는 사행의 성격과 목적을 외교로만 국한했을 경우이다. 사행에는 으레 국제교역을 하는 대규모의

그런데 또 예상치 못한 상황이 발생했다. 강희 이후의 관례에 따라 여름을 열하 피서산장에서 보내던 건륭제가, 자신의 70세 생일 축하연에 조선 사절까지 불렀던 것이다. 북경 사관에 머문 지 나흘, 사행은 준비가 안 된 상태에서 열하행을 지시받고 8월 5일 부랴부랴 다시 짐을 꾸려 길을 나섰다. 조선 사신의 열하 행은 관례는 물론 준비도 없던 터라, 그 상황이 꽤나 어수선했다. 당시 상황은 사행이 북경을 떠나 귀국길에 올랐던 9월 17일 왕에게 보낸 장계에 잘 나타난다.

> 신들 일행이 8월 초1일에 북경에 도착하여 예부(禮部)에 나아가 표문(表文)과 자문(咨文)을 올렸습니다. …… 황제가 5월 초9일에 남경에서 어가를 돌려 22일에 열하로 행행하여 아직도 북경에 돌아오지 않았습니다. 그래서 성절진하(聖節進賀)는 단지 어가를 수행한 문무백관만 열하에서 하례를 거행하게 되었고 북경에 머물러 있는 신하들은 마땅히 망하례(望賀禮)를 거행해야 하는데, 신 등도 참여할 예정이었습니다. 그런데 초4일 2경에 대사(大使) 장문금(張文錦)이 예부에서 통지하는 문서를 가지고 와서 보이며 말하기를, "조선의 정사·부사는 열하에 와서 하례를 행하라는 칙지를 받았으니, 데리고 갈 수행 관원과 수행인들의 성명을 모두 보고 단자에 기록하라. 내일 사시(巳時)에 출발할 것이다."라고 하였습니다. 그래서 임역(任譯)으로 하여금 서장관도 동행할 것인지의 여부를 물어보게 하였더니, 예부에서 "남겨두고 가서는 안 되는데, 수행 관원은 인원수를 줄여서 데리고 가라."라고 말하였기 때문에 신 등이 서장관 조정진(趙鼎鎭), 통사(通事) 세 사람, 수행 관원 네 사람, 수행인 64명과 같이 초5일에 북경을 출발했습니다. 제독 나란태(鄃蘭泰),[71] 통관 오림포(烏霖佈)·박보수(朴寶樹)·서종현(徐宗顯) 등도 따라갔

상단이 포함되어 있었는데, 이들에게 날씨나 북경 거주 기간은 매우 중요했을 것이다.

71 백하(白河)를 건너다 발을 다친 창대에게 나귀를 내어주어, 연암에게서 대국의 풍도를 볼 수 있다는 찬사를 받은 제독이 이 사람으로 보인다. '난태(蘭泰)'는 만주족들이 많이 사용한 이름이다. 아쉽게도 『청

습니다. 초6일에 밀운현(密雲縣)에 도착했는데, 군기주사(軍機主事) 부사선(富査善)이 열하에서 와서 통관에게 말하기를, "지금 황제의 분부를 받들고 조선의 사신 행차를 접대하기 위해 왔다. 이번에 사신이 온 것을 황제께서 매우 기뻐하고 계시니, 사신은 천천히 가서는 안 된다."고 하였습니다. 그래서 신 등이 밤낮없이 달려갔으나 도로가 험준해서 초9일 진시에야 열하에 도착하였습니다.[72]

조선에서는 18세기 초부터 피서산장의 조성 사실과 운영 양상을 대략 파악하고 있었다.[73] 따라서 황제의 70세 생일연이 피서산장에서 열려도, 조선 사행은 북경까지만 가서 축하의 뜻을 전달하기만 하면 된다고 생각했다. 그런데 이 해의 생일 축하연은 꽤나 남달랐다. 우선 70세 생일이 당시로선 이례적인 일이었고, 더구나 이를 축하하기 위해 티베트 라싸를 출발한 6세 판첸의 대규모 일행이 열하로 오고 있었다. 건륭제가 판첸을 맞이하기 위해 1년 전부터 라싸의 타쉬룬포[札什倫布]를 흉내 내 건립하기 시작한 수미복수지묘(須彌福壽之廟)가 7월 21일 준공된 상태였다.[74] 차안(此岸)의 천하를 평정하고 아울러 피안(彼岸)의 영역까지 통섭하는 제왕의 위신을 건륭은 피서산장의 70세 생일연에서 만방에 과시하고 싶었다.[75] 유례없이 조선 사신을 열

실록』에서 이에 해당하는 인물을 찾지 못했다.

72 『정조실록』 4년 9월 17일. 이 글은 사행이 북경을 떠나면서 먼저 보낸 것이니, 아무리 빨라도 한 달 이상 지난 뒤에나 조정에 접수되었을 터인데, 뒷날 실록을 편찬하며 소급 적용하여 9월 17일 자에 넣은 것이다.

73 피서산장의 조성 사실과 그 경위에 대한 기술은 김창업의 『연행일기』(1713), 이의현의 「경자연행잡지」(1720) 등에 나타나기 시작한다. 대략 그 조성 초기부터 조선에서는 그 사실을 인지하고 있었던 것으로 보이는데, 정밀한 검토가 필요하다.

74 건륭제는 대단한 불교신자였고, 그 이전인 1771년에는 피서산장의 북쪽이자 수미복수지묘의 서쪽에 보타종승지묘(普陀宗乘之廟)를 완공했다. 수미복수지묘의 조성 경위와 그 배경에 대해서는 趙玲 주편, 『避暑山莊及周圍寺廟 講解概要』, 地質出版社, 2000 참조.

75 건륭과 판첸의 만남을 종교 차원이 아니라 정치 차원에서 파악하면, 지배와 복속으로 이해된다. 즉

하로 부르고, 열하에서 조선 사신에게 판첸 알현을 강요한 이유이다. 위 글은 당시 열하행의 결정이 얼마나 급작스럽게 전달되었는지, 또 북경까지의 노독이 풀리지 않은 상태에서 그 행보가 얼마나 경황없이 진행되었는지를 잘 보여준다.

「막북행정록」 앞에는 서문이 붙어 있다. 「막북행정록」이 대략 완성된 이후 지어진 것으로 보이는 이 글에는, 당시 열하행의 정황은 물론, 현장의 체험과 사유 및 독서 결과가 어우러진 통찰이 담겨 있어 당시 열하 체험을 이해하는 데 많은 도움이 된다. 글은 열하의 연혁 소개로 시작되고(『흠정 열하지』 인용), 다음에 아래 구절이 이어진다.

> 청이 천하를 통일하면서 처음 열하라고 명명했으니, 장성 밖 요충지이다. ①강희 이후 황제들이 여름이면 여기에 머물렀으니 더위를 피하는 곳이다. ②궁전은 화려하게 치장하지 않아 피서산장이라 한다. 황제가 여기에 머물면서 독서를 즐기고 숲과 못을 거닐며 천하를 잊으니, 평범한 백성의 삶을 잊지 않는 뜻을 지닌다. ③하지만 속셈은 다르다. 그곳은 천하의 험지로 몽골의 목을 움켜쥐고 있는 북방의 요새이다. '피서'를 내세웠지만 실은 천자가 몸소 북방 유목민족을 막자는[防胡] 것이다. ④이는 원나라 시절 초원에 풀이 돋으면 도성을 떠났다가, 가을에 풀이 마르면 남쪽으로 돌아왔던 것과 같다. 천자가 초원 가까운 곳에 머물며 여러 차례 사냥을 나서면 유목민족들이 함부로 내려와 말을 풀어놓지 못하니, 천자의 오고 감은 언제나 풀이 돋고 마르고를 기준으로 하였던 것이다. '피서'라는 이름에 감추어진 속뜻이 이것이다. 올봄 황제는 남방 순행에 나섰다가 곧바로 열하로 돌아갔다.[76]

건륭 45년 열하의 칠순 만수절은 건륭제가 자신의 업적을 확인하고 기념하는 행사였다. 이에 대해선 구범진, 「1780년 열하의 칠순 만수절과 건륭의 '제국'」, 「명청사연구 40집」, 명청사학회, 2013 참조.

76 「막북행정록」 서. "今清一統, 則始名熱河, 爲長城外要害之地. 自康熙皇帝時, 常於夏月, 駐蹕于此, 爲

①은 연암이 피서산장의 조성 내력에 대해 비교적 정확히 알고 있었음을 보여준다. 피서산장은 1703년에 지어지기 시작하여 1792년에 완공되며, 내오문(內午門)에 강희가 '避暑山莊' 편액을 써 붙인 것은 1711년의 일이다. ②는 대략 실물을 목도한 데서 나온 것이기도 하거니와, 강희가 1711년에 지은 「피서산장기(避暑山莊記)」를 읽고 난 생각일 가능성이 높다. 「피서산장기」에 그러한 뜻이 담겨 있다. ③은 심세(審勢)의 차원에서 간파한 피서산장 운영에 숨겨진 국제정치적 의도이다. 이러한 통찰은 역사에 대한 활법적(活法的) 이해에서 나온 것이니, ④가 그 근거이다. 쿠빌라이는 1272년 북경을 대도로 삼은 뒤에도, 자신의 정치적 근거지였던 개평(開平)을 상도로 삼고 해마다 여름이면 그곳에 가서 정무를 보았다. 수도(首都)에서 중원을 통치하고, 배도(陪都)에서는 북방 유목민족들을 제어하는 양도제의 운영은 이후 원나라가 망할 때까지 유지되었다. 상도가 있던 곳은 북경에서 11시 방향 직선거리로 500km 떨어진 석림곽릉맹(錫林郭勒盟) 부근이다. 여름의 수도라 해서 '하도(夏都)', 난하(灤河) 가에 있다고 하여 '난경(灤京)', '난도(灤都)', 또는 상경(上京)이라고도 했다.[77] 연암은 피서산장에서 원나라 상도를 보았고, 상도의 정치 기능을 토대로 피서산장의 정치적 의미를 해석했다.[78] 강희 이후 황제들이 거행했던 사냥의 의미까지, 연암의 통찰은 오늘날의 관점에서도 매우

淸暑之所. 所居宮殿, 不爲采斲, 謂之避暑山莊. 帝居此, 書籍自娛, 逍遙林泉, 遺外天下, 常有布素之意, 而其實地據險要. 扼蒙古之咽喉, 爲塞北奧區, 名雖避暑, 而實天子身自防胡. 如元世草靑出迺都, 草枯南還. 大抵天子近北居住, 數出巡獵, 則諸胡虜, 不敢南下放牧, 故天子往還, 常以艸之靑枯爲期. 所以名避暑者此也. 今年春皇帝, 自南巡直北還熱河."

77 원나라 상도의 위상과 그 운영에 대해서는 肖瑞玲, 「元上都的曆史地位」, 『內蒙古師大學報(哲學社會科學版』(1998, 47~51쪽)를, 원나라 상도와 청나라 피서산장의 동질성에 대해서는 丁海斌·於新, 「夏都的設立及其在元, 淸兩代邊疆治理中的特殊作用」, 『중앙민족대학학보』 42, 2015 참조.

78 피서산장 건립은 몽골족에 대한 회유책과 강경책의 일환이자 만주족의 군사훈련 강화라는 목적이 있었다. 열하는 북경에서 동북으로 약 250km 떨어져 있고, 몽골 각 부와 인접한 교통과 전략의 요충지였다. 연암은 피서산장 건립의 숨은 뜻을 정확히 파악한 셈이다. 여기에 대해서는 임계순, 「18세기 청조 제2의 정치중심지, 승덕 피서산장」, 『명청사연구』 21, 명청사학회, 2004 참조.

합리적이고 적확하다.[79]

조선 사행을 열하로 오게 하라는 칙지가 사관에 이른 것은 8월 4일 밤이었다. 청나라 통관들은 매우 다급하게 황제의 칙지를 전달했다. 이들의 전언에 따르면 그날 예부가 발칵 뒤집어졌다. 전례가 없던 일인지라 조선 사신의 열하 행 여부를 묻지 않았는데, 이것이 그만 건륭의 진노를 샀기 때문이다. 예부에서는 이튿날 사시(오전 9~11시)에 떠날 것을 지시했다. 조선 사관에서는 한밤중에 작은 소동이 벌어졌다. 열하로 떠날 사람을 추리는 회의가 열렸고, 다시 거기에 맞게 인마를 점고하고 행장을 꾸려야 했기 때문이다. 이튿날 청나라 예부에 보낼 인마단자(人馬單子)도 그날 밤에 작성했다. 아직 남은 여독, 바듯한 일정, 경험과 정보의 부재, 거기에 통관들의 겁에 질린 태도는, 전반적으로 열하로 떠나는 조선 사행의 분위기를 초조하게 했다. 연암은 혹시 열하에서 귀국 길에 오르게 되지 않을까 염려하여 결정하지 못하다가, 박명원의 조언을 듣고 열하행을 결정한다.

조선 사행은 아무런 사전 지식 없이 길을 떠나야 했고, 이런 사정은 연암이라고 다를 게 없었다. 게다가 열하에 갈 때는 일정에 쫓겨 밤낮을 가리지 않고 길을 재촉했기 때문에 주변 정황을 찬찬히 살필 겨를이 없었다. 이런 이유로 그 행로는 열하를 다녀온 뒤에도 흐릿한 상태로 남아 있게 된다. 정보와 견문이 따로 놀았으며 기억도 잘못 입력되는 경우가 종종 있었기 때문이다. 연암은 이에 대해 솔직히 고백했다.

---

79 연암은 열하 여행을 통해 국제 정세뿐만 아니라 청조의 문화에 대해서도 탁견을 보여준 것으로 평가된다. 정치 차원은 노대환, 「18세기 후반 연암 일파의 연행과 청조 정세 인식」, 『대동문화연구』 85, 2014; 차혜원, 「열하사절단이 체험한 18세기 말의 국제질서: 변동하는 조공책봉 관계의 증언」, 『역사비평』 93, 2010을, 문화 차원은 정은주, 「18세기 연행으로 접한 청조 문화」, 『대동문화연구』 85, 2014 중 Ⅳ장을 참고. 반면, 구범진은 「조선의 건륭 칠순 진하특사와 『열하일기』」 『인문논총』, 서울대인문학연구원, 2013에서 연암의 국제 정세에 대한 이해 수준이 빈약하였다고 비판했다.

이제 우리 사신이 갑자기 초대를 받아 밤낮으로 길을 간 끝에 닷새 만에 도착했다. 가만히 그 도정을 셈해보니 4백여 리 정도가 아니었다. 열하에 들어가 산동도사(山東都司) 학성(郝成)과 거리를 얘기하였다. 그런데 학성 또한 초행이었다. 그는, "구외(口外)에서 경사(京師)까지 대략 7백여 리입니다. 강희제 때부터 해마다 구외에서 더위를 피했답니다. …… 강희제께서 특별히 참(站) 사이의 거리를 줄여 4백여 리를 만들었지만, 진짜 거리는 700리입니다. 여러 신료들이 늘 말을 달려 일을 아뢰곤 하니, 막북(漠北)을 마당처럼 보며 몸을 말 위에서 벗어나지 않으니, 이것이 편안할 때 위태로움을 잊지 말라는 성인의 뜻이랍니다."라고 하였으니, 그의 말이 사실에 가까운 듯하다. 고염무(顧炎武)의 『창평산수기(昌平山水記)』에 따르면, 고북구로부터 역참을 두어 …… 고북구로부터 열하에 이르기까지 256리가 되는데, 이는 『열하지』의 기록보다 56리가 먼 것이다. 구외의 노정은 서로 어긋나기가 이와 같으니, 장성의 안쪽 사정은 이를 미루어 알 수 있다. 이번 행역은 우리나라 사람이 겪어보지 못한데다가, 밤낮으로 말을 달렸으니, 소경이 길을 가거나 꿈속에 지난 격이라, 역참과 정후(亭堠) 등을 일행 누구도 제대로 살피지 못했다. 이제 지리지를 보니 420리라 하기에 여기에 따른다.[80]

서문의 마지막 부분이다. 이는 연암이 열하에 다녀온 뒤 얼마나 그 행정을 재구하기 위해 노력했는지를 잘 보여준다. 도강 이후 북경까지의 여정은 수많은 연행록에 잘 정리되어 있으니, 그 정보가 거의 내비게이션 역할을 할 정도이다. 하지만 열하 행정은 잠시 소경이 되었던 양, 꿈결 속에 다녀온 듯 정리가 되지 않았다. 구할 수 있는 지지(地誌) 등을 구해보아도 딱 떨어지지 않았다. 북경에서 열하까지 420리라는 정보는 『대청일통지』에서 가져온 것

80 「막북행정록」 서. 원문 생략.

으로 보인다.[81] 그런데 일정으로 따져도 체감으로 헤아려도 그 이상의 거리였다.

열하에 도착하여 학성에게 물었더니, 의외의 견해를 내놓는다. 원래는 700리인데, 참 사이의 거리를 줄여 기록하여 4백여 리로 만들었으니, 이는 신료들로 하여금 긴장을 풀지 못하도록 하려는 강희제의 의도라는 것이다. 연암은 이 견해에 심증을 둔다. 물론 이 의견은 상상에 지나지 않는다. 노선에 따라 약간의 차이가 있지만, 우회하지 않는 이상 북경과 열하 사이의 거리는 아무리 길어도 250km를 넘지 않기 때문이다. 『창평산수기』에서는 고북구와 난하 사이의 거리를 256리라고 했는데, 이는 지리지의 기록보다 56리나 많은 것이다.[82] 다시 가볼 수도 없고, 문헌기록의 정보는 충분치 않고, 기억은 가물가물하여 연암은 결국 거리 셈을 포기하고 만다. 지리 기술을 포기하는 대신 연암은 한층 더 독특한 문장을 지어 그러한 약점을 메워 지우는 방법을 선택한다.

그렇다면 연암은 당시 어떤 길로 열하를 오갔을까? 연암이 오간 길을 알기 위해서는 당시 황제들이 오간 어도를 고찰할 필요가 있다. 당시로서는 가장 빠르고 안전한 길이었기 때문이다. 1681년 강희제는 피서산장 북쪽 120km 떨어진 곳에 위장(圍場)을 조성하여 해마다 군사 훈련을 겸해 대규모 사냥을 했다. 사냥은 가을철에 행해져 목란추선(木蘭秋獮)이라고 했는데, 가경(嘉慶) 25년(1820)까지 140년 동안 105회나 거행되었다. 피서산장은 목란추선 행사의 흐름 속에서, 또 그 원활한 행사를 위한 목적으로 조성된 것이다. 해마다 황제의 대규모 행차가 오가면서, 어도가 닦였고 곳곳에 행궁(行宮)이 지어졌다.[83]

---

81 권26에, "承德府, 在京師東北四百二十里."라는 설명이 있다.

82 열하와 고북구 사이의 거리를 200리로 기록한 지리지는 확인하지 못했다. 『흠정 열하지』 권49, 「疆域」에서는 "南至順天府密雲縣北之古北口一百九十里."라고 하였다.

83 河巖 편, 『清代皇帝北巡 御道與行宮』, 신강인민출판사, 2001.

그중 자금성에서 피서산장에 이르는 어도는 고북구를 기점으로 두 단으로 나뉘었는데, 각각의 거리는 240리였다. 그중 자금성에서 밀운(密雲)에 이르는 길은 두 갈래였다. 먼저 닦은 길은 동직문(東直門) - 순의현성(順義縣城) - 우란산(牛欄山) - 나산(羅山) - 왕각장(王各莊) - 밀운 길이다. 이를 동도(東道)라 한다. 여기에 1707년 서직문(西直門, 德勝門) - 인구(藺溝, 昌平縣) - 고려영(高麗營, 順義縣) - 회유현(懷柔縣)의 회유현성 남문 밖 - 북방(北房) - 왕각장으로 이어지는 길이 새로 닦였는데, 이를 서도(西道)라고 했다. 두 갈래 길은 밀운 남쪽 왕각장에서 만났다. 그 사이 동도에 한 곳 서도에 세 곳, 모두 네 곳에 행궁이 있었다.[84] 왕각장을 지난 황제의 행차는 백하(白河)를 건너 밀운성 동문 밖에 있었던 유가점행궁(劉家店行宮)에서 묵었다.[85] 지금의 북경시 밀운구 동쪽의 옛 행궁 근처에는 아직까지도 행궁가(行宮街), 행궁소구(行宮小區) 등의 지명이 남아 있다. 백하를 건넌 곳은 지금의 녹도공원(綠島公園) 근처로 추정된다. 1707년 이후 황제의 열하 행행은 주로 서도를 이용했다. 연암과 1790년 서호수 일행도 서도를 거쳐 덕승문을 통해 북경에 들어갔다.[86]

밀운 이후의 어도는 달라진 적이 없다. 밀운 행궁을 떠난 어가는 목가욕(穆家峪)과 구송산(九松山)을 거쳐 석갑성(石匣城)을 지났다. 석갑성은 1958년 밀운수고(密雲水庫)를 만들면서 수몰되었는데, 이곳 출신 주민의 증언에 따르면 어가대(魚家台) 마을 가까운 곳이라고 한다.[87] 석갑성을 지나면

---

84 동도 상에는 순의현계(順義縣城) 서북쪽 삼가점(三家店)에, 서도 상에는 인구(藺溝), 탕산(湯山), 남석조(南石槽)에 행궁이 있었다.

85 姜濤, 「清代京师道路和皇帝出巡的御道」, 『北方文物』 26, 1991.

86 연암은 「환연도중록」에서 자신의 노정을 부마장(駙馬莊. 지금의 懷柔區 北房鎮 駙馬莊村) - 남석교(南石橋) - 임구(林溝) - 덕승문(德勝門)으로 기록했는데, 남석교와 임구는 각각 남석조와 인구의 오류이다. 서호수의 『연행기』에는 정확하게 표기되어 있다.

87 마을에서 만난 주민(64세)은, 석갑성에 살다가 3세 때 나왔다면서, 고로들에게 들은 얘기를 근거로 바로 앞에 보이는 섬을 석갑성 벽이 있던 자리라고 증언했다. 『밀운현지』의 「石匣城圖」에는 석갑성 북쪽 진산으로 인령산(印靈山)이 표기되어 있다. 지도를 본 주민은 마을 뒤의 야트막한 산을 가리키며, 원래 높았는데 마을이 수몰되면서 낮은 산이 되었다고 말해 주었다.

요정행궁(要亭行宮),[88] 남천문어서방(南天門御書房)을 지나 고북구에 도착했다. 요정과 남천문은 지명으로 남아 있다. 고북구에는 만수행궁(萬壽行宮)이 있었는데, 그 자리에 복원되어 있다. 만수행궁에서는 부교로 조하(潮河)를 건너 고북구 장성의 마지막 관문을 통과했다.

고북구와 열하 사이에는 파극십영(巴克什營), 양간방(兩間房), 상산욕(常山峪), 왕가영(王家營), 객라하둔(喀喇河屯)에 행궁이 있었다. 행궁은 진작 사라졌지만 지명만은 그대로 남아 있어, 이 마을들을 이으면 그대로 옛길이 된다. 각라하둔(承德市 雙灤區 行宮路 일대)에서 난하를 건너면 쌍탑산(雙塔山)이 나오고, 그 아래를 지나 지금의 광인가(廣仁街)를 걸으면 피서산장이 나온다. 이 경로를 파악하는 데 중요한 단서가 되는 자료는 건륭의 시들이다. 건륭은 지나는 곳마다 수많은 시를 지어 남겼는데, 열하를 오가며 지은 많은 시들에 지명이 들어 있으며, 이들은 대개 순서대로 『어제시집(御製詩集)』에 실려 있다. 행궁과 주요 관아, 『어제시집』 소재 시 제목에 들어 있는 지명들을 이으면, 18세기 자금성과 피서산장 사이의 어도가 그려진다.[89]

두 단락으로 정리한 18세기 어도는 여러 문헌 자료와 현지 조사, 그리고 전자지도상의 가상 실행을 거쳐 재구된 것이다. 이 경로를 얼떨결에 한번 다녀오고 만, 한정된 두세 문헌과 본인의 메모, 그리고 파편으로 남은 흐릿한 기억만으로 재구하는 것은 불가능한 일이었다. 1780년 8월 연암이 지난 열하 길은 어도에서 크게 벗어나지 않았을 것이다. 이를 토대로 『열하일기』에 기술된 행로를 분석하여, 연암이 실제 어느 길 위를 걸었고, 어떤 풍경에서 어떤 작품이 착상되었으며, 어느 지점에서 무슨 일화가 있었는지를 짚어보고자 한다. 아울러 어떤 기술에 어떤 착오가 있고, 그런 착오가 왜 발생했는지도 따져볼 것이다.

---

88 '要' 자리에는 문헌에 따라 瑤, 遙, 腰 등이 놓이기도 한다.

89 대도시를 포함하여 그 주변은 지형의 변화가 많고 대형 도로들이 대거 개설됨으로써 옛길을 추적하기가 쉽지 않다. 여기에 포함된 일부를 제외하면 옛길의 많은 부분은 밝힐 수 있다.

3. 연암의 열하 여정과 객중(客中) 문정(文情)

연암 일행은 8월 5일 사시에 북경 서관을 출발하여 9일 사시에 열하 숙소 태학(太學)에 도착했다. 모자라거나 넘침 없이 꼬박 나흘이 걸린 셈이다. 북경에서 열하까지의 거리는 고속도로를 이용해도 230km에 달하니, 이 거리로 계산해도 하루에 60km 가까이 이동한 셈이다. 밤낮을 이어서 이동했다거나, 꿈결 속을 간 것과 같다거나 하는 표현이 전혀 과장이 아니며, 송도 제비바위 집에 돌아가면 일천 날 하고도 하루를 더 잘 것이라고 푸념을 늘어놓았음도 그럴 만했던 것이다.

아래는 「막북행정록」에 나타난 이동 경로와 구성상의 특징을 간단하게 정리한 것이다. '경로' 칸의 지명은 「막북행정록」에 명기된 것이다. 사이사이에 역사지리 사실(주로 『창평산수기』나 『열하지』에서 인용), 에피소드, 독립성 높은 산문을 배치하여 구성이 단조롭지 않게 했고, 「야출고북구기」 등 아예 제목까지 붙여 완성한 몇 편의 산문은 「산장잡기」 등에 따로 실었다. 「막북행정록」은 7편의 일기체 글 중에서 구성이 가장 현란하다. 세 편의 '마론(馬論)'이 위치를 달리하여 강도를 더해가며 배치되고, 말 다루는 방법에 대한 이야기가 무르익는 순간(「馬論 2, 御馬法」) 「일야구도하기」로 건너뛰며, 앞에서 부상당해 뒤처진 창대를 안타까워하다가 뒤에서는 창대를 도와준 제독(提督)의 도량에 대한 칭송으로 개합(開闔)을 맞추는 등, 그 구성 자체가 독자로 하여금 독서의 속도와 강도를 조절하지 않을 수 없도록 한다. 이 절에서는 이러한 구성을 염두에 두고, 8월 5일부터 9일까지 연암의 행로를 날짜별로 추적하기로 한다.

	경로	산문	기타
8월 5일	첨운패루(瞻雲牌樓), 지안문(地安門), 종루(鐘樓), 동직문(東直門), 손가장(孫家莊)	동직문별론(東直門別論)	
6일	순의현계(順義縣界), 회유현계(懷柔縣界), 호노산(狐奴山), 도산(桃山), 백하(白河), 밀운성(密雲城), 관묘(關廟)	마론(馬論) 1, 비체법(飛遞法)	창대의 부상
7일	목가곡[욕](穆家谷[峪]), 남천문(南天門), 석갑성(石匣城), 고북구(古北口)	야출고북구기(夜出古北口記) 마론(馬論) 2, 어마법(御馬法) 일야구도하기(一夜九渡河記) 장성론(長城論[귀로]) 오미자봉변설(五味子逢變說[귀로])	*마론(馬論) 3, 목마법(牧馬法) (「태학관유록」)
8일	반간방(半間房), 삼간방(三間房), 삼도량(三道梁), 합라하(哈喇河), 화유구(樺楡溝(?))	만방진공기(萬方進貢記) 조수절종설(鳥獸絶種說[귀로])	제독(提督)의 도량 삼간방 관왕묘 방문(귀로)
9일 巳時	난하(灤河), 쌍탑산(雙塔山), 태학(太學)		

8월 5일

연암이 북경을 출발한 지점은 조선사관 중 별관의 하나인 서관이다. 그는 8월 1일 이곳에 들었고, 4일까지 여기 머물며 유리창 등을 관람했으며, 5일 오전 10시쯤 이곳을 출발하여 열하로 향했다. 연암은 서관의 위치를, "첨운패루(瞻雲牌樓) 안, 큰길 서쪽, 백묘(白廟)의 왼쪽에 있다."[90]라고 기록해 놓았다. 첨운은 천안문 동단패루의 장안가 서쪽 대칭 지점에 있던 서단패루의 이름이다. 그 안팎을 지정하기 어려운데, 큰길 서쪽이라 했으니 큰길이란 남북으로 난 대로임을 알 수 있다. 백묘는 남아 있지 않지만, 백묘호동(白廟胡同)이란 이름이 서단패루 사거리 서북쪽에 남아 있다. 이를 토대로 연구자들은 서관 자리를, 민족문화궁(民族文化宮) 북쪽 정원이나 그 너머 경기도호

90 「黃圖紀略, 西館」. "西館在瞻雲牌樓內, 大街之西, 白廟之左. 在正陽門之右者, 稱南館."

동(京畿道胡同) 일대로 비정하였다.[91] 마두 등은 첨운패루까지 따라와 눈물을 흘리며 이별했다. 이 '노중분기(路中分岐), 객중우별(客中又別)'의 장면에서 '이별론(離別論)'이 배태되었다. 이별 뒤의 행보를 연암은 아래처럼 기록했다.

> ①지안문(地安門)에 드니, 지붕은 누런 유리기와를 이었고 문안 좌우에는 시전이 번화·장려하여, 이른바 수레바퀴가 서로 부딪치고 사람 어깨가 서로 스치고 땀은 비 같으며, 소매는 천막을 이루었다는 말이 곧 이를 이름이었다. 문을 나서서 다시 꼬부라져 북으로 자금성을 끼고 돌아 7~8리를 갔다. 자금성은 높이가 두 길이며 밑바닥을 돌로 깔고 벽돌로 쌓아 올리고, 누런 기와를 이고 주홍빛 석회를 칠했는데, 벽은 마치 대패로 민 듯하고 그 윤기가 왜칠(倭漆)한 것 같았다. 길 가운데 대여섯 발 되는 높은 돈대가 있고 그 위에는 삼층 다락이 있는데, 그 제도는 정양문루(正陽門樓)보다도 훌륭하고 돈대 밑에는 붉은 난간을 둘렀으며 문이 있으나 모두 잠기었고 병졸들이 지키고 섰다. 혹자가 말하기를, ②"이것이 곧 종루(鍾樓)입니다." 한다. 거기에서 3~4리를 가서 동직문(東直門)을 나서니 내원이 따라와서 슬피 작별하여 가고, 장복은 말 등자를 붙잡고 흐느껴 울며 차마 헤어지기 어려워한다. 내가 돌아가라 타이른즉 또 창대의 손목을 잡고 서로 슬피 우는데 눈물이 마치 비 내리듯 한다. 2만 리를 짝지어 와서 하나는 가고 하나는 떨어지니, 인정이 그렇지 않을 수 없겠다. 나는 이내 말 등에서 생각하기를…….[92]

연암 일행은 첨운패루에서 지금의 장안가를 지나다가, 북쪽으로 길을 꺾어 자금성 동쪽 벽을 따라 갔으며, 자금성이 끝나는 지점에서 다시 동쪽

---

91 서관의 위치를 처음으로 비정한 논문은 祁慶富·金成南, 「清代北京的朝鮮使館」, 『清史研究』, 2004년 8월 제3기(110쪽)이고, 최근 박현규, 「명청대 북경 조선사관 고찰」, 『중국사연구』 82, 중국사학회, 2013, 151~153쪽에서 논거가 보강되었다.

92 「막북행정록」 8월 5일, 번역은 고전번역원 역주본을 따름. 원문 생략.

으로 방향을 잡아 동직문으로 북경성을 나갔다. 동직문은 북경성의 동북문이다. 이 기술에서는 지안문 및 종루와 관련하여 두 가지 오류가 발견된다. 지안문은 자금성 북문으로, 연암의 기술대로라면 이곳을 지날 수 없다. 연암은 지안문이 아닌 천안문을 지나,[93] 지금의 남지자대가(南池子大街)나 남하연대가(南河沿大街)를 통해 북행한 뒤, 고루동대가(鼓樓東大街)와 안정문내대가(安定門內大街) 교차로에서 동쪽으로 꺾어져 동직문으로 이동했던 것으로 보인다.[94] 또 병졸들이 지키고 있었다는 3층 다락은, 자금성 북쪽에 있으며 동직문으로 이어지는 동서대로 위에 놓여 있던 고루(鼓樓)였을 가능성이 높다(종루는 고루 북쪽 200m 지점에 있었다). 북경에 남는 인원 중 일부는 동직문까지 따라와 연암 일행을 배웅했다. 특히 하층배로 오래도록 고락을 함께한 장복(張福)과 창대(昌大)의 이별 장면이 몹시 애처로웠다. 첨운패루에서 배태된 이별론은 동직문에서 싹이 자랐고, 동직문 밖을 가며 모양이 지어진다. 「막북행정록」에서 연암은 이 한바탕 '이별론'으로 소략하고 때로는 오류가 섞인 지리 관련 기술의 약점을 메우며, 나아가 예기치 않은 미적 효과를 산출한다. 이날의 일기는 이렇게 마무리된다.

> 이렇게 생각하는 동안에 나도 모르게 20여 리를 갔다. …… 해는 이미 저물었는데 길을 잘못 들어서 수레바퀴를 좇아간다는 것이 서쪽으로 너무 치우쳐서 벌써 수십 리나 돌림길을 걸었다. …… 밤이 벌써 깊었다. 손가장(孫家莊)에서 저녁을 먹고 머물다. 동직문은 그 지름길인데도 불구하고 오히려 수십 리 돌림길을 걸었다.[95]

---

93 지안문을 지난 것이 맞다면, 연암 일행은 첨운패루에서 북향하여 자금성이 끝나는 지점에서 동쪽으로 방향을 잡았어야 했다. 이동 방향과 지난 장소 둘 중의 하나는 오류일 수밖에 없다.

94 동단패루 교차로에서 북쪽으로 꺾어 동사패루를 거쳐 북신교(北新橋)에 이르러 동쪽으로 틀었을 가능성도 있지만, 이 길은 북경성에 들어와 경유한 적 있기에 이처럼 낯설게 그려지지는 않았을 것이다.

95 각주 92)와 같은 곳.

세상사 이별에 대한 생각을 하는 새 20여 리를 갔는데, 그 사이 날이 저물어 길을 잃어 수십 리를 서쪽으로 우회하게 되어 손가장에서 밤을 묵었다는 것이 요지이다. 지명이나 지리 묘사만으로는 어떤 길을 갔는지, 손가장이 어딘지를 파악하기 어렵다. 위 기술에서는 우선 서쪽으로 치우쳐 갔다[迤西益行]는 부분은 수정되어야 한다. 8월 6일의 행보를 보면 동쪽으로 더 간 것이 분명하기 때문이다. 방위의 착각인 셈이다. 현재 북경 일대에는 연암이 묵었던 장소로 추정할 만한 손가장이란 지명이 없다. 여기 나오는 손가장은 지금의 어디일까? 손가장의 위치를 비정하기 위해서는 세 단계의 추리가 필요하다.

> [1] 대수욕하(大水峪河)는 새외에서 발원하여 회유(懷柔)와 순의(順義)의 경계를 지나 손가장 동북쪽에 이르러 황화진천(黃花鎭川)과 합류한다.[96]
>
> [2] 새벽 어스름에 떠났는데 정후(亭堠)에 순의계(順義界)라 써 있었다. 또 수십 리를 가자 정후에 회유계(懷柔界)라 써 있었다.[97]
>
> [3] 회하(懷河)는 … 창평(昌平), 송지(宋志), 순의, 황지(黃志) 등에서는 모두 황화진천이라고 한다. … 구도하(九渡河)와 모이고, 또 동남쪽으로 대손각장(大孫各莊)을 지나면 대수욕하(大水峪河)가 와서 합류한다.[98]

[1]에서 『창평산수기』는 대수욕하가 회유와 순의의 경계를 지나 손가장 근처에서 황화진천과 합류한다고 했다. 이 '손가장'은 연암이 묵은 손가장을 추정할 수 있는 유일한 단서이다. 연암은 8월 6일 일기에서 손가장을 출발했

---

96 『昌平山水記』. "大水峪河源出塞外, 曆懷柔順義界, 至孫家莊東北, 合黃花鎭川河."

97 「막북행정록」 8월 6일. "昧爽發行, 亭堠書順義縣界, 又行數十里, 亭堠書懷柔縣界."

98 『順義縣志』 권1 제7 河流. "懷河, …… 昌平·宋志·順義·黃志, 均稱黃花鎭川. …… 與九渡河合, 又東南經大孫各莊, 大水峪河來合." 이 책은 1674년 간행본을 1933년 속수(續修)한 것으로, 1968년 대북 성문출판사에서 영인한 것이다.

는데 얼마 안 있어 순의현계 표지판을 보았고, 수십 리를 더 가서 회유현계를 지났다고 했다. 순의현계는 순천부(順天府)와의 경계를, 회유현계는 순의현과의 경계였던 것으로 보인다. 방향은 다르지만 대수욕하의 줄기와 연암의 행로가 대략 일치한다. 연암이 「막북산수기」에서 『창평산수기』를 빈번히 인용한 사실을 고려하면, 두 기록 속의 손가장은 같은 곳을 가리키는 것으로 보인다. [3]은 『순의현지(順義縣志)』의 회하(懷河)에 대한 설명인데, 황화진천과 회하가 같은 물줄기의 다른 이름임을, 회하가 대손각장을 지나 대수욕하와 합류하는 형세를 밝혀놓았다. 두 기록을 모으면 '손가장 = 대손각장'이라는 등식이 성립된다. 대손각장은 (조)백하((潮)白河) 동쪽 15km 지점에 있는(順義區) 마을 이름이다. 어도를 이용했다면 연암 일행은 남석조(南石槽) 부근에서 하루를 묵었어야 했다. 조선 사행은 손가장을 경유함으로써 30km 이상을 더 이동해야 했고, 이는 전체 일정에 적지 않은 부담을 주었다.

연암 일행은 조금이라도 일정을 줄이고자(예부의 안내가 있었을 것, 하지만 지도상으로는 서도와의 거리 차이는 없어 보임) 동도를 선택했지만, 급한 마음에 길을 잘못 들어 엉뚱한 곳으로 갔던 것이다. 논리로만 따지면 8월 5일 연암이 묵었던 장소는 대손각장일 수밖에 없다.[99] 하지만 실제 그 부근에서 대수욕하와 황화진천(회하)이 만났는지는 확인하기 어렵다. 상류에 여러 개의 수고가 만들어지면서 지형이 바뀌었을 가능성이 높기 때문이다. 여기서는 일단 문헌 고증 차원에서 연암이 묵었던 손가장은 곧 지금의 대손각장이었음을 확인해두는 선에 그치고, 지형의 변화에 대한 고찰이나 현지답사를 통한 경로 확인 등의 사안은 과제로 남겨둔다.

---

99 대손각장진(大孫各莊鎭) 인민정부 홈페이지에 따르면, 이 마을은 명나라 초부터 있었으며, 원래 이름은 송각장(松各莊)이었으며 19세기 이후에 지금의 명칭으로 바뀌었다고 한다.

8월 6일

연암 일행은 새벽에 손가장(대손각장)을 떠나 순의현계를, 다시 수십 리를 가서 회유현계를 지났다. 이후 우란산, 호노산(狐奴山), 도산(桃山), 백하(白河) 관련 기술은 대부분 지리지에서 가져온 것이다. 기술 내용이 산들의 위치인지 본인의 체험인지 구분하기 어렵다. 본인의 체험이라면 연암 일행은 순의현성 근처에서 동도에 진입한 것이다. 이후에는 동쪽으로 백하를 건너 밀운현성에 접근했다. 열하로 가는 사람들이 다투어 백하를 건너는 장면의 묘사는 자못 장황하다. 동도와 서도가 왕각장에서 합류했고, 황제의 행차도 그곳을 지나 백하를 건너 밀운 행궁을 향해 갔으므로, 연암의 경로는 황제의 어도와 대략 일치하는 셈이다. 하지만 연암이 출발한 곳이 대손각장이라면, 백하를 건너기 전에 조백하(潮白河)를 건너지 않을 수 없었을 텐데, 여기에 대해 일절 언급이 없는 것은 역시 풀리지 않는 의문이다.[100]

연암 일행도 배를 타고 백하를 건넜다. 건넌 뒤에는 폭우가 퍼부었다. 밀운성 (남쪽) 밖을 돌아 7~8리를 가다가, 시냇물이 크게 불어 건널 수 없다는 말에 되돌아와 밀운성으로 들어갔다. 숙소로 정해진 관묘(關廟)를 찾았지만 묵을 만한 형편이 못 되어 고을 아전 소(蘇)씨 집에서 신세를 진다. 소씨의 집터를 찾는 건 바랄 수 없지만, 관묘 자리는 추정이 가능하다. 1914년 간행된 『밀운현지』에는 두 곳의 관제묘가 소개되어 있다. 하나는 현서(縣署) 남쪽의 고관제묘(古關帝廟), 다른 하나는 채가와(蔡家窪)의 관제묘. 「밀운성도」에는 신성(新城) 동문에 두 개, 구성의 서남쪽에 한 개가 있다. 후자의 북쪽에 현서(縣署)가 있으니 이것이 고관제묘이다. 밀운구 인민정부 홈페이지에 소개되

---

100 밀운을 중심으로 서쪽과 동쪽에 각각 백하(白河)와 조하(潮河)가 흐른다. 두 물줄기는 밀운 남서쪽 4km 지점에서 만난다. 합류 이후 물줄기는 조백하(潮白河)라고 한다. 어도는 동서를 막론 밀운에 들어가기 위해 백하만 한 번 건너면 된다. 그런데 대손각장은 조백하의 동쪽에 있기 때문에, 연암 일행이 대손각장을 떠나 동도에 들어서려면 이 물줄기를 건너야 했다.

어 있는 회고록에도[101] "남문 안 서가(西街)에 관제묘가 있었다."고 한다. 「밀운구성도(密雲舊城圖)」에 따르면 고루 동쪽에 문묘가 있었고, 그 서남쪽 대각선 지점에 관제묘가 있었다. 현재 문묘는 대성전(大成殿)으로, 고루는 길 이름으로 남아 있다. 이들 정보를 종합하면 연암 일행이 들러 서성거렸던 관묘 자리는, 지금의 남경대가(南更大街)와 신남로(新南路)의 교차로 안쪽 가까운 곳이다. 소씨의 집은 여기서 멀지 않은 곳에 있었을 터이다.

8월 7일

「막북행정록」의 이날 일기는 이렇게 시작된다.

> 아침에 비가 흩날리더니 이내 갰다. 아침은 ①목가곡(穆家谷)에서 지어 먹고, ②남천문을 나섰다. 성은 큰 고갯마루에 있는데, 움푹 들어간 곳이 문이다. ③이름은 신성(新城)이다. 오호(五胡) 시절 석호(石虎)가 단요(段遼)를 추격하니, 단요가 모용황(慕容皝)과 함께 급습하여 석호의 장수 맛추(麻秋)를 죽인 곳이 바로 여기다. ④이로부터 큰 고개를 잇달아 넘었는데, 오르막은 많고 내리막은 적었다. 지세가 점점 높아졌으며 물결도 더욱 사나워졌다.[102]

지리 정황을 알지 못하면 이해하기 어려운 단락이다. 날씨 부분을 뺀 나머지는 위에처럼 네 단락으로 끊어서 읽어야 한다. 첫째, 목가곡은 목가욕(穆家峪)의 오류이다. 목가욕은 밀운에서 동북쪽 8km 지점에 지금도 남아 있

---

101 楊純清, 「我記憶中的密雲城(1933~1937年)」 (http://www.bjmy.gov.cn/comemiyun/bygone/8a317b3b5d399d77015d5daa24e1075e.html)

102 「막북행정록」. "朝灑雨卽晴, 朝炊穆家谷, 出南天門. 城在大嶺上, 嶺凹處爲門, 名曰新城. 五胡時, 石虎追段遼, 遼與慕容皝, 襲殺石虎將麻秋, 卽此地也. 自此連踰峻嶺, 多昇少降, 地勢漸高, 河流益悍."

는 지명이다. 북순 시 황제가 반드시 지났던 곳이라 첨영(尖營)을 설치하여 어가를 호위했던 곳이다. 마을 이름은 목계영(穆桂英)이라는 여성 장수 전설과 관련 있다.[103] 둘째, 남천문은 밀운에서 40km 떨어진(직선거리), 고북구 가까운 곳(직선거리 4km)에 있는 지명이다. 1704년 강희제는 지금의 고북구진(古北口鎭) 양장자촌(楊莊子村) 남쪽 고개 위에 아치형의 문루를 지었다.[104] 이 문이 남천문이었는데, 뒤에 지명이 된 것이다.[105] 그 북쪽에 불교 사원과 어서방(御書房) 행궁이 있었다. 이 일대의 풍광을 사랑하여 건륭제는 건물 이름을 남승헌(攬勝軒)이라 했다.[106] 남천문 건축은 1933년 장성항쟁 시기에 전화를 입어 훼손되었고, 그 후 사당 내부의 조각상과 대리석 비석 등이 차츰 소실되었으며, 마지막으로 남아 있던 당집마저 문화혁명 당시 홍위병에 의해 철거되어 그 흔적을 찾아볼 수 없다.[107]

셋째, 신성은 1576년 밀운에 새로 건립된 성을 가리킨다. 밀운에는 원래 백하에 인접하여 1385년에 세운 성이 있었는데, 밀운의 전략적 중요성을 고려하여 1576년 그 동쪽에 새로 성을 쌓았다. 이로부터 두 성은 각각 구성과 신성으로 일컬어졌다. 구성은 서쪽이 좁아드는 모양이었음에 비해, 신성은 정방형이었다. 두 성 사이의 거리는 50보로, 사이에 협도(夾道)가 있어 경계

---

103 李東明, 「穆家峪史話」, 『北京日報』, 2015. 2. 2.(http://news.ifeng.com/a/20150203/43082512_0.shtml)

104 李東明, 「血戰南天門」, 『北京日報』, 2017. 8. 15.(http://bjrb.bjd.com.cn/html/2017-08/15/content_165820.htm)

105 白天, 『古北口傳說故事』, 中國文聯出版公司, 1995, 276~277쪽.

106 『어제시집』에는 건륭제가 피서산장을 오가는 도중 남승헌에 들러 지은 시가 여러 수 남아 있다. 권41 「攬勝軒放歌」의 제5구, "橫嶺入雲潮河帶"에는 "그 아래를 사람들은 남천문이라고 한다. 남승헌은 사원 옆 지원(祗園) 왼편에 있다. 그 옆에 정사가 있는데, 내가 지난번 남승헌(攬勝軒)이라 명명했다. 올 때마다 이곳에 앉아 쉬면서 아름다운 풍광을 감상한다[其下俗名南天門, 軒在寺傍祗園左, 側有精舍, 我向名之攬勝軒, 每來憩坐必攬勝]."고 주석을 달았다.

107 千年猫, 「南天門 - 古北口長城抗戰的痕迹」(2018. 11. 25.) (http://blog.sina.com.cn/qncat)

를 이루었다.[108] 오호(五胡) 시절 운운한 부분은 고염무의 『창평산수기』에 기술된 밀운의 역사 사연 설명을 축약하여 가져온 것이다.[109] 넷째, ④는 지세의 변화에 대한 설명이다. 이어 읽으면 밀운부터 지세가 높아진다는 것으로 오해를 일으킨다. 실제 지세가 높아지는 지점은 요정행궁(瑤亭行宮)이 있던 곳부터이다. 고염무는 요정포(腰亭鋪)에서부터 산으로 들어가기 시작하며, 신개령(新開嶺)과 노왕점(老王店)을 지난다고 했다.[110] 점점 사나워진다는 물결은 조하이다. 남천문을 지나는 어도는 고북구에 가까워지면서 조하의 물줄기와 나란히 있는 곳이 많다.

위 기술은 연암의 열하행이 얼마나 정신없었는지, 그의 고백대로 지리 관련 내용이 얼마나 거칠게 구성되었는지를 잘 보여준다. 행로의 차례를 기준으로 하면, 위 기술의 순서는 ③-①-④-②가 되어야 한다. 밀운 숙소를 떠난 연암 일행은 목가욕과 구송산(九松山)[111]을 거쳐, 석갑성 밖에 이르러 저녁을 지어 먹었다. 석갑성은 1958년 밀운수고가 조성되면서 물 아래 잠겼다.[112] 석갑성 자리는 밀운수고 북동쪽 어가대(魚家台) 마을 가까운 곳이다. 이들은 석갑성에서 쉬지 못한 채 밤길을 이동하여 새벽녘에야 고북구에 도착했다. 석갑성과 고북구 사이의 거리는 직선으로 이어도 24km나 된다. 하지만 길은 꺾이고 굽기를 반복했으며, 더욱이 산길이었다. 여기에 밤이라는 환경을 더하면 그날의 행보가 무척 어려웠음을 짐작할 수 있다. 「막북행정

---

108 『밀운현지』 권2의 1, 「輿地 城營」.

109 『창평산수기』. "縣南一十五里爲密雲山, 一名横山, 郡所以名也. 石虎伐段遼, 遼棄令支奔密雲山, 遣使詐降, 而陰與慕容皝爲約, 皝遣其子恪扶精騎七千於密雲山, 虎將麻秋率眾三萬迎遼, 爲恪所襲, 死者十六七."

110 위 같은 곳. "自石匣城東北行十里爲腰亭鋪, 始入山. 又十里爲新開嶺, 又十里爲老王店," 新開嶺의 지금 이름은 대개령(大開嶺)이다.

111 산과 마을 이름으로 남아 있다. 『밀운현지』 권 1의 4에는 "[九松山] 縣東北三十里, 西卽九嶺莊也. 以奇松九株, 得錫今名. 山臨孔道, 前淸蹕路所常經故, 御製詩屢詠及之."라고 나와 있다.

112 석갑성의 내력에 대해서는 王燦熾, 「北京 密雲驛站 考」, 『북경사회과학』, 2002. 5, 수몰 경위에 대해서는 王洪波, 「北京有一座神秘的'水下之城', 你知道嗎?」, 『북경일보』, 12. 14. 참조.

그림 62 어가대(魚家台) 마을에서 본 밀운수고(密雲水庫) 안 석갑성(石匣城) 자리. 가까운 쪽 낮은 산 있는 곳에 석갑성이 있었다고 한다.

록」에는 석갑성 이후 고북구에 이르기까지의 행로에 대한 기록이 없다.[113] 사실 보고 말고 할 것도 없는 여정이었기 때문이다. 고북구 통과 시점의 정황을 연암은 이렇게 기록했다.

> ①잠시 성 안에서 말을 쉬었다. …… ②세 겹의 관문을 나와서 곧 말에서 내려 장성에 이름을 쓰려고, 패도(佩刀)를 뽑아 벽돌 위의 짙은 이끼를 긁어 내고 붓과 벼루를 행탁 속에서 꺼내어 성 밑에 벌여놓고 사방을 살펴보았으나 물을 얻을 길이 없었다. 아까 관내(關內)에서 잠시 술 마실 때 몇 잔을 남겨서 안장에 매달아 밤샐 때까지를 준비한 일이 있기에, 이를 모두 쏟아 밝은 별빛 아래에서 먹을 갈고, 찬 이슬에 붓을 적시어 여남은 글자를 썼

---

113 석갑성에서 동북쪽으로 10여km 떨어진 곳에 요정(瑤亭) 행궁이 있었다. '요(瑤)'는 문헌에 따라 要, 腰, 遙 등으로 나타나기도 한다. 지금 요정(瑤亭)이란 마을로 남아 있다.

다. 이때는 봄도 아니요 여름도 아니요 겨울도 아닐뿐더러, 아침도 아니요 낮도 아니요 저녁도 아닌 곧 금신(金神)이 때를 만난 가을에다 닭이 울려는 새벽이었으니, 그 어찌 우연한 일일까 보냐. ③이에서 또 한 고개에 올랐다. …… 물가에 다다르니 길이 끊어지고 물이 넓어서 아득히 갈 곳을 찾을 수 없는데 다만 너덧 허물어진 집들이 언덕을 의지하여 서 있었다.[114]

첫째, 밤길을 온 연암 일행이 잠시 휴식을 취한 '성 안'은 어디일까? 명나라 때 축조된 고북구진성(古北口鎭城)이 아닌 것은 분명하다. 고북구라는 명칭은 당나라 때부터 있어왔지만, 이 일대에 장성이 축조되고 둘레 4리에 달하는 진성이 만들어진 것은 명나라 때였다.[115] 진성의 남북 문의 이름은 각각 고관(古關)과 북구(北口)이고, 그 사이의 길은 현재 '고북구어도(古北口御道)'로 조성되어 있지만, 황제의 왕래는 물론 연암의 경과 또한 이 길과는 상관이 없다. 여기서 '성 안'이라 함은 와호산장성(臥虎山長城) 아래, 만수행궁(萬壽行宮) 근처로 가늠된다. 세 겹의 관문도 현재로서는 추정하기 쉽지 않은데, 연암이 술로 먹을 갈아 글씨를 쓴 지점은 와호산장성의 가장 바깥쪽 문이었을 것이다.[116] 연암 일행이 다다른 물이란 조하이다. 이들은 장성을 나선 뒤 작은 고개를 올랐다가 조하를 건넜는데, 이 지점의 확인이 필요하다. 여기서 확실히 해두어야 할 것은, 최근 새로 복원한 고북구진성의 북문 일대는 연암의 행로와는 거리가 멀다는 사실이다.

---

114 「막북행정록」 8월 7일. 번역은 고전번역원 역주본을 따름.

115 고북구의 연혁과 제도에 대해서는 張寶秀, 「京北鎖鑰 - 古北口的歷史演變」, 『北京聯合大學學報』, 1998년 9월 참조.

116 논자는 2019년 1월 29일에서 2월 3일까지 현지답사를 진행했다. 본고의 지리 정황에 대한 서술은 일정 부분 현지 조사 결과를 토대로 한 것이다. 그럼에도 몇 곳은 정밀하게 확인하지 못했는데, 이는 차후의 과제로 남겨둔다. 연암이 글씨를 쓴 곳은, 정밀한 고고학 성과를 기다려야 확인이 가능하다.

연도의 풍경과 지리는 제대로 관찰하지 못했지만, 이날의 행보는 연암에게 무척 인상적인 것이었다. 가을 새벽 먹을—그것도 술에—갈아 장성 벽에 글씨를 쓰는 조선 문사의 모습도 이채롭거니와, 그 문사의 내면에 일렁인 미적 파동도 예사로운 것이 아니었다. 연암은 그날 밤의 그 파동을 「일야구도하기」와 「야출고북구기」라는 기문(奇文)에 담았다. 따로 독립시키지는 않았지만 「어마론(御馬論)」(가제) 또한 기이한 문장이 되기에 모자람이 없다.

8월 8일

새벽에 고북구 관문을 통과한 연암의 강행군은 8일에도 이어졌다. 「막북행정록」에 따르면 연암 일행은 반간방(半間房)에서 새벽에 밥을 지어 먹었고, 삼간방(三間房)에서 휴식했다. 삼도량(三道梁)에서 또 잠깐 쉬었으며, 저녁 무렵에는 합라하(哈喇河)를 건너 큰 재를 넘었다. 밤이 깊어 행궁이 있는 마을에 이르렀는데, 이곳 참의 이름을 화유구(樺楡溝)로 추정했다.[117] 일행은 이곳에서야 며칠 밀린 잠을 잘 수 있었다. 반간방과 삼간방은 지금도 존속하는 마을로, 그 사이의 양간방에 행궁이 있었다. 합라하를 하천으로 본 것은 연암의 착각이다. '합라'는 난하 서쪽에 있던 마을 객라하둔(喀喇河屯)으로, 이곳에 행궁이 있었다. 연암이 열하에 도착하기 전 묵었던, 행궁이 있었다는 마을이 바로 객라하둔이다. 당시 행궁이 있던 지점과 「환연도중록」의 귀로 등을 종합하면, 8일 연암이 지난 행로는 아래 표와 같이 정리할 수 있다.

---

117 화유구(樺楡溝)의 현 지명은 화육구(化育溝)이다. 열하 행로에서 남쪽으로 8km 떨어진 곳에 있어, 이곳에 들렀으리라 보기 힘들다.

당시 지명	현재 지명	기 타
파극십영(巴克什營)	承德市 灤平縣 巴克什營鎭	행궁
반간방(半間房)	承德市 灤平縣 半間房村	
양간방(兩間房)	承德市 灤平縣 兩間房村	행궁
삼간방(三間房)	承德市 灤平縣 三間房村	귀로에 방문했던 관왕묘 터 남아 있음
청석량(靑石梁)	承德市 灤平縣 靑石梁村	
상산욕(常山峪)	承德市 灤平縣 長山峪鎭	행궁, 상산욕(常山峪) → 장산욕(長山峪)
삼도량(三道梁)	承德市 灤平縣 三道梁村	*부상으로 뒤처졌던 창대의 출현
왕가영(王家營)	承德市 灤平縣 王營子村	행궁, 왕가영(王家營) → 왕영자(王營子)
객라하둔(喀喇河屯)	承德市 雙灤區 灤河鎭 喀喇河屯小區	행궁

표에 있는 파극십영(巴克什營)에서 객라하둔 사이 여러 마을을 잇는 길은, 북경과 승덕 사이 고속도로가 개설되기 전 고북구와 열하 사이 가장 가까운 길이었으며, 황제의 어도였다. 이 길은 경심선(京瀋線) 101국도[118]와 거의 일치한다. 고북구와 객라하둔 사이의 거리는 60km가 넘는다. 연암 일행은 7일 밀운을 떠나 8일 새벽에야 고북구를 지났고, 다시 또 낮과 밤을 이어 이동하여 늦은 밤에야 객라하둔에 도착했던 것이다. 7일의 행로도 50km가 넘으니, 이틀에 걸쳐 120km에 가까운 거리를 이동했던 것이다. 이런 사정을 감안하면, 아래 기술이 조금도 과장이 아니라는 사실을 알 수 있다.

> 이곳에 이르기까지 온 나흘 밤낮을 눈을 붙이지 못하여 하인들이 가다가 발길을 멈추면 모두 서서 조는 것이었다. …… 그 아늑한 마음은 도교의 내관(內觀)과 같고, 놀라서 깰 때는 선가(禪家)의 돈오(頓悟)와 다름없었다. 81난

118 북경시 동성구(東城區)에서 시작하여, 밀운, 승덕, 조양 등의 도시를 거쳐 심양시 황고구(皇姑區)에 이르는, 전장 909km에 달하는 도로이다. 피서산장의 건립에는, 심양과의 교통로도 고려되었다.

(難)이 삽시간에 걷히고, 404병(病)이 잠깐에 지나간다. 이런 때엔, 비록 추녀가 몇 자가 넘는 화려한 고대광실에 석 자를 괸 큰 상을 받고 예쁜 계집 수백 명이 모시고 있는 즐거움이나, 차지도 않고 덥지도 아니한 구들목에 높지도 낮지도 않은 베개를 베고, 두껍지도 얇지도 않은 이불을 덮고, 깊지도 얕지도 않은 술잔을 받으면서, 장주(莊周)도 호접(蝴蝶)도 아닌 꿈나라로 노니는 그 재미와는 결코 바꾸지 않으리라. 길가에 돌을 가리키며, "내, 장차 우리 연암 산중에 돌아가면, 일천하고도 하루를 더 자서 옛 희이선생(希夷先生)보다 하루를 이길 것이고 코 고는 소리가 우레 같아 천하의 영웅으로 하여금 젓가락을 놓치고, 미인으로 하여금 놀라게 할 것이다. 그러지 못한다면 이 돌과 같으리라." 하다가 한번 꾸벅하며 깨니, 이 또한 꿈이었다.[119]

객라하둔에서 하루를 묵은 연암 일행은 8월 9일 열하에 입성했다. 그 전에 난하를 건넜고, 쌍탑산 아래를 지났다. 객라하둔과 피서산장 사이에는 지금의 쌍탑산북가(雙塔山北街)와 광인대가(廣仁大街) 외에는 다른 경로가 없었다. 10시경 숙소인 태학에 짐을 풀었다. 예기치 못했던 엿새간의 열하 체험이 시작된 것이다. 연암은 태학에 들기까지의 여정은 「막북행정록」에, 그 이후는 「태학관유록」에 나누어 기술했다. 8월 9일의 일기가 둘로 나뉜 것이다. 「막북행정록」의 9일 자 일기에서는 경추봉(磬錘峰)의 위치 관련 내용이 오류이다. 경추봉은 열하에서도, 피서산장 북쪽에 이르러야 눈에 들어오는데, 연암은 열하에 들어가자마자 본 것처럼 기술했다. 더구나 경추봉은 피서산장의 동쪽에 있는데 정서(正西)에 있다고 했다. 이런 소소한 실수를 발견하는 것도 옥 위의 먼지를 불어내는 듯한, 『열하일기』를 읽는 재미이다.

---

119 「막북행정록」 8월 8일. 번역은 고전번역원 역주본을 따름.

4. 소결

『열하일기』 중 「도강록」에서 「환연도중록」에 이르는 7편은 시간의 흐름 속에서 지리공간의 이동에 따른 체험을 충실하게 담아낸 여행일기이다. 시간과 공간 중 독립 요소는 (지리) 공간이다. 시간은 공간에 종속된 부가적 요소이다. 따라서 『열하일기』 독해의 1차 관건은, 연암이 보고 걷고 서성이고 대화하던 지리공간을 파악하는 일이다. 지리 요소에 대한 지식의 토대가 없는 여행기의 독해는 자칫 허술해질 위험이 있다. 본고는 이러한 문제의식에 따라, 「막북행정록」을 텍스트로 삼아, 북경 사관에서 열하의 태학에 이르는 나흘간(8월 5일 사시~9일 사시)의 여정을 고찰한 결과이다.

8월 5일의 여정에서는 손가장의 위치를 파악하는 것이 난제였는데, 몇 가지 문헌 기록을 분석하여 대손각장으로 비정했다. 그 과정에서 천안문을 지안문으로 착각한 오류도 바로잡았다. 8월 6일 행보에서는 이날 묵기 위해 들렀던 밀운 관묘 자리를 찾는 데 초점을 맞추었다. 또한 밀운의 지리지와 고로의 증언 등을 토대로, 남경대가와 신남로의 교차 지점 안쪽 가까운 곳을 관묘 자리로 추정했다. 8월 7일 자 일기의 지리 관련 기술은 오류가 많은데, 밀운을 떠나 황제의 어도를 따라 목가욕－석갑성－요정행궁－남천문을 거쳐 이튿날 새벽에 고북구 관문에 도착한 경로를 검토했다. 그 과정에서 석갑성과 남천문의 위치 및 현재 상황도 확인했다. 연암이 지나며 글씨를 썼던, 「야출고북구기」의 배경인 고북구 관문은 와호산장성의 북쪽 바깥문일텐데, 그 자리 확인은 과제로 남겨두었다. 고북구에서 열하 태학에 이르는 행로는 옛 어도와 일치하기 때문에 추정하기 어렵지 않았다.

압록강에서 북경에 이르는 일반의 연행로와는 달리, '북경 → 열하' 길은 600여 년 연행의 역사에서 딱 한 번 이용되었다. 그 여정에서 불후의 여행기가 탄생했고, 그 길과 주위는 한국문학의 공간이 되었다. 본고는 한국문학의 공간에 대한 탐색의 결과인 셈이다. 논지를 선명하게 부각시키기 위해 귀로의 기록인 「환연도중록」은 가급 논의선상에 올리지 않았다. 각종 문헌을 검토하고 여러 차례 현지 조사를 했음에도 불구하고, 손가장에서 밀운에 이르는 경로, 고북구 관문의 위치 등 해결되지 않은 문제들이 남아 있다.

「야출고북구기夜出古北口記」의 산문미

옛 관문 시든 버들 찬 까마귀 모여들고	古關衰柳聚寒鴉
성 머리에 말 세우자 서산에 해가 지네	駐馬城頭日欲斜
서루를 떠나고서 2천 리 길 걸었으니	猶去西樓二千里
나그네 예 이르면 모두 집 그리노라	行人到此莫思家

구양수, 「거란에 사신 가는 길에」(1060)

1. 서언, 여행의 경이(驚異)와 『열하일기』의 구성

1780년 8월 10일 조선의 사신 일행은 열하에 머문 지 이틀째 되던 날 매우 곤란한 상황에 직면했다. 건륭제가 군기대신을 보내, 조선 사신들로 하여금 티베트 출신의 라마승을 찾아보라고 지시한 것이다. 예기치 못한 일에 사신 일행에서는 논란이 분분했다. 예부에 글을 보내 이행할 수 없음을 따져야 한다는 의견도 제기되었다. 사태를 관망하던 연암은 팔짱끼고 사태를 관망하다가 문득 기이한 생각이 떠올라 손뼉을 쳤는데 그 심정을 매우 경쾌하면서 해학감 넘치게 그렸다.[120]

다소 과장되게 묘사된 이 글은 연행에 임했던 연암의 경이감을 상징적으로 보여준다. 당시의 긴박하고 어려웠던 사신단의 사정과, 그와는 무관하게 혼자 앞으로 있을 여행을 앞질러 상상하며 즐거워하는 연암의 심정 사이의 대조가 희화적으로 느껴진다. 더구나 연암의 즐거운 상상은, 삼종형인 정사 박명원이 겪을 고초를 전제로 한 것이 아닌가? 윤리를 위반하는 이 즐거운 상상의 과정에서, 연암은 '왈(曰)' 자를 통해 짧고 가벼운 대사를 반복 사용함으로써 심리의 고조를 생동감 있게 보여준다. 이렇듯 새로 접하는 사물에 대한 경이감이 지속적으로 갱신되면서 긴장과 리듬을 잃지 않는 것이 『열하일기』의 큰 매력이다. 압록강을 건널 때부터 북경을 떠나기 전까지 연암의 경이감은 쉼이 없다. 그런 때문인지 여타의 연행 기록과는 달리 『열하일기』엔 귀로의 기록은 물론, 압록강 동쪽 조선 노정에 대한 기록이 없다.

중요한 것은 그 경이감의 질감과 표출 방식이 계속 달라진다는 것이다. 산천과 지리를 말하는가 싶으면 역사와 문화에 대한 통찰로 방향이 바뀌고, 때로는 그것이 위정자에 대한 풍자나 준엄한 자기 반성으로 이어지기도 한다. 현지에서 만난 사람과 우주 성명에 대해 도도한 토론을 나눌 때의 팽팽

---

120 『열하일기』, 「太學館留錄」 8월 10일조. 원문은 다음 장 543쪽에 제시.

한 지적 긴장감과, 하정배나 동료들과 주고받는 농담에서의 마냥 풀어진 해학미가 교차한다. 어느 순간에는 서정적 감회에 젖어 있지만, 일순 「호질」이나 「허생전」 같은 서사의 언어로 바뀌기도 한다. 서술 방식 또한 일기체가 골간을 이루지만, 중요한 사안에 대해서는 상당한 분량의 독립 산문을 별도로 편차해놓기도 하였다. 낯선 세계를 대하는 호기심, 지적인 자부심과 함께, 불안과 실수는 물론 이를 숨기기 위한 허세도 가감 없이 드러난다. 이 복잡한 양상을 하나의 문체나 기법으로 규정하는 것은 실상 불가능하다. 『열하일기』를 읽으며 시간과 공간은 흐름은 물론 미감과 주제의 줄기를 한 눈으로 장악 것은 쉬운 일이 아니다. 『열하일기』에 내재된 긴 여정, 오랜 창작 기간, 다양하고 복잡한 형식, 때로 자기모순적으로 보이는 입장들을 고려할 때, 하나의 길로 접근하여 일원적으로 규정하려는 시도는 실패할 가능성이 많다.

그렇다면 기존의 연구 성과를 아우르면서 『열하일기』를 선독(善讀)하는 방법은 무엇일까? 첫 번째는 공간을 중심으로 텍스트를 재편하는 것이다. 「산장잡기」에 실려 있는 「야출고북구기」와 「일야구도하기」는 북경~고북구 구간에 재배치할 필요가 있다. 두 번째, 그 공간의 역사 지리적 외연을 배제하지 않고 텍스트에 접근하는 것이다. 그동안 『열하일기』를 비롯한 연행록들은 그 현장의 지리와 역사로부터 분리되어, 한국 사상사 또는 한국문학사의 맥락에서만 다루어져왔다. 결과 텍스트를 읽는 시야가 제한되고 관점이 고착되는 폐단이 발생했다. 우리는 이 시점에서 연행록의 외연을 확장하고 연행로의 지적 관리를 시도할 필요가 있다. 세 번째는 연역적 접근을 지양하고 몇몇 지점의 개별 작품을 중심으로 전체 기록을 귀납적으로 재구해가는 방법이다. 한편의 시로 비유한다면, 「강역론」과 「상루필담」과 「호질」은 각각 「도강록」과 「성경잡지」와 「관내정사」의 시안(詩眼)이 되니, 이를 논의의 지도리로 삼는 것이 요령이다. 이런 맥락에서 북경과 열하 사이의 여정을 담은 「막북행정록」의 시안은 「야출고북구기」와 「일야구도하기」이다. 앞의 두 가지 방법을 토대로 두 편의 산문을 잘 분석하면, 「막북행정록」은 물론 『열하일기』 전체를 효율적으로 파악해갈 수 있다.

여기서는 이중「야출고북구기」를 논의하고자 한다. 이 작품에 대해서는 선학의 논고 두 편이 보고 되어 있는데, 모두 작품 중심의 산문론이다.[121] 중복 논의의 낭비를 피하기 위해,「야출고북구기」를『열하일기』와 고북구의 역사지리 속의 원래 자리에 놓고, 그 외연과의 관계 속에서 조명할 것이다. 이렇게 외연을 폭넓게 고려하는 관점의 조정을 통해「야출고북구기」의 미학적 내포 또한 새롭게 밝혀지는 부분이 있을 것이다.

2. 고북구의 역사 지리

두 번째로 할 일은「야출고북구기」의 공간 배경을 살펴보는 작업이다. 많은 경우 문학작품은 배경 공간과 불가분의 관계를 지닌다. 기행문학이야 더 말할 나위가 없다. 공간이 지닌 역사성은 대화와 상상을 낳고, 이는 다시 현실의 문제를 제기한다. 자연지리와 역사지리와 상상의 지리는 상호보족적으로 존재하는 것이니, 역사지리에 대한 관심의 제고는 언제나 활발한 문학적 형상화의 작업과 맞물려 나타났다. 역사 사연과 문학의 형상화를 거치며 자연 공간은 깊은 함축을 지니게 되고 입체적인 모양을 갖추게 된다. 고북구의 역사 사연들은 1780년 8월 8일 새벽 조선의 문사 박지원을 만나「야출고북구기」를 낳았고, 이후「야출고북구기」는 다시 고북구의 역사 함의와 외연을 더욱 풍부하게 해주었다. 오늘날 우리가「야출고북구기」를 찾아 고북구

121 이동환,「「야출고북구기」에 있어 연암의 자아」,『한국한문학연구』8, 한국한문학회, 1985/김도련,「야출고북구기」의 함축미와 의경」,『중국학논총』, 국민대학교 중국문제연구소, 1994. 이밖에 독립 논문은 아니지만, 이현식이 연암 산문의 수사법을 다루면서, 함축미를 지닌 대표 작품으로「야출고북구기」를 들어 논의한 바 있다.『박지원 산문의 논리와 미학』(이회, 2002), 160~167쪽.

를 찾는 것이 그 증거이다. 당연한 말이지만 고북구가 아니었으면 「야출고북구기」는 탄생하지 않았을 것이다.

고북구는 만리장성, 범위를 좁히면 이른바 북경장성의 한 지점을 지칭하는 이름이다. 북경장성은 북방의 유목 민족으로부터 북경을 보위하기 위해 조성된 것으로, 지역에 따라, 팔달령, 거용관, 모전욕(慕田峪), 고북구, 금산령(金山嶺), 사마대(司馬臺) 등의 이름으로 불려진다. 북경을 중심으로 해서 거용관은 11시 방향, 고북구는 1시 방향, 사마대장성은 2시 방향에 놓여 있다. 북경에서 24km 지점에 있는 창평현의 거용관은 서쪽의 팔달령과 동쪽 모전욕 장성 사이의 관문으로 그 명칭이 『후한서』에 처음 보인다. 고북구는 거용관의 동북쪽에 있으며 북경으로부터의 거리는 직선으로 110km이다. 성은 대부분 험준한 산령 위에 축조되었다. 북경장성의 관문인 거용관과 고북구는 먼 옛날부터 남북을 잇는 교통로로 이름이 높았다. 남북간의 외교 사행이나 경제 교역은 이 길을 통해 이루어질 수밖에 없었다. 한편 교통로는 곧 군사 요로이기도 했으니, 두 지역 사이의 군사적 충돌 또한 이곳에서 빈번하게 일어났다. 특히 고북구는 예로부터 전략적 요충지로 중시되어 '경도쇄약(京都鎖鑰), 연경문호(燕京門戶)', 또는 '남공유연(南控幽燕), 북한삭막(北捍朔漠)'으로 일컬어졌다.

고북구 서쪽에 와호산(臥虎山)이 있고 동쪽에 반룡산(蟠龍山)이 있다. 두 산은 전통 풍수관에 입각하여 고북구를 지키는 신장(神將)으로 일컬어졌다. 두 산 사이, 경승고속공로(京承高速公路) 서쪽으로 조하(潮河)가 흐른다. 반룡산 동쪽에는 금산령 장성이 있다. 명말 축성을 위해 요계총병(遼薊總兵) 척계광(戚繼光)을 따라온 강소성(江蘇省) 진강(鎭江) 출신의 병사들이 고향의 금산(金山)을 그리며 부친 이름이라고 한다. 금산령 동쪽에 탕하(湯河)가 흐르고, 그 건너편에 있는 것이 장성 건축의 백미로 꼽히는 사마대장성이다. 금산령과 사마대 사이에 탕하구(湯河口)가 있었다. 금산령과 사마대 사이의 물에는 댐이 건설되어 있는데, 이곳을 현재는 사마대수고라 부른다. 와호산에서 사마대장성에 이르는 산줄기가 바로 연산산맥(燕山山脈)이며, 그 거리는 약 16km

이다. 와호산은 북경 밀운현과 하북 승덕현 사이, 반룡산~사마대 구간은 밀운현과 하북 난평현(灤平縣) 사이의 경계가 된다. 조하와 탕하는 밀운에서 합류하여 밀운수고로 들어간다. 고북구를 중심으로 한 북경장성의 구도는 아래처럼 간추릴 수 있다.

(서) 와호산장성 - 조하 - 공로 - 반룡산장성 - 오리타(五里坨) - 금산령 - 탕하-사마대 (동)

여기에 처음으로 장성을 쌓은 해는 555년이다. 북제(北齊)는 이 지역의 전략적 중요성을 인지하고 돌궐과 거란을 막는 방어시설을 구축했다. 문에 쇠를 입혀 철문(鐵門)이라 했고, 이 관문을 철문관이라 했다. 당나라 때 처음으로 고북구라 이름 했다. 금나라 때에 북구성(北口城)을 쌓았으며, 원나라 때에는 고북구역을 설치했다. 현존하는 북경장성의 대부분은 명나라 때 축조된 것이다. 원나라에 이어서 들어선 명조는 이민족에 대해 폐쇄적인 정책으로 일관하여, 왕조 내내 동북방 장성의 수축을 그치지 않았다. 1378년 만리장성 수축 작업의 일환으로 고북구진성(古北口鎭城)을 쌓았고, 1421년 북경으로 천도하면서 제기된 도성 방위의 필요성이 제기되었고, 이것이 북방민족에 대한 오랜 두려움과 만나면서 난공불락의 요새 수축 작업으로 이어졌던 것이다. 북제장성의 기초 위에 다섯 겹 성벽이 구축되어 성위의 성[城上之城]으로 일컬어졌다. 명대 북경을 지키는 요새로 동쪽의 희봉구(喜峯口), 서쪽의 살호구(殺虎口)와 함께 경기삼구(京畿三口)의 하나였다.

지리 특성에 걸맞게 고북구는 수많은 전쟁의 흔적을 간직한 곳이다. 주요 사적들은 「야출고북구기」에 소개되어 있으니, 그 밖의 몇몇 사건을 소개한다. 삼국시대에 이 자리에는 치해성(傂奚城)이 있었다. 한나라 건안 10년(205) 치해성에 오환의 기마부대가 침입하였다. 당시 조조(曹操)는 관도대전(官渡大戰)에서 승리하고 북경 일대 원소(袁紹)의 근거지를 장악한 뒤, 치해성에 도착하여 오환의 군대를 퇴각시켰다. 원나라 때는 고북구 통행이 더욱 빈번했는데, 북경으로 천도하기 전 1261년 세조 쿠빌라이는 북쪽으로 가면서 조하 변 반룡산 아래 군대를 주둔한 적이 있다. 청조 통치가 안정기에 접어들던 1690(강희 29년)년 6월에는 몽골의 갈단(噶爾丹, 1644~1697)이 중원 정복의 야심을 품고 고북구를 지나 북경으로 진공하려 하였다. 강희제는 8만의 군대를 파견하여 이를 막았다. 이 사건은 청조가 고북구의 군사적 비중을 높이고, 나아가 승덕(承德)을 정치적 중심지로 개발하는 직접적인 계기가 되었다.[122] 연암은 이러한 사실을 알고 있어, 여름철 황제의 열하행이 지니는 정치적 의도를 정확하게 간파할 수 있었던 것이다.[123]

이밖에 고북구 주변에는 1378년 건립된 석교(石橋), 칠랑단(七郎壇), 자매루(姉妹樓), 도화루(桃花樓), 참룡구(斬龍口) 등의 여러 부속 유적들이 있고, 또 많은 관련 설화가 전한다. 고북구에서 지어진 시로는 아래 두 작품이 유명하다.

옛 관문 시든 버들 찬 까마귀 모여들고	古關衰柳聚寒鴉
성 머리에 말 세우자 서산에 해가 지네	駐馬城頭日欲斜
서루를 떠나고서 2천 리 길 걸었으니	猶去西樓二千里
나그네 예 이르면 모두 집 그리노라	行人到此莫思家[124]

122 이밖에 1933년 일제가 중국을 침략할 때도 고북구를 전략적 요충지로 파악하였으며, 이 지역을 중심으로 치열한 전투가 벌어졌다. 이상 古北口의 역사지리는 고염무의 『창평산수기』, 白天의 『古北口傳說古事』(中國文聯出版公社, 1995)와 『古北口往事 續』(香港國際友人出版社, 2001), 그리고 중국의 각종 인터넷 사이트 특히 http://www.gubeikou.net을 참조하여 정리한 것이다.

123 연암의 의견은 「막북행정록서」에 제시되어 있다.

124 구양수, 「거란에 사신으로 가다가 웅주에 이르다, 변새를 지나며 지은 것이라고도 한다 奉使契丹初至雄州 一作過塞」, 『구양수전집』 권 12. 이 시는 웅주(雄州, 지금의 하북성 雄縣)에서 지어진 것으로 나와 있지만, '一作過塞'라고 한 부제와 당시 요송(遼宋) 교통로를 감안하여 고북구에서 지어진 것으로 추정되기도 한다. 3구의 서루(西樓)는 북송의 수도 개봉(開封)에 있는 구양수의 집, 또는 당시 유행했던 악부시 「접연화(蝶戀花)」에 나오는 "술 취해 서루에서 헤어지고 깬 뒤에 기억 못 하네. 醉別西樓醒不記."의 그것으로 보았다. 4구의 '막사(莫思)'에서의 '막(莫)'은 최상급의 의미를 지니는 것으로 해석했다.

무령산 저 위에는 온갖 꽃 피어나고　　霧靈山上雜花生
시내는 소리 내며 변방으로 흘러가네　　山下流泉入塞聲
장소보 못 만난 것 돌이켜 한하노라　　却恨不逢張少保
사막의 남쪽에도 수항성 쌓았거늘　　磧南猶築受降城[125]

위 시는 구양수(1007~1072)가 1060년 가을 요(遼)에 사신가는 도중 지은 작품이다. 1~2구에서는 추위가 일찍 찾아오는 북쪽 변방의 가을 저녁, 시인의 눈에 시든[衰] 버들과 추운[寒] 까마귀는 지치고 힘든 나그네의 처지를 비추어 보여준다. 이런 처지에 관문에 섰으니 자연 멀리 있는 집 생각에 젖어 들지 않을 수 없다. 아래 시를 지은 고염무는 평생 6차례나 창평에 갔다. 거기에 명 13릉이 있었기 때문이다.[126] 무령산(武靈山)은 연산산맥의 주봉이다. 1~2구는 잡화가 어지러이 피어나는 것으로 방어시설이 이미 황폐화되었음을, 물소리만 들린다는 것으로 옛 시절 영화는 간 곳 없음을 상징적으로 보여준다. 그 수법이 두보의 「춘망(春望)」과 유사하다. 3구는 장소보를 만나 변방 방어 시설 구축 문제를 상의하지 못한 것을 안타까워하는 내용이다. 4구에서 적남(磧南)의 수항성(受降城)은 고북구를 지칭한다. 전체적으로 고북구와 같은 견고한 방어시설을 효율적으로 구축하지 못해 멸망한 명조에 대한 비애와 한탄을 담아낸 것이다. '천하흥망(天下興亡), 필부유책(匹夫有責)'을 내세우며 전조에 대한 의리를 지켰던 고염무다운 시라 하겠다. 두 편의 시는 한족 왕조가 쇠약하거나 멸망한 때에 지어졌다는 공통점을 지니는데, 이 자

---

125 고염무, 「古北口」, [출전 명기]. 3구의 장소보(張少保)는 명 만력 연간 요동총병을 지낸 장승음(張承蔭)이다. 그는 방어 성벽 구축에 매우 적극적으로 임했던 인물이다. 1617년 후금과의 무순성 전투에서 전사했다. 4구의 수항성(受降城) 특정 성을 지칭한다기보다, 오랑캐의 항복을 받는 곳이라는 의미에서 변경에 세우는 성을 가리킨다. 역사적으로는 당나라 때 장인원(張仁願)이 황하 이북에 세 개의 수항성을 쌓은 바 있고, 조선의 북단 함경북도 종성에도 수항루(受降樓)가 있었다.

126 고염무와 창평의 관계에 대해서는 吳昊, 「顧炎武與昌平的山山水水」, 『北京青年報』 2002.822(http://www.china.org.cn/chinese/archive/192699.htm) 참조.

체가 고북구의 역사적 특성을 상징한다. 그런 의미에서 두 작품은 「야출고북구기」를 이해하는 데도 간접으로 관련이 있다.

3. 「야출고북구기」의 구성과 미감

이젠 「야출고북구기」를 논의할 차례이다. 분석의 편의를 위해 작품을 네 단락으로 나누어 제시한다. 분석에 앞서 우리는 한 가지 사실을 숙지할 필요가 있다. 하나는 연암이 서문에서 "이제 이 걸음은 우리나라 사람으로서는 처음일뿐더러 밤낮을 헤이지 않고 달려와서 마치 소경이 걷는 것이나 꿈결에 지나치는 것같아서, 역참이며 돈대를 일행 중에 아무도 자세히 보지 못하였다. 그러나 이제 『열하지』를 상고하니 420리라 하였은즉 그를 좇을 수밖에 없다."[127]고 말한 내용이다. 여타의 연행로와 달리 북경~열하 구간에 대해서는 축적된 정보가 없을뿐더러, 매우 촉박한 일정으로 다녀왔기 때문에 주변 지리와 풍광을 자세히 살필 여유가 없었다. 이런 이유로 연암은 많은 부분 현지의 지지(地誌)—특히 『창평산수기』와 『열하지』—에 의존할 수밖에 없었다. 여기에 『열하일기』가 귀국 후 여러 해에 걸쳐 지어진 사실을 감안하면[128] 그러한 정황을 더 쉽게 이해할 수 있다. 이러한 서술 원리는 「야출고북구기」에도 적용되어 있어 세심한 주의를 요한다. 작품의 구성과 미감에 대해서는 선학의 논고와 큰 이견은 없지만, 주제에 있어서는 미세한 차이가 있어 이를 중심으로 논의하려 한다.

---

127 『국역열하일기 1』 306쪽.

128 『열하일기』의 저술 경위에 대해선 김명호, 『열하일기 연구』, 창작과 비평사, 1990, 18~27쪽 참조.

[1] 연경으로부터 열하에 가는데, 창평 길을 잡으면 서북쪽 거용관으로 나가고, 밀운 길을 잡으면 동북쪽 고북구로 나가게 된다. 고북구로부터 장성을 따라 동쪽으로 산해관까지 700리요, 서쪽으로 거용관까지는 280리이다. 거용관과 산해관 사이에 있어 장성에서도 험요한 곳으로 고북구만한 데가 없다. 몽골이 드나드는 인후(咽喉)가 되기 때문에 겹 관문을 설치하여 방어의 제도를 삼았다. 나벽(羅壁)은 「지유(識遺)」에서 말했다. "연경 북쪽 100리 밖에 거용관이 있고, 거용관 동쪽 200리 밖에 호북구가 있는데, 호북구는 바로 고북구이다." 당나라 때 처음 고북구라고 했다. 중원 사람들은 장성 밖은 모두 구외(口外)라고 한다. 구외는 모두 당나라 때 해왕(奚王)의 아장(牙帳)이었다. 『금사』를 보면, 그 나라에서는 고북구를 유알령(留斡嶺)이라 했다. 장성에 구(口)라 일컬어지는 곳이 백 군데나 된다. 산등성이에는 성을 쌓고, 끊어져 깊은 골짝 물이 흐르는 곳에는 성을 쌓을 수 없어 정장(亭鄣)을 설치했다. 명나라 홍무제 때에 수어천호(守禦千戶)를 두어 다섯 겹으로 막게 하였다.

[2] **나는** 무령산(霧靈山)을 **돌아 와** 배를 **타고** 광형하(廣硎河)[129] 를 **건너** 밤에 고북구를 **나섰는데**, 때는 이미 밤이 깊어 삼경이었다. 겹 관문을 **나서며** 장성 아래 말을 **세워두고** 그 높이를 **헤아리니** 10여 길이나 되었다. 붓을 **꺼내고** 술을 **따라** 먹을 **갈아서** 성벽을 **어루만지며** "건륭 45년 경자년 8월 7일 삼경에 조선의 박지원이 여기를 **지나다**."라고 **적었다**. 그러고는 크게 **웃으며 말했다**. "나는 일개 서생이라, 머리가 희어져서야 한 번 장성 밖을 **나서는구나**!" [옛날 몽염 장군은 말하기를, "내가 임조에서부터 요동에 이르기까지 만여 리에 성을 쌓았는데, 그 중 지맥을 끊은 곳이 없지 않다."고 했다. 이제 산을 자르고 골짝을 메운 곳을 **보니** 정말로 그런 줄 **알겠다**.]

---

129 무령산(霧靈山)은 승덕시 흥융현(興隆縣)과 북경 밀운현의 접경에 있는 해발 2,118m의 산으로 연산 산맥의 주봉이다. 광형하(廣硎河)는 중국의 지지에 소개되지 않은 명칭인데, 연암의 기술로 보아 신성과 석갑성 사이에 있는 백하의 상류를 가리킨다.

[3] 아, 여기는 옛날 수많은 싸움이 벌어졌던 전쟁터이다. ①후당(後唐)의 장종(莊宗)이 유수광(劉守光)을 잡을 때 별장 유광준(劉光濬)이 고북구에서 승리했다. ② 요나라 태종이 산남(山南)을 정벌할 때 먼저 고북구를 함락시켰다. ③여진족이 요나라를 멸망시킬 때 희윤(希尹)이 요나라 군대를 대파한 곳도 바로 여기다. ④연경을 취할 때 포현(蒲莧)이 송나라 군대를 패퇴시킨 곳도 여기다. ⑤원나라 문종이 즉위할 때 텡기스(唐其勢, ?~1355)는 여기에 군사를 주둔시켰으며, 사르둔(撒敦, ?~1335)은 여기서 상도의 군사를 추격했고, ⑥투젠 테무르(禿堅帖木兒)[130]가 쳐들어오자 원 태자가 이 관문으로 나가 홍송(興松)으로 달아났다. ⑦명나라 가정 시절 엄답(俺答)이 북경을 침범할 때도 이 관문으로 들고 났다. 그 성 아래가 날고 뛰고 베고 치던 싸움터이다.

[4] 지금 온 세상은 군사를 쓰지 않고 있다. 그래도 사방의 산들은 가두듯 에우고 있으면 골짜기마다 음산한 기운이 가득했다. 마침 상현 달이 고개 너머로 막 떨어지려 하는데, 그 빛의 싸늘함이 마치 막 숫돌에 갈아 서슬 퍼런 칼날 같았다. 이윽고 달이 고개 뒤로 넘어가서 양쪽의 뾰족한 부분만 남아 갑자기 뻘건 불길로 변하는데 마치 두 개의 횃불이 산 위에 불쑥 나타난 것 같았다. 북두(칠)성은 반쯤 관문에 거꾸로 꽂혔는데 벌레들 울음소리가 사방에서 일어났다. 긴 바람이 불어가자 숲의 골짝들이 한꺼번에 운다. 짐승처럼 생긴 산봉우리와 귀신 형상의 구릉들은 창검을 세워놓은 듯하다. 두 산 사이로 물이 으르렁거리며 쏟아져

130 투젠 테무르. 원나라의 황족으로 생몰년 미상. 몽골어 발음도 알려지지 않아, 부득이 중국어 발음으로 처리했다. 1364년 순제가 베이르 테무르(孛羅帖木兒, ?~1365)의 관작을 박탈하려고 하자, 그의 명을 받아 군사를 이끌고 거용관(居庸關)을 지나 대도(大都)에 이르렀다. 당시 강경 대응을 주장했던 황태자가 고북구를 지나 홍송(興松)으로 달아났다는 기사가 『元史』 권 46, 「본기」 제 46, '順帝 9, 24년' 조에 실려 있다. 이 기사는 뒷날 『日下舊聞考』(권 153), 『欽定熱河志』(권 102), 『經濟彙編』(권 86) 등의 책에 전재된다. 한편 이 앞에 기술된 사르둔(撒敦, ?~1335)과 텡기스(唐其勢, ?~1335)는 권신이었던 엘 테무르(燕帖木兒, 1285~1333)의 아우와 아들이다. 텡기스는 신흥 권신 바얀(伯顏, 1280~1340)과의 다툼에서 패하여 권력을 잃는다.

> 내리는데, 마치 창검이 부딪치고 싸움을 독려하는 북소리가 둥둥둥 울리는 듯하다. [4-1] 이때 하늘 저 멀리에서 대여섯 번 학이 울고 가는데, 끊어질 듯 맑은 소리는 마치 젓대 소리의 여운과도 같다. 누군가 "이건 천아성(天鵝聲)입니다."라고 했다.[131]

첫 단락은 고북구의 지리 환경과 명칭에 대한 개략적 서술이다. 무미한 이 단락에 대해 두 분 선학은 특별한 의미를 부여하였다. 이동환 교수는 "세계에 대한 자아의 개입 움직임이 없어서라기보다는 효과의 제고를 위해 기복과 강약을 조절한 기교상의 고려"라고 보았다. 이는 다소 밋밋한 첫 단락을 "축세(畜勢)의 예술적 복필(伏筆)"이라고 본 김도련 교수의 견해와 대동소이하다. 두 분의 견해는 이 단락만을 독립시키지 않고, 전체 글의 유기적이고 역동적인 흐름을 고려하여 적극 평가한 것으로, 논자도 여기에 별 이론은 없다. 다만 인용문 중의 밑줄 부분 중, 『사기』, 「몽염전(蒙恬傳)」에서 가져온 '정장(亭障)' 관련 문장을 제외하면, 모두 고염무의 『창평산수기』에서 그대로

---

131 참고로 원문을 제시한다. "自燕京至熱河也, 道昌平則西北出居庸關, 道密雲則東北出古北口. 自古北口循長城, 東至山海關七百里, 西至居庸關二百八十里. 中居庸山海, 而爲長城險要之地, 莫如古北口. 蒙古之出入, 常爲其咽喉, 則設重關以制其阨塞焉. 羅壁識遺曰, 燕北百里外有居庸關, 關東二百里外有虎北口, 虎北口卽古北口也. 自唐始名古北口, 中原人語長城外皆稱口外, 口外皆唐時奚王牙帳. 按金史, 國言稱留斡嶺, 乃古北口也. 蓋環長城稱口者以百計, 緣山爲城, 而其絶壑深磵, 呿呀陷, 水所衝穿, 則不能城而設亭鄣. 皇明洪武時, 立守禦千戶, 所關五重.

余循霧靈山舟渡廣硎河, 夜出古北口, 時夜已三更. 出重關, 立馬長城下, 測其高可十餘丈. 出筆硯, 噀酒磨墨, 撫城而題之曰, 乾隆四十五年庚子八月七日夜三更朝鮮朴趾源過此. 乃大笑曰, 乃吾書生爾, 頭白一得出長城外耶! 昔蒙將軍自言, 吾起臨洮, 屬之遼東, 城塹萬餘里, 此其中不能無絶地脈. 今視其塹山塡谷, 信矣哉.

噫, 此古百戰之地也. 後唐莊宗之取劉守光也, 別將劉光濬克古北口, 契丹太宗之取山南也 先下古北口, 女眞滅遼, 希尹大破遼兵, 卽此地也. 其取燕京也, 蒲莧敗宋兵, 卽此地也. 元文宗之立也, 唐其勢屯兵於此, 撒敦追上都兵於此, 禿堅帖木兒之入也, 元太子出奔此關, 趨興松, 明嘉靖時, 俺答犯京師, 其出入皆由此關. 其城下乃飛騰戰伐之場.

而今四海不用兵矣, 猶見其四山圍合, 萬壑陰森. 時月上弦矣, 垂嶺欲墜, 其光淬削, 如刀發硎. 少焉 月益下嶺, 猶露雙尖, 忽變火赤, 如兩炬出山, 北斗半揷關中而蟲聲四起, 長風肅然, 林谷俱鳴, 其獸嶂鬼巘, 如列戟摠干而立, 河瀉兩山間, 鬪狠如鐵駟金鼓也. 天外有鶴鳴五六聲, 淸戛如笛聲長口弱, 或曰此天鵞也.

인용한 것임을 밝혀둔다. 「지유(識遺)」에서 인용했다고 밝힌 문장도 실제 「지유」에 나오지 않는 것으로 보아, 다른 문헌에서 취한 것이 분명하다.

둘째 단락은 두 분 선학의 견해가 가장 크게 엇갈리는 부분인데, 그 분기점은 몽염에 대한 평가이다. 두 분은 모두 몽염을 이 단락의 함축을 푸는 열쇠로 보았으며, 이동환 교수는 몽염의 말을 인용하는 [ ]을 별도의 단락으로 독립시켰을 정도이다. 하지만 그 태도는 판이하다. 이동환 교수는, 몽염과 박지원의 관계를 만리장성을 쌓은 역사의 주역/역사의 변방을 방황하는 국외자의 구도로 보았다. 당연히 몽염(만리장성)을 대하는 박지원의 태도는 숭앙이며, 거기서 발생하는 미감은 비장미이다. 반면 김도련 교수는 이 단락에서 글의 흐름이 정감으로 전환되어 예술성이 두드러진다고 전제하였다. 그리고 '내대소왈(乃大笑曰)'에 특별한 의미가 함축된 것으로 해석했다. 그에 따르면 이 웃음은 두 가지 의미를 지닌다. 하나는 천하의 기관을 구경한 통쾌한 심정[自幸]이고, 다른 하나는 그토록 힘들게 장성을 쌓아 결과적으로 오랑캐가 드나드는 관문을 제공하고 만 몽염에 대한 조소라는 것이다. 문제가 되는 것은 두 번째 해석이다. 이에 따르면 몽염을 대하는 박지원의 태도는 조롱이며, 그 미감은 풍자이다. 이는 이동환 교수의 견해와 정면으로 배치되면서, 나아가 이 글의 주제를 파악하는 관건이 된다.

하지만 어떻게 보든 몽염의 의미를 과도하게 해석하는 태도는 재고를 요한다. 여기서 거대한 세계(역사)에 압도되어 왜소해진 연암을 발견하거나, 반대로 역사의 웃음거리가 된 초라한 몽염(장성 포함)을 조소하는 도덕적 거인 연암을 읽은 데에는, 연구자의 이념적 강박증이나 선입견이 어느 정도 작용한 것처럼 보인다. 극단으로 상반되는 두 태도에는 중국(역사)에 대한 묘한 콤플렉스가 교차한다. 위의 기술만 가지고 변방에서 역사의 중심에 서려는 연암의 집념을 읽는 것은 무리이다. 마찬가지로 여기에 사마천의 비판 잣대나 '수재사이(守在四夷)'라는 「조고전장문(弔古戰場文)」의 주제를 대입시키는 것도 지나친 비약이다. 연암이 사마천과 이화를 배운 것은 분명하지만, 이를 주제의 답습으로 직결시키는 것은 성급한 비약이거나 관습적 선입견이다.

형식 미학의 범주를 벗어나면, 고북구 일대의 장성이 몽염과는 무관한 것이라는 사실도 고려해야 한다.

연암은 압록강을 건널 때부터 '도재제론(道在際論)'을 펼쳐 인식의 균형을 잃지 않으리라 다짐했고, 또 책문 이후로는 간간히 소경을 등장시켜 균형 감각을 유지했다. 평행봉 위를 걷는 듯한 균형 감각은 『열하일기』 전체를 일관한다. 이러한 사실을 염두에 두고 조금 더 차분한 시선으로 바라보면, 이 단락에서 두드러진 것은 '자아의 참여(또는 행위)'이다. 연암은 역사기록을 통해서만 알고 있던 역사의 현장을 비로소 체험하였다. 자진 가락으로 이어지는 일련의 동사(진한 글씨)가 그 체험의 흥분을 생동감 있게 보여준다. 첫 단락의 다분히 추상적인 지리와 지명 등의 정보는, 박지원이라고 하는 실존 인물이 등장하면서 아연 활기를 띤다. 이 단락에서도 몽염(蒙恬)은 단지 눈앞에 보이는 장성의 구조를 설명하기 위해 인용되었을 뿐이다.[132]

셋째 단락에 대한 해석은 몽염에 대한 해석 여하에 따라 달라진다. 이 단락은 '여기는 전쟁터'라는 진술을 수미(首尾)에 조응시켜 놓고, 그 사이는 고북구에서 일어났던 일곱 차례의 전적(戰跡)을 열거한 단순한 구조이다. 이를 두고 이동환 교수는, 실은 매우 높은 정도의 주관적 정조에 지배되어 있다고 보았으며, 그 근거로 첫 문장의 '희(噫)'라는 감탄사 및 문장구조와 성조의 반복과 전환을 꼽았다. 그리고 여기에는 화이관의 명분도 전쟁에 대한 도덕적 비판도 없고, 오직 리듬이 빚어내는 흥취의 지배를 받을 뿐이라고 했다. 이에 반해 김도련 교수는, 연암은 싸움을 막으려고 한 장성이 오히려 싸움터가 된 사정을 개탄하고 있으며, 도덕만이 전쟁을 막을 수 있는 최선의 방책임을 주장하고 있는 것이라고 했다. 그리고 이를 '재덕부재험(在德不在

---

132 고북구에서 몽염을 대하는 연암의 태도를 알기 위해, 귀로의 기록을 살펴볼 필요가 있다. 연암은 귀로에 8월 17일 다시 고북구를 지나는데, 이때 비교적 여유롭게 고북구를 관찰하고 언급한다. 그런데 몽염에 대한 언급에서도 사마천의 말을 인용하는 데서 그칠 뿐, 거기서 딱히 경외나 조소의 태도는 찾아보기 힘들다. 「還燕道中錄」 참조.

險)' 또는 민본주의에서 출발한 이용후생의 정신으로까지 설명했다. 김도련 교수의 해석은 다분히 전통적인 유교적 도덕주의, 또는 중화주의 관점에 의거하고 있다.

두 분 견해의 타당성 여부를 따지기에 앞서 우선 밝혀둘 것이 있다. 이 단락의 일곱 가지 역사 사건에 대한 기술은 고염무의 「창평산수기」에서 거의 그대로 전재(轉載)한 것이라는 사실이다.[133] 이러한 사실을 염두에 둔다면, 우리는 이 단락의 해석에 조금 더 냉정을 기할 필요가 있다.[134] 인용을 통해서도 얼마든지 높은 정도의 주관 정조를 표현하거나(이동환), 강렬한 풍자와 조소의 의도를 담아낼 수 있다(김도련). 이는 연구자(또는 감상자)의 해석 지평의 문제이기 때문이다. 다만 흥분을 덜고 담담한 시선으로 본다면, 연암이 말하고 싶었던 것은 이 공간의 역사적 내포, 특히 전쟁과 관련된 내력이었다. 글의 역동적 흐름과 입체적 구성을 위해, 첫 단락의 추상적 지리, 둘째 단락의 여행자의 자아에 있어, 옛 전장에 걸맞은 역사 사건(또는 사실)이 필요했기 때문이다. 하지만 당시 24사(史)를 다 뒤져 그 전거를 찾는 것은 불가능했고, 다행히 고염무의 저서에서 필요한 정보를 얻어 활용했을 뿐이다. 그 경위가 어쨌거나, 이 역사 사연들로 해서 고북구는 전쟁의 긴장감이 넘치는 입체적 공간으로 변했으며, 글의 긴장감 또한 한껏 고조되었다.

마지막 넷째 단락은 선학들이 이구동성으로 평가한 것처럼 이 글의 백미이다. 이동환 교수는, 역대 전쟁 사실이 내함(內含)된 선조(線條)의 시간이 입체 공간으로 변하면서 구체적인 전장 상황이 극적으로 묘출되었다고 하

---

133 「창평산수기」는 上下 두 권으로 구성되어 있다. 상권은 명 13릉과 거용관 등 창평 지역, 하권은 고북구 포함 밀운 지역을 다루고 있다. 그 중 고북구의 역사 사적 관련 기술은 권하에 실려 있다.

134 이러한 사실이 연암의 작가적 도덕성을 훼손하거나, 작품의 예술성을 떨어뜨린다고는 생각하지 않는다. 2장에서도 밝혔듯이, 지지의 활용은 연암이 견지했던 서술 방식의 하나이기 때문이다. 다만 너무 주관적 감흥을 앞세워 작품을 해석하는 태도는 지양할 필요가 있다. 「야출고북구기」는 아직까지 한국문학사의 장에서만 논의되지만, 앞으로는 고북구의 차원에서 새롭게 조명될 수도 있기 때문이다.

며, 이 글에 있어 문예 성과의 절정이라고 평했다. 김독련 교수 또한, 정경(情景)이 융합된 화필(化筆)의 조화를 부리고 있는 부분으로, 「야출고북구기」가 기문(奇文)으로 평가받는 근거는 이 언외지의(言外之意)가 풍부한 절묘한 묘사에 있다고 보았다.[135] 분석의 치밀함과 풍부함에 있어 정도의 차이가 있지만, 마지막 단락에 예술미의 극치가 있다는 점에서는 이견이 없다. 이현식 교수의 소론 또한 대동소이하며, 논자 또한 여기에 별 이의가 없다.

다만 이 단락이 빚어내는 미감의 근거에 대해서는 한두 마디 덧붙이고자 한다. 「야출고북구기」에서 넷째 단락은 예술성의 정화를 보여주는 부분으로, 사실 나머지 기술은 모두 이 단락의 묘사를 위해 존재하고, 또 이 묘사로 수렴된다고 해도 과언이 아니다. 앞 세 단락의 지리, 자아, 사건에 이어 마지막 단락에 이어 비로소 풍경이 제시된다. 풍경만이 아니라 자아의 정감도 동시에 드러난다.[136] 실상 연암이 말하고 싶었던 것은 그날 새벽 고북구의 기괴한 분위기이다. 하지만 단순한 풍경의 묘사나 감정의 표백만으로는 그러한 입체감을 조성할 수가 없다. 그래서 집을 짓듯 앞에 세 단락을 배치하여 조형의 기반을 마련했다. 고북구의 지리 정황과 나그네 신분의 자아, 그리고 이 공간이 간직하고 있는 수많은 전쟁의 사건들은, 연암의 정감과 새벽 풍광과 만나는 순간 화학적으로 상승작용을 일으켰고, 그것이 모두 현재화하여 고북구에 구현된 것이다. 넷째 단락만 놓고 보면 정경의 교융이고, 전체적으로 보면 조형적 의경인 셈이다. 온갖 작용이 모여 한 순간 꽃을 피우듯이, 고북구의 수많은 역사 사연들은 1780년 8월 8일 새벽 연암을 기다려 주변 풍광에 일순 강렬하게 재현되었다. 이는 도리어 고북구의 역사 성격을

---

135 다만 김도련 교수의 소론 중, 긴장감 넘치는 전장 묘사가 "새외민족인 청에 의한 통치는 진정한 평화가 아니며, 한족에 의한 중국 통치의 날은 필연적으로 돌아올 것."이라는 주제를 담고 있는 것이라는 주장에 대해서는, 앞 논의의 맥락에서 동의하기 어렵다.

136 사실 둘째 단락에서는 자아의 행위만 있을 뿐, 정감은 드러나지 않는다. 이는 자아를 주어로 하는 서술어의 품사만으로 쉽게 알 수 있다. 연암은 짐짓 자신의 행동만 묘사하고, 정감은 아껴두었다.

함축적으로 상징하게 되었으니, 여기에 「야출고북구기」의 묘미가 있다.

세밀하게 나눈다면 [4-1]은 독립이 가능한 단락이다. 모든 역사 사연과 나그네의 심회와 새벽 풍광 등이 일순 한 지점에서 만나면서 넷째 단락은 전쟁의 긴장감이 극도로 고조되었다. 이 상태로 끝나게 되면 글은 심각한 단절감이나 공황감을 자아낼 수 있다. 이럴 때 연암이 즐겨 사용한 기법이 달미법(獺尾法)인데, 여기서도 학을 등장시켜 자연스럽게 고조된 흥분을 거두며 여운을 남기고 있다. 연암은 격렬한 전장의 모습을 형상화하다 문득 학을 등장시킨다. 먼 하늘의 학은 독자들의 시선을 유도하며 자연스럽게 고조된 흥분과 팽팽한 긴장을 거두며, 동시에 작자가 나그네 신분임도 환기한다. 하지만 여기서 학은 전쟁과는 무관한 한가로운 자연의 표상처럼 보인다. 하지만 문득 누군가 나서 학의 울음소리를 '천아성(天鵝聲)'이라고 말해준다. 천아성은 국가에 변란이 있을 때 군대를 모으는 나팔소리이다. 그 짧은 사이에도 한번 당기고 미는 곡절법(曲折法)을 구사한 것이다.[137] 천아성은 전쟁의 긴장감을 거두어가는 동시에 전쟁의 여운을 남기고, 아울러 전체 글을 마무리하는 3중의 역할을 하는데 그 방식이 절묘하다.[138]

4. 소결, 「야출고북구기」 이해 지평의 확대를 위하여

이제까지 「야출고북구기」의 안과 밖을 세 각도에서 살펴보았다. 논의 내용을 간추리고 두어 가지 문제를 제기하면서 논의를 마치기로 한다.

---

137 달미법과 곡절법에 대해서는 대해서는 이승수, 「김성탄의 사유와 글쓰기 방식」, 『한국언어문화』 26, 한국언어문화학회, 2004, 195~199쪽; 「〈호질〉과 〈허생전〉의 독법 하나: 김성탄(金聖嘆) 서사론의 적용」, 『고소설연구』 20, 2005, 361~362쪽 참조.

138 천아성의 의미와 기능에 대해서는 김도련 교수의 소론이 자세하여 재론하지 않는다.

첫째, 「야출고북구기」는 옛 전장의 분위기를 입체적이면서 함축적으로 잘 그려낸 서정 산문이라는 점을 재확인하였다. 논자는 선학의 견해를 기반으로 조금 더 간명한 해석을 시도하였다. 다만 다시 짚어 보아야 할 문제를 두 가지 새롭게 제시했다. 하나는 작품의 1/3 가량을 현지의 지지에서 그대로 가져다 썼는데, 이를 어떻게 이해할 것인가 하는 문제이다. 그 부분이 작품의 미학적 가치를 크게 훼손하지는 않지만, 과도한 의미 부여는 재고를 요한다. 다른 하나는 몽염에 대한 해석이다. 이 또한 선입견을 배제하고 차분하고 평담한 시선으로 읽어야 할 것으로 보인다. 그렇게 해도 작품의 예술성은 전혀 줄어들지 않는다. 작품의 국적 문제를 논외로 하면, 그 미학적 내포와 풍부한 역사적 외연으로 보아 「야출고북구기」는 이 공간의 수많은 역사 사연, 설화, 문학작품들과 한 자리에 있어도 고북구를 대표하는 문학작품이 되기에 손색이 없다.

둘째, 『열하일기』 전체 맥락 속에서 「야출고북구기」를 재검토할 필요가 있다. 연암은 연행 도중 경계(境界)와 전장(戰場)에 특히 높은 관심을 보였다. 그 중 경계에 해당되는 곳은 압록강과 책문과 산해관인데, 이 공간을 지날 때마다 특별한 소회를 펼쳐냈다. 전장으로는 요양과 송금(松錦) 일대가 있는데, 마찬가지로 두 곳을 지날 때마다 그 공간의 역사 의의를 특기하였다. 경계와 전장은 역사 사연이 많은 곳이니 자연스러운 현상이라 하겠다. 이중에서 경계와 전장의 성격을 동시에 지니는 곳은 산해관과 고북구인데 모두 관련 기문을 남겨놓았다. 우선은 「야출고북구기」를 경계와 전장의 맥락에서 이해할 필요가 있다. 그런데 「산해관기」를 포함한 다른 경계와 전장에 대한 기록에서는 두드러진 서정성을 발견할 수가 없다.

그렇다면 무엇이 이처럼 서정미가 두드러진 산문의 탄생을 가능하게 했을까? 조금 더 근원으로 끌고 올라가 이런 질문도 가능하다. 1780년 8월 8일 새벽 고북구를 지나는 연암의 심회가 어떠했는가? 연암을 강렬한 미적 충격으로 몰아갔고, 또 「야출고북구기」를 쓰게끔 추동한 요소는 두 가지로 추릴 수 있다. 하나는 계절과 시간이다. 고북구 성벽에 글씨를 쓸 제의 상황을 연암은 이렇게 풀어냈다.

> 이때는 봄도 아니요 여름도 아니요 겨울도 아닐뿐더러, 아침도 아니요 낮도 아니요 저녁도 아닌 곧 금신(金神)이 때를 만난 가을에다 닭이 울려는 새벽이었으니, 그 어찌 우연한 일일까보냐.[139]

만물이 조락하는 가을, 사위가 가장 적막한 새벽이라는 시간이 연암의 예술적 감수성을 더욱 예민하게 자극했던 것이다. 다른 하나는 「조고전장문」의 문학적 감염이다. 이 글 또한 북방을 배경으로 한다. 「조고전장문」은 전장의 처절하고 암울한 분위기 묘사로 시작하여, 전쟁의 참혹함을 고발한 뒤 인의의 정치를 주장하는 것으로 끝맺고 있는데, 이후 전장 묘사의 본보기가 되었다. 고북구 체험에 있어 「조고전장문」은 연암의 창작욕을 자극했고, 연암은 문학적으로 감염되어 그 글을 전범으로 삼되 자신만의 필치로 새로운 세계를 빚어냈던 것이다. 이것이 「야출고북구기」 탄생의 또 다른 비밀이다. 실제 「야출고북구기」는 「조고전장문」과 짝이 되어 전장을 묘사한 대표 산문이 되기에 모자람이 없다.

셋째. 문학 공간에 대한 인식의 문제이다. 「야출고북구기」는 고북구에서, 고북구의 지리와 역사를 내용으로 하는 작품이다. 문학의 장소에 대한 접근과 이해가 정치 영토 관념의 제한을 받을 이유는 없다. 또 문학의 장소는 국적과 국경의 구속을 받지 않는다. 고북구는 한국문학의 장소이고, 「야출고북구기」는 고북구의 문학이다. 우리는 이 국경 밖 문학의 현장, 문학의 장소를 어떻게 이해하고 관리할 것인가? 요야를 떼어낸 채 「호곡장론」을 운위하고 고북구를 배제한 채 「야출고북구기」를 논하는 것은 매우 공허한 일

---

139 번역은 『국역열하일기 1』 328쪽. 원문은 "不春不夏不冬, 不朝不午不夕, 金神正中之節, 鬪鷄欲動之時, 豈偶然也哉!."

이다. 한국문학의 장소로서 고북구는 우리에게 어떤 곳이며, 이 장소를 우리는 어떻게 잘 가꿀 수 있을까? 이는 「야출고북구기」에만 해당되는 문제의식이 아니다.[140]

---

140 이 글이 발표된 이후 정길수, 「야출고북구기」의 비평적 접근」, 『대동문화연구』 64, 성균관대학교 대동문화연구원, 2008가 발표되어 논의의 진전이 이루어졌으나, 그 성과를 미처 반영하지 못했다.

심세審勢, 변방에서 천하 형세를 보다

-연암 박지원의 열하 행보와 문심文心-

뜰 안을 서성거리며 종종걸음을 치기도 하고 보폭을 일정하게 재어 걷기도 하며 내 그림자와 장난을 쳤다. 명륜당 뒤의 고목 그림자가 짙게 드리워졌는데, 나뭇잎마다 찬 이슬이 맺혀 구슬로 달려 달을 비추고 있다. 담장 밖에서 또 삼경 이점(23시 30분)을 친다. 안타까워라, 달밤이 이렇게나 좋은데 함께 감상할 이가 없다니! 이때 어찌 우리 일행만 잠들었으랴, 도독부의 장군들도 자고 있으리. 나도 캉에 들어가 쓰러지듯 잠자리에 들었다.

박지원, 「태학유관록(太學留館錄)」(1780)

1. 서언

연암은 1780년 8월 9일부터 14일까지 엿새를 열하에 머물고, 15일에는 북경 귀로에 올랐다. 별 직책과 업무는 없었지만, 그는 언제나처럼 한가한 가운데서도 몹시 분주했다. 사람들을 만나 여러 시간에 걸쳐 필담을 나누었고, 가능한 많은 것들을 관찰하고 청취했다. 모을 수 있는 자료는 다 모아 참조했고, 추론과 상상과 감상의 내면 작용을 쉴 새 없이 이어갔다. 그리고 이 모든 것을 기록했다. 이러한 작업은 귀국한 뒤에도 몇 해 동안 지속되었다. 연암은 이로써 「태학유관록」 엿새의 일기를 입체적이고 역동감 넘치게 구성했다. 특별히 깊이 생각한 주제나 부가 사항들은 별편으로 독립시켜 필세(筆勢)의 활력과 속도감을 살려냈다. 연암은 어디서 어디로 이동했고, 언제 누구를 만나 어떤 필담을 나누었을까? 무엇을 일기에 살려두었고, 어떤 걸 별편으로 독립시켰으며, 그렇게 한 이유는 무엇인가? 열하에 머무는 동안 연암의 미감은 어떻게 글로 표현되었는가? 본고는 이런 소소한 질문들에 답하면서, 엿새에 걸친 연암의 열하 행보와 미감을 시간 흐름에 따라 정교하게 재구할 것을 목적으로 한다. 이를 위해서는 연암의 동선과 주요 사건 발생 지점을 명확히 해야 하므로, 먼저 도상에 나타난 열하의 지형을 문묘 중심으로 설명할 것이다. 또한 「태학유관록」 안팎에 걸쳐 나타나는 연암의 복잡한 행보를 표로 정리함으로써 논의에 편의를 더하고자 한다. 연암의 행적과 일기의 구성이 본고의 논점이며, 그 이상의 사상 지향이나 미적 성취 등에 대해서는 국내외 석학들의 논의에 미룬다. 국가와 국적을 떠나 『열하일기』는 열하를 대표하는 문학작품이다. 이 논의로 『열하일기』는 물론 열하에 대한 이해가 한 치 깊어지기를 기대한다.

2. 열하의 도시 형국과 일기의 구성

연암을 비롯한 조선 사절은 8월 9일 오전 10시쯤 열하에 도착했고, 15일 늦은 아침을 먹은 뒤 열하를 떠났다. 만 엿새를 열하에서 머문 셈이다. 숙소는 문묘, 그중에서 부학(府學)이었고 대부분의 시간을 여기서 보냈다. 숙소 밖의 동선은 매우 단순했다. 9일과 14일을 제외한 나흘 동안 매일 피서산장에 다녀왔고, 10일에는 관제묘에 잠깐 들렀다. 가장 특별한 체험은 역시 13일 수미복수지묘에 가서 건륭제와 판첸라마를 만난 일이겠다. 가장 중요한 장소는 숙소인데, 여기서 매우 특별하며 심도 있는 교유가 있었기 때문이다. 이 절에서는 연암의 행보와 유관록의 미감을 이해하는 데 도움이 되는 선에서, 각 시설의 연혁과 기능, 이들의 지리적 배치와 현재 상황 등을 간략하게 검토한다.

문묘는 1776년 10월 짓기 시작하여 1779년 5월에 완공을 보았다. 건륭제는 문묘 완공 직후 이곳에 행차했고, 제도와 의례를 북경 문묘와 같게 하여 석전례(釋奠禮)를 거행했다. 이는 열하 문묘가 여타의 지역 문묘와 달리 황가 시설로 간주, 운영되었음을 의미한다.[141] 건륭은 이후 재위 17년 동안 19차례나 열하 문묘에 행차하여 제례를 거행했다. 건륭의 관례는 가경제 시절까지 이어졌다. 북방의 여러 부족을 견제하기 위해 운영한 열하에 문묘를 건립한 것은, 무위(武威)가 아닌 유교 문치(文治)가 가능할 만큼 청조의 정치가 안정되었음을 의미한다.[142] 하지만 이런 안정은 오래가지 못했다. 열하 문묘의 위상은 청조의 몰락, 구체적으로는 1840년 함풍제(咸豊帝)가 영불 연합군의 공격을 피해 열하로 갔다가 이듬해 죽으면서 희미해진다. 이후 주제관

---

141 孔令春, 「祭孔·興學·納客」, 『承德日報』, 2013. 9. 30.

142 孔令春은 문묘의 완공을, 열하가 북방 유목문화와 중원 농경문화의 융합 도시로 태어나는 상징 사건으로 보았다. 이후 『欽定熱河志』(1781)와 『承德府志』(1829)의 잇단 간행으로, 열하는 중국의 지리 체제 안으로 완전히 포섭된다(孔令春, 「外國人眼中的熱河文廟」, 『熱河週末』, 2017. 9. 22.). 한편 정은주는, 청조가 조선 사신을 비롯한 동남아 조공국 사신들에게 문묘를 방문케 한 것은 자신들이 만족의 전통뿐 아니라 한족의 전통을 계승한다는 점을 강조하고, 문묘 어제비를 통해 청의 강성함을 과시하려 한 것으로 보았다(앞 2014년 논문).

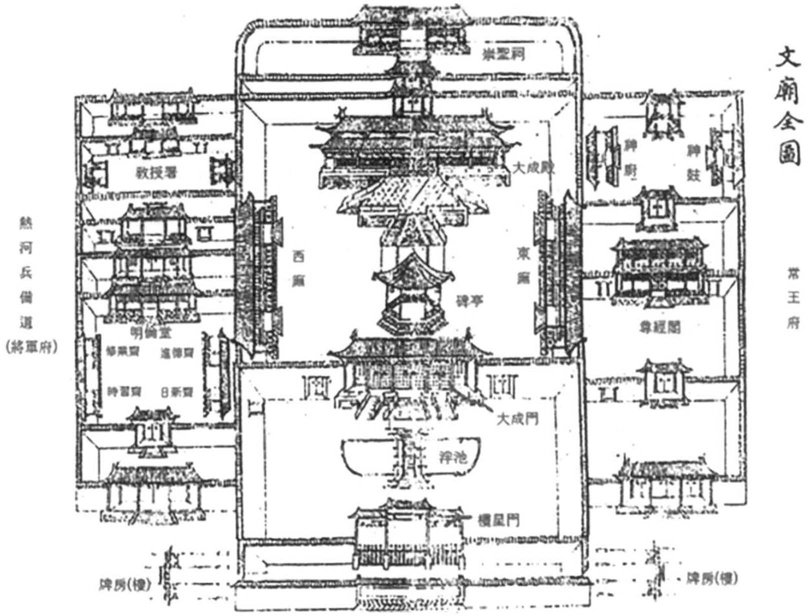

그림 63 『흠정열하지』에 실린 「문묘전도」에 건물 이름을 표시한 것이다. 조선 사신의 숙소는 명륜당이었고, 연암의 행적은 주로 이곳에 집중되어 있다. 현재 복원되어 호텔로 활용되고 있다.

(主祭官)은 열하도통(熱河都統), 도태(道台), 도윤(道允)으로 바뀌었으며, 1944년 일제 관원에 의해 마지막 제례가 거행되었다.[143]

문묘는 피서산장 서남쪽 궁장 밖에 지어졌다. 건립 당시 이 지역은 이미 번화한 상가였으며, 문묘는 동서로 각각 상왕부(常王府), 열하병비도(熱河兵備道, 道署衙門)와 인접해 있었다. 연암이 9일 밤에 들었던 '장군부의 낙타 소리'에서, 장군부란 열하병비도를 가리킨다.[144] 대지면적 16,700m²의 문묘는 크게 동(東)·중(中)·서(西) 세 개의 원락(院落)으로 구성되었다.[145] 바깥에는 동

143 吳鏑, 「熱河文廟獨特的曆史地位及作用」, 『旅遊縱覽(下半月)』, 2016. 7. 23.

144 孔令春, 앞의 글(2017).

145 劉學風·王宇然, 「淺談承德市熱河文廟東西配慶屋面修繕工程」, 『建築科技與管理學術交流會論文集』, 2012. 10. 27, 107~108면.

서 양쪽에 각각 패루가 서 있었고, 내부 중앙에는 앞에서부터 차례로 영성문(欞星門), 반지(泮池), 대성문(大成門), 비정(碑亭), 동무(東廡)와 서무(西廡), 대성전(大成殿), 숭성사(崇聖祠)가 배치되었다.[146] 동원에는 존경각(尊經閣), 신주(神廚), 신고(神庫)가 위치했다. 서원(西院)은 강학의 기능을 했던 부학(府學)으로, 명륜당(明倫堂, 강당)과 재방(齋房; 修業齋, 時習齋, 進德齋, 日新齋)과 교수서(教授署)가 있었다. 연암의 휴식과 교유는 모두 서원에서 행해졌다. 편명에 문묘가 아닌 태학을 넣은 이유이다.

1930년대 열하를 여행한 외국인들의 기록에 따르면, 당시까지만 해도 문묘는 원형 가까이 남아 있었던 것으로 보인다.[147] 문묘가 크게 파괴되거나 훼손된 것은 문화혁명 시기였다. 이 기간 대성문, 대성전, 비정, 패방이 없어졌으며 존경각과 숭성사 등의 건축은 훼손되었다. 이후 남은 건물들은 모범소학(模範小學), 여자국고(女子國高), 문묘소학(文廟小學), 승덕제팔중학(承德第八中學), 열하도서관 등으로 활용되었으며, 숭성사 등 일부 건물은 민가로 이용되었다.[148] 퇴락을 거듭하던 문묘는 2007년 복원되기 시작했다. 4년의 공기를 거쳐 2011년 9월에 완공됐고, 11월부터 대중에게 공개됐다. 연암이 주로 머물던 부학 자리에 복원된 건물들은 현재 호텔로 활용되고 있다. 부학은 본디 객사로도 이용되었으니 본래의 용도에서 아주 벗어난 것만은 아니다.

문묘 외에 연암이 가장 자주 간 곳은 피서산장이다. 문묘와 피서산장 정문인 여정문(麗正門) 사이는 직선으로 1.5km이니 걸어서 20분이 채 안 걸

---

146 대성문(大成門) 안팎 벽에는 건륭제의 무공(武功)을 담은 여러 편의 글을 양감(鑲嵌)하였는데, 이는 북경 문묘의 제도를 따른 것이다. 대성문 안쪽에는 1790년 새로 만든 석고(石鼓) 10기를 좌우로 다섯 기씩 배설했다. 숭성사는 공자 선대를 제향하는 곳이었다. 문묘의 조성 경위, 대성전과 동무·서무의 享祀 구도와 편액 및 주련 등은 『흠정열하지』 권 73에 자세하다.

147 1930년대 열하를 여행한 프랑스와 일본인 등의 기록에 여러 장의 사진이 들어 있다. 孔令春(2017)은 이들 자료를 집대성한 책 『承德曆史文獻集成』(王強 等 主編, 中國廣播電視出版社出版, 1,182장의 옛 사진 수록)을 소개하였는데, 어찌 된 일인지 책이 검색되지 않는다.

148 田淑華·邱珊珊, 「熱河文廟與避暑山莊-兼談文廟的保護與利用」, 『文物春秋』, 2010. 4, 29~80면.

그림 64 피서산장 평면도. 여정문과 담박경성전 사이 건물이 내오문이고, 양옆으로 늘어선 건물이 조방이다. 연암의 행적은 이 사이에 머물렀다. 사신들은 담박경성전에서 건륭을 만났다.

리는 거리이다. 밤 깊도록 필담을 나누느라 매일 늦잠을 잤던 연암은 일어나자마자 종종걸음으로 피서산장을 다녀오곤 했다. 피서산장은 1703년에서 1792년까지 89년에 걸쳐 완성된 행궁으로, 면적이 564만m^2에 이른다. 『흠정열하지』에서 피서산장은 권25에서 42까지를 차지할 정도로 비중이 크다. 그중 연암의 발길과 눈길이 닿았던 곳이 어디일까? 이를 알기 위해서는 피서산장 입구 부분의 구조를 살필 필요가 있다.

여정문은 1754년에 세워졌다. 건륭의 산장 36경 중 제1경으로, 이름은 『역』에서 가져온 것이다.[149] 여정문을 들어서면 동서 양쪽에 조방(朝房)이 마주보고 있다. 궁궐이나 능묘의 부속 건물인 조방은 조회와 제향을 앞둔 신

149 『易』, 「離」. "日月麗乎天, 百穀草木麗乎土, 重明以麗乎正, 乃化成天下." '여(麗)'는 '붙어 있다'는 뜻.

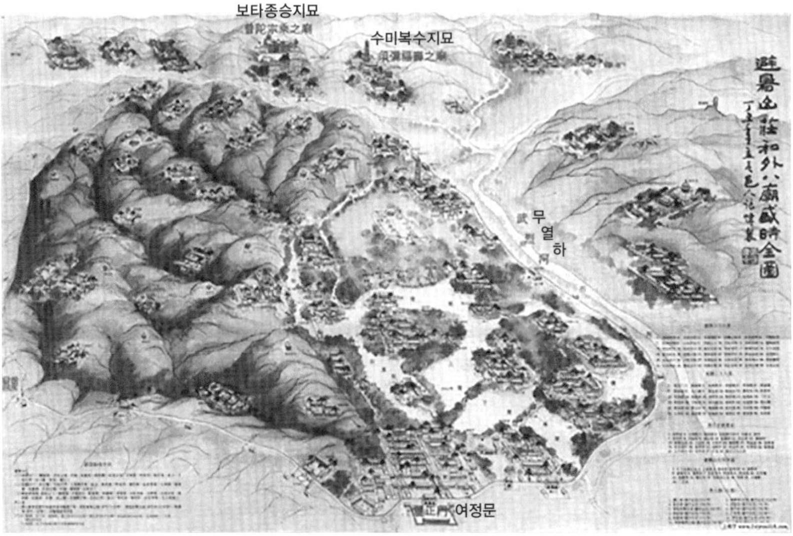

그림 65 연암은 피서산장을 왼쪽으로 끼고 돌아 무열하(武烈河)를 따라 북상하다가 수미복수지묘에 이른다.

료들이 휴식하면서 대기하는 공간이다. 여기를 지나면 내오문(內午門)이 나온다. 강희제가 관료나 사신 접견 시 활쏘기 경기를 자주 하게 했다고 하여 열사문(閱射門)으로도 불린다. 문 위에 1711년 강희제가 쓴 '피서산장' 네 글자 편액이 걸려 있다. 내오문 안에 행궁의 정전인 담박경성전(澹泊敬誠殿)이 있다. 1711년에 건립되었으며, 1754년 개수하면서 녹나무를 사용하여 남목전(楠木殿)으로도 일컬어졌다. 자금성의 태화전(太和殿)에 상응하며, 연회와 조회 그리고 사신 접견 등이 모두 여기서 이루어졌다. 1780년 8월 축하연에서 건륭제가 6세 판첸과 티베트어로 대화를 나눈 곳이다.[150]

연암의 관심은 외관이 아닌, 이 도시와 궁궐에 감추어진 역사 맥락과 정치 의도에 온통 쏠려 있었다. 그는 지체 않고 산장을 빠져나왔으며, 이곳에 별로 미련을 두지 않았다. 여정문 안쪽 문 위에 새겨진 강희제의 시 등 소

150 趙玲 주편, 『避暑山莊及周圍寺廟 講解槪要』, 地質出版社, 2000.

개할 만한 시문들이 적지 않았지만, 일절 언급하지 않았다. 만수절 행사도 관심 밖이었다. 여러 고을을 지나면서 건물의 편액과 주련, 심지어 주기(酒旗)의 글귀에까지 관심을 보였던 연암의 반응으로는 이례적이다. 차분히 관찰하고 메모할 만한 여유가 없던 것도 한 이유겠지만, 정신이 온통 필담에 가 있었던 데다 보이지 않는 의미들을 생각하는 데 골몰했기 때문으로 보인다.

관제묘는 여정문에서 서남쪽으로 200m 떨어진 곳에 있다. 옹정 10년(1732)에 건립되었으며, 건륭 43년(1778)에 중수되었다. 대지면적은 2,800m^{2}이며, 전각 안에는 건륭 어필 '충의복마(忠義伏魔)' 편액이 걸려 있다. 몽골의 왕공, 외번의 수령 등 외교 사절이 묵는 황가 역관(驛館)의 기능을 겸했다.[151] 여기에는 그들로 하여금 관공의 충군 의기에 감화되어 두 마음을 품지 않게 하고, 한족의 민간 신앙을 이용하여 민족 감정이나 상하 계층 사이의 위화감을 완화하려는 의도가 숨어 있는 것으로 해석된다.[152] 이곳은 사신들이 산장에 드나들 때 잠깐씩 휴식했던 곳으로, 연암은 10일에 두 번, 11일에 한 번 이곳에 들렀다.[153]

열하에서 연암의 발길이 닿은 마지막 장소는 수미복수지묘이다. 6세 판첸은 건륭의 생일을 축하하기 위해 1779년 100명의 고승 등 2,000여 명의 일행을 거느리고 티벳을 출발했다. 건륭은 보답으로 피서산장 북쪽 언덕에 티벳 르카쩌에 있는 판첸의 처소 타쉬룬포(札什倫布)를 모방한 사원을 지었다. 이 공사는 1779년 6월 17일 시작되어 1780년 7월 21일 끝났는데, 이 건

---

151 연암도 8월 10일 일기에서 "廟中處處, 京官來寓, 而諸王亦多寓是中云."이라는 말로 그러한 사실을 뒷받침하고 있다.

152 李林俐, 「避暑山莊周圍漢式皇家寺廟考」, 『中國文物學會傳統建築園林委員會第十五屆學術研討會會議文件』, 2004. 6. 1. 李林俐는 관제묘 설립에는 관제를 피서산장은 물론 청조의 수호신으로 삼으려는 의도가 작용했다고 보았다. 헌데 이렇게 중요한 관제묘가 『흠정열하지』에는 권81 「寺廟」 5에 두어 줄로 간단하게 소개되고 만 것은 의아한 점이다.

153 「태학유관록」에는 10일에만 두 차례 들른 것으로 나오는데, 「傾蓋錄」에는 11일에도 이곳에서 조수선(曹秀先)을 만나 대화한 것으로 기술되어 있다.

물이 바로 수미복수지묘이다.[154] 세 사신은 8월 11일 피서산장에 갔다가 건륭제의 명으로 바로 이곳에 가서 판첸을 만났으며, 연암은 산장에서 숙소로 돌아왔다가 그 소식을 듣고 뒤미처 나섰다. 그 경로는 피서산장을 왼쪽으로 끼고 돌아 무열하(武烈河)를 따라 북상하다가 산장이 끝나는 지점에서 서향하는 것이었다.[155] 여정문과 수미복수지묘 사이의 거리는 대략 4km이다.

「태학유관록」의 섬세한 이해를 위해서는 그 구성에 대한 원거리 조망이 필요하다. 『열하일기』는 양식이 다른 여러 층위로 구성되어 있으며, 하나의 층위 안에도 시공간의 인접성을 따르지 않는 독립 문장들이 곳곳에 포진되어 있기 때문이다. 이러한 중층의 입체 구성은 『열하일기』의 독특한 미적 성취이지만, 숙련되지 않은 독자에게는 오히려 독해의 효율을 떨어트리는 방해 요소가 되기도 한다. 같은 이치로 이국의 낯선 지리와 풍물과 역사는 독서의 흥미를 증폭시키기도 하지만, 이로 인해 수많은 주석과 이미지와 현장 체험이 요구된다. 지리 정황에 대한 설명에 이어 구성을 따로 살피는 이유이다.

연암의 엿새 열하 행보는 아래 표처럼 정리할 수 있다. 주목할 것은 마지막 10편의 독립 별록이다. 『열하일기』에는 7편의 일기 외에 19편의 독립 별편이 있는데, 그중 10편이 열하 관련이다. 『열하일기』의 내부 시간은 6월 24일 압록강을 건넌 뒤 9월 17일 귀로에 오르기까지 80여 일이고, 그중 열하 체험에 관한 시간은 8월 5일부터 20일까지 보름에 지나지 않는다. 그런데도 열하 관련 독립 별편이 전체의 반 이상을 차지하는 것은 열하에 대한 연암의 관심이 얼마나 특별했는가를 보여주는 지표이다. 일기에서 다 표현되지 못한 것이 궁금하면 이 별편들을 찾아 읽어야 하고, 반대로 별편의 맥락을 알기 위해서는 일기를 보아야 한다. 가령 일기를 읽다가 연암이 거의

---

154 수미복수지묘의 건립 내력, 6세 판첸과 건륭제의 만남, 그리고 그 이후 판첸의 동향에 대해서는 趙玲, 앞의 책 참조.

155 「태학유관록」 11일. "循宮城, 左轉而行, 西北一帶, 山脚宮觀寺刹, 面面入望. …遂挾河而行." 여기서 하(河)는 무열하(武烈河)이다.

매일 만나 필담을 나누었던 윤가전(尹嘉铨)이나 기풍액(奇豊額)의 인물 정보가 궁금하면 「경개록(傾蓋錄)」을 찾아보고, 「찰십륜포(札什倫布)」의 저술 맥락에 의문이 일면 11일 일기를 참고하면 되는 식이다.[156]

날짜	장소 및 동선	만난 인물	화제	追題 別記	독립 별록
9	태학(後堂 윤가전 처소, 明倫堂, 뜰)	윤가전(尹嘉铨) 기풍액(奇豊額) 왕민호(王民皥) 소림(素林)	조선 역사와 풍속, 조선의 시문, 조선 사신의 진하반서	조선사정통기(朝鮮史正統紀) 기태학관야유(記太學館夜遊)	피서록 경개록 혹정필담 행재잡록 찰십륜포 반선시말 황교문답 산장잡기 망양록 구외이문
10	광피사표패루(光被四表牌樓(?)), 관제묘, 피서산장, 예부조방(禮部朝房), 전문(殿門), 관제묘, 태학, 후당	조수선(曹秀先) 색작락(索綽絡) 덕보(德保) 황육자(皇六子) 영용(永瑢) 왕민호 학성(郝成) 윤가전 기풍액	판첸 배방 조선의 사미(四美) 풍속, 중국의 삼액(三厄) 풍속	패륜폐풍론(敗倫弊風論) 황유원방기(幻遊遠方記)	
11	피서산장(조방), 주루, 태학관소, 윤가전 숙소, 피서산장, 수미복수지묘(須彌福壽之廟), 태학 관소	판첸라마 乾隆帝 郝成	수미복수지묘 황교, 판첸, 황금 등	행관격투기(行觀擊鬪記) 한출첨배기(汗出沾背記) 도불진의설(圖不盡意說) 쇠풍유상설(衰風由上說)	
12	피서산장, 태학 관소	尹嘉铨 王民皥	연희(演戲) 화신(和珅)	왜인관장기(矮人觀場記) (→鵠汀筆談)	
13	피서산장(만수절), 기풍액 숙소, 명륜당(明倫堂)	奇豊額	판첸의 선물(불상) 처리 천체의 구조 천체의 운행	문종췌일설(聞鍾揣日說) 보월논천체(步月論天體)	
14	후당, 시습재, 태학 문밖	尹嘉铨(2회) 王民皥(2회) 屢一旺 奇豊額	고금 악률(樂律) 화폐 침마(枕馬) 양마법(養馬法)	침마설(枕馬說) 양마론(養馬論) 화폐설 월하상별기(月下相別記)	

156 일기와 별편의 입체적이고 역동적인 관계는 상세한 분석을 요하지만, 이 짧은 글로는 감당할 수 없는 주제이다. 논점의 유지를 위해 여기서는 심론하지 않는다.

중층 구성은 일기와 별편의 이원성에 그치지 않고, 일기 내부에도 구현되어 있다. 표에서 추제별기(追題 別記)는 일기 속에 별도의 표지 없이 들어 있지만, 연암의 창작의식이나 「태학유관록」의 구성미를 포착하기 위해서는 따로 떼어 해석할 필요가 있다고 판단되는 글들을 설명한 항목이다. 「조선사정통기」에서 「양마론」에 이르는 16편의 제목은 논자가 내용을 고려하여 붙인 것이다.

소설이나 영화의 장치로 사용하지 않는 한, 일기체 여행기는 시간의 흐름과 공간의 이동에 따른 견문과 감상의 평면 나열에 그치기 쉬운 양식의 글이다. 평면 나열의 형식에 입체적인 의미를 담거나 역동적 미감을 구현하기는 어려운 일이다. 본문 속에 포치된 여러 편의 독립성 산문은 여행일기의 밋밋한 미감을 극복하기 위한 장치이다. 이들은 열하에서의 평범한 하루를 비범한 날로 만들어주며, 이들로 인해 물리적 지속에 지나지 않는 엿새의 나날은 다양한 의미로 충만한 유기적인 시간이 된다.

3. 연암의 열하 행보와 유록의 미감

이 절에서는 연암의 동선을 따라가며 그의 일거수일투족을 추체험하고, 이를 토대로 「태학유관록」에 구현된 산문미와 구성미를 논의한다. 편의상 논의 단위를 날짜별로 나누었다.

9일, 적진에 직입하고, 여운을 흐르게 하다

연암 일행은 8월 9일 사시(巳時, 오전 9~11시)에 열하 숙소에 도착했다. 조선 사행에 배정된 숙소는 문묘의 명륜당이었다. 연암은 이날의 여정을 간단하게 날씨만[極熱] 언급한 뒤 "안장을 풀고 곧장 후당으로 들어갔다. 卸鞍直

入後堂"라는 말로 시작한다. 후당(後堂)은 명륜당 뒤에 있었던, 교수서(敎授署) 또는 그 부속 건물로 보인다. 그는 이곳에서 윤가전·기풍액·왕민호를 차례로 만나 인사를 나누고 대화를 시작한다.[157] 열하 도착의 감흥이나 건물의 외관, 사행의 분위기, 심지어는 대화의 방법과 준비 등에 대해서는 일절 말하지 않았다. 연암에게 가장 중요했던 것은 사람들을 만나 대화를 나누는 것이었고, 나머지 것들은 다 군더더기에 지나지 않았기 때문에 덜어버린 것이다. 비유하면 일기단창(一騎單槍)으로 직충적진(直衝敵陣)하듯 문장의 기세와 목적을 모두 살린 것이다.[158] 뜨거운 날씨[熱]는 그 열정을 외응한다.

일기에 따르면 대화의 내용은 상대에 따라 다르다. 그 순서 또한 점층으로 진행되었다. 윤가전은 연암의 이름과 직책을 물었고, 조선 유민의 후예인 기풍액의 관심은 연암의 가문이었다. 왕민호와의 대화 내용은 조선의 역사와 지리였다. 왕민호의 질문에 대한 답변에서 연암은, 조선 역사의 정통을 단군조선 → 기자조선 → 위만조선으로 설명했다. 단군조선은 요순(堯舜)과 같은 시대라 했고, 나머지 두 조선은 연암 당대의 조선과 다르다고 했다. 연암이 제시한 조선의 고대사 계통은 『삼국유사』의 정통인식(단군조선 → 위만조선)과 조선시대 유자들의 그것(기자조선 중시)을 모은 것이다. 이는 민족주의 역사관과 중화의식 역사관의 혼성으로도 간추릴 수 있다. 연암의 대답에는 고대사 영토에 대한 인식도 감추어져 있다.[159]

---

157 이학당은 『열하일기』에 나타나는 필담을 성경필담(盛京筆談), 태학관필담(太學館筆談), 유리창필담(琉璃廠筆談)으로 크게 나누고, 각각의 필담이 이루어진 시간과 장소, 필담에 참여한 인물들의 내력을 정리했으며, 필담의 구체적인 내용을 분석했다(이학당, 「연암의 『열하일기』 필담 내용에 대한 일고찰」, 『아시아문화연구』 15, 가천대학교 아시아문화연구소, 2008, 147~184면).

158 연암의 문장법에 따르면 제목은 적국이다(『연암집』 권1, 「騷壇赤幟引」). 하여 제목으로 모든 주체를 설파하는 방법을 '파제(破題)'라고 했다("題目者, 敵國也. …破題而結束者, 先登而擒敵也." 이는 자기 문장법의 구현인 셈이다).

159 연암은 도강 직후 봉황산을 화두로 삼아 당대까지의 상식을 뛰어넘는 파격의 고대사 영토론을 펼친 바 있다. 왕민호와의 대화에 기술된 조선사 계통은 그러한 인식의 연속이다.

그런가 하면 연암의 통찰은 피아를 가리지 않고 첫날부터 번뜩인다. 대화를 나누던 윤가전은 부반(赴班)을 위해 일어나면서 조선 사신들에게 인사를 하고 싶다는 뜻을 말했다. 이에 연암은 중국인이라면 지위와 만한(滿漢) 불문하고 무시부터 하는 조선 사대부의 습성을 떠올리면서 불편한 심정에 젖는다. 과연 정사는 만남을 거절했고, 머쓱하여 자리를 뜬 윤가전을 보며 연암은 말을 잊는다. 이어 조선 사신을 이품(二品) 반열에 참여시키기로 결정했다는 전언에 사례의 글을 올리자는 사신단과 은근히 이를 고무하는 예부의 태도를 보며, 승평(昇平)에 젖어 미봉책과 황제에 대한 아첨이 만연한 청나라 조정의 정황을 간파한다. 이는 어려운 일이라는 전제하에 끊임없이 첨국(覘國)과 심세(審勢)를 실천하려 했던 연암의 모습을 보여준다.

저녁을 먹은 뒤 연암은 다시 윤가전·기풍액과 조선의 시문 등을 주제로 이야기를 나누다가 초경 4점(初更四點, 8시 반 무렵)에 숙소로 돌아왔다. 닷새나 제대로 잠을 자지 못한 일행은 일찍부터 깊이 잠들었다. 이 밤의 분위기를 연암은 매우 서정적으로 그려냈다. 그는 정사 머리맡에 있는 술을 마시고, 밖으로 나와 뜰에 홀로 서서 달을 보았다. 옆 장군부에서는 낙타 울음소리가 들려오는데, 청나라 통관이나 제독들은 물론 사행의 역관이나 비장들도 다 요란스럽게 코를 골며 자고 있다. 세상엔 마치 하늘의 달빛과 장군부에서 들려오는 낙타울음과 자신만 있는 듯했다. 이날 일기는 이렇게 마무리된다.

> 만 리를 같이 고생하고 먹고 자기를 함께 했으니 그 정이 마치 생사를 공유하는 골육과 같아졌지만, 같은 침상에 잠들어 다른 꿈을 꾸니 간담은 초나라와 월나라 사이처럼 멀어졌으리라. 대통에 불을 붙여 나오니 표범 우짖음 같은 개소리가 장군부에서 나오고 조두(刁斗)는 깊은 산 소쩍새의 울음 같다. 뜰 안을 서성거리며 종종걸음을 치기도 하고 보폭을 일정하게 재어 걷기도 하며 내 그림자와 장난을 쳤다. 명륜당 뒤의 고목 그림자가 짙게 드리워졌는데, 나뭇잎마다 찬 이슬이 맺혀 구슬로 달려 달을 비추고 있다. 담

장 밖에서 또 삼경 이점(23시 30분)을 친다. 안타까워라, 달밤이 이렇게나 좋은데 함께 감상할 이가 없다니! 이때 어찌 우리 일행만 잠들었으랴, 도독부의 장군들도 자고 있으리. 나도 캉에 들어가 쓰러지듯 잠자리에 들었다.[160]

달밤의 운치와 고독한 심사를 함께 그려낸 한 편의 완연한 서정 산문이다. 이 글의 미감을 맛보고 나아가 기능을 이해하려면 몇 발짝 물러나 거리를 만들 필요가 있다. 우선 고려해야 할 것은 이 분위기가 『열하일기』에서 모종의 연속성을 지니고 있다는 사실이다. 연암은 8월 4일의 유리창 체험에서도, 그곳에 홀로 서서 '고금의 성현 호걸들이 세상을 피했어도 한 사람 그들을 알아주는 이가 있었는데 유리창의 박지원을 알아줄 이는 누구일까'라고 탄식한 바 있다.[161] 인용한 부분은 그러한 탄식의 연속이자 심화이다. 이 부분이 「기승천사야유(記承天寺夜遊)」[162]의 미감을 활용하고 있다는 점도 고려해야 한다. 소동파의 방식으로 연암의 글에 제목을 붙이면 「기태학관야유」가 된다. 연암의 글은 표현과 분위기에 있어 소동파의 성취를 바탕에 깔면서도 또 다른 미감을 자아내고 있는데, 이 모두를 음미하는 것이 감상과 해석의 요점이다.

마지막으로 주목할 점은 「태학유관록」 내에 드러나는 달밤의 변주이다. 「태학유관록」의 엿새 일기는 모두 달밤에 대한 언급으로 끝나며, 그중

---

160 「태학유관록」. "萬里同苦, 宿食與共, 想應情同骨肉, 死生以之, 而同牀異夢, 楚越肝膽矣. 爇烟而出, 犬聲如豹, 出將軍府, 刁斗如深山子規. 徘徊庭中, 或疾趨或矩步, 與影爲戲. 明倫堂後老樹重陰, 凉露團團, 葉葉垂珠, 珠珠映月, 牆外又打三更二點, 可惜良宵好月, 無人共翫, 是時何獨我人盡睡, 都督府將軍睡矣. 吾亦入炕, 頹然抵枕矣."

161 「관내정사」 8월 4일. "今吾獨立於琉璃廠中, 而其衣笠天下之所不識也, 其鬢眉天下之所初覯也, 潘南之朴, 天下之所未聞也. 吾於是爲聖爲佛爲賢豪, 其狂如箕子接輿, 而將誰與論其至樂乎!" 이밖에 「야출고북기」에서도 옛 전장 밤의 특별한 분위기를 그려냈는데, 이들을 함께 고찰할 필요가 있다.

162 「記承天寺夜遊」. "元豐六年十月十二日夜, 解衣欲睡, 月色入戶, 欣然起行. 念無與爲樂者, 遂至承天寺尋張懷民. 懷民亦未寢, 相與步於中庭. 庭下如積水空明, 水中藻荇交橫, 蓋竹柏影也. 何夜無月, 何處無竹柏, 但少閑人如吾兩人者耳." 동파가 황주(黃州)로 유배된 지 4년이 지난 47세에 지은 글이다.

기풍액과의 대화와 마지막 날의 이별 장면에서 그려진 달밤은 그 작용이나 의미가 조금씩 다르다. 연암은 9일의 일기를 일기단창, 직충적진의 기세로 시작하고, 거둬지지 않는 여운을 흐르게 하는 방식으로 마무리했다. 이는 하루 일기의 내적 완결성과 변화를 갖추는 동시에, 「태학유관록」 전체의 방향과 기세를 결정하면서 주제와 구성의 통일성을 만드는 기능을 한다.

10일, 곡류에 두 곳 용추(龍湫)를 감추어 두다

10일의 일기는 내용상 네 개의 단락으로 나눌 수 있다. 새벽에 사신을 따라 피서산장에 갔다가 돌아 나오기까지가 하나이고, 왕민호의 숙소에서 왕민호·학성과 두 나라 풍속에 관해 토론한 것이 하나이며, 판첸라마를 예방하라는 칙지가 내려오며 벌어지는 해프닝이 또 하나이다. 저녁 식사 후, 윤가전과 기풍액의 숙소로 가 한담을 나누는 것이 마지막 하나이다. 첫 단락은 시간의 흐름에 따라 눈에 포착되는 것을 순서대로 그려낸 것이고, 마지막 단락은 달 이야기로 하루를 마무리하면서 첫날의 분위기를 받아 다음날로 넘겨주는 역할을 한다. 눈여겨봐야 할 대목은 가운데 두 단락이다.

연암은 새벽에 억지로 일어나 사신을 따라 나선다. 여정문 밖 관제묘에서 잠깐 대기했고, 통관에 의해 외오문(外午門)과 내오문(內午門) 사이 조방으로 안내되었다. 사신들을 영접한 사람은 상서 조수선(曹秀先)과 색작락덕보(索綽絡德保)였다. 음식이 나왔고, 사신들은 내오문 밖에 가서 삼배구고두의 예로 사은했다. 기술은 보고서인 양, 별 감흥 없이 심심한 어조로 일관된다. 궐문을 나와 황육자(皇六子) 영용(永瑢)을 보고, 그로부터 이미 죽은 황오자(皇五子) 영기(永琪)의 시까지 끌어와, 황실의 미래가 그리 밝지 않음을 말하는 데서[163] 긴장이 생기는 듯하지만 지나가는 말처럼 끝내고 만다. 완만한

163 "其歿者詩意酸寒, 其存者又乏貴氣, 陛下家事未知如何."

흐름 속의 심상한 분위기는 가산(嘉山) 마두 득룡(得龍)[164]이 몽골 왕들 사이를 활보하며 인사를 나누는 장면에까지 이어진다. 피서산장 안팎에 대한 연암의 시선과 어조는 대개 이러하다.

밋밋한 흐름은 숙소로 돌아오면서 달라진다. 이 며칠 연암에게 있어 세상에서 가장 역동적이며 흥미진진한 장소는 태학관이었다. 연암은 숙소로 돌아오자 후당으로 가서 왕민호, 학성과 대화를 나누었다. 화제는 과거제도에서 출발하여 혼례, 관혼상제, 주자가례를 거쳤다. 왕민호가 조선의 미풍을 묻자, 연암은 네 가지 아름다운 풍속을 말해주었는데 그중 마지막이 여성의 수절(守節)이었다. 이에 왕민호는 중국에도 그런 풍속이 있다며, 이를 아주 못된 악습으로 평가했다. 조선의 미풍은 졸지에 중국의 악습이 되고 마는데, 연암은 여기에 이의를 제기하지 않는다. 외려 『유계외전(留溪外傳)』[165]을 인용하여, 갈수록 가혹하게 인간의 본성을 억압하고 정신을 왜곡하는 윤리의 실태를 지적했다. 연암의 표현은 일종의 반어였고, 애초의 목적도 왕민호의 입을 빌려 조선의 풍속을 비판적으로 성찰하는 데 있었기 때문이다.

대화는 삼액론(三厄論)으로 깊어진다. 연암이 한족 여인들의 전족(纏足) 풍속을 거론하자, 왕민호는 이를 받아 삼액을 언급한다. 연암이 다시 묻자, 왕민호는 삼액의 종류와 각각의 유래를 설명한다. 그에 따르면 전족은 족액(足厄)이고, 망건은 두액(頭厄)이며, 흡연이 구액(口厄)이다. 이중 앞의 두 가지 관련 대화를 주목해야 한다. 전족과 망건의 공통점은 신체의 구속이다. 그런데도 오랜 세월에 걸쳐 풍속으로 고착되었으며, 사람들은 그 폐해를 인지하지 못하거나 거기서 벗어나지 못하고 있다. 이런 점에서 인간의 본성을 억

---

164 득룡은 14세부터 40여 년 30차례 이상 연행에 참여한, 중국어에 능통하고 실무 경험이 풍부하여 막후에서 실무를 총찰했던 인물이다. 나이도 적지 않고(50대 후반), 품계도 종2품 가선(嘉善)에 이르렀으니 사회적 지위도 만만한 인물이 아니었다. 정조는 당시 역관들의 중국어 실력이 마두에도 미치지 못한다고 지적한 적이 있다. 연행에 있어 마두의 신분과 역할 등에 대한 관심이 필요해 보인다.

165 陳鼎(1650~?)의 유서 18권.

압하는 가혹한 윤리의 속성을 지닌다. 그런데 전족은 여전히 청나라에 만연하고 있음에 반해, 망건은 조선에만 남아 있는 풍속이다. 실제로 왕민호는 붓끝으로 연암의 이마를 가리키며 '두액'이라고 말한다. 연암은 한 번 더 왕민호의 관점으로 조선의 악습을 비판하고 있는 셈이다. 가혹한 윤리와 고약한 풍속의 폐해에 관한 연암과 왕민호의 생각은 완벽하게 일치하고 호흡도 절묘하다. 그런 의미에서 이 대화는 패륜폐풍(敗倫弊風)에 대한 담론인 셈이다.[166]

연암이 대화를 끝내고 명륜당으로 돌아오면서 장소와 화제가 전환된다. 숙소에 군기(軍機)가 나타나 서번승(西番僧)을 만나겠냐는 건륭의 의사가 전해진다. 이에 사신들은 완곡하게 거부의 뜻을 표현한다. 군기가 되물으러 돌아가자, 황제의 처사에 대한 불만으로 숙소는 한바탕 소란스러워진다. 사신들은 걱정하고, 비장들은 한술 더 떠 오랑캐니 대명(大明)이니 하는 말들을 입에 올린다. 수역(首譯)은 춘추대의를 따질 계제가 아니라며 핀잔을 주고, 이윽고 군기가 돌아와 즉시 가서 서번승을 만나라는 칙지를 내린다. 사신들은 할 수 없이 길을 나섰다가 날이 저물어 되돌아온다. 이 심각하고 소란한 와중에 연암은 남몰래 환상에 젖는다.

> 이때 나는 뱃속으로 남몰래 옳구나 했다. '이 얼마나 좋은 기회냐!' 또 손가락으로 공중에 원을 그리며 말했다. '좋은 제목이다. 사신들이 (거부의) 소를 올리면 의로운 이름이 천하에 진동하여 나라를 크게 빛낼 것이다!' 또 혼자 중얼거렸다. '그렇다고 군사를 내랴?' 사신의 죄이거늘, 노여움을 나라에까지 옮기랴! 사신들은 운남 귀주 유배는 면치 못할 터, 나도 의리상 혼자 귀국할 수야 없지. 서촉과 강남 땅을 밟아보리라. 강남은 가깝거니, 교주

---

166 반면 구액(口厄)에 대한 연암의 생각은 그리 심각하지 않은데, 자신이 애연가였던 것도 한 이유로 보인다. 연암의 필담에 나타난 수절과 전족에 대한 비판적 인식은 이월영, 「「열녀함양박씨전」 연구-문학적 전략을 중심으로」, 『한국고전여성문학연구』 24, 한국고전여성문학회, 2012, 159~187면 참조.

(交州)나 광주(廣州)는 연경에서도 만여 리라, 내 노닐 복이 터지겠구나! 나는 기쁨을 못 이겨 밖으로 나와 동상(東廂) 아래 서서 건량마두 이동을 불러 말했다. "어서 술을 사오너라, 돈은 아낄 거 없느니, 이제부터 너와도 이별이다!" 술을 마시고 들어가 보니 논란은 아직 그치지 않고 있었다.[167]

그야말로 천진한 탈선이고, 귀여운 불륜이며, 사랑스러운 위반이다. 예기치 못한 일로 사행단 모두가 걱정에 젖어 있는데, 그만은 홀로 아랑곳 않는다. 외려 그 상황을 즐기고 있다. 사행단의 분위기가 무겁고 어두울수록 연암의 내면은 가볍고 환하다. 불의이며 비정(非情) 아닌가! 하지만 죄를 묻거나 비난할 수도 없고, 미워하기도 어렵다. 서번승을 만나는 게 뭐 그리 어려운 일이라고, 대명을 찾고 춘추대의를 입에 올린단 말인가! 미지의 세계가 앞에 있으니, 말리고 금해도 기회를 달라고 졸라야 할 일이다. 연암의 혼잣말은 주류 질서와 통념에 대한 조롱 아닌 조롱인 셈이다. 두어 발짝 뒤로 물러서 보면, 이 장면은 앞의 패륜폐풍담과 대조를 이루면서(청인/조선인, 무거운 윤리/가벼운 상상), 고형화(固型化) 되어 현실 변통력을 잃은 문사들의 사유를 풍자하고 있다는 점에서 주제의 강화이기도 하다.

두 장면—「패륜폐풍담」과 「환유원방기」—은 굽이쳐 흐르는 완만한 물줄기 속에 숨겨져 있는 두 곳의 용추(龍湫)이다. 물리적으로 흐르던 시간은 이곳에 이르면 멈추어 맴돌면서 깊이와 층위가 있는 심미의 시간으로 바뀐다. 이윽고 시간은 다시 물리적으로 흐른다. 저녁 식사 후 연암은 다시 후당으로 가서 윤가전과 담배를 나눈다. 『계림유사』와 『악경(樂經)』이 화제에 올

---

167 「태학유관록」 10일. "是時余腹裏暗自稱奇曰, 此好機會也. 又以指尖圈空曰, 好題目也. 是時使臣, 若復呈一疏, 則義聲動天下, 大光國矣. 又自語曰, 加兵乎. 曰, 此使臣之罪也, 豈可移怒於其國乎. 使臣滇黔雲貴不可已也. 吾義不可獨還, 蜀江南地, 吾其踐兮. 江南近矣, 交廣距燕京萬餘里, 吾遊事, 豈不爛漫矣乎也哉! 余暗喜不自勝, 直走出外, 立東廂下, 呼二同乾糧馬頭名曰, 趣買沽酒來, 爾無慳錢, 從此與爾別矣. 飮酒而入, 議猶未決."

랐다가 내려가는 사이에 기풍액이 들어온다.[168] 기풍액이 연암의 소매를 끌고 나와 함께 달을 보았다. 일기는 아래 장면으로 끝나는데, 9일의 달밤 서정을 잇고 차원이 다른 담론으로 이끌어가는 역할을 한다.

> 내가 말했다. "달에도 한 세계가 있다면, 거기서 지구를 바라보는 이가 난간에 기대어 달에 가득한 지구의 빛을 감상하고 있겠지요!" 기공은 난간을 두드리며 기이한 이야기라고 감탄하였다.[169]

11일, 짐짓 머뭇대며 희세(稀世)의 기관(奇觀)에 다가가다

11일은 사신을 뒤쫓아 수미복수지묘에 가서 판첸라마와 건륭을 본 날이다. 연암은 청나라의 서북 외교 관점에서 열하의 설치 및 운영 목적을 파악했고, 그중에서도 티베트와 이들의 종교가 이해의 관건이라고 생각했다. 따라서 이날의 체험은 여행 전 일정의 정점에 해당한다. 이 기이한 체험을 연암은 어떻게 기술했을까? 문제는 심혈을 기울인 분석 결과는 「황교문답」 등의 별편으로 독립시켜놓았다는 점이다. 일기는 자칫하면 껍데기만 남게 되었다. 연암은 고심 끝에 공간의 이동에 따라 네 단락을 만들었다.

첫째 단락은 피서산장 체험이다. 10일과 마찬가지로 연암은 새벽에 사신을 따라 궁궐에 들어갔다. 궁궐 상황은 전날과 비슷한지라, 이윽고 돌아나왔다. 궐문 밖은 전날보다 더 분답스러웠지만, 연암의 눈에는 심상할 뿐이었다. 그는 문득 허기를 느끼고 혼자 숙소로 돌아왔다. 황제의 연희 준비로 여념이 없는 궁궐 안팎의 떠들썩함은 모두 고요와 무료 속에 잠긴다. 하지만 이는 뭔가 중요한 것을 말하기 위한 구성의 전략이다. 연암이 돌아온 뒤

---

168 연암이 왕민호, 윤가전 등과 나눈 음악 관련 문답에 대해서는 김수현, 「『열하일기』의 음악대담 「망양록」 연구」, 『온지논총』 58, 온지학회, 2019, 9~54면 참조.

169 "月中若有一世界, 自月而望地者, 倚立欄干下, 同賞地光滿月邪. 奇公拍欄稱奇語."

피서산장에서는 중요한 일이 일어나는데, 그 상황은 후반부에 가서 정사의 말로 기술된다. 이는 당시 소설 비평에서 논의되기 시작한, 서사의 순차 흐름을 깨고 시간을 뒤섞어 기술하는 보서법(補敍法)[170]이다.

그런데 허기를 채우기 위해 숙소로 돌아오는 짧은 시간과 거리가 단순하지 않다. 연암은 길어야 15분 남짓 걸리는 이 시공간에 두 개의 삽화를 배치하였다. 첫 장면은 준마를 탄 소년 승려의 등장이다. 그의 외모와 차림이 하도 수려하여 연암은 내심 승려인 게 아깝다고 탄식한다. 이는 일순 독자들의 흥미와 호기심을 일으킨다. 하지만 별 일 없이 지나간다. 이윽고 큰 노새를 탄 사람이 나타난다. 두 사람은 말 위에서 손을 잡고 인사를 나누더니, 갑자기 말에서 떨어져 멱살을 잡고 엎치락뒤치락 몸싸움을 시작한다. 흥미를 배가시킨다. 그런데 주위에는 말리는 이는 물론 구경하는 사람도 없으며, 말과 노새조차도 주인의 일에는 아무런 관심이 없다. 두 사람은 서로 멱살을 잡고 주먹을 든 채 씩씩거리기만 한다. 말리거나 구경하는 사람이 없으니 싸움이 더 이상 격해지지 않는 것이다. 정황상 이를 구경하고 있는 사람은 연암뿐이다. 이야기는 일순 끝난다. 두 사람이 왜 싸웠는지, 싸움이 어떻게 귀결되었는지, 일언반구 언급이 없다.

두 번째는 주루에서 겪은 일이다. 장면은 싸움 삽화에서 아무런 이음 장치 없이 주루로 옮겨가는데 그 속도가 짐짓 더디다. 연암은 과일가게에서 배 2개를 사고, 주기의 글귀를 눈여겨보고, 12개의 계단을 올라간다. 그리고 실내 가득한 호인들의 모자 양식을 상세히 묘사한다. 그 끝에 '저들의 눈에 내 갓은 어떻게 보일까!' 하는 생각을 배치하는데, 이는 외부의 시선으로 자신을 대상화한다는 점에서 10일 일기 마지막 부분의 '지구와 달' 삽화를 잇

---

170 김성탄은 『第五才子書水滸傳』에서 여러 차례 보서법(補敍法)을 언급했다. 보서법이란 긴요한 이야기를 먼저 서술한 뒤, 생략된 부분을 뒤에 다시 보완 서술하는 방법을 뜻한다. 연암은 김성탄의 문장을 애호했고, 『열하일기』가 여러 곳에서 소설의 기법을 사용한 것은 연구사 초기에 지적된 것이다. 김명호, 『열하일기 연구』, 창작과비평사, 1990, 205~224면.

는다. 연암은 술을 주문하며 장죽으로 탁자 위의 작은 잔을 쓸어버리고, 넉넉의 찬 술을 한 번에 들이켜는 호기를 부린다. 이에 다른 좌석의 호인들이 청해 술을 권하자 석 잔을 거푸 비우고 주루를 나선다. 연암은 이 사건을 돌아보며, 두려운 나머지 허세를 부린 것이지 용기가 아니었으며, 사실은 등에서 식은땀이 흘렀다고 고백한다.[171] 이는 신민(新民)에서 상가에 불쑥 들어갔다가 곤경에 처하는 일화와 함께 연암의 성격을 보여주는 소화(笑話)로, 『열하일기』의 입체적 미감 요소이다.

두 개의 삽화는 그야말로 한경(閑景)에 한필(閑筆)이다. 열하의 정치적 의미나 국제 정세와 같은 연암의 관심사와 견주어도, 그 시각 실제로는 세상의 이목이 집중되어 있는 궁궐과 비교해도, 미미하고 사소한 일에 지나지 않는다. 그런데 이것이야말로 연암의 기술 의도이고, 구성미의 기관(機關)이다. 연암은 짐짓 세상의 이목이 쏠린 궁궐을 외면하고, 자기 혼자 걸었던 거리를 흥미로운 장소로 만들었다. 무엇이 더 중요하고 덜 중요하며, 어디가 더 의미 있는 장소인가? 문장에 있어 장소와 사건의 미적 가치는 현실의 그것과는 무관하다. 의도된 한필, 한경은 역설적이게도 문장의 한가로움을 덜어주면서, 독자들의 긴장은 이완시켜준다. 독자에 따라서는 우의(寓意)를 의심케 하는 효과를 거두기도 한다.

숙소에 돌아온 뒤에도 심심함은 계속된다. 윤가전과 기풍액을 찾았으나 모두 숙소에 없다. 다행히 왕민호가 숙소에 있다가 시집 한 권을 건네는데, 그 수준 또한 얘깃거리가 되지 못한다. 그 순간 창대가 와서 황제가 사신들을 접견하고 활불(活佛)을 보러 가게 했다고 전한다. 일순 무료함과 심심함

---

171 연암은 어릴 적 보았던 술자리 풍경을 떠올리며 "過門不入, 七十生男子, 汗出沾背(문을 지나쳐 집에 들어가지도 않았는데, 나이 70에 아들을 낳았으니, 땀이 등을 적신다)."를 인용했다. 추정컨대 주령(酒令) 중의 하나가 '한출첨배(汗出沾背)'였는데, 이 주령을 뽑은 사람이 '過門不入, 七十生男子'를 말한 것이다. '過門不入, 七十生男子'는 민간 소화의 소재였는데, 여기에 대해서는 노영근, 「'칠십생남비오자(七十生男非吾子)' 이야기의 구조적 특성과 의미」, 『한국고전연구』 43, 한국고전연구학회, 2018, 403~432면 참조.

이 사라지며 활기와 긴장이 감돈다. 앞의 한필은 이 전환의 극적 효과를 높이기 위해 구사된 것이다. 이로부터 시간 흐름의 속도가 달라진다. 연암은 서둘러 비장과 함께 숙소를 나서 피서산장에 들렀다가, 무열하를 따라 북쪽으로 올라갔다. 길을 몰라 중간에 머뭇거리니 강가 군포(軍舖)에서 숙위(宿衛)하던 장사들이 손가락으로 알려주었다. 태학관에서 피서산장을 거쳐 수미복수지묘에 이르는 거리는 5km가 넘는데, 그 여정이 단 한 단락으로 처리되었다. 시간의 속도와 마음속 긴장도의 차이를 드러내기 위해 연암은 숙소로 돌아가는 짧은 시간은 두 개의 삽화로 길게 서술하고, 그 세 배가 넘는 시간은 간략하게 처리한 것이다.

연암은 드디어 희세의 기관 앞에 도착했다. 건륭제도, 판첸라마도 처음 보고, 티베트 양식의 사원도 본 적이 없다. 건물은 온통 황금빛 유리기와로 덮여 있다. 문제는 통찰을 담은 내용들은 따로 정리하여 별편으로 독립시켰다는 것이다. 그렇다고 황제와 활불과 황금기와 건물을 성대하게 묘사할 것인가? 이야말로 속문의 극치이며 문장가의 금기이다. 연암은 한 성제(漢成帝)가 소의(昭儀) 조합덕(趙合德)의 처소를 화려하게 꾸며준 고사[172]를 제시하고, 만약 소의 자매가 이 건물을 보았더라면 침대에서 울며불며 식음을 전폐했을 것이라는 말로, 이 사원이 역사상 그 어느 것보다 화려하다는 사실을 다 표현했다. 한 걸음 나아가 그저 외양의 과장이나 할 줄 알았던 반고 등 당대 문장가들의 필력을 폄하하고, 또 눈에 보이지 않는 부분에서 막힌 천고 화가들의 한계도 지적했다. 연암은 단 한 개의 고사로 사원의 외관을 표현한 끝에, 장황한 외양 묘사에 그치는 문장의 비루함을 지적했는데, 이는 문장론의 제시이자 실천이라 할 만하다.[173]

---

172 『한서』 권97下, 「外戚傳」 제67에 실려 있는 내용이다. 조합덕(趙合德)은 조비연(趙飛燕)의 동생이기도 하다.

173 연암은 이 단락에 이어, 평안도 성천(成川)에서 사금 캐는 사람들과 나눈 대화와, 요양 사람들의 조선 금에 대한 관심을 덧붙여 조선 금의 행방에 대한 의문을 제기하였다. 부가 기술로 보아 분석하지 않

마지막 단락에서는 청나라와 서장(西藏)의 관계가 밀착되어 온 내력을 소개한 끝에, 사실은 그 실제에 대해서는 요령을 얻기 어렵다고 고백했다. 연암은 이 미지의 존재에 다가가려고 무척 노력했으며, 또 그 한계도 실토한 것이다. 그런데 조선의 사신들은 내키지 않는 마음에 불평을 품었고, 역관들은 그저 일이나 생기지 않으면 다행으로 생각하고, 하천배들은 여기 더해 황제를 비난한다. 숙소로 돌아오자 청나라 사대부들도 연암을 부러워하며 침이 마르도록 활불의 도술과 신통을 찬탄한다. 이들 모두에게서 연암이 절실하게 느낀 것은, 과학 정신의 결여, 그리고 죽은 인식으로 인한 우상의 만연이었다. 그는 이렇게 탄식한다.

> 세상 드물게 그저 되는대로 억지로 끌어다 맞추는 풍속이 이러하다. 예로부터 세도의 낮고 높음과 인심의 맑고 흐림이란, 다 위에서 이끄는 대로 되지 않은 적이 없다.[174]

12일, 공즉시색(空卽是色), 외허내실(外虛內實)의 방식으로 포치하다

건륭의 생일 전날이라 궁궐에서는 새벽부터 연희가 펼쳐졌다. 사신들은 새벽 일찍 조반(朝班)에 참여하여 연희를 구경했다. 연암은 느지막이 일어나 아침을 먹고 천천히 궁궐에 들어갔다. 하지만 출입이 금지되어, 지척에서 들려오는 풍악 소리만 들었을 뿐 연희를 볼 수 없었다. 이 상황을 두고 연암은 '꿈속의 잔칫상이라 먹어도 맛을 모르는 몽중성찬(夢中盛饌), 끽부지미(喫不知味)' 격이라고 했다. 연암이 사용한 다른 표현을 빌리자면 '난쟁이가 놀이를

는다.

174 「태학유관록」 10일. "其希世傅會之風如是, 夫終古世道之汚隆, 人心之淑慝, 莫不由上導之也." 김성탄은 『제오재자서수호전』 6, 제1회의 총비(總批)에서 108 도적을 두고 '어지러움이 위에서부터 생긴 것이다 亂自上作'라고 했는데, 연암의 어조는 이 말을 연상시킨다.

구경하는 왜인관장(矮人觀場)'인 셈이었다.[175] 하릴없이 물러난 연암의 눈에 띈 사람은 당시 권세가 화신(和珅)이었다. 연암은 화신이 권력 쟁투 가운데 우민중(于敏中)의 집을 적몰하고, 아계(阿桂)를 황하의 치수를 감독하는 외관으로 내보낸 일 등을 얘기했는데, 모두 사실에 부합한다. 일기에 그려진 이날의 일은 이게 전부이다.

일기는 "저녁엔 날씨가 조금 흐려 달빛이 없었다. 夕小陰, 無月色"는 구절로 끝난다. 여느 날에 대한 연암의 기술 태도에 비추어보면 지나칠 정도로 심심하다. 연희를 구경하지 못하고 물러나 나무 그늘에서 쉬었던 것처럼, 하루라도 일기를 빠트릴 수 없어 그저 수만 채우는 셈 치고 쉬어가는 것일까? 일기만 보면 그렇게 여겨지지만, 조금 시야를 넓히면 다르게 해석될 여지가 있다. 열하에서의 엿새 일기 내용상, 무미무취하게 그려진 이날이 왕민호와 8시간에 걸쳐 필담을 주고받은 날로 추정되기 때문이다.[176] 그렇다면 심혈을 기울여 지은 「혹정필담」은 이날 대화의 결과가 된다. 연암은 허허실실의 구성법으로 짐짓 그 사실을 감춘 것이다. 여기에는 세 가지 이유가 고려되었을 것이다. 첫째, 분량이 많고 주제의 독립성이 강해 일기 안에 담기 어려웠다. 둘째, 이튿날의 기풍액과의 대화는 이날 대화의 여파(餘波)인 셈인데, 같은 주제가 이틀 연속 이어지는 것을 피하고 싶었다. 셋째, 달빛 없는 날과 달 이야기는 맞지 않다고 보았다. 하여 차라리 빈 채로 두었지만, 비어 보인다고 빈 것은 아니다.

---

175 『연암집』 권4, 「映帶亭雜咏, 笠聯句」.

176 연암은 「혹정필담」에서 인시(寅時, 3~5시)에서 유시(酉時, 17~19시)까지 대략 8시간 동안 필담을 나누었다고 했다. 이는 유시에서 인시까지를 다르게 표기한 것으로 보인다. 기술 내용만으로는 열하에서의 연암 행적을 시간대별로 재구하기 어려운데, 다른 날과 달리 12일은 저녁과 밤 일정이 통으로 비어 있다.

13일, 달에 관한 비장(秘藏)의 묘법을 설파하다

이날도 연암은 느지막하게 궁궐에 갔다. 다른 날과 달리 황제의 선물로 기물(器物)이 하사되었다. 화제는 환관이 전해 준 누른 비단으로 봉한 사각 호리병 속 정체불명의 음료였다. 통관이 차(茶)라고 알려주었음에도 불구하고, 그 정체에 대해 약간의 논란이 일었다. 서장관은 황봉주(黃封酒)[177]라며 달고 향이 짙지만 술 느낌이 없다고 했다. 나머지 사람들은 한 잔씩 마시고는 좋은 술이라고 칭찬했으며, 취한다고까지 했다. 아침나절 궁궐 조방에서 있었던 일이다. 글은 시공간을 훌쩍 건너뛰어 밤 숙소에서 다시 시작하는데, 화제는 이어져 있다. 기풍액의 숙소를 찾아 이 음료를 보여주자, 그는 크게 웃으며 여지 즙이라고 알려준다. 연암은 아침의 해프닝을 떠올리면서, 이는 맹인이 종소리를 듣고는 해로 착각한 일이라며,[178] 조조의 매실 말에 군사들이 침을 흘리며 갈증에서 벗어났다는[179] 고사에 견주었다. 두 고사의 내용은 각각 실체에 대한 오해, 부재하는 실체에 대한 감각적 반응이다. 무엇이 실상인가? 맞물려 있는 '청나라의 실체'와 이에 대한 '조선의 인식'은 『열하일기』를 일관하는 질문이다.

이런 점에서 조선 사행단 안에서 일어난 이 작은 해프닝에 대한 기술은 범연한 것으로만 읽히지 않는다. 다른 시공간 및 상황 사이를 하나의 화제로 연결한 이유는 무엇일까? 구성상의 의도라면, 해답은 배치에서 찾을 수 있

---

177 송대에 관에서 빚던 술로, 황색 비단이나 종이로 입구를 막아서 붙여진 이름이다. 소동파의 시 「두 개가 물고기를 보내오다 杜介送魚」에 "새해라 조정에선 황봉주 하사하고, 오랜 벗 이에 이어 물고기 보내왔네. 新年已賜黃封酒, 舊老仍分赬尾魚."란 구절이 있다.

178 聞鍾揣日. 蘇軾의 「日喩」에 유래가 보인다. "生而眇者不識日, 問之有目者. 或告之曰, 日之狀如銅盤, 扣盤而得其聲. 他日聞鍾, 以爲日也. 或告之曰, 日之光如燭, 捫燭而得其形. 他日揣籥, 以爲日也. 日之與鍾籥亦遠矣, 而眇者不知其異, 以其未嘗見而求之人也."

179 望梅止渴. 『世說新語』, 「假譎」에 나온다. "魏武行役失汲道, 軍皆渴, 乃令曰, 前有大梅林, 饒子, 甘酸可以解渴. 士卒聞之, 口皆出水, 乘此得及前源."

을 것이다. 매실 이야기 끝에, 그 일은 관심사나 논의 거리가 전혀 아니라는 듯 화제는 '달'로 넘어간다. 보름을 이틀 앞둔 이날은 달이 더욱 밝았고, 연암은 기풍액을 이끌고 명륜당을 나서 난간 아래 달빛을 밟으며 걸었다. 이어 달에 대한 30개의 질문을 던지는데, 질문 형식의 문제 제기이며, 내용은 천문과학에 가까운 것들이다. 이는 달 이야기의 연속이자 전환이고, 11일 기풍액과 나눈 대화의 본론이다. 여지 즙 해프닝에 대한 기술은 13일 일기 내부의 도언(導言)인 셈이다. 서른 개의 질문은 대개 달과 관련된 천문의 (과학적) 실상을 다루고 있기 때문이다.

연암과 기풍액은 함께 명륜당 뜰을 거닐었고, 연암은 달을 가리키며 물었다. 질문의 수는 30개이고, 30개의 '호(乎)' 자가 사용되었다. 기술 내용으로는 직접 대화한 것처럼 보인다. 하지만 연암에게는 그런 수준의 한어 능력이 없었다. 있었다고 해도 이처럼 정연하게 묻기는 불가능하며, 능력 있는 역관의 도움이 있었다고 해도 마찬가지다. 따라서 이 부분은 필담 상황이 윤색되었거나, 상당 부분 가필된 것으로 보이는데, 이를 따지는 건 그리 중요하지 않다. 주목할 건 「태학유관록」 전체에서 이 부분의 위치와 역할, 어법의 의미이다. 몇 구절만 뽑아 보기로 하자.

> 1) 달의 형체는 늘 둥글지만, 돌아가며 햇빛을 받기 때문에 지구에서 보면 차고 이지러지는가? 2) 온 세상에서 오늘 밤 동시에 달을 보며 그 그림자를 측정하면, 살찌고 마르고 얕고 깊은 차이가 있는가? 3) 별은 달보다 크고 해는 지구보다 큰데, 보기에 크고 작은 차이가 있는 것은 거리 때문인가? … 10) 땅이 모나다는 것은 의리에 비춰 형체를 인식한 것이고, 땅이 공 모양이라는 건 형체를 기준으로 의리를 포기한 것이다. 대지란 그 형체는 둥글지만 의리는 모난 것인가?[180]

---

180 「태학유관록」 13일. "月體常圓, 環受日光, 由此地觀, 有盈虧乎? 四海今宵, 一齊看月, 隨地測影, 月膚肥

이 부분은 첫째, 유학의 성소인 태학에서 과학적 인식을 논하고 있으며, 10)에서 보듯 전통의 천체관을 완전히 부정하지는 못했지만 상당 부분 넘어서고 있다. 둘째, 30개의 구문은 문법상으로는 '호(乎)' 자를 사용하여, 태도는 겸손을 내세워 질문의 형식을 지니고 있다. 단순한 질문도 관습적 인식을 흔들고 무너뜨리는 힘을 발휘하지만, 이 구문들은 질문이라기보단 견해 또는 동조 요구에 가깝다. 상대방의 답변에 대한 기대가 없고, 평소의 생각이었으며, 「혹정필담」에서 밝힌바 여행 내내 공들여 준비한 것이기 때문이다. 어조와 내용상 30개 '호(乎)' 자 뒤의 물음표는 느낌표나 마침표로 바뀌어야 한다. 셋째, 30개 구문은 여섯 날 일기 중의 다섯째 날에 배치되어 있고, 과학의 관점에서 천문의 실체를 논하고 있어, 「태학유관록」을 관통하는 '달 이야기'의 정점에 해당한다. 관습적 인식과 관념의 구금을 벗어나 실체에 접근하고 있다는 점에서, 『열하일기』 전체의 형식 및 주제 조형에 기여한다.[181]

대화는 이러한 생각의 연원에 미쳤고, 연암은 벗 홍대용과 선배 김석문을 거론했으며, 나아가 달을 보며 벗을 떠올린다. 자리는 기풍액의 숙소로 옮겨졌고, 은근한 대화는 새벽까지 계속됐다. 이날은 건륭제의 생일이었다. 피서산장 안에서는 경축 연회가, 밖에서는 부대 행사가 가장 요란했을 터인데, 여기에 대해서는 일언척구가 없다. 13일 일기를 읽다 보면 연암 일행이 왜 열하에 왔는지, 그날 세상에 무슨 일이 있었는지 잊어버리게 된다. 세상에는 박지원과 기풍액과 달, 그리고 박지원 마음속의 김석문과 홍대용 정도만 있는 것처럼 느껴진다.[182]

瘦, 有淺深乎? 星大於月, 日大於地, 視有鉅細, 由近遠乎? … 謂地方者, 諭義認體, 說地毬者, 信形遺義. 意者, 大地其體則圓, 義則方乎?"

181 이 30개 구문의 과학적 정확도 및 역사적 의의, 「혹정필담」과의 상관성 등을 규명하는 일은 논자의 능력 밖 일이며, 별도의 입론이 필요한 주제이다. 이 글은 구성미를 언급하는 선에서 그친다.

182 일기 말미에 이날 나눈 이야기가 「황교문답」에 실려 있다고 했다. 그런데 「황교문답」은 11일의 기사

14일, 침마설(枕馬說)의 풍자와 양마론(養馬論)의 대책(對策)

이날 박지원은 아예 피서산장에 가지 않았다. 새벽까지 기풍액과 필담을 나눈 탓에 늦게 일어났기도 했지만, 견문이 극히 제한된 궁궐 체험에 별 흥미가 당기지 않았기 때문이다. 대신 그는 일어나자마자 윤가전과 왕민호부터 찾았다. 왕민호와 함께 시습재(時習齋)의 악기를 구경하던 도중 청심환을 노린 윤가전의 종자(從者) 때문에 작은 소동이 있었다. 이윽고 연암은 무심코 태학관을 나섰다가 목동이 수백 마리 말, 수십 마리 소를 질서 정연하게 몰고 가는 장면을 목격하고 마음을 빼앗긴다. 천천히 걸으며 살펴보니 집집마다 수십 마리의 가축들을 기르고 있다. 이 장면에서 연암은 문득 태학관 밖에 매여 있는 사행의 말들을 돌아보며 한심하다고 생각한다.

행문에 따라 독자의 시선은 시습재 안에서 태학관 밖으로, 저들의 구마(驅馬) 목우(牧牛) 장면에서 조선 사행의 말로 옮겨간다. 짧은 문장 안에서의 몇 차례 공간 및 시선 전환은 「침마설」과 「양마론」을 끌어내기 위한 장치이다. 떼어놓으면 독립 산문이 되기에 부족함이 없는 두 편 글은 여러 날을 뛰어넘어 「어마론(御馬論)」(「막북행정록」 8월 7일)의 소재 및 주제를 잇는 동시에, 이날 일기의 두 눈동자로 자리를 잡는다. 하나는 짧고 가벼우며, 하나는 길고 무겁다. 하나는 사례를 가져온 설(說)이고, 하나는 시비 분변을 앞세운 논(論)이다. 하나는 우언(寓言)의 기법으로 해학미를 자아내고, 하나는 직척(直斥)의 논조로 국폐(國弊)를 논단한다. 「침마설」이 경쾌한 풍자라면, 「양마론」은 만근의 대책이다.

두 편의 글은 다른 형태와 방식으로 서로를 받쳐주고 보완하며, 운율 넘치는 미감, 여러 개의 화살이 한 과녁에 꽂히는 방식의 주제를 만들어낸

이고, 기풍액과의 대화는 말미에 일부만 실려 있으며, 대화 내용도 다르다. 이러한 오류들은 『열하일기』 곳곳에 보인다.

다. 반복되는 동종교배, 교배 기피로 인한 말의 왜소화와 감소는 목마 산업의 문제를 말하는 것으로도 읽히고, 또 특정 동일 집단 또는 계층 내에서의 인재 활용으로 인한 사회 역량 감퇴를 풍자하는 것으로도 해석된다. 「양마론」에서는 조선 목마 산업의 한심한 점 여덟 가지를 적시하고, 그 이유를 네 가지로 진단했다. 진단은 넷이나, 간추리면 마지막 하나 '관리의 무능 官昧攻駒'으로 귀결된다. 이 대목에서 말에 대해 잘 아는 학사를 조롱하는 사대부 사회의 풍토를 소개하고, 한유의 「잡설」 중 백락(伯樂) 관련 글의 일부를 원용했으며,[183] 당나라 목마 산업의 성공은 적절한 관리에게 직무를 맡겼기 때문이라고 했다. 연암은 말 이야기를 통해, 목축산업 너머 조선의 정치와 경제의 허약성을 비판한 것이다. 비판의 화살이 향하는 곳은 무능하며 위선적인 '사대부'이다.

이날 저녁 북경으로 돌아가라는 칙지가 내려왔고, 숙소는 밤 깊도록 짐을 싸느라 부산스러웠다.[184] 이 와중에 연암은 태학에서 인연을 맺은 세 사람을 찾아 차례로 이별 인사를 한다. 제일 먼저 찾은 사람은 기풍액이다. 그는 자신의 향후 일정을 알려주며 9월 10일 북경 집에서 연암을 기다리겠노라고 했다. 연암은 그러라고 했다. 두 번째로 왕민호에게 인사를 했다. 그는 눈물을 흘리며 말했다. "천고의 결별이 이 밤이군요, 보름날 밤 약속은 어쩌나요! 千古訣別, 只在此宵, 況奈來夜月明何!" 두 사람은 이튿날인 15일 밤에 만나기로 약속했던 터였다. 마지막에 윤가전은 눈물을 훔치며, "나는 늙어 저녁을 기약 못하는 초로나 다름없습니다. 선생은 아직 젊으니 혹 다시 경성에 오시게 되면 오늘 밤을 떠올려 주세요!"라고 말한 뒤, 술잔을 잡고 달을 가리키며 말을 이었다.

---

183 "然而執策而臨之曰, 國中無良馬, 豈眞國中無馬耶!"

184 칙지가 내려오기 전에도, 이튿날 찾아오겠다는 왕신(汪新)의 전갈, 왕신의 뜻을 전하러 온 충일왕(屢一旺)과의 대화, 화폐에 대한 변설, 대성전 탐방담 등이 이어진다. 관점에 따라 충분히 의미 있는 대목들이다.

달 아래 헤어지니 뒷날 생각이 나면 만 리 밖에서 선생을 보듯 달을 보리다….[185]

윤가전과 손을 잡고 이별하는 장면으로 14일의 일기도, 「태학유관록」도 마무리된다. 1780년 8월 9일에서 14일 사이 연암의 열하 체류기는, 조선사의 정통에 대한 이야기로 시작하여, 「기태학관야유」로 무르익기 시작했으며, 「월하상별기」로 끝나는 셈이다. 시작하고 끝나는 장소는 태학이었고, 그 자리에 윤가전, 왕민호, 기풍액이 있었다. 여섯 날 일기를 관류하는 소재는 달이다. 조금 시야를 넓히면 달 이야기는 시원은 8월 7일의 「야출고북구기」이다.

4. 소결

1780년 조선 사신의 열하 행은 천만 뜻밖의 사건이었다. 일행은 전시의 행군처럼 열하로 이동했고, 열하에서도 자체의 매뉴얼 하나 없이 저들이 정해주는 일정에 맞추어 생활했다. 경험은 물론 관련 정보나 자료도 거의 전무했다. 단순한 인상기 이상의 글이 나오기 어려운 조건이었다. 하지만 창졸간의 여행 기록으로 보기 어려울 정도로, 연암의 글은 입체적이고 역동적이며, 섬세하기까지 하다. 이는 예리한 관찰과 풍부한 메모는 물론, 귀국 후 여러 해에 걸친 광범위한 자료 조사와 추체험, 여기에 남다른 세계 인식과 창작의식이 작용했기에 가능한 일이었다. 연암은 스쳐 지나는 인연에 그쳤을 법한 며칠의 여정을 집요하게 붙잡았고, 문장으로 그 체험과 장소를 매우 특별한

185 "月下相別, 他日相思, 萬里見月, 如見先生也…."

것들로 되살려냈다. 이 특별함이야말로 『열하일기』 고유의 미감, 즉 산문미이다. 그런데 이 미감은 아주 직관적으로 다가오기 때문에, 그 근거나 내용을 분석적으로 이해하거나 설명하는 것은 쉬운 일이 아니다.

논의를 통해 몇 가지 사실을 새롭게, 또는 조금 더 구체적으로 확인할 수 있었다. 첫째, 연암의 열하 행적은 문묘, 관제묘, 피서산장, 수미복수지묘 사이의 동선을 벗어나지 않았으며, 그중에서 가장 중요한 장소는 태학의 숙소였다. 그는 많은 시간을 태학에 머물면서 서 몇 사람의 청나라 문사과 필담을 나누었는데, 이 일이 「태학유관록」은 물론 『열하일기』 전체의 미적·지적 토대가 된다. 둘째, 열하에서의 체험은 매우 다양한 방식으로 기술되었는데, 그 주제와 내용은 물론 완성도와 분량에 따라 일기의 밖에 독립되거나 일기 안 곳곳에 표지 없이 분산 배치되었다. 「태학유관록」은 평면의 외형과 달리 안팎으로 여러 층위를 지닌 건축 구조를 지닌다. 「태학유관록」의 특별함은 구성미인데, 이는 건축미의 특징을 지닌다. 셋째, 「태학유관록」의 엿새 일기는 각각 독자적인 미감을 지니고 있으며, 여기에 적합하도록 구성되어 있다. 동시에 일기들은 유기적으로 연결되어 있는데, 태학이라는 장소와 윤가전 등이 표면의 공분모라면 그 안을 보이지 않게 이어주는 것은 '달'이다. '달' 관련 화제의 연속과 변주는 「태학유관록」에 숨겨진 '음영미(陰影美)'라고 할 수 있다.

이 글은 1780년 8월 9일부터 14일에 이르는 엿새 간 연암을 충실하게 따라다니며 그 행적의 시공간을 재구성하고, 그 체험을 표현하고 구성하는 방식을 검토하여 거기 깃들인 연암의 문심(文心)을 들여다본 작은 결과이다. 시공간 재구성은 사실에 충실하였으며,[186] 구성을 논하면서는 다소 진취적으로 연암의 미의식에 다가가고자 하였다. 그럼에도 필담의 장소(건물)와 시

---

186 원래는 이 논문의 작성만을 위한 목적으로 2020년 1월 중에 열하를 방문할 예정이었지만, 코로나19 사태가 이어지면서 계획이 틀어졌다. 이로 인해 계획보다 온라인 및 문헌 자료에 더 많이 의지할 수밖에 없었으며, 기술에 있어 현장감을 세밀하게 살리는 데 어려움이 있었다. 추후 보완을 기약한다.

간을 특정하는 데까지는 이르지 못했다. 일기 안에도 깊이 있는 분석을 요하는 산문이 있지만 상론하지 못했고, 「혹정필담」이나 「황교문답」 등 독립 별편에 대한 해석도 논외로 두었다.

구외口外의 풍물과 조양朝陽 관제묘의 밤

-1790년 유득공 일행의 열하 행로-

노승은 경전 외며 잠 아직 들지 않고	老僧念經猶未睡
창밖의 여치 울음 처량하고 애절하다	牕外切切山子鳴
온 소리 가라앉아 숲의 나무 고요하고	萬籟沈沈林木靜
일어나 별을 보니 은하수도 기울었다	起看櫺星河漢傾

이희경,「밤에 조양 관제묘에서 벗 박제가와 함께 술을 마시다 夜宿朝陽縣關帝廟, 與朴友貞蕤共飮」(1790)

1. 서언

1790년 열하 사행은 여러 가지 점에서 특별하다. 건륭제가 조선 사신의 문재(文才)에 관심을 보였다는 소식에, 대신들은 규례에 구애받지 말고 문임(文任)을 부사로 임명할 것을 주청했다. 정조는 규례의 종이품이 아닌 정이품 예조판서 겸 예문관제학 서호수(徐浩修, 1736~1799)를 진하부사(進賀副使)로 낙점했다. 세 사신의 수행원으로는 이희경(李喜經, 1745~1805), 유득공(1748~1807), 박제가가 선발되었는데, 모두 서얼인 이들은 각각 당시 최고의 농학자, 역사학자, 경제학자라 할 만한 인물들이었다. 정사 창성위(昌城尉) 황인점(黃仁點, 1740~1802)은 벌써 다섯 번째 사행의 책임을 맡은 베테랑이었고, 서장관은 홍문관 교리 이백형(李百亨, 1737~?)이었다. 경륜과 학문과 문학 능력을 종합하면, 이 사행단은 역대 최고의 진용이라 해도 과언이 아니다.

세 사신과 세 수행원이 모두 사행 기록을 남긴 것도 유례가 없는 일이다. 그 표기는 한문(4편)과 한글(2편)이 고루 있고, 형식에 있어서도 일기체와 한시에 풍부한 주석을 단 시주체(詩註體)로 단순하지 않다. 이들 기록은 일정한 수준을 갖추었고 각기 다른 개성을 지녔다. 두 나라 문사 교유의 성과도 두드러진다. 이들은 홍대용이 터놓은 물꼬를 이어받아 교유의 폭을 크게 넓혀, 이후 김정희 세대에게 넘겨주었다. 서호수는 북경 문사들과의 교유를 통해 자신의 천문학 성취 수준을 확인하였고, 유득공의 『열하기행시주(熱河紀行詩註)』는 북경에서도 뜨거운 관심을 받았다. 박제가는 이 사행에서 돌아온 뒤 이틀밖에 못 쉬고 10월 24일 다시 사은사행(謝恩使行)을 떠나는데, 1790년과 1791년 사이 박제가가 보여준 교유의 폭과 깊이는 경이로울 정도이다. 이 해의 사행은 전반적으로 호기심과 자신감으로 충만해 있었다.

외형에 있어서도 1790년 열하 사행은 남다르다. 예기치 않게 사행의 목적지가 북경에서 열하로 바뀌면서, 사절은 일정을 서둘러야 했다. 급기야는 심양에서 산해관을 지나 북경으로 들어가는 공식 사행로가 아닌, 신점(新店)에서 열하로 가로질러가는 장성 밖 구외(口外) 길을 이용해야 했다. 사절은

7월 4일에서 15일까지 11박 12일 동안, 의주(義州) - 조양(朝陽) - 건창(建昌) - 평천(平泉)을 거치는 1,000리 길을 지나 열하에 도착했다. 마침 이 일대에는 큰 장마가 있어 도로 사정이 매우 안 좋았다. 일정에 쫓기고, 악천후를 무릅쓰며, 게다가 관부의 지원도 마땅치 않아 행로가 쉽지 않았다. 하지만 이런 여러 악조건에도 불구하고, 사람들은 미답의 길을 간다는 묘한 흥분에 사로잡혔고, 나아가 새로운 견문을 충실하게 기록하였다.

사람들이 어떤 길에 주목하는 이유는 많겠지만, 경우에 따라 길은 옛날 누군가 그 위를 지났다는 사실만으로도 충분한 의미를 지니기도 한다. 1790년 7월 4일에서 15일 사이 11박 12일 동안 몇몇 조선 문사들은 그 길을 어떻게 갔고, 도중에 무엇을 보고 느끼고 생각하고 겪었는가? 그들이 지난 길과 마을은 현재 어떤 모습으로 남아 있을까? 그들이 남긴 문자에 혹 오늘날 귀 기울여 들어야 할 절박한 목소리는 남아 있지 않을까? 이 글은 이런 소소한 문제들을 던져놓고, 1790년 열하 사행 중 신점 - 열하 사이 1,000리 길의 의의를 탐색한 결과이다.

2. 여정의 재구와 자료 개관

정조 14년(1790) 5월 27일 진하사 일행이 왕에게 하직 인사를 했다. 정조는 이 해 정월 초하루에 건륭제가 직접 '복(福)'자를 써 보낸 일을 거론하며, 특별히 전송하는 시를 지어 특별히 격려했다. 여기에는 건륭제가 조선 사신의 문장 능력을 높이 평가한 것도 하나의 이유로 작용했다. 건륭제는 1783년 정월 대보름날 상원연(上元筵)에서 조선 사신—정사 정존겸(鄭存謙), 부사 홍양호—이 지어 올린 시가 크게 마음에 들어, "예의의 나란지라 시 짓기 익숙하니, 상원절 시첩 자구 늘어날 게 분명하네. 禮義國元閑賦詠, 上元

帖字句當增."이라 치하했고,[187] 같은 해 8월 동순 시 심양에서 조선 사신들을 접견하고 지은 시에서는, "근래 상원 등절(燈節)에 자주 시를 바쳤으니, 근알엔 응당 시를 잘 짓는 사람 오리. 邇年燈節頻呈律, 覲謁應來能句人."라고 기대감을 표현했다.[188] 당시 조청간의 우호적인 분위기 속에서 건륭제의 시구가 알려지자,[189] 조정 대신들은 특별한 사행 구성을 요청했다. 황인점과 서호수가 정·부사로 낙점된 데에는, 각각 네 차례의 정사 수행 및 상원연에서의 진시(進詩) 경험,[190] 조선의 문형이라는 대표성이 고려된 것이다. 황인점은 이희경을, 서호수는 규장각 검서 유득공과 박제가를 수행원으로 선발했다. 건륭 치세 만년 조청간의 무르익은 우호 관계 속에서 특별한 사행단이 구성된 것이다.

사행단은 6월 11일 의주에 도착했다. 도강 이후 북경까지는 1달 정도가 소요되고, 8월 13일 되기 며칠 전에만 북경에 도착하면 되니 급할 게 없는 행정이었다. 그런데 여유 있게 도강 날짜를 기다리던 사행단에 21일 느닷없이 성경장군(盛京將軍)이 보낸 칙행(勅行) 공문이 도착했다. 7월 10일 전에 열하에 닿으라는 내용이었다. 20일도 채 남지 않았다. 사행단은 서둘러 22일 압록강을 건넜는데, 구관대(九關臺) 길을 경유하여 기일 안에 열하에 올 것을 안내하는 공문을 받았다.[191] 보통 9~10일 걸리는 심양을 이레만인 28일에

---

187 시 전문과 관련 주석은 사고전서 중 『御製詩集』 권94에 「上元燈詞」라는 제하에 실려 있다.

188 시 전문과 관련 주석은 사고전서 중 『欽定盛京通志』 권16에 「朝鮮陪臣接覲因得句」라는 제목으로 실려 있다. 이 시 7구의 주석에 따르면, 1782년 상원연에서 우리 사신 황인點과 홍수보가 각각 7언 율시를 지어 올렸다고 하였다. 건륭제는 여러 차례 조선의 문화 능력을 우호적으로 높이 평가하였다.

189 서호수의 『燕行紀』에 건륭제의 시 일부가 소개되어 있다(민족문화추진회, 『국역연행록선집』 제5책, 1976년, 121면). 이하 이 책의 인용에는 서호수(면수)로 표기한다.

190 황인점의 사행 경험에 대해서는 김일환, 「1790년 열하사행과 황인점의 한글 연행록 승사록」, 『온지논총』 60, 온지학회, 2019 참조.

191 건륭제는 이전까지 8년(1743), 19년(1754), 43년(1778), 48년(1783) 네 차례 동순(東巡)하였는데, 그 중 19년과 48년에는 열하의 피서산장에서 출발하여 구관대를 경유했기 때문에 이 길을 익히 알고 있었다.

도착했다. 이튿날 심양을 출발하여 나흘 만에 이도정에 도착했다. 심양에서 여러 대의 수레를 빌리는 과정에서 삯 문제로 차주(車主)와 실랑이가 있었다. 봉성장(鳳城將)의 도움으로 수레를 빌리긴 했지만, 이후 차부(車夫)들 인솔자 때문에 골머리를 앓았다. 그 즈음 요동 일대에는 크게 장마가 져 도로 사정이 크게 악화되었다. 두 가지 문제가 얽히면서 걸음은 마냥 지체되었다. 신점에서 열하까지는 1,000리이고, 주어진 날은 7일이었다.

7월 4일, 이도정을 출발하여 신점에서 점심을 먹었다. 이 구간은 공식 사행로이다. 장마로 물이 고여 배를 타고 이동했다. 일판문 - 이도정 - 신점 구간은 물이 빠지지 않아 물맛이 없을뿐더러 진창으로 사신들에게 악명 높은 지역이다. 길은 신점(錦州市 黑山縣 胡家鎭 胡家窩村)에서 산해관과 열하 방향으로 나뉜다. 열하를 가려면 북서쪽으로 방향을 틀어야 한다. 사행은 백대자(白臺子)를 거쳐 정안보(正安堡)에서 묵었다. 백대자촌(白臺子村)을 가기 위해서는 우둔촌(尤屯村)에서 옛길로 8km를 가야 하는데, 오래도록 사용되지 않아 자동차 운행이 힘들다고 한다. 육안에도 길이 좁고 노면이 크게 울퉁불퉁하여 오래 사용되지 않은 것으로 보였다. 정안보는 요동변장[192] 부속 방어시설이었다.[193] 백대자촌에서 정안보를 가는 옛길은, 지도상으로 도로망을 찾기가 어려워 기록에 나오는 지명만을 확인했다.

7월 5일, 광녕과 의주의 경계인 위가령(魏家嶺)을 넘었다. 위가령은 현재 북진시(北鎭市)와 금주시(錦州市) 의현(義縣)의 경계로 마시하(馬市河)가 발원하는 곳이다.[194] 변장이 설치되기 전에는 명과 몽골의 경계였고, 설치 후에는 관성이 있었던 곳으로, 지금도 고개 북쪽 산에는 무너진 석축 연대가 남아

---

192 요동변장에 대해서는 이 책 3장 1절 참조.

193 정안보는 지리서와 지지에도 잘 보이지 않는데, 유일하게 『全遼志』(1565)의 「廣寧鎭境圖」에 광녕성 북쪽 가까운 곳에 표시되어 있다.

194 『大淸一統志』 권43. "在義州東北九十二里, 馬市河發源于此."

그림 66 위가령(魏家嶺) 옛길.

있다.[195] 위가령에 이르기 전의 망산포(望山鋪)와 사보자(四堡子) 등의 지명은 『연행기』의 기록에서 달라지지 않았다. 위가령을 넘으면 초호영자진(秒戶營子鎭)이 있고, 여기서 5km를 더 가면 화이루촌(花爾樓村)이 나오는데 여러 기록에 나오는 화아루(花兒樓)가 이곳이다. 여기에서 10km쯤 더 가면 세하(細河)가 나온다. 당시 세하에는 물이 많이 불어 있어 사신들은 현지 주민들의 도움을 받아 배를 타고 건널 수 있었다. 세하는 금주시와 부신시(阜新市)의 경계로, 하천 위에는 서하교(西河橋)가 놓여 있다. 세(細)가 발음이 같은 서(西)로 바뀐 것이다. 다리를 건너 바로 왼쪽으로 꺾으면 옛길이 나오는데 이 길을 따라 2km를 가면 노야촌(老爺村)이 나온다. 옛 관제묘 터에 새 관제묘가

---

195 劉謙도 1970~1980년대에 현장을 답사하고 관애(關隘) 터와 석조 변대(邊臺) 1기가 남아 있다고 했다(앞의 책, 27면).

그림 67 의주의 대릉하(大陵河) 상류. 상고시대 고조선 문화권으로 알려져 있다.

그림 68 의주성 북문. 1790년 7월 6일 서호수 일행은 이 문을 통해 성 안으로 들어왔다.

들어섰는데, 여기가 당시 사행단이 묵었던 관묘참(關廟站) 자리이다.

7월 6일, 관제묘를 출발하여 고대자(高臺子)를 경유하고 대릉하(大凌河)를 건너 의주성에 들어갔다. 대릉하는 의주성 북쪽에 인접하여 동류한다. 지금은 거대한 다리가 놓여 있지만, 당시 사신들은 관부의 지원으로 배를 타고 건넜다. 명나라 때 축조된 의주성은 현재 북문 일부만 남아 있는데, 북문 밖으로 나가면 바로 대릉하를 만날 수 있다. 비교적 이른 시간에 도착했기 때문에, 삼사가 모여 의논 끝에 서둘러 떠나 구관대문(九關臺門)에서 자려고 했지만, 도로 사정이 악화된 데다 관거(官車)와 관마(官馬)가 마련되지 않아 계획을 취소하고 의주성 객사에서 유숙했다.[196] 의주성에 들어갈 때 구경하는 사람들이 담처럼 늘어서서 행차를 막았으므로 일일이 수작을 할 수 없을 정도였다. 당시 광경을 유득공은 다음처럼 그려냈다.

대릉하 밖으로는 수레 먼지 자욱하고	大凌河外漲車塵
가을 버들 스산하여 시름에 젖게 하네	秋柳蕭蕭愁殺人
삼한 사신 언제 일찍 이곳을 지났던가	韓使何曾來過此
성 안 사람 다투어 절풍건을 구경하네	滿城爭看折風巾[197]

7월 7일, 의주성을 출발하여 두도하자(頭道河子)를 지나 육대변장(六臺邊牆)으로 나갔다. 두도하자는 두도하 가에 있는 마을 이름이다. 계획대로라면 구관대문을 통과해야 했지만, 장마로 산 안팎의 길이 심하게 유실되어 일정을 조절하였다. 구관대문은 청초에 설치한 유조변장(柳條邊牆)의 관문으로[198]

---

196 의주성에서의 행차 사정에 대해서는 황인점의 『승사록』 권1, '초뉵일조'에 잘 나타나있다(성균관대학교 대동문화연구원 편, 『燕行錄選集補遺 下』, 2008).

197 『영재집』 권 4, 「熱河紀行詩, 義縣」

198 이곳은 『讀史方輿紀要』의 「輿地圖」와 『盛京輿地圖』에 모두 의주 북서쪽에 있는 것으로 표시되어 있다(劉謙, 앞의 책, 21, 22면). 그런데 구관대문(九關臺門)이 지금의 어느 지점인지는 분명치 않다.

구관대(九官臺)라고도 했다. 관문이래야 높고 단단한 성이 아니고 버드나무를 엮어 만든 상징적 시설에 지나지 않았다.[199] 사행단은 구관대 길이 막히자, 여기서 북동쪽으로 30리 떨어진 육대변장을 지나 북쪽으로 5리를 더 가 조양사(朝陽寺, 地藏寺)에서 묵었다. 이 일대의 옛 지명은 석인구(石人溝)였는데 현지인들은 이 이름을 기억하지 못했다. 구관대문은 현재 북표시(北票市)에 속해 있으며, 육대촌에서 동북쪽으로 7km쯤 떨어진 곳에 위치해 있다. 육대촌은 궁벽한 산촌으로 육대변장이 지났던 곳은 현재 의현과 북표의 경계가 된다.

7월 8일, 조양사를 출발하여 서남쪽으로 비스듬히 길을 잡아 만자촌(蠻子村)을 지나 망우영자(蟒牛營子)에 이르렀다. 정사는 마을 전방(廛房)에서, 부사는 복녕사(福寧寺)에서 묵었다. 복녕사는 조양사와 같이 황실 원찰 성격의 나마불교사원이었다. 이날 갔던 길과 지점들은 두 차례의 답사와 문헌조사로도 확인하지 못하였다. 다만 만자촌은 그 부정적 의미 때문에 1953년 이름이 사합둔(四合屯)으로 바뀐 사실만을 확인하였다.

7월 9일, 대릉하를 건너 조양에 도착했다. 현재는 요녕성에 속해 있지만, 당시에는 승덕부(承德府) 관할의 현(縣)이었다. 요나라 때에는 세 탑이 있어 삼좌탑청(三座塔廳)으로 일컬어졌는데, 몽골 말로 '셋'은 구루완(古爾板)이고 탑은 소브라가(蘇巴爾漢)인지라 구르완소브라가성(古爾板蘇巴爾漢城)으로도 불렸다.[200] 조양은 홍수 피해를 크게 입어 어수선한 상태였다. 겨우 40리를 이동했고 해가 많이 남아 길을 더 가려고 했는데, 황제의 지시와는 달리 거마가 제대로 공급되지 않아 지현(知縣)과 호송통관(護送通官)이 실랑이하

---

199 건륭제는 1783년 이 문을 지나며, 태평시절에는 버드나무만 엮어놓아도 함부로 넘는 사람 없지만, 쇠미한 시절에는 아무리 높은 성을 쌓아도 쉽게 무너진다며, 자신의 치세에 대한 자부심을 드러내는 동시에, 守成의 어려움을 황태자에게 경계한 바 있다. 『欽定盛京通志』 권16, 「進柳條邊」. "九關臺去柳條邊, 峻嶺崇山屬連一. 一入分明別內外, 豊沛近矣意欣然. 勝時結柳原堪禁, 衰際脩城亦易頹. 皇子扈隨謂知否, 守城難論愼思之."

200 유득공, 『熱河紀行詩注』, 「朝陽縣 漢柳城 慕容燕龍城 唐營州都督府」의 주. 『欽定熱河志』 권54, 「疆域6」에는 '판(板)'과 '한(漢)'이 각각 '반(班)'과 '한(罕)'으로 되어 있다.

는 사이에 날이 저물어 그대로 묵었다. 묵은 곳은 성 동쪽 끝 대릉하 가에 위치한 관제묘였다.[201] 기일은 하루 밖에 안 남았고, 남은 거리는 600리(약 300km)나 되는 상황인데, 마침 조선 사행의 형편에 따라 일정을 재촉하지 말라는 황지(皇旨)를 담은 공문을 받아 얼마간 여유가 생겼다. 하지만 15일의 연회에 대어 가려면 역시 시간이 부족했다. 관제묘는 옛 모습이 크게 변하지 않은 상태로 남아 있다. 당시 조양은 장마로 큰 피해를 입었는데, 박제가는 피폐해진 조양을 보고 안타까운 심정을 다음과 같이 드러냈다.

대릉하 물줄기는 동으로 흐르는데	大凌河水向東流
끝없는 황토 물이 나그네 배 삼키누나	無限黃泥罨客舟
저물녘 노랫소리 어디서 이르는가	日暮歌聲何處至
선방 호자 옛일이 시름을 자아내네	宣房瓠子使人愁[202]

7월 10일, 대영자(大營子)를 지나 삼가자(三家子)에 도착했을 때에는 날이 이미 저물었으나 무릅쓰고 강행하여 나마구(喇嘛溝)[203]에서 묵었다. 대영자는 조양시 교외에 서대영자(西大營子)라는 지명으로 남아 있다. 조양과 건평 사이에는 국도와 철도와 고속도로가 차례로 들어서면서 옛길의 많은 구간들이 폐기되었는데, 나마구 주변이 특히 심해 옛길을 추정하기가 어려웠

---

201 서호수와 유득공은 이 곳을 옛 영감사(靈感寺) 자리로 보고, 뜰에 장사초(張嗣初)의 글이 새겨진 「大遼興中府靈感寺釋迦佛舍利塔碑」가 서 있다고 기록하였다. 그런데 최근의 연구에 의하면 영감사 터는 지금의 남탑 자리에 있었던 것으로 확인되었다(王榮國, 「也談朝陽遼代三塔」, http://www.foyuan.net/article-129411-1.html, 2009년 10월 13일 등록). 비석과 관련된 인물들은 『흠정열하지』 권90의 「人物」에, 비문은 권117의 「藝文」에 실려 있다.

202 『貞蕤閣詩集』 권3, 「哀朝陽」. 선방호자(宣房瓠子)는 기원전 132년 황하가 호자(瓠子)에서 범람했는데, 20년 뒤 한무제가 호자의 둑을 다시 만들고 그 자리에 선방궁을 지은 사실을 말한다.

203 나마구(囉嘛溝)는 조양-건평 고속도로 아래 골짝에 자리 잡은 마을이다. 위로는 고속도로가 지나고 남쪽과 북쪽으로 각각 1km 가량 떨어진 곳에 철도와 국도가 지나지만, 어디에서도 접근이 쉽지 않은 외진 곳으로 주변은 모두 밭과 야트막한 구릉이다. 이희경이 길을 잃었던 삼가자의 위치는 불분명하다.

그림 69 나마구 옛길. 이희경이 잃었던 길을 찾다가 답사객들도 길을 잃었다. 조밭이 드넓게 펼쳐져 있다.

다. 이 구간에서 정사는 태평거를 타고 부사는 말을 탔는데, 황인점은 이제까지와 마찬가지로 힘들게 길을 간 것으로 기록한 반면, 서호수는 진창에서 벗어났다면 시원스레 말을 타고 갔던 일을 기록하고 있어 흥미롭다.[204] 나마구에는 밤에 도착하여 음식과 침구가 갖추어지지 않은 상태에서 지냈다. 칠흑 같은 밤에 불빛과 뿔피리 소리에 의지하여 길을 갔는데, 수레와 수레 사이의 소통이 원활치 않아 유득공은 10리를 지나쳤고, 이희경은 삼가자에서 길을 잃어 밤새 헤매다가 이튿날 밤 야불수(夜不收)에서 겨우 합류했다.[205]

7월 11일, 90리를 가 야불수에서 묵었다. 야불수는 명나라 때 정탐꾼의 별칭에서 비롯한 지명인데, 지금은 발음이 비슷한 엽백수진(葉柏壽鎮, 朝陽市

---

204 서호수, 앞의 책, 168면과 황인점 앞의 책 권2, '초십일'조 참조.

205 이희경이 길을 잃고 고통을 겪은 사연은 그의 「喇嘛溝被圍於縺子」의 서문과 시에 자세하게 묘사되어 있고, 황인점과 유득공의 기록에도 소개되어 있다.

建平縣)으로 바뀌었다. 7월 12일에는 60리를 가 건창현에서 묵었다. 건창현은 오늘날 능원시(凌源市)가 되어 있다.[206] 건창과 평천의 건치 연혁은 『연행기』에 간략하게 기록되어 있는데, 『대청일통지』와 『흠정열하지』 등의 문헌을 토대로 작성된 것이다. 건창에서 16일의 연회에 대어 도착하기를 바라는 화신(和珅)의 공문을 받았다. 아직도 남은 거리는 360리나 되었다. 일정에 쫓긴 사행단은 이튿날 새벽부터 걸음을 재촉하여 13~14 양일에는 잠도 자지 않고 송가장(宋家庄), 쌍묘(雙廟),[207] 북궁(北宮), 양수구(楊壽溝), 평천주(平泉州), 봉황령(鳳凰嶺), 상운령(祥雲嶺) 등을 지나 15일 새벽에 서륙구(西六溝)에 도착하였는데 그 거리가 270리나 되었다. 이 길은 멀리 높은 산악 사이에 놓여 있어 다른 길이 있을 여지가 없으니, 옛길 대부분이 확장 포장되어 있는 것으로 보인다. 위에 예거한 지명들 대부분은 국도 연변에 있어 자동차를 타고 가면서도 어렵지 않게 확인할 수 있다. 극도의 피로감과 긴장감 속에서 길을 갔기 때문에 차분하게 풍속을 관찰하거나 산천을 감상할 겨를이 없었으니 이에 따라 기록의 내용도 소략해졌다.

7월 15일, 황토량자(黃土梁子)를 지나고 홍석령(紅石嶺)을 넘고 평대자(平臺子)를 거쳐 90리를 가서 열하에 도착했다. 그런데 두 차례 현장을 답사하고도 당시 경로는 아직 오리무중이다. 서륙구에서 열하에 이르는 길은 남쪽 G101도로와 북쪽 S354도로 둘이 있다. 거리와 지명으로 보아 남쪽 도로가 아닌 것은 분명하다. 기록에 따르면, 홍석령은 열하에서 30리 떨어진 기암괴석이 무리지어 있는 험한 산이고(서호수), 남쪽으로 멀리 희봉구(喜峰口)와 고북구 등의 북경장성 관문이 보이며 수레가 다니기 어려울 정도로 경사진 곳

---

206 건평과 능원의 접경 우하량(牛河梁)은 여신상(女神像)과 적석묘 등이 출토된 고대 홍산문화(紅山文化)의 유적지로 유명하고, 또 이 길은 적봉(赤峰)으로 이어져 있어, 한국 고대사 연구자들의 발길이 이어지고 있는 곳이다.

207 현지 고로들의 증언에 따르면 옛날에 토지신묘와 산신묘가 있었기 때문에 붙여진 이름이라며 그 자리를 안내해주었다. 국도변 밭에 터만 남아 있을 뿐이다.

으로 열하-심양 간 어도가 놓인 고개이다(유득공). 하지만 황토량자라는 지명은 도처에 산재하고, 홍석령이란 지명은 어디서도 찾을 수가 없으며,[208] 평대자(平臺子) 마을을 찾으면 방향과 이수(里數)가 맞지 않는다. 열하의 동북쪽 마을에서(老西營村) 무열하(武烈河)를 따라 남하하지 않고 무열하령(西武烈嶺)을 넘어 지금의 보녕로(普寧路)에 닿는 길이 고어도이고 피서산장까지는 28리쯤 된다고 하는 고로들의 증언도 있었다. 과연 이 고개 위에 오르면 남쪽으로 경추봉을 비롯하여 외팔묘의 탑들이 조그마하게 보인다. 거리도 기록과 비슷하다. 하지만 이 고개 어디에도 기암괴석은 보이지 않는다.[209] 당시 여정을 간단하게 표로 만들면 다음과 같다.

주요 경유지의 지리 정보

날짜	주요 경유지	거리	현재 행정지명	기타
7.4	이도정(二道井) 신점(新店) 백대자(白臺子) 정안보(正安堡[유숙])	50리	遼寧省 錦州市 黑山縣 二道鄉 錦州市 黑山縣 胡家鎭 胡家窩村 錦州市 黑山縣 太和鎭 白臺子村 北鎭市 北鎭縣 正安鎭 正安堡村	이도정에서 신점까지는 배로 이동
7.5	위가령(魏家嶺) 세하(細河) 관제묘참(關帝廟站[유숙])	80리	北鎭市 大市堡鎭 大市堡村(遼東邊墻 중 鎭邊堡, 魏家嶺關 설치, 고개 북쪽 능선에 무너진 봉수대) 阜新市 淸河門區 烏龍垻鎭 老爺廟村(옛 터에 관제묘 건립)	위가령은 북진과 의주의 경계. 세하는 금주와 부신의 경계

---

208 지금은 홍석령이란 지명이 남아 있지 않지만 당시에는 사용된 것이 분명하다. 1780년 여름 박지원이 열하에 왔을 때, 북경을 들르지 말고 바로 가로질러 귀국하자는 의견이 있어 그 경로를 알아본 바 있다. 여기에 평대자, 홍석령, 황토랑, 서륙구 등의 지명이 나온다(『열하일기』, 「口外異聞·武熱河」). 현재 어디에서도 홍석령이란 지명은 검색되지 않지만, 사행경로의 개연성이 있는 지역에는 홍석랍자(紅石拉子) 등의 지명이 있고, 옛 지지에도 승덕부치(承德府治) 동남쪽 16리에 홍석만(紅石巒)이 있다고 기록되어 있다(『흠정열하지』 권 65).

209 두 차례 답사에서 각각 한나절 이상씩을 소비하고도 경로를 확인 못한 것이 안타깝지만, 소득이 없다고는 할 수 없다. 당분간 이 길을 위한 답사가 어렵지만, 추후의 연구를 위해 두어 가지 단서를 밝혀둔다. 하나는 건륭제가 행차했던 열하-심양 간 고어도를 확인하는 것이고, 다른 하나는 최근 개통된 무열령을 내려와 최근 개통된 쌍봉사(雙峰寺 터널 쪽에서 옛길을 찾아보는 일이다. 유득공은 열하가 홍석령 서쪽에 있다고 했다. "紅石嶺西灤水)陽, 山川鬱鬱萬家藏."(『영재집』 권4, 「熱河 漢要陽白檀二縣 屬漁陽郡 唐奚地 明朶顔衛地」)

날짜	주요 경유지	거리	현재 행정지명	기타
7.6	고대자(高臺子) 의주성(義州城[유숙])	75리	錦州市 義縣 高臺子鎭 錦州市 義縣	대릉하, 의주성벽 잔존, 봉국사(奉國寺)
7.7	두도하자(頭道河子) 육대변장(六臺邊墻) 지장사(地藏寺[朝陽寺, 유숙])	60리	錦州市 義縣 頭道河子鄕 錦州市 義縣 劉龍臺鎭 六臺村 北標市 上園鎭 朝陽寺村	육대촌은 청대 유조변장 통과처
7.8	만자령(蠻子嶺), 망우영(蟒牛營), 복녕사(福寧寺[유숙])	75리	北標市 上園鎭 四合屯村	망우영 복령사는 확인 못함
7.9	관제묘(關帝廟[유숙])	40리	朝陽市 營州路 2段(원형 가깝게 존속)	
7.10	대영자(大營子) 나마구(喇嘛溝[유숙])	75리	朝陽市 龍城區 西大營子鎭 西大營子村 朝陽市 朝陽縣 東大道鄕 喇嘛溝村(*東大道站 근처)	나마구촌은 조양-건평 고속도로 아래 골짜기
7.11	야불수(夜不收[유숙])	90리	朝陽市 建平縣 葉柏壽鎭	지명 변경
7.12	건창현(建昌縣[유숙])	60리	朝陽市 凌源市	건평/능원 접경에 우하량(牛河梁) 유적지
7.13	송가장(宋家庄) 쌍묘(雙廟) 북궁(北宮) 양수구(楊壽溝)	130리	凌源市 宋杖子鎭 凌源市 宋杖子鎭 同盛號村 雙廟屯 凌源市 三十家子鎭 北宮村 河北省 承德市 平泉縣 楊壽嶺鎭	숙박하지 않음, 새벽 양수구에 도착
7.14	평천주(平泉州), 봉황령(鳳凰嶺), 상운령(祥雲嶺), 서륙구(西六溝)	140리	河北省 承德市 平泉縣 양수령진에서 길을 따라 가면 鳳凰嶺, 七溝, 祥雲嶺이 이어 나온다. 祥雲嶺에는 터널이 뚫려 있음.	숙박하지 않음, 새벽 서륙구에 도착
7.15	열하(熱河)	90리	西六溝에서 熱河 사이 黃土梁子, 紅石嶺, 平臺子는 확인 못함.	

열이틀 동안 사행단이 간 거리를 이도정부터 치면 1,000리이니 대략 500km가 된다.[210] 물길을 배로 건너는 진기한 체험을 했고, 대릉하는 의주와 조양에서 두 번을, 그리고 세하를 건넜다. 명나라 때의 요동변장 관문인

210 사신들 기록의 이수를 지금의 km와 대비하면 대략 다음과 같다(六溝-熱河 : 46km/90리, 凌源-平泉 : 87km/180리, 建平-凌源 : 30km/65리). 약간의 오차가 있긴 하지만 옛 이수와 km는 대략 2:1의 비율이 됨을 알 수 있다. 신점에서 열하까지 주요 도시를 직선거리로 이으면 대략 380km이다.

위가령과 청나라의 유조변장을 지났는데, 이곳은 중원의 국가가 여러 시대 거듭 쌓은 경계의 밖으로 보통 구외(口外)라고 하는데, 조선 사람의 발길이 닿지 않던 곳이었다.

1790년 열하 사행은 여섯 종류의 기록을 낳았다. 문장이 뛰어나고 학식이 풍부한 인물들이 참여한 데다, 낯선 공간 체험이 주는 경이감이 남달랐기 때문이다. 그 나라의 정치 득실과 산천 풍속을 기록해서 왕에게 보고해야 하는 사신의 임무도 작용했던 것으로 보인다. 『주례』에는 사신 가는 나라의 사정을 살펴 여러 범주로 기록해서 왕에게 보고하여, 왕으로 하여금 천하의 사정을 두루 알게 해야 하는 행인의 임무가 규정되어 있다.[211] 정자산(鄭子産)과 계찰(季札)은 여기에 능했던 인물이다. 정규 사행로와 그 연변에 대해서는 이미 오랜 경험의 축적으로, 그에 대한 기록 대부분이 관성화, 상투화되어 있었다. 하지만 새로 겪는 경로에 대해서는 최대한 상세하게 보고서를 작성해야 했다. 이러한 의무는 세심한 현장 관찰과 폭넓은 문헌 고찰을 요구했다. 여기에는 『사고전서』 편찬 이후 중국의 역사지리에 대한 관심이 증대된 지식사회의 분위기와 사행자들의 남다른 감수성과 지적 욕구가 고려되어야 한다.

서호수의 『연행기』는 이 사행이 낳은 최대의 성과이다. 일기체 형식의 이 책은 시간과 공간을 교직하여 여행의 일정과 이동을 상세하게 기록하였으며, 지나는 고을의 연혁과 산천, 지리 형세, 풍속과 민정 등도 풍부하게 담아놓아, 여행의 규모와 노정의 재구가 가능하다.[212] 다음으로 내용이 풍부

---

211 「秋官司寇·小行人」. "及其萬民之利害爲一書, 其禮俗政事教治刑禁之逆順爲一書, 其悖逆暴亂作慝猶犯令者爲一書, 其札喪凶荒厄貧爲一書, 其康樂和親安平爲一書. 凡此五物者, 每國辨異之, 以反命於王, 以周知天下之故."

212 이 책은 진작 역주 간행됨으로써 연구자들의 주목을 받아왔다. 다만 내용의 특성상 이 책의 많은 부분은 수행원들에 의해서 조사·정리되었을 것으로 추정된다. 이 책의 이본과 성과, 그리고 이 여행을 통해 드러나는 서호수의 학문에 대해서는 임유경, 「서호수의 연행기(燕行紀) 연구」, 『한국고전문학연구』 28, 한국고전문학회, 2005, 조창록, 「학산 서호수와 열하기유 - 18세기 서학사의 수준과 지향」, 『동방학지』

한 것은 유득공의 『열하기행시주』이다. 이 책은 시인의 감수성과 역사가의 식견이 어우러진 저술로 요해총서(遼海叢書)에 『난양록(灤陽錄)』으로 수록되어 있다.[213] (1933년) 황인점의 『승사록』 3권은 한문기록이 놓친 사행의 은미한 부분들을 한글의 율감으로 살려내고 있어 독특한 가치를 지닌다.[214] 이희경의 「열하잡영」은 『열하기행시주』와 체제가 유사한데, 아직 이 기록에 대한 전론은 시도되지 않았다.[215] 박제가는 1790년에 행해진 두 차례 사행에 모두 참여하며 청조 인사들과 공전절후의 교유를 실천했는데, 이 구간에서는 5편의 시만을 남겼다.[216] 서장관 이백형도 한글본 기록을 남겼다.[217] 이도정-열하 구간과 관련된 작품 목록과 특징을 간략하게 표로 만들면 다음과 같다.

135, 연세대 국학연구원, 2006 참조.

213 유득공의 생애에 대해서는 김영진, 「유득공의 생애와 교유, 연보」, 『문헌과 해석』 29, 문헌과해석사, 2004, 『난양록』의 요해총서 수록 경위에 대해서는 박현규, 중국 학자가 논평한 조선 유득공의《난양록》과《연대재유록(燕臺再遊錄)》, 국제학술회의논문집, 중한인문과학연구회, 2001, 『열하기행시주』의 이본과 특성에 대해서는 김용태, 「1790년 유득공이 만난 동아시아-「열하기행시주(熱河紀行詩註)」의 분석을 중심으로-」, 『한문학보』 20, 우리한문학회, 2009를 참조. 최근(실시학사, 2010) 역주 간행되어 일반 독자들의 접근도 쉬워졌다.

214 『승사록』에 대해서는 아직 논의가 불충분하다. 부유섭, 「승사록 해제」, 『연세대학교 중앙도서관 소장 고서 해제 4』, 평민사, 2005와 이지양, 「승사록 해제」, 『燕行錄選集補遺 下』, 성균관대 대동문화연구원, 2008 두 편 해제 외에 고운기, 「한글본 연행록의 제작 양상-새 발굴 자료 상봉록(桑蓬錄)과 승사록(乘槎錄)을 중심으로」, 『열상고전연구』 20, 열상고전연구회, 2004; 김일환, 1790년 「열하사행과 황인점의 한글 연행록 『승사록』」, 『온지논총』 60, 2019가 있다.

215 이희경의 생애와 행적은 오수경, 『연암그룹 연구』, 한빛, 2004에서 자세하게 논의되었다. 그간 그의 『윤암집(綸菴集)』이 발견되지 않았는데, 최근 일부가 김영진, 「일본 천리대학(天理大學) 천리도서관(天理圖書館) 소장 윤암집」, 『고전과 해석』 3, 2007에서 소개되었다. 「열하잡영」은 이 책 권3에 실려 있다.

216 박제가에 대해서는 워낙 많은 논의가 이루어져 일일이 소개하지 않는데, 그에게 있어 1790~1791년의 두 차례 사행의 의의는 따로 거론할 필요가 있다.

217 저술 경위와 원문은 김태준, 「열하일기 한글본 출현의 뜻」, 『민족문학사연구』 19, 민족문학사학회, 2001 참조.

지리공간 기준의 작품 목록[218]

문헌 / 날짜	서호수(부사), 「연행기」 권1	이희경, 「윤암집」 권3 '열하잡영(熱河雜詠)'.	유득공, 「영재집」 권4, '열하기행시주'.	박제가, 「정유각시집」 권3	황인점(상사), 「승사록」 권1~2
7.4	변외 전장이 모두 낙토가 된 정황, 고금에 없는 치세 인정.	「自二道井乘舟泊新店」(7絶 3수)	「新店」(7絶)		물길의 흉취, 구외체험의 흥분
7.5	변장과 세하 소개. 몽골인의 한화(漢化)가 지니는 의의 분석.	「華兒樓」(7絶)	「細河」(7絶)		세하 건너 관제묘에서 자게 된 경위
7.6	의주의 연혁과 지리, 막대한 장마 피해. 사절을 구경하는 의주인들.	「出九關臺門」(7律) 「宿義州」(5律)	「義州」(7絶)	「七月六日 渡細河宿關廟站」(5律)	세하와 대릉하의 지리
7.7	투메드(土默特)의 연혁, 몽골 토민의 풍속. 시(詩) 1수.	「朝陽寺」(5律)	「口外地藏寺次次修韻」(5律)	「朝陽寺」(5律)	한족 여인들의 전족 풍속
7.8	연로 풍경, 만자령의 내력과 복녕사 분위기.	「投牤牛營子店」(7律)	「蠻子嶺」(7絶)		복녕사 예불 광경
7.9	조양과 관제묘의 연혁, 이조원(李調元)의 근황. 무리하게 서둘지 말라는 황지(皇旨) 접수.	「夜宿朝陽縣關帝廟, 與朴友貞蕤共飮」(7古)	「朝陽縣」(7絶) 「朝陽縣關廟」(5律」)	「哀朝陽」(7絶) 「靈感寺夜坐同柳惠甫·李十三」(7律)	출발 시간 두고 상사 부사 의견 충돌.
7.10	연로 풍경.	「喇嘛溝被圍於㺜子」(5古)			무리하게 길을 가다 나마구에서 곤경
7.11	야불수의 내력과 번화상, 몽골인들의 순후한 성정(人才不限華夷論)	「到夜不收」(7律)	「喇嘛溝」(7絶)		이희경 일행이 길을 잃어 겪은 일
7.12	건창의 연혁과 형세, 화신(和珅)의 전령이 열하 연회 일정 안내.		「建昌縣」(7絶)		구외 산천의 아름다움, 인민의 부요함
7.13	연로(沿路) 간략 소개.				새벽 출발 무렵의 가벼운 소요
7.14	평천의 연혁. 칠구(七溝)의 세제(稅制) 소개.		「平泉州」(7絶)		관아의 말 교체 비협조

---

218 서장관 이백형의 『경술열하긔』는 기술 내용이 간략한 데다 특이 사항이 없어 생략한다.

문헌 / 날짜	서호수(부사), 『연행기』 권1	이희경, 『윤암집』 권3 '열하잡영(熱河雜詠)'.	유득공, 『영재집』 권4, '열하기행시주'.	박제가, 『정유각시집』 권3	황인점(상사), 『승사록』 권1~2
7.15	통관 서계문(徐啓文)이 철보(鐵保)의 말 전달. 열하의 연혁과 지형과 군제. 신점~열하 노정.	「踰黃土梁子」(7律) 「熱河」(7古)	「紅石嶺」, 「熱河」(7絶)		부사와 달리 입성
특징	지리와 연혁 정보 풍부.	11제 13수(모든 시에 幷序)	12제 12수(모든 시에 주석)	4제 4수	행중 일상 풍부

이도정에서 열하에 이르기까지 11박 12일 1,000리 여정의 기록으로 열이틀 치의 일기가 두 편이고, 한시는 도합 28제 30수인데(서호수의 시 포함) 주석의 설명이 상세하여 정보가 풍부하다. 이밖에 실제 이 길을 체험하지는 못했지만 전언과 문건으로 이 지역을 언급한 몇 편의 기록이 있다.[219]

3. 행로의 풍정(風情)과 구외 형세

1795년 동짓날 유득공은 『열하기행시주』의 서문에서 이렇게 말했다.

> 우리 동국 사람은 열하에 간 일이 없었다. 경자년(1780)에 사신이 갔지만 연경에서 고북구를 나갔다가 고북구로 들어왔을 뿐이다. 옛 역사를 보니, 고구려 장수 갈로맹광(葛盧孟光)이 연왕(燕王) 풍홍(馮弘)을 맞으리 용성(龍城)

219 앞에 소개한 박지원의 기록 외에 남공철이 지은 「유득공이 열하에서 돌아와 기행시주를 보내주었기에, 이 책 뒤에 적다. 惠甫自熱河還, 投示紀行詩註, 題後」의 3수 중 첫 수, "紅石嶺西避暑莊, 英雄微意此經營. 東人不識居庸路, 稗品新書記職方."(『金陵集』 권2)이 있다. 이밖에 성해응의 「유혜풍의 열하시주 柳惠風熱河詩注」(『研經齋全集外集』 권60) 등 약간의 관련 기록이 있다.

에 가, 군사들에게 헤진 옷을 벗게 하고 연나라 무기고에서 예리한 병장기를 탈취하여 지급하고는 크게 성안을 약탈하고 돌아왔다고 하였다. 용성은 지금의 조양현(朝陽縣)이니, 조양 서쪽의 건창이나 평천 등지는 맹광도 못 가본 곳이다. 나는 이번 길에 요동벌의 백대자에서 북변의 땅을 지나 피서산장에서 노닐고는 고북구로 들어가 산해관을 나와 돌아왔다. 의무려산의 둘레를 돌았고 만리장성의 반을 다녔으니 일찍이 없었던 일이라 하겠다.[220]

이 글은 당시 유득공의 열하 사행 인식을 잘 보여준다. 그에게 있어 이 사행에서 가장 인상적이었던 것은 열하에 갔던 것이고, 그보다 더 의미가 있었던 건 당시까지 조선의 역사에서 한 번도 언급된 적이 없는 길을 체험한 일이다. 역사가답게 그는 사서를 뒤져 고구려 때의 갈로맹광이 조양까지 갔던 사실[221]을 확인했는데, 그렇다고 해도 조양에서 열하에 이르는 구간은 최소한 1800여 년 동안은 미답의 영역이었다. 1780년의 사행은 북경 - 고북구 - 열하 구간을 왕복한 것에 지나지 않는다. 의무려산을 한 바퀴 돌고 만리장성의 반을 다닌 것은 누구도 겪어보지 못한 것이었다. 예기치 못한 일정 변경에 악천후를 무릅쓰며 밤낮 없이 길을 간 고통스러운 여정이었지만, 정신적으로는 크나큰 미적 충격과 지적 각성의 계기였으며, 이는 남다른 자부심의 근거가 되었다. 이는 새로 겪은 것을 정리하고 알려야 한다는 문인학사의 본능과 어우러져 『열하기행시주』를 짓게 된 중요한 동기가 된 것으로 보인다.

---

220 『泠齋集』 권8에 「열하기행시에 적다 題熱河紀行詩」란 제목으로도 실려 있다. "我東人無從至熱河. 庚子使臣則至矣, 而自燕京出古北口, 復從古北口入而止矣. 考之前史, 高句麗將葛盧孟光, 迎燕王馮弘至龍城, 命軍士脫弊袴, 取燕武庫精伏給之, 大掠城中而歸. 龍城者今朝陽縣也, 朝陽以西建昌平泉等地, 孟光之所未至也. 余是行自遼野之白臺, 徑涉奚地, 游避暑山莊, 入古北口出山海關而歸. 閭山在一周之中, 長城歷萬里之半, 可謂未曾有也."

221 『삼국사기』, 「고구려본기 · 장수왕」 26년조에, 갈로맹광이 장수왕의 명을 받아 북연의 마지막 군주 풍홍(馮弘)을 맞아오는 기사가 실려 있다.

정도의 차이를 떠나 이러한 경이감과 자부심은 모두가 공유했던 것으로 보인다. 박제가는 세 번째 연행을 마치고 돌아오던 이듬해 봄 의무려산 도화동(桃花洞)을 방문하려다 강한 바람에 계획을 포기하고는 안타까운 심정을 토로한 바 있는데, 지난 해 구관대 길에 나서 의무려산 뒤로 돌아갔음을 상기하고, 위가령과 화아루 길을 동국 사람으로선 가본 이가 없음을 자부하였다.[222] 사행길만 세 번째인 이희경도 구관대문을 떠올리며, 구름에 닿을 듯한 목책이 화/이를 가르는 광경을 삼한의 사신 아무도 본 이가 없다고 했다.[223] 정사로만 다섯 번째 사행에 나선 황인점도 예외가 아니었으니, 구관대 길은 조선 사람으로서는 지난 바 없고 중원 사람도 밟아 본 자 드무니, 어릴 적 사방지(四方志)를 이루었다며 통쾌해하였다.[224] 연행이 처음인 유득공에서 다섯 번째인 황인점까지, 명문가의 귀족 사신과 서얼 수행원을 막론하고, 구관대 길 체험은 흥분과 경이의 특별한 인연이었던 것이다.

그렇다면 이 열이틀 동안 사행은 무엇을 보고 겪고 깨달았을까? 개인의 소회와 사신의 공식 임무 관련 사항 둘로 나누어 살펴보기로 한다. 사행은 그 자체가 공식적으로는 국가를 대표하는 외교 업무이지만, 거기에는 지극히 개인적인 여행의 성격이 포함되어 있기 때문이다. 공식 입장과 처지는 압도적인 힘으로 개인적인 신념을 만들어내기도 하고 내면의 정서를 억압하거나 통제한다. 하지만 때로 개인의 신념과 정서는 공식성의 틀을 넘어 독자의 목소리를 내기도 하고 거기에 영향을 미치기도 한다. 사행에 참여하여 기록을 남긴 여섯 명의 신분과 처지가 달랐으니, 이들의 목소리를 뭉뚱그려

---

222 『정유각시집』 권3, 「도화동을 방문하려고 했는데 바람이 거세 가지 못하고 슬픈 마음에 짓다 將訪桃花洞, 阻大風悵然有作 1」, "… 去年我出九關台 直從背後窮山隈 衛家嶺西花兒樓 終古東人無往來. …."

223 『綸菴集』 권3, 「구관대문을 나서다 出九關臺門」, "… 連雲列柵分夷夏, 韓使曾無此地來."

224 『승사록』 권1, 4일조. "또 발힝ᄒᆞ야 ᄒᆡ 질 ᄯᅢ의 정안보에 드러가 자니 신점으로브터 이 광녕 지경이니 임의 산ᄒᆡ관 길흘 버리고 바로 구관ᄃᆡ변문길로조차 드러가니 전후 ᄉᆞᄒᆡᆼ이 일즉 ᄒᆞᆫ 사ᄅᆞᆷ도 경력ᄒᆞ니 업고 비록 듕원 사람이라도 ᄯᅩᄒᆞᆫ 여긔 니른 니 드무ᄃᆡ 내 동국 사ᄅᆞᆷ으로셔 두로 구외 산천을 볼부니 봉시의 원이 이에 일우니 엇디 이상티 아니리오."

듣는 것은 마땅치 않다. 이를 검토하는 것은 이 노정 공간에 역사 의의를 깃들이는 동시에 그 내부의 다층성을 살피는 작업이 될 것이다.

길 위의 객정과 마음속 점경(點景)

신분을 떠나 사행 모두에게 잊히지 않았던 사건은, 이도정에서 신점으로 가는 30리를 배를 타고 건넌 기이한 체험이다. 이희경은 그 체험을 세 편의 시로 남기면서, 서문에서 연일 진흙길을 가느라 고생하다가 문득 배를 타게 되어 시원해진 정신과 들판의 물색이 문득 강호의 승경으로 변한 광경을 생생하게 묘사하였다.[225] 이들은 이를 서한 때의 장건(張騫)이 무제의 명을 받고 황하의 근원을 찾으려 뗏목을 타고 나섰다가 은하수에 이르러 견우 직녀를 만나고 온 전설에 견주었고, 명청 교체기 바닷길로 사행에 나선 선배들의 행로를 떠올렸다. 이 일이야말로 이번 행차에서 가장 기이한 일이니 뒷날 잊지 못할 추억으로 삼으면 좋겠다는 황인점의 말에 서호수도 수긍했다.[226] 귀찮고 힘든 일이었지만 일행은 모두 웃고 즐거워했는데, 일탈과 위험의 정도와 미적 체험의 강도는 대개 비례하기 때문이다. 이희경의 증언에 따르면 운(韻) 자를 뽑아 각각 시를 지었다고 했는데, 남은 것은 이희경의 세 수와 유득공의 한 수 뿐이다. 아래는 유득공의 시인데, 옛날 수로로 사행을 떠날 때처럼 포구 언덕에서 슬프게 전송의 노래를 불러주던 기녀가 없음을 아쉬워하는 여유를 부렸다.

---

225 「이도정에서 배를 타고 가 신점에 닿다 自二道井乘舟泊新店」, "初四日到二道井 地本汚下, 新經大雨, 道上水深數丈 一行皆捨車乘舟, 連日泥路, 備盡辛苦 今忽放棹沿流, 令人神爽 忽見大野中物色變作江湖之勝, 路邊樹林, 宛是河柳渚檉, 店門村戶, 宛是蟹舍漁庄 飛鴉噪鵲, 宛是鷗鷺鳧鴨, 田疇之黍稷桑麻, 宛是蘋藻菱芡 在先顧謂余曰, 今日乘張騫之槎, 直犯星河矣 惠風曰, 今復水路朝天矣 遂大笑稱奇, 拈韻各賦."

226 『승사록』 권1, 7월 4일조. "내 부ᄉᆞᄃᆞ려 닐러 ᄀᆞᆯ오ᄃᆡ 뉵로샹의 삼십 리ᄅᆞᆯ ᄇᆡᄅᆞᆯ ᄐᆞ니 ᄀᆞ장 이번 길희 긔이ᄒᆞᆫ 일이라 사ᄅᆞᆷ으로 ᄒᆞ여곰 표연이 댱건의 ᄇᆡ가 은하슈ᄅᆞᆯ 범ᄒᆞᆯ 뜻이 이시니 우리 맛당이 오ᄂᆞᆯ날 광경을 가져 닛디 아니ᄒᆞᆯ 일을 삼으미 됴흘ᄃᆞᆺ 시브다 ᄒᆞ니 부ᄉᆡ 또ᄒᆞᆫ 그러히 너기더라."

초가을 작은 배를 요서에 띄워보니	新秋小艇泛遼西
뜻밖의 서늘함이 버들 둑서 일어나네	分外微涼生柳堤
바닷길 조천에는 동국 음악 있었거늘	水路朝天東曲在
슬프게 노래하는 아가씨들 아니 뵈네	但無紅袖唱悽悽[227]

7월 6일 세하를 건너 관제묘에서 묵은 날 박제가는 다음 시를 지었다.

명 받잡고 천리 길 건너가노니	銜命越千里
수레를 몰아 몰아 쉬지도 않네	驅車猶未休
오경이라 관묘에는 비가 내리고	五更關廟雨
낙엽 한 닢 세하엔 가을이 왔네	一葉細河秋
길은 봉화 연기 저 너머로 들고	路入烽烟背
하늘은 수수 기장 밭 위로 멀다	天長蜀黍頭
예전 연경 계주 지나던 객은	從前燕薊客
변방의 시름까진 몰랐으리라	應不識邊愁[228]

1~2구는 악천후도 무릅쓰고 험한 길을 쉬지 않고 가는 행차의 외관을 말함으로써, 자연스럽게 왕명을 받든 사행의 마음가짐까지 안에 담았다. 가운데 네 구는 시간과 공간을 그려내 노중의 막막함과 나그네의 은미한 심사를 드러냈다. 3~4구는 공간을 배경으로 시간을 말했다. 하루 묵는 관제묘에는 새벽까지 비가 내리고, 근처 세하에는 낙엽 한 닢의 가을이 시작되었다. 비 내리는 가을 새벽이다. 5~6구는 다 공간을 그려냈다. 먼 산 위에선 봉화 연기 올라가는데 일행이 가야 할 길은 그 너머로 이어지고, 밭에는 수수와

---

227 앞과 같은 곳, 「신점(新店)」.

228 『정유각시집』 권3, 「7월 6일 세하를 건너 관묘참에서 묵다. 七月六日 渡細河宿關廟站」. 7월 6일이라 한 것은 박제가의 착오이다. 일행이 관제묘에서 묵은 날은 7월 5일이다.

기장이 익어가고 있는데 그 위로 하늘은 높다. 가까운 곳은 모두 밭이고 먼데 산이 있는데 길과 하늘 모두 끝이 없다. 시간은 말하지 않았지만 낮임을 알 수 있다. 낮에는 아득한 길 위를 하염없이 가고, 비 내리는 가을 새벽에는 잠들지 못하는 나그네의 행색과 심사가, 구름에 가려진 달빛처럼 보일 듯 아니 보일 듯 출몰한다. 마지막 두 구는 여느 연행사와는 다른 경험에 따른 자부심으로 매듭을 지었다. '변수(邊愁)'에는 전란의 긴장이 상존하는 변방의 시름과 변방을 가는 나그네의 시름이란 뜻이 복합적으로 담겨 있다. 구관대 길을 가는 사행의 사명감과 자부심은 물론 길 위 나그네의 처연한 감상을 한데 빚어 그려낸 작품이다. 이튿날 조양사(朝陽寺)에서 묵으며 서호수와 유득공이 여기에 차운하여 시를 지었다.[229]

조양은 역사 유서가 깊은 곳이다. 문헌으로만 따져도 한나라 때에는 유성(柳城)이었고, 모용씨의 연(燕)나라 시절에는 용성(龍城)이었으며, 당나라에서는 영주도독부(營州都督府)를 설치했고, 요나라 때에는 흥중부(興中府)가 있었다. 우리 역사와 관련해서도, 645년 당 태종 이세민이 동정의 군사를 출발하고 돌아온 곳이며, 고구려 멸망 후 강제 이주된 유민들 중 대조영이 처음 군사를 일으킨 곳이기도 하다. 요나라 때 세운 거대하고 아름다운 두 기의 불탑이 아직도 남아 있다. 조양에는 원래 동남북에 세 기의 불탑이 있었는데, 이중 동탑이 건륭 초년(1719년 이전)에 무너졌다. 이에 1744년 동탑 자리에 관제묘를 지어 정족(鼎足)의 형세를 유지했다.

7월 9일 일행은 이 관제묘서 묵었다. 역사적 유서가 깊은 곳에서는 사람들의 마음도 그 깊이에 맞게 감응한다. 이 날 세 사신은 별 일 없이 잠들

---

229 서호수의 시는 『연행기』 권1, 7월 7일조에 "밤에 동료(東寮)에서 자는데, 이슬은 섬돌의 소나무에 떨어지고 달은 성긴 발에 걸리니, 시원스레 티끌 세상을 벗어난 듯한 생각이 든다. 그리하여 시를 지었다."는 설명과 함께 제목 없이 실려 있다. 유득공도 이날 밤에 차운 시에서 모래 빗속을 가며 가을을 맞은 사행의 모습과, 황색 모자를 쓴 라마승과 머리에 꽃을 꽂은 만족 여인의 풍속을 그렸다(『영재집』 권4, 「口外地藏寺 次次修韻」. "遼野有時盡, 客行猶未休. 樓臺迷磧雨, 車馬帶邊秋. 黃恠藏僧帽, 花憐滿女頭. 今朝西出口, 卿勿更言愁.").

었고, 수행원 세 사람만이 새벽에 이르도록 술을 마셨다. 이 날 밤의 정경을 세 사람 모두 시로 남겨놓았다. 만 리 밖 타지, 그것도 연행사들이 밟아본 적이 없는, 책에서 글로만 알았던 장성 밖 고을의 한 사당에서, 동병상련의 이들은 잠들지 못했다. 비감에 젖은 세 사람은 절로 의기가 투합하여 술을 찾았고, 이들의 술자리는 노승이 잠들고 은하수도 한쪽으로 기우는 새벽까지 이어졌다. 무엇이 세 사람의 감성을 분격시켰으며, 이들은 새벽까지 무슨 이야기를 나누었을까. 조양시 영주로(營州路)에 옛 모습 크게 달라지지 않은 채 남아 있는 관제묘에 그 사연이 감추어져 있다. 아래는 이희경의 시이다.[230]

저물녘 나그네들 관제묘에 들었는데	黃昏客投關帝廟,
용마루에 휘영청 초승달이 돋았구나	棟宇虛白微月生
등상에 나무 탁자 세속 일 드물거니	藤床木榻塵事少
뼛속까지 청량하여 잠 이루지 못했네	客枕不眠心骨清
벗님네 나를 청해 취해보자 권하기에	故人邀我謨一醉
말술을 수작하며 새벽까지 앉았다네	斗酒相酬坐五更
……	
흐드러진 술자리 벗님과 함께 하매	聊復淋漓共班荊
밤이 깊자 전각은 한층 더 우뚝하네	夜深尤覺殿突兀
……	
노승은 경전 외며 잠 아직 들지 않고	老僧念經猶未睡
창밖의 여치 울음 처량하고 애절하다	牕外切切山子鳴
온갖 소리 가라앉아 숲의 나무 고요하고	萬籟沈沈林木靜
일어나 별을 보니 은하수도 기울었다	起看櫺星河漢傾
서로 취해 누웠는데 어느새 날이 밝아	相與醉臥至日暾

230 박제가의 시에 대해서는, 4장 4절「박제가 삶의 마음속 출로, 연경의 우정」에서 설명.

그림 70 조양 관제묘의 현재 모습. 1790년 7월 9일 깊은 밤의 사연을 세상 누가 기억할까?

수레꾼은 기름 치며 어서 가자 재촉하네　　僕夫膏車又催行[231]

풍속을 살펴 정치의 득실을 알다

공자는 송(宋)나라 정사를 살핀 진(晉)나라 사람의 이야기를 듣고 "훌륭하다, 이웃나라의 정세를 살핌이여! 善哉, 覘國乎."[232]라 탄식했고, 맹자는 자하(子貢)의 말을 빌려, "예를 보아 그 나라의 정치 득실을 알고, 음악을 들으면 그 군주의 덕을 알 수 있다. 見其禮而知其政, 聞其樂而知其德."(「공손추 상」)고 했다. 이른 시기부터 국가에서 악부(樂府)를 설치해 세상의 민요를 채집하여 민심의 향배를 살폈고, 패관(稗官)으로 하여금 민간의 이야기를 수집하여 여

---

231 이희경, 『윤암집』 권 3, 「밤에 조양 관제묘에서 묵으며 벗 박제가와 함께 술을 마시다. 夜宿朝陽縣關帝廟, 與朴友貞蕤共飮」.

232 『예기』, 「檀弓下」.

론의 동향을 파악한 것은, 정치와 음악(풍속)의 상관성을 잘 알았기 때문이다. 이러한 맥락에서, 왕명을 받은 사신들에게는 외국의 풍속과 제도를 살피는 임무가 부과되었다. 명청에 갔던 조선의 사신들도 예외가 아니었다.[233] 박지원은 한갓 자제군관의 신분이었음에도 불구하고 청나라에서 주희(朱熹)를 높이고 사고전서를 편찬하는 정치적 이유를 통찰했다.[234] 다른 나라에 가서 낯선 자연과 문화를 특별히 주목하는 것은 여행자의 본능이기도 하거니와, 그것을 관찰하여 보고서를 작성하는 것은 외교 사신의 책무 중 하나였다.

서호수는 7월 4일 이도정 - 정안보 구간을 지난 경험을 다음과 같이 말했다.

> 백대자 이후로는 요야가 끝나고 구릉이 점점 높아지며, 2~3리나 5~6리마다 명나라 때의 연돈(煙墩)이 많이 있다. 척계광, 이성량의 지나간 자취가 생각하면 어제 같은데, 청나라가 천하를 차지하여 몽골, 회회 등의 여러 부족들을 섞어서 등용하니, 조정의 태반이 색목인이다. 중화의 이로움을 외이(外夷)와 함께 하므로, 변방의 소요를 경계하지 않은 지가 이미 100여 년이 되었다. 이제는 밭과 들이 서로 이어지고 닭 울음소리와 개 짖는 소리가 서로 들려서 낮에는 길을 가고 밤에는 숙박하는데 조금도 경계하거나 두려워할 필요가 없다. 삼위(三衛) 백전(百戰)의 땅이 모두 변하여 낙토가 되었으니, 이것은 역대의 제왕이 하지 못하였던 일이다.

청나라가 입관하여 중원을 차지한 지 150년도 더 지났다. 그 사이 조선에서는 청에 대해 이러쿵저러쿵 논란이 많았지만, 정규 사행로를 벗어난 첫날 그가 선언한 것은 청나라의 성공이었다. 청은 건국 초부터 이민족들을

---

233 반대로 사신을 받는 나라에서는 자국의 실정을 되도록 감추려고 하였으니, 명청의 경우 사행로를 지정하여 외국 사신들의 행동을 통제하고 북경 사관에 엄격한 문금을 시행했던 것은 그런 이유 때문이다.

234 『열하일기』, 「심세편(審勢編)」.

적극적으로 포용하고 통합하는 것을 정책의 기조로 삼았다. 이 정책이 성공함으로써 오랜 세월 전쟁의 긴장이 가시지 않던 변방은 평화로운 곳으로 변했다. 하지만 이는 서호수가 이미 인지하고 있던 사실에 지나지 않았다. 서호수에게 필요했던 것은 그러한 명제를 입증할 만한 구체적인 정황 증거였다. 이에 그는 구관대 길 여정 첫날에 목격한 것을 가지고, 일말의 머뭇거림도 없이 변방의 오랜 전장이 낙토로 변했다고 단언했으며, 이를 당시 청나라가 보여주고 있던 번영의 이유로 파악했다. 나아가 그것을 역대 어떤 제왕도 이뤄내지 못했던 공업이라고 하여, 청나라의 성공에 최대의 찬사를 보냈다.

서호수의 통찰은 여기에서 그치지 않는다. 위가령을 넘은 7월 5일에는 책(柵) 밖에 몽골 사람들이 많이 와서 정착하여 산다는 말을 현지에서 듣고는, 금나라 사람들이 중원에 들어와 한족의 제도를 따르며 쇠미해졌던 역사를 상기하며, 그러한 현상이 청나라에게는 유리한 것임을 간파했다. 11일자 기록에서는, 육대변장 이후 모든 도회에는 상점이 즐비하여 상인과 나그네들이 몰려들고 있으며, 풀밭마다 가축들이 수도 없이 떼를 있는 평화롭고 풍요로운 변방의 생활상을 제시했다. 또 이 지역에 가장 많이 사는 몽골 사람들의 풍속과 성정이 다들 질박하고 순후하여 가르칠 만하다고 보았다. 옛날 원 세조가 몽골의 제자들을 가르치게 하자, 허형(許衡)이 기뻐하며 "그들의 성품이 질박하고 한결같아 두어 해 가르치면 국가의 유용한 인재가 될 것"이라고 했던 『원사』말을 이끌어, 하늘이 인재를 낳는 것은 화/이에 국한되지 않는다고 하였다.[235] 화이관 붕괴의 현상으로 볼 수 있는 발언이다.

구관대 길에서 받은 사행의 충격은, 북쪽 변방은 당연히 척박하고 황량하며 야만스러울 것이라는 선입견에 대한 반작용이었다. 황인점은 자신의 편견을 깨닫고는 크게 감탄했다.[236] 서호수는 이 지역을 낙토라고까지 했는

---

235 『연행기』 권1. 인재론의 원문은 "以古視今, 天之生才, 固不限於華夷也."이다.

236 『승사록』 권2, 7월 12일조. "광령으로브터 구외에 나가매 웅당 변산이 슈졀ᄒᆞ고 변애 황무ᄒᆞ고 빅셩들이 쇼됴ᄒᆞ야 풍토와 긔휘 듕국으로 더브러 판연이 다를 줄 아랏더니 이제 변문에 나가니 산천이 명슈ᄒᆞ

데, 이는 그만의 견해가 아니었다. 유득공은 세상 어느 곳에도 야불수만한 낙토가 없을 것이라고 잘라 말했다.[237] 이희경의 견해도 크게 다르지 않았다. 그는 야불수를 구외 제일의 승지(勝地)라 전제하고, 호인들은 예외 없이 한 생애가 넉넉하며, 청의 부국강병이 이 고을에 기대고 있는 것이라고 결론을 내렸다.[238] 아래는 유득공이 평천(平泉)을 두고 지은 시이다.

구변에 전쟁 바람 100년간 잠잠하니	九邊風雨百年空
하삭 땅 상인 수레 곳곳에 오가누나	河朔商車處處通
구외의 번화함을 그대여 들어보게	口外繁華君聽取
수양버들 십리에 저자 다락 붉다오	垂楊十里市樓紅[239]

동북쪽 변방에 100년 이상이나 전쟁이 일어나지 않았으니 남쪽 상인들의 수레가 가지 않는 곳이 없다. 상업이 발달하여 물류가 원활하게 이루어지니 지역을 막론하고 모든 사람들의 삶이 풍요롭다. 하삭(河朔)은 황하 북쪽을 가리키는 말이니, 대략 중원 정도로 이해하면 된다. 열하에서 가까운 평천의 경우는 수양버들 가로수가 10리에 걸쳐 줄지어 있는데, 그곳이 모두 붉은 장식의 저자 상점들이다. 이러한 낙토론은 청나라 정치에 대한 개인의

고 오곡이 번식ᄒᆞ고 인민이 부요ᄒᆞ고 ᄃᆞᆰ과 개의 소ᄅᆡ 년쇽ᄒᆞ야 서로 들리고 수ᄅᆡ와 ᄆᆞᆯ이 왕ᄂᆡᄒᆞ미 길히 ᄭᅳᆫ허지디 아니ᄒᆞ고 야블슈ᄋᆡ 닐은즉 쳔여 두 우양과 수ᄇᆡᆨ 필 쥰매 들에 미만ᄒᆞ고 ᄇᆡᆨ셩이 다 그 업을 즐기고 풍쇽이 슌후ᄒᆞ야 북방의 강한ᄒᆞᆫ 풍습이 업ᄉᆞ니 그 승평ᄒᆞ미 날이 오래여 ᄉᆡᆼ믈이 번식ᄒᆞ고 변방 ᄇᆡᆨ셩도 ᄯᅩᄒᆞᆫ 다 귀화ᄒᆞ야 그러ᄒᆞ야 가히 이샹ᄒᆞ도다."

237 『열하기행시주』, 「야불수(夜不收)」. "공주 능 승려의 방 옛 변방 가을이라, 황제 별장 소주국이 강 물결 안고 있네. 푸르른 풀밭에는 낙타 양 백만 무리, 낙토야 어느 곳에 야불수에 미칠까. 主寢僧房古塞秋, 皇莊酒局抱河流. 駞羊百萬靑靑艸, 樂土無如夜不收."

238 「열하잡영 · 到夜不收-十日歷杳鬚子 · 担杖溝到夜不收, 野闊山低, 樹林晻映, 處處有皇庄, 團以粉牆, 六畜彌山, 居民殷富, 可謂口外中第一勝地也」. "落日停車夜不收, 平郊一望思悠悠. 皇庄到處田園遍, 梵宇連空樹木稠. 駿馬追風騰萬匹, 群羊如雪散千頭. 胡兒摠是生涯足, 國富兵强賴此州."

239 『열하기행시주』, 「平泉州 漢屬遼西郡」. 시는 새로 번역하였으며, 주는 실시학사 역주본 참조.

판단이면서 이 글을 읽을 독자들에 대한 보고였으며, 나아가 조선 지식계의 변화에 대한 촉구이기도 했다.

굳이 정치의 득실에 대한 통찰을 부치지 않고, 그저 이국의 낯선 풍물과 민속을 관찰하여 기록하는 것만 해도 소중한 의미를 지닌다. 여행기의 풍속 기록은 그것만으로도 외부 세계에 대한 이해 폭을 확장시키고 간접적 문화교류를 실천하기 때문이다. 조양사와 복녕사 라마승들의 독특한 예불 장면, 지역에 거주하는 종족 수의 비율, 한족 여인들의 전족 풍속,[240] 만자(蠻子)의 명칭 내력, 몽골과 조선 사이 주택·의복 구조의 상동성[241] 등에 대한 언급이 여기에 해당한다. 조양을 지나면서부터는 열하를 왕래하는 수많은 몽골 사람들을 만나, 자연스럽게 이동시 그들의 생활 풍습을 관찰할 수 있었다.[242] 그중에서도 가장 인상적인 것은 몽골 풍속의 내용과 그 명칭에 대한 기록이다. 서호수는 우리나라의 서낭당과 같은 오보[鄂博], 지금도 망아지를 잡을 때 사용하는 마간(馬竿), 사람들이 돌릴 수 있게 나마불교 사원에 설치된 전경(轉經), 유목민들의 임시 천막 가옥인 게르[格再] 등 14항목을 소개하였는데, 타문화와의 접촉면에서 이해되고 소개된 것이라는 점에서 의의가 있다.

지나는 곳에서 국제정세를 감지하여 기록하는 일에 특히 많은 관심을 기울인 사람은 유득공이었다. 그가 평천에서 깨달은 바, 청나라가 건국 초 자신들에게 귀부한 몽골 여러 부락들의 땅을 빼앗아 자기 군현으로 삼은 지역들이, 장성을 둘러싸고 성경에 잇닿아 구외의 울타리 역할을 하니 중국에는 득이 되나 몽골인들의 마음은 기껍지는 않을 것이라는 말은, 당대의 상

---

240 황인점, 『승사록』 권1, 7월 7일조.

241 유득공, 『열하기행시주』, 「蠻子嶺」.

242 서호수, 『연행기』 7월 9일조.

황에도 오늘의 현실에도 부합한다.[243] 홍석령에서는 북쪽 장성의 형국을 설명하며, 이곳이 천하의 두뇌가 되는 곳이라며 그 전략적 중요성을 간추려 말했다.[244] 이미 10년 전 박지원에 의해 언급된 것이긴 하지만, 강희제가 열하 피서산장을 두어 한여름을 보내는 은미한 뜻이 몽골을 위무하기 위한 정치적 의도임을 읽어냈다.[245] 이는 사가가 지닌 지적 호기심의 발로이면서, 이웃 나라의 형세를 자국에 보고하여 불의의 변란에 대비코자 하는 목적을 지닌다.

4. 소결

근대 이전 조선의 북경 사행은 철저한 통제와 관리 하에 진행되었고, 그 경로 또한 바뀌지 않는 것이 상례였다. 오랜 연행의 역사에서 심각한 정치 변동 상황이 아니면서 행로가 추가되거나 변경된 것은 두 차례 밖에 없었다. 1780년과 1790년의 열하 행이 그것이다. 1780년에는 북경에서 여정이 추가되었고, 1790년에는 의주에서 목적지 변경 통보를 받았다. 1780년의 열하사행은 『열하일기』라는 불후의 여행기를 남겼고, 1790년 사행 또한 주목할 만한 여러 기록들을 낳았다. 이 글은 1790년 진하사행이 남긴 기록들에서, 이도정–열하 사이 보름간 1,000리 노정의 기록을 검토한 것이다.

---

243 『열하기행시주』, 「平泉」의 주.

244 『열하기행시주』, 「紅石嶺」. "푸른 산 어지러이 옛 유주에 꽂혀 있어, 변방 만 리 나그네의 시름을 씻어주네. 이곳이야 천하의 두뇌라 할 만하니, 홍석령 마루 위의 가을을 배회하네. 靑峯亂揷古幽州, 盪盡關河萬里愁. 此處堪呼天下腦, 徘徊紅石嶺頭秋." 주에서는 이러한 내용을 더 풀어 설명하였다.

245 『열하기행시주』, 「熱河 漢要陽白檀二縣 屬漁陽郡 唐奚地 明朶顔衛地」. "紅石嶺西灤水陽, 山川鬱鬱萬家藏. 大家微意知何在, 明白題來避暑莊." 마지막 구절 아래에 다음 주를 달았다. "康熙中建行宮, 號避暑山莊, 其實則撫慰蒙古也."

먼저 기초 작업으로 당시 노정을 재구하고 자료를 개관했다. 노정의 경우 두 차례의 답사를 통해 많은 부분을 확인하였다. 하지만 끝내 찾아내지 못했거나 일정에 쫓겨 확인하지 못한 지점도 있다. 당시 동선의 일부도 여전히 안개 속에 감추어져 있다. 자료 개관 작업은, 그간 여러 연구자들의 발굴, 해제, 번역, 논문 등의 작업으로 관련 기록들이 1차 정리가 되어 있는 상태여서 큰 어려움이 없었다. 본고에서는 자료들을 노정 공간 기준으로 재배치해보았다. 서호수와 황인점의 기록은 일기체 여행기인데, 『연행기』는 지리형세, 건치와 연혁, 제도와 규모 등에 풍부한 정보를, 『승사록』은 행중의 은미한 일상을 담고 있다. 세 수행원은 한시를 남겼는데, 유득공과 이희경의 시는 풍부한 주석을 곁들였다. 한시는 모두 30수에 달한다. 기록들은 성격상 상보적이어서 아울러 읽으면 매우 유효하다. 이 두 작업으로 여러 기록들을 지리공간과 관련지어 해석할 수 있는 토대를 구축하였다.

자료의 내용도 검토하여, 이 노정 공간이 지니게 된 문학사적 의의도 간략하게 따져보았다. 사행에 참여한 이들은 초유의 공간 체험에서 남다른 자부심과 경이감을 숨기지 않았다. 이는 그 자체로 작게는 문학공간의 개척이며, 크게는 세계상의 확대를 의미한다. 사행원들은 관풍지정(觀風知政)의 결과를 충실하게 기록하였다. 이는 새로 겪는 세상의 지리형세와 연혁 및 제도를 충실하게 기술하고, 나아가 풍속을 관찰하여 정치의 득실을 파악하여 보고하는 형식으로 나타났다. 이중 전자는 18세기 말의 지적 분위기를 반영한다.[246] 후자의 소득은 적지 않았다. 이 시기 개방적 문사들은 이미 숭명배청론의 허구에서 벗어나 겸허하고 진지한 북학론(北學論)을 제기하고 있었는데, 북쪽 변방에서 목도한 평화롭고 풍요로운 사회상은 그러한 관념에 구체적이고 결정적인 논거가 되어주었다. 이들은 주저 없이 북쪽 변방을 낙토

---

246 18세기말 사고전서의 편찬으로 청나라에서 간행한 지리지들에 대한 접근이 용이해졌고, 또 조선에서도 역사지리에 대한 관심이 증대되면서, 연행록에 많은 지리 정보들이 실리게 되었다. 1790년의 열하사행은 그러한 특징을 두드러지게 보여주는데, 그러한 현상의 의미에 대해서는 정밀한 고찰이 요구된다.

라고 했는데, 이는 청나라의 정치사회상에 대한 절대 긍정의 표현이었다.

이밖에 노중의 정서와 이들의 눈에 비친 풍경의 일부도 살펴보았다. 여러 편의 시들이 여행객의 정서를 담고 있는데, 여타의 연행기에서 보통 볼 수 있는 작품들은 논하지 않았다. 노중 체험의 일부는 여정을 재구하는 과정에 다루었고, 3장에서는 물길을 배로 건넌 특수한 체험과 조양 관제묘에서의 정황 등 세 편의 시만을 거론하였다. 관제묘에서 세 사람이 새벽까지 잠을 이루지 못하며 쓸쓸한 감회를 표현하였는데, 이는 당시 사행에 수행원으로 참여했던 서얼 문사들의 처지와 심사를 반영하고, 나아가 겉으로는 통일성을 유지하는 사행단 내의 이질성을 읽을 수 있는 단서가 된다.

極
地圖
赤道
小東洋
墨尾蠟泥加
南極界線
鸚鵡地
大明海
小西洋
北高海
白兒西海
朝鮮
日本
小西海
極

제6장

결어, 발길을 거두며

길은 사람들이 다녀서 만들어지고,
사물 이름은 사람들이 불러 생긴다.
道, 行之而成; 物, 謂之而然.

『장자』, 「제물론」

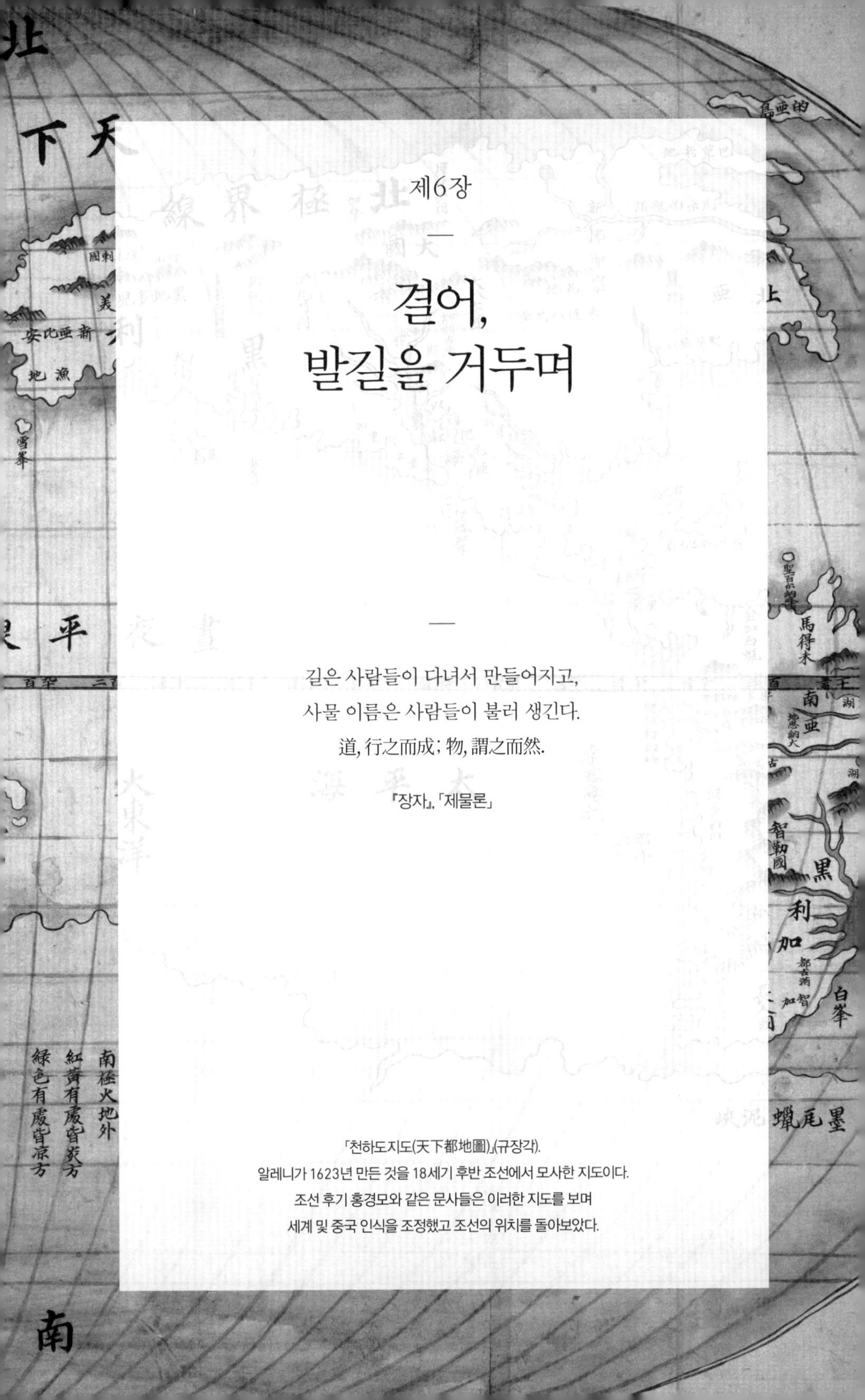

「천하도지도(天下都地圖)」(규장각).
알레니가 1623년 만든 것을 18세기 후반 조선에서 모사한 지도이다.
조선 후기 홍경모와 같은 문사들은 이러한 지도를 보며
세계 및 중국 인식을 조정했고 조선의 위치를 돌아보았다.

문명의 통로 연행로, 그 개방성과 폐쇄성

-17세기 초 유몽인의 산문 읽기-

길은 우리의 실제 삶과 밀접한 관련을 맺어왔다. 우리는 신체의 여러 부위를 사용하는 것처럼 길을 생각한다. 이러한 동맥들은 인간의 상업, 지식, 종교 등 모든 영역에 작동한다. 이러한 동맥들이 작동을 멈추면, 문명의 혈액은 더 이상 흐르지 않는다. 이는 우리의 신체 기관들이 더 이상 동맥에서 피를 공급받지 못하는 것과 똑같은 현상이다. 생산자와 소비자를 연결하는 길이 없다면, 소금이든 고기든 옷감이든 모든 물자는 한쪽에서는 넘치고 다른 쪽에서는 없는 끔찍한 고통이 발생할 것이다. 원료를 가져오고 완성품을 내보내는 길이 없다면 산업은 너무 황량해져서 죽음의 노래를 힘겹게 내며 마지막 숨을 거둘 것이다. 전파되지 않는 지식은 멍청해진다. 즉 길이 없으면 지식이란 금박 조롱 안에서 우아한 깃털을 자랑하며, 저 혼자 부르고 저 혼자 들으며 매일 똑같은 노래를 불러대는 예쁜 새와 똑같아질 것이다. 어떤 것도 길 만큼이나 다양한 진보의 단계를 거친 인간의 이미지를 잘 나타내지 못할 것이다. 인간의 모든 성취 중 가장 오래되고 미묘한 길은, 기쁨과 슬픔, 사랑과 미움, 지식과 신앙을 날랐으며, 사람들은 그것을 경험했다. 인간의 모든 역사는 세계의 길들 위에 커다랗게 씌어졌지만, 파괴자인 시간은 그 비밀을 여는 열쇠를 우리에게 남기지 않았다.

H. R. Jacobson,

A History Of Roads From Ancient Times To Moter Age(1940)

1. 서언

근래 연행에 대한 관심이 높아지고 있다. 여기에는 역사문화의 자기완결성을 강조하던 태도에서 타자와의 접촉과 교류를 중시하는 경향으로 바뀐 인식의 흐름이 작용하고 있는 듯하다. 여행이나 문명의 이동에 대한 흥미의 급증도 이와 상관이 있어 보인다. 이는 달리 우리 사회 세계관의 시야가 확대된 것으로도 볼 수 있다. 사람들은 하나의 성취나 장면을 더 큰 외연과 맥락 속에서 이해하고자 한다. 그 대상이 한국의 역사와 문화라고 하는 큰 단위로 바뀌어도 사정은 달라지지 않는다. 세계 또는 문명사라는 더 큰 영역 안에서 한국의 역사문화가 형성되고 존재하는 방식을 보고자 하는 것이다. 이러한 관점에서 연행은 대단히 중요한 의의를 지닌다. 이 시기 고려와 조선은 북경을 통해 세계와 호흡했고 선진 문물을 받아들였으니, 이 교류의 중요성에 대해서는 아무리 강조해도 지나치지 않다. 근대 이전 연행은 근대 이전 북경을 통한 외교, 무역, 문명 교류 등을 통칭하는 말이며, 연행로는 연행이 실천된 지리공간이자 문명로로서의 의의를 지닌다. 이 글은 600여 년 연행의 역사에서 중간쯤, 왜란(倭亂)과 호변(胡變)의 사이에서 중대한 전환이 요구되었던 17세기 초, 유몽인의 산문들을 텍스트로 하여 거시적으로 연행로가 지니는 문명로로서의 의의와 한계를 검토하는 것을 목적으로 한다.

2. 유몽인의 연행 체험과 연행로 인식

유몽인(1559~1623)은 17세기 초 조선이 도달한 지적 수준의 척도가 될 만한 인물이다. 그는 현실 모순을 바로잡고자 한 정치 관료였고, 모순을 통해 진실을 드러내려 한 문장가였으며, 자유를 추구했던 사상가였는데, 각각 분야에서 모두 한 시대를 대표할 만큼 뚜렷한 족적을 남겼다.[1] 따라서 유몽인의 성취는 그 시대의 성취를 나타내는 표상성을 지닌다. 유몽인을 이해하기 위하여 고려해야 하는 조건 중의 하나는 세 차례의 연행 체험이다. 유몽인은 세 차례—1591년(質正官), 1596년(書狀官), 1609년(聖節使)—사신으로 연경을 다녀왔다. 전란의 와중에 다녀온 앞 두 차례 연행에서와는 달리, 비교적 여유가 있었던 3차 연행에서는 250수에 달하는 시와 10여 편의 산문을 남겼다. 선진 문물에 대한 강렬한 동경과 학습 의지를 보여주는 이 기록들은, 그보다 근 200년 뒤에 등장한 북학파 학인들의 그것에 견줄 만하다.

유몽인의 연행 체험과 인식이 정점에 달한 1609년 전후는, 600년 연행의 역사에서 중간쯤에 위치한다. 국제적으로는 동아시아 질서의 재편기였고, 중국은 명청 교체기에 해당된다. 조선은 왜란과 호변의 사이에서 생존과 지속을 위한 절박한 반성과 새로운 모색이 요구되던 시기이다. 조선은 왜란으로 피폐해진 국가 경제의 재건과 정치 개혁의 요구에 직면해 있었다. 선택에 따라 연행로는 그 기능이 상당히 위축될 처지이기도 했다. 실제 유몽인이 마지막 연행을 다녀오고 불과 12년도 채 못 된 1621년 후금이 연행로의 길목인 요양에 도읍하면서 연행로는 심각한 요동을 겪게 된다. 이러한 격변의 시기, 당시의 대표 문사인 유몽인의 연행 체험과 인식은, 연행로의 성격과 의의를 평가하는 데 표준이 된다. 이를 위해 유몽인의 연행 관련 산문을 검토하고자 한다.

---

1 유몽인의 생애와 문학 성취에 대해서는 조석래, 『유몽인 시문 연구』, 예지각, 1989와 신익철, 『유몽인 문학 연구』, 보고사, 1998 참조.

연행 관련 산문 목록

번호	제목	출전	년도	비고
1	유서장관 별장첩 서문(柳書狀別章帖序)	권 3	1609	조카 유혁(柳淡)
2	북경 가는 성징 이정구에게(贈李聖徵廷龜令公赴京序)	〃	1604	
3	북경 가는 박동열을 보내며(送朴說之東說赴京序)	〃	?	1596~1608
4	북경 가는 여성군 이지완을 보내며(送斗峯李養吾驪城君志完赴京序)	〃	1612	
5	동지사 첨지 윤경립을 보내며(送冬至使尹僉知存中敬立序)	〃	1600	
6	성절사 서장관 김대덕을 보내며(送聖節使書狀官金大德序)	〃	1610	
7	동지사 유대정을 보내며(送冬至使兪景休大楨序)	〃	1610	
8	북경 가는 좌랑 신광립을 보내며(送申佐郎光立赴京序)	〃	?	1604~1606
9	동지사 이창정을 보내며(送冬至使李昌庭序)	〃	1617	
10	동지부사 목대흠과 헤어지며 시를 지어주다(別冬至副使目湯卿大欽詩序)	〃	1616	
11	동지사로 연경 가는 조존성을 보내며 그의 올곧음을 기리다(愛直送趙遂初存性賀冬至于燕京序)	〃	1612	
12	유간의 조천시 서문(送柳老泉澗朝天詩序)	〃	1616	
13	사은주청사로 4번째 연경 가는 이정구와 헤어지는 시의 서문(奉別謝恩奏請使李月沙廷龜四赴燕山詩序)	〃	1620	
14	만수절 황성의 연례에 참여하여 지은 시의 서문(萬壽節朝天宮演禮詩序)	권 4	1609	
15	황제의 생일 당나라 시인의 '조조(早朝)' 시에 차운한 시의 서문(萬壽日次唐賢早朝諸韻詩序)	〃	1609	
16	자은사 시의 서문(慈恩寺詩序)	〃	1609	
17	북경에 시험보러 가는 심양의 거자 보도 보인 형제에게(贈瀋陽擧子寶都寶印昆季赴北京詩序)	〃	1609	명인(明人)에게 준 글
18	서장관 고용후를 보내며(送高書狀用厚序)	〃	?	1609년 이후
19	북경 가는 동료의 형님 이교리를 보내며(送僚伯李校理朝天序)	〃	?	1605~1609
20	염초와 궁각을 병부에 요청하는 글(請鹽焇弓角兵部呈文)	권 5	1609	외교문서
21	연회를 거두어 달라고 예부에 요청하는 두 번째 글(免宴禮部再度呈文)	〃	1609	외교문서

번호	제목	출전	년도	비고
22	동지사로 연경 가는 이상신을 보내며(送李而立尙信赴賀冬至于燕京序)	후집 권3	1605	
23	성절사 이춘원을 보내며(送聖節使李同樞立之春元序)	〃	1620	
24	사은사로 명나라에 가는 한덕원을 보내며(贈別韓侍郎德遠使上國謝恩序)	〃	1610	
25	서장관 김감을 전송하며 노래를 지어주다(送金書狀鑑赴京歌序)	〃	1617	
26	국어의 문체를 흉내내어 동지부사 정사신을 전송하다(送冬至副使鄭令公谷神子士信序效國語)	〃	1610	
27	행산의 꿈이야기 서문(杏山記夢詩序)	〃	1609	
28	동지부사 신설에게 시를 지어 드리다(奉贐冬至副使申季收令公詩序)	〃	1608	신설(申渫[1561~1621])
29	북경 가는 정엽을 보내며(送鄭時晦曄赴京序)	〃	1612	
30	천추사 김위남과 헤어지며(別金藥山偉男千秋詩幷引)	〃	1610	
31	연경 가는 연로에서 놀 만한 곳을 기록하여 동지부사 윤방에게 주다(燕京沿路可遊者記送冬至副使尹昉可晦參知)	후집 권4	1614	
32	김서장관에게 조천기를 주다(贈金書狀朝天記)	〃	?	
33	연회를 거두어 달라고 예부에 요청하는 첫 번째 글(免宴禮部初度呈文)	〃	1609	외교문서
34	예부에 염초와 궁각을 요청하는 글(請鹽焇弓角禮部呈文)	〃	1609	외교문서

1609년 명나라 병부에 염초(鹽焇)와 궁각(弓角)의 제공을 청하는 글이나, 선조의 상기가 끝나지 않았다는 이유로 예부에 연례(宴禮)를 사양하는 몇 편 글을 제외하면, 대부분 연행을 떠나는 사람들에게 지어준 서문이다. 지어진 시기는 거의 모두 1600년에서 1620년 사이이다. 유몽인은 이들 글에서 글쓰기 방식과 연행 인식의 다양한 스펙트럼을 보여준다. 통일된 형식의 기행문을 남기지 않아 사유가 각각의 산문에 불규칙하게 흩어져 있는 데다, 진한 고문체로 지어진 각 편의 산문 또한 난삽하여 해독이 쉽지 않다. 이는 그동안 연구의 걸림돌로 작용해온 것이다. 여기서는 파편화 된 유몽인의 사유를 일정한 개념에 담아 체계적으로 정리해보고자 한다.

3. 편방(偏方)의 구속감, 넓은 세계에 대한 동경

유몽인의 연행 관련 송서(送序) 중, 내용상 일반 관례에서 크게 벗어나 의아스러운 몇 작품이 있다. 이정구에게 준 두 편의 글(2번, 13번)과 정엽(鄭曄, 1563~1625)에게 준 한 편의 글이 그것이다. 이 글들은 연행을 떠나는 사람에게 주는 송서의 형식으로 지어졌기 때문에, 해석에 있어서도 어느 정도는 연행 인식의 맥락이 고려되어야 한다. 하지만 아직까지는 작품이 아예 주목을 받지 못했거나, 거론되었어도 그러한 맥락이 고려되지 않았다.

1604년 이정구에게 준 「북경에 가는 성징 이정구 공에게 주다 贈李聖徵廷龜令公赴京序」는 우도(友道)를 말한 의론체의 글이다. 글은 오륜의 하나인 붕우에 대한 당시 세태에 의문을 던지는 것으로 시작된다. 가장 심각한 문제는, 벗을 사귀는 도는 하나인데 그 길은 너덧 갈래로 나뉘어져 있다는 사실이다. 여러 갈래는 서로에게 배타적이다. 각각의 개인들은 어느 쪽에든 가담할 것을 강요받는다. 이렇게 만들어진 집단은 각각 자신의 정당성과 절의를 주장하지만, 그 주장은 서로에게 통용되지 않는 자폐적인 것들이다. 그 과정에서 신의라고 하는 벗 사귐의 큰 원칙을 지켜지지 않으며, 이를 지키는 사람은 여러 집단에게서 동시에 비난 받는 외톨이가 되고 만다. 이는 명백히 당시 사분오열되어 목숨 걸고 대결하는 붕당 실정과 그 와중에서 번민하는 한 개인을 보여준다.

유몽인이 보기에 붕당이란 지나치게 차이만을 내세운 결과에 지나지 않는다. 간과 폐는 함께 사람 몸속에 있지만 성질이 같지 않고, 눈과 귀는 같이 얼굴에 있지만 기능이 서로 다르다. 새의 깃털과 눈송이는 똑같이 흰색이다. 억지로 다른 것을 같게 하려면 같아지지 않지만, 같은 점을 중심으로 보면 절로 같아지는 법이니 따지고 보면 원래부터 다른 것이 아니다. 하지만 이는 유몽인의 생각일 뿐, 풍파가 한 번 일면 형제간에도 우애를 지키기 힘든 것이 당시 붕당의 현실이었다. 이처럼 사귐의 폭이 당파 안으로 제한되어 있는 현실에서, 유몽인은 독립 자유인을 표명한다. 혼자이니 어디에도 얽매일 까닭이 없고, 얽매이지 않으니 누구와도 사귈 수 있다고 했다.

이 글의 의미를 따지기에 앞서 정엽에게 준 글을 보기로 하자. 600여 자밖에 안 되는 짧은 글의 전반부는 다음과 같다.

> 나는 글을 읽음에 있어 아직 『역』을 환히 알지 못하지만 일찍이 그 깊은 뜻을 헤아려 오늘날의 인사에 적용시켜 본 적이 있다. 지금 동서남북의 붕당이 있어 갑이니 을이니 하고 다툰 지가 오래되었다. 나는 동남쪽에서 벗을 잃고 서북쪽에서 벗을 얻어 일찍이 서북쪽을 귀의처로 삼아 의기가 서로 잘 맞았다. 그런데 육친 중 처재(妻財, 아내의 재물)가 재앙의 빌미가 된다던 점사가 있더니, 서쪽에서 들고 일어나 나를 관귀(官鬼)로 해치려 하였다. 나는 침 뱉고 대수롭지 않게 여겼다. 내 생각에 그들은 자그마한 걸 산처럼 부풀려 눈을 부라리고 사람에게 달려드는 것이니, 마치 썩은 쥐가 나를 꾸짖는 것 같았다. 나는 맑은 바람으로 시원하게 손을 씻으며 먼지 한 점 일으키지 않았다. 그 뒤로 내가 사헌부의 어사로 7도에 파견되었다. 사대부가 나라에 몸을 바쳤으니 반드시 먼저 도적의 무리를 없앤 뒤에야 백성들이 편안해질 수 있다고 생각하였다. 이에 문관이든 무신이든 그 권세를 묻지 않고 탐관을 물리치는 데 힘썼다. 앞뒤로 수십 명을 혹은 의금부에 가두고 혹은 관작을 벗겨냈으니, 이것이 어찌 이른바 종로에서 뺨 맞고 한강에서 화풀이한 것이겠는가! 북쪽을 돕고 남쪽을 공격하자 남쪽과 상극이 되더니 북쪽도 절로 끊어졌다. 우물에 밀어 넣고 돌을 던지기를 좋아하여, 쇠가 쇠를 부식하고 물이 물을 튀기 듯하니, 벗을 얻는 의리가 없어져버렸다. 드디어 떠나가 간(艮)으로 돌아갔으니, '간'이란 신이며 그친다는 의미로 곧 나의 암자 이름이다.[2]

---

2 『어우집 후집』 권 3, 「送鄭時晦曄赴京序」: "余於書, 雖未曉易, 嘗試揣摩其奧旨, 參互乎今之人事. 今者, 有坎離震兌之朋, 彼甲此乙也久矣. 余自以東南喪朋, 西北得朋, 早與兌坎爲依歸, 意氣相投殊甚. 占之以六親妻財爲祟, 於兌並起, 而賊我官鬼. 余顧而唾之, 視之猶泥滓, 謂彼重錐刀如山丘, 瞋目以禦人, 是似腐鼠而嚇

『역(易)』 괘사(卦辭)의 방위로 당시 붕당 속에서 자신의 행보를 표현한 글이다. 동서남북 네 붕당이 있었다. 처음 유몽인은 북인 및 서인들과 가까이 지내면서 제법 의기가 투합했지만, 처가(재물)의 문제로 서인에게서 배척되었다.[3] 이로써 서인과 끊어졌다. 그 뒤에 잠시 북인의 편에 서자 남인들이 들고 일어났지만, 북인과도 곧 관계가 끊어졌다. 북인과 끊어진 이유는 밝히지 않았는데, 문맥상 사헌부 어사 시절 사정을 돌보지 않은 탄핵 때문인 것으로 보인다. 네 군데 인연이 모두 끊어져 자신을 보호할 세력이 없어지자 모든 곳에서 집중적인 공격의 대상이 되었다. 결국 그는 견디지 못하여 벼슬을 그만두고 산[艮]으로 들어갔다. 『역』에서 간괘(艮卦)는 '산(山)'과 '멈춤[止]의 의미를 지닌다. 간암(艮菴)이라는 호를 사용하게 된 경위이다. 정엽이 연행을 떠난 해가 1612년이고, 유몽인이 고흥에 은거한 때가 1611년이니, 이 글은 고흥 은거 시절을 배경으로 한다.

두 편 글의 요지는, 조선은 붕당의 지나친 구속으로 인해 독립된 개인이 자유로이 존속할 수 없고, 당파를 벗어나서는 인간적인 교유조차도 어려운 사회로, 자신은 끝까지 독립 자유인으로 살고자 한다는 것이다. 어조는 사뭇 절실하다. 유몽인은 왜 먼 길을 떠나려는 사람에게, 그에 대한 격려·염려·당부 등 통상의 내용이 아니라, 자신의 처지와 신념을 늘어놓았을까?[4]

我, 我宜以淸風濯手洒然, 不惹一點坌耳. 逮忝行臺于七道, 謂士夫委質于國, 必先去跖徒而後民可安也. 於是不問文武之强禦, 務擊貪贓, 前后數十人, 或拘之金吾, 或剗其官爵, 是豈所謂怒室而色市者耶. 及夫右坎攻離, 旣與離爲克, 而坎又自絶, 其好擠之井而下之石, 金蝕金, 水激水, 得朋之義, 蔑矣. 遂去而歸于艮, 艮者, 山也止也. 卽余菴號也. 止其官而歸于山, 時義正矣."

3　유몽인은 15세에 신식(申栻)의 딸과 혼인했다. 이와 관련하여 서인들과 어떤 갈등이 있었는지는 알려진 바 없다.

4　두 편의 글 말고 1620년에 이정구에게 준 「奉別謝恩奏請使李月沙廷龜四赴燕山詩序」에서도 유몽인은 是非, 順逆, 同異를 가리는 판단의 준거에 의문을 표하면서, 한쪽의 입장에서 판단을 고집하면 소통을 위한 논의의 여지가 없어진다는, 다소 그 지시 내용을 파악하기 어려운 논의를 펼친 바 있다. 그런데 이 글에 붙은 시에는 "당파도 치우침도 없는 우리 도는 공정하나, 공자는 동서와 남북으로 떠돌았네. 無黨無偏吾道公, 仲尼南北又西東."라는 구절이 있어, 또한 붕당과 관련되어 있음을 암시한다.

우선 고려할 수 있는 것은 당시 유몽인의 정치적 처지와 관련된 두 사람의 관계이다. 글은 자기 변명의 성격을 띠고 있으며, 예민하게 그 뜻을 헤아려 읽는다면 은근한 부탁의 뜻도 건질 수 있다. 하지만 아무리 양보해도 자신에 대한 청탁으로 읽는 것은 어려워 보인다. 1612년은 몰라도 1604년 전후 유몽인은 사헌부 어사, 우승지, 대사성, 예조참의 등의 요직을 두루 거치고 있을 때니 부탁할 이유도 없었다.

해석의 단서는 두 글의 말미에서 찾을 수 있다. 이정구에게 준 글은 "나는 앞으로 독립된 한 사람으로 널리 사귀는 삶을 따르겠네. 吾將任其獨而從其博乎"라는 말로 마무리되고, 정엽에게 준 글의 끝에는 "붕당이 없는 땅으로 나를 불러주게. 邀余於無朋之地."라는 구절이 있다. 유몽인은 붕당의 구속이 없는 세계를 꿈꾸었던 것이다. 그런데 그런 절박한 꿈을 왜 하필 연행을 떠나는 이들에게 말했을까? 유몽인은 1617년 이창정(李昌庭)에게 준 글에서 인재 등용에 어떤 제한도 없는 중국의 현실에 비분을 일으킨 적이 있다.[5] 현실적으로 조선의 건너편에 있는, 유몽인이 소망하는 세계는 연행을 통해 체험할 수 있는 중국이었다. 그러니 유몽인의 절박한 비관은 중국에 대한 동경과 함께 마음 깊은 곳에 내재되어 있다가, 연행이라는 계기를 만나 표출된 것이라고 볼 수 있겠다.

유몽인은 조선을 치우친 구석—편방(偏方), 편우(偏隅)—로 인식했다.[6] 이는 중국 중심세계관의 소산으로, 유몽인에게서만 보이는 특별한 현상은 아니다. 다만 상대적으로 유몽인의 다른 점은, 편방의 대극에 이상적인 세계로 중국을 설정하고, 둘을 현실과 이상으로 대비하면서 후자에 대한 강렬한 동경을 드러내고 있다는 사실이다. 그에 따르면 조선과 달리 중국에는 한 시

---

5 권 3, 「送冬至使李昌庭序」: "余嘗三忝觀國, 猥廁朝賀之班, 竊有慨然於中者. 中國立賢無方, 洞闢四門, 霜露所降, 日月所照, 無不衣被聖澤."

6 이런 인식은 다음 표현들로 나타난다. 生此偏隅(3), 我國地偏且小(6), 海外偏邦(21), 偏方一鯫生(19), 居偏者跡拘(29), 吾儕生之偏也, 處遐偏(30). 괄호 안 숫자는 [표 1] 글의 일련번호이다.

대에 일컬어지고 후세에 전해지는 인물이 있는데, 이는 인재를 알아보고 숭상할 줄 아는 기풍 때문이다. 그는 동방에 태어난 것을 탄식했다.[7] 다른 글에서는 '난(蘭)'을 들어 설명했다. 두 나라의 땅 면적은 크게 다르지만 남북의 길이와 이에 따른 식생은 별 차이가 없다. 따라서 조선의 남쪽에서도 난이 자라지만 이를 알아보는 사람이 없고, 수천 리 떨어진 북경에서 큰돈을 주고 사 오는데 그나마 속아 잘못 사는 것이 거지반이다. 이유는 하나 안목이 없기 때문이다.[8] 이 글에서 유몽인은 시종 '난'을 이야기했지만, 여기에는 웃지 못할 당대 현실에 대한 아픈 비판이 담겨 있다.

조선이 편방인 이유는 표면상 전통 화이론에 근거한 지리관 때문이지만, 본질적인 이유는 인재를 알아보고 쓰지 못하는 사회의 편협한 기상 때문이다. 이는 다시 구체적으로 붕당의 틀 속에서만 사람을 보는 풍조와 연관된다. 조선 사회에 있어 붕당과 신분, 그리고 여성 차별은 인재 양성의 최대 걸림돌이었는데, 유몽인은 그 중 붕당의 폐해를 심각하게 인식했다. 결국 자신의 문제이긴 했지만, 이러한 문제의식은 연행을 앞에 놓고 한편으로는 극단적인 절망으로 다른 한편으론 무한한 동경으로 상이하게 표현되었다. 그는 중국이라는 나라가 인재를 알아보고 대우하기 때문에, 사회적으로 크게 쓰이고 후세에 이름을 남길 수 있는 곳이라고 보아, 거기서 자기 능력을 펼치고 인정받기를 열망했다.

> 대국이 하방(下邦)을 대함에 내외를 두지 않아 방문을 마음대로 맡겨 피차에 막힘이 없다면, 나같은 사람은 번거로이 통역을 둘 것이 없다. 언어가 통

---

7 권 3, 「送申佐郎光立赴京序」: "余嘗觀東方效中國, 如東施之於西施. 其中以小知自好者, 率不過中國之糠覈耳. 然而瓌偉倜儻奇倔之士, 千百世有一二焉, 東方人熟視之不察也. 謂與渠儕, 而惟中國人大異之, 當時稱焉, 後世傳焉. 何者, 中國尙才, 而東方不尙才. 中國知人, 而東方不知人. 薄命哉, 人才之生東方者."

8 권 3, 「送聖節使書狀金大德序」: "非無蘭, 識蘭者無之也. … 今此之蘭, 非如荊之馬·燕之鵾, 卽吾南之土着, 而不之知, 無他. 東人之眼, 肉也, 瞪而視之, 謂之曰蕭艾."

> 하지 않음이 없는지라 푸른 나귀에 각건 차림으로 천하를 돌아다니는데, 기주(冀州)와 연주(兗州)를 지나 청주(靑州)와 서주(徐州)로 나가고, 예주(豫州)와 양주(梁州)를 거쳐 형주(荊州)와 양주(楊州)를 지나, 공맹과 정주의 땅인 추로(鄒魯) 수사(洙泗) 염락(濂洛) 지방을 출입하고 다시 옛 연나라와 조나라의 사이에 노닐면서, 시서와 예악의 유자·충신과 도덕의 선비·뜻이 크고 박식하며 전아한 무리와 어울리면서, 가슴을 갈라 간담을 보여주면서 의기를 맺어 천하 사람들로 하여금 동국에도 인재가 있는 줄을 알게 한다면 비록 죽더라도 한이 없을 것이오.[9]

박동열에게 준 글의 일부로 유몽인의 포부가 잘 나타나 있다. 유몽인은 붕당의 틀에 얽매여 인재를 알아주지 않는 조선의 현실에 절망하였다. 그의 마음에는 조선의 현실에 대한 절망과 반대급부로 중국에 대한 동경이 자리 잡고 있었다. 그의 포부는 그 세계를 주유하는 것이고, 그곳에서 인정을 받는 것이었다. 1620년 이춘원(李春元)에게 준 글에선, 자신의 뜻은 부귀에 있지 않으니, 혹 북로(北虜)가 요동 길을 막고 있다면 멀리 바닷길을 이용하여 천하 사람들로 하여금 동국에 인물이 있음을 알게 하는 것도 괜찮겠다고 했다.[10] 이밖에도 그는 여러 차례 자유로운 여행과 유학이 허용되도록 황제에게 주청해달라, 자신의 시문을 눈 밝은 중국의 인사에게 보여주어 천추에 자기 이름이 드러날 수 있도록 해달라고 간곡하게 당부하였다. 그에게 있어

---

9 권 3, 「送朴說之東說赴京序」: "誠使大國待下邦不有內外, 任其載贄, 無礙於彼此, 則若余者, 不煩象胥, 語言無不通., 如以靑騾角巾, 彷徉天下, 繇冀兗出靑徐, 歷豫梁掠荊楊, 出入乎鄒魯洙泗濂洛, 復遊乎燕趙之間, 以與夫詩書禮樂之儒, 忠信道德之士, 瓌偉俶儻博雅之流, 披心腹, 倒肝膽, 結義氣, 使天下之人, 皆知東國有人也, 則雖死吾不恨矣."

10 후집 권 3, 「送聖節使李同樞立之春元序」: "然所志不在乎此, 只悲天下之不吾知也. 今子再入遼燕, 遼燕天下之偏, 其在天下, 不過八萬四千毛孔之一毛孔也. 而回顧小邦, 猶自視缺然, 矧天下之地, 足跡眼力之所未逮者哉. 今子之行也, 屬中國多壘, 北虜欲梗遼路, 若遼路梗, 不必由鴨綠, 可以航黑白赤蒼而終返無潮之海, 究先儒所未究者, 卽我地是已. 雖不幸天下之大, 無非天子之地, 一鞭靑騾, 何所往而不可將盡昔人足跡眼力之未逮者, 而以耀我道德文章節行, 使天下知東國有人, 亦不可乎!"

그림 71 「기려도(騎驢圖)」(정선, 개인 소장). 유몽인은 각건(角巾, 은자의 두건) 차림에 검은 나귀를 타고 중국을 마음껏 돌아다니며 박식한 선비와 어울리고 뜻 높은 인물과 사귀고 싶다고 했다. 저들의 선진 문물과 제도를 제대로 배워 오는 사람이 없다고 한탄하기도 했다.

중국은 단순한 이웃 나라가 아니라, 세계의 크기 전부였다. 사회문화적으로 조선의 대척점에 있는 동경의 땅이며, 자신의 포부를 실현시킬 수 있는 기회의 공간이었던 것이다.

4. 문화적 재탄생의 길, 국가 경영의 전범

유몽인은 자신이 처한 조선의 상황에 매우 비관적이었고, 이는 반대급부로 중국에 대한 극단의 동경으로 나타났다. 중국은 개인 유몽인에게 있어 선망의 세계였다. 한편 당대 유몽인의 위상은 개인에 그치지 않는, 전란 후 사회 혼란의 수습과 국가 재정의 복구라는 과제를 안은 사회적 존재였다. 시대의 모순을 해결하고 국가의 위기를 극복할 과제를 지고 있는 유몽인에게 중국은 어떠한 나라였을까? 그것은 적극적이고 치밀하게 배워야 하는 국가 경영의 모델이었다. 이 차원에서 연행로는 조선의 사회 수준을 높일 수 있는 방법을 학습하러 가는 길이었다. 그에게 있어 연행은 동경하는 세계를 체험할 수 있는 기회였고, 연행로는 현실과 이상, 세계의 주변과 중심을 이어주는 길이었다. 그는 연행을 통해 문화적인 재탄생이 가능하다고 믿었다.

> 이제 이군이 관동을 유람하여 아름다운 경치를 실컷 구경하였으니, 우리나라에서 가슴에 운몽택(雲夢澤)을 담은 이로 과연 이군만한 사람이 있겠는가! 하지만 금번 이 행차에서 동한(東韓)을 돌아보고 그 장관을 비교한다면, 40년 동안 아직 태어난 것이 아니고 오늘에야 비로소 태어난다는 사실을 깨닫게 될 것이네.[11]

---

11 후집 권 4, 「送僚伯李校理朝天序」: "今李君遊關東, 飽飫形勝, 其在我國, 胷中雲夢, 果有如李君者乎!

1605년 동지사 이상신(李尙信)에게 준 서문은 편의상 여덟 단락으로 나눌 수 있는 글이다. 첫 단락에서는 사행의 다양함, 사신 선발의 엄격한 기준, 노중의 물품과 외교문서를 마련하는 어려움과 차질이 생겼을 때 돌아가는 책임을 말했다. 둘째 단락에서는, 두 계절 전부터 사행 준비를 해야 하는 번거로움, 사신으로 임명된 이들은 필요 물품 대부분을 팔도 지방에서 조달해야 했는데, 위세와 성망에 따라 차이가 현격하여 겪는 어려움을 말했다. 셋째 단락에선, 역관의 농락으로 피해를 봄은 물론 세상의 조롱거리가 되고, 공공의 경비를 쓰고 사비로 채워 넣어야 하는 곤란함을 말했다. 넷째 단락은 여름 장마 때의 행역의 힘겨움을 자세하게 묘사했고, 다섯째 단락은 겨울 추위로 겪는 행역의 괴로움을 서술했다. 여기까지 읽었을 때 연행은 한번 다녀오면 머리가 하얗게 세는, 귀찮고 괴로운 행역에 지나지 않는다.

하지만 행역의 고통이 극단에 이르고, 연행에 대한 기대가 최저점에 달한 이 지점을 기점으로 여섯째 단락에 이르면 논조가 일변한다.

> 비록 그러하나 남아가 이 세상에 태어나 천하 사방에 뜻을 두고 한 구석에 매달린 조롱박 신세가 되기를 원치 않는다면, 중원 행은 두세 번이면 몰라도 한 번은 그만 둘 수 없는 일이다. 왜 그런가? 마의(馬醫)의 집에서 비름이나 명아주 나물만 먹다가 궁궐의 진수성찬을 보면 놀라 몸에 힘이 풀리는 것은 당연한 이치이다. 이제 먼 구석 땅에 움츠려 있으면서 지척만 보며 반생을 보내다가 하루아침에 길을 나서 유람을 시작하면 갈수록 기이하고 닿는 경지마다 면목이 새로워지기 때문이다.[12]

然而今此之行, 回顧東韓, 較其壯觀, 可覺吾生四十年之未始有生, 而有生於今日始."

12 후집 권 3, 「送李而立尙信赴賀冬至于燕京序」: "雖然, 男兒生世間, 射弧矢志四方, 不蘄匏繫一隅, 則中原之行, 雖不宜再三, 至於一, 則誠不可已. 何者, 馬醫之家, 藜莧其食, 見王公珍羞方丈, 驚悸失筋, 其理固也. 今者瑟縮遐陬, 其見咫尺者垂半生, 一朝沿道遊覽, 愈往而愈奇, 觸境而面目皆新."

마의(馬醫)의 집에서 나물 반찬만 먹다가 궁궐의 진수성찬을 보는 것으로, 먼 구석 땅에 움츠려 있다가 넓은 세상의 기이한 경지를 겪는 것으로 국면을 전환시켰다. 연행의 고통은 연행에 대한 기대감으로 바뀌었다. 앞 다섯 단락의 서술은 국면 전환을 위한 포석인 셈이다. 하지만 관습적인 명제나 추상의 비유만으론 바뀐 국면의 필세를 충분히 끌어올리기엔 부족하다. 이에 유몽인은 요양 주필산에서, 만리장성과 황금대를 거쳐 황극전(皇極殿)에 이르기까지, 연행 공간 속 역사 사연과 성대한 문물의 예를 거푸 열여섯 항목이나 예시했다. 역사 사연들은 조선 문사들이 독서를 통해 관념으로 숙지하고 있는 것들이고, 문물의 성대함 또한 소문으로만 듣던 것들이었다. 사례가 열여섯 차례 숨 가쁘게 제시되는 동안, 앞에서 조성된 연행에 대한 두려움이나 불안은 흥분과 열망으로 바뀌게 된다. 유몽인에게 있어 연행로는 갈수록 기이하고 보는 것마다 새로운, 즉 견문의 확대를 통해 인식이 일신하는 길이었다.

1610년 동지부사 정엽(鄭曄)에게 준 글은, 무너져가는 초가집에 살면서 세상에 자기만한 부자가 없다고 생각하다가 화려한 궁궐을 보고 크게 놀라 달아나는 시골 사람 이야기로 시작한다. 유몽인은 이 시골 사람의 행동을 두고, "땅이 좁으면 살림이 궁색하고, 사는 곳이 치우치면 자취가 매이고, 시야가 막힌 자는 식견이 어두우며, 듣는 게 국한된 자는 뜻이 정체됨은 하늘의 이치"이기 때문이라고 분석했다.[13] 물론 견문이 적은 조선 사람을 겨냥한 것이다. 변설은 도도하게 이어진다. 천하의 크기로 보면 동국은 몸의 사마귀 한 점, 태산의 참새에 지나지 않는다. 다행히 중화 제도를 배워 문물은 비슷하지만, 나라를 다스리는 규모와 정밀함에 있어 대체를 얻지 못했기 때문에, "땅이 작아도 개척되지 않고, 백성들이 적어도 모이지 않으며, 물산이

13 후집 권 3, 「送冬至副使鄭令公谷神子士信序 效國語」: "冬至使鄭子將行, 徵默好子以言. 默好子方憂採薪, 偃伏山齋, 重其請, 作而稱曰, 夫蔀屋剝廬, 偶逢一秋, 侈然自饒, 謂無我富也. 而及覩夫瓊宮桂室, 香粉山堆, 不自知目動口呿, 倒屣而走也, 何者? 地狹者生窶, 居偏者跡拘, 視壅者識闇, 聞局者志滯, 天之理也."

드문데 새는 게 많고, 정령은 가혹하여 거느리기 어려운" 문제점을 지니고 있다.

어조는 조선 문물의 초라함을 묘사하는 데서 극에 달한다. 연경의 화려한 문물을 보고 돌아올 때, 요양 주필산에서 사행단을 맞이하기 위해 나온 조선의 군마 100여 기를 만나는데, 그들 행색이 초라하기 그지없어 놀라지 않을 수가 없다. 국경 안으로 돌아오면 변방의 성첩에는 회를 칠하지 않았고, 관아 뜰에는 벽돌을 깔지 않았고, 띠집에는 담장이 없고, 신발엔 바닥이 없고, 시골엔 늘어선 상점이 없으며, 저자에는 화폐가 유통되지 않는다. 이 모두는 연경 체험 뒤 비로소 눈에 들어오기 시작한 것들이다. 파주와 통주는 각각 수도의 근처 고을이라는 점에서 비슷하지만, 그 물산과 제도는 비교조차 되지 않으니, 동국 사람의 슬픈 처지를 절로 알 수 있다고 했다. 이러한 서술은 초두의 시골 사람에 대한 이야기와 조응하고, 그런 가운데 주제가 절로 드러난다. 유몽인은 단적으로 이렇게 말한다.

> 그대가 어찌 동국 사람의 슬픈 처지를 알겠는가? 동국에 있으면 알지 못하나 중국에 이르면 비로소 크게 깨달을 걸세.[14]

임란으로 인한 국가 파탄이 회복되지 않은 시점이긴 하지만, 지금의 독자로도 낯이 뜨거워질 정도로 자국의 낙후된 실상을 에누리 없이 묘사하는 장면에서는, 지나친 자기 비하나 맹목적인 모화 의식의 소산이 아닌가 의심이 들 정도이다. 하지만 유몽인은 조선인으로서의 자의식이 분명했고, 명나라의 화폐 제도를 도입하여 도탄에 빠진 민생을 구제하는 것을 열망했을 정도로 자국의 민생에 대한 애정이 강했던 인물이다.[15] 그렇다면 유몽인

---

14 앞의 글 : "子豈知東國之人可哀哉. 在東國, 不自知, 到中國, 始大覺."

15 이승수, 「유몽인의 연행 체험과 중국인식」, 『동방학지』 136, 연세대 국학연구원, 2006.

의 비판적 자기 인식은, 그가 가급 문제점들을 은폐하여 현실을 아름답게만 포장하려고 하는 지배 이념의 허위의식에 물들지 않았고, 현실 문제에 있어 분명한 대안과 비전을 가지고 있었다는 반증으로 읽힌다. 현실의 문제를 은폐하려 하면 대안을 마련하고 비전을 제시하는 것이 불가능하다.

1609년 왕세자 책봉 사은사 한덕원(韓德遠, 1550~?)에게 준 글은 어느 정도 위 가설에 대한 해답의 실마리를 제공한다. 유몽인이 보기에 조선의 가장 큰 취약점은 군사[治兵]와 경제[生財] 두 분야였다. 기자의 교화 이래 예와 도덕의 수준은 크게 향상되어 중국에 못지않다. 하지만 군사와 경제 분야는 외국의 모욕을 초래할 만큼 내실이 없었다. 결과 왜란을 겪어 온 나라가 파탄났으며, 전쟁이 끝난 지 20년이 되었어도 나라 살림은 텅 빈 채 그대로니, 뜻 있는 사람이라면 구습을 몰아내고 새로운 시도를 하지 않을 수 없는 시점이라고 했다. 유몽인은 그 두 분야의 모범 사례로 중국의 제도와 운영을 예시했다.

중국 군사제도의 핵심은 전마 포함 충분한 보급품과 식량을 지급하고 다른 의무를 지우지 않아, 병사들이 생계의 부담 없이 군무에 충실할 수 있다는 점이다. 군역에 종사하게 되면, 생업에 종사하지 않아도 본인은 물론 가족들까지도 의식 문제가 해결된다. 하여 백성들은 군역에 나아가는 것을 꺼리지 않는다. 대우가 충분하니 군율의 엄격한 적용이 가능하여 전쟁에 임하여 물러나는 법이 없다고 했다. 경제 제도의 핵심으로 합리적인 조세의 운영과 상업의 발달을 들었다. 세금의 징수가 가볍고 단순하니 소출만으로도 자급자족할 수 있다. 상업의 발달은 저자와 시장이 활성화로 나타는데, 그것이 가능한 이유는 화폐 제도의 효율적 운용이다. 화폐 제도는 물자의 원활한 유통 및 증대와 분배를 가능하게 한다는 것이다.

조선의 사정은 허술하기 짝이 없었다. 이름은 관병(官兵)이지만 의복과 식량이 지급되지 않는다. 군사들도 먹고 살아야 하니 창을 놓고 농기구를 잡지 않을 수 없는데도, 관리들의 질책은 끊임없이 몰아친다. 한 사람이 두 가지 일을 감당할 수 없어 끝내 집을 버리고 유랑민이 되고 마니 나라에는 군사가 없게 된다. 경제도 한심하기는 매한가지다. 백 리 장삿길을 떠나려면, 팔 물건은 물론이고 옷·식량·말여물까지 져야 한다. 하룻밤을 묵어도 어떤 것 하나 밖에서 해결되는 게 없다. 길이 멀면 짐은 더욱 많아져 천리를 가면 말 열 마리를 끌고 나서야 한다. 장사꾼이 다니기 어려우니 물자는 유통되지 않고, 부도 축적되거나 분배될 수 없다. 상업이 진작되지 않는 가장 큰 이유는 화폐를 사용하지 않기 때문이다. 나라든 개인이든 곳간에 재물이 없는 이유이다.

> 이 두 가지는 우리나라 정치에서 가장 고치기 어려운 것이며, 또한 고치지 않을 수 없는 것입니다. 고치지 않으면 끝내 나라도 없어지니 나라를 경영하는 사람이 크게 걱정할 바지요. 이제 공께서 중국에 가서 여러 사안들을 하나하나 살펴보면 피차에 서로 좋은 점이 있겠지만, 유독 군사와 경제는 차이가 현격하니 마땅히 모두 배워야 합니다. 자세하게 그 제도와 운용을 묻고 돌아와 우리나라에 베풀면 어찌 크게 도움이 되지 않겠습니까![16]

마지막 단락의 당부 내용이다. 유몽인은 열등감에 빠져 조선을 비하하거나 맹목적 모화 의식에 사로잡히지는 않은 것으로 보인다. 그는 생민의 아픔을 함께 해야 하는 독서인으로서, 국가 운명의 책임을 나눠지고 있는 고위 관료로서, 조선의 병통을 진단하고 처방했던 것이다. 진단이 정확하지 않은데 처방이 올바를 리 없다. 그는 군사와 경제의 폐단을 조선의 가장 큰 병으로 진단했고, 병세를 가감 없이 제시했으며, 고민 끝에 처방을 내렸던 것이다. 조선의 사회 병리에 대한 유몽인의 진단과 처방은 18세기 후반 북학파 학인들의 그것에 견줄 수 있을 정도로 현실성이 있으며 절박하고 적극적인

---

16 후집 권 3, 「贈別韓侍郎 德遠 使上國謝恩序」: "玆兩者, 我國之政之最難醫, 而亦不容不醫者. 苟不醫, 卒無國, 營公國者, 所大戚. 今公如中國, 試諦視諸事事事事, 此强彼多. 獨兵財大懸, 宜悉可學, 如細咨其制作, 歸施之我國, 豈非大有補乎哉."

것이었다. 그의 진단과 처방은 17세기 초 조선의 선택 및 향방을 가늠하는 기준이 될 수 있고, 나아가 향후 연행로의 운명과 의의를 결정하는 근거가 된다는 점에서 중요하다.

5. 실상에 대한 무지, 관념적 지식의 포화

> 우리 동국이 중국과 교통한 지 오래되었음을 오늘 모두 징험할 수 있다. 한(漢)에서 낙랑 등 4군을 설치하면서 우리 동방에서는 처음 중국어를 배웠으니 지금도 한어라 하는 것으로 징험할 수 있다. 당에 이르러 신라에서는 직공(職貢) 사신을 받듦에 내외에 사이를 두지 않았으니, 오늘날 당인이라 일컫는 것으로 징험할 수 있다. 남송이 임안(臨安)에 도읍하자 고려에선 바닷길로 경사에 이르렀으니, 오늘날 강남을 일컫는 것으로 징험할 수 있다. 의주에 가면 백성들이 중국 사람을 적(狄)이라 부르고 압록강의 중강(中江)을 적강(狄江)이라 하니 요(遼), 원(元)과도 통했음을 징험할 수 있다.[17]

> 지금 성천자가 천하를 다스림에 세상을 하나로 통일하여 신도(神都)를 가까운 연경에 정하였다. 우리 조선 또한 신라와 고려가 삼국을 통일한 터전을 말미암아 동래에서 용만에 이르기까지 모두 판도로 삼았다. 이로부터 옛날 가시나무가 우거지고 개와 양들이 놀던 땅이 모두 사신이 오가는 길이 되었으며, 중국은 더욱 우리와 가까워져 크게 말하면 서로 들릴 정도이다. 게다가 우리 임금께서 사대하는 정성은 여러 임금을 거치면서 더욱 도

---

17 권 3, 「送冬至使尹僉知存中敬立序」: "我東之通中國, 古也, 在今皆可徵. 始漢置樂浪等四郡, 我東始學華語, 故今稱漢語也, 可徵. 至唐, 新羅奉職貢王人, 不間內外, 故今稱唐人也, 可徵. 後及南宋都臨安, 高麗從海路朝京, 今稱江南也, 可徵. 至於義州, 民喚華人爲狄, 又稱鴨綠中江爲狄江, 其通遼元也, 可徵."

타워졌다. 이런 까닭에 중국에서 우리나라를 논함에 혹은 내복(內服)이라고 하고 혹은 번방(藩邦)이라 하여 먼 밖으로 보지 않았다. 예악 문물과 제도 운위가 쌍둥이처럼 닮았으니, 유일하게 변하지 않은 건 언어일 뿐이다. 이 어찌 기자가 이풍(夷風)을 조금 변화시킨 정도에 그친 것인가?[18]

위 인용문은 한중 관계의 유구한 연원을 말해준다. 두 나라는 그 지리적 인접성으로 인해 유사 이래 좋든 싫든 불가분의 관계를 유지해왔으며, 각자의 역사 환경은 서로에게 긴밀하게 영향을 미칠 수밖에 없었다. 아래 인용문은 그러한 관계가 조선·명조에 이르러 더욱 돈독해졌음을 말한다. 조선은 국초부터 사대를 외교의 큰 원칙으로 세웠고, 이 원칙은 시대를 거듭하여 실천되면서 내면화의 과정을 겪었다. 명조에서도 조선을 외국으로 대하지 않고 자국의 변방으로 간주할 정도였으니, 두 나라의 문화는 언어를 제외하고는 쌍둥이처럼 닮아갔다. 실제 유구한 교류의 역사에서 임진왜란 직후는 한중관계가 가장 밀접해진 시기였다. 조선에서는 재조지은(再造之恩)을 들어 명을 부모의 나라로 떠받들었고, 명도 원군 파병의 명분을 얻어 조선에 많은 것을 요구했다. 이 시기 국가간 외교는 부자간의 천륜(天倫)으로 변질되었다.

유몽인의 삶과 연행 인식은 이처럼 한중 관계가 역사상 가장 긴밀한 시대를 배경으로 한다. 그는 어느 누구보다도 중국을 동경했고, 그 국가 경영체제를 전범으로 삼아 학습할 것을 주장했다. 흐름으로만 본다면 이 시기 조선과 명은 서로에 대한 절대적인 신뢰를 토대로 전면적인 교류를 시행했고, 또 상호 이해가 넓고 깊게 이르렀던 것으로 추정할 수 있다. 하지만 실상은 전혀 그렇지 못했다.

---

18 권 3, 「送冬至使李昌庭序」: "目今聖天子御天下, 混一區宇, 而神都定鼎, 又迫在於燕京. 我朝鮮亦因羅, 麗統三之基, 自東萊抵龍灣, 皆入我版籍. 自此昔日荊棘犬羊之地, 爲我使筐篚之路, 而中國密邇我邦, 大語猶可聞. 加以吾君事大之誠, 歷累朝而彌篤. 夫是之故, 中國敕論我國, 或稱內服, 或稱藩邦, 不視以遐外. 禮樂文物制度云爲, 彼此如孿子之相似, 而獨未變者, 言語耳, 豈獨如箕子小變夷風而止哉."

> 아 우리 동방과 중원은 지리가 서로 가까운 까닭에 습속이 비슷하다. 하물며 지금 성화(聖化)에 복속하여 매사 그 성대한 제도를 본받고 있음에랴! 오늘날의 문물이 옛날보다 더한 것이 있음을 징험해야 마땅하다. 그러나 사람들은 중원의 귀함만 알 뿐 귀함의 구체적인 이유는 알지 못한다. 옛날 어떤 사람이 중원을 보고 오자 어떤 이가 기이한 일을 물었다. 이에 황제가 옥 신발을 신었다고 말한 자도 있고, 밤송이가 한 아름이 된다고 말한 자도 있으며, 아이들까지도 한어를 잘하고 창문과 벽은 모두 당지(唐紙)를 발랐다고 말한 이도 있었다. 듣는 이들은 모두 기이하게 여겼다. 하지만 옥이 귀한들 그걸로 신발을 만들 수는 없고, 밤이 크다 한들 한 아름이 될 리 없으며, 한어와 당지가 우리나라에선 귀해도 저들에겐 귀할 것이 없다. 이처럼 사람들은 귀로 듣는 건 귀히 여기며 눈으로 본 것을 천히 여긴다.[19]

이 글은 하나의 일화로 당시 한중 관계의 실상을 보여준다. 조선 사람들은 중국의 실상을 알지 못했고, 중국인들은 조선을 존중하지 않았다. 조선에게 있어 중국은 여전히 풍문으로 존재하는 나라였으며, 때로는 터무니없는 과장도 믿어지는 신비의 나라였다. 그 이유는 단 하나, 중국에 대해 무지했기 때문이다. 위 예문은 포장이 내용과 일치하지 않고, 때로는 외적인 관계가 내적 실상을 심하게 왜곡한다는 사실을 보여준다.

이런 맥락에서 1612년 이지완(李志完, 1575~1617)에게 준 글도 매우 흥미롭다.

---

19 권 3, 「送冬至使尹僉知存中敬立序」: "吁, 我東於中原地相邇, 故習相近. 矧今服聖化, 每事效盛制乎! 宜今之文物, 可徵方古往有加也. 雖然, 人徒知中原之貴, 而不知所貴者有在也. 昔者人有觀中原來, 東人問異事, 有曰皇帝着玉靴, 有曰栗殼大盈抱, 有曰兒童猶解漢語, 窓壁亦糊唐紙. 聽者咸異之. 盖玉雖貴, 不可以造靴, 栗雖大, 不至於盈抱, 漢語唐紙, 雖貴於此, 而不貴於彼. 若是乎人之貴耳而賤目也."

㉮내가 듣기에, 말이 알을 낳고 개구리에 꼬리가 있으며 거북이 등에는 털이 석 자나 자란다고 하는데 정말로 그러한가? ㉯없다고 생각하면 그 수가 억조를 헤아리더라도 넉넉지 않고, 있다고 보면 겨우 한둘 밖에 없어도 남는 게 된다. 천하의 일이란 대개 이와 비슷하다. [㉯-1]**여기 한 나라가 있는데, 국론은 사흘을 못 가지만 200년 역사는 중국과 같고, 인심은 법도를 멸시하지만 오륜의 교화는 중국과 같다. 화폐를 사용하지 않지만 입고 먹고 사는 것은 중국과 같고, 나라를 지키는 데 군대를 기르지 않지만 변방 땅이 줄지 않음은 중국과 같다.** 이는 귀신의 방법으로 먼 옛날 반고(盤古)의 시절을 다스리는 것이다. 그렇다면 저들은 수고로운데 우리는 편안하고, 저들은 떠들썩한데 우리는 고요하고, 저들은 긴장하는데 우리는 느긋하며, 저들은 분주한데 우리는 한가한 것이다. 이것이야말로 잃었어도 얻은 것과 같고, 풀렸어도 맺은 것보다 낫다는 것인가? ㉰하지만 한쪽에서는 희희낙락 먹고 입는 것에 사치를 부리고 다른 한쪽에서는 시끄럽게 아침저녁으로 구걸을 하는데도 이르기를, "저들도 백성이요 여기 우리들 또한 백성"이라고 한다. 한쪽은 천지가 크고 사방 방비가 굳세고 다른 한쪽은 바닷가에 치우쳐 울타리가 다 없어졌는데도 이르기를, "저기도 나라고 여기 또한 나라"라고 한다. [㉰-1]**이는 뿔과 발굽이 있으니 염소가 소를 부러워할 필요 없고, 어금니와 발톱이 있으니 살쾡이가 범을 선망할 필요 없고, 비늘과 지느러미가 있으니 미꾸라지가 용을 배울 필요 없으며, 깃과 부리가 있으니 메추리가 붕을 사모할 필요가 없다는 격이다.** 이제 수레가 오고가며 국경이 인접하여 表文을 들고 가는 신하가 한해에도 네댓 명이니, 조정 가득한 고위 관료들의 태반은 중국을 다녀온 사람들이다. 하지만 중국을 배워 나라와 백성을 풍요롭게 하는 일을 건의하여 국속을 일변시키는 선비 하나 없다. 슬프다! 저 깊은 궁궐 속의 한 사람은 섬돌 아래를 내려와 보지도 못하시고 "나라를 다스림이 이 정도란 말인가? 중국이 이 정도란 말인가?"라고 생각하신다. ㉱아! 우리 나라 묘당의 계책이란 말의 알인가? 올챙이 꼬리인가? 거북이 등의 석 자 털인가? 가시게 두봉공이여, 중국의 대인에게

서 나라를 다스리는 방법을 배워오시게![20]

㉮는 『장자』, 「천하」에 나오는 혜시(惠施)의 변설로 일종의 궤변이다. 제목이나 정황의 의표를 찌르며 툭 던져진 이 문장은 글의 요지나 방향을 종잡을 수 없게 만든다. ㉯는 앞 문장을 받아 역설의 진리를 내세우며 시작된다. 없다고 생각하면 아무리 많아도 부족하고, 많다고 생각하면 아무리 적어도 충분하다는 것이다. 이는 얼핏 ㉮의 논리를 수긍하는 것처럼 보인다. 하지만 이러한 기대는 다음 문장으로 넘어가며 무너진다. 조선이라는 나라는 그 실상이 위태롭고 불안하지만, 위정자들은 중국과 비슷한 외양을 내세워 자신들이 편안하게 나라를 다스린다고 자랑한다. 말이 알을 낳고 거북이 등에 털이 자란다는 논리가 통용되고, '많음과 적음'이나 '얻음과 잃음' 사이의 경계가 무너졌다면, 실상이 아무리 은폐되고 왜곡되고 변용되어도 논리의 놀음에 파묻히고 만다. 단락 ㉰는 그러한 사실을 말한다. 조선과 중국 사이의 부귀 강약의 차이는, 똑같은 백성이요 국가라는 논리에 파묻힌다. 같은 기능을 지닌 신체 부위를 가지고 있다는 이유만으로, 미꾸라지와 용, 메추리와 봉황 사이의 구분과 차이는 무화된다.

[㉰-1]의 비유가 진행되면서 각각 비유어의 원관념이 그 실체를 드러낸다. 글의 숨은 화살은 조정 가득한 귀족들, 즉 노상 중국을 드나들면서도 나라를 부강하게 하기는커녕 교묘한 언설로 실상을 속이는 식자층, 또는 지배

---

20 권 3, 「送斗峯李養吾驪城君 志完 赴京序」: "余聞馬有卵, 丁子有尾, 龜背之毳長三尺, 信乎? 無之而計之億兆, 爲不裕, 有之而筭之一兩, 爲有剩. 天下之事, 大率類之. 有國于此, 國論無三日, 而二百之曆同中國. 人心蔑三尺, 而五倫之敎同中國. 用貨謝泉刀, 而衣食不死同中國. 守國去治兵, 而邊鄙不削同中國. 是以鬼神之術, 理盤古之世也. 然則彼劬我怡, 彼駴我恬, 彼堅我緩, 彼劇我閑. 是雖喪, 猶乎獲, 雖解, 愈乎結也乎? 雖然, 熙熙乎侈食靡衣, 嗷嗷乎朝乞暮丐, 而曰彼亦民也, 此亦民也. 天地之大, 金湯四固, 濱海一隅, 藩籬四撤, 而曰彼亦國也, 此亦國也. 則有角有蹄, 羔不必仰乎牛. 有牙有爪, 狸不必希乎虎. 有鱗有鰭, 鰌不必學乎龍. 有羽有觜, 鷃不必慕乎鵬. 今者車軌交結, 腹背相連, 奉表之臣歲四五輩, 滿朝簪紳, 太半觀周之餘士. 而裕民足國倣中國, 無一士建白而一變之, 哀哉! 彼淵濩深宮之一人, 玉趾不下於釦砌, 而其謂爲國, 止於斯已歟耶? 其謂中國, 亦如斯止歟耶? 吁, 我國廟堂之謨, 馬之卵耶? 丁子之尾耶? 龜背之三尺毳耶? 去乎斗峰公, 學爲國於中國之大人來."

층을 향한다. 깊은 궁궐 속의 임금이야 조정 가득한 고관 대신들의 지시에 따라 세상을 이해할 수밖에 없다. 하지만 그들의 언설은 이미 실상을 버리고 허상을 조작하여 교묘한 논리로 위장하고 있으니, 군주는 살쾡이와 범이 다르지 않고 조선과 중국은 아무런 차이가 없다는 허위 인식의 지배를 받는다. 그들은 결국 임금을 속이는 죄를 범하고 있는 것이다. 유몽인은 글을 맺으면서 "중국에 가서 나라를 다스리는 방법을 배워 오라."고 당부한다. 이는 결국 당대의 문사들이 중국을 제대로 배우지 않으면서, 그럴 듯한 논리를 내세워 위정자의 책임을 회피하고 임금을 속이는 위선을 말하고 있음이다.

이 시기 외형상 조선과 중국 사이는 긴밀했고, 문사들은 중국을 대단히 잘 아는 것으로 착각했다. 하지만 조선은 명나라의 실상을 견문하고 체험할 기회를 갖지 못했다. 조선의 중국 이해는 처음부터 다분히 관념적이었다. 이 관념이 포화 상태에 이르면 실상과는 무관하게 자족성을 띠고, 이는 남은 물론 자신을 기만하게 된다. 왜곡하고 기만하면서도 스스로 그 사실을 알지 못하는 지경에 이르는 것이다. 중국의 아이들이 중국어를 잘한다는 사실에 놀라면서, 말하는 이나 듣는 자나 그 당연함을 인식하지 못한다는 이야기는, 당시 중국 이해의 몽환성에 대한 우언이다.

이처럼 유사 이래 중국과의 관계가 가장 밀접한 시기의 중국 이해가 형편없는 까닭은 관계의 폐쇄성 때문이다. 명은 건국 초부터 폐쇄적인 대외정책으로 일관하여 국제 교류에 매우 소극적이었다. 조선과의 통로 또한 규정된 이른바 공도(貢道)로 제한하여, 임의의 경로 교체나 일탈을 허용하지 않았다. 그 단적인 예는 옥하관의 출입 통제이다. 사신들은 북경에서의 행동이 자유롭지 않았다. 옥하관에 드는 즉시 밖에서 문을 잠그었으며, 예부의 지시가 있을 때만 출입이 허용되었다. 유몽인은 옥하관을 묶지 않는 감옥으로 비유하였고, 그 상식 이하의 대접에 여러 차례 통분하였다.[21] 사신들에게는

---

21 두 예만 들면 다음과 같다. 권 3, 「送朴說之東說赴京序」: "及萬曆二十年, 余始奉表如京, 入玉河舘. 舘

자유로운 여행, 견문, 접촉, 교류가 원천적으로 봉쇄되어 있었다. 북경에서도 운신이 자유롭지 않았으니, 공식 연행 노정과 일정을 벗어나 기타 지역을 체험하는 것은 불가능할 수밖에 없었다.

유학의 기회가 차단되어 있었던 것도 중요한 이유로 지적할 수 있다. 유학은 한 사회의 문화와 제도를 체계적으로 학습할 수 있는 제도이다. 신라시대에는 수많은 승려와 유자들이 당나라에 유학하여 그 문화를 자국에 들여왔고, 고려말에도 이색과 나옹화상 등 많은 문사들이 북경의 문물을 체험하고 귀국하였다. 유몽인은 유학의 효험을 분명하게 인식하고 있었다. 하지만 명나라는 일체의 외국인 유학을 허용하지 않았다. 조선에서도 몇 십 년 전부터 이러한 문제점을 인식하고 유학을 허가해 줄 것을 명에 요청하자는 논의가 있었으나, 임진왜란으로 유야무야된 이후로는, 사신의 행차가 끊이지 않아도 이 문제가 다시 거론되지 않았다. 유몽인은 이를 가슴 아프게 생각했다. 유몽인이 그토록 중국을 편력하거나 과거를 통해 능력을 인정받고 싶어 했던 이면에는 이러한 제도의 한계가 놓여 있었던 것이다.[22]

이런 바깥 이유야 어쩔 수 없었다 해도, 조선 문사들이 체면에 얽매여 중국어를 배우지 않은 것도 문제의 작지 않은 원인이다. 당시 조명 관계에서 공식 문서는 일체 사대부가 담당했지만, 현지에서의 통관 절차와 협상, 그리고 인적 물적 교류에 있어 현장의 여러 조건이 고려되어야 하는 민감한 사안이나 보이지 않게 마음을 통하는 일은 모두 역관에게 의지할 수밖에 없었다. 사신들이 역관의 혀에만 의존하는 형국이니, 역관들이 실수를 하거

吏使投鑰其門, 非有禮部文字, 不許 出, 拘攣局迫如牢犴然. 或者以暹羅靺鞨畜我也, 余甚痛之.”; 후집 권 3, 「送金書狀鑑赴京歌序」: “入皇城之玉河, 入便投鑰, 其館不纆徽之囹犮也.”

22 권 3, 「送冬至使李昌庭序」: “昔在前朝, 李穡占嵬科於元朝. 崔致遠作官, 流聲於唐朝. 此路之茅塞, 于今數百年, 是豈獨天朝士路之隘, 我國人士之一大愧也. 向在數十年前, 我朝中有論, 欲請中朝遣子弟入學, 事未定, 會國有難, 至今我使之奏事天朝, 車軌相結, 而未遑於建白, 余窃痛焉. … 如使得遂此事, 使我邦懷器抱道者, 售才大邦, 展武於天下, 使榑桑之影, 西達於金臺, 太液之波, 東漸於青邱, 其裨補本國, 資藉大邦, 爲如何哉!”

나 농간을 부려도 사신들에겐 통제할 재간이 없었다. 역관의 몰염치한 행위나 횡포 때문에 조선의 인상이 나빠져도 제어할 방법이 없었다. 모두 중국어를 모르기 때문이었다. 유몽인은 천 자가 넘는 긴 글을 역관의 폐해와 그에 대한 경계로만 채운 적도 있다.[23] 사대부들이 외국어를 습득하지 않아 생기는 학습 부진과 외교상의 불이익은 이후 조선조가 끝날 때까지 해결되지 않는다.

역관의 폐해는 그 자체로 국한되는 사안이 아니다. 조선 조정은 책임 있는 문사들로 중국 전문가를 양성하지 않았다. 조선의 문사들은 한자와 서책 문화에 안주하여 자족했다. 하지만 한자로 이루어진 서책은 본질적으로 '과거'와 '관념'의 속성을 지닌다. 서책은 '관념적 과거'의 세계였던 것이다. 사대부 출신 관료 문사들은 서책으로만 중국을 이해했다. 그들이 이해한 '관념적 과거'와 '지금의 현실' 사이에는 상당한 틈이 있을 수밖에 없다. 당대 중국 현실에 정통한 전문가가 없으니, 중국에 대한 깊은 이해는 불가능했다. 이런 조건에서 중국에 대한 관념적 지식이 포화상태에 이르렀고, 이러한 지식들은 자가 증식을 거듭하며 정확한 타자 인식은 물론 자기 인식을 방해했다. 그러니 역관의 폐해는, 사대부 관료 문사의 직무 유기에서 비롯된 것이고, 나아가 조선 조정의 잘못된 정책에 책임을 물어야 할 사안인 것이다.

마지막으로 가장 중요한 것은 명에 대한 지나친 의존과 종속적 자세이다. 이러한 태도는 결국 임진왜란을 불러왔고, 전란이 끝난 뒤에 그러한 태도는 고착되고 내면화되었다. 유몽인은 명나라 중심의 도아시아 질서를 누차 예찬하였으며, 이 질서의 영광을 조금도 의심하지 않았다. 하지만 이 시기가 후금이 요양에 정도하여 연행길이 바뀌게 되는 1621년에 멀리 떨어지지 않은 시점을 감안하면, 그만큼 주변 정세에 둔감했다고 밖에 볼 수 없

---

23 권 3, 「送冬至使兪景休大楨序」.

다.[24] 이는 당시 대부분 문사들의 한계였다. 1609년 유몽인은 북경에서 명의 병부(兵部)에 염초(鹽焇)와 궁각(弓角)을 청하는 정문(呈文)을 보낸 바 있다. 선처를 요하는 외교상의 문서이기에 실제 이상의 수사적 겸양이 요구되는 글이었다. 그럼에도 운남(雲南)이나 복건(福建) 같은 수준의 번방(藩邦)을 자처하고 명을 부모의 나라로 떠받드는 태도에서는, 명에 종속화되어 독립성을 잃어가고 있는 조선의 현실을 엿볼 수 있다. 비교적 냉철하게 자신을 인식하고 객관적으로 명을 배우려고 했던 유몽인의 태도가 이럴진대, 나머지는 보지 않아도 알 수 있다. 이런 자세에서 대상을 면밀하게 관찰하고 대등하게 대화하며 주체적인 자기 발전을 도모하는 것은 불가능하다.

6. 소결, 연행로의 개방성과 폐쇄성

연행로는 600여 년 한중 외교 및 교역의 주요 통로로 활용되었다. 그 사이 우리는 고려가 망하면서 조선이 건국되었고(1392), 미증유의 두 차례 전란(1592, 1636)을 겪었으며, 19세기 후반에는 서구 열강 및 일본과 새로운 국제 조약 관계를 체결했다. 중국의 경우는 원명 교체(1368), 명청 교체(1644), 서구 열강의 침입과 청일전쟁(1894) 등의 역사 변동을 겪었다. 연행로는 본질적으로 역사 조건의 산물로, 작게는 한중관계 크게는 동아시아 국제관계의 변동에 따라 부침을 겪었다. 이는 연행로가 역사 변동의 맥락에서 이해되어야 함을 의미한다. 획기적인 누차의 역사 격동을 겪으며 그 노정을 바꿔가면

---

24 유몽인이 당시 후금의 존재를 인식하지 못했던 것은 아니다. 1609년 병부에 염초(鹽焇)와 궁각(弓角)을 요청하는 「請鹽焇弓角兵部呈文」(권 5)에선 후금의 심상치 않은 움직임을 말했고, 1620년 이춘원(李春元)에게 준 「送聖節使李同樞立之春元序」(후집 권 3)에선 북로(北虜)에 의해 길이 막힐 가능성을 말하기도 했다.

서까지 연행이 지속되었음은, 그것이 우리 역사에서 차지하는 중요성을 대변한다. 이 시기 연행으로 표상되는 한중관계를 배제하고 우리 역사문화를 이해하는 것은 불가능하다. 우리 역사에서 연행로는 어떤 의의를 지닐까?

위에서 살핀 바 유몽인의 산문은 대부분 1600~1620년에 지어진 것들이다. 이 무렵은 조선은 물론이고 동아시아 전체의 일대 격변기로 각국마다 새로운 단계로의 전환을 모색하던 시기였다. 유몽인은 당시 조선의 대표 문사로서 사회 문제들을 아프게 통찰하고 그 해답을 연행에서 찾으려고 했다. 그에게 있어 연행로는 문화적 재탄생의 길이었고, 국가 경영의 방법을 학습하러 가는 길이었다. 당시 조선과 명은 유사 이래 가장 가깝고 돈독한 관계였다. 하지만 이런 외형과 달리, 조선 지배층에 있어 명은 여전히 베일에 싸인 나라였다. 명은 조선과의 교류를 아주 적은 범위로 한정시켰으며, 조선은 중국의 실상을 정밀하고 체계적으로 이해할 기회를 갖지 못했다. 우리는 유몽인을 통해, 첫째 당시 조선이 연행로 이외 국제관계 길의 선택을 전혀 모색하지 않았으며, 둘째 중국 이해가 관념에 치우쳐 실상에 대해 전혀 무지했다는 사실을 알 수 있다. 당시 연행로는 네 번째 변화를 목전에 두고 있었는데, 유몽인은 이를 감지하지도, 새로운 길을 모색하지 못했다. 그는 여전히 명 중심의 세계질서를 의심하지 않았으며, 연행로는 결국 타력에 의해 변천을 겪고 만다.

유몽인의 연행로 인식은 17세기 초반 조선의 모색과 선택이 실패했음을 보여준다. 이는 나아가 연행로의 의의를 이해하는 데에도 중요한 근거가 된다. 18세기 후반 북학파 학인들에 의해 연행로가 적극적으로 발견되고 재평가되었지만, 결국은 조선이 연행로에 지나치게 의존하여 격변하는 세계정세에 적응하지 못하고 멸망하고 말았기 때문이다. 북경이 중국 왕조의 수도였던 시기, 고려와 조선의 위정자들은 중국에 대한 신뢰와 의존도가 너무 높았다. 역사 환경의 변화에도 불구하고 연행로만이 끝까지 중시된 것이 바로 그 증거이다. 연행로만이 절대적으로 중시된 것은 온몸의 하중을 어떤 하나에 기대고 있는 것으로 비유할 수 있으니, 충격의 시기마다 조선의 국체가 중국 이상으로 심하게 흔들렸던 이유이다. 대명 의리론의 주장이 대청 의존의 권력으로 승계되고, 조선후기 대명의리의 관념과 대청의존의 현실이 동전의 양면처럼 공존한 것은 아무리 생각해도 역사의 아이러니이다.

연행로는 개방성과 폐쇄성을 함께 지닌다. 600년 동안 우리는 이 길을 통해 중국의 선진 문물과 그 밖 세계의 소식을 끊임없이 받아들여 문화 수준을 높일 수 있었다. 연행로는 조선 문명 형성의 통로였던 것이다. 이처럼 오랫동안 지속적으로 문명의 통로로 이용된 길은 세계에서도 그 유례를 찾아보기 힘들다. 한편 연행로는 막힌 길이기도 했다. 그 외에는 세계로 통하는 길이 없었으니, 이 길이 마비되면 곧 고립되었기 때문이다. 그 길마저 북경에서 끊어지고 만다. 우리에게는 그 길을 이어갈 자격이나 용기가 없었으니, 막다른 골목을 가진 길이나 다름없었다. 신체에 비유하면 연행로는 막힌 혈관이었던 것이다. 이 폐쇄된 길에 대한 절대 의존은 17세기 초 조선이 실패한, 19세기 조선이 세계와 호흡하지 못했던 이유이다.

길을 만드는 것은 사람이지만, 일단 만들어진 길은 사람의 마음과 행동을 지배한다. 연행로는 그 효율성과 우월성 때문에 고착되었고, 시대가 흐를수록 사람들을 구속하고 지배했던 길이다. 사람들은 그 길의 편안함에 도취하여 새로운 길을 찾거나 만들 생각을 하지 않았다. 한번 그 길이 끊어진 뒤로 다시 이용되지 않고 급속히 잊힌 것은 1차로 역사 환경의 변화 때문이지만, 그 길이 지닌 폐쇄성에도 원인이 있는 것이다. 향후 연행 및 연행로에 대한 접근은 거시적 조망과 다양한 평가 기준 아래 시도되어야 한다. 연행로가 우리 역사에 끼쳤던 역기능, 즉 자폐성도 함께 고려되어야 한다. 또 특정 시대의 현상에 대한 단대적(斷代的) 접근도 신중을 기할 필요가 있다. 가령 연구자들의 주목이 집중되는 18~19세기의 성과들도 자력으로 성취한 것인지, 건강한 미래 전망을 지닌 것인지 물어볼 필요가 있다.

참고문헌

1차 자료

한국 사서(史書)와 지지(地誌)

『조선왕조실록』, 『동사강목』, 『신증동국여지승람』. 『연려실기술』, 『성호사설』(이상 고전번역원 한국고전종합DB-https://db.itkc.or.kr/).

『삼국사기』, 『삼국유사』, 『요사』, 『금사』, 『원사』, 『선화고려봉사도경』, 『신당서』, 『고려사』(이상 국사편찬위원회 한국사데이터베이스-http://db.history.go.kr/).

동북아역사재단 편, 『발해사자료집(상)』, 동북아역사재단, 2007.

신채호, 『조선사연구초』(단재신채호전집 2, 단재신채호전집편찬위원회 편, 독립기념관 한국독립운동사연구소, 2007).

박정규 외, 『예관 신규식 전집』, 예관신규식전집편찬위원회, 2019.

한국 문집(별도 표시 없으면 고전번역원 DB)

최치원, 『孤雲集』.

강위, 『古歡堂收艸詩稿』.

권벌, 『충재집』.

金中清, 『苟全集別集』.

김흔, 『顔樂堂集』.

김상헌, 『清陰集』.

김세렴, 『동명선생문집』.

김진수, 『蓮坡詩鈔』.

김창흡, 『三淵集』.

남구만, 『藥泉集』.

남효온, 『秋江集』.

李穡, 『牧隱詩稿』.

민정중, 『老峰集』.

朴永元, 『梧墅集』.

서거정, 『四佳集』.

成以省, 『溪西逸稿』.

소세양, 『陽谷集』.

신숙주, 『保閑齋集』.

심육, 『樗村集』.

오두인, 『陽谷集』.

兪晩柱, 『欽英』, 규장각.

유몽인, 『於于集』.

유성룡, 『서애집』.

윤근수, 『월정집』.

이첨, 『雙梅堂先生篋藏集』.

이규보, 『동국이상국집』.

권근, 『陽村集』.

權擘, 『習齋集』.

김육, 『잠곡선생유고』.

김구용, 『惕若齋學吟集』.

김석주, 『息庵集』.

김안국, 『慕齋集』.

김창업, 『老稼齋集』.

남공철, 『金陵集』.

남용익, 『壺谷集』.

李穀, 『稼亭集』.

閔仁伯, 『苔泉集』.

박상, 『訥齋集』.

박지원, 『燕巖集』.

成俔, 『虛白堂集』.

성해응, 『研經齋全集』.

신정, 『汾厓集』.

신정하, 『恕菴集』.

안정복, 『순암집』.

유득공, 『泠齋集』.

유몽인, 『默好先生文集』, 경인문화사 영인, 1997.

유상운, 『約齋集』.

윤휴, 『白湖全書』.

이색, 『목은집』.

이경여, 『白江集』.

이덕수, 『西堂先生集』, 전의이씨청강공파화수회, 2000.
이명한, 『白洲集』.
이세백, 『雩沙集』.
이수광, 『芝峯集』.
이숭인, 『陶隱集』.
이승소, 『三灘集』.
이승휴, 『動安居士集』.
이안눌, 『東岳集』.
이의현, 『陶谷集』.
이이명, 『疎齋集』.
이정구, 『月沙集』.
이종휘, 『修山集』.
이지함, 『土亭遺稿』.
이항복, 『白沙集』.
이희경, 『綸菴集』(김영진 아래 2007년 논문의 부록).
임상원, 『恬軒集』.
정도전, 『국역 삼봉집』.
정도전, 『三峯集』.
정몽주, 『圃隱集』.
정사룡, 『湖陰雜稿』.
정약용, 『국역 다산시문집』.
정약용, 국방부 전사편찬위원회 역, 『民堡議 · 民堡輯說』, 1989.
정태화, 『陽坡遺稿』.
조익, 『浦渚集』.
조두순, 『心庵集』.
趙緯韓, 『玄谷集』.
차천로, 『五山集』.
채제공, 『樊巖集』.
최립, 『간이집』.
최부, 『錦南集』.
崔演, 『艮齋集』.
최명길, 『遲川集』.
최석정, 『明谷集』.
한치윤, 『국역 해동역사』.
허균, 최강현 옮김, 『을병조천록』, 국립중앙도서관, 2007.
허봉, 『荷谷集』.
홍경모, 『冠巖存藁』, 규장각.
홍귀달, 『虛白先生續集』.
洪貴達, 『虛白亭續集』.
홍대용, 『국역 담헌서』.
洪良浩, 『耳溪集』.
홍석주, 『淵泉集』.
홍수주, 『壺隱集』.
黃戾, 『漫浪集』.
황윤석, 『頤齋遺藁』.

연행록 자료

『국역 연행록 선집』 10책(고전번역원).

『국역 열하일기』(고전번역원).

박제가, 정민 외 역주, 『정유각집』, 돌베개, 2010.

박지원, 고미숙 외 역, 『열하일기』, 북드라망, 2015.

박지원, 김혈조 역, 『열하일기』, 돌베개, 2017.

숭실대학교 한국기독교박물관 학예과 편, 『연행도』, 2009.

실시학사 고전문학연구회 역주, 『열하를 여행하며 시를 짓다』, 휴머니스트, 2010.

임기중·夫馬進 편, 『연행록전집 일본소장편 1』, 동국대 한국문학연구소, 2001.

허균, 최강현 옮김, 『을병조천록』(국립중앙도서관, 2007).

홍대용, 김태준 외, 『산해관 잠긴 문을 한 손으로 밀치도다』, 돌베개, 2001.

황인점, 『승사록』, 성균관대학교 대동문화연구원 편, 『燕行錄選集補遺 下』, 2008.

(*기타 개별 자료들의 서지는 각주로 대신)

중국 사서와 지지

『蓋平縣志』(김육불 편, 遼海叢書, 신서원 영인, 1987, 이하 요해총서).

『沽源縣志』, 三峽出版社, 2003.

『廣寧縣志』(1782, 요해총서).

『錦州府志』(1782, 요해총서).

『灤陽錄』(유득공, 요해총서).

『大淸一統志』(사고전서).

『讀史方輿紀要』(사고전서).

『遼史』(사고전서).

『柳邊紀略』(요해총서).

『滿洲源流考』(사고전서).

『明一統志』(사고전서).

『密雲縣志』(1914: 1968년 臺北 成文出版社 영인).

『三才圖會』(사고전서).

『錫林郭勒盟志』, 內蒙古人民出版社, 1996.

『盛京通志』(사고전서).

『水道提綱』(사고전서).

『順義縣志』(1933 : 1968년 臺北 成文出版社 영인).

『新唐書』(사고전서).

『御製詩集(乾隆)』(사고전서).

『延慶州志』(1879).

『延慶縣志』(乾隆 연간 찬, 1938 復印).

『永樂大典』(사고전서).

『遼東志』(요해총서).

『元史』(사고전서).

『臨楡縣志』(1929).

『赤城縣志』(1748).

『全遼備考』(요해총서).

『全遼志』(1565, 요해총서).

『前漢書』(사고전서).

『昌平山水記』(사고전서).

『清一統志』(사고전서).

『通典』(사고전서).

『懷來縣志』(1882).

『欽定盛京通志』(사고전서).

『欽定熱河志』(사고전서).

凌稚隆 輯校, 李光縉 增補, 『史記評林』, 간년 미상.

譚其驤 主編, 『中國歷史地圖集, 釋文滙編, 東北卷』, 中央民族學院出版社, 1988(백산자료원 영인, 1994).

중국 문집 및 자서(子書)

『朱子語類』(사고전서).

金聖嘆, 『第五才子書水滸傳』, 上海古籍出版社 영인본, 1992.

劉餗, 『隋唐佳話』, 北京 : 中華書局, 1979.

王惲, 『秋澗集』(사고전서).

姚祖恩, 『史記菁華錄』, 대만 聯經出版社業公司印行, 1980.

熊鍾谷, 『唐書志傳通俗演義』, 古本小說叢刊 제 4집 1~2책, 中國 中華書局, 1989.

劉肅, 『大唐新語』, 北京 : 中華書局, 1984.

周伯琦, 『近光集』(사고전서).

彭大翼, 『山堂肆考』(사고전서).

연구 논저

賈芝,「關於孟姜女故事研究」,『비교민속학』 3, 비교민속학회, 1988.

董濤,「清代京師道路和皇帝出巡的禦道」,『北方文物』 26, 1991.

강석화,「19세기 경화사족 홍경모의 생애와 사상」,『한국사연구』112, 한국사연구회, 2001.

강영주,『벽초 홍명희 연구』, 창작과비평사, 2000.

高巍,「燕京八景析說」,『北京古都歷史文化講座』, 2009. 4, 211~229쪽.

고운기,「한글본 연행록의 제작 양상-새 발굴 자료 桑蓬錄과 乘槎錄을 중심으로」,『열상고전연구』 20, 열상고전연구회, 2004.

고혜령,「14세기 고려 사대부의 성리학 수용과 가정 이곡」, 이화여대 박사논문, 1992.

孔令春,「外國人眼中的熱河文廟」,『熱河週末』, 2017. 9. 22.

孔令春,「祭孔·興學·納客」,『承德日報』, 2013. 9. 30.

郭鄂,「元察罕腦兒行宮實地考辨」,『文物春秋』 19, 1993.

구범진,「1780년 열하의 칠순 만수절과 건륭의 '제국'」,「명청사연구」 40, 명청사학회, 2013.

권용철,「大元帝國 末期 政局과 고려 충혜왕의 즉위, 복위, 폐위」,『한국사학보』 56, 고려사학회, 2014.

권혁래,『문학지리학의 이론과 해석』, 서강대학교출판부, 2022.

권혁수,「'兩截體制'와 19세기 말 조선왕조의 대중국외교」,『근대 한중관계사의 재조명』, 혜안, 2008.

권혜림,「고려 충목왕대 신흥유신의 동향에 대한 연구」, 서울시립대학교 석사논문, 2015.

祁慶富·金成南,「清代北京的朝鮮使館」,『清史研究』, 2004년 8월 제3기.

김철,「연행록 중의 맹강녀 전설 기록 양상 소고」,『민족문화연구』 63, 고려대 민족문화연구소, 2014.

김갑주,「丙子胡亂 後 對淸貢女 考」,『동국사학』 14, 동국사학회, 1980.

김경남,「及菴 閔思平의『及菴先生詩集』譯註」, 고려대학교 석사논문, 2013.

김구진, 「조선 전기 한중관계사의 시론」, 『홍익사학』 4, 홍익사학회, 1990.

김동석, 「열하일기의 인물형상화 수법」, 『동방한문학』 25, 동방한문학회, 2003.

_____, 「호질후지의 분석」, 『한문학보』 9, 우리한문학회, 2003.

김명호, 「열하일기 '일신수필' 서문과 동· 서양 사상의 소통」, 『국문학연구』 28, 국문학회, 2013.

_____, 『열하일기 연구』, 창작과비평사, 1990.

김문식, 「유득공의 두 번째 중국 여행」, 『문헌과 해석』 29, 문헌과해석사, 2004 가을.

김미영, 『奇聞과 유몽인의 산문』, 태학사, 2008.

김민호, 「『豆棚閑話』 第7則 「首陽山叔齊變節」, 또 다른 해석의 가능성에 대하여」, 『중국어문논총』 22, 중국어문연구회 2002.

_____, 「系譜學的 側面에서 接近한 伯夷·叔齊 故事 硏究」, 『중국소설논총』 16, 한국중국소설학회, 2002.

김새미오, 「연천 홍석주의 연행과 그 의미」, 『동방한문학』 30, 동방한문학회, 2006.

김선민, 「朝鮮通事 굴마훈, 淸譯 鄭命壽」, 『명청사연구』 41, 명청사학회, 2014.

김성수, 「몽골제국시기 유라시아 광역 교통망 잠치(jamci)」, 『몽골학』 25호, 한국몽골학회, 2008.

김수현, 「『열하일기』의 음악대담 「망양록」 연구」, 『온지논총』 58, 온지학회, 2019.

김순자, 『韓國 中世 韓中關係史』, 혜안, 2007.

김영진, 「유득공의 생애와 교유, 연보」, 『문헌과 해석』 29, 문헌과해석사, 2004.

_____, 「日本 天理大學 天理圖書館 所藏 綸菴集」, 『고전과 해석』 3, 고전문학한문학연구회, 2007.

김용만, 『고구려의 발견』, 바다출판사, 1998.

_____, 『새로 쓰는 연개소문傳』, 바다출판사, 2004.

김용태, 「1790년 柳得恭이 만난 동아시아-「熱河紀行詩註」의 분석을 중심으로-」, 『한문학보』 20, 우리한문학회, 2009.

김윤정, 「고려·원 관계 추이와 복식문화의 변천」, 연세대학교 박사논문, 2017.

김일경, 「安市城은 어디에 있는가?」, 『건축역사연구』 38, 한국건축역사학회, 2004.

김일환, 「燕行錄에 나타난 '嘔血臺'의 의미 연구」, 『한국문학연구』 43, 동국대 한국문학연구소, 2013.
______, 「對淸使行의 永安橋 인식」, 『대동문화연구』 90, 1à Ù8TðlÐ, 2015.
______, 「1790년 열하사행과 황인점의 한글 연행록 승사록」, 『온지논총』 60, 온지학회, 2019.
______, 「초기 대청 북경사행 기록과 사행 노정 검토」, 『온지논총』 61, 온지학회, 2019.
김정배, 「韓國과 遼東半島의 支石墓」, 『先史와 古代』 7, 한국고대학회, 1996.
김종복, 「발해의 서남쪽 경계에 대한 재고찰」, 『한국고대사연구』 58, 한국고대사학회, 2010.
김종철, 「玉匣夜話 이해의 시각」, 『선청어문』 28, 서울대 국어교육과, 2004.
김준년, 「인종의 역사와 우정의 윤리 - 후기 데리다를 통해 다시 본 카리브해의 인종정치학과 자메이카 킨케이드의 작품세계」, 『영어영문학』 제 56권 1호, 2010.
김진광, 「발해 건국초기의 강역 - 營州道를 중심으로」, 『先史와 古代』 21, 한국고대학회, 2004.
김창현, 「가정집 시 분석을 통한 이곡의 인생 여정 탐색」, 『한국인물사연구』 22, 한국인물사연구회, 2014.
김태준 · 이승수 · 김일환, 『조선의 지식인들과 함께 문명의 연행길을 가다』, 푸른역사, 2005.
김태준, 「열하일기 한글본 출현의 뜻」, 『민족문학사연구』 19, 민족문학사학회, 2001.
김형효, 「J.Derrida와 莊子」, 『정신문화연구』 제 14권 4호, 정신문화연구원, 1991.
羅春榮, 『媽祖傳說 硏究』, 天津古籍出版社, 2009.
남의현, 「明 전기 遼東都使와 遼東八站 점거」, 『명청사연구』 21, 명청사학회, 2004.
______, 「明代 遼東都司 防禦體系와 遼東邊墻」, 『江原史學報』 19 · 20, 강원대사학회, 2004.
______, 「遼東都使 防禦體系와 支配力의 한계 - 방어체계의 형성, 변화, 약화 과정을 중심으로」, 『동양사연구』 93, 동양사학회, 2005.
______, 「明代 遼東邊牆의 形成과 性格」, 『中國學報』 54, 한국중국학회, 2006.
______, 「명대 요동지배체제의 특징에 관한 분석」, 『강원사학』 22 · 23, 강원대사학회,

2008.

______, 「『奉天通志』에 나타나는 鴨綠江과 遼河의 특징 고찰」, 『명청사연구』 17, 명청사학회, 2016.

寧欣, 「廟會與市場」, 『文史智識』, 2006.

노대환, 「18세기 후반 燕巖 一派의 燕行과 淸朝 정세 인식」, 『대동문화연구』 85, 성균관대 대동문화연구원, 2014.

노영근, 「'七十生男非吾子' 이야기의 구조적 특성과 의미」, 『한국고전연구』 43, 한국고전연구학회, 2018.

노영돈, 「북한-중국의 국경 획정 상황의 고찰」, 『백산학보』 82, 백산학회, 2008.

니체, 김미기 옮김, 『인간적인 너무나 인간적인 1』, 책세상, 2007.

도현철, 「고려후기 주자학 수용과 주자서 보급」, 『동방학지』 79, 연세대학교 국학연구원, 1993, 189~221쪽.

劉剛, 「李穀入元考辯」, 『長春工業大學學報(社會科學版)』 26-1, 2014.

류재춘, 「15세기 明의 東八站 지역 점거와 조선의 대응」, 『조선시대사학보』 18, 조선시대사학회, 2001.

劉學風 · 王宇然, 「淺談承德市熱河文廟東西配慶屋面修繕工程」, 『建築科技與管理學術交流會論文集』, 2012. 10. 27.

李錦萍 역, 「1927年的北京東嶽廟」, 『북경민속논총』 제 2집, 2014, 173~189쪽(원문은 Janet R. TenBroecK, The Peking Temple of the Eastern Peak(Monumenta Serics, 1964).

李林俐, 「避暑山莊周圍漢式皇家寺廟考」, 『中國文物學會傳統建築園林委員會第十五屆學術研討會會議文件』, 2004.

리지린, 『고조선 연구』, 열사람 1989. *초판은 1963년 과학원(평양).

李彩萍, 「北京東嶽廟與京城文化」, 『文化學刊』, 2011년 1월 제 1期.

林津羽, 「無名 · 匿名與暴力書寫-明末淸初女性題壁詩之硏究, 대만 정치대 석사논문, 2008.

馬靖妮, 『'熱河日記'中的中國形象硏究』, 中央民族大學 박사논문, 2007.

마종학, 「稼亭 李穀의 生涯와 思想」, 『한국사상사학』 31, 한국사상사학회, 2008.

민주식, 「니체의 예술철학-『비극의 탄생』에서 '디오니소스적인 것'의 의미, 『인문연구』

17, 영남대 인문과학연구소, 1997의 186쪽에서 재인용.
민혜란, 「김성탄 연구」, 전남대 박사논문, 1993.
박성순, 「우정의 윤리학과 진정성의 구조」, 『18세기 조선 문사의 문화의식』, 한양대출판부, 2001.
박인호, 「남구만과 이세구의 역사지리 연구」, 『역사학보』 138, 역사학회, 1993.
박재연, 「薛仁貴征遼史略 小考」, 『중국학연구』 1, 중국학연구회, 1984.
박재연 역, 「薛仁貴征遼史略」, 『중국소설연구회보』(한국중국소설학회, 1991. 11~1992. 9).
박현규, 「조선 柳琴 徐浩修와 청조 李調元의 交遊 詩文」, 『한국한시연구』 7, 한국한시학회, 1999.
______, 「17세기 전반 대명 해로사행에 관한 행차 분석」, 『한국실학연구』 1, 한국실학학회, 2011.
박현규, 「명청대 북경 조선사관 고찰」, 『중국사연구』 82, 중국사학회, 2013.
白天, 『古北口傳說故事』, 中國文聯出版公司, 1995.
______, 『古北口往事』, 中國城市出版社, 1997.
부유섭, 「승사록 해제」, 『연세대학교 중앙도서관 소장 고서 해제 4』, 평민사, 2005.
서대석, 「李朝翻案小說攷 - 薛仁貴傳을 중심하여-」, 『국어국문학』 52, 국어국문학회, 1971.
성현경, 「女傑小說과 薛仁貴傳 - 그 저작 연대와 수입 연대, 수용과 변용-」, 『국어국문학』 62·63, 국어국문학회, 1973.
______, 「虎叱의 구조와 원작자」, 『韓國學報』 31, 일지사, 1983.
蘇光興·田永君, 「通州運河知多少」, 『北京檔案』 2003년 제 9期.
송무 옮김, 『우상의 황혼』, 청하, 1986.
宋蒼松, 「曹操東臨"碣石"到底在哪」, 『中華讀書報』, 2015. 4.
肅放, 「東嶽廟與城市社會信仰空間的建構 - 以北京東嶽廟爲例」, 『華中師範大學學報(인문사회과학판)』, 2009년 1월.
柴福善, 「古北口與楊家將」, 『中國文物報』, 2018년 6월.
申敬燮, 「俗文學中薛仁貴, 蓋蘇文故事的由來及演變」, 『亞西亞文化研究』 2, 경원대 아시아문

화연구소, 1997.
신은제, 「14세기 전반 원의 정국동향과 고려의 정치도감」, 『한국중세사연구』 26, 한국중세사학회, 2009.
신익철, 『유몽인 문학 연구』, 보고사, 1998.
신춘호, 「燕行路程 영상아카이브 구축 및 콘텐츠 활용 방안 연구」, 한국외대 박사논문, 2014.
안대회, 「초정 박제가의 연행과 일상 속의 국제교류」, 『동방학지』 145, 연세대 국학연구원, 2009.
艾虹 · 呂曉青, 「黃金臺位置考辨」, 『保定學院學報』, 2017.
楊軍 · 李東彤, 「長白山考 — 兼論穆克登查邊以前的朝鮮北界」, 『中國邊疆史地研究』, 2018년 4期.
楊瑤 · 張輝, 「〈明驃騎將軍左軍都督府僉事王祥墓志〉 考釋」, 『蘭臺世界』 2012.8.
楊雨蕾, 김관웅 · 금지아 역, 「호저(縞紵)의 정(情)」, 『규장각』 38, 서울대 규장각, 2011.
楊正泰, 『明代驛站考』, 上海古籍, 2006.
楊海英, 「朝鮮士大夫的季文蘭情結和清初被擄女人的運命」, 『清史論叢』, 2007.
楊海英, 『洪承疇與明清易代研究』, 商務印書館, 2006.
楊昕, 「朝鮮使臣筆下的明代通州」, 『延邊大學學報(社會科學版)』, 2009년 4월.
어강석, 「稼亭 李穀의 在元期 詩에 나타난 교유 양상과 정신적 갈등」, 『한국한문학연구』 45, 한국한문학회, 2010.
閻崇年, 『袁崇煥傳』, 中華書局, 2005.
葉新民 · 齊木德道爾吉 편, 『元上都研究叢書, 元上都研究文集』, 중앙민족대학출판사, 2003.
葉新民, 「元上都的外國使者」, 『內蒙古社會科學』 1991년 제2期.
오병한, 「1910, 1920년대 일본과 중국의 압록강 국경문제 인식과 대응」, 『한국근현대사연구』 84, 2018년 봄.
오상훈, 「이탁오(李卓吾)의 교우관과 생사관」, 『전해종박사화갑기념사학논총』, 일조각, 1979.
오수경, 『연암그룹 연구』, 한빛, 2004.
吳鏑, 「熱河文廟獨特的曆史地位及作用」, 『旅遊縱覽(下半月)』, 2016. 7. 23.

오타기 마쓰오 지음, 윤은숙·임대희 옮김, 『대원제국』, 혜안, 2013.
王靜, 「明朝會同館論考」, 『中國邊疆史地研究』 제 12권 3기, 2002년 9월.
王菡, 「國家圖書館 藏 密雲古北口 楊令公祠 碑刻 考略」, 『中國歷史文物』, 2008. 12.
王得成, 「中朝, 中韓交往的重要驛站-高麗鋪」, 『河北學刊』, 1995.
王綿厚, 『高句麗古城研究』, 北京 文物出版社, 2002.
王銘珍, 「金台夕照禦制碑出土」, 『北京檔案』, 2007. 8.
王永謙, 「清代乾隆中晚期的潞河漕運 -『潞河督運圖卷』的初步研究」, 중국역사박물관, 1983.
王永斌, 『北京的關廂鄉鎮和老字號』, 東方出版社, 2003.
王燦熾, 「北京 密雲驛站 考」, 『북경사회과학』, 2002. 5.
王洪波, 「北京有一座神秘的'水下之城', 你知道嗎?」, 『北京日報』, 12. 14.
袁冀, 「元代兩京間驛路 考釋」, 『政治學術季刊』 3기 1권.
袁輝, 「鴨綠江名與好太王碑」, 『中國地名』, 2017년 3期.
위은숙, 「13·14세기 고려와 요동의 경제적 교류」, 『민족문화논총』 34, 영남대 민족문화연구원, 2006.
劉謙, 『明遼東鎮長城及防禦考』, 북경 : 문물출판사, 1989.
유경아, 『정몽주의 정치활동 연구』, 포은선생숭모사업회, 2004.
유명종, 「稼亭 李穀의 生涯와 思想」, 『동양철학』 8, 한국동양철학회, 1997.
유승주, 「柳琳將軍, 清軍支援次 錦州明·清戰鬪 參戰」, 『한국인물사연구』 16, 한국인물사연구소, 2011.
兪泰揆, 「孟薑女故事的演變過程考察」, 『중국문화연구』3, 중국문화연구학회, 2004.
윤경진, 「고려의 북방 경계 인식과 '또 하나의 압록강' - '화주압록강'과 '요하압록강'의 실체 검토」, 『軍史』, 118, 2021, 139~175쪽.
윤기엽, 「고려 후기 寺院의 실상과 동향에 관한 연구」, 연세대 박사논문, 2003.
尹自先, 「元代察罕腦兒行宮及明安驛故址辨」, 『張北高原歷史文化研究文萃 3』, 2019.
윤정분, 「명대 軍戶制와 衛所制에 대하여」, 『동방학지』 43, 연세대 국학연구원, 1984.
윤주필, 「전란의 상처 '잡혀간 여자'의 기억 - 연행길의 진자점 계문란 사적에 대한 조선 지식인의 추모의식」, 『한국한문학연구』 61, 한국한무낙회, 2016.

이강한, 「고려 충혜왕 대 무역정책의 내용 및 의미」, 『한국중세사연구』 27, 한국중세사학회, 2009.

李軍·謝夢沖, 「朝陽門與朝陽門外大街追述」, 『北京檔案』, 2005년 제 3기.

이군선, 「관암 홍경모의 중국문인과의 교유와 그 의의」, 『동방한문학』 23, 동방한문학회, 2002.

______, 「관암 홍경모의 시문과 그 성격」, 성균관대 박사논문, 2003.

______, 「관암 홍경모의 중국문인과의 교유와 그 양상-2차 연행을 중심으로」, 『퇴계학과 한국문화』 33, 경북대 퇴계연구소, 2003.

이근우 외, 『역주 일본서기』(동북아역사재단, 2013).

이성규, 「조선후기 사대부의 『史記』 이해」, 『진단학보』 74, 진단학회, 1991.

이성형, 「壬亂 收拾期 使行文學 研究 : 對明 使行錄을 中心으로」, 공주대 박사논문, 2010.

______, 「明·清 교체기 對明 해로 사행의 출항지 고찰」, 『한문학논집』 48, 근역한문학회, 2017.

______, 「東溟 黃中允의 漢詩 研究-對明 使行詩를 中心으로 -」, 『한국문학이론과 비평』 85, 한국문학이론과비평학회, 2019.

이승수, 「조선후기 燕行 체험과 故土 인식」, 『동방학지』 129, 연세대 국학연구원, 2003.

______, 「김성탄의 사유와 글쓰기 방식」, 『한국언어문화』 26, 한국언어문화학회, 2004.

______, 「虎叱과 許生傳의 讀法 하나 : 金聖嘆 서사론의 적용」, 『고소설연구』 20, 한국고소설학회, 2005.

______, 「죽음의 수사학과 권력의 상관성」, 『대동문화연구』 50, 성대 대동문화연구원, 2005.

______, 「고려말 對明 使行과 遼東半島 경로 고찰」, 『한문학보』 20, 우리한문학회, 2009.

______, 「요동지역 고구려 관련 설화의 문헌 및 현장 조사 연구」, 『고구려의 등장과 그 주변』, 동북아역사재단, 2009.

______, 「浿水說 散考-遼東浿水說의 흐름과 전망-」, 『온지논총』 43, 온지학회, 2015.

______, 「북방, 감상적 동일시와 지적 빈곤 사이의 거리-松花江(松阿里江)을 중심으로-」, 『고전과 해석』 19, 고전문학한문학연구회, 2015.

______, 「吳兆騫과 寧古塔, 그리고 조선」, 『한국언어문화』 62, 한국언어문화학회, 2017.

______, 「1386년 정몽주의 남경 사행, 노정과 시경(詩境)」, 『민족문화』 46, 고전번역원, 2015 참조.

이영춘, 「尤菴 宋時烈의 尊周思想」, 『청계사학』 2, 청계사학회, 1985.

이월영, 「열녀함양박씨전 연구-문학적 전략을 중심으로」, 『한국고전여성문학연구』 24, 한국고전여성문학회, 2012.

이윤석, 「설인귀전의 원천에 대하여」, 『연민학지』 9, 연민학회, 2001.

이정신, 「고려 충혜왕의 행적과 정치적 입장」, 『한국인물사연구』 13, 한국인물사연구소, 2010.

이지양, 「승사록 해제」, 『燕行錄選集補遺 下』, 성균관대 대동문화연구원, 2008.

이학당, 「燕巖의 『熱河日記』 筆談 內容에 대한 일고찰」, 『아시아문화연구』 15, 가천대학교 아시아문화연구소, 2008.

이현식, 「일신수필 서문, 중화론을 위한 학문론」, 『동방학지』 163, 연세대 국학연구원, 2013.

이형석, 「鴨綠江의 名稱과 河系網」, 동국대 석사논문, 1990.

李慧清·張傑, 「康熙皇帝北巡木蘭秋獮禦道初探」, 『藝術文化交流』, 2013년 8월 하반.

임계순, 「18세기 청조 제2의 정치중심지, 승덕 피서산장」, 『명청사연구』 21, 명청사학회, 2004.

任乃宏, 「"碣石" 新考」, 『文物春秋』, 2014.

임문성, 「燕行錄에 나타난 遼寧 認識의 양상」, 한중연 석사논문, 2012.

임유경, 「서호수의 燕行紀 연구」, 『한국고전문학연구』 28, 한국고전문학회, 2005.

임형택, 「조선 사행의 海路 燕行錄」, 『한국실학연구』 9, 한국실학학회, 2005.

張愷新 편, 『興城古城』, 吉林攝影出版社, 2011.

張連星, 「北京朝陽門舊貌」, 『北京檔案』, 2012.

張寶秀, 「京北鎖鑰-古北口的歷史演變」, 『北京聯合大學學報』, 1998년 9월.

張士尊, 「明代 遼東 東昌堡 考」, 『鞍山師範學院學報』 9권 5호, 鞍山師範學院, 2007.

______, 「明代遼東忠烈祠的修建與邊疆文化特色」, 『吉林師範大學學報(人文社會科學版)』 2009.

______, 『紐帶-明淸兩代中朝交通考』, 黑龍江人民出版社, 2012.
張愛萍·張紹興 主編, 李月明 撰著, 『避暑山莊外八廟 觀賞手冊』, 新疆大學出版社, 2002.
田淑華·邱珊珊, 「熱河文廟與避暑山莊-兼談文廟的保護與利用」, 『文物春秋』, 2010. 4.
정선희, 「조선후기 문인들의 金聖嘆 評批本에 대한 독서 담론 연구」, 『동방학지』 129, 연세대 국학연구원, 2005.
정옥자, 『조선후기 조선중화사상 연구』, 일지사, 1998.
丁垚, 「發現獨樂寺」, 『建築學報』, 2013.
정용화, 「유길준의 '양절'체재론 : 이중적 국제질서에서의 '방국의 권리'」, 『국제정치논총』 37-3, 한국국제정치학회, 1998.
정은주, 「明淸交替期 對明 海路使行記錄畵 硏究」, 『명청사연구』 27, 명청사학회, 2007.
______, 『조선시대 명청 사행 관련 회화 연구』, 한국학중앙연구원 박사논문, 2008.
______, 「18세기 燕行으로 접한 淸朝 文化」, 『대동문화연구』 85, 성균관대학교 대동문화연구원, 2014.
丁海斌·於新, 「夏都的設立及其在元, 淸兩代邊疆治理中的特殊作用」, 『중앙민족대학학보』 42, 2015.
정길수, 「夜出古北口記의 비평적 접근」, 『대동문화연구』 64, 성균관대학교 대동문화연구원, 2008.
趙玲 주편, 『避暑山莊及周圍寺廟 講解槪要』, 地質出版社, 2000.
조관희, 「金聖嘆의 소설 評點 연구 1」, 『중국어문학논집』 30, 중국어문학연구회, 2005.
조석래, 『유몽인 시문 연구』, 예지각, 1989.
조숙자, 「第六才子書西廂記 硏究」, 서울대 박사논문, 2004.
曹彦生, 「北京朝陽門外大街溯源」, 『북경민속논총』, 2013.
趙延花·米彦青, 「元詩中的李陵台」, 『內蒙古大學學報(哲學社會科學版)』 46-3, 2014.
조이옥, 「8~9世紀 新羅의 北方經營과 築城事業」, 『신라문화』 34, 동국대 신라문화연구소, 2009.
趙志強, 「孤竹國夷齊及相關問題硏究」, 寧夏大學學報, 제 38권 제 2기, 2016.
조창록, 「학산 서호수와 열하기유-18세기 서학사의 수준과 지향」, 『동방학지』 135, 연세대 국학연구원, 2006.
조현설, 「건국신화의 형성과 재편에 관한 연구 : 티벳, 몽골, 만주, 한국 신화의 비교를 중심으로」, 동국대 박사논문, 1998.
朱杰勤, 「十八, 九世紀中朝學者的友好合作關係」, 『中外關係史論文集』(河南人民出版社, 1984).
周士琦, 「黃金臺與金臺夕照」, 『文史雜志』, 1993년 2기.
지영재, 「益齋 西蜀行 시의 연구」, 『동양학』 17, 단국대 동양학연구소, 1987.
陳得芝, 「元察罕腦兒行宮今地考」, 『歷史研究』, 1980. 2.
陳耀全, 「金桓州考」, 『尋根』, 2018. 5.
陳宗蕃 편, 『燕都叢考(1929)』, 북경고적출판사, 2001.
陳巴黎, 『北京 東嶽廟』, 中國書店, 2002.
陳喜波 · 鄧輝, 「明清北京通州古城研究」, 『중국역사지리논총』 32권 1호, 2017년 1월.
陳喜波 · 鄧輝, 「明清北京通州城漕運碼頭與運河漕運之關系」, 『중국역사지리논총』, 제 31권 제 2기, 2016.
차혜원, 「열하사절단이 체험한 18세기 말의 국제질서: 변동하는 조공책봉 관계의 증언」, 『역사비평』 93, 역사비평사, 2010.
蔡蕃, 「北京通惠河考」, 『中原地理研究』, 1985.
천기철, 「직방외기의 저술의도와 조선 지식인들의 반응」, 『역사와 경계』 47, 부산경남사학회, 2003.
肖瑞玲, 「元上都的曆史地位」, 『內蒙古師大學報(哲學社會科學版)』, 1998.
최남희, 「고구려 지명 '安市城'의 재 고찰」, 『국어교육연구』 36, 국어교육학회, 2004.
최용철, 『금오신화의 판본』, 국학자료원, 2003.
崔恩亨, 「浿水問題新考 - 以漢與衛滿朝鮮國界之浿水爲中心」, 延邊大 석사논문, 2010.
平野聰, 『大清帝國と中華の混迷』, 講談社, 2007.
河巖 편, 『清代皇帝北巡禦道與行宮』, 新疆人民出版社, 2001.
韓嘉穀, 「獨樂寺史跡考」, 『北方文物』, 1986.
韓梅, 「조선후기 김성탄 문학비평의 수용양상 연구」, 성균관대 박사논문, 2002.
한성주, 「조선시대 접경공간의 시대적 변동양상 연구 - 압록강 · 두만강 유역을 중심으로-」, 『중앙사론』 50, 중앙사학연구소, 2019.
한영우, 「稼亭 李穀의 生涯와 思想」, 『한국사론』 40, 서울대학교 인문대학 국사학과, 1998.
한영우, 「고려-조선전기의 기자인식」, 『한국문화』 3, 규장학 한국학연구원, 1982.
韓儒林, 「元代詐馬宴新探」, 『曆史研究』 1, 1981.
허균, 최강현 역주, 『을병조천록』, 국립중앙도서관, 2005.
許風雲, 「元代內蒙古驛路交通研究」, 내몽고대학 석사논문, 2017.
黃普基, 「"心存卽爲鄕"淸代朝鮮使者對高麗鋪歷史的構建」, 『사회과학』 2013년 제 2기.
______, 「歷史記憶的集體構建 : "高麗棒子" 釋意」, 『南京大學學報』, 2012.
黃斌·劉厚生, 『箕氏朝鮮史話』, 遠方出版社, 2007.
黃斌·張春萍, 『薛禮征東的史實與傳說』, 遠方出版社, 2008.
후지쓰까(藤塚鄰), 박희영 역, 『추사 김정희 또 다른 얼굴』, 아카데미하우스, 1994, 60쪽.
후지요지 마스미, 정병준 역, 『비단버선은 흙먼지 소에 뒹굴고』, 시공사, 2003.

인터넷 자료

「遼瀋尋古之旅」. (http://blog.sina.com.cn/s/blog_51c19ab00100u30h.html)
周一良, 「日本內藤湖南教授的東北史地研究」. (中國文史網/http://www.historychina.net/tws/qsyj/ztyj/bjmz/2006-02-16/2315.shtml)
袁輝, 「薛禮站考」, 『丹東日報』 2009. 2. 6. (http://www.ddrb.cn/news/zmxw/20090206084122.html)
「山究竟在裏? -盤山新說」. (http://blog.sina.com.추/124000dwch)
「盤山的由來」. (http://blog.0427.com).
『한국민족문화대백과사전』, 「압록강」. (https://100.daum.net/encyclopedia/view/14XXE0035176)
『다음백과』, 「압록강」. (https://100.daum.net/encyclopedia/view/b14a4120b)
『Baidu百科』, 「鴨綠江」. (https://baike.baidu.com/item/%E9%B8%AD%E7%BB%BF%E6%B1%

9F/79667)

https://en.wikipedia.org/wiki/Yalu_River

王榮國, 「也談朝陽遼代三塔」. (http://www.foyuan.net/article-129411-1.html, 2009년 10월 13일 등록)

千年貓, 「南天門-古北口長城抗戰的痕跡」, 2018. 11. 25. (http://blog.sina.com.cn/qncat)

李東明, 「穆家峪史話」, 『北京日報』, 2015. 2. 2. (http://news.ifeng.com/a/20150203/43082512_0.shtml)

李東明, 「血戰南天門」, 北京日報 2017. 8. 15. (http://bjrb.bjd.com.cn/html/2017-08/15/content_165820.htm)

李弘, 「(老地圖中的帝都 26) 百年前這裏叫玉河」 2016. 5. 20. (http://opinion.caixin.com/2016-05-20/100945933.html)

陶然野佬, 「老北京的"交民巷"牌樓」 2014. 8. 26. (http://blog.sina.com.cn/s/blog_538fed5d0102v0rr.html)

陶然野佬, 「老北京的"單牌樓"和"四牌樓」 2014. 7. 12. (http://blog.sina.com.cn/s/blog_538fed5d0102uxlm.html)

「東大橋 : 沒有橋 有座東嶽廟」, 『北京日報』 2017. 1. 12. (http://bjrb.bjd.com.cn/html/2017-01/12/content_96262.htm)

楊純清, 「我記憶中的密雲城(1933~1937年)」. (http://www.bjmy.gov.cn/comemiyun/bygone/8a317b3b5d399d77015d5daa24e1075e.html)

丁連舉, 「薊州曾有"貴妃祠"」, 『今晚報』, 2017. 4. 5. (http://epaper.jwb.com.cn/jwb/html/2017-04/05/content_12_8.htm)

신춘호, 「담헌 홍대용이 들렀던 宋家城의 위치를 확인하다」. (http://cafe.daum.net/chinaview)

「鳳城曆史」(봉성시인민정부 홈페이지(http://www.lnfc.gov.cn/), 2010년 10월 7일 등록).

이승수 사림문로(史林文路)의 산책자이며, 디스토피아를 떠도는 지하생활자이다. 사마천·연개소문·정몽주·김시습·이항복·김성탄·박문수 등 역사상의 몇 인물, 송화강과 패수, 심하와 영고탑 등 북방의 여러 강과 장소에 관한 약간의 글을 발표했다. 시대와 국가에 얽매이지 않고 다양한 서사의 강을 따라 여행하며, 강가의 풍경과 함께 이런저런 물줄기들이 만나고 헤어지는 양상을 즐겨 살핀다. 한양대학교 국어국문학과에서 한국어와 한국 문학의 바다를 학생들과 함께 항행하는 중이다.

사진 | **신춘호** 방송프로그램 제작과 역사공간 영상기록을 병행하는 다큐멘터리스트이며, OUN(방송대학TV) PD이다. 연행노정, 통신사노정, 표해록노정, 피로노정, 한민족이주길, 독립운동의 현장 등 역사 속 옛길의 원형을 추적, 영상으로 기록한다(사진, 동영상, GPS). 연행노정 영상아카이브 구축에 관심을 두고 있다. TV다큐멘터리, 「열하일기-길 위의 향연」(4편) 등을 촬영하고 공동 연출했다.

600년 문명의 통로, 연행로燕行路를 걷다

펴낸날 2022년 7월 25일 초판 1쇄

지은이 이승수 ● **사진** 신춘호 ● **펴낸이** 김우승

펴낸곳 한양대학교출판부 ● **출판등록** 제4-7호(1972.2.29)

주소 서울 성동구 왕십리로 222 ● **전화** 02.2220.1432-4 ● **팩스** 02.2220.1435

홈페이지 press.hanyang.ac.kr ● **이메일** presshy@hanyang.ac.kr

본문디자인·편집 김민지 ● **표지** 안광일 ● **인쇄** 미르P&P

ISBN 978.89.7218.747.9 (93910)